Ferdinand Holböck

Vereint mit den Engeln und Heiligen

Die Engel offenbaren sich —
aber nur jenen,
die sie lieben und anrufen.

Kardinal Charles Journet

VIA VERITAS VITA

Ferdinand Holböck

Vereint mit den Engeln und Heiligen

Heilige, die besondere Beziehungen
zu den Engeln hatten

CHRISTIANA-VERLAG STEIN AM RHEIN

Kirchliche Druckerlaubnis
Die kirchliche Druckerlaubnis erteilte das Erzbischöfliche Ordinariat Salzburg.
Zl. 1051/83, 11. November 1983.

Photonachweis:
Erste Umschlagseite: Ein Engel befreit den hl. Petrus aus dem Gefängnis. Fresko von Raffael im Vatikan. Musei e Gallerie Pontificie, Roma.
Vierte Umschlagseite: Auferstehung von Tintoretto, Scuola San Rocco, Venedig. Photo: Dr. Karl Ipser, Salzburg.

Die 13 Engelbilder von Gebhard Fugel, Seite 25, 29, 39, 41, 45, 51, 55, 69, 79, 81, 83, 87, 91, stammen aus dem Werk «Gotteswerke und Menschenwege», Verlag Ars sacra München 1924. Mit Genehmigung von Ars edition, München.
Seite 215 St.Bernhards wahrhaftige Abbildung (vera effigies). Aus Holz. 16. Jahrhundert. Kapitelsaal der Kathedrale von Troyes. Aus Daniel-Rops, Bernhard von Clairvaux und seine Söhne, Kerle-Verlag, Heidelberg. Seite 249 Franz von Assisi, begleitet von zwei Engeln, auf dem Weg nach Portiunkula. Aus «La Basilica d. S. Maria degli Angeli, Assisi 1970. Seite 291 Jeanne d'Arc. Gemälde im Louvre. Photo: Réunion des musées nationaux, Paris. Seite 343 Petrus Canisius und Seite 349 Rosa von Lima, beide aus Schamoni, Das wahre Gesicht der Heiligen, Christiana-Verlag. Seite 351 Franz von Sales, aus E. J. Lajeuni, Franz von Sales, Franz Sales-Verlag, Eichstätt. Seite 377 Maria (Mirjam) von Jesus. Farbgemälde im Karmel von Bethlehem. Seite 419 Josémaria Escriva, Photo: Vizepostulation des Opus Dei, Zürich. Übrige: Photoarchiv Christiana.

Erste Auflage 1984: 1.-5. Tausend

Druck: Druckerei RVA, Altstätten/St. Gallen
Printed in Switzerland
ISBN 3 7171 0855 7

Inhaltsverzeichnis

Einleitung

Die mehr als achtzig Präfationen, die es seit der vom II. Vatikanischen Konzil ausgelösten Liturgiereform im neu gestalteten Messbuch gibt, enden alle — jeweils in etwas verschiedener Form — mit dem Hinweis auf die heiligen Engel, in deren dreimaliges Heilig auf den unendlich grossen, dreifaltigen Gott wir Menschen einstimmen sollen, auf dass Einklang herrsche zwischen der himmlischen und der irdischen Liturgie in der Kirche Jesu Christi.

Von den himmlischen Wesen heisst es in der Apokalypse (4,8): «Sie haben keine Ruhe bei Tag und Nacht, da sie sprechen: 'Heilig, heilig, heilig ist der Herr, Gott, der Allherrscher, der war und der ist und der kommen wird'.» Ähnlich beten wir zu Gott in der Präfation des vierten eucharistischen Hochgebetes: «Vor Dir stehen die Scharen der Engel und schauen Dein Angesicht; sie dienen Dir Tag und Nacht, nie endet ihr Lobgesang: 'Heilig, heilig, heilig . . . '.»

Von den mehr als achtzig Präfationen wird in vierzehn nicht bloss auf die Engel, sondern zugleich auch auf die Heiligen hingewiesen, mit denen zusammen wir Menschen Gottes Herrlichkeit lobpreisend verkünden sollen: «Darum preisen wir Dich (o Gott) in Deiner Kirche und vereinen uns *mit den Engeln und Heiligen* zum Hochgesang von Deiner göttlichen Herrlichkeit.»

Auf dieses «Vereint mit den Engeln und Heiligen» spielt der Titel dieses Buches in ganz bestimmter Absicht an: Die Engel sind nämlich nicht bloss im Himmel mit den Heiligen vereint zur himmlischen Liturgie, sie waren es mit zahlreichen Heiligen schon hier auf Erden und sind ihnen — bisweilen sogar sichtbar — erschienen; und umgekehrt, zahlreiche Heilige waren mit den Engeln, vor allem mit ihrem Schutzengel, in ganz besonderer Weise vereint durch aussergewöhnliche Verehrung und Liebe, aber auch durch einen bisweilen ganz einzigartigen familiären Verkehr mit ihnen; sie lebten dabei zeugenhaft aus der Offenbarungswahrheit von der Existenz der Engel.

Ist dieses Vereint-sein mit den Engeln und Heiligen zum Hochgesang auf Gottes Herrlichkeit nicht unser aller Aufgabe sowohl innerhalb als auch ausserhalb der Eucharistiefeier? Wie aber sieht es diesbezüglich heute tatsächlich aus? Fehlt es da vielfach nicht schon an der grundlegendsten Haltung, nämlich an der des Glaubens an die Existenz der Engel?

Es ist bedauernswerte Tatsache, dass heute — bisweilen sogar von amtlich beauftragten Verkündern des katholischen Glaubens — grundlegende Glaubenswahrheiten in Zweifel gezogen oder offen geleugnet werden wie die Dreipersönlichkeit Gottes, die Gottheit Jesu Christi, die immerwährende Jungfräulichkeit seiner Mutter, die Erbsünde und ihre Folgen, die wahre, wirkliche Gegenwart Christi in der heiligsten Eucharistie, die Unsterblichkeit der Menschenseele usw. Nun ergeht es auch der geoffenbarten und überlieferten, vom kirchlichen Lehramt klar bezeugten Wahrheit von der Existenz der Engel, der guten, Gott treu gebliebenen, und der gefallenen, bösen, vielfach nicht anders.

Das ist traurig und wirkt sich schädlich für die Kirche und die Gläubigen aus. Denn wenn man auch im Sinn der vom II. Vatikanischen Konzil geforderten Beachtung der «Hierarchie oder Rangordnung der Glaubenswahrheiten» (vgl. Artikel 11 des Ökumenismusdekrets «Unitatis redintegratio») vielleicht mit Recht der Meinung sein kann, es gehe bei den Wahrheiten der kirchlichen Engellehre (Angelologie) um keine erstrangigen Glaubenswahrheiten, so gehören sie doch von allem Anfang an zum Glaubensgut (Depositum fidei), das — gemäss dem berühmten Traditionsprinzips des hl. Vinzenz von Lerinum († 450) — «überall, immer und von allen geglaubt worden ist». Überdies sind die Glaubenswahrheiten so in sich verbunden und ineinander gefügt, dass dort, wo man eine Glaubenswahrheit wie einen Stein aus dem ganzen Glaubensgebäude herauszubrechen sucht, das ganze Gebäude brüchig wird und zusammenzubrechen droht. Überdies kommt den Wahrheiten über die Engel, vor allem der Wahrheit von den Schutzengeln, so viel Trostvolles und Erhebendes zu, dass ihre Leugnung auch deshalb den einzelnen Gläubigen zum Schaden gereicht.

Ein konkretes Beispiel für die Leugnung der Existenz der Engel, das den Verfasser dieses Buches in seine akademische Lehrtätigkeit hinein verfolgt hat, sei als Beleg erwähnt: Ein der Theologischen Fakultät benachbarter Stadtpfarrer, der inzwischen seinen Priester- und Ordensberuf aufgegeben hat, liess bei seinen nach eigener Willkür gestalteten Messfeiern in der Präfation regelmässig den Schluss, der auf die heiligen Engel hinweist, weg, und zwar mit der seinem Pfarrvolk gegebenen Begründung: «Es gibt keine Engel.» Der Verfasser dieses Buches erklärte daraufhin seinen Studenten an der Theologischen Fakultät: «Wenn es keine Engel gibt und die Kirche trotzdem tagtäglich im Schluss der Präfation, also kurz vor dem Höhepunkt der Eucharistiefeier und der gesamten liturgischen Tätigkeit, auf die Engel und ihr Gott lobpreisendes Wirken hinweist, dann belügt und betrügt uns die Kirche Tag für Tag. Dann aber treten wir lieber heute noch aus der Kirche aus!» Aber nein, die Kirche als authentische Hüterin des Glaubensgutes und als authenti-

sche Interpretin der göttlichen Offenbarung, belügt und betrügt uns nicht, auch dort nicht, wo sie voll Überzeugung zur Existenz der himmlischen Geister steht, die in der Hl. Schrift Engel genannt werden. Es gilt auch heute noch das uralte Prinzip: «Lex orandi — lex credendi», was frei übersetzt heisst: Wie die Kirche — vor allem in ihrer Liturgie — betet, so glaubt sie auch.
Die besten Zeugen aber für heute oft so willkürlich in Frage gestellte oder geleugnete Glaubenswahrheiten sind die Heiligen aller Jahrhunderte der Kirchengeschichte. Der kluge, zuverlässige Postulator vieler Heilig- und Seligsprechungsverfahren von Dienern Gottes, P. Paolo Molinari SJ, hat in seinem Buch «Die Heiligen und ihre Verehrung»[1] mit Recht geschrieben: «Wenn es wahr ist, dass das Leben der Heiligen aus der christlichen Glaubenslehre seine Nahrung und Inspiration schöpft, dann ist auch wahr, dass niemand Sinn und Gehalt des Christentums so innerlich erfasst wie die Heiligen, die, von einem gewissen übernatürlichen Gespür geleitet, diese Lehre durchdrungen, ins Leben übertragen, gepredigt und weiterentfaltet und gleichzeitig ein leuchtendes Beispiel dafür gegeben haben.» Gleiches hat sehr eindrucksvoll das II. Vatikanische Konzil erklärt: «Im Leben derer, die, zwar Schicksalsgenossen unserer Menschlichkeit, dennoch vollkommener dem Bilde Christi gleichgestaltet sind, zeigt Gott den Menschen in lebendiger Weise seine Gegenwart und sein Antlitz. In ihnen redet Er selbst zu uns, gibt Er uns ein Zeichen seines Reiches, zu dem wir, mit einer so grossen Wolke von *Zeugen* umgeben und angesichts solcher Bezeugung der Wahrheiten des Evangeliums, mächtig hingezogen werden» (Dogmatische Konstitution über die Kirche, «Lumen gentium», Artikel 50).
Die Heiligen als Zeugen für grundlegende Glaubenswahrheiten! Sie sind dem Verfasser dieses Buches beste und zuverlässigste Zeugen für gelebten Glauben an die Realpräsenz Christi in der heiligsten Eucharistie und für deren Opfercharakter. Er versuchte das im Buch «Das Allerheiligste und die Heiligen» (Christiana-Verlag, Stein am Rhein, 1979) an der Lebensskizze von sechsundachtzig eucharistischen Heiligen aller Jahrhunderte der Kirchengeschichte aufzuzeigen. Gleiches tat er in bezug auf das Grunddogma der Dreipersönlichkeit des einen Gottes im Buch «Ergriffen vom dreieinigen Gott» (Christiana-Verlag, Stein am Rhein, 1981), wo siebenundfünfzig trinitarische Heilige kurz geschildert werden, deren Zahl noch gewaltig vermehrt werden könnte.
Nun gibt es auch für die Wahrheiten der Engellehre (Angelologie) eine «solche Wolke von Zeugen» (Hebr 12,1), dass der Autor dieses neuen Buches «Vereint mit den Engeln und Heiligen» selber beim Suchen und

Finden solcher Heiliger, die einen lebendigen Glauben an die Existenz der Engel hatten, sie darum auch besonders innig verehrten und oft sogar mit ihnen auf sehr familiäre Weise spürbar und bisweilen auch sichtbar verkehrten, überrascht war über die grosse Zahl.
Im folgenden soll nach einer kurzen Schilderung der kirchlichen Engellehre zuerst auf die biblischen, alttestamentlichen und neutestamentlichen Heiligen hingewiesen werden, die da für uns Christen Zeugen für die Existenz der Engel sind. Dann werden aus allen Jahrhunderten der Kirchengeschichte solche Heilige und heiligmässige Menschen geschildert, denen die Existenz und die Tätigkeit der Engel nicht bloss eine trostvolle Realität war, sondern auch ein dauernder Ansporn, um einmal in der Gemeinschaft der Engel ewig glücklich Gott loben und danken zu können, ganz gemäss dem schönen Text der uns jetzt im Messbuch geschenkten Engel-Präfation: «In Wahrheit ist es würdig und recht, Dir, allmächtiger Vater, zu danken und in der Herrlichkeit der Engel Deine Macht und Grösse zu preisen. Denn Dir gereicht es zur Verherrlichung und zum Lob, wenn wir sie ehren, die Du erschaffen hast. An ihrem Glanz und ihrer Würde erkennen wir, wie gross und über alle Geschöpfe erhaben Du selber bist. Dich, den ewigen Gott, rühmen sie ohne Ende durch unseren Herrn Jesus Christus. Mit ihrem Lobgesang lass auch unsere Stimmen sich vereinen und voll Ehrfurcht rufen: Heilig, heilig, heilig, Gott, Herr aller Mächte und Gewalten. Erfüllt sind Himmel und Erde von Deiner Herrlichkeit.»
Am Schluss dieser Einleitung sei noch folgende Bemerkung erlaubt: Vielleicht wird manchen kritischen Lesern dieses Buches bisweilen zu viel von Visionen und von Erscheinungen, die den geschilderten Heiligen zuteil wurden, die Rede sein. Ihnen sei das zur Kenntnis gebracht, was in einer Besprechung des Buches von Ernst Benz über «Die Vision: Erfahrungsformen und Bilderwelt» (Stuttgart 1969) ein Fachmann geschrieben hat: «Wem das rationale Verfahren die einzige Möglichkeit bedeutet, sich mit der Offenbarung auseinanderzusetzen, wem erst die 'gängige', mit Soziologie, Anthropologie, Psychologie und Sprachwissenschaft überfrachtete und auf Mitmenschlichkeit und Immanenz reduzierte Theologie einziger Massstab für seine religiöse Position ist, der wird sich mit diesem Buch schwer tun»[2)]. Aber Ernst Benz, der evangelische Theologe, hat mit seiner bedauernden Feststellung sicher recht: «Angesichts der seit der Reformation eingetretenen Entwicklung erschien mir die Reduktion des Christentums auf die Theologie, die Einschrumpfung der Geschichte des Christentums auf die Geschichte der Theologie als eine unangemessene Verkürzung. Nicht als hätte ich etwas

gegen die Theologie — sie gehört mit zum Christentum; es liegt in der Natur des Menschen, dass er nach einer begrifflich-theologischen Verdeutlichung seiner Glaubenserfahrung verlangt und drängt — fides quaerens intellectum —, aber am Anfang des Glaubens steht die religiöse Erfahrung in ihrer ganzen Vielgestalt, die nicht nur die rationale Fähigkeit des Menschen in Bewegung setzt, sondern die ganze universale Tiefe, Breite und Höhe der menschlichen Persönlichkeit in ihren spirituellen, intellektuellen, seelischen Schichten . . . Verglichen mit der Geschichte der christlichen Vision von Welt und Überwelt und losgelöst von diesem Hintergrund der religiösen Erfahrung, ist die Dogmengeschichte monoton und armselig. In den göttlichen Visionen, den Christusvisionen, den Visionen der Engel, der Heiligen, der Seligen, aber auch in den Visionen der dämonischen Welt zeigt sich eine gewaltige Mannigfaltigkeit der Anschauung und Erfahrung, die zum grossen Teil ganz neue Bereiche des Verstehens eröffnet. Die Geschichte der christlichen Vision ist identisch mit der Geschichte der unmittelbaren christlichen Erfahrung, die sich selbst in der Kontinuität der Erscheinungen als Bezeugungen und Bekundungen des einen Christus, des lebendigen, auferstandenen Herrn, versteht, von dessen Erdenleben, Tod und Auferstehung die Evangelien berichten»[3)].

Ernst Benz hätte hier auch noch darauf hinweisen können, dass die Evangelien auch berichten, dass dieser lebendige und auferstandene Herr in grosser Macht und Herrlichkeit mit seinen Engeln kommen wird (vgl. Mt 16,27; 25,31; 2 Thess 1,7), um Gericht zu halten; auch über den Unglauben.

«So wollen wir denn, da wir eine so grosse Wolke von Zeugen um uns haben, allen Ballast und die uns leicht umgarnende Sünde ablegen und mit Ausdauer in dem Wettkampf laufen, der uns obliegt» (Hebr 12,1).

«Wenn schon das durch Engel verkündete Wort streng verbindlich war und jede Übertretung und Nichtbeachtung gerechte Vergeltung empfing, wie werden wir entrinnen, wenn wir ein so grosses Heil vernachlässigt haben, das zuerst durch den Herrn selbst verkündet und dann durch die Ohrenzeugen uns zuverlässig bestätigt worden ist, durch Zeichen und Wunder und vielerlei Machterweise und Zuteilung des Heiligen Geistes?» (Hebr 2,2-4).

Salzburg, 25. März 1984 Ferdinand Holböck

I. Die kirchliche Engellehre

1. Name und Begriff «Engel»

Das Wort «Engel» kommt vom griechischen «ángelos», bzw. dem lateinischen «angelus», und ist von da in die romanischen und germanischen Sprachen übergegangen und bedeutet ursprünglich «Gesandter, Bote»; es entspricht darin dem hebräischen «malâk» von der im Ugaritischen, Arabischen und Äthiopischen gut bezeugten Wurzel «l'k» = «senden». Im hebräischen Alten Testament ist «malâk» 213mal belegt. In der Septuaginta, dem aus dem Hebräischen ins Griechische übersetzten Alten Testament, wird «malâk» meist mit «ángelos» übersetzt, wobei das Wort sowohl für Beauftragte eines Menschen, als auch für Beauftragte Gottes verwendet wird. Einen Unterschied macht erst die Vulgata, die lateinische Bibelübersetzung, die den menschlichen Boten mit «nuntius», den himmlischen Boten Gottes aber mit «angelus» bezeichnet.

Im Alten Testament hat der Begriff «malâk» in Verbindung mit dem Gottesnamen «Jahwe» oder «Elohim» eine besondere Bedeutung: Es bezeichnet einen Beauftragten Gottes, der bei den Menschen einen göttlichen Auftrag auszurichten hat. Dabei ist die Bestimmung des Verhältnisses zwischen Jahwe und seinem «malâk» schwierig, da in einer Reihe alttestamentlicher Texte zwischen Jahwe und dem «malâk Jahwe» nicht genau unterschieden wird. Dieses Problem ist in der biblischen Forschung ausführlich behandelt worden und hat verschiedene, mehr oder weniger befriedigende Losungen gefunden:

a) bisweilen wird unter dem «malâk Jahwe», dem «Engel Jahwes», das göttliche Wort verstanden (Logostheorie);

b) bisweilen wird unter ihm eine Erscheinungsform Jahwes verstanden und behauptet, es handle sich dabei um Jahwe selbst, der in menschlicher Gestalt den Menschen erscheint (Identitätstheorie);

c) wieder andere sehen im «malâk Jahwe» eine spätere Interpolation für Jahwe, die vorgenommen worden sei, um einer allzu anthropomorphen Zeichnung Jahwes zu begegnen (Interpolationstheorie);

d) nach katholischer Ansicht aber ist unter dem «malâk Jahwe» zwar nicht an allen, aber doch an sehr vielen alttestamentlichen Stellen nicht Jahwe selbst gemeint, sondern ein kreatürlicher Bote, der im Namen und Auftrag Gottes handelt; dabei darf nicht übersehen werden, dass der «malâk» (Bote) immer in einem sehr engen Verhältnis zu seinem

Auftraggeber gesehen wurde: Er ist von ihm bevollmächtigt, in seinem Namen zu reden oder zu handeln, durch den Boten spricht oder handelt letztlich der Auftraggeber selbst; daher kann der «malâk» mit einem gewissen Recht mit seinem Auftraggeber, der «malâk Jahwe» also mit Jahwe (Gott), identifiziert werden[1].

Es ist also festzuhalten, dass das Wort «Engel» («malâk» — ángelos — angelus) in der Hl. Schrift in einem weiteren Sinn als Bote, in einem engeren Sinn als Engel gebraucht wird; man muss darum immer genau zusehen, ob an der betreffenden Stelle wirklich Engel im theologischen Sinn gemeint sind oder Engel im Sinn von Boten, weil z.B. auch Priester und Propheten «Engel» genannt werden.

Andere Namen für die Engel in der Hl. Schrift sind: «Söhne Gottes» (z.B. Job 1,6; 38,7), «die Heiligen» (Zach 14,5), «Diener Gottes» (Job 4,18); in der Mehrzahl: «Heer Jahwes, Heerschar Gottes» (Jos 5,14), «Heer des Himmels, himmlisches Heer» (1 Kön 22,19), «Wächter, heilige Wächter» (Dan 4,10); der zuletzt genannte Name für die Engel findet sich häufig in der syrischen Liturgie: «Wächter der Höhe», «Wächter der seligen Höhen», «Himmelswächter».

2. Das Wesen der Engel

Die Engel im theologischen Sinn sind mit Verstand und freiem Willen ausgestattete Geistwesen, die Gott zu seinem Dienst und zur Hilfe für uns Menschen im Anfang der Zeit aus nichts erschaffen hat. Über die genaue Natur der Engel war man sich bis in die Zeit der Scholastik nicht ganz klar: Sind sie *reine* Geister, oder haben sie, ähnlich uns Menschen, einen, wenn auch aus feinerer (ätherischer) Materie gebildeten Leib? Längst hat sich die Ansicht über die völlige Freiheit der Engel von jeder Stofflichkeit, also über ihre reine Geistnatur durchgesetzt. Die Engel sind reine Geister und bilden die oberste Rangstufe in der Seinspyramide der Geschöpfe. Wenn aber die rein geistigen Engel nach dem klaren Zeugnis der Hl. Schrift und der Tradition öfters auf Erden leibhaftig und sichtbar erschienen sind, so haben sie entweder in entsprechender Weise auf die Sinne der Menschen, denen sie erschienen sind, eingewirkt oder haben tatsächlich einen Leib angenommen.

3. Die Existenz der Engel

Es ist eine vom ausserordentlichen kirchlichen Lehramt (auf dem IV. Laterankonzil [DS 800], auf dem I. Vaticanum [DS 3002], auf dem II. Vaticanum) und im ordentlichen Lehramt der Kirche, besonders in der Liturgie, klar ausgesprochene, in der Hl. Schrift des Alten wie des Neuen Testaments ebenso klar bezeugte Glaubenswahrheit, dass Engel existieren.

Die Behauptung, das Volk Israel habe den Glauben an die Existenz der Engel erst nach dem Exil aus Persien vom Parsismus übernommen, ist sicher nicht richtig. Zuzugeben ist nur, dass in den späteren Büchern des Alten Testaments die Lehre von den Engeln stärker ausgebildet ist; es werden nun deutlicher gute und böse Engel unterschieden, drei Engel (Michael, Gabriel und Raphael) werden nun namentlich genannt, auch werden nun bestimmte Funktionen der Engel angegeben: dass sie Gottes Hofstaat bilden, Reiche, Völker und einzelne Menschen zu beschützen haben, den Menschen göttliche Botschaften überbringen und göttliche Strafgerichte ausführen.

Zuzugeben ist auch, dass wir letztlich volle Sicherheit über die Existenz der Engel nur durch Jesus Christus erhalten. Er und in seiner Nachfolge die Apostel haben die Existenz der Engel — vor allem gegen die Sadduzäer — klar bezeugt. Darum können die zweifelsfreien alttestamentlichen Texte über Engel und erst recht jene neutestamentlichen, wo vom Heilshandeln Gottes durch Engel, vor allem im Christusereignis die Rede ist, nur so gedeutet werden, dass es nach dem Zeugnis der Hl. Schrift tatsächlich Engel gibt. Die Kirche Jesu Christi aber hat mehrmals betont, dass wir an die Existenz und Wirksamkeit der Engel, der guten wie der gefallenen bösen, glauben können und glauben sollen. «Das Leben der Heiligen aber dokumentiert eindringlich, was es heisst, in einer ganz realen Beziehung zu den Engeln zu stehen»[2].

Was den weiteren Ausbau der kirchlichen Engellehre (Angelologie) — über die Frage nach der Existenz der Engel hinaus — betrifft, so ist sicher K. Rahners Bemerkung[3] richtig: «Die kirchenlehramtliche Engellehre kodifizierte den wirklichen Inhalt der Schriftlehre über die Engel, übte dabei aber zurückhaltende Beschränkung auf das religiös wirklich 'für uns und um unseres Heiles willen' Bedeutsame und überliess alles Systematische der Arbeit der Theologie.»

4. Die Zahl der Engel

Die Hl. Schrift betont mehrmals, dass die Zahl der Engel sehr gross ist. Sie vergleicht die Zahl der Engel wiederholt mit einem Heer, mit Heerscharen. Zum Beleg dafür sei nur je eine alt- und eine neutestamentliche Stelle über die Zahl der Engel angeführt: «Tausendmal Tausende (von Engeln) dienten Ihm (Gott), und zehntausendmal Zehntausende standen vor Ihm» (Dan 7,10). «Und ich (Johannes) sah, und ich hörte die Stimme vieler Engel rings um den Thron (Gottes) . . . und es betrug ihre Zahl zehntausendmal zehntausend und tausendmal tausend» (Offb 5,11).

Man hat versucht, die Zahl der Engel mit der der Menschen zu vergleichen: Einige meinten, die Zahl der Engel sei mindestens doppelt so gross wie die der Menschen; diese hätten nur die durch den Engelsturz gerissene Lücke wieder aufzufüllen. Andere meinten, das Zahlenverhältnis der Engel zu den Menschen sei gemäss dem Guten-Hirten-Gleichnis Jesu (Lk 15,4-7) 99:1. Der hl. Thomas von Aquin argumentierte so: Die Spezies der Pflanzen überragen an Zahl die der leblosen Körper, die Spezies der Tiere überragen die der Pflanzen, die Zahl der Menschen überragen die der Tiere; dementsprechend müsse die Zahl der Engel die der Menschen überragen. Überdies meinte der hl. Thomas v.A., dass die je höhere Ordnung (Hierarchie und Chor) der Engel eine grössere Zahl umfasse als die unter ihr stehende (vgl. Summa Theologiae I,qu.50,a.3 und qu.112,a.4); dabei war der hl. Thomas v.A. überzeugt, dass jeder Engel ein einmaliges Phänomen, eine besondere Art für sich ist; es gebe nicht zwei Engel gleicher Art.

5. Die Hierarchien und Chöre der Engel

Dass es unter den Engeln eine Rangordnung gibt, deutet die Hl. Schrift sowohl des Alten wie des Neuen Testaments durch verschiedene Benennungen an: Paulus spricht im Röm 8,38 von *Engeln, Herrschaften* und *Kräften,* im Kol 1,16 von *Thronen, Herrschaften* und *Fürsten,* im Eph 1,21 von *Fürsten, Kräften* und *Herrschaften,* im 1 Thess 4,16 von *Erzengeln.* In Gen 3,24 und Ex 25,18 werden *Kerub,* bei Is 6,2 *Seraph* genannt.

Gewöhnlich nimmt man *drei Engelhierarchien* gemäss der dreifachen Erkenntnisweise der Engel und innerhalb der drei Hierarchien — wieder in bestimmter Abstufung je *drei Chöre* an. Für gewöhnlich hält man

sich dabei an die Reihung von oben nach unten, wie sie Dionysius Areopagita aufgestellt hat, wonach zur *ersten* Hierarchie die drei Chöre der *Seraphim, Kerubim* und *Throne*, zur *zweiten* Hierarchie die *Herrschaften* (Dominationes), die *Kräfte* (Virtutes) und die *Mächte* (Potestates) und zur *dritten* Hierarchie die *Fürstentümer* (Principatus), die *Erzengel* (Archangeli) und die *Engel* (Angeli) gehören.
Wo sind die in der Hl. Schrift genannten Engel *Michael, Gabriel* und *Raphael* einzureihen? Nach einigen Autoren ist *Michael* der erste aller Engel überhaupt («princeps militiae coelestis»); nach dem hl. Thomas v.A. ist Michael vielleicht der erste vom Chor der Fürstentümer (Principatus), *Gabriel* der erste vom Chor der Erzengel und *Raphael* der erste vom Chor der Engel (vgl. Summa Theologiae I,qu.113,a.3).

6. Das Erkennen der Engel

Darüber haben die Theologen, voran der hl. Augustinus, der hl. Thomas v.A. und der grosse nachtridentinische Theologe Franz Suarez viel nachgedacht. Das Erkennen der Engel ist jedenfalls kein sensitives (durch die Sinne beginnendes), sondern ein rein intellektives (durch den Verstand). Die Engel besitzen alle Kräfte und Fähigkeiten des Verstandes zweifellos in vorzüglicherer Weise als wir Menschen. Die Engel überschauen die Dinge mit einem Blick, erfassen sie von ihrem Wesen her und haben eine durchdringende Erkenntis der Dinge, die der unseren weit überlegen ist. Neben der natürlichen Erkenntnis haben die guten Engel auch eine übernatürliche: «Sie schauen immerfort das Angesicht meines Vaters, der im Himmel ist», sagt Christus (Mt 18,10). So schauen sie alle Dinge in Gott; Er teilt ihnen vieles mit, das sie rein natürlich nicht wissen können, und gewährt ihnen einen tiefen Einblick in seine Gedanken und Pläne. Auch wenn die Engel ein gewaltiges, abgrundtiefes Wissen haben, sind sie dennoch nicht allwissend. Christus hat ausdrücklich vom Zeitpunkt des Weltgerichts gesagt: «Jenen Tag aber und die Stunde weiss niemand, nicht einmal die Engel des Himmels» (Mt 24,36). Anderseits lassen gerade diese Worte Jesu erkennen, dass das Wissen der Engel sehr gross sein muss, sonst hätte die scharfe Hervorhebung ihres Nichtwissens bezüglich des Zeitpunkts des Weltgerichts keinen Sinn[4)].
Ähnlich wie wir Menschen haben die Engel sicher auch die Möglichkeit, ihre Gedanken untereinander und mit uns Menschen auszutauschen.

7. Die Willenskraft und Macht der Engel

Die Engel haben zweifellos einen freien Willen. Das muss bei der Tatsache vorausgesetzt werden, dass ein Teil der Engel sich völlig frei gegen Gott entschieden und gesündigt hat (vgl. Joh 8,44; 2 Petr 2,4, Jud 6). Die Engel sind uns Menschen in ihrer Willenskraft weit überlegen (vgl. 2 Petr 2,11). Das zeigt sich beim kraftvollen Eingreifen von Engeln in die Geschicke einzelner Menschen und der Welt, vor allem beim Nahen des Weltgerichts am Jüngsten Tag.

In Ps 103(102),20 wird auf den Willen der Engel und seine Kraft und Macht sehr klar hingewiesen, wenn es da heisst: «Lobet den Herrn, ihr, seine Engel, ihr starken Helden, die seine Befehle vollstrecken, seinen Worten gehorsam.» Als fliegende Wesen, mit Flügeln ausgestattet, werden die Engel in der Hl. Schrift und in der christlichen Kunst dargestellt zum Zeichen dafür, dass sie in ihrer Verstandes- und Willenskraft über Raum und Zeit erhaben sind. Sie strahlen «etwas Heilig-Furchtbares und zugleich Schreckvoll-Herrliches aus; eine Glut geht von ihnen aus, ein Licht, das eine Ahnung von ihrem übermenschlichen Dasein vermittelt; sie flössen dort, wo sie erscheinen, Ehrfurcht und Respekt ein»[5)].

8. Die Prüfung der Engel

Gott hat die Engel für das übernatürliche Ziel der beseligenden Anschauung seiner Herrlichkeit berufen und dazu mit den nötigen Gnaden ausgestattet. Um dieses Ziel zu erreichen, sollten die Engel vorher mit ihrem freien Willen einer Prüfung unterzogen werden. Worin diese bestand, ist uns nicht geoffenbart, feststeht nur, dass der Anführer eines Teils der Engel samt diesem «in der Wahrheit nicht feststand» (vgl. Joh 8,44), dass ein Teil der Engel «ihre Herrschaft und Würde (als «Söhne Gottes») nicht bewahrten» (Jud 6) und «sündigten» (vgl. 2 Petr 2,4). Auch die Kirche hat sich auf dem IV. Laterankonzil (DS 800) klar dahin geäussert, dass der Teufel und die anderen bösen Geister nicht von Natur aus böse, sondern von Gott gut erschaffen worden waren und durch freie Entscheidung gegen Gott böse wurden.

Ob etwa den Engeln — ähnlich den ersten Menschen — ein spezielles Prüfungsgebot gegeben worden war und worin dieses etwa bestanden hatte — die Offenbarung hat uns darüber nichts mitgeteilt, und die älteren Theologen bis hin zum hl. Thomas v.A. haben sich mit dieser Frage nicht befasst. Erst der grosse spanische Theologe Franz Suarez († 1617) hat es als wahrscheinlich hingestellt, dass den Engeln in ihrer Prüfungszeit folgendes konkrete Prüfungsgebot gegeben wurde: Es wurde ihnen der menschgewordene Sohn Gottes Jesus Christus gezeigt mit der Forderung, Ihn als ihr Haupt und als den Urheber ihres Heils anzuerkennen und anzubeten[6]. Ein Teil der Engel mit Luzifer an der Spitze habe dies aus Stolz verweigert. Diesen Gedanken eines konkreten christologischen Prüfungsgebotes für die Engel hat dann die mystisch begnadete Äbtissin Maria von Agreda († 1665) in ihrer «Mystischen Stadt Gottes» («Mistica Ciudad de Dios» I,7-10) ins Mariologische erweitert: Gott habe den Engeln das Geheimnis der geplanten Menschwerdung der zweiten Person in der heiligsten Dreifaltigkeit mit der Forderung geoffenbart, den Gottmenschen als ihren König und seine jungfräuliche Mutter als ihre Königin anzuerkennen.

9. Die Scheidung der Engel

Ganz gleich, worin die Prüfung der Engel bestanden haben mag — es kam jedenfalls zur Scheidung: Ein Teil der Engel unterwarf sich Gott in einem vollkommenen Akt der Gottesliebe und des demütigen Gehorsams und gelangte dafür zur beseligenden Anschauung der Herrlichkeit Gottes. «Sie schauen immerfort das Angesicht meines Vaters, der im Himmel ist», sagt Christus (vgl. Mt 18,10). Der andere Teil der Engel lehnte sich gegen Gott auf. Die Sünde der gefallenen Engel war sicher eine Sünde des Stolzes, wie es mehrmals in der Hl. Schrift angedeutet wird: In 1 Tim 3,6 wird der Bischof ermahnt, keinem Neugetauften vorschnell die Hände (weihend) aufzulegen, «damit er nicht hochmütig werde und dem Gericht des Teufels verfalle»; bei Lk 10,18ff warnt Jesus die zweiundsiebzig Jünger, sich wegen ihrer Wundertaten zu erheben: «Freut euch nicht darüber, dass die Geister euch untertan sind; freut euch vielmehr darüber, dass eure Namen im Himmel aufgezeichnet sind.» Diese Mahnung leitete der Herr mit den Worten ein: «Ich sah den Satan wie einen Blitz vom Himmel fallen» (Lk 10,18). Im Buch Job 4,13 wird gesagt, dass «alles Verderben vom Hochmut den Anfang nahm», und bei Jesus Sirach 10,12 heisst es: «Der Stolz ist der Anfang jeder Sünde.» Die Kirchenväter fanden eine Andeutung der Engelssünde in Is 14,12ff: «Wie bist du vom Himmel gefallen, du Glanzgestirn, Sohn der Morgenröte, wie bist du zu Boden geschmettert, du Völkerbezwinger! Du freilich dachtest bei dir: Zum Himmel will ich emporsteigen, hoch

über die Sterne Gottes will ich meinen Thron stellen . . . , aufsteigen will ich auf Wolkenhöhen, gleich sein dem Allerhöchsten. Doch zur Hölle wirst du hinabgestürzt, zur tiefsten Grube.» «Zwar ist hier der König von Assur angeredet, der von unbändigem Stolz erfüllt war, aber die Farben zu diesem Gemälde scheinen dem Fall der Engel bzw. Satans entlehnt zu sein.»[7)]
Die Engel, welche gesündigt hatten, wurden mit der ewigen Verdammnis bestraft. So sagt es Christus ganz klar in seiner Gerichtsrede: «Weichet von Mir, ihr Verfluchten, in das ewige Feuer, das dem Teufel und seinen Engeln bereitet worden ist» (Mt 25,41). In der Apokalypse (20,9) heisst es über Satan, den Verführer der Völker: «Ihr Verführer, der Teufel, wurde in den See von Feuer und Schwefel gestürzt, wo auch das Tier und der falsche Prophet sind; und sie werden gepeinigt werden Tag und Nacht in alle Ewigkeit.» Der eigentliche Aufenthaltsort der gefallenen Engel ist schon jetzt die Hölle; mit Zulassung Gottes aber können sie sich bis zum Jüngsten Tag auch noch ausserhalb der Hölle aufhalten (vgl. 1 Petr 5,8; Eph 2,2 u. 6,12).

10. Das Verhältnis der guten Engel zu Gott

Ein Sprichwort behauptet: «Sage mir, mit wem du umgehst, und ich sage dir, wer du bist.» Tatsächlich trifft es oft zu, dass man einen Menschen nach den Personen beurteilen kann, mit denen er umgeht und die er sich als seine Umgebung aussucht. «Einen König beurteilt man nach seinem Hofstaat, nach dem Glanz, den seine Diener entfalten, nach dem Geist, der seine Ratgeber erfüllt, nach der Schlagkraft der Armee, an deren Spitze er steht»[8)]. Gottes Hofstaat sind nun die Engel. Sie sind — wie aus der Berufungsvision des Propheten Jesaia (Is 6,3-4) hervorgeht — ganz überwältigt von der Erhabenheit des dreimal heiligen Gottes, den sie anbetend und lobpreisend umgeben, allzeit zu seinen Diensten bereit, um für die verschiedensten Aufträge ausgesandt zu werden (vgl. Ex 23,20; Tob 12,20; Lk 1,26; Mt 13,41, wo jeweils von der Sendung eines Engels durch Gott die Rede ist). In einem ganz speziellen Verhältnis stehen die Engel zum menschgewordenen Sohn Gottes Jesus Christus, den sie anbeten, weil er «viel erhabener ist als sie» (Hebr 1,4). Sie dienen Ihm als ihrem König von der Menschwerdung und Geburt angefangen bis zu seinem Leiden, Sterben, Auferstehen und Wiederkommen. Auch beim eucharistischen Opfer Jesu Christi dienen Ihm die Engel und umgeben dabei den Altar, wie es manche Kirchenväter (besonders Johannes Chrysostomus, Ambrosius und Gregor d.Gr.) und manche Liturgien (die römische im Schluss der Präfationen, die griechische Chrysostomusliturgie, die armenische Liturgie) ausdrücklich betonen.

11. Das Verhältnis der Engel zu uns Menschen

Die Engel sind zwar uns Menschen in ihrer reinen Geistnatur, in ihrer Verstandesschärfe und Willenskraft weit überlegen, dennoch sind sie gemäss dem an sie ergangenen Auftrag Gottes immer bereit, uns Menschen zu helfen, uns zu erleuchten, uns beizustehen und zu dienen. Im Hebräerbrief (1,14) wird mit staunender Bejahung die Frage gestellt: «Sind sie (die Engel) nicht alle dienende Geister, ausgesandt zum Dienste derer, die das Heil erlangen sollen?» Es ist eine vom ordentlichen kirchlichen Lehramt bezeugte Glaubenswahrheit, dass es besondere Schutzengel gibt, die den einzelnen Menschen von Gott zugewiesen werden.

Die Aufgaben, die die guten Engel ihren Schützlingen gegenüber haben, sind folgende:

1. Sie wenden manche Gefahren und Übel des Leibes und der Seele von ihnen ab (Biblisches Beispiel dafür ist der junge Tobias).
2. Sie wehren die bösen Geister ab, damit sie nicht schaden können, wie sie wollen (vgl. Tob 8,3: «Raphael verfolgte ihn [den Dämon], der dem Tobias Schaden zufügen wollte, und fesselte ihn»).
3. Sie flössen gute Gedanken und Anregungen ein (Biblische Beispiele sind dafür der Diakon Philippus [Apg 8,26] und der Hauptmann Cornelius [Apg 10,3]).
4. Sie bringen unsere Gebete Gott dar und beten für uns (vgl. Offb 8,3: «Ein Engel kam und trat an den Altar mit einem goldenen Rauchfass, und viel Räucherwerk ward ihm gegeben, damit er es mit den Gebeten aller Heiligen auf den goldenen Altar vor dem Thron Gottes darbringe»).

Nach der Meinung mancher Kirchenväter und Theologen ist der Schutzengel, der jedem einzelnen Menschen von der Geburt an zugeteilt ist, aus dem untersten Chor der Engel genommen. Es gibt aber auch Theologen und Heilige, die behaupten, dass auch Engel aus höheren Chören als Schutzengel einzelner Personen, die etwa durch höhere Ämter oder durch grössere Heiligkeit ausgezeichnet sind, genommen werden. Es ist eine ziemlich allgemeine, auch von Heiligen (z.B. Petrus Faber) und grossen Theologen (z.B. Thomas v.A.) vertretene Überzeugung, dass auch bestimmten Gemeinschaften (der Gesamtkirche und Teilkirchen, Ländern und Gemeinden) von Gott ein Engel als besonderer Beschützer zugewiesen ist, und dass auch kirchliche Amtsträger (der Papst, die Bischöfe) über den persönlichen Schutzengel hinaus einen Engel zur Seite haben.

12. Die Verehrung der heiligen Engel

Es ist nicht bloss erlaubt, sondern auch nützlich, die heiligen Engel zu verehren und anzurufen. Die Begründung dafür liegt darin, dass die heiligen Engel ebenso wie die Heiligen die beseligende Anschauung Gottes geniessen und ebenso wie die Heiligen durch ihre Fürbitte bei Gott ohne Zweifel viel vermögen.
Die Hl. Schrift kennt Ehrenbezeugungen für die Engel (vgl. Gen 48,16; Jos 5,13ff; Os 12,4) und tadelt sie nicht. Freilich wird ein abgöttischer Kult der Engel in der Hl. Schrift ausdrücklich verworfen (vgl. Kol 2,18; Offb 19,10 u. 22,8f). Auf dem II. Konzil von Nicaea im Jahre 787 (DS 600) wurde ausdrücklich die Verehrung von Bildern der Engel als erlaubt hingestellt. Wenn aber Bilder von Engeln verehrt werden dürfen, dann umso mehr die Engel selbst. Freilich war auf der Synode von Laodizea im Jahre 372 (can.35) gegen einen zu weit gehenden Engelkult Stellung genommen worden: Wir dürfen die Engel verehren, aber nicht so, dass dadurch der Herr der Engel vergessen oder sie *über* ihn gestellt werden. Hier gilt, was in der Engelpräfation gesagt wird: «Gott gereicht es zur Verherrlichung und zum Lob, wenn wir die Engel ehren, die Er erschaffen hat. An ihrem Glanz und ihrer Würde erkennen wir, wie gross und über alle Geschöpfe erhaben Er selber ist.»

13. Die Engellehre bei den orthodoxen und evangelischen Christen

Als Anhang zu dieser kurzen Schilderung der kirchlichen Engellehre sei noch aus ökumenischem Geist angefügt, was nichtkatholische Christen über die Engel glauben und lehren:
Dass in den orthodoxen Kirchen klar an der Existenz der Engel festgehalten wird, ist fast selbstverständlich. Nach der Überzeugung der orthodoxen Christenheit «sind die Engel die bewährtesten Freunde Gottes; sie stehen an seinem Thron, und er hat sie ausgezeichnet mit Liebe,

Heiligkeit und Macht. Wer ihre Hilfe erfleht, um ihre Fürbitte nachsucht, verehrt sie, da er ihre Vorzüge anerkennt. So empfehlen sich die Gläubigen in der orthodoxen Christenheit am Anfang jeder Woche dem Schutz der Engel: Der Montag wird als Tag ihres Gedächtnisses begangen. Wiederholt werden im Lauf des Kirchenjahres Feste der Engel gefeiert. Am 8. November gedenkt die orthodoxe Kirche in einer gemeinsamen Feier (Synaxis) der Engelfürsten Michael und Gabriel und aller anderen körperlosen Mächte. Der November ist nach dem alten Kalender der neunte Monat des Jahres; er weist hin auf die neun Chöre der Engel. Dieses Fest, das allen Erscheinungen und Wundern der himmlischen Mächte gewidmet ist, wurde bereits im 4. Jahrhundert begangen. Des Erzengels Michael wird in besonderer Weise noch am 6. September gedacht; die Gedächtnisfeier des Erzengels Gabriel ist am 26. März, am Tag der Überbringung der Botschaft an Maria; ein zweites Mal wird seiner seit dem 9. Jahrhundert am 13. Juli gedacht, weil die Feier am 26. März in die Fastenzeit fällt; dieses Fest feiert die wunderbaren Erscheinungen Gabriels: die Verkündigung an Zacharias und Maria, die Stärkung Jesu in Gethsemani, die Vorhersage des Heimgangs der Gottesmutter. — In den Denkmälern der orthodoxen Kirche, die Namen der Engel tragen, verleiht das gläubige Volk seiner Verehrung sichtbaren Ausdruck; bereits Kaiser Justinian (527-565) hat, wie der Geschichtsschreiber Prokopios berichtet, sechs Michaelskirchen erbauen lassen; wie die Zeugnisse östlicher Baukunst zeigen, standen ihm andere christliche Herrscher nicht nach. — In Liedern und Hymnen dankt die orthodoxe Christenheit bei allen gottesdienstlichen Handlungen den Engeln und preist diese Freunde im Himmel ob ihrer Vorzüge und machtvollen Hilfe. Die Verehrung der Engel ist eingebettet in die gesamte Glaubenshaltung und Glaubensäusserung der orthodoxen Kirche» (L. Heiser, Die Engel im Glauben der Orthodoxie [Trier 1976] S. 193f).
Wie aber sieht es diesbezüglich in der evangelischen Christenheit aus? Hier hat uns der bekannte evangelische Theologe Max Lackmann dankenswerter Weise auf folgende Tatsachen hingewiesen:
Die lutherische Reformation hat an der Existenz der Engel, an ihrem Umgang mit den Menschen und umgekehrt strikt festgehalten. Auch der Beistand und die Präsenz der Engel in irdischen Anliegen und Nöten war für den reformatorischen Christen von Gott auf das Ziel des ewigen Heils für den einzelnen Christen wie auch für die ganze Kirche hingeordnet.
Im «Kleinen Katechismus» Martin Luthers, der zu den Bekenntnis-Schriften der evangelischen Christenheit gehört, auf die der evangeli-

sche Pfarrer in der Ordination verpflichtet wird, wird der einzelne Christ wie die Familie angeleitet, im Morgen- und Abendgebet zu beten: «Dein heiliger Engel (,Gott Vater,) sei mit mir, dass der böse Feind keine Macht an mir finde!» In zahlreichen Morgen- und Abendchorälen des Evangelischen Kirchengesangbuches wird um das Geleit und den Schutz der heiligen Engel für das leibliche Leben gebetet und gemeinsam mit den Engeln Gott gedankt. Nach der «Apologie» der «Confessio Augustana» durch Melanchthon beten Engel und Heilige im Himmel für die Kirche.

Die Anrufung («invocatio») der Engel und Heiligen wurde — das muss zugegeben werden — in der lutherischen Reformation abgewiesen, aber eigentlich nur aus der Sorge, es könnte durch die Verwendung dieses Begriffes eine unchristliche Konkurrenz zur Anrufung und anbetenden Verehrung des dreieinigen Gottes gefördert werden.

Das gemeinsame Gebet der Engel und Heiligen im Himmel für Kirche und Welt findet sich mehrfach in den Chorälen des Evangelischen Kirchengesangbuches.

Der lutherisch-orthodoxe und führende Dogmatiker des 17. Jahrhunderts Johann Gerhard setzte an den Anfang des 2. Bandes seiner «Loci communes» eine ausführliche, auch auf die Kirchenväter zurückgreifende Angelologie, in der er den heiligen Dienst der Engel vor und für Gott und für das Heil der Menschen aufzeigt und auch auf die Bedeutung der Engel für alle weltlichen und kirchlichen Institutionen sowie für die Völker hinweist (Bd. II, Sectio XV, Nr. 67-72).

Die evangelischen Christen bekennen sich auch zu dem jedem einzelnen Menschen von Gott zugeteilten Schutzengel (vgl. unter dem Stichwort «Engel» die zahlreichen Hinweise auf die Bedeutung der Engel für das Ganze christlichen Lebens im Evangelischen Kirchengesangbuch bei: Max Lackmann, Credo Ecclesiam Catholicam. Evangelisches Bekenntnis gegen den Protestantismus [Verlag Styria, Graz 1960]).

Nach dem Aufhören des praktischen Umgangs mit den Engeln im kirchlichen und privaten Leben in der evangelischen Christenheit im 18. und 19. Jahrhundert fand die lutherische Theologie und die Erweckungsbewegung des 19. Jahrhunderts wieder dazu zurück; man könnte besonders auf Wilhelm Löhe, August Friedrich, Christian Vilmar u.a. hinweisen. Der von Haus aus reformierte Theologe Karl Barth hat sich im Band III/3 seiner «Kirchlichen Dogmatik» auf 200 (!) Seiten mit dem

---

Gott, von Engeln begleitet, erschafft die Welt ▶

nach seiner Meinung «unerlässlichen» Thema der Angelologie beschäftigt und dabei die Meinung vertreten: «Es würde sich eine Dogmatik, die sich der Aufgabe der Angelologie entziehen wollte, einer faulen und für die ganze Kirche gefährlichen Unterlassung schuldig machen . . . Es ist gar nicht abzusehen, was es für die Christenheit und ihr Wort an die Welt bedeuten könnte, wenn sie der eigentümlichen Realität der Engel . . . wieder gewahr würde.» Man vergleiche dazu auch Wilhelm Stählins Beitrag in dem Büchlein «Begegnung mit den Engeln» (Wilh. Barth-Verlag, München-Planegg 1956) und das im Christiana-Verlag erschienene Buch von Max Lackmann «Tobit und Tobias» (Stein am Rhein 1971). Durch Luthers Einordnung des Tobias-Buches unter die «Apokryphen» nur deshalb, weil sich dieses biblische Buch nicht in der Sammlung der *hebräischen* Schriften des Alten Testaments fand, hatte der evangelische Bibelleser Jahrhunderte lang keinen Umgang mit diesem so wichtigen Zeugnis von der Wirklichkeit und Bedeutung der Engel Gottes. 1970 aber hat die Evangelische Kirche in Deutschland offiziell einen revidierten Text der von Luther als apokryph bezeichneten Bücher in einem besonderen Zusatzband zur Bibel herausgegeben. Martin Luther selbst sagte von dem Tobias-Buch, es sei «uns Christen nützlich und gut zu lesen als eines feinen hebräischen Dichters, der keine leichtfertigen, sondern die rechten Sachen handelt und sie aus der Massen christlich treibt und beschreibt». Max Lackmann hat in seinem Buch «Tobit und Tobias» diese alttestamentliche Schrift als eine Glaubens- und Lebensgeschichte für den Christen unserer Zeit ausgelegt und nacherzählt. Im Anhang sind neben katholischen auch evangelische Engelgebete von Wilhelm Löhe († 1872) und aus dem reformatorischen Jahrhundert angeführt.

Zuletzt sei noch auf den evangelischen Märtyrer Dietrich Bonhoeffer († 9.4.1945, erhängt im KZ Flossenbürg) hingewiesen, der zu Weihnachten 1944 im Gefängnis das folgende Gedicht verfasste, das heute von evangelischen und katholischen Christen gesungen wird:

«Von *guten Mächten* treu und still umgeben,
behütet und getröstet wunderbar,
so will ich diese Tage mit euch leben
und mit euch gehen in ein neues Jahr.

Von *guten Mächten* wunderbar geborgen,
erwarten wir getrost, was kommen mag.
Gott ist mit uns am Abend und am Morgen
und ganz gewiss an jedem neuen Tag.»

Was der evangelische Märtyrer Dietrich Bonhoeffer in seinem Gedicht über die «guten Mächte», die heiligen Engel, in ihren Schutz vertrauend zum Ausdruck gebracht hat, das hat der katholische Märtyrer Thomas More († 6.7.1535) in dem folgenden Gebet, das unseren Überblick über die kirchliche Engellehre beschliessen und zu den Heiligen, die mit den Engeln in besonderer Beziehung standen, überleiten soll, in ergreifender Weise ausgesprochen:
«O glorreiche heiligste Dreifaltigkeit, deren Gerechtigkeit viele stolze, rebellische Engel, die Deine Güte zu Partnern Deiner ewigen Herrlichkeit erschaffen hatte, zu ewiger Pein verdammte, pflanze durch Dein gütiges Erbarmen solche Demut in mein Herz, dass ich durch Deine Gnade der Leitung meines guten Engels so folge und den stolzen Einflüsterungen der boshaften, gefallenen Geister so widerstehe, dass ich durch die Verdienste des bitteren Leidens Jesu Christi Deiner ewigen Seligkeit und der Gemeinschaft mit jenen heiligen Geistern, die widerstanden und, durch Deine Gnade gestärkt, nun in Deiner Gloric stehen, teilhaftig werde, jetzt und in Ewigkeit. Amen» (Thomas Morus, Gebete und Meditationen, München 1983, S. 57).

II. ALTTESTAMENTLICHE HEILIGE IN IHREN BEZIEHUNGEN ZU DEN ENGELN

Die Stammeltern Adam und Eva

Sind schon die ersten Menschen in Kontakt getreten mit den Engeln? Das ist die Frage, die sich uns am Anfang der Menschheitsgeschichte stellt. Wenn viele Kirchenväter im kurzen Schöpfungsbericht «Im Anfang schuf Gott Himmel und Erde» im Wort «*Himmel*» die von Gott geschaffene Engelwelt geoffenbart gesehen haben, so haben die Engel zweifellos als Gottes erstgeschaffene Geistwesen schon existiert, als der Mensch ins Dasein gerufen wurde. Dem entspricht auch die Erklärung des IV. Laterankonzils (1215) im Dekret «Firmiter credimus» (DS 800): «Wir glauben fest und bekennen, . . . dass Gott der eine Ursprung aller Wesen ist, der Schöpfer der sichtbaren und *unsichtbaren*, der *geistigen* und körperlichen. Er hat in seiner allmächtigen Kraft am Anfang der Zeit in gleicher Weise beide Ordnungen der Schöpfung aus dem Nichts erschaffen, die geistige und die körperliche, d.h. die *Engelwelt* und die materielle Welt und *dann* die Menschenwelt, die gewissermassen beide umfasst, da sie aus Geist und Materie besteht.»

Von einem vertrauten Umgang der ersten Menschen mit *Gott* wird in der Hl. Schrift (Gen 2,15ff) berichtet, nicht aber von einem solchen der ersten Menschen mit den Engeln. Nur eine Kontaktnahme mit dem gefallenen Erstengel in der Gestalt der Schlange wird im Kapitel über den Sündenfall der ersten Menschen erwähnt (Gen 3,1-7). Und nach geschehenem Sündenfall, der «suadente diabolo», durch Einflüsterung des Teufels und seine Verführungskunst erfolgt war, wurde dann noch unter den Strafen, die Gott über den sündig gewordenen Menschen verhängte, die Vertreibung aus dem Paradies erwähnt: «Und als Gott den Menschen (aus dem Paradies) vertrieben hatte, stellte Er östlich von dem Garten Eden die *Kerubim* auf und das zuckende Flammenschwert, damit sie den Weg zum Baum des Lebens bewachen» (Gen 3,23-24).

Dazu machte Cl. Schedl in seiner «Geschichte des Alten Testaments»[1] die erklärende Bemerkung: «Unter Kerub und Flammenschwert wird in

---

Die Vertreibung aus dem Paradies durch einen Kerub ▶

altorientalischer Bildersprache das denkbar schärfste Verbot ausgesprochen. Über die Realität der Kerubim und des zuckenden Schwertes hat sich die Päpstliche Bibelkommission nicht geäussert; darum ist in diesem Punkt (wie in anderen) der symbolischen Deutung die Bahn freigegeben. Ob aber die symbolische Auffassung von Kerub und Flammenschwert — beides nur altorientalische Bilder des stärksten Verbotes — das Wort der Bibel ganz ausschöpft, scheint uns fragwürdig zu sein. Für das Alte Testament sind die Kerubim *Engelmächte* aus der nächsten Nähe Gottes. Da Geistiges in Menschensprache nur in Bildern ausgesagt werden kann, greift die Bibel zu einer im Alten Orient vorhandenen Vorstellung von Mischwesen; indem sie aber das Bild aufnimmt, so wird dieses zum Ausdrucksmittel für die Offenbarung der Engelmächte. In der Versuchungsgeschichte bricht die satanische Engelmacht durch; am Ausgang des Paradieses aber steht der Kerub Gottes. Zwischen beiden aber steht der Mensch. Menschengeschichte ist offen nach oben und nach unten. Dass der Engel in drohender Abwehrstellung erscheint, ist nur die Fortsetzung der richtenden und abweisenden Haltung Gottes (dem sündig gewordenen Menschen gegenüber). Des Engels drohende Haltung aber ändert sich mit der Entwicklung der Heilsoffenbarung Gottes. Gerade der drohende Engel wird zum Verkünder des Heils. Damit sind in den ersten drei Kapiteln der Genesis die grössten Perspektiven aufgerissen, die der Geschichte möglich sind: Gott, Engel, Teufel und Mensch, sie sind jene Mächte, die Geschichte im eigentlichen Sinn machen. Wer nur *eine* Macht übersieht, verzeichnet den Geschichtsablauf.»

Die gefallenen, aus dem Paradies der Erhebung in die Übernatur und in die beglückende Nähe Gottes und seines Hofstaates, der guten, treu gebliebenen Engel vertriebenen Stammeltern mussten sich mit ihrer gesamten Nachkommenschaft sagen: «Hinter uns der Kerub und das flammende Schwert, Zorneswolken und Gericht, vor denen wir fliehen müssen — der verschlossene Weg zu Gott und zum Heil; vor uns die Rückkehr zum Erdenstaub, der Tod, der auf uns wartet am Ende unserer Lebensbahn; und unterwegs der Kampf mit dem Bösen, das uns widersteht, und mit dem wir allein nicht fertig werden: Das ist unsere Lage als Menschen, wie die Paradiesesgeschichte sie uns enthüllt.»

Auch das Neue Testament sieht diese Lage nicht anders. Auch das Neue Testament weiss von der Macht des Bösen, die hier auf Erden Vollmacht hat, uns Menschen täglich zu widerstehen. Ja, das Neue Testament sieht diese Macht noch gewaltiger als die Paradieseserzählung. Als Schlange, die sich einschleicht in das Herz des Menschen, begegnet uns die Macht des Bösen im ersten Buch der Bibel; als Weltungeheuer, das mit seinem Schweif den dritten Teil der Sterne vom Himmel reisst, begegnet sie uns im letzten Buch der Bibel (Offb 12,3-8; 20,1-3, 7-10). Die ganze Menschheitsgeschichte erscheint von hier als ein Kampf mit dieser Macht. Paulus schreibt ihr das Luftreich, d.h. die ganze Atmosphäre, die unseren Erdball umgibt, als Herrschaftsbereich zu (Eph 6,12: «Wir haben nicht mit Fleisch und Blut zu kämpfen, sondern mit Fürstentümern und Gewalten, mit den Weltherrschern dieser Finsternis, mit den Geistwesen der Bosheit unter dem Himmel», d.h. mit dem ganzen Heerbann der Finsternis). Auch Jesus sieht die Welt im Einfluss- und Machtbereich des Satans liegen und nennt ihn den 'Fürsten dieser Welt' (Joh 12,31, 14,30, 16,11).

Eine wahrhaft erschütternde Beurteilung des Menschenlebens und der Welt ist das. Aber nun folgt das Tröstliche: Es ist einer gekommen, der sah unsere Lage: die verschlossene Tür zu Gott hinter uns, den Tod vor uns und die Macht der Finsternis gegen uns; Er sah sie so furchtbar, wie sie ist, und nahm sie ganz ernst; und Er nahm auch den Auftrag des himmlischen Vaters, den Kampf gegen die Finsternis aufzunehmen, ganz ernst und führte diesen Kampf, Er, der zweite Adam, Jesus Christus»[2)].

Er bestand diesen Kampf gegen die Macht der Finsternis, wie bei der Versuchung draussen in der Wüste (vgl. Mt 4,1-11; Mk 1,12-13; Lk 4,1-13), so auch in den von Ihm bewirkten Dämonenaustreibungen (vgl. Mt 8,16; Mk 1,23-27; Mk 3,11; Mk 5,8; Lk 6,18), und schliesslich auch und erst recht — trotz der scheinbaren Niederlage im Leiden und Sterben am Kreuz — in der glorreichen Auferstehung. Im gesamten «Christusereignis» mit dem Kampf gegen die Macht der Finsternis spielen aber auch die guten Engel, von der Menschwerdung und Geburt Jesu Christi angefangen bis zu seiner Auferstehung und Himmelfahrt, eine grosse Rolle. Sie sind Christi Wegbegleiter, Boten, Zeugen und Mitkämpfer, die Ihm — gemäss der an die Stammeltern nach dem Sündenfall ergangenen Verheissung im sogenannten Protoevangelium (Gen 3,5) — helfen durften, der teuflischen Schlange den Kopf zu zertreten.

Wenn nun aber im Leben des *zweiten* Adam die *Engel* eine so grosse Rolle spielten, wäre es dann nicht denkbar, dass sie auch im Leben des *ersten* Adam — über die beiden in der Hl. Schrift erwähnten negativen Kontaktnahmen (beim Sündenfall und nach der Vertreibung aus dem Paradies) hinaus — auch positiv in Erscheinung getreten sind? Vielleicht haben da doch manche apokryphe Schriften («Leben Adams und Evas», «Das Testament Adams», «Die Apokalypse des Mose» u.a.)

recht, wenn sie fast einmütig berichten, Adam, der erste Mensch, habe um die Existenz der Engel gewusst, und sie seien ihm gar manchmal erschienen.

Zur Illustration dafür ein paar Beispiele: Im «Leben Adams und Evas», das im ganzen christlichen Westen im Mittelalter verbreitet und viel gelesen wurde und das bereits in einer Handschrift aus dem Jahre 730 vorliegt[3)], wird zuerst von der Busse, die die Stammeltern auf sich genommen haben, berichtet; dann wird erzählt, wie Eva in der freiwillig übernommenen Busse nicht durchhielt, weil sie ein zweites Mal vom Teufel verführt wurde. Sie beklagt sich dann über den Teufel. Dieser aber schildert hierauf seinen eigenen Sündenfall in folgender Weise:

«Ach, Adam, meine ganze Feindschaft, mein Neid und Schmerz gehen gegen dich, weil ich um deinetwillen war vertrieben, entfremdet meiner Herrlichkeit, die bei den Engeln ich im Himmel hatte, und weil ich deinetwegen auf die Erde ward hinabgestossen. Und Adam sprach: Was tat ich dir? Was ist denn meine Schuld an dir? Warum verfolgst du uns? Du bist von uns doch nicht geschädigt oder verletzt? Der Teufel gab zur Antwort: Was sagst du, Adam, da zu mir? Um deinetwillen ward ich ja von dort verstossen und aus der Engel Schar verbannt. Als Gott den Lebensodem in dich blies und dein Gesicht nach Gottes Bild und Gleichnis ward geschaffen, da führte Michael mich her, und er gebot, dich zu verehren vor dem Angesichte Gottes. Es sagte Gott der Herr: 'Ich schuf nach meinem Bild und Gleichnis, Adam, dich fürwahr.' Und Michael kam dann herauf und rief den Engeln allen zu: Verehret Gottes Ebenbild, wie Gott der Herr befiehlt! Und Michael verehrte ihn zuerst. Dann rief er mich und sprach: Verehre Gottes Ebenbild! Ich aber sprach: Ich brauch nicht Adam zu verehren. Als Michael noch weiter mich zum Verehren Adams drängte, sagte ich zu ihm: Weswegen drängst du mich? Ich werde den doch nicht verehren, der jünger und geringer ist als ich. Ich wurde ja vor ihm geschaffen. Ehe er geschaffen ward, ward ich geschaffen. Er sollte also mich verehren. Als dies die anderen Engel, die mir unterstanden, hörten, da wollten sie ihn nicht verehren. Da sagte Michael noch einmal: Verehre Gottes Ebenbild! Tust du es aber nicht, alsdann wird Gott der Herr in Zorn geraten deinetwegen. Ich aber sprach: Gerät er über mich in Zorn, dann stell' ich meinen Thron über des Himmels Sterne und bin dem Höchsten gleich. Und Gott der Herr ward über mich gar zornig, und er verbannte mich von unserer Herrlichkeit samt meinen Engeln, und also wurden wir aus unseren Wohnungen in diese Welt vertrieben und auf die Erde hier verstossen deinetwegen. Und alsbald wurden wir betrübt, weil wir so grosser Herrlichkeit entkleidet waren, und dich in solcher Freude und Wonne sehen zu müssen, betrübte uns gar sehr. Mit List umgarnte ich dein Weib und brachte es dahin, dass du aus deiner Freud und Wonne ihretwegen warst vertrieben, wie ich aus meiner Herrlichkeit vertrieben ward. Als Adam dies den Teufel sagen hörte, da rief er unter lautem Weinen aus: Ach Herr, mein Gott, in deinen Händen liegt mein Leben. Entferne diesen Feind von mir, der meine Seele zu verderben sucht, und gib mir seine Herrlichkeit, die er verloren hat! Alsbald verschwand vor ihm der Teufel. Und Adam hielt in seiner Busse aus . . . Und Adam bat den Herrn für Eva (die in der Busse nicht ausgeharrt hatte). Da stellten sich zur Rechten und zur Linken Evas zwölf Engel und zwei Kräfte. Und Michael, der auf der Rechten stand, berührte sie vom Antlitz bis zur Brust und sprach zu Eva: Gesegnet seist du, Eva, Adams wegen. Weil seine Bitten und Gebete dringend sind, ward ich zu dir gesandt, dass unsere Hilfe du erfahrest . . .»[4].

In der «Apokalypse des Mose» erzählt Eva ihren Kindern und Kindeskindern ihren Sündenfall. Sie leitet den Bericht so ein: «Die Schlange hing sich an die Mauer des Paradieses. Um die Stunde, da die Engel Gottes kamen, um Gott anzubeten, da nahm der Satan Engelsgestalt an und lobsang Gott wie die Engel. Und er bückte sich über die Mauer, so dass ich ihn gleich einem Engel gestaltet erblickte»[5]. Dann wird der Sündenfall der Stammeltern genau wie in der Genesis, nur etwas weiter ausgemalt, geschildert. Dann erzählt Eva weiter folgendes: «Adam sprach (nach dem Sündenfall) zu mir: Du böses Weib, was hast du uns da angerichtet? Entfremdet hast du mich von der Herrlichkeit Gottes. Zur selben Stunde hörten wir den Erzengel Michael seine Trompete blasen und Engel also rufen: So spricht der Herr: Kommt mit mir zum Paradies und hört den Spruch, mit dem Ich Adam richten werde! Als wir nun den Erzengel trompeten hörten, dachten wir: Siehe, Gott kommt ins Paradies, uns zu richten. Daher fürchteten und verbargen wir uns. Da fuhr Gott zum Paradies auf dem Kerubwagen, und die Engel lobsangen Ihm.» Dann wird sehr bilderreich das Gericht Gottes über die Stammeltern geschildert. Nach dem Urteilsspruch Gottes heisst es: «Nachdem Er dies gesagt, befahl Er seinen Engeln, uns aus dem Paradies zu treiben. Als wir nun unter Wehklagen fortgetrieben wurden, flehte euer Vater Adam die Engel also an: Lasst mir ein wenig Zeit, dass ich Gott bitte, und Er Mitleid habe und sich meiner erbarme, denn ich allein habe gesündigt. Und da sie aufhörten, ihn fortzutreiben, schrie Adam weinend also: Verzeih mir, Herr, was ich getan! Da sprach der Herr zu seinen Engeln: Warum hört ihr auf, Adam aus dem Paradies fortzutreiben? Habe denn Ich mich versündigt oder habe Ich falsch gerichtet? Da fielen die Engel zur Erde und beteten den Herrn also an: Gerecht bist Du, o Herr, und recht sind Deine Gerichte! Und zu Adam gewandt sprach der Herr: Von jetzt an will Ich dich nicht länger im Paradies dulden. Da antwortete Adam und sprach: Herr, gib mir vom Baum des Lebens zu essen, ehe ich hinausgetrieben werde.

Darauf sprach der Herr zu Adam: Jetzt kannst du von ihm nicht mehr bekommen, denn den Kerubim und dem gewundenen Flammenschwert ist der Auftrag geworden, ihn vor dir zu hüten, damit du nicht von ihm schmeckest und unsterblich seiest in Ewigkeit, sondern den Kampf behaltest, den der Feind dir eingegeben hat. Aber wenn du, nachdem du aus dem Paradies herausgegangen, dich vor allem Bösen bewahrst, zu sterben bereit, will Ich dich wieder auferwecken zur Zeit der Auferstehung, und dann soll dir vom Baum des Lebens gegeben werden, dass du unsterblich seist in Ewigkeit!

Nachdem der Herr dies gesagt hatte, befahl Er, uns aus dem Paradies zu vertreiben, Euer Vater Adam aber weinte vor den Engeln gegenüber dem Paradies. Da sagten die Engel zu ihm: Was sollen wir für dich tun, Adam? Euer Vater aber antwortete und sprach zu den Engeln: Siehe, vertreibt mich! Ich bitte euch nur, lasst mich Wohlgerüche aus dem Paradies mitnehmen, damit ich, nachdem ich herausgegangen bin, Gott Opfer darbringen kann, dass Gott mich erhöre! Da nahten die Engel Gott und sprachen: Gott, ewiger König, befiehl, dass wir Adam wohlriechendes Räucherwerk aus dem Paradies mitgeben! Und Gott befahl Adam zu kommen, damit er wohlriechendes Gewürz aus dem Paradies nehme und Sämereien zu seinem Unterhalt. Da liessen ihn die Engel beiderlei Arten sammeln: Safran, Narde, Kalmus und Zimt und ausserdem Sämereien zu seinem Unterhalt. Mit diesen ging er aus dem Paradies. Und wir kamen auf die Erde. Nunmehr habe ich euch, Kinder, eröffnet, wie wir verführt wurden; ihr aber hütet euch, vom Guten abzuweichen!»[6)]

Es wird dann noch in dieser «Apokalypse des Mose» Adams letzter Wille und Tod geschildert. Dabei betet zuletzt Adam ein Reuegebet, das fast dem «Confiteor» in der abendländischen Liturgie gleichkommt: «Gesündigt habe ich, o Gott, gesündigt, Vater des Alls, gesündigt an Dir, gesündigt gegen deine auserwählten Engel, gesündigt gegen die Kerubim und Seraphim, gesündigt gegen Deinen unerschütterlichen Thron, gesündigt, Herr, viel gesündigt, und alle Sünde ist durch mich in die Schöpfung gekommen»[7)].

Hierauf wird sogar die Bitte der gesamten Engelwelt um Verzeihung für Adam beschrieben[8)]: «Die Engel fielen nieder und beteten Gott an, schrien und sprachen: 'Heiliger Gott, verzeih' ihm, denn er ist Dein Ebenbild und Deiner heiligen Hände Geschöpf!'» Dann gewährt Gott die Bitte um Verzeihung für Adam: «Siehe, da blies einer der Engel die Trompete, und alle Engel, die auf dem Antlitz lagen, standen auf und schrien mit furchtbarer Stimme also: 'Gepriesen sei die Herrlichkeit des Herrn von seinen Geschöpfen, denn Er hat sich erbarmt Adams, des Gebildes seiner Hände!' Nachdem aber die Engel dies gerufen hatten, siehe, da kam der sechsflügeligen Seraphim einer, raffte Adam auf und entführte ihn zum acherontischen See, wusch ihn dreimal ab und brachte ihn vor Gottes Angesicht. Drei Stunden lag er da. Hierauf streckte der Vater des Alls seine Hand aus, auf seinem Thron sitzend, hob Adam auf und übergab ihn dem Erzengel Michael mit den Worten: Erhebe ihn ins Paradies bis zum dritten Himmel und lass ihn dort bis zu jenem grossen und furchtbaren Tag meiner Veranstaltung, die Ich treffen will mit der Welt! Da erhob der Erzengel Michael Adam und liess ihn dort, wo Gott es ihm geboten hatte. Und alle Engel sangen einen Engel-Lobgesang, sich verwundernd über die Adam zuteil gewordene Vergebung.»

Der Patriarch Abraham

(um 1700 v.Chr.)

Schon im Leben des Stammvaters des auserwählten Volkes und ersten Empfängers übernatürlicher göttlicher Wortoffenbarung spielen Engel, wie es scheint, eine grosse Rolle bis hin zur Tatsache, dass Jesus im Gleichnis vom reichen Prasser und armen Lazarus die Seele des Armen von *Engeln* in den Schoss Abrahams getragen werden lässt (vgl. Lk 16,22). Ein erster ausdrücklicher Hinweis auf einen Engel im Leben Abrahams steht im Bericht über die in die Wüste geflohene Magd Abrahams, Hagar: «Der *Engel Jahwes* fand Hagar an einer Wasserquelle in der Wüste, an der Quelle auf dem Weg nach Schur. Er sprach: 'Hagar, Magd Sarais, woher kommst du und wohin gehst du?' Sie antwortete: 'Vor Sarai, meiner Herrin, bin ich auf der Flucht.' Da sprach der Engel Jahwes zu ihr: 'Kehre wieder zu deiner Herrin zurück und beuge dich unter ihre Gewalt.' Und der *Engel Jahwes* sprach zu ihr: 'Ich will deine Nachkommen so zahlreich machen, dass man sie vor Menge nicht wird zählen können.' Ferner sprach der *Engel Jahwes* zu ihr: 'Siehe, du hast empfangen und wirst einen Sohn gebären. Ihn sollst du Ismael nennen, denn Jahwe hat auf deine Not gehört . . . '» (Gen 16,7-12). Dann heisst es von Hagar: «Da nannte sie den Namen Jahwes, der mit ihr geredet

hatte: 'Du bist ein Gott des Schauens'; denn sie sagte: 'Habe ich hier nach dem geschaut, der nach mir schaut?!' . . .» (Gen 16,13).
Beim rätselhaften Besuch, den Abraham bei der Terebinthe Mamres von drei Männern erhielt (vgl. Gen 18,1ff), ist wieder von *Engeln* die Rede, ebenso dann beim Bericht über die Zerstörung von Sodom: «Die beiden *Engel* kamen am Abend nach Sodom, als Lot (der Neffe Abrahams) gerade am Tor von Sodom sass . . .» (Gen 19,1ff).
Schliesslich wird dann ausdrücklich wieder ein Engel genannt bei der Schilderung des Opfers Abrahams, da er auf dem Berg Moria seinen einzigen, vielgeliebten Sohn Isaak opfern sollte: «Als sie (Abraham und Isaak) an den Ort kamen, den Gott ihm genannt hatte, baute Abraham einen Altar, schichtete Holz darauf, band seinen Sohn und legte ihn auf den Altar, oben auf das Holz. Dann streckte Abraham seine Hand aus, nahm das Messer, um seinen Sohn zu schlachten. Da rief der Engel Jahwes vom Himmel her ihm zu und sprach: 'Abraham, Abraham!' Er antwortete: 'Hier bin ich!' Da sprach er: 'Strecke deine Hand nicht nach dem Jungen aus und tu ihm nichts zuleide! Denn nun weiss ich, dass du Gott fürchtest und mir deinen einzigen Sohn nicht vorenthalten hast.' Als Abraham seine Augen erhob, sah er einen Widder, der sich mit den Hörnern im Dickicht verfangen hatte. Abraham ging hin, nahm den Widder und brachte ihn anstelle seines Sohnes zum Brandopfer dar . . . Darauf rief der *Engel Jahwes* Abraham zum zweiten Mal vom Himmel her zu und sprach: 'Ich schwöre bei mir selbst — Spruch Jahwes — weil du dies getan und deinen einzigen Sohn mir nicht vorenthalten hast, will ich dich reichlich segnen. Ich werde deine Nachkommenschaft zahlreich machen wie die Sterne des Himmels und wie den Sand am Gestade des Meeres . . . Durch deine Nachkommenschaft sollen alle Völker der Erde gesegnet werden, weil du meine Stimme gehört hast!'» (Gen 22,9-18).
Es fällt nun auf, wie an all diesen Schriftstellen, an denen im Leben Abrahams *Engel*, beziehungsweise der *«Engel Jahwes»* erwähnt werden, letztlich immer Jahwe selbst gemeint sein könnte. Mit Recht macht darum Cl. Schedl in seiner «Geschichte des Alten Testaments»[1)] die Bemerkung: «Das Leben der Patriarchen — auch schon das des Abraham — ist von *Engeln* behütet und getragen. Aber gerade die Engelaussagen in der Patriarchengeschichte bereiten einige Schwierigkeiten. Als Hagar in die Wüste flüchtet, trifft sie dort der *Engel* Jahwes («malâk Jahwe»). Er spricht zunächst mit ihr als Abgesandter Gottes, der ein Gotteswort verkündet: 'Siehe, du hast empfangen und wirst einen Sohn gebären. Ihn sollst du Ismael nennen, denn Jahwe hat auf deine Not gehört . . .' Hagar selber aber deutet diese Begegnung als Gottesbegegnung: 'Du bist

ein Gott des Schauens.' Den gleichen Übergang vom Engelwort zum Gotteswort haben wir noch ausgeprägter in der Erscheinung der drei Männer bei Abraham. Das Kapitel 18 der Genesis wird eingeleitet mit dem Hinweis auf eine Gotteserscheinung: 'Jahwe erschien dem Abraham bei den Terebinthen des Mamre . . .'. Aber im 2. Vers führt die Erzählung weiter zu den 'drei (engelgleichen) Männern, die in seiner Nähe standen'. Während der Bewirtung wechselt dann die Mehrzahl der Engel mit der Einzahl Gottes: Vers 9: 'Da sprachen sie . . .', Vers 13: 'Da sprach Jahwe . . .' Wie ist dieses Problem zu lösen?»

Geht es beim «Engel Jahwes» um ein personales, geistiges, von Gott erschaffenes und von ihm verschiedenes Wesen, also um einen Engel, oder ist der «Engel Jahwes» nur eine Umschreibung für Jahwe-Gott selber? Das ist hier die Frage.

Cl. Schedl meint, die sogenannte «Identitätshypothese», nämlich die Gleichsetzung des «Engels Jahwes» mit Jahwe selber, scheitere «an der Vielfalt der Erzählung, die das Auftreten von zweien oder dreien berichtet»[2]. Er erwähnt dann die «Repräsentationshypothese», die da die Ansicht vertritt, «dass der oder die Engel eine Botschaft des abwesend gedachten Gottes verkünden und in seiner Stellvertretung sprechen. Die Engel sind demnach Repräsentanten des fernen Herrschers»[3]. Diese Hypothese aber, so meint Cl. Schedl, «erklärt zu wenig das direkt und unvermittelt neben dem Engelswort stehende Jahwewort»[4]. Er setzt sich dann für die sogenannte «Revelationshypothese» ein, von der er glaubt, dass sie am meisten der alttestamentlichen Gedankenwelt gerecht werde, und zwar insofern, «als der 'Engel Jahwes' als Begleiter und Träger der Herrlichkeit Jahwes durch sein Sichtbarwerden die Gegenwart Gottes offenbart, wobei Gott selber geheimnisvoll unsichtbar bleibt. Das wäre die Vorstellung von 'Jahwe, der über den Keruben thront'. Aus dieser Auffassung heraus kann der biblische Erzähler nach Belieben bald von der äusseren Erscheinung des Engels, bald vom unsichtbaren Jahwe selber reden. Das Alte Testament kennt ja Gott nicht so sehr als einsames, für sich allein existierendes Wesen, sondern als König, der von seinem Hofstaat umgeben ist. Der Gott der Heerscharen, den die Propheten verkünden werden, war bereits der Gott der Väter, der Patriarchen»[5].

Erwähnt sei noch, dass man bei den Worten des «Engels Jahwes» zu Hagar: «Siehe, du hast empfangen und wirst einen Sohn gebären; ihn sollst du Ismael nennen, denn Jahwe hat auf deine Not gehört» (Gen 16,11) unwillkürlich an die Worte des Engels Gabriel zur seligsten Jungfrau Maria erinnert wird: «Siehe, du wirst empfangen und einen Sohn gebären und sollst ihm den Namen Jesus geben . . .» (Lk 1,31). Hier

müssen wir uns gleichzeitig aber auch daran erinnern, dass die seligste Jungfrau Maria in der Menschwerdung des Sohnes Gottes die dem Abraham gegebene Verheissung erfüllt gesehen hat; denn in ihrem «Magnificat» singt sie: «Gott hat sich Israels angenommen, seines Knechtes, eingedenk seiner Barmherzigkeit, wie er zu unseren Vätern gesprochen hat, zu *Abraham* und seinen Nachkommen in Ewigkeit» (Lk 1,54).
Was aber das Opfer Abrahams betrifft, bei dem sich der «Engel Jahwes» mit der Opferbereitschaft des Patriarchen zufrieden gab, darf daran erinnert werden, dass beim Sühneopfer auf Golgotha, bei dem der einzige, vielgeliebte Sohn des himmlischen Vaters geopfert werden sollte, kein Engel eingriff mit der Feststellung, dass die Opferbereitschaft «Jesu Christi, des Sohnes Davids, des Sohnes Abrahams» (Mt 1,1) genüge, im Gegenteil! Im ersten, römischen Hochgebet der Eucharistiefeier lässt uns die Kirche angesichts des wieder gegenwärtiggesetzten Opferleibes und Opferblutes Jesu Christi beten: «Wir bitten dich, allmächtiger Gott: Dein heiliger *Engel* trage diese Opfergabe auf Deinen himmlischen Altar vor Deine göttliche Herrlichkeit . . .»

Der Patriarch Jakob

(† um 1683 v.Chr.)

Auf Jakob, den Sohn Isaaks und Rebekkas, den jüngeren Zwillingsbruder Esaus, gehört, wenn von Heiligen die Rede ist, denen Engel begegneten, unbedingt hingewiesen wegen der Vision von der «Himmelsleiter», auf der Engel auf- und niederstiegen, zumal Jesus Christus ausdrücklich darauf angespielt hat (vgl. Joh 1,51)[1].
Bei aller schlauen Täuschung, die sich dieser alttestamentliche Patriarch im Verhältnis zu seinem Zwillingsbruder zu Schulden kommen liess, darf nicht übersehen werden, dass er die Verheissung Gottes, den Segen der Erstgeburt, in sich trug. Auf den Rat seiner Mutter Rebekka floh Jakob zu seinem Onkel Laban nach Haran (vgl. Gen 27,41; 28,5). Auf dem Weg von Beerscheba nach Haran übernachtete er in Beth-El. Hier wurde er im Traum durch die Vision von der Himmelsleiter ermutigt.
Diese Vision wird in der Hl. Schrift so geschildert: «Jakob zog aus von Beerscheba und ging nach Haran. Er gelangte zu der Stätte und blieb dort über Nacht, weil die Sonne schon untergegangen war. Er nahm ei-

---

Der Traum Jakobs ▶

nen von den Steinen der Stätte, machte ihn zum Lager für sein Haupt und legte sich an jener Stätte schlafen. Da träumte ihm: Siehe, eine Leiter war auf die Erde gestellt, deren Spitze den Himmel berührte. Und siehe, *Engel Gottes* stiegen daran auf und nieder. Und siehe, Jahwe stand über ihr und sprach: 'Ich bin Jahwe, der Gott deines Vaters Abraham und der Gott Isaaks. Das Land, auf dem du ruhst, will ich dir und deinen Nachkommen geben'» (Gen 28,10-13).

Unter dem Stichwort «Himmelsleiter» berichtet S. Grill, dass moderne Exegeten diese Himmelsleiter archäologisch deuten als Abbild der babylonischen Stufentürme oder als Anspielung auf die Himmelsleiter, die Horus und Osiris den frommen Seelen zum Aufstieg in die Himmelsregion bereitstellen[2)]. Die theologische Bedeutung der Vision von der Himmelsleiter legt die Hl. Schrift im Buch der Weisheit 10,10 nahe: «Einen Gerechten, der vor dem Zorn des Bruders floh, geleitete sie (die Weisheit) auf geraden Wegen, zeigte ihm das Reich Gottes und enthüllte ihm heilige Geheimnisse.» In diesem Sinn sahen Kirchenväter wie Theodoret von Cyrus in der Erscheinung ein Symbol der göttlichen Vorsehung und Weltregierung, die durch die *Engel* durchgeführt wird und die Jakob bezüglich seines Schicksals trösten sollte[3)]. Abendländische Exegeten deuten die Vision zum Teil christologisch in dem Sinn, dass der Patriarch Jakob eine prophetische Ahnung von der Menschwerdung Gottes erhielt. Vielleicht kann man mit Cl. Schedl die richtige Deutung der Vision des Patriarchen Jakob von der Himmelsleiter so wiedergeben: «Jakob kam sich damals (auf der Flucht vor seinem Bruder Esau) eher als ein Verfluchter vor denn als Gesegneter. Das nächtliche Gotteserlebnis aber bestärkte ihn im Glauben, dass Gottes Segen in Kraft und Gültigkeit bleibe. Was er im Traum sah, war nicht so sehr eine Leiter, die von der Erde zum Himmel reichte und auf der Engel auf- und niederstiegen, sondern eher die Vorstellung einer der grossen Treppenaufgänge, wie wir sie von den Stufentürmen des Zweiströmelandes kennen. (Das der 'Leiter' entsprechende hebräische Wort ist 'sullâm', das man am besten von sâlal = 'aufschütteln' ableitet, daher 'sullâm' ein 'aufgeschütteter Treppenaufgang'.) Auf der Höhe des Turmes dachte man sich Gott wohnend. Das Auf- und Niedersteigen der Engel auf dem 'sullâm' ist hier wohl kaum als eine Art Kultfeier der himmlischen Heerscharen aufzufassen, etwa nach dem Vorbild der Prozessionen, die auf den Treppen der Tempeltürme stattfanden. Der Zusammenhang legt eine andere

---

Jakobs Kampf mit dem Engel ▶

Vorstellung nahe. Aus dem Himmelsheer der *Engel*, das Jahwes Thron in seiner himmlischen Wohnung dienstbereit umsteht, steigen zahlreiche *Engel* als Diener der göttlichen Weltregierung auf dem 'sullâm' des himmlischen Heiligtums auf und nieder. Die Erscheinung soll Jakob die beruhigende Gewissheit geben, dass sein Leben unter Gottes und der *Engel* Schutz geborgen ist»[4)].

In den Erläuterungen der «Jerusalemer Bibel»[5)] wird die alle patristischen Deutungen gut zusammenfassende Bemerkung gemacht: «Mehrere Kirchenväter haben, Philo von Alexandrien folgend, in der Jakobsleiter ein Bild der Vorsehung gesehen, die Gott über die Erde durch den Dienst der *Engel* ausübt. Nach anderen war sie eine Vorausdarstellung der Menschwerdung des Ewigen Wortes als einer Brücke, die zwischen Himmel und Erde geschlagen wird.»

Bei seinem Onkel Laban in Haran, wo Jakob jahrelang dienen musste, werden ihm von Lea, Bilha, Silpa und Rahel elf Söhne und eine Tochter geboren. Der Patriarch wird auch reich, er muss dann aber vor dem Neid Labans fliehen. Da wird ihm nochmals eine Begegnung mit *Engeln* zuteil: «Jakob zog seines Weges. Da begegneten ihm *Engel Gottes*. Als Jakob sie sah, sprach er: 'Das ist Gottes Heerlager!' Und er nannte jenen Ort Machanajim» (Gen 32,2).

Trotz dieser Engelbegegnung überfiel Jakob im Ostjordanland Furcht vor seinem Bruder Esau, der ihm mit 400 Mann feindlich entgegenzog. Gegen alle Befürchtungen verlief die Begegnung mit Esau aber versöhnlich. In der Nacht zuvor hatte Jakob mit einem geheimnisvollen Mann gerungen und diesen nicht mehr ausgelassen, bis er ihn gesegnet hatte. War dieser geheimnisvolle Mann ein *Engel*, oder war es Gott selber? Jakob fragte ihn: «Tu mir deinen Namen kund!» Er aber antwortete: «Warum fragst du mich nach meinem Namen?» (Gen 32,30).

Der Patriarch Mose

(† um 1300 v.Chr.)

Mose, der Sohn der Israeliten Amram und Jokebed aus dem Stamme Levi, der Bruder Aarons und Mirjams, der zur Zeit der Unterdrückung Israels in Ägypten um 1350 vor Christus geboren und von der Tochter des Pharao adoptiert wurde, dann aber dem Auftrag Gottes gemäss im «Exodus» zum Führer und Befreier seines Volkes heranreifte, gehört unter den alttestamentlichen Vorbildern und Wegbereitern des christlichen Engelglaubens unbedingt genannt.

Nach rabbinischer Überlieferung, die in der Rede des Erzmartyrers und Diakons Stephanus im Neuen Testament ihren Niederschlag gefunden hat, ist dem Mose im brennenden Dornbusch Gott in einem *Engel* erschienen: «Gott hat den Mose als Anführer und Befreier gesandt durch die Hand des *Engels*, der ihm im Dornbusch erschien» (Apg 7,35).

Stephanus machte sich die ebenfalls rabbinische Überlieferung zu eigen, dass dem Mose am Sinai das Gesetz Gottes durch Vermittlung der *Engel* übergeben worden sei: «Ihr habt durch die Anordnung von *Engeln* das Gesetz empfangen» (Apg 7,53). Dieser Überzeugung hat dann auch der hl. Paulus im Galaterbrief (Gal 3,19) Ausdruck verliehen: «Das Gesetz wurde durch *Engel* erlassen.» Auch im Hebräerbrief (Hebr 12,22) klingt das noch an, wenn von den Israeliten, die nach der Gesetzgebung am Sinai unter Furcht und Angst zum Berg herantraten, gesagt wird: «Ihr seid ja hinzugetreten zu einem Berg — nicht zu jenem, den man sinnenhaft greifen konnte: zu 'Feuerbrand, Wolkendunkel, Gewittersturm' . . . Ihr seid hinzugetreten zum 'Berg Sion', der Stadt des lebendigen Gottes, dem himmlischen Jerusalem: zu den zahllosen *Engelscharen* . . .»

Am bedeutendsten ist aber unter allen Texten der Hl. Schrift, die auf eine Begegnung des Mose mit Engeln anspielen, jener ergreifende Schutzengel-Text, der von Mose dem Volk Israel in den Verheissungen und Anweisungen Gottes für den Einzug in Kanaan mitgeteilt wurde: «Siehe, Ich sende Meinen *Engel* vor dir her, damit er dich auf deinen Wegen behüte und dich an den Ort führe, den ich bestimmt habe. Habe acht auf ihn und höre auf seine Stimme; sei nicht widerspenstig gegen ihn. Denn er würde eure Übertretungen nicht verzeihen, weil Mein Name in ihm ist. Wenn du aber auf seine Stimme hörst und alles tust, was Ich euch befehle, dann will Ich der Feind deiner Feinde sein und deine Bedränger bedrängen. Dann wird Mein *Engel* vor dir hergehen und dich zu den Amoritern, Hethitern, Perisitern, Kanaanitern, Hiwwitern und Jebusitern führen . . .» (Ex 23,20-23).

Gewiss ist der im Alten Testament mehrmals erwähnte «Engel Jahwes» oft mit Gott identisch und nicht von ihm real verschieden als personales Geistwesen. Aber gerade hier dürfte bei aller Betonung der Verbundenheit des dem Volk Israel vorausgesandten *Engels* mit Gott — «Mein Name ist in ihm», sagt Gott — eine Identifizierung mit Gott unmöglich richtig sein. Der dem Volk Israel von Gott gesandte *Engel* zieht vor ihm her, um es auf allen seinen Wegen zu behüten und in das Gelobte Land hineinzuführen; das Volk aber soll auf die Stimme des *Engels* hören und gegen ihn nicht widerspenstig sein. Hier, an dieser Schriftstelle in Exodus 23,20ff, ist die Überzeugung grundgelegt, die später weiter entfaltet wurde, dass das alttestamentliche Volk Gottes einen Schutzengel hat, ja dass alle Völker und jeder einzelne Mensch einen solchen himmlischen Beschützer von Gott zugewiesen bekommen haben.

Auf ihrem Zug durch die Wüste kamen die Israeliten an den Jordan und lagerten gegenüber von Jericho in den Steppen Moabs. Der König der Moabiter, Balak, sandte Boten zum heidnischen Propheten Balaam nach Petor am Euphrat und liess ihn bitten, er möge kommen und das Volk, das aus Ägypten ausgezogen ist, verfluchen: «Komm und verfluche mir dieses Volk; denn es ist mir zu mächtig. Vielleicht vermag ich ihm dann eine Niederlage beizubringen und es aus dem Lande zu vertreiben. Ich weiss ja, wen du segnest, der ist gesegnet, und wen du verfluchst, der ist verflucht» (Num 22,6).

Als Balaam dem Drängen des Königs Balak schliesslich nachgab und auf einer Eselin reitend des Weges zog, um den Wunsch des Moabiterkönigs zu erfüllen, stellte sich ihm der *Engel* Jahwes entgegen. Er war von Gott gesandt worden, dass er das Volk behüte. «Die Eselin erblickte den *Engel* und wich vom Pfad ab in das daneben liegende Feld. Da schlug Balaam die Eselin, um sie wieder auf den Weg zu bringen. Hierauf stellte sich der *Engel* Jahwes in einen Hohlweg zwischen den Weinbergen, wo auf beiden Seiten eine Mauer war. Als nun die Eselin den *Engel* Jahwes bemerkte, drängte sie sich an die Wand und presste dabei den Fuss Balaams an die Wand. Da schlug er sie abermals. Alsdann ging der *Engel* Jahwes wieder voraus und stellte sich an eine enge Stelle, wo kein Raum war, um nach rechts oder links auszubiegen. Wie nun die Eselin den *Engel* Jahwes erblickte, legte sie sich unter Balaam nieder. Da geriet Balaam in Zorn und traktierte das Tier mit Stockschlägen. Da wurde der Eselin von Jahwe der Mund geöffnet, und sie sprach zu Ba-

---

Der Würgeengel in Ägypten ▶

laam: 'Was habe ich dir getan, dass du mich schon dreimal geschlagen hast? . . .' Nun öffnete Jahwe Balaam die Augen, so dass nun auch er den *Engel* Jahwes, das gezückte Schwert in seiner Hand, auf dem Weg stehen sah. Da verneigte dieser sich und warf sich auf sein Angesicht nieder. Der *Engel* Jahwes aber sprach zu ihm: 'Warum hast du deine Eselin nun schon dreimal geschlagen? Siehe, ich bin es doch, der auszog als dein Widersacher . . .'» (Num 22,22-34). Der *Engel* des Herrn gebot dem Propheten Balaam dann, fortan nur das zu sprechen, was er, der *Engel*, ihm angesichts des Volkes eingeben würde. Und Balaam segnete das israelitische Volk, statt es nach dem Willen des Moabiterkönigs Balak zu verfluchen.

Der König David

(† 965 v.Chr.)

David war der jüngste der acht Söhne des Judäers Isai aus Bethlehem (vgl. 1 Sam 16,1-11), der Urenkel des Boas und der Moabiterin Ruth (Rt 4,18-22): schön, kraftvoll, redegewandt und kundig des Saitenspiels; als Hirt der Schafe seines Vaters zeigte er sich zuverlässig und mutig, ein Mann nach dem Herzen Gottes (vgl. 1 Sam 13,14). Darum sandte der Herr, nachdem Saul wegen seines Ungehorsams verworfen worden war, den Propheten Samuel, um David im Beisein seines Vaters und seiner Brüder zum Nachfolger Sauls zu salben. Mit der Salbung kam der Geist des Herrn auf David und blieb auf ihm (vgl. 1 Sam 16,1-13). Er musste seine Königsherrschaft unter grössten Schwierigkeiten gegenüber Saul und anderen Gegnern durchsetzen und gegen äussere Feinde mehrere Kriege führen. Er stürzte sich mitten auf der Höhe seiner Macht, während des Ammoniterkrieges, in die Tiefe der Sünde. Gottes Strafurteil gegen ihn wurde aufgehoben, als er seine Sünde bereute und bekannte. Von da an aber stand Davids Leben zugleich unter Gericht und Verheissung.

Als David eine Volkszählung durchführte, wurde von Gott als Strafe die Pest über das Volk verhängt, wobei «aus dem Volk von Dan bis Beerscheba 70 000 Mann starben». Dabei erlebte David dann eine eigenartige *Engel-Begegnung*, von der im 2. Buch Samuel folgendes berichtet wird: «Als der *Engel* seine Hand gegen Jerusalem ausstreckte, um es zu verderben, da gereute Jahwe das Unheil, und Er befahl dem *Engel*, der das Verderben im Volk anrichtete: 'Es ist jetzt genug, ziehe deine Hand zurück!' Der *Engel* Jahwes war aber gerade bei der Tenne des Jebusiters Arauna. Als David den *Engel* sah, der das Volk schlug, rief er also zu Jahwe: 'Siehe, ich bin es, der gesündigt hat, ich bin es, der Böses getan hat. Diese aber, die Schafe, was haben sie verschuldet? So möge denn deine Hand sich gegen mich und mein Haus richten'» (2 Sam 24,16-17). Davids Glaube an die Existenz der *Engel* und ihr Eingreifen in das Geschehen der Menschen und Völker im Auftrag Gottes kommt auch in jenen Psalmen zum Ausdruck, die gemäss der biblischen Überschrift König David zum Urheber haben.

So weiss er sich vertrauensvoll geborgen unter den Flügeln der Engel im Psalm 91 (90): «Wer im Schutz des Allerhöchsten wohnt,/ wer im Schatten des Allmächtigen ruht,/ der spricht zum Herrn:/ 'Meine Zuflucht und meine Burg,/ Mein Gott, auf den ich baue': Er befreit mich aus des Jägers Schlinge,/ von dem Anschlag des Verderbens: Mit seinen Schwingen bedeckt Er dich,/ du bist wohl geborgen unter seinen Flügeln;/ Schirm und Schild ist seine Treue./ Du bangst nicht vor dem Grauen der Nacht,/ nicht vor dem Pfeile, der am Mittag schwirrt,/ noch vor der Pest, die im Dunkeln schleicht,/ vor der Seuche, die am Mittag würgt./ Und sinken Tausende an deiner Seite,/ Zehntausende zu deiner Rechten,/ dir naht sie nicht . . . du hast den Allerhöchsten zu deinem Hort gemacht./ Dir wird kein Unheil widerfahren/ und keine Plage wird deinem Zelt nahen./ Denn seinen *Engeln* gab Er dich in Hut,/ dich auf allen deinen Wegen zu behüten./ Auf ihren Händen sollen sie dich tragen,/ damit sich nicht dein Fuss an einem Stein stösst./ Über Löwen und Nattern wirst du schreiten,/ Jungleu und Drachen wirst du niedertreten . . .» (Ps 91,1-13).

In diesem Psalm sagt es uns David sehr eindringlich, dass Gott die Seinen wunderbar beschützt; es ist Ihm nicht genug, persönlich der Hort der Gerechten zu sein; Er ist in Seiner liebenden Fürsorge noch weiter gegangen: Auch die grosse Welt der himmlischen Geister, seine unmittelbaren Diener, hat Gott zum Schutz der Gläubigen aufgeboten; sie sollen die Gerechten überall begleiten und auf allen ihren Wegen behüten. Wohin sie gehen, sollen *Engel* sie begleiten; wenn ihnen Gefahren drohen, sollen *Engel* sie warnen und vor Unheil bewahren; wie eine gute Mutter auf steinigem Weg ihr kleines Kind sorgsam auf ihre Arme nimmt und trägt, damit es nicht strauchelt und fällt, so mütterlich lieb sollen die *Engel* um ihre Schützlinge besorgt sein, damit sie auf ihren Lebenswegen nicht straucheln und stürzen; mögen auf diesen Wegen Löwen und Drachen drohend ihre Rachen aufsperren und giftige Nattern lauern, wer von den *Engeln* behütet und getragen wird, kann kühn über all diese Gefahren hinwegschreiten, sie werden ihm nicht schaden können. So war es die gläubige Überzeugung des Psalmendichters[1].

Die Engel haben aber nach der Überzeugung des Königs David nicht nur die Aufgabe, uns Menschen zu beschützen, sie sollen vor allem auch mit uns Menschen Gott unseren Schöpfer loben und preisen. Daran werden wir im Psalm 103 erinnert, wo in den Versen 20 und 21 die himmlischen Geister aufgefordert werden: «Lobt den Herrn, ihr seine *Engel,/* starke Helden, die sein Wort vollziehen,/ sobald sie seine Stimme hören./ Lobt den Herrn, all sein Heer,/ seine Diener, die seinen Willen tun.»

Über die Aufgabe, Gott zu loben, hinaus sagt uns hier König David über die *Engel*, dass sie starke Helden sind — könnte das eine Anspielung auf die Auseinandersetzung der Gott treu gebliebenen Engel mit den abtrünnigen Geistern sein? — und dass sie die treuen Vollzieher aller Befehle Gottes sind; sie stehen dabei nicht nur im Dienste der strafenden Gerechtigkeit Gottes, sondern auch im Dienste seiner unendlichen Liebe und Erbarmung[2].

Zum Lob Gottes muss der Dank an Ihn kommen. Darum das Bekenntnis Davids im Psalm 138,1: «Ich will Dir danken, Herr, von ganzem Herzen,/ vor den *Engeln* will ich Dir singen./ Ich will anbeten in Deinem heiligen Tempel/ und Deinen Namen preisen/ ob Deiner Huld und Treue.»

Dieser 138. Psalm ist wohl durch irgendeine göttliche Befreiungstat, die König David an sich und seinem Volk erfahren hat, veranlasst. Davids Herz ist voll des Dankes. Bei jedem Herzschlag möchte er Gott danken und ihn preisen. Wo der Herr so Grosses an ihm und dem ihm anvertrauten Volk getan hat, da kann sich seine Seele nicht zufrieden geben, «in verschlossener Kammer leise in die Harfe zu greifen, es drängt sie hin zum Gotteshaus. Dort, wo der Allgütige thront, wo Er von Myriaden von Engeln umgeben im Allerheiligsten wohnt, dort will er sein 'Te-Deum' singen . . . Dort, wo die Engel unaufhörlich ihr 'Heilig, heilig, heilig' singen, da will er den Namen des Allerhöchsten preisen und ihm danken für die Wundertaten seiner Huld und Treue»[3].

Und noch einmal werden die *Engel* in einem Hallel-Psalm zum Lob Gottes aufgerufen: «Halleluja! Lobt den Herrn im Himmel droben,/ Lobt Ihn in der Höhe./ Lobt Ihn, all Seine *Engel*,/ Lobt Ihn, Sein ganzes Heer!» (Ps 148,1).

In diesem Psalm, in welchem Himmel und Erde, im einzelnen dann Sonne, Mond und Sterne, die Elemente, Berge und Hügel, Kriechtiere und Vögel, Könige und Fürsten, die Alten und die Jungen, aufgefordert werden, Gott, den Schöpfer, zu loben und zu preisen, da ergeht zuerst an die *Engel*, die allzeit das Angesicht Gottes schauen, die Bitte, den Lobgesang auf Ihn anzustimmen und dem Gesang der ganzen Schöpfung den rechten Wohlklang mit ihrer himmlischen Sprache zu verleihen.

Der Prophet Elia

(um 875-853 v.Chr.)

Ein alttestamentlicher Heiliger, dem eine Begegnung mit einem Engel zuteil geworden ist, ist der Prophet Elia[1]. Er ist eine der volkstümlichsten alttestamentlichen Gestalten des Spätjudentums und auch noch des Christentums, der auch in der katholischen Kirche und hier besonders im Karmeliterorden hoch verehrt wird. Sein Fest wird am 20. Juli begangen.
Dieser Wanderprediger aus Thisbe im ostjordanischen Gilead wirkte vor allem während der Herrschaft des Königs Achab von Israel (874-853 v.Chr.). Sein Name aus dem hebräischen «Eli-ja» (= Mein Gott ist Jahwe) drückt das Programm seines Predigens und Wirkens aus, nämlich den opfervollen Einsatz für die Jahwe allein schuldige, gläubige Anbetung, die Er nicht mit dem kanaanäischen Vegetationsgott Baal teilen lässt. König Achab war durch seine Frau Izebel, eine syrische Königstochter, zum Baalsdienst verführt worden; er errichtete einen Tempel und Altar des Baal in Samaria (vgl. 1 Kön 16,31-33). Die Altäre des Herrn wurden zerstört, und Gottes Propheten wurden ausgerottet (vgl. 1 Kön 19,10). Der heidnische Götzendienst schien sich in Israel durchzusetzen. Da überbrachte Elia die Antwort des Herrn: Eine jahrelange Dürre steht bevor, die erst auf das Wort des Propheten enden soll (vgl. 1 Kön 17,1). Elia trat gleich darauf wieder in die Verborgenheit zurück. Im Bach Krith östlich vom Jordan fand Elia Wasser, Raben aber versorgten ihn mit Brot und Fleisch, bis der Bach versiegte (vgl. 1 Kön 17,2-7). Nun sandte ihn der Herr weiter nach Sarepta an der Mittelmeerküste zwischen Tyrus und Sidon zu einer Witwe, deren geringer Vorrat bis zum Ende der Trockenheit nicht ausging und die den Propheten so lange verpflegte (vgl. 1 Kön 17,17-24). Erst im dritten Jahr der Trockenheit rief der Herr den Elia wieder zurück zu seiner Aufgabe. Er trat nun dem König Achab mit der Forderung entgegen, alle Propheten des Baal zu einem öffentlichen Gottesurteil zu versammeln. Der König entsprach dem Begehren des Propheten Elia. Nachdem die heidnischen Propheten den ganzen Tag über vergeblich nach einer Antwort Baals geschrieen hatten, richtete Elia einen Altar aus zwölf Steinen nach der Zahl der is-

raelitischen Stämme auf und liess den aufgeschichteten Holzstoss und das Opfertier mit Wasser übergiessen, bis auch der Graben um den Altar mit Wasser gefüllt war. Zur Zeit des Abendopfers fiel auf das Gebet des Elia hin Feuer vom Himmel herab und verzehrte das Opfer, die Holzscheite und das Wasser. Diese Antwort Gottes schloss das Todesurteil über die Baalspropheten ein, das Elia sogleich vollziehen liess. Dann bat er Gott um Regen. Vor den aufziehenden Wetterwolken geleitete er König Achabs Wagen bis nach Jesreel (vgl. 1 Kön 18).

Als die Königin Izebel dem Propheten Elia nun aber mit dem Tod drohte, war der Mut und die Widerstandskraft des Elia zu Ende; er floh über Beerscheba hinaus in die Wüste. Hier kam es dann zur Begegnung mit einem *Engel*; sie wird uns in der Hl. Schrift so geschildert:

«Elia war in Angst geraten (vor der Königin Izebel), er hatte sich aufgemacht und war davongegangen, um sein Leben zu retten. Als er nach Beerscheba, das zu Juda gehörte, kam, liess er seinen Diener dort zurück. Er selbst aber ging einen Tagesmarsch weit in die Wüste hinein. Als er so weit gekommen war, liess er sich unter einem Ginsterstrauch nieder und wünschte sich den Tod, indem er sprach: 'Nun ist es genug, Jahwe! Nimm meine Seele hin; ich bin ja nicht besser als meine Väter!' Dann legte er sich hin und schlief ein. Da, auf einmal rührte ihn ein *Engel* an und sprach zu ihm: 'Steh auf und iss!' Als er hinblickte, siehe, da war zu seinen Häupten ein gerösteter Brotfladen und ein Krug Wasser. Und er ass und trank und legte sich wieder schlafen. Aber der *Engel* Jahwes kam zum zweiten Mal, rührte ihn an und sprach: 'Steh auf und iss! Denn sonst ist der Weg zu weit für dich!' Da stand er auf und ass und trank und wanderte in der Kraft jener Speise vierzig Tage und vierzig Nächte bis zum Gottesberg Horeb» (1 Kön 19,3-8).

Der holländische Maler Dirk Bouts (geb. um 1410 in Haarlem, gest. 1475 in Löwen) hat in den Jahren 1464-1467 für die St. Peterskirche in Löwen einen grossen Abendmahlsaltar gemalt: Auf der Mitteltafel stellte er das Letzte Abendmahl dar, auf den zwei Seitenflügeln aber vier Geschichten aus dem Alten Testament, dabei auf dem unteren Teil des linken Seitenflügels die Geschichte von Elia mit dem Brot, das ihm ein Engel brachte. Zu diesem eindrucksvollen Bild schrieb der bekannte evangelische Theologe Jörg Zink folgende Betrachtung: «Ein Mann liegt schlafend auf der Erde. Ein Engel spricht ihn an. Im Hintergrund geht derselbe Mann auf einer Strasse in die Berge weiter. Der Mann hiess

---

Der Prophet Elia wird vom Engel gestärkt ▶

Elia. Er hatte das Seine getan. Er hatte im Namen Gottes geredet, er hatte der Königin und dem König seines Landes widerstanden. Er hatte ihren Hass auf sich gezogen und doch nichts erreicht. Es blieb alles beim alten Unrecht. Nun flüchtete er in die Wüste, in die der Arm des Königs nicht reichte. Dort setzte er sich unter einen Ginsterstrauch und sagte: 'Herr, lass mich sterben! Ich erreiche auch nicht mehr als meine Väter!' Und er legte sich nieder und schlief ein. Da rührte ihn ein Engel an und sagte zu ihm: 'Steh auf und iss! Du hast noch einen weiten Weg vor dir!' Er stand auf und ging viele Tage weiter durch die Wüste bis zu jenem Berg, an dem seine Väter Gott begegnet waren. Dort — so wünschte er es sich — sollte er von Gott eine Anweisung erhalten, was nun zu tun sei. 'In der Kraft dieser Speise' — so sagt die Erzählung — ging Elia seinen Weg, fand Gott, fand Klarheit über seinen Auftrag und kehrte nach kurzer Zeit wieder zurück in sein Land und an seine Arbeit. Das ist das Geheimnis des heiligen Mahles, das uns ein Engel bereitet: Es kann sein, dass wir eines Tagen sagen: Ich habe genug. Ich will nicht mehr. Ich kann nicht mehr. Ich sehe keinen Sinn mehr. Es kann geschehen, dass wir uns geistig oder leiblich niederlegen, die Augen schliessen und denken: Wenn ich nur jetzt nicht mehr aufwachen müsste! Dann wäre alles Leid und alles Elend zu Ende. Und dann geschieht es, dass Gott uns durch einen *Engel* sozusagen auf die Schulter klopft und sagt: 'Steh auf! Du hast noch etwas vor dir!' Dass er uns neue Kräfte gibt, so dass die Resignation weicht, die Enttäuschung über das, was gestern war, und die Angst vor dem, was morgen sein wird. Wir sehen wieder einen Weg, einen Auftrag und ein Ziel.»[2)]

Am Horeb war es dann, wo Gott dem Elia nach Sturm, Erdbeben und Feuer in einem leisen Wehen begegnete. Er erfuhr, dass er nicht allein sei; 7000 Israeliten haben ebenfalls Baal nicht angebetet. Mit neuem Auftrag schickte Gott den Elia zurück.

Zuletzt wurde der «Mann Gottes» (vgl. 1 König 17,24), der Glut und Feuer war im Einsatz für die Ehre Gottes, entrückt (vgl. 2 Kön 2,1-18); er soll aber vor dem grossen und furchtbaren Tag des Herrn noch einmal wiederkommen und als Gerichtsbote die letzte Gnadenzeit Gottes ankündigen (vgl. Mal 3,23).

Der Prophet Jesaja
(† um 770 v.Chr.)

Dieser alttestamentliche Prophet — einer der vier grossen Propheten des Alten Testaments —, von dem nur wenig bekannt ist, u.a. dies, dass er verheiratet und Vater zweier Kinder war und vermutlich Beziehungen zum Königshof hatte, gehört in diesem Buch über Engel und Heilige unbedingt genannt wegen seiner Berufungsvision, die uns im 6. Kapitel seines Buches so geschildert wird:
«Im Todesjahr des Königs Usija sah ich den Herrgott auf einem hohen und erhabenen Thron sitzen. Seine Schleppen erfüllten den Tempel. Seraphe standen vor Ihm; jeder hatte sechs Schwingen; mit zweien verhüllte er sein Antlitz, mit zweien verhüllte er seine Füsse, mit zweien flog er. Einer rief dem anderen zu: 'Heilig, heilig, heilig ist Jahwe-Sabaot; die ganze Erde ist voll seiner Herrlichkeit'» (Jes 6,1-3).
Man muss sich an Hand eines guten Kommentars in dieses Berufungserlebnis jenes Propheten, der die Menschwerdung Gottes aus einer Jungfrau vorausgesagt hat (vgl. Is 7,14), hineindenken, dann geht einem die unsagbar grosse Heiligkeit Gottes, aber auch das geheimnisvolle Wesen jener himmlischen Geister auf, die da *Seraphim* genannt werden.
«Im Geiste oder in Wirklichkeit stand Jesaja im Tempel von Jerusalem, näherhin an der Schwelle zum Eingang ins Heiligtum. Da wurden seine Augen aufgetan, und er schaute den Thron Gottes. Erde und Himmel begegnen sich. Beide sind erfüllt von 'seiner Herrlichkeit'. Die einzelnen Züge der Vision sind keineswegs ganz neu. Schon vor Jesaja nannte man den Gott Israels 'Gott der Heerscharen' (Jahwe Sebaot); schon vorher erbebte man vor seinem heiligen Wesen, das unerbittlich eifert und keinen anderen Gott neben sich duldet. Auch Mikejahu hatte Jahwe auf erhabenem Thron, von der Heerschar des Himmels umgeben, geschaut (1 Kön 22,19). Wir finden hier die Ausdrucksformen der damaligen religiösen Vorstellungswelt. Neu und erregend ist hier bei Jesaja das ungeheuer zusammengeballte Erlebnis der Heiligkeit Gottes. Von Jesaja an bricht sich die Botschaft vom heiligen Gott zerstörend wie ein Gerichtsfeuer, aber auch beglückend und neu belebend, ihre Bahn. Fast fühlt man sich an das Feuer des Propheten Elia erinnert. Feuerwesen sind es, die Gottes Thron umgeben. Nur hier bei Jesaja werden diese himmlischen Wesen 'Seraphim' genannt. In der Berufungsvision Ezechiels sind es die 'Kerubim', die den Gotteswagen tragen. Wenn auch die wissenschaftliche Ableitung des Wortes 'Seraphim' nicht restlos geklärt ist, so

liegt zumindest ein Anklang an die Wurzel 'saraph' = 'brennen, glühen' vor. Feuerwesen an Gottes Thron verwundern nicht. Da ein Buch aber zuerst aus sich selbst erklärt werden muss, helfen zwei Stellen aus Jesaja zur Erklärung des 'Seraph'-Begriffs weiter: Jes 14,29 bringt in unerhörter Steigerung das drohende Gericht über die Philister: 'Aus der Wurzel der Schlange geht eine Natter hervor, und ihre Frucht ist ein geflügelter Drache ('saraph me ôpheph'); Jes 30,6 verkündet einen Drohspruch über das Südland und redet 'vom Land der Löwen, Ottern und geflügelten Drachen'. Damit bezeugt das Buch Jesaja selber die Vorstellung von fliegenden Schlangen und Drachen. Während an den zwei genannten Stellen die Seraphim bedrohlichen Charakter haben und zu den Unheilswesen gehören, stehen sie im Bericht über die Berufungsvision des Propheten (Jes 6,2) als Himmelswesen am Throne Gottes. Hat also Jesaja eine mythologische Vorstellung aufgenommen? Die Massstäbe des Diesseits müssen zerbrechen, wenn das Tor Gottes aufgestossen wird. Nur in Bildern und Gleichnissen kann die übersinnliche Welt erfasst werden. Daher wird es verständlich, dass sich auch Jesaja geläufige Vorstellungen von Jenseitswesen aufdrängen. Indem er aber mythologische Vorstellungen aufnahm, wurden sie unter seinem Griff neu. Die Seraphim sind nun nicht mehr bloss geflügelte Drachen, Ausdrücke eines geängstigten und bedrohten Grundgefühls. Sie sind geistige Wesen und, da am Throne Gottes stehend, auch gute Wesen, stets des Befehls Gottes gewärtig. Indem Jesaja jedem sechs Flügel zuordnet, beschreibt er dadurch die Stellung der Kreatur zu Gott eindringlicher und anschaulicher als viele Worte es vermöchten. Mit zwei Flügeln bedecken sie ihr Antlitz, weil die Lichtfülle Gottes so übergross ist, dass das geschöpfliche Auge darob erblinden müsste. Niemand kann Gott schauen, ohne zu erblinden. Auch Mose (Ex 3,6) und Elia (1 Kön 19,13) verhüllten ihr Antlitz, da Gott erschien. Mit zwei Flügeln verhüllten die Seraphim ihre Füsse; denn niemand kann Gott je ergehen und erwandern. Er wohnt am Ende der Welt, bei der Quelle der Urströme. Und doch reisst es die Kreatur, ob Mensch oder Engel, mit unwiderstehlicher Anziehungskraft zu Gott, dem alleinigen Ruhepol, empor. Daher halten sie zwei ihrer Schwingen ausgebreitet in ständigem Flug zu Gott hin. Gott ist das 'tremendum mysterium', vor dem die Kreatur erbebt und sich verhüllt, aber auch das 'mysterium fascinosum', in das sie mit urelementarer Gewalt hineingezogen wird.

Der Seraph bei der Berufung des Jesaia ▶

Die übersinnlichen Wesen, die in sinnlichen Bildern als Mischwesen geschaut werden, riefen einander das dreimalige Heilig zu. Darauf erbebten die Grundfesten der Türschwellen, und der Tempel ward mit Rauch erfüllt. Man müsste erwarten, dass der Prophet ob des Geschauten von ungeahntem Glück überflutet worden wäre. Doch das Gegenteil ist der Fall. Er schreit auf: 'Wehe mir, ich bin verloren!' (Jes 6,4). Woher dieser Widerspruch? Im Anblick des Dreimal-Heiligen wird seine eigene Unheiligkeit grausam blossgestellt . . . Jesaja schaut Gott auf dem Himmelsthron; die Seraphim anerkennen sein Königtum durch ihren Heilig-Ruf. Der Prophet selbst nennt Gott ausdrücklich einen König, muss aber ein Wehe über sein Volk ausrufen, da in diesem Volk kein Platz ist für Gottes Herrschaft und Reich.
Die Zeremonie, die nun folgt, ist nichts anderes als ein Weiheritus, durch den Jesaja zur neuen Aufrichtung der Gottesherrschaft befähigt werden soll. Einer der Seraphim nimmt mit der Zange einen Glühstein vom Altar, berührt damit des Propheten Lippen, und sie sind rein. Auf die Frage des Gottkönigs: 'Wen soll ich senden, wer wird für uns gehen?' antwortet Jesaja jetzt kühn und kurz: 'Da bin ich, sende mich!' (Jes 6,8). Dadurch wird er zum Träger und Künder des Herrschaftsanspruches des Gottkönigs auf Erden. Dabei muss er aber wissen, dass er es mit einem Volk mit tauben Ohren, verblendeten Augen und verfetteten Herzen zu tun haben wird, das sich mit steifem Nacken gegen die Gottesherrschaft auflehnt. Gott gibt dem Propheten wenig Aussicht auf Erfolg. Trotzdem sendet er ihn in einem letzten Angebot nie ermüdender Barmherzigkeit[1].»
Zum Schicksal des Propheten Jesaja würde passen, dass er nach jüdischer Tradition unter König Manasses (693-639 v.Chr.) das Martyrium erlitten habe; viel spätere christliche Überlieferung sagt sogar, er sei der Länge nach zersägt worden. Sein Gedächtnis wird nach dem Martyrologium Romanum am 6. Juli jeden Jahres begangen[2].
Fragen wir jetzt noch nach dem Wesen der *Seraphim*, die nur in der Berufungsvision des Propheten Jesaja in der Hl. Schrift des Alten Testaments genannt werden: Der Name «Seraph» kann vom hebräischen «saraph» = verbrennen hergeleitet werden: Verbrennen ist mehr als brennen, der Seraph ist nicht nur ein Brennender, sondern ein sich Verbrennender, sich Verzehrender in der Liebe zu Gott. Die Seraphim sind «die Engel der ekstatischen Liebe zu Gott, zugleich die Engel des höchsten Wissens. 'Man erkennt nur, was man liebt', hat Berdjajew einmal gesagt, 'und wer mehr liebt, der erkennt auch mehr.' Das Eigentümliche der Seraphim ist jedoch nicht das Wissen, sondern das Lieben. Die Sera-

phim sind der höchste der neun Engelchöre, denn die Grössten sind die Liebenden[3]».

Der Prophet Daniel

(um 600-520 v.Chr.)

Jener Prophet namens Daniel, der im Jahre 605 v.Chr. unter Nebukadnezar als Exulant nach Babylon kam, dort mit anderen Jünglingen für den Dienst am babylonischen Hof ausgebildet wurde und durch seine Rechtschaffenheit und Weisheit unter mehreren babylonischen und persischen Königen eine einflussreiche Stellung einnahm, gehört ebenfalls unter den alttestamentlichen Vorbildern des christlichen Engelglaubens genannt, weil in dem alttestamentlichen Buch, das sein Leben und seine Visionen erzählt, sehr viel von Engeln die Rede ist.

Die Erzählungen im Buch Daniel verfolgen die Absicht, die Macht und Erhabenheit des wahren Gottes zu erweisen; sie enden daher meist mit der Anerkennung Jahwes durch den heidnischen König. Im einzelnen wird folgendes berichtet: Erstens Daniels Fortführung in die Gefangenschaft und seine Erziehung am königlichen Hof; er und seine Gefährten — treu den göttlichen Gesetzen — übertreffen an Weisheit ihre heidnischen Altersgenossen (Dan, Kap. 1). Dann wird von der harten Bestrafung dreier Gefährten Daniels im Feuerofen und von ihrer wunderbaren Errettung durch einen *Engel* berichtet (Dan 3,1-30). In der griechischen und lateinischen Textform des Buches Daniel wird dann (Dan 3,24-50) das Gebet des Asarja und nach einem erzählenden Verbindungstext der Gesang der drei Jünglinge im Feuerofen eingefügt. Dabei heisst es im erzählenden Verbindungstext nach dem Gebet des Asarja: «Ein *Engel* des Herrn war zugleich mit Asarja und seinen Gefährten in den Feuerofen hinabgestiegen; er schlug die Feuerflamme zum Ofen hinaus und machte das Innere des Ofens so kühl wie taufrischen Wind. So kam das Feuer überhaupt nicht an sie heran und versehrte und belästigte sie nicht» (Dan 3,49-50). Dann wird der Lobgesang der drei Jünglinge im Feuerofen eingeleitet und wiedergegeben: «Da priesen und rühmten und lobten die Drei wie aus einem Mund Gott und sprachen im Feuerofen: 'Gepriesen bist Du, Herr, Du Gott unserer Väter, lobwürdig und hocherhaben in Ewigkeit. Gepriesen ist Dein herrlicher, heiliger Name, lobwürdig und hocherhaben in Ewigkeit. Gepriesen bist Du in der Herrlichkeit Deines heiligen Tempels, lobwürdig und hocherhaben in Ewigkeit. Gepriesen bist Du auf dem heiligen Thron Deines Reiches, lobwürdig und hocherhaben in Ewigkeit. Gepriesen, der Du niederschaust in die Tiefen der Abgründe, der Du thronest über den *Kerubim*, lobwürdig und hocherhaben in Ewigkeit. Gepriesen bist Du in der Feste des Himmels, lobwürdig und hocherhaben in Ewigkeit. Preiset den Herrn, all ihr Werke des Herrn, lobet Ihn und erhebt Ihn in Ewigkeit. Preiset den Herrn, ihr *Engel* des Herrn, lobt Ihn und erhebt Ihn in Ewigkeit . . .» (Dan 3, 51-58).

Im 6. Kapitel des Buches Daniel wird dann seine Verurteilung unter dem Perserkönig Darius wegen des Neides der Statthalter geschildert und seine Errettung aus der Löwengrube durch einen *Engel* sowie die Bekehrung des Königs beschrieben: «Daniel wurde geholt und in die Löwengrube geworfen . . . Ein Stein wurde herbeigeschafft und auf die Öffnung der Grube gelegt . . . Schon am frühen Morgen erhob sich der König und ging eilends zur Löwengrube. Als er sich der Grube näherte, rief er mit angstvoller Stimme nach Daniel und rief ihm zu: 'Daniel, du Diener des lebendigen Gottes, hat dein Gott, dem du so treu dienst, dich vor den Löwen retten können?' Da gab Daniel dem König Antwort: 'O König, mögest du ewig leben! Mein Gott hat seinen *Engel* gesandt; dieser verschloss den Rachen der Löwen, so dass sie mir nichts zu leide taten; denn ich ward vor Ihm unschuldig erfunden. Aber auch gegen dich, o König, habe ich mich nicht vergangen.' Da freute sich der König seinetwegen überaus und befahl, Daniel aus der Grube heraufzuholen . . .» (Dan 6,17-23).

Es folgen im Buch Daniel nun die Visionen, die Daniel zuteil wurden und die in geheimnisvollen Bildern eine grossartige Schau der sich im Gottesreich der Endzeit vollendenden Weltgeschichte geben. Da hatte Daniel u.a. die Vision vom Hochbetagten und vom Menschensohn: «Da wurden Throne aufgestellt, und ein Hochbetagter setzte sich; sein Gewand war weiss wie Schnee, und seines Hauptes Haar war rein wie Wolle. Sein Thron war von Flammen und seine Räder von Feuerbränden. Ein Strom von Feuer ging von Ihm aus und floss daher. Tausendmal Tausende dienten Ihm und zehntausendmal Zehntausende standen vor Ihm. Gericht wurde gehalten, und es wurden Bücher aufgeschlagen . . .» (Dan 7,7-10). Dass es bei diesen «tausendmal Tausend», die dem Hochbetagten, dem ewigen Gott dienten, und bei den «zehntausendmal Zehntausend», die den Thron Gottes umstanden, um *Engel* geht, kann aus der Apokalypse 5,11 erschlossen werden, wo Johannes eine ähnliche Vision hat: «Da sah ich auf und hörte eine Stimme von vielen *Engeln* rings um den Thron . . . deren Zahl war zehntausendmal zehntausend und tausendmal tausend, die riefen mit lauter Stimme:

‘Würdig ist das Lamm, das geschlachtet ward, zu empfangen die Macht, Fülle, Weisheit und Kraft, Ehre und Herrlichkeit und Lobpreis.’ Und jedes Geschöpf im Himmel, auf Erden, unter der Erde und auf dem Meer und alles darinnen hörte ich rufen: ‘Ihm, der auf dem Throne sitzt, und dem Lamme ist der Lobpreis und die Ehre, die Herrlichkeit und die Macht in alle Ewigkeit!’ . . .»

Es folgt Daniels Vision vom Widder und dem Ziegenbock, die ihm dann vom *Engel Gabriel* gedeutet wird: «Als ich, Daniel, das Gesicht noch schaute und nun nach einer Deutung dafür suchte, da sah ich eine Gestalt wie einen Mann vor mir stehen. Dazu hörte ich eine Menschenstimme über dem Ulai, die rief: ‘*Gabriel*, deute diesem da die Schauung!’ Da kam er dorthin, wo ich stand. Bei seiner Annäherung erfasste mich ein solcher Schrecken, dass ich auf mein Angesicht fiel. Er sagte zu mir: ‘Menschensohn, beachte es wohl, das Gesicht bezieht sich auf die Endzeit!’ Als er zu mir redete, lag ich wie betäubt mit dem Angesicht auf dem Boden. Da fasste er mich an und stellte mich an meinem Platz wieder auf. Und er sagte: ‘Siehe, ich mache dir kund, was in der letzten Zeit des Zornes geschehen wird, am festgesetzten Ende. Der Widder mit den zwei Hörnern, den du gesehen hast, bedeutet die Könige der Meder und Perser. Der Ziegenbock ist der König von Jawan, und das grosse Horn zwischen seinen Augen ist der erste König. Dass es zerbrach und dass vier andere an seine Stelle traten, das bedeutet: Es werden vier Reiche aus seinem Volke erstehen, aber nicht mit derselben Kraft wie er. Am Ende ihrer Herrschaft, wenn das Mass der Frevel voll geworden ist, tritt ein König auf, der frech von Angesicht und schlau in Ränken ist . . . Er richtet Mächtige zugrunde, und auch das Volk der Heiligen . . . Die Schauung von Abend und Morgen, von der nun die Rede war, beruht auf Wahrheit. Du aber versiegle das Gesicht; denn es erfüllt sich erst nach vielen Tagen.’ Ich, Daniel, lag nun tagelang krank darnieder, dann erhob ich mich wieder und versah meinen Dienst beim König» (Dan 8,15-27).

Es folgt im 9. Kapitel des Buches Daniel die Weissagung von den siebzig Jahreswochen. Wieder ist es der Engel *Gabriel*, der sie dem Daniel deutet: «Während ich noch redete und betete, meine Schuld und die Schuld meines Volkes Israel bekannte . . . es war um die Zeit des Abendopfers, da näherte sich mir in eiligem Fluge Gabriel, dasselbe Wesen, das ich in dem früheren Gesicht geschaut hatte. Er redete mich an und sagte: ‘Daniel, nun bin ich erschienen, um dir Aufklärung zu geben. Gleich zu Anfang deines Betens erging ein Gotteswort; ich komme nun, es dir zu verkünden; denn du bist ein Liebling Gottes. Gib acht auf das Wort und su-

che das Gesicht zu verstehen: Siebzig Wochen sind für dein Volk und deine heilige Stadt bestimmt, bis dem Frevel ein Ende gemacht, die Sünde versiegelt und die Schuld gesühnt wird, bis ewige Gerechtigkeit herbeigeführt, Gesicht und Prophetie letztlich besiegelt und das Allerheiligste gesalbt wird . . .'» (Dan 9,20-27).
Im 10. Kapitel wird im Buch Daniel die grosse Berufungsvision des Propheten mit der Erscheinung des *Engels* berichtet: «Am 24. Tag des ersten Monats befand ich mich am Ufer des grossen Flusses Tigris. Als ich meine Augen erhob, siehe, da schaute ich: Ein Mann, er war in Linnen gekleidet; seine Lenden waren mit reinstem Gold gegürtet. Sein Körper leuchtete wie Edelstein, sein Antlitz wie ein Blitzstrahl und seine Augen wie Feuerbrände; seine Arme und Füsse funkelten wie poliertes Erz; und der Klang seiner Rede war wie das Tosen einer Volksmenge. — Aber nur ich, Daniel, allein sah die Erscheinung; meine Begleiter hingegen sahen die Erscheinung nicht; doch überkam sie ein so gewaltiger Schrecken, dass sie sich in ein Versteck flüchteten. So blieb ich allein zurück und schaute diese grosse Erscheinung; da verliessen mich die Kräfte; mein Antlitz war furchtbar verändert, und ich vermochte mich nicht mehr zu halten. Nun vernahm ich den Klang seiner Rede; und als ich ihn reden hörte, da fiel ich betäubt aufs Gesicht, und mein Gesicht blieb am Boden. Doch siehe, eine Hand rüttelte mich und liess meine Knie und Handflächen beben. Dann sprach er zu mir: 'Daniel, liebwerter Mann, achte auf die Worte, die ich zu dir spreche, und stelle dich aufrecht; denn zu dir bin ich nun gesandt.' Als er so zu mir sprach, richtete ich mich zitternd auf. Da sagte er zu mir: 'Fürchte dich nicht, Daniel! Denn schon seit dem ersten Tag, da du dich bemühtest, Erkenntnis zu erlangen und dich deshalb vor deinem Gott zu demütigen, sind deine Bitten erhört worden, und ich hatte mich eben deiner Bitte wegen auf den Weg zu dir gemacht. Aber der Engelfürst des Perserreiches stellte sich mir 21 Tage entgegen; doch siehe, dann kam Michael, einer von den höchsten Fürsten, mir zur Hilfe; ich habe ihn im Kampf mit den Perserkönigen allein gelassen. Nun bin ich aber gekommen, um dich wissen zu lassen, was deinem Volk am Ende der Tage begegnen wird; denn für jene Tage ergeht noch einmal ein Gesicht.' — Da er in dieser Art mit mir redete, schlug ich den Blick zu Boden und vermochte kein Wort hervorzubringen. Und siehe, eine Erscheinung wie ein Mensch berührte meine Lippen. Nun vermochte ich, den Mund zu öffnen und zu sprechen. Ich sagte zu dem, der vor mir stand: 'Mein Herr, bei der Erscheinung kam es wie Wehen über mich, und ich verlor alle Kraft. Wie hielte es der Knecht meines Herrn hier auch aus, mit meinem Herrn zu reden? Mir schwan-

den da die Kräfte, und selbst der Lebensodem stockte mir.' Darauf berührte mich die Gestalt, die wie ein Mensch aussah, noch einmal und stärkte mich. Dabei sprach sie: 'Fürchte dich nicht, liebwerter Mann! Heil dir! Werde stark und stärker!' Als sie so zu mir redete, fühlte ich mich neu gestärkt und sagte: 'Nun rede, mein Herr! Du hast mich ja gestärkt!' — Er sprach: 'Weisst du jetzt, warum ich zu dir gekommen bin? Nun will ich dir verkünden, was aufgeschrieben ist im Buch der Wahrheit. Dann kehre ich zurück, um mit dem Fürsten der Perser zu kämpfen. Bin ich dort (als Sieger) hervorgegangen, so kommt der Fürst der Griechen. Aber niemand steht mir gegen jene zur Seite ausser eurem Fürsten Michael, meinem Beistand, der mir mit starker Hand hilft und mich stützt. Und nun will ich dir die Wahrheit verkünden: Siehe, es treten in Persien noch drei Könige auf . . . In jener Zeit erhebt sich *Michael*, der grosse Fürst, der einsteht für die Söhne deines Volkes; es ist eine Zeit der Bedrängnis, wie es keine je gab, seit Völker sind, bis zu jener Zeit; zu jener Zeit wird dein Volk gerettet, alle, die sich im Buch verzeichnet finden. Viele von denen, die im Staub der Erde schlafen, werden aufwachen, die einen zum ewigen Leben, die anderen zur Schmach, zu ewiger Schande. Da werden die Einsichtigen leuchten wie der Glanz des Firmaments, und die, welche viele zur Gerechtigkeit geführt haben, werden wie die Sterne in alle Ewigkeit leuchten. Du aber, Daniel, verschliesse diese Worte und versiegle das Buch bis zur Zeit des Endes! Viele werden hin und her irren, und der Frevel wird wachsen.'.

Ich, Daniel, schaute weiter, da sah ich zwei andere dastehen, der eine am diesseitigen Ufer des Flusses, der andere am jenseitigen. Einer sprach nun zu dem Manne, der in Linnen gekleidet über den Wassern des Flusses stand: 'Wie lange ist es noch bis zum Ende mit diesen wunderbaren Dingen?' Da erhob der Mann, der in Linnen gekleidet über den Wassern des Flusses stand, seine Rechte und seine Linke zum Himmel und schwur bei dem ewig Lebendigen, und ich hörte ihn sagen: 'Fürwahr, in einer Zeit und zwei Zeiten und einer halben Zeit, dann geht dies alles in Erfüllung, wenn es mit dem zu Ende geht, der die Kraft des heiligen Volkes zerschlägt.' Ich hörte das zwar, verstand es aber nicht; so fragte ich: 'Mein Herr, wie steht es mit dieser Erfüllung?' Er gab zur Antwort: 'Geh, Daniel, denn verschlossen und versiegelt bleiben die Worte bis zur Zeit des Endes. Viele werden geläutert, gereinigt und erprobt, doch die Gottlosen freveln weiter; und keiner der Gottlosen kommt zur Erkenntnis; nur die Einsichtigen werden es verstehen. Von der Zeit, wo das tägliche Opfer abgeschafft und der Greuel der Verwüstung aufgestellt wird, sind es 1335 Tage. Glücklich, wer ausharrt und

1335 Tage erreicht. Du aber geh und ruhe! Und du wirst dich erheben zu deinem Lose am Ende der Tage'» (Dan 10,4-12,13).
Zuletzt wird noch im 14. Kapitel des Buches Daniel erzählt, wie der Prophet unter König Kyrus in eine Löwengrube geworfen, darin aber wieder durch einen *Engel*, beziehungsweise durch den von einem Engel wunderbar herbeigebrachten Habakuk ernährt und schliesslich gerettet wurde: «Der König sah, dass sie (die Widersacher Daniels) ihn aufs äusserste bedrängten; so lieferte er ihnen notgedrungen Daniel aus. Sie warfen ihn in die Löwengrube; dort war er sechs Tage. In der Grube befanden sich sieben Löwen; sie erhielten jeden Tag zwei Menschenleiber und zwei Schafe. Damals gab man ihnen aber nichts, damit sie Daniel auffressen sollten. Habakuk, der Prophet, lebte damals in Juda. Dieser hatte gerade ein Gericht gekocht und Brot in einen Napf gebrockt und ging nun aufs Feld hinaus, um es den Schnittern zu bringen. Da sprach der Engel des Herrn zu Habakuk: 'Bringe das Mahl, das du da hast, nach Babel zu Daniel in die Löwengrube!' Doch Habakuk erwiderte: 'Herr, ich habe Babel nie gesehen, und die Grube kenne ich auch nicht.' Da ergriff ihn der Engel des Herrn beim Schopf, trug ihn an den Haaren seines Hauptes fort und versetzte ihn in einem Atemzug nach Babel, gerade oben an die Grube. Hier rief Habakuk laut: 'Daniel, Daniel, nimm das Mahl, das Gott dir schickt!' Daniel aber betete: 'So hast du auch an mich gedacht, o Gott, und hast jene nicht im Stich gelassen, die dich lieben.' Dann stand Daniel auf und ass. Der Engel des Herrn aber brachte Habakuk in einem Augenblick an seinen Ort zurück. Am siebten Tag kam der König, um Daniel zu betrauern. Er ging zur Grube und schaute hinein: Siehe, da sass Daniel. Nun rief er mit lauter Stimme: 'Gross bist Du, Herr, Gott Daniels! Es gibt keinen ausser Dir!' Er liess Daniel herausziehen, jene aber in die Grube werfen, die ihn hatten verderben wollen. Sie wurden sofort vor seinen Augen aufgefressen» (Dan 14,30-42).
Es gibt manche Schwierigkeiten für die rechte Deutung des ganzen Buches Daniel und auch jener Stellen darin, an denen ein *Engel* eine Rolle spielt. Es mag auch sein, dass der «Engel des Herrn» in der letzten Erzählung mit Gott identisch ist, so dass nur gesagt werden soll, dass Gott selbst — ob mittelbar durch einen Engel und den Propheten Habakuk oder unmittelbar, ist letztlich unwichtig — Daniel aus allen Gefahren errettet hat. Auf jeden Fall aber ist dem Verfasser des Buches Daniel und wohl auch diesem Propheten selbst, der als Staatsmann in Babylon, im Mittelpunkt gewaltiger Machtentfaltung und Völkerbewegungen, mit weitem Blick durch die bewegte Weltgeschichte hindurch den endlichen Sieg Gottes schaute, der Glaube an die Existenz der Engel und ihr Ein-

greifen in das Weltgeschehen ein starker Halt gewesen. Man kann nur hoffen und beten, dass jeder gläubige Christ in der Abwehr der Ränke jenes Bösen Feindes, der umhergeht wie ein brüllender Löwe und sucht, wen er verschlinge (vgl. 1 Petr 5,8), ähnlich wie der Prophet Daniel sprechen kann: «Gott hat seinen *Engel* gesandt, dieser verschloss den Rachen des Löwen, so dass er mir nichts zuleide tun konnte» (vgl. Dan 6,22).

Der Prophet Ezechiel

(† um 570 v.Chr.)

Ezechiel ist der Sohn eines Priesters namens Busi, stammte also aus priesterlichem Geschlecht und war vermutlich auch selber Priester. Im Jahre 597 v.Chr. wurde er mit den Deportierten seines Volkes und mit König Jojakin nach Babylonien verschleppt und in Tel-Abib am Euphratkanal Kobar, dem heutigen Schatt-en-Nil, südlich von Bagdad angesiedelt.
Uns geht es hier nur um die Berufungsvision dieses Propheten, der, wie man festgestellt hat[1)], «ein Dichter war, voll Kraft und Tiefe, begabt mit Phantasie und einer Fülle von Bildern». Kompromissloser Eifer für die Sache Gottes beherrschte ihn, heilige Empörung ergriff ihn ob der Entweihung der Gotteswohnung in Jerusalem. Der neutestamentliche Seher auf Patmos, der Apostel Johannes, verdankt in seinen Bildern und Schauungen, die er in seiner Apokalypse niederschrieb, viel dem Propheten Ezechiel, von dessen persönlichen Verhältnissen nicht viel bekannt ist, nur dass seine Frau vor der Zerstörung Jerusalems starb[2)].
Ezechiels Berufung zum Prophetenamt[3)] fiel in eine stürmische Zeit, in der sich die Ereignisse geradezu überstürzten. Am 2. Adar seines 7. Regierungsjahres (= 15./16. März 597 v.Chr.) hatte Nebukadnezar Jerusalem erobert. In seinem 8. Regierungsjahr führte er den König Jojakin in die Gefangenschaft nach Babylonien (vgl. 2 Kön 24,12). Ezechiels Berufung erfolgte im 13. Regierungsjahr Nebukadnezars, im 4. Monat, am 5. Tag (nach unserem Kalender am 21./22. Juli 592 v.Chr.). Wie die Propheten Jesaja und Jeremia hat auch Ezechiel das Erlebnis beschrieben, durch das er zum Prophetenamt berufen worden war (vgl. Ez 1,1ff).
Ezechiel befand sich — vielleicht zur Zeit, in der im Tempel zu Jerusalem das Abendopfer dargebracht zu werden pflegte — am Flusse Kobar. Vermutlich war er gerade besinnlich am Meditieren und Beten. Als er dabei seine Augen erhob, gewahrte er eine vom Norden herkommende,

von Blitzen durchzuckte Sturmwolke. Mit unheimlicher Schnelligkeit kam sie auf ihn dahergejagt. Der Prophet merkte: Es war keine gewöhnliche Wetterwolke. Gestalten wurden darin erkennbar. In seiner Erinnerung, als er später das Berufungserlebnis niederschrieb, suchte er die Wolke so genau wie möglich zu beschreiben; es wollte ihm aber nicht recht gelingen. Daher setzte er mit bohrender Gewissenhaftigkeit immer neu an; er konnte nur mit zerbrechlichen Vergleichen an das Unsagbare, das er erlebt und geschaut hatte, heranführen; daher das immer wiederkehrende, unbestimmte «etwas, das aussah wie . . .». Ezechiel schaute eine grandiose Gotteserscheinung; er schaute die Herrlichkeit Jahwes, der auf Wagen der Kerube im Sturm einherfuhr: Vier Lebewesen in Menschengestalt, aber mit je vier Flügeln, deren zwei ihre Leiber bedeckten und zwei so ausgebreitet waren, dass sie sich mit den Flügeln der anderen Wesen berührten. Sie trugen über ihren Häuptern eine Platte. Zwischen den Wesen sah Ezechiel Feuer und zuckende Blitze. Die Platte über den vier Wesen glänzte wie Kristall. Auf der Platte stand der Thron Jahwes. Jahwes Gestalt war nur undeutlich zu sehen, sie schien dem Propheten aber menschenähnlich zu sein. Jahwe war in einen Lichtglanz und in Feuer gehüllt, was es Ezechiel verwehrte, die göttliche Gestalt näher zu erkennen. Was er sah, war die Herrlichkeit Jahwes (vgl. Ez 1,22-28). Mit dieser Schau begegnete ihm an sich nichts Neues und Fremdes, denn als Priester wusste er um die Bundeslade und die Bezeichnung Gottes als «des über den Keruben Thronenden» (1 Sam 4,4; 2 Sam 6,2; Ps 98/99,1; Ps 79/80,2). Und der alte Psalm 17/18 sang von einem Einherfahren Jahwes auf dem Kerub. Von keinem Engelchor ist ja im Alten Testament so oft die Rede, nämlich rund achtzig Mal. Neu war, dass dem Ezechiel das, woran er bisher schon geglaubt hatte, nun in einer so niederschmetternden Wucht zum schaubaren Erlebnis wurde, dass es ihn zu Boden schmetterte.

Die vier Wesen um den Thron Gottes waren nicht wie bei der Bundeslade totes Kunstzierat am Throngestell, sondern waren lebende Wesen, die vom Geist dahingetrieben wurden, wo Gott sie haben wollte. Sie wichen nicht nach rechts oder links ab; unaufhaltsam stürmten sie auf den Propheten ein. Schon die Flügel allein genügten, sie voranzutragen. Da waren aber neben jedem der vier Wesen auch noch vier Räder, und zwar Doppelräder, eins im anderen, durch Felgen verbunden, voller Augen. Dass der Prophet Ezechiel mit den geschilderten Wesen um den Thron Jahwes *Kerube* meinte, geht aus einer späteren Erscheinung klar hervor, wo er seiner ersten Schilderung noch die Bemerkung anfügt: «Ihr ganzer Leib, ihr Rücken, ihre Hände, ihre Flügel mitsamt den Rädern waren ringsum voller Augen. Und die Herrlichkeit des Herrn liess sich auf die *Kerube* herab. Da schwangen diese Kerube die Flügel und stiegen vom Boden auf vor meinen Augen. Und sie blieben am Eingang zum Osttor stehen, das zu dem Haus des Herrn führt, und über ihnen oben war die Herrlichkeit des Gottes Israels» (Ez 10,12ff).

Nach dem Ungeheuren, das Ezechiel geschaut hatte, und nach dem Rauschen, das er vernommen hatte, hörte er sich plötzlich von der «Stimme eines, der redet», mit «Menschensohn» angesprochen. Noch lag er ohnmächtig am Boden. Der «Geist» musste erst über ihn kommen, dass er aufstehen und Gott nun von Angesicht zu Angesicht mit ihm reden konnte. Gott sprach: «Menschensohn, Ich sende dich zu dem Hause Israel, zu den Empörern, die sich gegen Mich aufgelehnt haben; sie und ihre Väter sind Mir abtrünnig geworden bis auf den heutigen Tag. Söhne mit frechem Gesicht und hartem Herzen, zu ihnen sende Ich dich . . .» (Ez 2,3ff).

Wie dem Propheten Jesaja ein *Seraph* die Lippen berührt und gereinigt und ihn so zum Prophetenamt geweiht hat, so wurde nun Ezechiel im Angesicht der *Kerube* in einer ganz eigenartigen Weihehandlung in sein Prophetenamt eingeführt: Er musste eine über und über mit Unheilsworten beschriebene Buchrolle verschlingen, die ihm dann aber süss schmeckte zum Zeichen dafür, dass er selbst innerlich Befriedigung empfinden werde, wenn er trotz der unangenehmen Aufgabe Jahwes Auftrag treu ausführt.

Unter grossem Getöse und gewaltiger Erschütterung der Erde entschwand dann die Erscheinung. Der Prophet aber spürte nun in sich eine wunderbare Kraft — er nannte sie «Geist» und «Hand Jahwes» —, die ihn alles um sich herum vergessen liess. In Gedanken versunken, verwirrt und in heftiger innerer Erregung gelangte er, ohne zu wissen wie, nach Hause. Sieben Tage lang war er wie erstarrt. Da griff dann Gott durch eine neue Offenbarung in sein Gewissen. Durch die Prophetenweihe war er zum Wächter Israels bestellt worden. Aus dem Wissen um die göttliche Beauftragung und aus der Not des eigenen Gewissens brach Ezechiel dann sein Schweigen und begann, in Wort und Zeichen den Herrschaftsanspruch Gottes inmitten eines Zeitenumsturzes ohnegleichen einzufordern.

Was ist nun über die *Kerube*, die Ezechiel um den Thronwagen Gottes sah, zu sagen? Aus dem Namen, der wahrscheinlich aus dem Akkadischen stammt: «karabu = segnen», lässt sich noch nicht viel über ihr Wesen erschliessen; das entsprechende Substantiv «karibu, karubu» = Beter, Fürbitter bezeichnet an sich den Gläubigen, häufiger eine Schutzgottheit, die das Gebet des Gläubigen vor den Hauptgott trägt. Im Alten Testament kommt jedoch den Keruben andere Bedeutung zu: Sie sind Begleiter Gottes und offenbaren seine Gegenwart. Darum erschienen sie in der Berufungsvision Ezechiels neben dem Thron Gottes, so wie Gott im Bundeszelt, in welchem er geheimnisvoll Wohnung genommen hatte, von Keruben umgeben war. Als Mose die Vorschriften für die Bundeslade, diesen alttestamentlichen Tabernakel, erhielt, wurde ihm aufgetragen: «Ein Heiligtum sollen sie (die Söhne Israels) Mir machen, dass Ich in ihrer Mitte wohne. Aus Akazienholz sollen sie eine Lade machen. Und in diese Lade lege das Zeugnis, das Ich dir geben werde. Und mache zwei *Kerube*, aus Gold getrieben, an beiden Enden der Deckplatte. Auf der Deckplatte sollst du die Kerube an ihren beiden Enden aufstellen. Nach oben sollen die Kerube die Flügel breiten, mit ihren Flügeln die Deckplatte schirmend, das Antlitz einander zugekehrt. Nach der Deckplatte hin seien die Gesichter der Kerube gerichtet. Ich bezeuge Mich dir dort und rede mit dir von dieser Deckplatte zwischen den beiden Keruben auf der Zeugnislade, sooft Ich dir Befehle an die Israeliten gebe» (Ex 25,8). König Salomon hielt sich an diese Weisung Gottes auch beim Tempelbau: «Im Innersten des Hauses stellte er zwei *Kerube* und liess die Flügel der Kerube sich so ausbreiten, dass der eine Flügel die eine Wand berührte, der des anderen die andere. Fünf Ellen mass des einen Kerubs Flügel und fünf der des anderen. Beide Kerube hatten gleiches Mass und Gewicht. Und er vergoldete die Kerube» (1 Kön 6,23f). Sogar der Verfasser des neutestamentlichen Hebräerbriefes erinnerte sich voll Bewunderung an «die Bundeslade, über der die Kerube der Herrlichkeit den Sühnedeckel beschatteten» (Hebr 9,5).

Diese Schriftstellen gaben der Theologie das Recht, in den Keruben die erhabenen Wisser der Geheimnisse Gottes zu erblicken, denn sie starren unbeweglich auf «den Deckel der Lade des Bundes», die die Geheimnisse Gottes mit der Menschheit birgt; sie sind «voller Augen»; denn kein Auge schaut so klar und tief in das Antlitz des erhabenen Gottes. Bei Ezechiel 10,5 heisst es, dass das Rauschen der Flügel der Kerube bis zum äussersten Hof vernommen wird; es ist der Stimme des Allmächtigen gleich, wenn Er redet. Verschiedene Stellen der Hl. Schrift bezeugen, dass die Kerube die göttlichen Geheimnisse nicht nur kennen, sondern auch künden: «Gott fuhr auf einem Kerub, flog einher, auf Windesflügeln schwebend. Am Glanze Seiner Nähe haben Seine Wolken Feuerströme entzündet. Der Herr im Himmel donnerte: Der Höchste liess die Stimme dröhnen» (Ps 18,11; Ps 104,3; Kön 22,1; Is 19,1)[4].

Der hl. Tobias
(um 300 v.Chr.)

Einige Exegeten glauben, dass es bei dieser biblischen Gestalt vielleicht gar nicht um eine historische Persönlichkeit geht, weil das ganze alttestamentliche Buch Tobit, das das Lebensschicksal eines gläubig frommen, in der Diaspora lebenden Mannes und seines Sohnes erzählt, wahrscheinlich nur eine in die Zeit der Exilierung der Nordisraeliten nach Assyrien (Ende des 8. Jahrhunderts) verlegte Lehrgeschichte (Novelle) ist, die «mit feiner psychologischer Empfindung und lebensvoller Frische»[1] zu erzählen versteht. Sicher ist, dass diese Lehrgeschichte einen historischen Kern hat; jedenfalls glaubt die Kirche an die Existenz und Wirksamkeit des im Buch Tobit eine grosse Rolle spielenden Engels *Raphael* und begeht auch das Gedächtnis des Tobias am 13. September.
Auf das Gebet des frommen Vaters Tobit sendet Gott den Engel Raphael, der den jungen Tobias nach Medien geleitet, ihm dort die Heirat mit Sara, der vom Dämon Asmodaios gequälten Erbtochter des reichen Raguel in Ekbatana, ermöglicht und ihn lehrt, einen grossen, gefährlichen Fisch aus dem Tigris-Fluss zu fangen und mit dessen Galle daheim die Augen des erblindeten Vaters zu heilen.
Cl. Schedl bemerkt zum Engel Raphael und zum Dämon Asmodaios im Buch Tobit folgendes: «Der Glaube an helfende Engel und schädigende Dämonen kommt zwar im Buch Tobit nicht erstmalig zum Durchbruch, denn dieser Glaube durchzieht längst vorher schon das Alte Testament; er hat aber im Buch Tobit seine anschaulichste Ausprägung bekommen. Obwohl Raphael einer der sieben Thronengel Gottes ist (vgl. Tob 12,15), wandert er die Menschenstrassen; er hat seine Herrlichkeit abgetan und ist wie ein Mensch erschienen; die Patriarchenerzählungen wissen bereits davon zu berichten, dass Engel zu Menschen kamen (vgl. Gen 18 und 19); auch Josua, Samsons Eltern, Gideon und andere wurden der Erscheinung eines himmlischen Geistes gewürdigt; doch hier im Buch Tobit werden Szenen, auf kurze Augenblicke zusammengedrängt, geschildert, in denen der Mensch unter dem Eindruck des Übermächtigen fast niedergeschmettert wird. Dass einer aus der Reihe der himmlischen Geister an der Seite eines schwachen, hilfebedürftigen Menschen wandert, ist das unerhört Neue des Buches Tobit. Der Engel ist zum Bruder geworden. Raphael gibt seine Abstammung an; er sei «Azarias, des grossen Ananias Sohn» (vgl. Tob 5,13). Wer Ohren hat zu hören, der weiss, was diese Namen meinen, denn sie fassen in kürzester Form

die Aufgabe des Engels zusammen: Ananias = hebräisch: «hanan-ja» = «Gott erbarmt sich»; Azarias = hebräisch: «azar-ja» = «Gott hilft»; Raphael = hebräisch: «rapha-el» = «Gott heilt». Durch den Engel kommt dem Menschen die heilende und helfende Gnade Gottes zu. Der Engel selbst gehört zu den «Gottessöhnen» (vgl. Job 1,6; 2,1; Ps 88/89,7). Als solcher hat er Zutritt zum Thron der Herrlichkeit des Allerhöchsten und kann das 'Gedächtnis' an die Gebete und guten Werke des Menschen vor Gott bringen. Die Texte des Buches Tobit zeichnen ein überaus markantes Bild des Engels Raphael. Er ist nicht bloss sinnbildliche Verkörperung der Hilfe Gottes, sondern geistige Person, einer der sieben Thronassistenten, die vor der Herrlichkeit des Dreimal-Heiligen ein- und ausgehen. Dass ihrer sieben sind, dafür genügt die im Alten Orient weitverbreitete Zahlensymbolik. Raphaels Gegenspieler ist der Dämon Asmodaios. Auch in bezug auf die Dämonenlehre geht das Buch Tobit nicht wesentlich über den Raum der bisherigen alttestamentlichen Vorstellungen hinaus. Der Dämonenglaube spielte im ausgehenden alten Heidentum eine ungeheure Rolle und hat auch auf das Judentum eingewirkt. Das Aufregende des Buches Tobit liegt nicht darin, dass von einem bösen Dämon erzählt wird, sondern darin, dass das Buch geschrieben wurde, um die lähmende Angst vor dem «Zerstörer» zu brechen; denn diesen Sinn dürfte der hebräische Leser aus dem Namen «Asmodaj», der an «samad» = «vernichten, zerstören» anklingt, herausgehört haben»[2].

Lassen wir die gegen Ende des Buches Tobit vom Engel Raphael zu Vater und Sohn gesprochenen Worte auf uns wirken. Sie tun uns tief und schön kund, was das Wesen und die Tätigkeit der Engel Gott und uns Menschen gegenüber ist:

«Raphael nahm die beiden (Vater und Sohn) beiseite und sprach zu ihnen: 'Preiset Gott und dankt Ihm vor allen Lebewesen für das, was Er an euch getan hat! Preiset und lobsingt seinem Namen! Verkündet allen Menschen Gottes Werke, wie es ihnen gebührt, und zögert nicht, Ihm zu danken! Es gehört sich, des Königs Geheimnis zu wahren. Gottes Werke aber zu offenbaren und zu verkünden, ist wohlgetan. Tut Gutes, und das Böse wird euch nicht treffen. Besser ist Gebet mit Fasten und Almosen mit Gerechtigkeit als Reichtum mit Unrecht. Besser ist es, Almosen zu geben als Geld aufzuhäufen. Denn Almosen errettet vom Tod und

---

Tobias und der Engel Raphael ▶

befreit von jeder Sünde. Die Almosen spenden, werden ein langes Leben besitzen. Die aber sündigen und Böses tun, sind Feinde ihres eigenen Lebens. Ich will euch die ganze Wahrheit sagen und nichts mehr vor euch verbergen. Ich sagte ja, es gehöre sich, des Königs Geheimnis zu wahren, Gottes Werke aber zu offenbaren, sei wohlgetan. Wisset also: Als ihr gebetet habt, du und Sara, brachte ich eure Gebete vor die Herrlichkeit des Herrn, und las sie vor; ebenso, als du, Tobit, die Toten begrubst; als du nicht zaudertest, aufzustehen und deine Mahlzeit zu verlassen, um hinzugehen, den Toten zu bestatten, ward ich gesandt, um deinen Glauben zu erproben. Nun sandte mich Gott, dich und deine Schwiegertochter Sara zu heilen. Ich bin Raphael, einer von den sieben Engeln, die allezeit bereitstehen, vor die Herrlichkeit des Herrn hinzutreten.' Da erschraken die beiden und fielen auf ihr Angesicht nieder, weil sie sich fürchteten. Er aber sprach zu ihnen: 'Fürchtet euch nicht! Friede sei mit euch! Gott aber preist in Ewigkeit! Denn nicht aus persönlicher Güte, sondern nach dem Willen unseres Gottes bin ich gekommen. Darum preist Ihn alle Tage, denn Ihm gebührt der Lobgesang. Ihr meintet, mich essen zu sehen, aber ihr schautet nur eine Erscheinung. Nun preiset den Herrn auf Erden. Denn ich steige zu Dem auf, der mich gesandt hat. Schreibt alles auf, was geschehen ist!' Und er erhob sich. Als sie aufstanden, sahen sie ihn nicht mehr. Sie priesen Gott mit Lobgesängen und dankten Ihm, der solche Wunder wirkt: Ein Engel des Herrn war erschienen» (Tob 12,6-21).

III. NEUTESTAMENTLICHE HEILIGE IN IHREN BEZIEHUNGEN ZU DEN ENGELN

Der hl. Zacharias, Gemahl der hl. Elisabeth

(† um 20 n.Chr.)

Über diesen biblischen Heiligen, der einer Engelserscheinung gewürdigt wurde, berichtet der Evangelist Lukas (Lk 1,1-25; 57-80). Zacharias stammte aus der Priesterklasse des Abia (vgl. Lk 1,5), der achten von insgesamt vierundzwanzig Dienstklassen, in die die gesamte alttestamentliche Priesterschaft eingeteilt war und aus denen jeweils einer zum täglichen Rauchopfer im Tempel ausgelost wurde (vgl. 1 Chr 24,7-19). Verheiratet war Zacharias mit Elisabeth aus dem Geschlechte Aaron, einer Verwandten der jungfräulichen Gottesmutter Maria. Ihm wurde trotz des hohen Alters, in welchem er selbst und seine Gemahlin bereits standen, die Geburt eines Sohnes durch den Engel Gabriel angekündigt. So wird diese Engelserscheinung geschildert: «Einst, da Zacharias wieder an der Reihe war, den heiligen Dienst vor Gott zu versehen, traf ihn das Los nach der Sitte des Priestertums, in den Tempel des Herrn zu treten, um das Rauchopfer darzubringen. Die ganze Volksmenge verharrte während des Opfers draussen im Gebet. Da erschien ihm zur Rechten des Opferaltars ein *Engel* des Herrn» (Lk 1,8-11).

In welcher Stimmung und seelischen Verfassung der Priester Zacharias das übliche abendliche Weihrauchopfer darbrachte? Vielleicht fromm — es wird ja ausdrücklich von ihm und seiner Gemahlin Elisabeth betont: «Die beiden waren frommen Sinnes vor Gott und wandelten untadelig in allen Geboten und Satzungen des Herrn» (Lk 1,6) —, vielleicht zerstreut, sicher aber enttäuscht vom Leben, weil ihm sein heissester Wunsch, ein eigener Sohn, versagt geblieben war. Da erschien dem Zacharias zur Rechten des Opferaltars ein *Engel*. «Bei seinem Anblick erschrak Zacharias, und Furcht befiel ihn» (Lk 1,12). Wenn der Engel zur Rechten des Opferaltars erschien und die *rechte* Seite heute wie damals als glückverheissend gedeutet wird, wäre doch eigentlich kein Grund zum Erschrecken und zur Furcht gegeben gewesen. «Die Engel sind jedoch so gewaltige Wesen, und der erste Engel, der Menschen erschienen ist, der Kerub mit dem flammenden Schwert an den Toren des sich schliessenden Paradieses, hat diese so tief erschreckt, dass das Erbeben vor den Engeln geblieben ist»[1)].

«Der Engel aber sprach zu ihm: 'Fürchte dich nicht, Zacharias! Denn dein Gebet ist erhört worden; Elisabeth, deine Frau, wird dir einen Sohn gebären; dem sollst du den Namen Johannes geben. Du wirst jubeln vor Freude, und viele werden sich mitfreuen über seine Geburt'» (Lk 1,13f).

Also eine Freudenbotschaft, eine Frohbotschaft brachte der Engel dem Priester Zacharias. Der schriftkundige Mann — das war doch Zacharias sicher — hätte sich nun wahrlich freuen sollen. Er tat es leider nicht. Er zweifelte. Dabei hätte er sich nur an jene Engelserscheinungen vor 500 Jahren an den Stromgewässern Babylons erinnern müssen. Damals empfing ein Mann der Sehnsucht, der jugendliche Prophet Daniel, auch zur Zeit des Abendopfers Besuch und Botschaft des gleichen *Engels*, des Erzengels *Gabriel*, über die Erfüllung der Zeiten: «Ich hörte, wie der Mann in Linnenkleidern, welcher über dem Stromgewässer stand, die rechte und die linke Hand zum Himmel hob und schwur bei dem, der ewig lebt: In einer Zeit, in einer doppelten und halben Zeit, wenn aufhört die Vernichtung an der Macht des heiligen Volkes, geht alles zu Ende.» Daniel macht zu dieser Botschaft selber die Bemerkung: «Dies hörte ich zwar, verstand es aber nicht und sprach: 'Mein Herr, was ist das für ein Ende?' Er aber sprach: 'Geh, Daniel! Es muss der Worte Sinn verschlossen und geheim bleiben bis zur Zeit des Endes'» (Dan 12,9). Viel deutlicher als zu Daniel hatte der *Engel* zu Zacharias gesprochen. Er aber zweifelte: «Woran soll ich dies erkennen? Denn ich bin schon alt, und meine Frau steht in vorgerückten Tagen» (Lk 1,18).

Auch an eine Engelserscheinung in der Zeit der Richter hätte sich der schriftkundige Priester Zacharias erinnern können: In der Zeit, da die Israeliten vierzig Jahre lang unter der Fremdherrschaft der Philister schmachteten, lebte ein Mann aus dem Geschlecht der Daniter, Manoach mit Namen, dessen Frau ebenso wie Elisabeth, die Frau des Zacharias, unfruchtbar war. «Da erschien der Engel Jahwes der Frau und sprach: 'Siehe, du bist unfruchtbar und hast noch keinem Kind das Leben geschenkt. Aber du wirst nun empfangen und einen Sohn gebären. Nimm dich in acht! Trinke keinen Wein und kein berauschendes Getränk und geniesse nichts Unreines! Denn du wirst gesegneten Leibes sein und einen Sohn zur Welt bringen. Über sein Haupt darf kein Schermesser kommen, denn ein Gottgeweihter soll der Knabe vom Mutterleibe an sein, dessen Bestimmung es ist, Israel aus der Hand der Philister zu befreien'» (Ri 13,3-5). Die Frau lief zu ihrem Mann Manoach und er-

zählte ihm von der Engelerscheinung: «'Ein Gottesmann kam zu mir, er sah aus wie ein Engel, Furcht erregend; ich habe ihn nicht gefragt, woher er käme, und er hat mir seinen Namen nicht kundgetan; aber er sprach zu mir: Du sollst empfangen und einen Sohn gebären . . . Da betete Manoach zu Jahwe und sprach: 'Ich bitte Dich, Herr, möge doch der Mann, den du gesandt hast, noch einmal zu uns kommen und uns lehren, was wir mit dem Kind tun müssen, das geboren werden soll!' Jahwe erhörte Manoach, der Engel Jahwes kam erneut zu der Frau, als sie gerade auf dem Felde war; Manoach, ihr Mann, war nicht bei ihr. Schnell lief sie hin, um es ihrem Mann zu erzählen, und sprach zu ihm: 'Siehe, der Mann ist mir wieder erschienen, der des anderen Tages zu mir gekommen war.' Da stand Manoach auf, folgte seiner Frau, kam zu dem Mann und sprach zu ihm: 'Bist du der Mann, der zu dieser Frau gesprochen hat?' Dieser antwortete: 'Ja, ich bin es.' Da sprach Manoach: 'Wenn sich dein Wort erfüllen wird, welche Weisung und Erziehung soll dann das Kind haben?' Der Engel Jahwes antwortete Manoach: 'Von allem, was ich deiner Frau untersagt habe, soll auch er sich enthalten . . .' Da sprach Manoach zum Engel Jahwes: 'Erlaube, dass wir dich aufhalten und ein Ziegenböcklein für dich bereiten!' Manoach wusste nämlich nicht, dass es der Engel Jahwes war. Und der Engel sprach zu Manoach: 'Selbst wenn du mich aufhältst, werde ich nicht von deiner Speise essen; aber wenn du ein Brandopfer bereiten willst, dann bringe es Jahwe dar!' Da sprach Manoach zum Engel Jahwes: 'Wie ist dein Name, damit wir dich, wenn sich dein Wort erfüllt, ehren können?' Der Engel Jahwes antwortete ihm: 'Warum fragst du nach meinem Namen? Er ist geheimnisvoll.' Da nahm Manoach das Ziegenböcklein sowie das Speiseopfer und brachte es als Brandopfer dar für Jahwe, der Geheimnisvolles tut. Als die Flamme vom Altar zum Himmel emporstieg, stieg der Engel Jahwes in dieser Flamme vor den Blicken Manoachs und seiner Frau empor, und sie fielen auf ihr Antlitz zur Erde nieder . . . Die Frau des Manoach aber gebar dann einen Sohn, und sie nannte ihn Simson. Das Kind wuchs heran, Jahwe segnete es, und der Geist Jahwes begann ihn zu treiben» (Ri 13,8-25).
Wie viele Parallelen zwischen der ihm zuteil gewordenen Engelerscheinung und der im Buch der Richter geschilderten hätte doch der Priester Zacharias feststellen können! Er aber zweifelte. Darum wurde dem Zweifler eine Strafe angekündigt, die freilich zugleich ein Siegel der Wahrheit der Worte des Engels sein sollte: die Stummheit. «Der Engel gab dem Zacharias zur Antwort: 'Ich bin *Gabriel*, der vor Gott steht, und bin gesandt, zu dir zu reden und dir diese frohe Botschaft zu brin-

gen. Du aber sollst stumm sein und nicht reden können bis zu dem Tag, da dies geschieht, weil du meinen Worten nicht geglaubt hast, die zu ihrer Zeit sich erfüllen werden'» (Lk 1,19-20).
«Das Volk wartete unterdessen auf Zacharias und war verwundert, dass er so lange im Tempel blieb. Als er herauskam, konnte er nicht zu ihnen reden, und sie merkten, dass er im Tempel eine Erscheinung gehabt hatte. Er winkte ihnen nur zu, da er stumm war» (Lk 1,21-22).
Die vom Engel über Zacharias verhängte Strafe der Stummheit wurde erst bei der Geburt und Namengebung für Johannes vom Vater Zacharias hinweggenommen. Da aber konnte er dann — vom Heiligen Geist erfüllt — die wahrhaft prophetischen Worte des «Benedictus» sprechen, jene Worte, mit denen die Kirche in ihrem Stundengebet bei den «Laudes» jeden Tag den von seinen Zweifeln befreiten Priester Zacharias präsent macht: «Gepriesen sei der Herr, der Gott Israels, denn Er hat angesehen sein Volk und ihm Erlösung gebracht und machtvoll das Heil uns aufgerichtet in seines Knechtes David Hause, wie er verheissen durch seiner Heiligen Mund, seiner Propheten, die einst gewesen . . .» (Lk 1,68ff).
Über das «Benedictus» hinaus erinnert die Kirche an den heiligen Zacharias auch in ihrem amtlichen Heiligenverzeichnis, im Römischen Martyrologium, worin das Gedächtnis dieses biblischen Heiligen auf den 5. November festgesetzt ist[2)].

Der hl. Joseph

(† vor 33 n.Chr.)

Der hl. Joseph, der «gerechte Mann» aus dem königlichen Geschlecht Davids, der schlichte Handwerker, der Mann des Schweigens, von dem uns kein einziges Wort in den Evangelien überliefert ist, der gewissenhafte und gehorsame Erfüller des Willens Gottes, von dem in den Berichten über die Kindheit Jesu bei Matthäus und Lukas nur dort die Rede ist, wo Jesus und Maria, die beiden heiligsten Personen, die ihm anvertraut wurden, in Gefahr waren in ihrer Ehre oder in ihren Leben; er wurde — was viel zu wenig beachtet wird — mehrmals einer Engelsvision gewürdigt.
Die *erste* hatte der hl. Joseph, als er feststellen musste, dass seine Braut ein Kind erwartete. Er hatte sich mit Maria verlobt, sie aber noch nicht feierlich in sein Haus eingeführt. Die Verlobung kam damals rechtlich einer Heirat gleich und gab dem Mann alle ehelichen Rechte. Ein Treue-

bruch der Braut während dieser Zeit galt als Ehebruch und wurde als solcher auch bestraft. In einem solchen Fall konnte der Bräutigam sich nicht anders von seiner Braut lossagen als nur dadurch, dass er wie ein Ehemann seiner Ehefrau einen Scheidebrief gab. In dieser Zeit zwischen Verlobung und feierlicher Heimführung ward nun Joseph inne, dass Maria in der Hoffnung war. Welch furchtbare Enttäuschung für einen jungen Mann, der seine Braut geliebt und für rein und heilig gehalten hat! Der Himmel schien ihm einzustürzen. Einen Augenblick lang stand dunkel vor seiner Seele der Verdacht: Hat sie mich hintergangen und mir die Treue gebrochen? Nein, Joseph konnte und wollte es nicht glauben. Er sah sich vor ein furchtbares Dilemma gestellt: Auf der einen Seite stand die Tatsache, dass Maria Mutter eines werdenden Kindes ist, das nicht sein eigenes ist. Das Gesetz gebot, eine Ehebrecherin anzuzeigen. Auf Ehebruch aber stand die Steinigung (vgl. Deut 22,23-24). Auf der anderen Seite konnte Joseph unmöglich den Glauben an die Unschuld seiner Braut preisgeben. Nichts, aber schon gar nichts in ihrem Benehmen wies nämlich auf eine Schuld hin. Pflicht und Liebe stritten im Herzen Josephs miteinander. Die Stimme des Gesetzes verlangte: «Du musst sie anzeigen!» Die Stimme des Herzens aber sagte: «Nein, sie ist unschuldig!» Eine furchtbare Lage, eine schreckliche Situation! Was sollte er tun?

In der Lösung, die Joseph fand, zeigte er so recht seine Charaktergrösse: die Zartheit seines Empfindens, das Taktgefühl seines Herzens, die adelige Gesinnung seines Geistes, die ehrfurchtsvolle Haltung seiner Seele. In diesem Augenblick trat zutage, was in dem einfachen Handwerker steckte: ein Edelmann durch und durch. Er ging nicht zu Verwandten und Bekannten, um sich mit ihnen zu besprechen. Nein, in ehrfürchtigem Schweigen grub er alles in sich hinein. Er wollte auf Maria verzichten und ihr einen Scheidebrief ausstellen, darin aber den Grund der Entlassung verheimlichen. «Da Joseph, ihr Mann, gerecht war und sie nicht blossstellen wollte, entschloss er sich, sie in aller Stille freizugeben» (Mt 1,19).

Da war es nun ein *Engel*, der Joseph in einem Traumgesicht darüber aufklärte, was mit Maria geschehen war: «Joseph, Sohn Davids, fürchte dich nicht, Maria, deine Braut, zu dir zu nehmen. Denn was sie im Schosse trägt, stammt vom Heiligen Geist!» (Mt 1,20-21). «Er nahm darauf seine Braut zu sich . . .» (Mt 1,24-25).

Einige Monate später, als das göttliche Kind schon geboren worden war, erschien aufs neue ein *Engel* des Herrn dem hl. Joseph im Traum und sagte ihm: «Steh auf, nimm das Kind und seine Mutter, flieh nach

Ägypten und bleibe dort, bis ich es dir sage! Denn Herodes ist daran, nach dem Kind zu fahnden, um es umzubringen» (Mt 2,13).
Auch diesmal gehorchte der hl. Joseph wieder sofort: «Da stand er auf, nahm das Kind und seine Mutter bei Nacht und floh nach Ägypten» (Mt 2,14).
In Ägypten blieb der hl. Joseph, bis ihm — wie angekündigt — der *Engel* aufs neue im Traum erschien und ihm auftrug: «Steh auf, nimm das Kind und seine Mutter und zieh in das Land Israel, denn die dem Kind nach dem Leben trachteten, sind tot!» (Mt 2,20).
Auf dem Rückweg nach Palästina scheint der hl. Joseph noch eine *vierte* Engelserscheinung gehabt zu haben, denn als Joseph erfuhr, dass in Judäa jetzt Archelaus, der «würdige» Sohn seines Vaters Herodes, an dessen Stelle als König herrsche, zögerte der Heilige mit Recht, dorthin zu ziehen. Wieder dürfte ihm in dieser Situation ein *Engel* im Traum erschienen sein, der ihm sagte, er solle nach Galiläa ziehen. Diese vierte Engelsvision wird zwar im Matthäus-Evangelium nicht ausdrücklich erwähnt, aber wir dürfen sie aus den Worten: «Er wurde im Traum ermahnt» (Mt 2,22) erschliessen.
Diese Engelsvisionen waren für den hl. Joseph so klar, dass für ihn dabei jeder Zweifel ausgeschlossen war; er verstand sie und befolgte die erhaltenen Weisungen auf das vollkommenste. Man könnte hier höchstens fragen: Warum erhielt der hl. Joseph diese Engelsvision jedesmal im *Traum*[1)], also während er schlief. Moderne Exegeten machen darauf aufmerksam, dass göttliche Kundgebungen durch innere oder äussere Visionen, aber auch durch Träume in der Hl. Schrift häufig festzustellen sind. Gott schenkt wahre Offenbarungen sicher auch im Traum. So erging es dem Patriarchen Abraham: «Als die Sonne unterging, kam über Abram ein Tiefschlaf: Ein grosser Schrecken fiel auf ihn. Da sprach Gott zu Abram: 'Du sollst wissen, dass deine Nachkommen Fremdlinge sein werden in einem Land, das ihnen nicht gehört . . .'» (Gen 15,12ff). Denken wir an den Patriarchen Jakob mit seinem Traum von der Himmelsleiter: «Jakob zog aus von Beerscheba und ging nach Haran. Er gelangte zu der Stätte und blieb dort über Nacht, weil die Sonne schon untergegangen war. Er nahm einen von den Steinen der Stätte, machte ihn zum Lager für sein Haupt und legte sich an jener Stätte schlafen. Da *träumte* ihm: Siehe, eine Leiter war auf die Erde gestellt, deren Spitze den Himmel berührte. Und siehe, Engel Gottes stiegen daran auf und nieder. Und siehe, Jahwe stand über ihr und sprach: 'Ich bin Jahwe, der Gott deines Vaters Abraham und der Gott Isaaks. Das Land, auf dem du ruhst, will ich dir und deinen Nachkommen ge-

ben . . .'» (Gen 18,10ff). Auch Salomon (vgl. 3. Buch der Könige 3,5) und einigen Propheten (vgl. Num 12,6; Dan 1,17) erging es so, dass Gott sich ihnen im *Traum* offenbarte. Auch an die berühmten Träume des ägyptischen Joseph dürfen wir hier denken (vgl. Gen 37,5-10). Schliesslich kann auch an die berühmte Prophezeiung Joëls (2,28) erinnert werden: «In den letzten Tagen wird es geschehen — spricht der Herr —, da will Ich von Meinem Geist ausgiessen über alles Fleisch; aus Eingebung des Geistes werden reden eure Söhne und Töchter, Gesichte schauen eure jungen Männer, *Traumgesichte* eure Greise» (vgl. Apg 2,17).
Man könnte hier noch fragen, warum Gott sich beim hl. Joseph immer an *diese* Art der Offenbarung hielt, dass Er ihm durch einen Engel im Traum seine Weisungen erteilen liess, während vor dem Priester Zacharias, vor der Jungfrau Maria und vor den Hirten auf dem Hirtenfeld der Engel Gabriel, beziehungsweise der Weihnachtsengel, im *wachen* Zustand sichtbar wurde?
Wir können auf diese Frage vielleicht recht gut mit dem hl. Johannes Chrysostomus[2)] antworten: Eine feierlich sichtbare Engelserscheinung war bei Zacharias am Platze, um sein Misstrauen zu beheben, und bei der seligsten Jungfrau Maria wegen der Wichtigkeit der Botschaft, die sie über die Menschwerdung Gottes in ihrem jungfräulichen Schoss erhielt, und schliesslich auch bei den Hirten von Bethlehem, um diese schlichten Menschen dazu zu bringen, sich noch in der Nacht zur Krippe des Herrn auf den Weg zu machen. Beim hl. Joseph aber genügte wegen seines starken Glaubens und seiner Bereitwilligkeit, in allem Gottes Willen zu erfüllen, auch die schlichtere Engelserscheinung im Traum. So entsprach es am besten der Bescheidenheit dieses gerechten Mannes, der an ein demütiges, verborgenes Leben gewöhnt war. Man dürfe überdies nicht vergessen, dass sich die Engel in ihrer übermenschlichen Weisheit der *Eigenart* der Menschen, zu denen sie von Gott gesandt werden, anzupassen belieben; so sei dem Josua, dem grossen Heerführer, der Engel in der Gestalt eines Kriegers erschienen (vgl. Josua 5,13ff), dem Tobias aber, der im Begriff stand, eine Reise anzutreten, sei der Engel Raphael in Gestalt eines Wanderers sichtbar geworden (vgl. Tob 5,4ff), dem Priester Zacharias aber habe sich der Engel Gabriel der sakralen Situation, in der sich Zacharias beim Rauchopferaltar befand, angepasst. So habe sich der Engel eben auch dem hl. Joseph, diesem Modell des verborgenen, innerlichen Lebens, angepasst und sei ihm in der Stille einer nächtlichen Traumvision erschienen.

Die seligste Jungfrau Maria — Königin der Engel

(† um 50 n.Chr.)

«Im sechsten Monat ward der *Engel Gabriel* von Gott in eine Stadt Galiläas namens Nazareth gesandt zu einer Jungfrau, die verlobt war mit einem Manne namens Joseph aus dem Hause Davids. Der Name der Jungfrau war Maria. Er trat bei ihr ein und sprach: 'Sei gegrüsst, Du Gnadenvolle! Der Herr ist mit dir'» (Lk 1,26-28).

Hier geht es wohl um die bedeutsamste Engelerscheinung, die einem Menschen zuteil geworden ist. Jener Mensch aber, dem sie zuteil geworden ist, wird von der Kirche in der Lauretanischen Litanei «Königin der Engel» genannt, dies wohl nicht nur deshalb, weil Maria die Engel an Gnadenfülle und Würde auf Grund ihrer Heilsfunktion als Gottesgebärerin überragt, sondern sicher auch deshalb, weil *alle Engel* ihr in besonderer Weise zu dienen bereit gewesen sind und immer noch sind.

Aber bleiben wir zuerst bei der Begegnung zwischen Maria und dem Engel Gabriel, von dem es ausdrücklich heisst, dass er von Gott zu ihr gesandt worden ist[1]: Es war nicht irgendeiner von den Myriaden Engeln, der sich damals in Ehrfurcht vor Maria neigte . . . Es war der mächtige Engel Gabriel, einer von den drei Erzengeln, der mit Michael und Raphael allein in der Hl. Schrift mit eigenem Namen genannt wird. Gabriel — von «geber» = starker Mann, und «el» = Gott — heisst wörtlich «starker Mann Gottes» und kann mit «Vertrauter Gottes» oder «Kraft Gottes» wiedergegeben werden. In heiligem Stolz stellte sich Gabriel selber dem Priester Zacharias mit den Worten vor: «Ich bin Gabriel, der vor Gott steht. Ich bin abgesandt, zu dir zu reden und dir diese frohe Botschaft zu bringen» (Lk 1,19). Hier hat Gabriel selber auf sein Eigentliches hingedeutet: Er ist der Künder der Frohen Botschaft. Aus den Milliarden Engeln hat Gott ihn, gerade ihn, zum Mitwisser seines tiefsten und zartesten Geheimnisses, des der Menschwerdung, gemacht. Wenn wir im Englischen Gruss beten: «Der Engel des Herrn brachte Maria die Botschaft», so umschreiben wir auch die ganz persönliche Aufgabe und wohl auch Anlage Gabriels, denn auch bei den Engeln entsprechen sich Wesen und Wirken. Gabriel ist *der* frohe und frohmachende Engel . . . Schon 600 Jahre vor seiner Sendung zur Jungfrau

---

Der Engel Gabriel und Maria ▶

Maria wurde er mit Trost für den «in grosse Trübsal» versunkenen Propheten Daniel in der Verbannung Babylons gesandt. Mit der berühmten Prophezeiung von den «siebzig Jahrwochen» gab er dem sehnsüchtig auf die Rettung Harrenden einen ersten genauen Hinweis auf die messianische Zeit, da «der Gesalbte, der Fürst ersteht» (Dan 9,25). Die Flüsse Babylons rauschten noch lange und schwere Zeiten über diese Worte hinweg, bis die Erfüllung kam.

Aber nun, vor «sechs Monaten» — der Evangelist Lukas verknüpft absichtlich mit dieser Zeitangabe zwei aufeinander sich beziehende Ereignisse — hatte Gabriel wiederum den Boden dieser Erde betreten und dem Priester Zacharias im Tempel den Vorläufer und Herold des Herrn gemeldet. Und bald wird er als Chorführer der himmlischen Heerschar das Lied der Frohen Botschaft über den Fluren Bethlehems anstimmen; denn es ist wohl wieder Gabriel, der Engel der Menschwerdung, der den Hirten «die grosse Freude» verkündet (vgl. Lk 2,10) . . . Seinen höchsten Tag erlebte Gabriel aber, als er Maria die Frohe Botschaft brachte. Jene Stunde war für beide, für Maria und für den Engel Gabriel, die bedeutsamste ihres Daseins. Einsam und gemeinsam erlebten sie das grösste der Werke Gottes, die Menschwerdung.

Heute versucht modernistische Exegese bis hinein in die Dogmatik- und Religionsbücher[2)], die Wirklichkeit des Auftretens des Engels Gabriel vor Maria wegzuinterpretieren oder als bildliche Darstellung der göttlichen Offenbarung, die Maria zuteil wurde, oder überhaupt als Phantasiegebilde eines jungen Mädchens hinzustellen. Wir kommen aber am klaren Ausdruck des biblischen Berichtes nicht vorbei: «Der Engel trat bei ihr ein und sprach» (Lk 1,28). Nicht ein verschwommenes Phantom, nicht ein glänzendes Gebilde der Phantasie, nicht einmal ein edles, aber nur rein geistiges Gesicht stand damals vor Maria, sondern eine genaue, in Licht gekleidete Gestalt. Zusammen mit der geistigen Erkenntnis wurde Maria damals auch eine augenfällige Erscheinung zuteil. Diese Sichtbarwerdung unsichtbarer Welten hing zutiefst mit der Eigenart jener geheimnisvollen Stunde zusammen: Eben war Gott daran, aus seiner ewigen Unsichtbarkeit herauszutreten und eine sichtbare Menschennatur anzunehmen und sich mit einem sichtbaren Menschenleib zu bekleiden, damit wir Menschen, wenn wir Ihn sichtbar schauen, dadurch auch zur Liebe des Unsichtbaren entflammt werden. Zur Huldigung vor diesem grossen Geheimnis der Menschwerdung Gottes trägt in der gleichen

---

Der Engel der Weihnacht ▶

Stunde der Engel Gabriel als Vertreter der reinen Geister in einer Art feinster Verkörperung das Gebilde eines menschlichen Leibes an sich. Nicht nur Mariens Geist, sondern auch ihre Sinne sollten durch die sichtbare Erscheinung des Engels des anbrechenden Heilsgeschehens sicher werden, wie der hl. Thomas v. Aquin in der Summa theologiae[3)] ausgeführt hat. Auf die Frage, «ob der Engel bei der Verkündigung der Jungfrau körperlich sichtbar erscheinen musste», gibt der hl. Thomas, nachdem er drei Einwände vorgebracht hat, die Antwort: «Der Engel erschien bei der Verkündigung der Gottesmutter körperlich sichtbar. Und dies war angemessen, *erstens* mit Rücksicht auf das, was verkündet wurde. Gabriel war nämlich gekommen, die Menschwerdung des unsichtbaren Gottes anzukündigen. Daher war es auch entsprechend, dass zur Ankündigung dieses Geschehens ein unsichtbares Geschöpf eine Gestalt annahm, in der es sichtbar werden konnte . . . *Zweitens* war es der Würde der Gottesmutter entsprechend, die nicht nur im Geiste, sondern in ihrem leiblichen Schoss den Gottessohn empfangen sollte. Deshalb mussten nicht nur ihr Geist, sondern auch ihre körperlichen Sinne durch die Erscheinung des Engels gestärkt werden. *Drittens* entsprach es der Gewissheit der Botschaft. Denn, was den Augen zugänglich ist, erfassen wir mit grösserer Sicherheit als das, was wir uns nur geistig vorstellen. Deshalb sagt auch der hl. Johannes Chrysostomus[4)], der Engel sei der seligsten Jungfrau nicht im Traum, sondern *sichtbar* erschienen, 'weil sie nämlich auf Grund der so grossen Botschaft, die sie empfing, einer besonders eindrucksvollen Erscheinung bedurfte'».

Wie war nun die Reaktion Marias auf die Engelerscheinung? Beachten wir da zuerst, dass die Menschen von jeher beim sichtbaren Einbruch des Himmlischen in den irdischen Raum verwirrt wurden. Als der Engel Gabriel zum ersten Mal auf dieser Erde — nach dem Bericht der Hl. Schrift — erschien, — «er war in Linnen gekleidet, um seine Hüften trug er einen Gürtel aus feinstem Gold. Sein Leib strahlte wie Chrysolith. Wie der Blitz leuchtete sein Angesicht, seine Augen glichen Feuerfackeln, seine Arme und Füsse funkelten wie geschliffenes Erz, der Schall seiner Stimme war wie das Tosen einer Volksmenge» (Dan 10,5ff) — «da verliess mich» — so erzählt der Prophet *Daniel* (10,7ff) — «alle Kraft, während ich diese grosse Erscheinung hatte. Mein Antlitz entstellte sich, und alle Kraft schwand mir. Als ich dazu noch den Schall seiner Stimme vernahm, fiel ich betäubt vor mich hin. Ich lag mit dem

---

Engel bei der Flucht der Heiligen Familie nach Ägypten ▶

Angesicht auf der Erde». Auch die *zweite* in der Schrift berichtete Erscheinung Gabriels, jene vor *Zacharias*, löste vorerst Verwirrung aus: «Zacharias erschrak beim Anblick des Engels, und Furcht befiel ihn» (Lk 1,12).

Nun berichtet Lukas auch von einer Verwirrung Marias, aber nicht wegen der Erscheinung des Engels, sondern wegen seines Grusses: «Ob dieser Anrede ward sie bestürzt und dachte nach, was dieser Gruss («Sei gegrüsst, Du Gnadenvolle, der Herr ist mir dir») zu bedeuten habe» (Lk 1,29). Die Sprache, die der Engel Gabriel mit Maria führte, hat nicht jene freundschaftliche Vertrautheit, womit er zum jungen *Daniel* geredet hat — «O Daniel, geliebter Mann» (Dan 10,11) —, noch jene majestätsvolle Art, womit er sich dem Priester Zacharias vorgestellt hat — «Ich bin Gabriel, der vor Gott steht, und bin gesandt, zu dir zu reden» (Lk 1,19). Vor der demütigen Jungfrau verschwieg der Engel seine Würde und sprach mit ihr fast scheu, wie mit einer Königin, mit *seiner* Königin: «Sei gegrüsst, Du Gnadenvolle! Der Herr ist mit dir!» Der Engel Gabriel war damals diesem Mädchen aus dem unbekannten, unbedeutenden Bergstädtchen Nazareth an strahlenden Gaben der Natur unermesslich überlegen. An Gnade aber überragte ihn dieses Mädchen himmelhoch; sie ist schlechthin *die* Begnadete.

Der Engelsgruss, der im Auftrag Gottes an Maria gerichtet wurde — «Ave, gratia plena, Dominus tecum» —, ist in der Liturgie der Kirche und in der Volksfrömmigkeit, vor allem im Rosenkranzgebet und im «Angelus», wie der grosse Volksschriftsteller des vorigen Jahrhunderts Alban Stolz († 1883) gesagt hat, zum «unendlichen Gruss» geworden, der sicher nie mehr verstummen wird auf den Lippen gläubiger Menschen. Auf dem mariologisch-marianischen Kongress im Mai 1975 in Rom wurde das «Ave Maria» in 150 Sprachen ausgestellt. So klingt der Engelsgruss an die Königin der Engel über die ganze Erde hin.

Auf den so vielsagenden Engelsgruss folgte dann der heilsgeschichtlich so entscheidungsvolle Dialog zwischen dem Engel und Maria: «Der Engel sprach zu ihr: Fürchte dich nicht, Maria! Denn du hast Gnade bei Gott gefunden. Siehe, du sollst empfangen und einen Sohn gebären, dem sollst du den Namen Jesus geben. Er wird gross sein und Sohn des Höchsten heissen . . .» Auf das gewaltige Angebot der Gottesmutterschaft folgt die bange Frage Marias: «Wie soll dies geschehen, da ich (geschlechtlich) keinen Mann erkenne?» Und als Maria vom Engel erfahren hatte, dass ihre gottgeweihte Jungfräulichkeit nicht angetastet würde, weil nicht ein Mann, sondern der Heilige Geist in ihr das Wunder der Menschwerdung des Sohnes Gottes wirken werde, willigte Maria

in aller Demut und Bereitschaft ein: «Siehe, ich bin die Magd des Herrn. Mir geschehe nach deinem Wort!» (Lk 1,38).
Man mag über dieses Wort Marias nachsinnen, solange man will, es lässt sich keine Antwort ausdenken, die auf die Anfrage des Engels grossartiger und schlichter zugleich hätte sein können. Kein anderes von allen möglichen Worten reicht an dieses Wort der Bereitschaft Marias heran; es war die bedingungslose Übergabebereitschaft Gott gegenüber. Es genügte Maria nicht, dem Angebot des Engels Gabriel einfach zuzustimmen; sie kniete gleichsam in drei immer tieferen Verbeugungen in den anbetungswürdigen Willen Gottes hinein: «Siehe — ich bin die Magd des Herrn — mir geschehe!»
Was keines Menschen Verstand begreifen kann, was nicht einmal eines Engels hoher Geist zu durchdringen vermag: Gottes Allmacht, für die nichts unmöglich ist, und Gottes unbegreifliche Liebe, die keine Grenzen kennt, schufen das, was sich jetzt im Geheimnis der Menschwerdung des Sohnes Gottes vollzog. «Und das Wort ist Fleisch geworden und hat unter uns gewohnt» (Joh 1,14).
War die einzigartige Begegnung Marias mit dem Engel Gabriel in der Stunde der Verkündigung die einzige Begegnung zwischen der Gebenedeiten unter den Frauen mit einem der reinen Geister, oder folgten dieser Begegnung noch weitere?
Die Hl. Schrift selbst berichtet von keiner mehr. Die Volksfrömmigkeit aber kann es sich nicht anders vorstellen, als dass Maria noch öfters der Erscheinung eines Engels gewürdigt und auf ihren Wegen, etwa über das Gebirge Judäas, bei der Heimsuchung ihrer Verwandten Elisabeth, von Engeln, jedenfalls von ihrem Schutzengel, begleitet wurde. Liturgische Texte am Fest der Aufnahme Marias in die himmlische Herrlichkeit mit Seele und Leib sprechen ausdrücklich davon, dass Maria bei ihrem seligen Heimgang von Engeln umgeben war: «Maria ward aufgenommen in den Himmel, darüber freuen sich die Engel, sie loben und preisen den Herrn»; «emporgehoben ist die heilige Gottesgebärerin zum himmlischen Reich, hoch über alle Chöre der Engel hinaus.»
Maria und die Engel stehen, wie manche Mystiker und Theologen angenommen haben, vom Urbeginn der Schöpfung an miteinander in Beziehung, weil Gott den Engeln vor ihrer Scheidung die Menschwerdung seines Sohnes aus der jungfräulichen Mutter gezeigt habe; ein Teil der Engel habe sich darüber entsetzt und empört, weil sie diesen Gottessohn, der durch eine Frau zum Menschensohn werden sollte, anzubeten hatten. Die guten, Gott treu bleibenden Engel aber haben nicht bloss dem Gottmenschen ihre Anbetung zugesagt, sondern auch der jungfräuli-

chen Mutter dieses Gottmenschen ihre huldigende Verehrung nicht versagt; sie erklärten sie zu ihrer Königin, weil der unaussprechlich grosse Gott — wie Papst Pius IX. in seiner Bulle «Ineffabilis Deus» erklärte — diese jungfräuliche Mutter im Augenblick ihrer Empfängnis mit dem Reichtum aller himmlischen Gaben aus den Schatzkammern seiner Gottheit so wunderbar überhäufen sollte, dass sie alle Engel und Heiligen an Gnadenfülle, Schönheit und Reinheit überragt.

Die hl. Maria Magdalena

(† um 50 n.Chr.)

Eine biblische Frau, die Jesus von der Besessenheit durch böse Geister befreit hat und die nach der Auferstehung des Herrn einer Engelserscheinung gewürdigt und von Engeln beauftragt wurde, Botin der Auferstehung für die Apostel zu sein, das ist Maria Magdalena. Im Kreise der galiläischen Jüngerinnen Jesu war sie die Anführerin[1)], denn alle Evangelisten nennen sie immer an erster Stelle, noch vor den Müttern der Apostel, wenn sie von diesen getreuen Nachfolgerinnen Jesu sprechen. Ihre Heimat Magdala, zwischen Tiberias und Kapharnaum am Westufer des Sees Genesareth gelegen, hat ihr den Beinamen Magdalena gegeben, um sie von den anderen Marien im Gefolge Jesu zu unterscheiden. Sie muss Schmerzliches gelitten haben, bis der Messias sie aus der Gewalt von sieben Dämonen befreite (vgl. Mk 16,9). Völlig unberechtigt ist wohl die Behauptung, sie sei infolge eines sündhaften Lebenswandels zur Strafe von Besessenheit getroffen worden.

Es entspricht der dankbaren Liebe Magdalenas gegenüber ihrem grössten Wohltäter, wenn sie auch in jener Frauengruppe als die Führerin aufscheint, die am Karfreitag zuletzt vom Grabe Jesu wegging (vgl. Mt 27,61; Mk 15,47) und am Ostermorgen zuerst dorthin zurückkehrte. Die Liebe trieb sie zum Grabe Jesu hin. Magdalena war wohl am stärksten vom Anblick des leeren Grabes Jesu erschüttert worden, hat sich aber auch am schnellsten so weit gefasst, dass sie sich sagte: Hier genügt es nicht, dass wir Frauen Zeuginnen des leeren Grabes sind, das geht vielmehr alle an, die an den Herrn geglaubt haben, in erster Linie die Apostel. So trennte sie sich von den Freundinnen, die noch länger am Grabe verweilten, und rannte in die Stadt zurück, um das Entsetzliche, näm-

---

Ein Engel stärkt Jesus am Oelberg ▶

lich den vermuteten Leichenraub, zu melden. Der Evangelist Johannes schreibt eigens, sie sei gelaufen (Joh 20,2). Sie traf Petrus und Johannes beisammen. Atemlose Hast und Erregung hört man aus dem Wortlaut ihrer Botschaft heraus: «Man hat den Herrn fortgeschafft aus dem Grabe, und wir wissen nicht, wohin man ihn gelegt hat» (Joh 20,2).
Magdalenas Mitteilung trieb die beiden Apostel augenblicklich zum Grab Jesu hinaus, sie wollten selbst nachprüfen, was Magdalena behauptet hatte. Nachdem die beiden Apostel sich genau nach den Einzelheiten umgesehen und an der Lage der Binden und der Kopfhülle des begrabenen Herrn festgestellt hatten, dass es sich nicht um einen Leichenraub handeln könne, kehrten sie in die Stadt zurück (vgl. Joh 20,2-10).
Inzwischen war Magdalena wieder beim Grab eingetroffen. Die übrigen Frauen, von denen sie ursprünglich begleitet worden war, scheinen sich noch vor der Ankunft der beiden Apostel wieder vom Grab entfernt zu haben. So konnte sich Magdalena ungestört ihrem Schmerz überlassen. Sicher «von ihr selbst muss es der vierte Evangelist gehört haben, was er nun erzählt, so dass sein Bericht die Genauigkeit eines unmittelbaren Zeugen verrät[2]»: «Maria aber stand draussen am Grabe und weinte. Wie sie so weinte, beugte sie sich vor und schaute in das Grab hinein. Da sieht sie zwei *Engel* in weissen Gewändern dasitzen, den einen zu Häupten, den andern zu Füssen der Stelle, wo der Leichnam Jesu gelegen hatte. Jene sagen zu ihr: 'Frau, warum weinst du?' Sie erwiderte ihnen: 'Man hat meinen Herrn fortgeschafft, und ich weiss nicht, wohin man ihn gelegt hat'» (Joh 20,11-13).
Magdalena kann es einfach nicht glauben, dass der tote Meister wirklich nicht mehr in der Felsenkammer sein soll. Sein Grab wäre fortan ihr Lieblingsplätzchen gewesen, wie einem Kind das Grab der Mutter. Mehr noch; denn sie verdankt dem Herrn mehr, als ein Kind der Mutter verdankt: ihre Befreiung von den Schreckensqualen an Leib und Seele unter dem Bann der sieben Dämonen, das neue Leben aus seiner Hand, die übernatürlichen Offenbarungen aus seinem Munde und all die unvergesslichen Erinnerungen der letzten Jahre, seitdem sie sich mit den Freundinnen in Galiläa dem Wundertäter von Nazareth angeschlossen und für ihn sowie für die Apostel gesorgt hat. Nun haben frevelnde Hände ihr den einzigen Trost geraubt, indem sie den Herrn aus dem Grabe fortgeschafft haben, dem sie so gern ein letztes Mal gedient hätte, indem sie den heiligen Leib mit wohlriechendem Öl salben wollte. Sie beugte sich vor und prüfte, ob nicht ihre verweinten Augen sie getäuscht haben, als sie nichts mehr als nur die Tücher sah. Dass sie da zwei Engel sah, erschreckte sie kaum. Und als diese nach dem Grund ihrer Tränen

fragten, antwortete sie mit den gleichen Worten, mit denen sie vorhin den beiden Aposteln Mitteilung gemacht hatte. Nur ein kleiner Unterschied ist zwischen den beiden Sätzen; vor Petrus und Johannes hat sie gesagt: «Man hat den Herrn fortgeschafft, und *wir* wissen nicht, wohin man ihn gelegt hat.» Den zwei *Engeln* aber erwiderte sie: «Man hat *meinen* Herrn fortgeschafft, und ich weiss nicht, wohin man ihn gelegt hat.»

Nichts anderes wollte Magdalena erfahren als nur den Ort, wo der tote Meister zu finden ist. Und da ihr die *Engel* darüber keine Auskunft gaben, nahm sie von der Anwesenheit der Engel weiter keine Notiz mehr, sondern wandte sich wieder um, vom Grabe weg zur Gartenseite. In ihrer Seele war für nichts anderes mehr Raum als nur für Christus, ihren Herrn. Den vermochten ihr auch die zwei Engel nicht zu ersetzen.

«Nach diesen Worten wandte sie sich um. Da sieht sie Jesus dastehen, wusste aber nicht, dass es Jesus war. Jesus sagte zu ihr: ‘Frau, warum weinst du? Wen suchst du?’ In dem Glauben, es sei der Gärtner, sagt sie zu ihm: ‘Herr, wenn du ihn fortgetragen hast, so sage mir, wohin du ihn gelegt hast; dann werde ich ihn holen.’ Da sprach der vermeintliche Gärtner nur: ‘Maria’.» Beim Klang ihres Namens fiel es wie ein Schleier von den Augen Magdalenas. Helle Ostersonne umflutete sie und hüllte sie in die selige Gewissheit ein: Es ist der Herr selbst! Denn so konnte nur er ihren Namen aussprechen, mit diesem Wohlklang, der immer ihre Seele mit unbeschreiblichem Glück und einer überirdischen Seligkeit erfüllte. Rasch wandte sie sich dem Herrn zu und sank ihm mit einem Jubelruf zu Füssen: «Rabbuni — Mein Meister!» Stürmisch umfasste die Überglückliche die Hände oder auch die Füsse des totgeglaubten Meisters, als wollte sie ihn nie mehr loslassen. Mit liebevollem Ernst aber wehrte Jesus dem Ungestüm der treuen Jüngerin und sagte: «Halte mich nicht fest, noch bin ich ja nicht zum Vater aufgefahren. Geh vielmehr hin zu meinen Brüdern und sage ihnen: Ich fahre auf zu meinem Vater und zu eurem Vater . . .» (Joh 20,17).

Alljährlich wendet sich die Kirche in der herrlichen Ostersequenz «Victimae paschali laudes» an Magdalena und fordert sie auf: «Dic nobis, Maria: quid vidisti in via? — O Magdalena, künd’ uns an — was staunend deine Augen sahn.» Dann waltet die treue Jüngerin Jesu aufs neue ihres Apostelamtes — die Tradition nennt sie ja «Apostola apostolorum», weil sie den Aposteln die österliche Frohbotschaft künden durfte — und berichtet, was sie in der Urgemeinde zu Jerusalem sicher oft erzählt hat, wenn Männer und Frauen sie umdrängten, um immer wieder von der begnadeten Augenzeugin zu hören, was sie am leeren Grab erlebt hatte, als sie um den toten Meister weinte, während der Lebende vor ihr stand: «Ich sah das Grab vom Tod befreit./ Und des Erstandenen Herrlichkeit./ Ich sah als Zeugen *Engel* drinnen,/ Sah auch das Schweisstuch und das Linnen./ Erstanden ist Er aus dem Grab,/ Der Heiland, meiner Hoffnung Stab./ Nach Galiläa geht er hin,/ Nun eilt Ihm nach, dort seht ihr Ihn.»

Hören wir zuletzt noch, was über den Apostel und Evangelisten Johannes hinaus auch die drei Synoptiker von der Engelerscheinung am Grabe Jesu berichtet haben:

Markus meldet es so: «Als der Sabbat vorüber war, kauften Maria Magdalena, Maria, die Mutter des Jakobus, und Salome wohlriechende Kräuter, um hinzugehen (zum Grabe Jesu) und ihn zu salben. In aller Frühe am ersten Tag nach dem Sabbat kamen sie zum Grabe, während eben die Sonne aufging. Sie sagten zueinander: ‘Wer wird uns den Stein vom Eingang zum Grabe wegwälzen?’ Als sie aber hinschauten, bemerkten sie staunend, dass der Stein bereits weggewälzt war; er war nämlich sehr gross. Da traten sie in die Gruft hinein — und sahen einen *Jüngling*, der sass auf der rechten Seite in glänzend weissem Gewand. Sie erschraken sehr. Er aber sprach zu ihnen: ‘Fürchtet euch nicht! Ihr sucht Jesus von Nazareth, den Gekreuzigten — er ist auferstanden, er ist nicht hier. Da ist die Stelle, wo man ihn hingelegt hatte. Nun geht hin und meldet seinen Jüngern und dem Petrus: Er geht euch nach Galiläa voraus; dort werdet ihr ihn sehen, wie er es euch gesagt hat’» (Mk 16, 1-7).

Der Apostel und Evangelist *Matthäus* bringt bereits den vom verschlossenen Grab weggewälzten Stein mit einem *Engel* in Verbindung und berichtet die Engelserscheinung so: «Als der Sabbat vorüber war und das Licht des ersten Wochentages anbrach, kamen Maria Magdalena und die andere Maria, das Grab (Jesu) zu besichtigen. Plötzlich erfolgte ein starkes Erdbeben; denn ein *Engel* des Herrn kam vom Himmel, ging hin und wälzte den Stein hinweg und setzte sich darauf. Sein Aussehen war wie ein Blitz und sein Gewand weiss wie Schnee. Aus Furcht vor ihm erzitterten die Wächter und waren wie tot. Der Engel aber sprach zu den Frauen: ‘Fürchtet euch nicht! Ich weiss, ihr sucht Jesus, den Gekreuzigten — er ist nicht hier, er ist auferweckt worden, wie er gesagt hat, kommt und seht den Ort, wo er gelegen. und gehet eilends und meldet seinen Jüngern: ‘Er ist von den Toten auferweckt und geht euch nach

---

Der Engel am Grabe Jesu ▶

Galiläa voraus! Dort werdet ihr ihn sehen — ich habe es euch gesagt.' Da gingen sie eilends vom Grabe weg und liefen voll Furcht und grosser Freude, seinen Jüngern Nachricht zu bringen . . .» (Mt 28,1-8).

Der Evangelist *Lukas* spricht bereits vom weggewälzten Stein: «Am ersten Tag der Woche kamen sie (die Frauen, die mit Jesus aus Galiläa nach Jerusalem gekommen waren) mit wohlriechenden Kräutern, die sie bereitet hatten, in aller Morgenfrühe zum Grabe. Da fanden sie den Stein vom Grab weggewälzt. Als sie jedoch in die Gruft hineintraten, fanden sie den Leib des Herrn Jesus nicht. Plötzlich, während sie noch ganz ratlos darüber waren, standen *zwei Männer* in leuchtendem Gewand vor ihnen. Da sie, von Furcht ergriffen, den Blick zu Boden senkten, redeten jene sie an: 'Was sucht ihr den Lebenden bei den Toten? Er ist nicht hier, sondern ist auferweckt worden. Erinnert euch, wie er zu euch geredet hat, als er noch in Galiläa war: Der Menschensohn muss in die Hände der Sünder überliefert und gekreuzigt werden, aber am dritten Tag wird er auferstehen!' Da erinnerten sie sich seiner Worte, und vom Grabe zurückgekehrt, meldeten sie dies alles den Elf und allen übrigen. Es waren Maria Magdalena, Johanna und Maria, die Mutter des Jakobus . . .» (Lk 24,1-10).

Auf den Unterschied in der Engelserscheinung im Bericht der vier Evangelisten sei noch kurz hingewiesen: Bei Markus ist von einem «Jüngling» die Rede, «der auf der rechten Seite (des Grabes) in weissem Gewande dasass»; bei *Matthäus* ist ebenfalls nur von einem *Engel* die Rede, dessen «Aussehen wie ein Blitz und dessen Gewand weiss wie Schnee war». Bei *Lukas* wird berichtet, dass «*zwei* Männer in leuchtendem Gewand vor ihnen (den Frauen) standen». *Johannes* meldet ähnlich, dass «Maria Magdalena *zwei Engel* in weissen Gewändern (im Grab) dasitzen sah, einen zu Häupten und einen zu Füssen der Stelle, an welcher der Leichnam Jesu gelegen hatte». Dieser Unterschied in dem Bericht über die Engelserscheinung im Grab oder am Grab Jesu beeinträchtigt sicher nicht die Glaubwürdigkeit und Echtheit des Berichteten.

Wichtiger ist die ganze Art und Weise, wie die Engelserscheinung vor sich ging[3)]. Das Äussere des Engels mit dem weiss glänzenden Gewande gab sicher Maria Magdalena und den anderen Frauen die Ahnung von einem höheren Boten; noch mehr das, was er sagte. Ihr erstes Gefühl war darum heftiges Erschrecken. Dieses aber wollte der *Engel* Maria Magdalena und den anderen Frauen nehmen, nicht bloss mit den Worten: «Fürchtet euch nicht! Lasst euch nicht erschrecken!», sondern noch mehr mit der ganzen Art, in der er das Folgende aussprach[4)]. Sogleich begann er nach dem griechischen Originaltext — mit dem den Frauen so vertrauten Namen *Jesus*: «Jesus sucht ihr!» Dieser Name soll sie sogleich beruhigen. Sie sollen wissen, dass er, der Bote Gottes, im Namen dessen redet, der ihr Freund war. Auch die Beinamen für Jesus «den Nazarener, den Gekreuzigten» tragen der Verwirrung der Frauen noch Rechnung. Sie sollen nicht meinen, er spreche von einem anderen als von dem, den sie alle kennen. Dann aber kommt in einem Wort die ganze unglaubliche Botschaft dieses Ostermorgens: «Auferweckt ist Er!» Dem Zustand ihres Gemütes, auch dem Zustand ihres noch dämmernden Glaubens angepasst ist diese Form. Es war den Frauen leichter zugänglich, dass der Gekreuzigte «auferweckt worden war» — nämlich von Gott —, als dass Er aus eigener Macht auferstand. Erst später ist der Glaube in ihnen gewachsen, dass sie auch dies verstehen konnten. Die Beweise, die der Engel anführte, sind freilich echt «jenseitig». Rein negativ wies er hin: Er ist nicht mehr hier, es ist nur mehr der Ort zu sehen, wohin sie Ihn gelegt haben. Nun erhielten die Frauen in kurzen, aber feierlich klingenden Worten den Auftrag an die Jünger. Dic ganze Art und Weise, wie der Engel mit Maria Magdalena und den anderen Frauen so einfühlsam sprach, ist typisch dafür, wie in der Geschichte der Heiligen der kommenden Zeiten *Engel* mit Menschen verkehrten, auf sie Einfluss nahmen und mit ihnen sprachen.

Der Diakon Philippus

(† um 50 n.Chr.)

Wic dcn beiden Apostelfürsten Petrus und Paulus ist auch Philippus, obgleich er nur einfacher Diakon war, mehrmals die Gnade zuteil geworden, in sichtbarer Weise in seinem apostolischen Dienst von einem Engel unterstützt zu werden.

Philippus predigte eines Tages in der Hauptstadt Samarias und verkündete dort Christus. Da erschien ihm ein *Engel* und sagte zu ihm: «Steh auf und zieh nach Süden auf der Strasse, die von Jerusalem nach Gaza führt; sie führt durch eine einsame Gegend» (Apg 8,26). Philippus gehorchte sogleich der Weisung des Engels. Da kam es dann zur Begegnung mit dem äthiopischen Kämmerer und Hofbeamten der Königin Kandake, der in seinem Wagen sitzend die Hl. Schrift las. «Und der Geist» — es ist wohl wieder der gleiche Engel — «sagte zu Philippus: 'Geh und folge diesem Wagen.' Philippus lief hin und hörte ihn den Propheten Jesaia lesen. Da sagte er zu dem Kämmerer: 'Verstehst du auch, was du liest?' Jener antwortete: 'Wie könnte ich es, wenn mich niemand anleitet?' Und er bat den Philippus einzusteigen und neben ihm Platz zu nehmen. Der Abschnitt der Schrift, den er las, lautete: 'Wie ein Schaf wurde er zum Schlachten geführt; und wie ein Lamm, das verstummt, wenn man es schert, so tat er seinen Mund nicht auf. In der Erniedrigung wurde seine Verurteilung aufgehoben. Seine Nachkommen, wer kann sie zählen? Denn sein Leben wurde von der Erde fortgenommen.' Der Kämmerer wandte sich an Philippus und sagte: 'Ich bitte dich, von wem sagt der Prophet das? Von sich selbst oder von einem anderen?' Da begann Philippus zu reden, und ausgehend von diesem Schriftwort verkündete er ihm das Evangelium von Jesus. Als sie nun weiterzogen, kamen sie zu einer Wasserstelle. Da sagte der Kämmerer: 'Hier ist Wasser. Was steht meiner Taufe noch im Wege?' Er liess den Wagen halten, und beide, Philippus und der Kämmerer, stiegen in das Wasser, und er taufte ihn» (Apg 8,29-39).

Nun griff der *Engel* wieder ein und brachte den Philippus nach vollbrachtem Bekehrungswerk an dem äthiopischen Kämmerer wieder zurück nach Samaria, damit er dort weiter das Evangelium verkünde. «Als sie (Philippus und der Äthiopier) aus dem Wasser stiegen, entführte der Geist des Herrn den Philippus. Der Kämmerer sah ihn nicht mehr, und er zog voll Freude weiter. Den Philippus aber sah man in Aschdod wieder. Und er wanderte durch alle Städte und verkündete das Evangelium, bis er nach Cäsarea kam» (Apg 9,39-40).

Fügen wir diesem Bericht der Apostelgeschichte eine Überlegung an, die schon der hl. Johannes Chrysostomus in seiner 19. Homilie zur Apostelgeschichte angestellt hat mit den Worten: «Seht da, wie auch die Engel aktiv mitwirken bei der Verkündigung des Evangeliums und mit welchem Eifer sie die Prediger dazu aufmuntern und sie unterstützen bei ihrem apostolischen Dienst, und zwar so, dass ein Diakon sogar von einem Engel gepackt und durch die Luft an einen anderen Ort versetzt wird.»

Auf solch ausserordentliche Weise haben tatsächlich gar manchmal Engel mitgeholfen in der Evangelisation. Gewiss sind die Engel dabei nicht die ordentlichen, von Gott vorgesehenen Verkünder des Wortes Gottes und Ausspender der Geheimnisse Gottes. Aber man kann mit dem hl. Thomas v. Aquin (De veritate, qu. XIV, a.11 ad 1) mit Sicherheit annehmen, dass in besonderen Fällen *Engel* von Gott dazu aufgefordert werden, besonders dort, wo es Missionaren nicht möglich ist, zu solchen Menschen guten Willens zu gelangen. In einem solchen Fall wäre es denkbar, dass sich Gott eines Engels bedient.

Was die Versetzung des Diakons Philippus durch einen Engel betrifft, so haben wir schon im Alten Testament einen ähnlichen Fall, wenn da der Prophet Habakuk von einem Engel durch die Luft getragen und dem Daniel zu Hilfe gesandt wird (vgl. Daniel 14,35).

Der Apostel Petrus

(† 67 n.Chr.)

«Simon, Simon, Satan hat verlangt, euch wie Weizen sieben zu dürfen. Ich aber habe für dich gebetet, dass dein Glaube nicht erlischt. Und wenn du dich wieder bekehrt hast, dann stärke deine Brüder!» (Lk 22,31). So sprach Jesus zum ersten der Apostel, zu Simon Petrus, den der Herr zu seinem Stellvertreter in der sichtbaren Leitung seiner Kirche und zum obersten Hirten bestimmt hatte[1)]. Satan, der gefallene Luzifer, hat Petrus wahrlich arg zugesetzt, als er ihn dazu verführte, seinen Meister dreimal zu verleugnen: «Ich kenne diesen Menschen nicht!» (Lk 22,57). Der Herr aber hat ihm, der über seinen Fall «bitterlich weinte» (Lk 22,62), verziehen und sein sühnendes Liebesbekenntnis gelten lassen: «Herr, Du weisst alles, Du weisst auch, dass ich Dich liebe!» (Joh 21,17).

Fortan wurde Simon Petrus auf Grund des Gebetes des Herrn für seine Aufgabe gestärkt und durch einen *Engel* — vermutlich war es sein Schutzengel — wunderbar beschützt und aus grösster Gefahr befreit.

Zweimal ist in der Apostelgeschichte von einer Engelserscheinung vor Petrus die Rede[2)]:

Das *erste* Mal dort, wo berichtet wird, dass sich «der Hohepriester und alle, die auf seiner Seite standen, nämlich die Gruppe der Sadduzäer», voll Eifersucht gegen die Apostel wegen der Zeichen und Wunder, die sie wirkten, erhoben. «Sie liessen die Apostel verhaften und in das öffentliche Gefängnis werfen. Ein *Engel* des Herrn aber öffnete nachts die Gefängnistore, führte sie heraus und sagte: Geht, tretet im Tempel auf und verkündet dem Volk alle Worte dieses Lebens! Sie gehorchten und gingen bei Tagesanbruch in den Tempel und lehrten.» Unter diesen durch den *Engel* des Herrn aus der Kerkerhaft befreiten Aposteln ist sicher Petrus gewesen, wie aus dem vorausgehenden und nachfolgenden Text des ganzen Berichtes klar wird (Apg 5,17-29). «Man schickte Boten zum Gefängnis, um die Apostel vorführen zu lassen. Die Diener gingen, fanden sie aber nicht im Gefängnis. Sie kehrten zurück und meldeten: Wir fanden das Gefängnis sorgfältig verschlossen und die Wache vor den Toren stehend; als wir aber öffneten, fanden wir niemand darin.

Der Tempelhauptmann und die Hohenpriester waren ratlos, als sie das hörten, und wussten nicht, was nun werden sollte. Da kam jemand und meldete ihnen: Die Männer, die ihr ins Gefängnis geworfen habt, stehen im Tempel und lehren das Volk. Da ging der Tempelhauptmann mit seinen Leuten hin und holte sie, allerdings nicht mit Gewalt; denn sie fürchteten, vom Volk gesteinigt zu werden. Man führte sie herbei und stellte sie vor den Hohen Rat. Der Hohepriester verhörte sie und sagte: Wir haben euch streng verboten, in diesem Namen zu lehren; ihr aber habt Jerusalem mit eurer Lehre erfüllt; ihr wollt das Blut dieses Menschen über uns bringen. *Petrus* und die (anderen) Apostel aber antworteten: Man muss Gott mehr gehorchen als den Menschen . . .» (Apg 5,21-29).

Beachten wir bei diesem Bericht der Apostelgeschichte nicht bloss die wunderbare Befreiung des Petrus und der anderen Apostel durch einen *Engel*, sondern auch die Tatsache, dass Petrus und die anderen Apostel dem Auftrag des Engels: «Geht, tretet im Tempel auf und verkündet dem Volk alle Worte dieses Lebens!» genau entsprachen: «Sie gehorchten und gingen bei Tagesanbruch in den Tempel und lehrten» (Apg 5,20-21).

Eine *zweite* Befreiung des Apostels Petrus durch einen *Engel* wird uns in der Apostelgeschichte noch ausführlicher und konkreter beschrieben: «Um jene Zeit liess der König Herodes einige aus der Gemeinde verhaften und misshandeln. Jakobus, den Bruder des Johannes, liess er mit dem Schwert hinrichten. Als er sah, dass es den Juden gefiel, liess er auch Petrus festnehmen. Das geschah in den Tagen der Ungesäuerten Brote. Er nahm ihn also fest und warf ihn ins Gefängnis. Die Bewachung (des Petrus) übertrug Herodes vier Abteilungen von je vier Soldaten. Er beabsichtigte, ihn nach dem Paschafest dem Volk vorführen zu lassen. Petrus wurde also im Gefängnis bewacht. Die Gemeinde aber betete inständig für ihn zu Gott. — In der Nacht, ehe Herodes ihn vorführen lassen wollte, schlief Petrus, mit zwei Ketten gefesselt, zwischen zwei Soldaten; vor der Tür aber bewachten Posten den Kerker. Plötzlich trat ein *Engel* des Herrn ein, und ein helles Licht strahlte in den Raum. Er stiess Petrus in die Seite, weckte ihn und sagte: 'Schnell, steh auf!' Da fielen die Ketten von seinen Händen. Der *Engel* aber sagte zu ihm: 'Gürte dich und zieh deine Sandalen an!' Er tat es. Und der *Engel* sagte zu ihm: 'Wirf deinen Mantel um und folge mir!' Dann ging er hinaus, und Petrus folgte ihm, ohne zu wissen, dass es Wirklichkeit war, was durch den *Engel* geschah; es kam ihm vor, als habe er eine Vision. Sie gingen an der ersten und an der zweiten Wache vorbei und kamen an das

eiserne Tor, das in die Stadt führt; es öffnete sich ihnen von selbst. Sie traten hinaus und gingen eine Gasse weit; und auf einmal verliess ihn der *Engel*. Da kam Petrus zu sich und sagte: 'Nun weiss ich wahrhaftig, dass der Herr seinen *Engel* gesandt und mich der Hand des Herodes entrissen hat und all dem, was das Volk der Juden erhofft hat.'
Als Petrus sich darüber klar geworden war, ging er zum Haus der Maria, der Mutter des Johannes mit dem Beinamen Markus, wo nicht wenige versammelt waren und beteten. Als er am Aussentor klopfte, kam eine Magd namens Rhode, um zu öffnen. Sie erkannte die Stimme des Petrus, doch vor Freude machte sie das Tor nicht auf, sondern lief hinein und berichtete: 'Petrus steht vor dem Tor.' Da sagten sie zur ihr: 'Du bist nicht bei Sinnen.' Doch sie bestand darauf, es sei so. Da sagten sie: 'Es ist sein *Engel*.' Petrus aber klopfte noch immer. Als sie öffneten und ihn sahen, staunten sie. Er gab ihnen mit der Hand ein Zeichen zu schweigen und erzählte ihnen, wie der Herr ihn aus dem Gefängnis herausgeführt hatte. Er sagte: 'Berichtet das dem Jakobus und den Brüdern!' Dann verliess er sie und ging an einen anderen Ort» (Apg 12,1-17).
Beachten wir noch den grossen *Unterschied* zwischen der ersten und der zweiten Befreiung des Petrus durch einen *Engel*: Beim *ersten* Mal befreite der Engel den Petrus und die anderen Apostel, die mit ihm zusammen eingekerkert waren, auf höchst einfache Weise durch Öffnen der Gefängnistore mit dem Auftrag: «Geht in den Tempel und lehrt!» Beim *zweiten* Mal ereignete sich alles in einem dramatischen Zusammenspiel der Umstände: Licht strahlt auf im Gefängnis, die Ketten fallen von den Händen des Petrus, das eiserne Tor öffnet sich von selbst, der *Engel* ist da und spricht mit Petrus, ohne dass die Wachsoldaten etwas davon merken, Petrus erhebt sich wie im Traum, zieht sich an und folgt seinem Befreier.
Aus all dem kann man entnehmen, wie die *Engel* nach Gottes Art, dem sie gehorchen, niemals das Gleiche auf gleiche Art machen, sie folgen vielmehr dem in der Regierung des Universums herrschenden Gesetz der Mannigfaltigkeit, wie es der unendlich weisen göttlichen Vorsehung eigen ist.
Im Zusammenhang mit der zweiten Befreiung des hl. Petrus durch einen Engel könnte man noch verschiedene Überlegungen und Beobachtungen anstellen; vor allem könnte man fragen, warum der Engel den Apostel Petrus nicht auch in Rom befreite, sondern ihn im Gegenteil der Mörderhand überliess. Sicher geschah das aus keinem anderen Grund als dem, dass die *Engel* nur die ganz getreuen Vollstrecker der Ratschlüsse

der göttlichen Vorsehung sind, die die Menschen auf verschiedenen Wegen führt. Auch in bezug auf die gleiche Person pflegt die göttliche Vorsehung verschiedenste Vorkehrungen zu treffen, je nach der Verschiedenheit des Ortes und der Zeit. So wurde Petrus, der in Jerusalem zweimal durch einen Engel aus der Kerkerhaft befreit worden war, aus dem Mamertinischen Kerker in Rom nicht mehr befreit und den Händen des grausamen Kaisers Nero nicht entrissen. Diesmal sollte Petrus nach dem Plan der göttlichen Vorsehung vielmehr das Blutzeugnis des Martyriums ablegen und jenes Versprechen einlösen, das er in der Gründonnerstag-Nacht gegeben, aber nicht gehalten hatte: «Herr, ich bin bereit, mit Dir sogar ins Gefängnis und in den Tod zu gehen» (Lk 22,33).

Aus dem Bericht über die zweite Befreiung des hl. Petrus durch einen Engel gehört noch das Eingeständnis des Apostelfürsten nach erfolgter wunderbarer Befreiung bedacht: «Nun weiss ich wahrhaftig, dass der Herr seinen *Engel* gesandt und mich der Hand des Herodes entrissen hat» (Apg 12,11). Er sagte das erst, als er wieder ganz zu sich gekommen war. Ist es für gewöhnlich nicht auch bei uns so, dass wir erst im nachhinein, nach einer ausserordentlichen Intervention, einsehen und begreifen: Da ist uns wirklich ein *Engel* Gottes zu Hilfe gekommen, hat uns geführt und aus einer bestimmten Notsituation oder Gefahr herausgeführt und befreit? Wir sollten aber gläubig überzeugt sein, dass ein Engel Gottes, der Schutzengel, immer an unserer Seite ist, uns führt und berät!

Zuletzt gehört auch noch der Ausruf der im Hause der Mutter des Evangelisten Markus versammelten Gläubigen beachtet, die bei der Meldung, dass Petrus draussen vor der Türe stehe, meinen: «Es ist sein *Engel*!» Dieser Ausruf ist nämlich ein Argument für den Glauben der ersten Christen an die Wahrheit, dass jedem Menschen ein Schutzengel an die Seite gestellt ist, der gewissermassen fast identisch ist mit dem ihm anvertrauten Menschen.

Vom hl. Petrus gehören zuletzt — wenn wir die beiden Petrusbriefe in irgendeiner Form ihm zuschreiben dürfen[3)] — noch zwei Aussprüche über die *Engel* erwähnt, die aufschlussreich sind: Im 1. Petrusbrief (3,22) heisst es: «Die Taufe dient nicht dazu, den Körper vom Schmutz zu reinigen, sondern sie ist eine Bitte an Gott um ein reines Gewissen aufgrund der Auferstehung Jesu Christi, der in den Himmel gegangen ist; dort ist Er zur Rechten Gottes, und *Engel*, Gewalten und Mächte sind Ihm unterworfen.» — Im 2. Petrusbrief (2,4) wird auf die Verwerfung eines Teils der Engel hingewiesen: «Gott hat auch die *Engel*, die gesündigt haben, nicht verschont, sondern sie in die finsteren Höhlen der Unterwelt verstossen und hält sie dort eingeschlossen bis zum Gericht.»

Der Völkerapostel Paulus
(† 67 n.Chr.)

Wie beim hl. Petrus, so fehlt es auch in der gewaltigen Mission des Völkerapostels Paulus nicht an der Intervention eines Engels. Zuerst aber gehört darauf hingewiesen, dass Paulus in seinen Briefen gar nicht selten, wenn auch meist nur nebenbei, von den Engeln spricht.
Paulus hat sicher schon vor seiner Bekehrung an die Existenz der Engel geglaubt, sei es auf Grund seiner grossen, in der Schule Gamaliels erworbenen Schriftkenntnis, sei es auf Grund der Tatsache, dass er zur Sekte der *Pharisäer* gehörte, die — im Gegensatz zu der der Sadduzäer — von der Existenz der Engel ganz und gar überzeugt waren. Paulus rühmte sich dessen ausdrücklich vor dem Hohen Rat, wie aus dem Bericht in der Apostelgeschichte (23,6-9) klar wird: «Paulus schaute mit festem Blick auf den Hohen Rat und sagte: 'Brüder, bis zum heutigen Tag lebe ich vor Gott mit völlig reinem Gewissen'. Da Paulus aber wusste, dass der eine Teil (des Hohen Rates) zu den Sadduzäern, der andere zu den Pharisäern gehörte, rief er vor dem Hohen Rat aus: 'Brüder, ich bin Pharisäer und ein Sohn von Pharisäern; wegen der Hoffnung und wegen der Auferstehung der Toten stehe ich vor Gericht.' Als er das gesagt hatte, brach ein Streit zwischen den Pharisäern und den Sadduzäern aus, und die Versammlung spaltete sich. Die Sadduzäer behaupteten nämlich, es gebe weder eine Auferstehung noch *Engel*, noch Geister, die Pharisäer dagegen bekennen sich zu all dem. Es erhob sich ein lautes Geschrei, und einige Schriftgelehrte aus dem Kreis der Pharisäer standen auf und verfochten ihre Ansicht. Sie sagten: 'Wir finden nichts Schlimmes an diesem Menschen. Vielleicht hat doch ein Geist oder ein *Engel* zu ihm gesprochen.' Als der Streit heftiger wurde, befürchtete der Oberst, sie könnten Paulus zerreissen. Daher liess er die Wachtruppe herabkommen, ihn mit Gewalt aus ihrer Mitte herausholen und in die Kaserne bringen. In der folgenden Nacht aber trat der Herr zu Paulus und sagte: 'Hab Mut! Denn so wie du in Jerusalem Meine Sache bezeugt hast, sollst du auch in Rom Zeugnis ablegen.'» Er tat es dann auch unerschrocken in der Überzeugung, die er im Römerbrief (8,38) mit folgenden Worten zum Ausdruck gebracht hatte: «Ich bin gewiss: Weder Tod noch Leben, weder *Engel* noch Mächte, weder Gegenwärtiges noch Zukünftiges, weder Gewalten der Höhe oder Tiefe noch irgendeine andere Kreatur können uns scheiden von der Liebe Gottes, die in Christus Jesus, unserem Herrn, ist.»

Bevor Paulus aber nach Rom kam, um dort für Christus Zeugnis abzulegen und den Blutzeugentod zu sterben, erlebte er noch auf der abenteuerreichen Schiffahrt nach Rom die Intervention eines heiligen *Engels*. Als nämlich das Schiff, auf dem er sich als Gefangener befand, in der Nähe von Malta in einen furchtbaren Sturm geriet und die hoffnungslose Lage eine verzweifelte Stimmung an Bord hervorrief, da wurde das Schiff zwar nicht durch einen Engel vor der Zertrümmerung bewahrt und Paulus zwar nicht — wie Petrus zweimal in Jerusalem — aus den Händen seiner Feinde befreit; wohl aber verkündete ein *Engel* dem hl. Paulus: «Fürchte dich nicht, Paulus! Du musst dem Kaiser vorgestellt werden. Siehe, Gott hat dir alle deine Schiffsgenossen geschenkt!» (Apg 27,24).

In den folgenden Tagen, die dem hl. Paulus, der Mannschaft und den Begleitsoldaten weder die Schrecken eines Schiffbruchs noch eine Bordmeuterei ersparten, hielt allein der Glaube an die Verheissung des *Engels* den hl. Paulus in allen kritischen Situationen aufrecht und gab ihm eine Überlegenheit, der sich sogar der Hauptmann der römischen Wache beugte. Paulus sagte zu seinen Schicksalsgenossen auf dem sturmumpeitschten Schiff: «Habt Mut, Männer! Denn ich vertraue auf Gott, dass es so kommen wird, wie mir (durch einen Engel) gesagt worden ist» (Apg 27,25). Es kam dann zum Schiffbruch vor Malta, dessen Schilderung in der Apostelgeschichte (27,27-44) abgeschlossen wird mit der Feststellung, «dass alle ans Land gerettet wurden».

War der *Engel*, der mit dem hl. Paulus gesprochen hat, sein Schutzengel? Vermutlich ja. Die ganze Art aber, wie Paulus nicht *vor* dem Schiffbruch, sondern nur *nach* dem Schiffbruch gerettet wurde, erinnert an das, was der Verfasser des Hebräerbriefes im Geist des hl. Paulus über die Aufgabe der *Engel* geschrieben hat: «Sie sind dienende Geister, zum Schutz derer ausgesandt, die das Heil erben sollen» (Hebr 1,14). Das Heil der Menschen ist also Aufgabe der Schutzengel. Nicht um ihre Schützlinge vor irdischer Anfechtung, vor Leid und Not zu behüten, um ihnen Schmerzen zu ersparen oder ihnen den starken Arm zu leihen zur Erlangung irgendeines zeitlichen Gutes, stehen die Engel an der Seite der ihnen anvertrauten Menschen, sondern um sie auf dem Weg, den ihnen der Wille Gottes vorgezeichnet hat, zu Gott und zum Heil zu führen. Die Engel sehen auch das zeitliche Heil der ihnen anvertrauten Menschen mit den Augen dessen, der sie gesandt hat, das heisst, sie sehen es unter dem Gesichtspunkt des letzten, ewigen Zieles der Menschen.

Was nun die Erwähnung der Engel in den *Paulusbriefen* betrifft, so sei zuerst an das erinnert, was ein sehr guter Kenner des hl. Paulus und seiner Briefe aus unseren Tagen in einer Übersicht über die Grundgedanken der paulinischen Hauptbriefe[1] in vielleicht allzu vorsichtiger Weise behauptet hat: «Zum Schluss sei noch darauf hingewiesen, dass der Apostel auch von einer Welt zwischen Gott und Mensch weiss, er spricht von 'Engelwesen' — unter verschiedenen Namen —, und es ist nicht immer klar, welche Stellung sie für ihn in dem Drama zwischen Gott und Mensch einnehmen. Sicherlich bleibt er ein Kind seiner Zeit, und zuweilen scheinen sich überkommene Vorstellungen des jüdischen Volksglaubens, der Apokalyptik u.ä. mit Erkenntnissen zu mischen, die bleibende Bedeutung haben[2]. Aber Paulus ist (nicht bloss von der Existenz heiliger Engel, sondern auch) von der Existenz und Wirksamkeit des Satans in diesem Aion (vgl. 2 Kor 4,4) überzeugt; so wie in Rom wird für Paulus auch ganz allgemein gelten: 'Der Gott des Friedens wird den Satan in Kürze unter eure Füsse treten'» (Röm 16,20).

Paulus weist auf die *Engel* vor allem dort hin, wo er auf Christus, den präexistenten, menschgewordenen, gekreuzigten und erhöhten Herrn, zu sprechen kommt. So betont er im Kolosserbrief (1,16): «In Ihm (Christus) ward alles erschaffen, was im Himmel und was auf Erden ist: das Sichtbare und das Unsichtbare, Throne, Herrschaften, Mächte, Gewalten, alles ist durch Ihn und auf Ihn hin geschaffen. Und er ist vor allem, und das All hat in Ihm seinen Bestand.» Hier betont der Völkerapostel, dass alle Geistesmächte, ob sie nun engelhaft sind oder dämonenhaft geworden sind, als durch den präexistenten Christus geschaffene Mächte der Herrschaft Christi unterstehen, der sie ins Dasein rief.

Wenn die Engelsmächte *unter* Christus stehen, dann ist auch klar, dass ihre Macht — und wäre sie noch so gross — nicht ausreicht, jemanden, der in der Liebe Christi verwurzelt ist und in Ihn eingegliedert ist, von Christus zu trennen: «Ja, ich bin gewiss, weder Tod noch Leben, weder *Engel* noch Gewalten und Mächte, weder Gegenwärtiges noch Kommendes, weder Hohes noch Tiefes, noch überhaupt etwas in der Welt wird uns trennen können von der Liebe Gottes, die da ist in Christus Jesus, unserem Herrn» (Röm 8,38).

Der auferstandene und erhöhte Herr Jesus Christus ist nach Eph 1,21 «erhaben über alle Herrschaften, Mächte, Kräfte und Gewalten, oder wie sie (die Engelchöre) sonst heissen mögen, nicht nur in dieser, sondern auch in der künftigen Welt». Hier zählt also Paulus einzelne Chöre der Engel auf, über die Christus erhaben ist; ähnlich macht er es in Eph 3,1 und Kol 1,16.

Wie sehr die *Engel* mit Christus verbunden sind, zeigt Paulus auch im Hinweis darauf, dass sie einmal bei der Parusie mit Christus kommen werden: «Wenn sich Jesus, der Herr, vom Himmel her offenbart mit dem Heer seiner *Engel* in einer Feuerflamme, um Vergeltung zu üben an denen, die Gott nicht kennen und die der Heilsbotschaft von Jesus, unserem Herrn, nicht Gehör schenken, werden sie zur Strafe ewiges Verderben empfangen, fern vom Angesicht des Herrn und seiner erhabenen Macht, da Er kommt an jenem Tag, um seine Herrlichkeit zu erweisen . . .» (2 Thess 1,7).

Aber nicht bloss bei der Parusie des Herrn werden mit Ihm die *Engel* kommen, sie sind schon mitten unter uns gegenwärtig, vor allem beim Gottesdienst. Die Ehrfurcht vor der Gegenwart der heiligen *Engel* diktierte dem hl. Paulus die sicher zeitbedingte Mahnung, dass die Frauen einen Schleier auf ihrem Haupt tragen sollen «um der *Engel* willen» (1 Kor 11,10). Es steht da sicher die Überzeugung des Apostels dahinter, dass die Frau zuchtvoll erscheinen soll aus Ehrfurcht vor den *Engeln*, die in der religiösen Versammlung unsichtbar gegenwärtig und jedem Menschen nahe sind.

Auch an einen urchristlichen Hymnus, in welchem die *Engel* erwähnt werden und der jetzt auch wieder im kirchlichen Stundengebet verwendet wird, darf noch erinnert werden, weil er sicher nicht nur dem Paulusschüler Timotheus, sondern zweifellos Paulus selbst bekannt war: «Fürwahr, gross ist das Geheimnis der Gottesfurcht: Er (Christus) war geoffenbart im Fleische, als der Heilige dargestellt im Geiste, erschienen den *Engeln*, verkündet den Heiden, geglaubt in der weiten Welt, erhöht in Herrlichkeit» (1 Tim 3,16).

Jeder Gemeindevorsteher wird zuletzt u.a. auch mit dem Hinweis auf die heiligen *Engel* zur treuen, gewissenhaften Erfüllung seiner Amtspflichten ermahnt: «Ich beschwöre dich vor Gott, vor Christus Jesus und vor den auserwählten *Engeln*: Befolge dies ohne Voreingenommenheit und handle nicht nach menschlicher Gunst!» (1 Tim 5,21).

Der *Verfasser des Hebräerbriefes* unterstreicht dann noch ganz stark, was Paulus von der Erhabenheit Christi, des menschgewordenen Sohnes Gottes, gesagt hatte: «Zu welchem der *Engel* hätte Gott je das Wort gesprochen: 'Setze dich zu meiner Rechten, bis ich dir deine Feinde als Schemel unter die Füsse lege.' Sind sie nicht alle nur dienende Geister, denen 'zum Dienst gesandt', die bestimmt sind, das Heil zu erben?» (Hebr 1,13-14).

Weil wir schon auf Erden der Gemeinschaft der himmlischen Kirche, zu der auch die heiligen *Engel* gehören, gewürdigt worden sind, sollen wir ehrfürchtig vor Gott wandeln. So mahnt uns der Verfasser des Hebräerbriefes (12,22) ganz im Geist des hl. Paulus: «Ihr seid hinzugetreten zum

Berg Sion, der Stadt des lebendigen Gottes, dem himmlischen Jerusalem: zu den zahllosen *Engelscharen* und zum Festjubel, zur Kirche der Erstlinge, die im Himmel aufgeschrieben sind . . . So hütet euch, zurückzuweichen» (Hebr 12,22). Vor allem sollen wir uns in der Bruderliebe bewähren und gastfreundlich zueinander sein: «Vergesst nicht die Gastfreundschaft; dank ihrer durften manche, ohne es zu ahnen, *Engel* bei sich beherbergen» (Hebr. 13,2)[3].

Der hl. Evangelist Markus

(† um 68 n.Chr.)

In der Apostelgeschichte (12,7-17) wird die Befreiung des hl. Petrus aus dem Kerker in Jerusalem durch einen Engel berichtet und vom befreiten Petrus dann erwähnt: «Er überlegte (wohin er sich wenden sollte) und trat dann in das Haus der Maria, der Mutter des Johannes mit dem Beinamen *Markus*, wo viele zum Gebet versammelt waren . . .»
Petrus im Hause des Markus, der zum Sekretär des Erstapostels wurde! Man möchte erwarten, dass dieser Evangelist in seinem Evangelium, das ja vielfach als Niederschlag der Predigten des Apostels Petrus gilt, gar manches über die *Engel* berichten würde. Tatsächlich aber erwähnt dieser Evangelist die Engel nur dreimal in seinem Evangelium, nämlich erstens am Ende des Berichtes über das 40tägige Fasten Jesu in der Wüste, zweitens in einem Streitgespräch Jesu mit den Sadduzäern, und drittens nach der Auferstehung Jesu.
Den Schluss des Fastens Jesu berichtet Markus so: «Vierzig Tage blieb Jesus dort (in der Wüste), vom Teufel versucht, inmitten der wilden Tiere, und *die Engel* dienten Ihm» (Mk 1,12).
Im Streitgespräch Jesu mit den Sadduzäern, die sowohl die Auferstehung als auch die Existenz der Engel leugneten, sagte der Herr: «Ob ihr euch nicht irrt, da ihr weder die Schrift noch die Kraft Gottes kennt? Denn wenn sie (die Menschen) von den Toten auferstehen, gibt es weder ein Freien noch ein Gefreitwerden, sondern sie sind dann wie die *Engel* im Himmel» (Mk 12,24-26).
Nach dem Bericht über die Auferstehung Jesu weist Markus noch auf die Erscheinung eines *Engels* in weissem Gewand zur rechten Seite des leeren Grabes hin (vgl. Mk 16,5-7).
Vom Martyrium des hl. Markus aber wird in den «Acta Marci» und im Anschluss daran im Martyrologium Romanum vermeldet, dass er in seinen Todesleiden von *Engeln* gestärkt worden sei. Wörtlich heisst es zum

25. April im Martyrologium Romanum: «Zu Alexandrien der Tod des heiligen Evangelisten Markus. Er war der Schüler und Dolmetsch des Apostels Petrus. Auf Bitten der römischen Glaubensgefährten verfasste er sein Evangelium. Daraufhin ging er nach Ägypten und verkündete als erster zu Alexandrien Christus und gründete daselbst eine Gemeinde. Später wurde er wegen seines Glaubens an Christus gefangengenommen, mit Stricken gefesselt, über Felsenboden geschleift und dadurch schwer verletzt. Im Kerker wurde er durch eine *Engels*erscheinung getröstet. Zuletzt erschien ihm der Herr selbst und rief ihn ins himmlische Reich. Es war im achten Regierungsjahr Neros.»

Der Apostel Judas Thaddäus

(† um 70 n.Chr.)

Ist der Schreiber des letzten der sieben sogenannten «katholischen Briefe» im Neuen Testament der Apostel Judas Thaddäus oder ein anderer Judas, wie manche annehmen? In der Art, wie sich der Verfasser des Judasbriefes in der Einleitung vorstellt: «Judas, Jesu Christi Knecht, Bruder aber des Jakobus . . .» könnte man doch die Identität mit dem Apostel Judas Thaddäus annehmen. Denn er führt sich als «Knecht Jesu Christi» ein, was doch besagen will, dass er sich ganz Christus zugeeignet, sich seinem Dienst und seiner Verfügung übergeben hat. Darin ist doch die Grösse und zugleich die Kleinheit des Apostelamtes ausgesprochen; er tritt zwar in höchster Autorität auf, spricht aber doch wieder nur im Dienst und in der Autorität Jesu. Judas nennt sich auch «Bruder des Jakobus». Damit will er sich als Bruder des in der Urkirche hochverehrten «Herrenbruders» einführen, der die Kirche in Jerusalem leitete. Die Apostelverzeichnisse des Evangelisten Lukas (Lk 6,16 u. Apg 1,13) kennen einen «Judas, den Bruder des Jakobus». Bei Markus (3,18) und Matthäus (10,3) kommt dieser «Judas, der Bruder des Jakobus» nicht vor, sondern Thaddäus. Seit ältester Zeit ist jedenfalls «Judas, der Bruder des Jakobus» mit Thaddäus gleichgesetzt worden. So wäre er einer aus dem Kreis der Zwölf gewesen. Der Herrenbruder Jakobus hat im Jahre 62 n.Chr. den Martertod erlitten. Seines Bruders apostolisches Wirken will Judas in diesem Brief fortsetzen. «Mit den drei Benennungen: 'Judas, Bruder des Jakobus und Knecht Jesu Christi' soll jedenfalls kundgetan werden, dass der Brief mit Ehrfurcht aufgenommen werden soll, weil hinter seinem Verfasser die Urkirche von Jerusalem, die zwölf Apostel und Jesus Christus selbst stehen[1].»

«Judas schrieb einen kurzen (nur 25 Verse umfassenden), aber mit Worten himmlischer Weisheit angefüllten Brief.» So lobte den Judasbrief bereits Origenes[2]. Der Brief ist gerichtet «an die Berufenen, die in Gott dem Vater geliebt und für Jesus Christus bewahrt sind» (Vers 1). Der Brief selbst lässt als Leserschaft die Judenchristen Palästinas und Syriens erkennen, denn die paar Zeilen sind voll der Hinweise aus dem Alten Testament; selbst ausserbiblische, den Juden bekannte Erbauungsbücher wie das «Buch Henoch» und die «Himmelfahrt des Mose» werden darin zitiert[3]. Judas selbst nennt als Grund seines Schreibens: «Es haben sich Menschen eingeschlichen, die längst zum Strafgericht vorbezeichnet sind, Gottlose, die die Gnade unseres Gottes in Ausschweifung verkehren und unseren einzigen Gebieter und Herrn Jesus Christus leugnen» (Vers 4).

Der Verfasser des Judasbriefes, ein Mann mit grosser Liebe zum «hochheiligen» Glaubensgut der Kirche, sah sich Irrlehrern, den sogenannten Gnostikern, gegenübergestellt, deren Irrlehre er so schildert: «Sie beflecken das Fleisch, verachten die Herrschaft, lästern die Herrlichkeiten» (Jud 8); das Heiligste wird von ihnen nicht mehr heilig gehalten, die Worte des überlieferten Glaubensbekenntnisses werden von ihnen durch ausgeklügelte Wortspaltereien umgedeutet (vgl. Jud 19), die einfachen Gläubigen werden von ihnen lächerlich gemacht und verspottet (vgl. Jud 18), so wie etwa heute jene, die noch an die Existenz von Engeln glauben, von modernistischen Theologen lächerlich gemacht und verspottet werden.

Da sind nun zwei Stellen in diesem Judasbrief für die neutestamentliche und kirchliche Engellehre sehr aufschlussreich. Darum gehört eben der Apostel Judas Thaddäus, sofern er identisch ist mit dem Verfasser des Judasbriefes, in diesem Buch über Engel und Heilige unbedingt erwähnt.

Da schreibt der Apostel Judas in Vers 6: «Die *Engel*, die ihre erste Würde nicht bewahrten, sondern ihre Wohnstatt preisgaben, hält Er (der Herr) mit immerwährenden Banden für den grossen Gerichtstag in finsterem Gewahrsam.» Hier wird uns doch klar gesagt, dass Gott den Engeln hohe Würde verliehen hat; sie haben «Herrschaft» und sind himmlische Fürsten. Ein Teil von ihnen aber hat seine Wohnstätte in den Himmelsregionen verlassen. Warum? Judas setzt voraus, dass die Schuld dieser gefallenen Engel bekannt ist (vgl. Vers 7). «Seine Andeutungen lassen erkennen, dass er für seine Darstellung des Engelssturzes ein tiefsinniges Buch, das aber nicht zur Heiligen Schrift gehört, das Buch Henoch (Kap. 6f), benützte. Dunkle Stellen im Alten Testament

(Gen 6,2) wurden vom Verfasser des Judasbriefes mit einer Deutung gelesen und verwendet, welche die Dunkelheit zu überwinden sucht. Das Buch Genesis erzählt: 'Da sahen die Söhne der Götter, dass die Töchter der Menschen schön seien, und sie nahmen zu Weibern, welche sie nur mochten.' Das Buch Henoch und andere zeitgenössige Schriften deuten 'die Söhne der Götter' auf die Engel; sie verliessen den Himmel, verbanden sich mit irdischen Weibern und zeugten mit ihnen Riesen. Zur Strafe für dieses Vergehen werden nach dieser Deutung die gefallenen Engel in der Finsternis der Erde in Gewahrsam gehalten bis zur Zeit des Endgerichtes. In ihm werden sie ihre endgültige Strafe erfahren, die in einem unermesslichen Feuerpfuhl vollstreckt wird. Auch nach dem Judasbrief wurden die gefallenen Engel nur vorläufig bestraft, erst beim grossen Gericht am Jüngsten Tag dann endgültig. Die Deutung von Gen 6, 2-4, die hier vorausgesetzt wird, ist ein zeitgebundener Deutungsversuch. Es lag Judas fern, eine endgültige Lösung des Rätsels zu geben, die diese Stelle birgt. Es gibt Deutungen der Hl. Schrift, die zeitgebunden sind und nicht als endgültige Lösung der Geheimnisse angesprochen werden können. Wichtig ist vor allem die Mahnung, die dieses Beispiel ausspricht: Gott hat die Engel mit Herrschergrösse ausgestattet. Ist diese Ausstattung endgültig gesichert? Auch die Engel mussten sich bewähren. Die Engel haben ihre Wohnstätte, den Himmel, treulos verlassen, sind von Gott abtrünnig geworden und darum dem Verderben verfallen[4].»

In Vers 9 im Judasbrief heisst es: «Michael aber, der Erzengel, hat, als er mit dem Teufel rechtend um den Leichnam des Mose stritt, nicht gewagt, ein Urteil der Lästerung entgegenzuschleudern, sondern sagte: 'Der Herr soll dich strafen.'» Die gnostischen Irrlehrer, gegen die Judas geschrieben hat, massten sich an, 'die Herrlichkeiten' zu lästern. Der Erzengel Michael aber, dessen Name 'Wer ist wie Gott?' bedeutet, wagte es nicht einmal, gegen den Teufel ein verdammendes Urteil auszusprechen, weil er auf die Grösse und Herrlichkeit der Engelsnatur schaute, die auch der gefallene Erzengel noch bewahrte. Die Engel übertreffen an Grösse und Herrlichkeit uns Menschen, sie sind aber von Ehrfurcht gegen Gottes Geschöpfe erfüllt.»

Die Erzählung, auf die Judas hier angespielt hat, ist eine jüdische Legende, die wahrscheinlich aus der Schrift «Himmelfahrt des Mose» stammt und eine Deutung der Worte im Buch Deuteronomium (34,6) darstellt: «Jahwe begrub Mose.» Das Begräbnis dieses grossen Mannes schrieb man nicht Gott, sondern Engeln zu. Die Legende schmückte dann diesen Bericht aus: Michael und der Teufel stritten um den Leichnam des Mose. «Judas griff die Bibelauslegung auf, die bei denen verbreitet war, an die er seinen Brief schrieb. Er ging nicht nur auf die Offenbarungsquellen zurück, sondern bediente sich auch einer Literatur, die beim Volk beliebt und ihm leicht verständlich war. Die Bausteine, mit denen die heiligen Schriftsteller ihr Werk ausführten, haben verschiedene Herkunft. Da ist manches mit eingebaut, was uns heute fremd ist . . . Alles kommt darauf an, den Sinn und das Ziel zu erkennen, denen auch volkstümliche legendäre Züge dienen sollen. Konkret in unserem Fall: Wir sollten beachten: Nicht einmal der Erzengel Michael wagte dem verworfenen Satan gegenüber ein Wort der Lästerung. Gottes ist das Urteil, sein sind die Gerichte. Um wieviel mehr müssen wir Menschen darauf bedacht sein[5].»

Der Apostel und Evangelist Matthäus

(† um 80 n.Chr.)

Matthäus-Levi, der einstige Zöllner, der sich bekehrte und den der Herr zum Apostelamt berief, wird in der christlichen Kunst oft mit dem irrtümlichen Evangelistensymbol, das einen Engel darstellt, versehen. Tatsächlich aber handelt es sich um einen geflügelten Menschen: *geflügelt*, wie alle vier Evangelistensymbole (der Löwe für Markus, der Stier für Lukas, der Adler für Johannes) gemäss der Schau des Propheten Ezechiel (1,5 u. 10); und *Mensch*, weil Matthäus sein Evangelium mit der menschlichen Abstammung Christi beginnt.

Dic Irrtümlichkeit des Engelssymbols beim Evangelisten Matthäus könnte dazu verleiten, auch im ganzen Evangelium des Matthäus eine Fehlanzeige bezüglich der Erwähnung von Engeln zu erstatten. Tatsächlich aber werden im Matthäusevangelium am häufigsten von allen vier Evangelien, nämlich 15mal, *Engel* erwähnt:

1. Die dreifache Engelserscheinung vor dem hl. Joseph: Mt 1,20; 2,13 u. 19.

2. Die zweifache Nennung eines Engels in der Versuchungsgeschichte Jesu, nämlich erstens im Wort des Teufels: «Wenn du der Sohn Gottes bist, so stürze dich da hinab! Es steht ja geschrieben: 'Er entbietet für dich die Engel, und sie tragen dich auf ihren Händen'» (Mt 4,6); und zweitens nach der siegreichen Abwehr des Teufels am Ende der Versuchung: «Da liess der Teufel von Ihm ab, und Engel traten zu Ihm und dienten Ihm» (Mt 4,11).

3. Die dreifache Nennung der Engel in den Gleichnissen Jesu; zweimal

im Gleichnis vom Unkraut: «Der Feind, der es (das Unkraut) säte, ist der Teufel, die Ernte ist die Vollendung der Weltzeit, die Schnitter sind die Engel» (Mt 13,39). — «Der Menschensohn wird seine Engel aussenden . . .» (Mt 13,41); einmal im Gleichnis vom Fischernetz: «Die Engel werden hingehen und die Bösen von den Gerechten sondern . . .» (Mt 13,49).

4. Dreimal werden Engel genannt in Verbindung mit der Wiederkunft Jesu zum Gericht: «Der Menschensohn wird in der Herrlichkeit seines Vaters mit seinen Engeln kommen, und dann wird Er jedem vergelten nach seinem Tun» (Mt 16,27). — Am Tag der Wiederkunft Jesu zum Weltgericht «wird Er seine Engel aussenden mit lautem Posaunenschall, und sie werden seine Auserwählten von den vier Winden her sammeln, vom einen Ende des Himmels bis zum andern» (Mt 24,31). «Jenen Tag aber und jene Stunde weiss niemand, nicht einmal die Engel des Himmels und auch nicht der Sohn, sondern allein der Vater» (Mt 24,36). Im Urteil des Weltenrichters, das Er zu denen auf der Linken sprechen wird, wird auf den «Teufel und seine Engel» hingewiesen, für die das ewige Feuer bereitet ist (Mt 25,41).

5. Einmal wird im Wort Jesu über das Ärgernis auf die Engel hingewiesen: «Sehet zu, dass ihr keines von diesen Kleinen geringachtet, denn Ich sage euch: Ihre Engel im Himmel schauen allezeit das Angesicht Meines Vaters im Himmel» (Mt 18,10).

6. Einmal erwähnt Jesus die *Engel* während seiner Gefangennahme im Ölgarten: «Jesus aber sprach zu ihm (Petrus): ‘Stecke dein Schwert wieder an seinen Ort. Denn alle, die zum Schwert greifen, werden durch das Schwert umkommen. Oder meinst du, ich könnte nicht Meinen Vater bitten, und er würde mir im Augenblick mehr als zwölf Legionen *Engel* zur Seite stellen?» (Mt 26,52-53).

Der hl. Cornelius von Caesarea
(† um 80 n.Chr.)

Im 10. Kapitel der Apostelgeschichte wird uns von diesem Mann berichtet, dem — obwohl er damals noch Heide war — eine Engelserscheinung zuteil geworden ist: «In Caesarea war ein Mann namens Cornelius, Hauptmann der 'italischen Kohorte', der, fromm und gottesfürchtig wie auch sein ganzes Haus, dem Volke sehr viel Gutes erwies und allezeit vor Gott dem Gebete oblag. Eines Tages — es war ungefähr um die neunte Stunde — sah er deutlich in einem Gesicht einen *Engel* zu sich eintreten . . .» (Apg 10,1-2).
Beachten wir zuerst — bevor auf die Engelerscheinung vor Cornelius näher eingegangen wird — die Charakterisierung, wie sie Lukas, der Verfasser der Apostelgeschichte, von diesem Cornelius gibt: Er war Offizier und dabei trotz des kriegerischen Berufes gottesfürchtig mit seiner ganzen Familie; seine Gottesfurcht zeigte sich in grosser Freigebigkeit dem Volk Israel gegenüber und in seinem beharrlichen Gebet. Noch war er Heide, aber auf dem Weg zu Gott; ob er jüdischer Proselyt im eigentlichen Sinn war, steht nicht fest. Was an diesem Mann angenehm auffällt: Er war ein stiller und frommer Mann. Sein ganzes Haus, seine Familie und seine Untergebenen wurden in die fromme Atmosphäre hineingezogen. Als Offizier liebte er Zucht und Ordnung; er war ein Hausherr im besten Sinn des Wortes, Familienvater in der schönsten Bedeutung, der die Seinigen, auch Diener und Sklaven, mit sanfter Gewalt zu seiner Lebensweise und seinen frommen Übungen hinzog. Er imponierte allen durch seine Innerlichkeit und Gottverbundenheit, die ihm trotz seines hohen Standes und Amtes eigen waren. Die Herzen der Mitmenschen gewann er durch reiche Almosen. Er verband in schönster Weise Pflichttreue im Beruf, feste Ordnung und Autorität in seinem Haus mit praktischer Nächstenliebe und kerniger Frömmigkeit.
Er betete zu bestimmten Stunden, die er von den Juden übernommen hatte. Sein Verkehr mit Gott war innig und dabei doch wieder ganz natürlich. Dafür wurde er der Ansprache durch einen *Engel* gewürdigt. Natürlich und einfach spielt sich die Unterredung zwischen Cornelius und dem Engel ab, wie zwischen zwei miteinander redenden Menschen, wobei freilich der eine zuerst erschrak, weil er nicht damit gerechnet hatte, dass der andere, höhergestellte ihn anreden würde: «Der Engel Gottes sprach: 'Cornelius!' Dieser starrte den Engel an und sagte erschrocken: 'Was ist, Herr?' Jener sprach nun zu Cornelius: 'Deine Ge-

bete und Liebestaten sind als Gedenkzeichen vor Gottes Thron emporgestiegen. Sende jetzt Leute nach Joppe und lass einen gewissen Simon kommen, den man auch Petrus nennt; beim Gerber Simon, dessen Haus am Meer liegt, ist er zu Gast.' Mit diesen Worten entschwand der Engel wieder» (Apg 10,3-7).

Das Gebet des Cornelius erscheint im Bericht der Apostelgeschichte als ein starkes Ergriffensein von der Macht und Grösse Gottes. Das zeigt sich in jenem Anflug von Furcht und Schrecken beim Anblick des zu ihm sprechenden Engels und im Wort: «Was ist, Herr?» Es zeigt sich auch in der Bereitwilligkeit und Schnelligkeit bei der Ausführung des Auftrags des Engels. «Simon (Petrus) wird dir sagen, was du tun sollst!» So sprach der Engel zum Hauptmann Cornelius (Apg 10,6 im lateinischen Text).

Dieser mächtige und angesehene Hauptmann, dieser fromme Mann des Gebetes lässt sich den Auftrag des Engels gefallen und gehorcht. Cornelius «rief zwei seiner Sklaven und einen rechtschaffenen Soldaten seines Gefolges zu sich, und indem er ihnen alles erklärte, sandte er sie nach Joppe» (Apg 10,7). Zwischen dem Hauptmann Cornelius und seinen Leuten muss ein ausgezeichnetes Verhältnis geherrscht haben. Er ruft zwei treue Diener und einen gottesfürchtigen Soldaten; diesem trägt er nicht etwa kaltschnauzig auf, nach Joppe zu gehen und Simon Petrus herbeizubringen. Er offenbart vielmehr diesen Leuten mit schlichtester Freundlichkeit sein Geheimnis. Alles erzählt er ihnen, was er eben bei der Engelserscheinung erlebt hat, und macht sie zu Mitwissern der innersten Geheimnisse seiner Seele.

Nun wird in der Apostelgeschichte (10, 9-16) von jener Vision des Petrus erzählt, durch die er im Bild von den unreinen Tieren, die er essen soll, zur Weitherzigkeit und Weltweite erzogen werden sollte, um auch levitisch unreine Heiden in die Kirche aufzunehmen. Da heisst es dann: «Noch war Petrus ganz ratlos, was die Vision, die er gehabt hatte, bedeute, da standen die Abgesandten des Cornelius in der Torhalle. Sie hatten sich nach dem Hause Simons des Gerbers erkundigt und fragten laut, ob da nicht Simon, zugenannt Petrus, abgestiegen sei . . . Da ging Petrus zu den Männern hinunter und sagte: 'Ich bin es, den ihr sucht. Was ist der Grund eures Kommens?' Sie sprachen: 'Der Hauptmann Cornelius, ein frommer, gottesfürchtiger Mann, der bei allem Volk der Juden im besten Ruf steht, hat von einem heiligen *Engel* Bescheid erhalten, er solle dich in sein Haus bitten lassen und auf die Worte aus deinem Munde hören.' Nun liess Petrus sie eintreten und bot ihnen Gastfreundschaft an. Am folgenden Tag brach er auf und ging mit ihnen . . . Als sie nach einem weiteren Tag in Caesarea eintrafen, erwartete sie Cornelius, der auch seine Verwandten und nächsten Freunde eingeladen hatte. Gerade wollte Petrus eintreten, als Cornelius ihm entgegenkam, sich ihm zu Füssen warf und ihm seine Verehrung bezeigte. Petrus hob ihn auf und sagte: 'Steh auf, auch ich bin ja nur ein Mensch!'» (Apg 10,17-26).

Cornelius berichtet dann dem Petrus von der Engelserscheinung: «Gerade drei Tage sind es her, dass ich zur neunten Stunde in meinem Haus dem Gebet oblag, als auf einmal ein Mann im weissen Gewande vor mir stand und sprach: 'Cornelius, dein Gebet ist erhört, und deiner Almosen ist vor Gott gedacht. Sende Boten nach Joppe und bitte Simon, genannt Petrus, zu dir: Er ist im Hause des Gerbers Simon am Gestade des Meeres abgestiegen.' Daraufhin schickte ich gleich nach dir, und es ist gütig von dir, dass du gekommen bist. Jetzt stehen wir alle vor Gott, um zu vernehmen, was dir vom Herrn aufgetragen ist» (Apg 10,30-33).

Es folgt nun die Rede des Apostelfürsten, eine schlichte, sehr sachliche Predigt über das Christusereignis. «Während Petrus noch redete, kam der Heilige Geist über alle, die seiner Rede lauschten. Ausser sich vor Staunen sahen die Gläubigen aus der Beschneidung (die Judenchristen), die mit Petrus gekommen waren, dass die Gabe des Heiligen Geistes auch über die Heiden ausgegossen worden war; denn man hörte sie in Sprachen der Entrückung reden und die Grosstaten Gottes verkünden. Da hub Petrus an und sprach: 'Dürfte wohl jemand diesen das Wasser zur Taufe verwehren, die gleich uns den Heiligen Geist empfangen haben?' So gab er Weisung, sie im Namen Jesu Christi zu taufen» (Apg 10,44-48).

Bei der Bekehrung der ersten Heiden und ihrer Aufnahme in die Kirche bediente sich Gott also eines *Engels*. Wer war dieser *Engel*, den der Hauptmann Cornelius als einen «Mann in weissem Gewande» dem hl. Petrus geschildert hat? War es etwa des Cornelius Schutzengel, weil er so gut Bescheid wusste über die vielen Gebete und guten Werke, die dieser gottesfürchtige Heide verrichtet hatte? Wenn dem so ist, könnte man daraus schliessen, dass also nicht nur die Getauften, sondern auch die noch Ungetauften, also alle Menschen, von Gott einen *Engel* an ihre Seite gestellt bekommen. So lehren es jedenfalls gar manche Kirchenväter und Theologen wie der hl. Hieronymus († 419) in seiner Erklärung zum Kapitel 18 des Matthäus-Evangeliums, dann Theodoret von Cyrus († 466) in seiner Erklärung der Genesis (Frage III), der hl. Anselm von Canterbury in seinem «Elucidarium» (Buch II, Kap. 28), der hl. Bernhard von Clairvaux in seinem Werk «De consideratione» (c. 4) und der

hl. Thomas v. Aquin in seiner Summa Theologiae (p. I, qu.113,a.4), der da schreibt: «Wie den Menschen, die auf unsicheren Wegen wandeln, Beschützer beigegeben werden, so wird auch *jedem* Menschen, solange er Wanderer ist, ein Schutzengel zugewiesen . . .»
Sicher hat der Hauptmann Cornelius nach seiner Taufe erst recht den Schutz, die Führung und Wegweisung durch seinen Schutzengel erfahren. Was wohl aus diesem gottesfürchtigen Mann geworden ist? In den «Apostolischen Konstitutionen», der grössten kirchenrechtlich-liturgischen Sammlung der frühchristlichen Zeit, wird Cornelius als zweiter Bischof von Caesarea bezeichnet. Er wurde auch früh schon als Heiliger verehrt. Im Römischen Martyrologium ist sein Fest auf den 2. Februar, in den Griechischen Menologien auf den 13. September festgesetzt.

Der hl. Evangelist Lukas

(† um 90 n.Chr.)

Der Evangelist Lukas, ein bekehrter heidnischer Arzt aus Antiochien in Syrien, der treu und opferbereit den Völkerapostel Paulus auf dessen zweiter Missionsreise in Kleinasien, Mazedonien und Griechenland begleitete und schliesslich auch zusammen mit Paulus in Rom weilte, hat nicht bloss in seinem Evangelium, sondern auch in der von ihm verfassten Apostelgeschichte sehr oft auf die heiligen *Engel* hingewiesen. Besonders tut er dies bereits in der Kindheitsgeschichte Jesu, wo er das Erscheinen des Engels Gabriel sowohl vor dem Priester Zacharias im Tempel (Lk 1,11.13.18.19), als auch vor der seligsten Jungfrau in Nazareth (Lk 1,26.30.34.35.38) ausführlich schildert. Überdies meldet Lukas von der Erscheinung des Engels und einer «grossen himmlischen Heerschar» vor den Hirten in Bethlehem. «In derselben Gegend waren Hirten auf dem Felde, die Nachtwache hielten bei ihrer Herde. Da trat ein *Engel* des Herrn zu ihnen, und die Herrlichkeit des Herrn umstrahlte sie, und sie fürchteten sich sehr. Der *Engel* sprach zu ihnen: 'Fürchtet euch nicht! Denn siehe, ich verkünde euch eine grosse Freude, die dem ganzen Volk zuteil werden wird. Denn heute ist euch in der Stadt Davids ein Heiland geboren, nämlich der Messias, der Herr . . .' Plötzlich waren bei dem *Engel* eine Menge himmlischer Heerscharen, die Gott lobten und sprachen: 'Herrlichkeiten in den Höhen für Gott und auf Erden Friede den Menschen seiner Huld!' Und es begab sich, als die *Engel* von ihnen weg in den Himmel gegangen waren, sprachen die Hirten zueinander: 'Lasst uns nach Bethlehem gehen und schauen, was geschehen ist

und was der Herr uns kundgetan hat.' Sie kamen eilends hin und fanden Maria und Joseph und das Kind, das in der Krippe lag» (Lk 2,8-16).
Dort, wo Jesus von dem für Ihn abgelegten Bekenntnis spricht, wird ebenfalls auf die *Engel* hingewiesen: «Ich sage euch: jeder, der sich zu Mir vor den Menschen bekennt, zu dem wird sich auch der Menschensohn vor den *Engeln* Gottes bekennen. Wer Mich aber vor den Menschen verleugnet, der wird auch vor den *Engeln* Gottes verleugnet werden» (Lk 12,8-9).
In zwei Gleichnissen Jesu werden ebenfalls die *Engel* erwähnt. Im Gleichnis von der verlorenen Drachme wird die Freude der Frau, die die verlorene Drachme wiedergefunden hat, mit der Freude der «*Engel* Gottes über einen einzigen Sünder, der sich bekehrt» (Lk 15,10), verglichen. Im Gleichnis vom reichen Prasser und armen Lazarus wird dieser nach seinem Tod «von den *Engeln* in Abrahams Schoss getragen» (Lk 16,22).
Als einziger der vier Evangelisten lässt Lukas Jesus in seiner Todesangst in Gethsemani von einem *Engel* gestärkt werden: «Da erschien Ihm ein *Engel* vom Himmel und stärkte ihn» (Lk 22,43).
Zwei *Engel* stehen nach dem Bericht des Evangelisten Lukas (24,4f) am leeren Grab Jesu: «Plötzlich, während sie (die frommen Frauen) noch ganz ratlos darüber (nämlich über das leere Grab Jesu) waren, standen zwei Männer in leuchtendem Gewand vor ihnen. Da sie, von Furcht ergriffen, den Blick zu Boden senkten, redeten jene sie an: 'Was sucht ihr den Lebenden bei den Toten? Er ist nicht hier, sondern ist auferstanden . . .'»
Auch in der Apostelgeschichte ist mindestens an acht Stellen (Apg 6,15; 7,30.53; 10,7.22; 11,13; 12,8.9.10.11.15; 23,8 u. 9) von Engeln die Rede. Das zeigt, dass der bekehrte Heide Lukas von der Existenz der Engel auf Grund ihres Erscheinens im Leben Jesu und im Leben der jungen Kirche zutiefst überzeugt war.

Der Apostel und Evangelist Johannes
(† um 100)

Es ist nicht viel, was uns der Liebesjünger Jesu Johannes in seinem Evangelium über die Engel berichtet; eigentlich sind es nur drei Stellen, nämlich Joh 1,51; Joh 12,29 und Joh 20,12 ff. An der *ersten* Stelle (Joh 1,51) erwähnt Johannes nach der Berufung des Nathanael das Wort Jesu, mit dem er auf die Vision des Patriarchen Jakob von den auf einer Leiter auf- und absteigenden Engeln anspielt, und sagt: «Ihr werdet den Himmel geöffnet und die Engel Gottes auf- und niedersteigen sehen über dem Menschensohn.»

An der *zweiten* Stelle (Joh 12,29) berichtet Johannes von der Reaktion der Menschen auf eine Stimme vom Himmel, die während einer Erschütterung Jesu über die nahe Stunde der Entscheidung zu hören war, aber nicht richtig verstanden wurde: «Die Menge, die dabeistand und das hörte, sagte: 'Es hat gedonnert.' Andere sagten: 'Ein *Engel* hat mit Ihm geredet.' Jesus aber sagte: 'Nicht Mir galt diese Stimme, sondern euch! Jetzt wird Gericht gehalten über diese Welt; jetzt wird der Herrscher dieser Welt hinausgeworfen werden.'»

Die *dritte* Stelle (Joh 20,12ff) meldet die Engelserscheinung vor Maria Magdalena am Grabe Jesu: «Maria stand draussen vor dem Grab und weinte. Während sie weinte, beugte sie sich in die Grabkammer hinein. Da sah sie zwei *Engel* in weissen Gewändern sitzen, den einen dort, wo der Kopf, den anderen dort, wo die Füsse des Leichnams Jesu gelegen hatten. Die *Engel* sagten zu ihr: 'Frau, warum weinst du?' Sie antwortete ihnen: 'Man hat meinen Herrn weggenommen, und ich weiss nicht, wohin man ihn gelegt hat!'»

Das ist alles, was Johannes in seinem Evangelium über die Engel zu berichten weiss. Ganz anders aber sieht es in der Apokalypse (Geheime Offenbarung) des Apostels Johannes aus. Es sind ihm ja alle Offenbarungen und Visionen, die in diesem letzten Buch der Hl. Schrift aufgezeichnet sind, von Jesus Christus durch einen *Engel* mitgeteilt worden, wie die Überschrift (Offb 1,1) klar angibt: «Offenbarung Jesu Christi, die Gott ihm gab, seinen Dienern zu zeigen, was in Bälde geschehen muss. Er gab sie durch Sendung eines *Engels* seinem Knecht Johannes kund.» Gleich in der Einleitung wünscht Johannes im Gruss, den er den kleinasiatischen Gemeinden entbietet, die er selbst gegründet hatte, Gnade und Friede, und zwar nicht nur im Namen Jesu Christi, sondern auch — was bisher völlig ungewohnt war in der Hl. Schrift — im Namen der

«sieben Geister» vor dem Throne Gottes: «Gnade sei mit euch und Friede von Ihm, der ist und der war und der kommt, und von den sieben Geistern vor seinem Thron und von Jesus Christus . . .» (Offb 1,4). Johannes schaut dann Jesus Christus, der in seiner Rechten sieben Sterne hält. Der Herr selbst deutet ihm diese sieben Sterne: «Der geheimnisvolle Sinn der sieben Sterne, die du auf Meiner Rechten gesehen hast, . . . ist dieser: Die sieben Sterne sind die *Engel* der sieben Gemeinden . . .» (Offb 1,20). Geht es bei diesen «*Engeln* der sieben Gemeinden» nur um die Vorsteher (Bischöfe) der sieben kleinasiatischen Ortskirchen, oder geht es dabei um wirkliche Engel? Die Frage ist schwer zu entscheiden. Aber vielleicht hat Origenes (Homilia XIII in Lucam) recht, wenn er meint: jede Kirche werde von zwei Vorstehern (Wächtern) bewacht, von einem sichtbaren, dem Bischof, und von einem unsichtbaren, einem *Engel*, der dieser Ortskirche als Wächter und Beschützer von Gott zugewiesen ist. Johannes aber bezeichne beide als Engel, weil sie eine ganz ähnliche Aufgabe haben, zu wachen über die Gläubigen der Kirche und ihnen die Frohbotschaft zu überbringen.
Dann erzählt Johannes (Offb 5,6) von einer Vision, in der er «zwischen dem Throne (Gottes) und den vier Lebewesen und mitten unter den Ältesten ein Lamm stehen sah: Es sah aus wie geschlachtet und hatte sieben Hörner und sieben Augen; die Augen sind die sieben Geister Gottes, die über die ganze Erde ausgesandt sind». Sind unter diesen «sieben Geistern, die in die ganze Erde ausgesandt sind», die sieben *Erzengel* zu verstehen, nämlich jene drei, die in der Hl. Schrift genannt werden: Michael, Gabriel und Raphael, und jene vier, von denen im nichtkanonischen Buch Henoch (20,1ff; 49,9) die Rede ist: Uriel, Raguel, Sariel und Remiel? Es ist wohl schwer zu entscheiden. Jedenfalls sieht Johannes diese sieben *Engel* als die Augen des geschlachteten Lammes. Die vier Lebewesen aber, die Johannes in flutendem Glanz schaut und von denen bereits der Prophet Ezechiel gesprochen hat, werden vom Seher auf Patmos mit sechs Flügeln ausgestattet geschildert. So schaute der Prophet Jesaja die *Seraphim*; und gleich den von Ezechiel geschauten Rädern sind diese sechsfach beflügelten Lebewesen innen und aussen voll Augen. Diese vier Wesen, die alle kennzeichnenden Merkmale der von den alttestamentlichen Propheten geschauten Engel um den Thron Gottes herum in sich zusammenfassen — diese vier Wesen, die den mystischen Hofstaat Gottes bilden, haben in der Vision des hl. Johannes «keine Ruhe Tag und Nacht», sondern sprechen: «Heilig, heilig, heilig ist der Herr, Gott, der Herrscher über die ganze Schöpfung; er war und er ist und er kommt» (Offb 4,8). Der Schauplatz der Verherrlichung

Gottes durch die Geisterwelt ist bei Johannes nicht mehr — wie bei Ezechiel — der Tempel Salomos in der Stadt Jerusalem, sondern der in unermesslichem Glanze leuchtende Thronsaal Gottes im himmlischen Jerusalem. Auch ertönt der Lobgesang nicht mehr in der Zeit, sondern in der unbegrenzten Fülle der Ewigkeit. So erfährt in der Vision des hl. Johannes das Wesen der Engel um Gott eine letzte Vollendung, die den Seher des Alten Bundes nicht geoffenbart war: Die in den Kerubim der Glorie zusammengefasste Engelwelt bringt in der Raumlosigkeit «dem, der auf dem Throne sitzt, Ruhm und Ehre und Dank dar» (Offb 4,9). Sie ehren Ihn, weil Er die Fülle der Herrlichkeit und Heiligkeit wesentlich besitzt, sie rühmen Ihn, weil diese Herrlichkeit in der Schöpfung offenbar wurde in Christus, und sie danken Ihm, weil Er seine Geschöpfe, die Engel und die Menschen, an seiner Herrlichkeit teilnehmen lässt.

Eine weitere, dem hl. Johannes gewährte Vision, in der ein Engel eine Rolle spielt, ist die Vision vom versiegelten Buch (Offb 5,1-6): «Ich sah in der Rechten dessen, der auf dem Throne sass, eine Buchrolle, innen und auf der Rückseite beschrieben, mit sieben Siegeln versiegelt. Und ich sah einen starken *Engel*, der verkündete mit lauter Stimme: Wer ist würdig, die Buchrolle zu öffnen und seine Siegel zu lösen? Aber niemand im Himmel und auf der Erde und unter der Erde vermochte die Buchrolle zu öffnen und in diese hineinzublicken . . .» Der mächtige Engel mit der überallhin hörbaren Stimme lädt die ganze Schöpfung ein, das versiegelte Buch zu öffnen, d.h. die geheimen Ratschlüsse Gottes zur Kenntnis zu nehmen und ins Werk zu setzen. Die dramatische Frage des Engels hat nicht den Sinn, die Schöpfung ihre Ohnmacht fühlen zu lassen, sondern vielmehr die Heilsbedeutung des Lammes hervorzuheben. Dieses allein kann das versiegelte Buch öffnen.

«Als das Lamm die Buchrolle empfing, fielen die vier lebenden Wesen und die vierundzwanzig Ältesten vor dem Lamme nieder. Ein jeder hatte eine Harfe und eine goldene Schale mit Weihrauch; das sind die Gebete der Heiligen. Sie sangen ein neues Lied mit den Worten: Würdig bist du, die Buchrolle zu empfangen und ihre Siegel zu öffnen . . . Dann schaute und hörte ich die Stimme vieler *Engel* rings um den Thron und um die lebenden Wesen und die Ältesten, und ihre Zahl war 10 000 mal 10 000 und 1000 mal 1000. Sie sprachen mit lauter Stimme: Würdig ist das Lamm, das geschlachtet wurde, zu empfangen die Macht und Reichtum und Weisheit und Kraft und Ehre und Lobpreis . . .» (Offb 5,8-12). Die Zahl der Engel, die Johannes da schaute und die in den Lobpreis auf das Lamm einstimmten, werden in einer gewaltigen Zahl (100 Millionen und eine Million) angegeben. Wenn man sich diese Zahlen konkret vorzustellen sucht, ersteht ein Massenchor von unzähligen Engeln, die da in die Verherrlichung des geschlachteten Lammes einstimmen.

In einer weiteren Vision sah Johannes folgendes: «Vier *Engel* standen an den vier Ecken der Erde. Sie hielten die vier Winde der Erde fest, damit der Wind weder über das Land noch über das Meer wehte, noch gegen irgendeinen Baum. Dann sah ich vom Osten her einen anderen Engel emporsteigen; er hatte das Siegel des lebendigen Gottes und rief den vier Engeln, denen die Macht gegeben war, dem Land und dem Meer Schaden zuzufügen, mit lauter Stimme zu: 'Fügt dem Land, dem Meer und den Bäumen keinen Schaden zu, bis wir den Knechten unseres Gottes das Siegel auf die Stirn gedrückt haben'» (Offb 7,1-3).

Johannes schaut dann wieder «die sieben *Engel*, die vor Gott stehen, und es wurden ihnen sieben Posaunen gegeben . . .» (Offb 8,2). Es sind die sieben Engel, von denen Tobias (12,15) sprach, als er den Erzengel Raphael sagen liess: «Ich bin der Engel Raphael, einer von den sieben, die vor Gott stehen», zu ihnen rechnet sich auch der Engel der Menschwerdung: «Ich bin Gabriel, der vor Gott steht» (Lk 1,19). Es wurden ihnen sieben Posaunen gegeben zum Zeichen, dass sie wichtige Aufträge Gottes zu verkünden haben.

Die Engelsvisionen des Sehers auf Patmos gehen noch weiter: «Ich sah einen anderen gewaltigen *Engel* aus dem Himmel herabsteigen; er war in eine Wolke eingehüllt, der Regenbogen stand über seinem Haupte, und sein Antlitz war wie die Sonne, seine Beine wie Feuersäulen» (Offb 10,1f). Dieser gewaltige Engel, den da Johannes schaute, hat manche Ähnlichkeit mit dem Menschensohn, der zum Weltgericht erscheint; auch er steigt in einer Wolke wie von einem Mantel umhüllt vom Himmel herab; sein Angesicht leuchtet wie die Sonne, ähnlich dem Antlitz Christi auf Tabor; und seine Füsse sind wie alles zermalmende und verbrennende Feuersäulen; das kennzeichnet seine Macht gegenüber denen, die sich dem Willen Gottes widersetzen. Aber so sehr auch sein Aussehen Furcht einflössen muss, so weist ihn der Regenbogen über seinem Haupt, das Zeichen des Friedensbundes mit Noe (Gen 9,12-17), doch als Gnadenboten aus, denn das Gericht, das er zu verkünden hat, hat für die Getreuen nichts Erschreckendes an sich.

Im Zusammenhang mit der Schilderung dieses apokalyptischen Engels ist die Bemerkung angebracht, dass in diesem letzten Buch der Hl. Schrift wie in allen Büchern des AT und NT die Engel niemals verniedlicht werden zu «Engelein»; sie werden vielmehr immer als fürstliche Thronassistenten Gottes, als Boten der gewaltigen Heilsratschlüsse Gottes und als Mitvollstrecker des Weltgerichtes geschildert und nie als «süssliche Putten, die noch gut genug sind, den 'Weihnachtsmann' zu begleiten. Die Bücher der Hl. Schrift stellen die Engel immer als ehrfurchtgebietende Geister dar[1].»

Johannes bekam dann in einer weiteren Vision auch die Auseinandersetzung zwischen den guten und den rebellischen Engeln zu sehen: «Da entbrannte im Himmel ein Kampf; *Michael* und seine *Engel* erhoben sich, um mit dem Drachen zu kämpfen. Der Drache und seine Engel kämpften, aber sie konnten sich nicht halten, und sie verloren ihren Platz im Himmel. Er wurde gestürzt, der grosse Drache, die alte Schlange, die Teufel oder Satan heisst und die ganze Welt verführt; der Drache wurde auf die Erde gestürzt, und mit ihm wurden seine Engel hinabgeworfen» (Offb 12,7-9).

Dann meldet der Seher auf Patmos: «Wieder sah ich einen *Engel*, der hoch oben am Himmel flog. Er hatte eine ewige Freudenbotschaft den Bewohnern der Erde, allen Völkern und Stämmen, allen Sprachen und Nationen zu verkünden. Er rief mit lauter Stimme: 'Fürchtet Gott und gebt Ihm die Ehre, denn gekommen ist die Stunde seines Gerichtes! Und betet Ihn an, der Himmel und Erde, Meere und Wasserquellen geschaffen hat'» (Offb 14,6-7).

Den Fall Babylons bekam Johannes wieder in einer Vision, die ihm ein *Engel* vermittelte, gezeigt: «Und einer von den sieben *Engeln*, die die sieben Schalen hatten, kam und redete mit mir also: 'Komm, ich will dir das Gericht über die grosse Hure zeigen, die an vielen Wassern sitzt!'» (Offb 17,1). Johannes sah sich dann im Geiste in die Wüste entrückt. Da erblickte er ein Weib, das auf einem scharlachroten Tier sass. «Und der *Engel* sprach zu mir: 'Warum bist du erstaunt? Ich will dir Aufschluss geben über das Geheimnis des Weibes und des Tieres, das es trägt, das die sieben Köpfe und die zehn Hörner hat'» (Offb 17,8).

Zuletzt schildert uns Johannes die himmlische Liturgie der Engel: «Ich hörte etwas wie den starken Klang eines mächtigen Chores im Himmel» (Offb 19,1). «Eine Stimme ging aus vom Throne: 'Lobsinget unserem Gott, alle seine Knechte, die Ihn fürchten, die kleinen und die grossen.' Und wieder hörte ich etwas wie den Klang eines mächtigen Chores . . . Und weiter sprach er (der *Engel*, der Anführer des himmlischen Chores) zu mir: 'Schreibe: Selig, die zum Hochzeitsmahl des Lammes geladen sind!' Und er sagte zu mir: 'Diese Worte sind die wahrhaftigen Worte Gottes!' Da fiel ich ihm zu Füssen, um ihm zu huldigen. Er aber sprach zu mir: 'Nicht so! Auch ich bin nur Knecht zusammen mit dir und deinen Brüdern, die das Zeugnis Jesu haben. Gott bete an!'» (Offb 19,5-10).

Den Schluss der Apokalypse bildet die Vision des himmlischen Jerusalem, die dem Johannes durch einen *Engel* vermittelt wurde: «Nun kam einer von den sieben *Engeln*, welche die sieben Schalen, angefüllt mit den sieben Plagen, trugen, und sprach zu mir: 'Komm, ich will dir die Braut des Lammes zeigen, die erhabene Frau!' Er entrückte mich im Geiste auf einen grossen, hohen Berg und zeigte mir die heilige Stadt Jerusalem, die vom Himmel niederschwebte, von Gott, im Glanz der Herrlichkeit Gottes . . .» (Offb 21,9-11).

Im Epilog zum ganzen letzten Buch des Neuen Testamentes heisst es schliesslich: «Diese Worte sind zuverlässig und wahr, und der Herr, der Gott der prophetischen Geister, hat seinen *Engel* gesandt, seinen Knechten zu zeigen, was bald geschehen soll . . . Ich, Johannes, bin es, der dies hörte und schaute. Als ich es gehört und geschaut hatte, fiel ich zu Füssen des *Engels* nieder, der mir dies gezeigt hatte, um anzubeten. Er aber sagte zu mir: 'Siehe, tu es nicht! Ich bin dein und deiner Mitbrüder, der Propheten, Knecht, und derer, die die Worte dieses Buches festhalten. Gott bete an!'» (Offb 22,6-9).

Hier wird also nochmals, wie in Offb 19,10, die tiefe Beeindruckung des Apostels Johannes durch die glanzvolle Erscheinung des *Engels* betont. Wieder fiel Johannes vor dem *Engel* auf die Knie, um ihn anzubeten. Dieser aber wehrte den Akt der Anbetung mit dem Hinweis ab, dass auch er nur Geschöpf Gottes und Knecht Gottes sei; Gott allein ist anzubeten.

Vieles wäre noch im einzelnen und zusammenfassend über die Engel in der Sicht des Sehers auf Patmos zu sagen, etwa im Sinn der Studie von J. Michl: «Die Engelvorstellungen in der Apokalypse»[2)]. Klar geht jedenfalls aus allen Angaben der Apokalypse über die Engel hervor, dass sie Geschöpfe Gottes sind wie wir Menschen, dass sie aber uns Menschen weit überragen an Macht und Wissen, aber auch in den Aufgaben, die ihnen in der Schöpfungs- und Heilsgeschichte gestellt sind. Ihre wichtigste Aufgabe ist die Verherrlichung Gottes und die Vollstreckung seines Willens, auch in den endzeitlichen Ereignissen. Ihre Zahl ist so gross, dass dabei unser menschliches Vorstellungsvermögen versagt. Ihre Grösse ist so beeindruckend, dass wir Menschen vor ihnen in die Knie gezwungen werden. Sie aber sagen uns, dass nicht sie, sondern *nur* Gott anzubeten ist, dem allein alle Ehre und Verherrlichung gebührt.

Wenn die guten Engel, ihre Grösse und Macht und ihre Aufgaben in der Apokalypse zweifellos deshalb geschildert werden, damit die Gläubigen erkennen, welch mächtige Freunde und bereitwillige Helfer ihnen im Kampf gegen die bösen Mächte und Gewalten zur Seite stehen, so werden umgekehrt auch diese mit dem Satan an der Spitze als die gefährlichsten und unversöhnlichsten Widersacher des Gottesreiches in der Apokalypse beschrieben: Satan, «der siebenköpfige Drache», ist durch das geschlachtete Lamm, d.h. durch den gekreuzigten und auferstandenen Herrn Jesus Christus, grundsätzlich schon entmachtet, er setzt aber in gefahrvollen Nachhutsgefechten seinen Kampf gegen Christus und seine Kirche fort, «vor allem durch Berufung von zwei Gehilfen, die unter schrecklichen Tiersymbolen das heidnische Rom und den göttliche Verehrung fordernden Kaiserkult, im weiteren aber auch die gottlose Staatsgewalt und die irreführende Weltanschauung aller Zeiten versinnbilden.

Trotz allen Aufwandes an roher Gewalt und an verschlagener List und trotz schwerer Schädigung der Kirche können aber diese feindlichen Mächte und Gewalten nichts ausrichten gegen den Willen Gottes. Am Tag des Gerichtes werden sie alle für immer in den Feuer- und Schwefelpfuhl der Hölle geworfen (vgl. Offb 20,10). Darin liegt die Zuversicht, die das letzte Buch der Hl. Schrift des Neuen Testaments den Gläubigen und der ganzen Kirche in der Verfolgung vermitteln will und kann: «Christus als Richter der Endzeit überwindet und richtet einmal alle feindlichen Mächte, wenn er mit all seinen Engeln zum Endgericht kommen wird»[3).

Dann wird sich zeigen, wie töricht jene waren, die im Erdenleben auf den Teufel gehört und ihm gehorcht haben. Christi Wort über ihn bei Joh 8,44 wird sich dann als wahr erweisen: «Er war ein Mörder von Anbeginn und stand nicht in der Wahrheit; es ist keine Wahrheit in ihm. Wenn er lügnerisch redet, redet er aus seinem Wesen; denn ein Lügner ist er und der Vater der Lüge.»

IV. KIRCHLICHE HEILIGE IN IHREN BEZIEHUNGEN ZU DEN ENGELN

Der ehrwürdige Hermas

(† nach 150)

Dieser frühchristliche Schriftsteller, der zu den sogenannten «Apostolischen Vätern» gerechnet wird und der nach dem Kanonverzeichnis des Muratori ein Bruder des heiligen Papstes Pius I. gewesen sein soll, hat uns in seiner eigenartigen Schrift, die den Titel «Pastor Hermae» («Hirt des Hermas») trägt und der einst so grosse Bedeutung zugeschrieben wurde, dass sie vom hl. Irenäus, von Tertullian und von Origenes sogar zur Heiligen Schrift des Neuen Testamentes gerechnet wurde[1)], gar manches über die heiligen Engel berichtet.

Der «*Hirt*» des Hermas — so genannt nach der Hirtengestalt des ihm erschienenen Offenbarungsengels — zerfällt in fünf Gesichte (visiones), in zwölf Gebote (mandata) und in zehn Gleichnisse (similitudines)[2)]. Alles zusammen ergibt inhaltlich eine grosse, eindringliche Mahnung zur Busse in apokalyptischer Form. Im *ersten* Gesicht erscheint dem Hermas die Kirche als eine alte Matrone in weissem Gewand, die ihn zur Busse wegen seiner eigenen Gedankensünde und wegen der Vergehen seiner Angehörigen ermahnt. Im *zweiten* Gesicht übergibt sie ihm ein Büchlein zum Abschreiben und zur Weiterverbreitung, das dieselbe Mahnung und ziemlich deutliche Angaben über eine baldige Verfolgung enthält. Im *dritten* Gesicht zeigt ihm die Matrone unter dem Bild eines Turmbaues die Verhältnisse der Kirche.

In dieser Vision vom Turmbau schaut Hermas, wie der Turm in viereckiger Form von sechs Jünglingen aufgeführt wird. Er kommt nun mit der Matrone ins Gespräch und sagt: «Herrin, gross und wunderbar ist diese Sache. Wer aber sind die sechs Jünglinge, die beim Bau (des Turmes) tätig sind?» Die Herrin antwortet: «Das sind die heiligen *Engel* Gottes, die zuerst geschaffenen, denen der Herr den Auftrag gab, seine ganze Schöpfung zu fördern, zu ordnen und sie ganz zu beherrschen. Durch sie wird daher der Bau des Turmes vollendet werden.» «Und wer sind die anderen, die die Steine herbeitragen?» «Auch das sind heilige *Engel* Gottes; jene sechs aber sind höheren Ranges als diese. Der Turm wird also seine Vollendung finden, und alle insgesamt werden sich freu-

en rings um den Turm, und sie werden Gott verherrlichen, weil der Bau des Turmes zu Ende geführt wird» (Pastor Hermae, visio 3, cap. 4).
Dann werden die Bausteine gedeutet, die in den Turm eingefügt werden. Es sind die einzelnen Gläubigen: «Sie werden von den Engeln zu guten Werken gemahnt» (visio 3, cap. 5).
Im fünften Gesicht schaut Hermas seinen Schutzengel, der ihm in der Gestalt eines Hirten erschien[3]. Er schildert dies so: «Als ich in meinem Haus betete und mich auf meinem Lager niedergelassen hatte, trat ein Mann herein mit einem vornehmen Gesichtsausdruck; er kam in einem Hirtengewand, hatte ein weisses Ziegenfell umgeworfen, trug eine Tasche über die Schultern gehängt und einen Stab in der Hand. Er grüsste mich, und ich grüsste ihn wieder. Und sogleich setzte er sich neben mich und sagte mir: ‘Ich bin gesandt von dem ehrwürdigsten Engel, dass ich den Rest deiner Lebenstage bei dir wohne.’ Ich war der Meinung, er sei gekommen, um mich auf die Probe zu stellen, und ich entgegnete ihm: ‘Wer bist du denn? Denn ich kenne den, dem ich übergeben worden bin.’ Da sagte er: ‘Kennst du mich nicht?’ ‘Nein’, entgegnete ich. ‘Ich bin’, lautete nun seine Antwort, ‘der Hirte, dem du übergeben worden bist.’ Während er noch redete, veränderte sich seine Gestalt, und ich erkannte ihn als den, dem ich übergeben worden war, und sogleich fuhr ich zusammen, Furcht ergriff mich, und ich brach ganz zusammen aus Trauer darüber, dass ich ihm eine so schlechte und ungeschickte Antwort gegeben hatte. Er aber erwiderte mir: ‘Sei nicht verzagt, sondern werde stark durch die Vorschriften, die ich dir geben werde! Ich wurde nämlich gesandt, damit ich dir alle Gesichte, die du früher schon geschaut hast, noch einmal zeige, und zwar das Wichtigste, das euch von Nutzen ist. Vor allem sollst du meine Gebote und Gleichnisse aufschreiben . . . !’»
In dem, was nun in den folgenden zwölf Geboten (mandata) gesagt wird, ist besonders aufschlussreich, dass jeden Menschen im Erdenleben zwei Engel begleiten, ein Engel der Rechtschaffenheit und ein Engel der Bosheit. Da stellt Hermas die Frage: «Wie soll ich nun, o Herr, die Wirkungen der beiden Engel erkennen, da doch beide in mir wohnen?» Der Hirte erwidert: «Höre und lerne sie kennen! Der Engel der Rechtschaffenheit ist zart, schamhaft, mild und ruhig; wenn dieser sich in deinem Herzen regt, spricht er sogleich mit dir über Rechtschaffenheit, Keuschheit, Heiligkeit, Genügsamkeit, über jegliche gerechte Tat und jede rühmenswerte Tugend. Wenn all dies in deinem Herzen sich regt, dann wisse, dass der Engel der Rechtschaffenheit mit dir ist. Denn das sind die Werke des Engels der Rechtschaffenheit. Ihm und seinen Werken ver-

traue! Betrachte nun auch die Werke des Engels der Bosheit: Er ist vor allem jähzornig, verbittert, taktlos, seine Werke sind böse und verführen die Diener Gottes; wenn also dieser sich in deinem Herzen regt, dann erkenne ihn an seinen Werken! . . . Nun weisst du um die Wirkungen beider Engel. Lerne sie kennen und vertraue dem Engel der Rechtschaffenheit. Vom Engel der Bosheit aber sage dich los, weil seine Lehre in jeder Hinsicht schädlich ist . . . Du siehst, dass es gut ist, dem Engel der Rechtschaffenheit zu folgen, von dem der Bosheit aber sich abzuwenden . . . Glaube, dass die Werke des Engels der Bosheit böse sind! Tue sie nicht, dann wirst du in Gott leben» (Mandatum VI, cap. 2).

Im 10. Gebot (mandatum) wird dann der Engel der Busse eingeführt. Er fordert jene, die bisher den Weisungen des Teufels gefolgt sind, auf: «Bekehret euch, die ihr in den Geboten des Teufels wandelt, von diesen schweren, bitteren, wilden und wüsten Geboten und fürchtet den Teufel nicht, weil er keine Gewalt wider euch besitzt. Denn ich, der Engel der Busse, werde mit euch sein, und ich habe Gewalt über ihn. Der Teufel flösst zwar Furcht ein, aber diese Furcht ist ohne Belang; fürchtet ihn also nicht, und er wird von euch weichen . . . Der Teufel kommt zu allen Dienern Gottes, um sie zu versuchen. Wer voll ist im Glauben, der widersteht ihm standhaft. So zieht dann jener von dannen, weil er keinen Platz findet, wo er eindringen könnte . . . Ich, der Engel der Busse, sage euch: Fürchtet den Teufel nicht! Denn ich wurde ausgesandt, auf dass ich mit euch sei, wenn ihr euch aus ganzem Herzen bekehrt, und dass ich euch stärke im Glauben» (Mandatum XII, cap. 4-6).

In den nach den «Geboten» (mandata) folgenden zehn Gleichnissen (similitudines), die richtig erklärt und verstanden werden müssen, heisst es nun: «Ein Diener Gottes, der seinen Herrn im Herzen trägt, bittet ihn um Einsicht und erhält sie auch, so dass er sich jedes Gleichnis erklären kann und er alle Worte des Herrn, die in Gleichnissen gesprochen worden sind, verstehen kann» (Similitudo V, cap. 4). Dann wird das Gleichnis vom Weinberg erklärt. Dabei heisst es u.a.: «Die Umzäunungen (des Weinbergs) sind die Engel des Herrn, die sein Volk beherrschen . . . Die Freunde und Berater des Sohnes Gottes sind die zuerst erschaffenen heiligen Engel» (Similitudo V, cap. 5).

Im 6. Gleichnis (vom fröhlichen Hirten und den ausgelassenen Schafen) ist vom «Engel der Strafe» die Rede; «er gehört zu den guten Engeln und ist gesetzt über die Strafe. Er nimmt jene auf, die von Gott abgeirrt sind und in den Torheiten und Lüsten dieser Welt gewandelt sind, und bestraft sie, wie sie es verdienen, mit harten und verschiedenartigen Strafen» (Similitudo VI, cap. 3). Dem Hermas wird dann gesagt: «Hö-

re, du hast zwar viele Sünden, aber nicht so viele, dass du hättest dem Engel der Strafe übergeben werden müssen; aber dein Haus hatte grosse Fehler und Sünden begangen, und der herrliche Engel wurde erbittert über ihr Tun; deshalb befahl er, dass du eine Zeit lang bedrängt werdest, damit auch jene Busse tun und sich reinigen von jeder Begierde dieser Welt. Wenn sie Busse getan und sich gereinigt haben, dann wird der Engel der Strafe von dir weichen» (Similitudo VII).
Im 8. Gleichnis (von dem Weidenbaum) ist noch vom «grossen und herrlichen Engel Michael» die Rede, «der Gewalt hat über dieses Volk und dasselbe beherrscht. Denn dieser ist es, der sein Gesetz in die Herzen der Gläubigen gelegt hat; und denen er es gegeben hat, bei denen schaut er nach, ob sie es gehalten haben (Similitudo VIII, cap. 3).

Der hl. Justinus, Philosoph und Martyrer
(† 165)

Manches spricht dafür, dass Justinus, der bedeutende Apologet des christlichen Glaubens im 2. Jahrhundert, der einer heidnisch-griechischen Familie zu Flavia Neapolis, dem heutigen Nablus, dem alten Sichem in Samaria (Palästina) entstammte, durch einen *Engel* veranlasst worden ist, Christ zu werden.
Justinus selbst erzählt in den Kapiteln 2 - 8 seines nach 120 n.Chr. verfassten «Dialogs mit dem Juden Tryphon» seine Bekehrung — verkürzt wiedergegeben — so: «Ich fasste einmal den Entschluss, völlige Ruhe zu geniessen und dazu die Pfade der Menschen zu meiden. So ging ich in eine einsame Gegend in der Nähe des Meeres. Als ich mich aber jenem Ort näherte, wo ich ganz für mich allein sein wollte, folgte mir in geringer Entfernung ein alter Mann von gewinnendem Äusseren und von mildem, ernstem Charakter. Ich wandte mich zu ihm um, blieb stehen und schaute ihn scharf an.
Er fragte: 'Kennst du mich?' Ich verneinte es. Darauf sagte er: 'Warum schaust du mich dann so an?' Ich antwortete: 'Es fällt mir auf, dass du zufällig am gleichen Ort mit mir zusammentriffst, denn ich hatte erwartet, hier niemandem zu begegnen.'
Da entgegnete er: 'Ich bin um Verwandte besorgt, die im Ausland sind. Ich gehe nun, nach ihnen Ausschau zu halten. Vielleicht sind sie schon irgendwo zu sehen.' 'Warum aber', so fuhr er fort, 'bist du hier?' 'Ich habe', so antwortete ich, 'an solchem Zeitvertreib meine Freude. Ich kann mich nämlich dabei ungestört mit mir selber unterhalten. Solch

einsame Gegend ist ja ganz wie geschaffen für den, der philosophische Überlegungen liebt.'»

Es kommt dann lang und ausführlich zu einem Dialog über Sinn und Wert der Philosophie, die aber letztlich doch nicht — auch in ihren besten Vertretern nicht — zum wahren Glück hinzuführen vermag. Hier weist dann der alte Mann auf die Träger der göttlichen Wortoffenbarung hin, die in jeder Hinsicht glaubwürdig sind, «auch wegen der Wundertaten, die sie wirkten, da sie damit Gott, den Weltenschöpfer und Vater, verherrlichten und seinen von Ihm kommenden Sohn Christus verkündeten. Das Wirken der vom Geist der Lüge und Unreinheit erfüllten falschen Propheten war und ist dagegen nicht das gleiche; im Gegenteil, sie erfrechen sich, Wunder zu wirken, um die Menschen zu schrecken, und sie verherrlichen damit die Lügengeister und Dämonen». Dieser Darlegung fügte der alte Mann noch die Mahnung für Justinus an: «Bete, dass dir die Tore des Lichtes geöffnet werden! Denn niemand kann schauen und verstehen, ausser Gott und sein Christus geben ihm die Gnade des Verständnisses.» — Justinus aber schliesst dem die Feststellung an: «Nachdem der alte Mann dies und noch vieles andere, was zu erzählen jetzt nicht Zeit ist, gesagt hatte, ging er fort mit der Bitte, ich möchte seine Worte beherzigen. Ich habe ihn nicht mehr gesehen. In meiner Seele aber fing es sofort zu brennen an, und es erfasste mich die Liebe zu den Propheten und zu jenen Männern, die die Freunde Christi sind. Ich dachte bei mir über die Lehren dieses alten Mannes nach und fand darin die allein zuverlässige und nutzbringende Philosophie. Dies ist der Weg, und dies sind die Gründe, die mich zum Philosophen gemacht haben. Ich hätte den Wunsch, dass alle von gleichem Eifer beseelt wären wie ich und keiner von den Lehren des Erlösers sich abwenden möchte . . .»

In den «Acta Sanctorum» (Band VIII. für den Monat September, S. 90ff.) ist nun mit vielen Argumenten, die vorgebracht werden, der Versuch unternommen worden, den Beweis zu führen, dass es sich bei jenem alten Mann, der da den Philosophen Justinus zur Bekehrung zum christlichen Glauben angetrieben hat, nicht um einen Menschen, sondern um einen *Engel* in Menschengestalt gehandelt haben müsse. Tatsächlich, wenn man die einzelnen Umstände des Dialogs, den dieser plötzlich in der Einsamkeit aufgetauchte alte Mann mit Justinus geführt hat, überdenkt, könnte man wirklich zu dieser Überzeugung kommen: Justinus wunderte sich, dass er diesen alten Mann in jener ganz einsamen Gegend antraf. Die Antwort auf die Frage, wieso er sich gerade jetzt auch in dieser einsamen Gegend eingefunden habe, würde sicher nicht der Wahrheit entsprechen, wenn es sich nur um einen sterblichen Menschen gehandelt hätte. Der alte Mann sagte nämlich: «Ich bin um Verwandte besorgt, die im Ausland sind. Ich gehe nun, nach ihnen Ausschau zu halten. Vielleicht sind sie schon irgendwo zu sehen.» Der alte Mann konnte doch, wenn er wirklich nur ein Mensch gewesen wäre, die Rückkehr seiner «Verwandten», die weit weg ins «Ausland» gegangen waren, nicht in dieser ganz einsamen Gegend erhoffen. Justinus war doch gerade deshalb in jene einsame Gegend gegangen, um hier keinen Menschen zu treffen und so ganz ungestört seinen Gedanken nachgehen zu können. Der erschienene alte Mann nahm sich nun Zeit zu einem langen Disput mit Justinus, ohne auch nur einmal wieder von der erhofften Rückkehr seiner Verwandten, die er erwartete, zu reden. Wenn es sich bei diesem alten Mann aber nicht um einen Menschen, sondern um einen *Engel* handelte, so konnte dieser mit vollem Recht sagen, er suche «Verwandte», die von zu Hause weg ins «Ausland» gegangen waren, und hoffe, hier in dieser einsamen Gegend wenigstens den einen oder anderen seiner «Verwandten» zu finden. Er suchte vor allem ihn, den Philosophen Justinus.

Wenn man den ganzen Dialog, den der geheimnisvoll in der einsamen Gegend aufgetauchte alte Mann mit Justinus geführt hat, überdenkt, so wundert man sich, wie klug er die falschen Ansichten des Justinus aufgedeckt, wie fein er dieselben widerlegt, wie leicht er dem von seiner Philosophie etwas aufgeblasenen Heiden seine Verirrungen vorgehalten und dann den zur Einsicht gekommenen Justinus für die Botschaft der Propheten und Jünger Christi aufgeschlossen hat und dann mit der Mahnung zum Gebet auf Nimmer-wiedersehen von Justinus geschieden ist. Das alles scheint wirklich nicht auf einen wenn auch überaus gelehrten und beredten Menschen, vielmehr auf einen *Engel* in Menschengestalt hinzuweisen, der da dem Philosophen Justinus erschienen ist.

Wenn man alles zusammen, was da Justinus über seine Bekehrung erzählt, überdenkt — und es steht nichts im Wege, in diesem, freilich in kunstvolle Form gekleideten Bericht historische Wahrheit zu erkennen —, so kommt man zur Überzeugung, dass es sich bei diesem geheimnisvoll erschienenen Mann um einen *Engel* gehandelt hat. Auch die Wirkung des Dialogs lässt die Überzeugung aufkommen, denn kaum war der Dialog des alten Mannes mit Justinus beendet, entzündete sich in der Seele des Philosophen Justinus sogleich ein geheimnisvolles Feuer, und es folgte seine vollständige Bekehrung zum Christentum und schliesslich für dieses das tapfere Martyrium. Wie die Bekehrung des heidnischen Hauptmanns Cornelius in Caesarea durch einen *Engel*, der

ihm in sichtbarer Gestalt erschienen war, begonnen worden ist, so ist wohl auch Justinus — wie wir wohl zu Recht annehmen dürfen — in der ersten Hälfte des 2. christlichen Jahrhunderts durch einen Engel zum wahren Glauben hingeführt worden.
Warum aber hat Justinus — so könnte man einwenden — nicht ausdrücklich von einem *Engel* in seiner Bekehrungsgeschichte gesprochen? Vielleicht hat er dies aus Bescheidenheit verschwiegen. Jedenfalls glaubte Justinus — wie er mehrmals sowohl in seiner I. Apologie, als auch in seinem Dialog mit dem Juden Tryphon bezeugt —, an die Existenz der Engel. Justinus erwähnt in seiner I. Apologie (6,2) sogar eine höchst ungewöhnliche trinitarische Formel, die vermuten lassen könnte, dass ihm auch schon eine liturgische Verehrung der heiligen Engel bekannt war. Diese Formel lautet so: «Wir beten Ihn (Gott, den Vater) an und seinen Sohn, der von Ihm gekommen ist und uns durch jene anderen *Engel*, die gehorsam und eines Sinnes sind, belehrt hat, und den prophetischen (Heiligen) Geist.»
Nach seiner Bekehrung zum Christentum hielt es Justinus für seine Pflicht, die Wahrheit, die er gefunden hatte, auch anderen mitzuteilen. Er bereiste zu diesem Zweck verschiedene Länder. Wie dem Heidentum und dem Judentum, so trat er mit Eifer auch aufgetauchten Irrlehren entgegen. Wie er den christlichen Glauben in Worten und in publizierten Werken mutig verkündete und verteidigte, so bezeugte er ihn zuletzt auch noch im Tod. Er starb mit sechs anderen Christen in Rom den Blutzeugentod in der Zeit zwischen 163 und 167 unter dem Stadtpräfekten Rusticus.

Der Apologet Athenagoras
(† nach 177)

Dieser christliche Philosoph aus Athen, über dessen Leben fast nichts bekannt ist, verfasste um 177 n.Chr. ein «Bittgesuch für die Christen», das er dem Kaiser Mark Aurel und seinem Sohn Commodus zugesandt haben soll, um die schweren sittlichen Vorwürfe, die man den Christen zu machen pflegte, zurückzuweisen.
Darin kommt der frühchristliche Apologet auch auf die *Engel* zu sprechen. Er schreibt über sie folgendes: «Die *Engel* hat Gott erschaffen aus Fürsorge für das von Ihm Geordnete, damit, während Gott im allgemeinen für das Ganze und das Grosse sorgt, für jeden Teil die hiefür abgeordneten Engel sorgen. Wie nun aber unter den Menschen, deren Tu-

gend und Schlechtigkeit freier Willensentscheidung entspringen, die einen in dem ihnen von Euch (kaiserliche Majestät) anvertrauten Amt als eifrig, die anderen als unzuverlässig befunden werden, so steht es auch bei den Engeln. Die einen blieben bei dem, wozu Gott sie geschaffen und bestimmt hatte, die anderen aber wurden stolz auf ihre Natur und Herrschaft . . . Diese Engel nun, die aus den Himmeln gestürzt wurden und nunmehr in der Luft und auf der Erde wohnen, da sie sich zum Himmlischen nicht mehr emporschwingen können, . . . das sind die in der Welt umherirrenden Dämonen» (Bittgesuch für die Christen 24,3).

Der hl. Pontianus von Spoleto

(† zwischen 156-165)

In Spoleto (Umbrien) wütete unter Kaiser Antoninus Pius (138-161) ein heidnischer Richter namens Fabianus gegen die Christen. Ein Laie namens Pontianus wagte es, die Ungerechtigkeit und Grausamkeit des Vorgehens gegen die Christen öffentlich anzuklagen. Er musste es grausam büssen durch furchtbare Quälereien. Im Kerker wurde er vor dem Martertod noch durch einen *Engel* wunderbar gestärkt. Auch wenn in der sehr alten «Passio» dieses heiligen Märtyrers manches legendär ausgeschmückt worden sein mag, der Blutzeugentod selbst des hl. Pontianus, der in Spoleto viel verehrt wird, und der Beistand, den ihm zuletzt im Martyrium ein *Engel* gewährte, wird doch wohl geschichtliche Tatsache sein. Im Martyrologium Romanum heisst es am 19. Januar: «Bei Spoleto das Leiden des heiligen Märtyrers Pontianus. Als er zur Zeit des Kaisers Antoninus Christi wegen vom Richter Fabianus nach furchtbarer Geisselung verurteilt worden war, barfuss über glühende Kohlen zu gehen, blieb er unverletzt. Darauf liess ihn der Richter foltern, an eisernen Haken aufhängen und dann in den Kerker werfen. Hier erschien ihm ein *Engel* und stärkte ihn mit himmlischer Speise. Später wurde er vor die Löwen geworfen, mit siedendem Blei übergossen, endlich mit dem Schwert enthauptet»[1].

Die tröstliche Anwesenheit eines Engels und die Stärkung durch ihn beim Martyrium eines heiligen Blutzeugen des christlichen Glaubens wird später in den Märtyrerakten der frühchristlichen Zeit noch öfters berichtet. Sollte es dabei dann nur um ein beliebt gewordenes hagiographisches Schema gehen, so steckt wenigstens die gläubige Überzeugung dahinter, dass die Engel, vor allem der Schutzengel, den Gläubigen in allen Gefahren und Schwierigkeiten, besonders in der Todesstunde, nahe sind. Ein paar Beispiele aus der frühchristlichen Zeit seien dafür noch angeführt:

In den Märtyrerakten der heiligen *Tryphon, Respicius* und *Nympha*, die im jugendlichen Alter in Phrygien (Kleinasien) unter Kaiser Decius um 250 gemartert wurden, heisst es: «Voll Wut befahl der Präfekt, ihnen die Brust mit Eisenkrallen aufzureissen und sie mit Fackeln zu brennen. Die Folterknechte traten an sie heran und führten den Befehl des Präfekten aus. Als man nun an sie Feuer legte, stand den Märtyrern ein *Engel* Gottes zur Seite, der Kronen in den Händen hielt, die mit Edelsteinen und Blumen geschmückt waren. Er setzte sie auf ihre Häupter und führte so die tapferen Glaubenshelden in ihrem Todeskampf zur letzten Vollendung»[2)].

Am 11. Mai heisst es im Martyrologium Romanum: «Zu Rom an der Salarischen Strasse der Tod des seligen Priesters *Anthimus*. Er zeichnete sich durch grosse Tugend und Predigergabe aus. In der diokletianischen Verfolgung wurde er in den Tiber gestürzt. Aber ein *Engel* zog ihn heraus und brachte ihn in seine Kirche zurück. Aufs neue zum Tode verurteilt, ging er als Sieger in den Himmel ein»[3)].

Am 3. November berichtet das Martyrologium Romanum: «Zu Viterbo die heiligen Märtyrer *Valentinus*, ein Priester, und *Hilarius*, ein Diakon. Sie wurden in der Verfolgung des Diokletian wegen ihres Glaubens an Christus mit einem Stein beschwert in den Tiber gestürzt, aber ein *Engel* vom Himmel rettete sie. Durch Enthauptung empfingen sie darauf die Märtyrerkrone»[4)].

Am 21. Juli meldet das Martyrologium Romanum: «Zu Marseille in Gallien der Tod des hl. *Victor*. Weil er seinen Kriegsdienst aufgeben und nicht den Götzen opfern wollte, wurde er zuerst in den Kerker geworfen, wo ihn ein *Engel* heimsuchte und stärkte. Später strafte man ihn mit mannigfachen Quälereien und zermalmte ihn schliesslich in einem Mühlwerk»[5)].

Am 28. Juli heisst es im Martyrologium Romanum: «Zu Ankyra in Galatien der heilige Märtyrer *Eusthatius*. Nach mannigfacher Folterqual wurde er in einen Fluss versenkt, aber ein *Engel* befreite ihn. Zuletzt flog eine Taube vom Himmel herab, um ihn zum ewigen Lohn zu rufen»[6)].

Am 24. Juli wird im Martyrologium Romanum berichtet: «Zu Tiro am Bolsenasee in der Toskana die heilige Jungfrau und Märtyrin *Christina*. Weil sie an Christus glaubte, zerschlug sie die goldenen und silbernen Götzenbilder ihres Vaters und verteilte die Stücke an die Armen. Deshalb wurde sie auf Befehl ihres Vaters mit Geisseln zerfleischt und mit anderen Strafen grausam gequält. Man band sie an einen schweren Stein und stürzte sie in den See, doch wurde sie von einem *Engel* gerettet. Sie hatte dann aber noch weitere Folterungen zu bestehen . . . Schliesslich wurde sie mit Pfeilen durchbohrt»[7].

Die hl. Caecilia

(† um 230)

Mag sein, dass die «Passio» (Märtyrerakten) dieser römischen, im ersten, römischen Hochgebet der hl. Messe ausdrücklich genannten Heiligen sehr viel Legendäres enthält; was aber den dabei auftauchenden *Engel* betrifft, ist es jedenfalls ein Hinweis auf den festen Schutzengelglauben der frühchristlichen Zeit.

Caecilia erscheint in der nach 486 entstandenen «Passio»[1] als jungfräuliche Tochter einer christlichen Senatorenfamilie Roms aus dem römischen Adelsgeschlecht der Caecilier. Sie wird mit einem heidnischen Jungmann namens Valerianus vermählt. In der Hochzeitsnacht erklärt Caecilia ihrem heidnischen Gemahl, dass ein *Engel* ihre Jungfräulichkeit, die sie Christus geweiht habe, beschütze. Valerian wünscht diesen *Engel* zu sehen, sonst glaube er ihren Worten nicht. Er erhält von Caecilia den Bescheid, er könne den *Engel* sehen, müsse zuvor aber Christ werden. Er geht darauf ein, lässt sich von Papst Urban unterrichten und taufen.

Als Christ kehrt Valerian zu seiner edlen Gattin zurück. Nun erscheint der *Engel* den beiden und krönt sie mit Lilien und Rosen.

Valerian gewinnt nun auch seinen Bruder *Tiburtius* für den wahren Glauben. Die beiden Brüder betätigen sich fortan als wahre Jünger Christi, vor allem im Spenden von Almosen an die Armen und im Begraben der Märtyrer. Darauf verurteilt sie der Präfekt Turcius Almachius zum Tod. Maximus, der das Todesurteil vollziehen soll, bekehrt sich und stirbt mit ihnen den Märtyrertod.

Nun wird auch Caecilia ergriffen. Sie bestimmt ihr väterliches Haus zur Abhaltung des christlichen Gottesdienstes. Nach einem glorreichen Bekenntnis ihres Glaubens soll sie im Bad ihres eigenen Hauses erstickt werden. Sie bleibt aber unversehrt und soll auf Befehl des Präfekten enthauptet werden. Selbst mit dreimaligem Schwertschlag gelingt es dem Henker nicht, ihr Haupt vom Leib völlig zu trennen. Caecilia lebt noch drei Tage und trifft verschiedene Anordnungen zu Gunsten der Armen und der Kirche. Papst Urban setzt die Glaubensheldin dann bei unter den Bischöfen und Bekennern in den Katakomben von San Callisto in Rom. Später wurde die Heilige in ihrem in eine Kirche verwandelten Haus, in der Kirche Santa Cecilia in Trastevere in Rom, beigesetzt.

Mag sein, dass in der «Passio» der hl. Caecilia das Legendäre neben dem Historischen überwiegt, aber was hinter dem Legendären als historische Wirklichkeit aufleuchtet, ist die Tatsache, dass man in der frühchristlichen Zeit die gottgeweihte Jungfräulichkeit über alles schätzte und dabei wusste, dass zur Bewahrung der Jungfräulichkeit in allen Gefahren und Schwierigkeiten die heiligen Engel kostbare Helfer sein können.

Das hat J. Dillersberger in seinem Buch «Wer es fassen kann»[2] in fast dichterischer Sprache so zur Darstellung gebracht:

«Eja, milites Christi! (Auf, Soldaten Christi!) Wie hell tönender Schlag auf silberblankem Schilde erklingt am Morgen des St. Caecilien-Tages diese der Heiligen in den Mund gelegte Antiphon zum 'Benedictus'. Römische Jungfrau und Märtyrin ist Caecilia. Als die Zeit der Morgenröte zu Ende ging, rief Caecilia mit heller Stimme: 'Auf, Streiter Christi, werft ab die Werke der Finsternis und ziehet an die Waffen des Lichtes!' Das ist Tagesbeginn, das ist Kampflosung für den Tag! Wie das aufrüttelt, wie das alle Mattigkeit und Schläfrigkeit auf einmal hell wach macht! Losung der Jungfrau-Märtyrin, die ihren Schutzengel an ihrer Seite weiss, ist dieses Wort. Sie hat ihre Brautnacht anders verbracht, als es bei Heiden und auch bei vielen Christen üblich war und ist. Jungfräulich hat sie das Brautgemach am Morgen mit Hilfe ihres Schutzengels wieder verlassen können. Ihre Brautnacht hat sie dazu benützt, um den Bräutigam Valerianus für Christus zu gewinnen. Er und sein Bruder wurden, als sie nach Empfang der Taufe ihren Schutzengel geschaut hatten, Blutzeugen für Christus, gewonnen durch die jungfräuliche Macht der Worte Caecilias. 'Wie eine emsige Biene', heisst es, hat sie dem Herrn gedient — das sind römische Brautnächte des Frühchristentums! Damals wehte dieser herbe, keusche Frühlingswind des christlichen Glaubens so frisch und herrlich in den Strassen der Ewigen Stadt, hinein in die Häuser der alten Patriziergeschlechter — verscheuchend alles, was nach Sinnlichkeit und Schwüle schmeckte. Was hat dieses christliche Früh-Rom jungfräuliche Blüten hervorgebracht! Caecilia und Agnes — wären es nur diese zwei, es wäre genug, um sich immer wieder nach diesen Zeiten zu sehnen! Mit unvergleichlich packender Gewalt hat die Kirche es verstanden, in dieser Antiphon 'Eja, milites Christi!' das drängende Beispiel jungfräulicher Tugend, die den Menschen den Engeln ähnlich macht, aufleuchten zu lassen. Geht nicht von diesen römischen Heldenjungfrauen frischer, kampfesfroher Mut zur Reinheit aus in die ganze christliche Welt?! Das ist der Sinn dieses hellen Rufes in der Morgenstunde des Caecilientages. Einst ist sie am Morgen nach ihrer Brautnacht aus dem Gemach getreten, strahlend in ihrer unbesieglichen lichten Tugend. Waffen des Lichtes an ihrem reinen Leib, einen mächtigen Kampfgefährten an ihrer Seite.»

Der hl. Gregor der Wundertäter

(† um 270)

Gregor der Wundertäter (Gregorios Thaumaturgos), der um 213 in Neocäsarea in Pontus (dem heutigen Niksar am Schwarzen Meer) in eine vornehme heidnische Familie hineingeboren wurde, gehört unbedingt unter jenen Heiligen genannt, die ein besonders vertrautes Verhältnis zu den heiligen Engeln hatten, denn kein Kirchenvater des 3. Jahrhunderts hat so warm aus eigenster Erfahrung über den *Schutzengel* berichtet wie gerade er.

Zusammen mit seinem Bruder Athenodorus war er fünf Jahre lang Schüler des grossen Lehrmeisters Origenes zu Cäsarea. Hier wurde er für das Christentum gewonnen[1]. Nach seiner Heimkehr wurde er zum Bischof seiner noch fast heidnischen Heimatstadt geweiht. Er konnte diese Stadt im Laufe der Jahre ganz christlich machen. In den Brevierlesungen der II. Nokturn hiess es früher an seinem Fest am 17. November: «Bischof Gregor von Neocäsarea in Pontus besass eine ausgezeichnete Heiligkeit und Gelehrsamkeit; noch viel mehr aber war er durch Zeichen und Wunder berühmt. Wegen seiner zahlreichen glänzenden Wunder erhielt er auch den Beinamen 'der Wundertäter' . . . Sehr oft trieb er böse Geister aus Götzenbildern und Menschen aus . . . Schon dem Tod nahe, fragte er, wie viele Ungläubige es noch in Neocäsarea gebe; da sagte man ihm, es seien nur noch siebzehn. Da sprach er: 'Dank sei Gott; so viele Gläubige waren es, als ich das Bischofsamt hier übernahm.' . . .»

Bei seinem Weggang von Cäsarea im Jahre 238 hielt Gregor auf seinen grossen Lehrer Origenes die uns erhaltene Dankrede[2]. Darin spricht er in ergreifender Weise seinen Schutzengelglauben in folgender Weise aus: «Mein Wort soll heute zur Auszeichnung vor allen Menschen ein Wort des Dankes für jenen heiligen Mann sein, der hier zugegen ist. Wollte ich aber mit meinem Lob noch höher hinaufsteigen, so müsste mein Wort unter den unsichtbaren und der Gottheit näher stehenden

Schutzgeistern der Menschen demjenigen gelten, dem durch erhabenen Ratschluss von meiner Kindheit an das Amt zuteil geworden ist, mich zu leiten, zu betreuen und für mich zu sorgen, dem heiligen Engel Gottes, der mich labt von Jugend auf, wie jener Liebling Gottes (nämlich der Patriarch Jakob in Gen 48,15) sagt, indem er offenbar an seinen *Engel* denkt . . . Jedenfalls hat er in seinem Engel — wer dieser auch immer sein sollte — etwas Grosses erkannt und gepriesen. Ich aber tue das Gleiche neben dem gemeinsamen Lenker aller Menschen auch meinem *Engel* gegenüber, wer dieser auch sein mag, der sich besonders mit der Leitung meiner Unmündigkeit befasst. Er ist mir überhaupt durchwegs ein guter Erzieher und Betreuer gewesen . . . Von jeher und auch jetzt noch ist er mein Ernährer, mein Erzieher und mein Führer; und zu allem anderen hat er es auch so einzurichten gewusst, dass er mich auch mit diesem Mann (Origenes) in Kontakt brachte, was wohl das Wichtigste war von allem, ohne dass ich mit ihm durch Abstammung oder irgendwelche Bande des menschlichen Blutes verbunden gewesen wäre oder sonstwie in näherer Beziehung gestanden hätte oder in seiner Nähe mich befunden oder auch nur zu seinem Volksstamm gehört hätte . . . Vielmehr war ich — um es kurz zu sagen — dem Origenes vorher unbekannt, wir sind verschieden nach unserer Herkunft und waren uns gegenseitig fremd und einander ganz und gar fernstehend, so dass Völker, Berge und Flüsse trennend zwischen uns lagen. Mein *Engel* aber hat uns in wahrhaft göttlicher und weiser Vorsehung zusammengeführt und mir dieses heilbringende Zusammentreffen ermöglicht. Und das hat mein *Engel*, wie ich glaube, nach himmlischem Beschluss schon gleich bei meiner Geburt und seit meiner Kindheit ausgedacht»[3].

Gregor der Wundertäter schildert hierauf seine Herkunft aus einer vornehmen heidnischen Familie, spricht vom Tod seines heidnischen Vaters und von der Sorge seiner Mutter um seine rechte berufliche Ausbildung. Dann schreibt er wörtlich: «Es fehlte an jeder Voraussetzung zu den Beweggründen, die mich auf meinen gegenwärtigen Lebensweg (zu Origenes und durch ihn zum christlichen Glauben) zu führen vermochten. Dagegen stand mir zur Seite der wachsame himmlische Erzieher und wahrhaftige Vormund («pervigil ille divinus paedagogus verusque curator», so nennt er hier seinen Schutzengel!), ohne dass meine Angehörigen daran dachten oder ich selbst danach verlangte . . .»[4].

Gregor berichtet dann über seine Reise nach Palästina, wie dabei verschiedene Umstände, u.a. auch ein Soldat eine Rolle spielten. «Und doch war es nicht der Soldat, sondern ein himmlischer Reisegefährte, ein guter Begleiter und Wächter, der uns in unserem ganzen bisherigen

Leben wie auf einer weiten Reise erhalten und uns anstatt anderswohin und nach Berytus zu führen, wohin wir damals hauptsächlich zu eilen glaubten, hieher (nach Cäsarea in Palästina) gebracht und abgesetzt hat, indem er alles aufbot und in Bewegung setzte, bis er uns mit aller Geschicklichkeit an diesen Mann (Origenes) gefesselt hatte, dem wir so viel Gutes verdanken. Nachdem uns nun der himmlische *Engel* so weit geleitet und seine Aufgabe an uns gleichsam diesem Mann (Origenes) übertragen hatte, da gönnte er sich wohl auch einige Ruhe, nicht aus Ermüdung und Überdruss — denn das Geschlecht der himmlischen Boten kennt keine Ermüdung —, sondern weil er uns einem Mann übergeben hatte, der alle nur mögliche Umsicht und Fürsorge an uns betätigen sollte»[5].

So innig muss das Verhältnis zwischen Gregor und seinem vielgeliebten und hochgeschätzten Lehrer Origenes gewesen sein, dass Gregor am Schluss seiner Lobrede die Bitte an Origenes ausspricht: «Flehe für mich zu Gott, dass ich von Ihm auch einigen Trost erlangen möge für das Entbehren deiner Gegenwart (wenn ich nun von dir Abschied nehmen muss), und dass Er mir einen guten Führer mit auf den Weg geben möge, einen *Engel* als Gefährten meiner Reise! Bete endlich auch, dass Er mich zur Umkehr bestimmt und abermals zu dir zurückführt. Das allein wird mir dann den allergrössten Trost bereiten!»[6].

Der hl. Gregor von Nazianz
(† 390)

Stellvertretend für viele andere Kirchenväter des Morgen- wie des Abendlandes im 4. Jahrhundert sei in dem, was sie über die Engel gesagt und geschrieben haben, der heilige Bischof und Kirchenlehrer Gregor von Nazianz genannt. Er ist zwar primär der grosse Trinitätstheologe und kommt nur gelegentlich auf die Engellehre zu sprechen, aber was er dabei darüber sagt, ist doch sehr aufschlussreich und bringt seinen festen Glauben an die Existenz der Engel und sein Vertrauen in seinen Schutzengel eindrucksvoll zur Darstellung.

Gregor wurde 330 auf dem Landgut Arianz bei Nazianz im westlichen Kappadokien (heute Nenizi bei Karvale in der Zentraltürkei) als Sohn Gregors des Älteren von Nazianz und dessen Gemahlin Nonna — beide werden ebenfalls als Heilige verehrt — geboren; er war Bruder des hl. Cäsarius von Nazianz und der hl. Gorgonia. Nach dem Studium in Cäsarea in Kappadokien, in Cäsarea in Palästina, in Alexandrien in Ägypten und in Athen, wo er seinen Freund Basilius kennenlernte, kehrte Gregor nach Hause zurück und wirkte eine Zeit lang als Rhetor. Von Basilius eingeladen, ging er nach Pontus am Schwarzen Meer, um sich dort in die Hl. Schrift zu vertiefen. Wieder in Nazianz, liess er sich zu Weihnachten 361 zum Priester weihen. Sein Freund Basilius, der seit 370 Erzbischof von Cäsarea und Metropolit von Kappadokien war, weihte ihn 372 zum Bischof von Sasima. Im Mai 381, nach Eröffnung des Konzils von Konstantinopel, wurde Gregor von den versammelten Konzilsvätern als Bischof dieser Stadt inthronisiert. Hier hielt er seine berühmten fünf theologischen Reden (27., 28., 29., 30. und 31. Rede), von denen vor allem die 28. Rede auch für die Engellehre bedeutsam ist. Dazu kommen besonders noch die 38., 40., 41. und 45. Rede, in denen Gregor sich ausführlicher über die Engel, ihr Wesen und ihre Aufgaben ausgesprochen hat[1)].

Während der hl. Basilius, der grosse Freund Gregors von Nazianz, die Natur der Engel als Lufthauch oder immaterielles Feuer bezeichnet und sie in einem eigenen, nicht bloss zu diesem Zweck angenommenen Leib sichtbar werden lässt[2)] und der dritte Kappadokier, der hl. Gregor von Nyssa, sich für die reine Geistnatur der Engel entschieden hat[3)], ist Gregor von Nazianz in der Frage nach der Natur der Engel eher zurückhaltend und unentschieden.

Die Erschaffung der Engel setzt er *vor* der Erschaffung der sichtbaren Welt an. Die absolute Gutheit, nämlich Gott, gab sich nicht mit der Selbstschau zufrieden, sie ersann die himmlischen Engelsmächte, «auf dass möglichst viele an der Gutheit teilhätten». Der Logos, die zweite göttliche Person, führte dieses Werk aus, der Hl. Geist aber vollendete es: «So entstanden die Lichtwesen zweiter Ordnung, die Diener des ersten Lichtwesens, mag man sie nun als vernunftbegabte Geister oder als eine Art unstofflichen und unkörperlichen Feuers oder aus einer anderen, den genannten ähnlichen Natur bestehend ansehen»[4)]. «Kurz, nehmen wir an, sie seien unkörperliche Wesen oder doch etwas diesen sehr nahe»[5)].

Gregor von Nazianz wagt auch nicht zu entscheiden, ob es bei den Engeln auf den Rang ankommt oder auf die mehr oder weniger grosse Lichtfülle, die sie in sich tragen. Er sagt jedenfalls: Das höchste, unaussprechliche und zugleich unzugängliche Licht ist Gott; «ein zweites Licht ist der Engel, ein Ausfluss oder eine Mitteilung des ersten Lichtes, welches durch Hinneigung zu diesem ersten Licht und durch Dienstleistung Erleuchtung empfängt. Und ich weiss nicht, ob ihnen (den Engeln) nach der Ordnung des Ranges die Erleuchtung zugeteilt wird oder die Rangstufe nach dem Mass der Erleuchtung»; das dritte Licht ist der vernunftbegabte Mensch[6)].

Die Engel stehen nach der Meinung des hl. Gregor von Nazianz vollkommener Sündelosigkeit sehr nahe; der Kirchenlehrer wagt sogar die Meinung zu vertreten, dass das Nicht-sündigen, wie es der ersten, unzusammengesetzten Natur eigen ist, auch zur Natur der Engel gehöre. Er schränkt das aber gleich wieder ein und bemerkt, dass die Natur der Engel dem Nicht-sündigen doch nur am nächsten sei, eben wegen ihrer Nähe zu Gott[7)]. Gregor von Nazianz fühlt sich dann gedrängt, zu sagen, «dass die Engel zum Bösen hin unbeweglich sind und sich nur zum Guten hin bewegen, da sie in Gottes Nähe sind und von Gottes erstem Licht erstrahlen»[8)]. Er fügt aber auch hier die Einschränkung hinzu: «Aber der wegen seines glänzenden Lichtes 'Lichtträger' ('Luzifer') genannte Engel bestimmt mich dazu, anzunehmen und es auch auszusprechen, dass sie doch nicht (völlig) unbewegbar (zum Bösen), sondern nur schwer dorthin bewegbar sind, da er durch seine Auflehnung zur Finsternis geworden ist und so auch nun genannt wird, ebenso auch die ihm untergebenen Mächte, die durch ihre Flucht vor dem Guten zu Werkmeistern des Bösen geworden sind und (das Böse) zu uns gebracht haben.»

Das Amt der Engel besteht nach Gregor von Nazianz im Dienst vor Gott[9)]. Die Engel sind nach ihm Vollstrecker und Organe der göttlichen Anordnungen; sie sind selber Licht und deshalb imstande, andere zu erleuchten. Sie sind im Auftrag Gottes zum Dienst an den Menschen bereit und haben bestimmte Teile der Erde und des Universums zu überwachen[10)]: Nationen, Städte und Kirchen. In besonderer Weise beschützen die Engel die ihnen von Gott anvertrauten gläubigen Christen[11)]. Die Engel feiern mit der ganzen Kirche auf Erden die Feste der Christenheit. So sagt der hl. Gregor von Nazianz in seiner Rede auf das Epiphaniefest: «Verherrliche Gott mit den Hirten, feiere Ihn mit den *Engeln,* bilde einen Chor mit den *Erzengeln*, damit dieses Fest den himmlischen und irdischen Mächten gemeinsam sei! Denn ich bin überzeugt, dass sie sich heute freuen und das Fest mit uns begehen. Sind sie nicht Freunde Gottes und Freunde der Menschen, wie sie uns David (im Psalm 23) schildert, die nach der Passion mit Christus aufsteigen und, Ihm vorauseilend, einander anspornen, die Oberschwelle der Tore zu erhöhen?»[12)]

Über die Beziehungen der Engel zu Christus betont Gregor von Nazianz besonders, dass sie den in den Himmel auffahrenden Gottmenschen begleiteten und zu seinem Empfang im Himmel bereitstanden[13)]. Sie forderten sich dabei gegenseitig gemäss Psalm 23 zum Öffnen des Tors des Himmels auf, um Christus dort einziehen zu lassen, und sie staunten über die Erhöhung, die dabei der sterblichen Menschennatur zuteil wurde[14]. In der Frau, die sich im Gleichnis Jesu über die wiedergefundene, verlorengegangene Drachme freute, sah Gregor von Nazianz Christus versinnbildet, der die in die Heilsgeheimnisse eingeweihten Engel zur Mitfreude über die Bekehrung der Sünder auffordert[15]. Im Gleichnis vom verlorenen Schaf sah Gregor einen Hinweis auf die durch die Sünde verlorengegangene Menschheit angedeutet, der der menschgewordene Sohn Gottes suchend und rettend nachgegangen ist; die zurückgelassenen 99 Schafe aber deutet er auf die Engel[16].

Lassen wir nun den Schluss der zweiten theologischen Rede (28. Rede), die der hl. Gregor von Nazianz in Konstantinopel gehalten hat, auf uns wirken: «Wie soll man die *Engel* loben, die dort oben in reinstem Licht erstrahlen oder die nach ihrer Natur und Stellung einen je anderen Glanz (als Engel, Erzengel, Throne, Herrschaften, Mächte, Gewalten usw.) haben? Sie sind durch Schönheit so trefflich gestaltet, dass sie selber zu Lichtern werden und so in der Lage sind, andere zu erleuchten und ihnen vom Überfluss des ersten (göttlichen) Lichtes mitzuteilen. Als Ausführer der göttlichen Anordnungen sind sie mächtig durch naturgegebene und gottgeschenkte Kraft. Sie durcheilen das Universum, bereitwillig stehen sie überall jedem zur Seite, denn sie sind zum Dienst geneigt, und sie haben eine wendige Natur. Einigen ist die Überwachung eines bestimmten Teils der Erde anvertraut, anderen ein anderer Teil des Universums, wie es derjenige weiss, der dies geordnet und begrenzt hat. Sie richten alle Dinge auf ein Ziel aus: die Vereinigung mit dem Schöpfer des Alls. Sie besingen die Grossmut Gottes, sie schauen immerdar die ewige Herrlichkeit Gottes. Sie tun das nicht, um (die Herrlichkeit Gottes) zu vermehren — denn man kann der Fülle dessen nichts hinzufügen, der allem anderen die Güter zuteilt —, sondern damit seines Wohltuns für die ersten bei Gott weilenden Wesen kein Ende sei. Wenn dieser Gegenstand (nämlich die Engelwelt) in würdigen Worten gefeiert worden ist, so sei Dank dafür der Dreifaltigkeit und der einen Gottheit in drei Personen. Wenn ich dabei hinter den Erwartungen zurückgeblieben bin, so habe ich dennoch auf diese Weise den Sieg davongetragen, denn ich bemühte mich ja, vor allem zu zeigen, dass unser Geist nicht fähig ist, die Natur der Dinge des zweiten Ranges (die Engelwelt) zu verstehen, und umso weniger die der ersten und einzigartigen Wesenheit, die Wesenheit, die auf dem Gipfel des Alls steht»[17].

Aus dem Leben des hl. Gregors von Nazianz gehört zuletzt noch berichtet, dass die Zeit seines Wirkens in Konstantinopel sehr kurz war. Verkannt und krank kehrte er von dort nach Nazianz zurück, wo er einige Zeit lang den verwaisten Bischofssitz verwaltete, bis er sich 383 auf das Landgut seiner Eltern in Arianz zurückzog, wo er bis zu seinem Tod im Jahre 390 noch schriftstellerisch tätig war, seine uns erhaltenen 245 Briefe schrieb und eine Reihe von Gedichten dogmatischen und moralischen Inhalts verfasste.

In seinen dogmatischen Lehrgedichten kämpft Gregor von Nazianz vor allem gegen die Verkürzungschristologie der Apollinaristen an und betont: Wie Christi menschliche Natur und insbesondere seine von den Apollinaristen geleugnete menschliche Geistseele ganz ins Göttliche erhoben ist, so soll auch unser mit Christus verbundener Geist verklärt und vergottet werden. «Aber Gregor begnügt sich nicht mit diesen spiritualistischen Erlösungsgedanken. Christus, der Gottmensch und Herr, ist ihm vor allem darum unentbehrlich, weil sein heiliges, unbegreifliches Leiden und Sterben die Sühne bereitgestellt hat, durch die die Macht des Teufels und der Sünde, die ganze Last unserer menschlichen Verfehlungen wahrhaft überwunden ist»[18)].

Gelegentlich kommt er in seinen Gedichten mehrmals auch auf die heiligen Engel zu sprechen. Vor allem tut er das im längsten seiner Gedichte, wo er in 1949 jambischen Trimetern autobiographisch sein Leben schildert[19)]. Hier rühmt der hl. Gregor vor allem den *Schutzengel*, der ihm auf seinen Lebenswegen Führer, Begleiter, Schützer und Ratgeber sei. In diesem Punkt führt der Heilige von Nazianz eine Sprache, die ganz der seines Freundes Basilius gleicht, der einmal geschrieben hat: «Unter den Engeln sind einige als Vorsteher der Völker, andere als Gefährten der einzelnen Gläubigen bestellt . . . Dass jeder Gläubige einen Engel hat, der ihn als Erzieher und Hirt leitet, ist die Lehre des Mose im Buch Genesis 48,16»[20)].

Der hl. Martin von Tours

(† 8. November 397)

Im Leben dieses heiligen Bischofs und ersten Mönchsvaters des Abendlandes, der um 316 als Sohn eines heidnischen römischen Soldaten in der römischen Garnisonstadt Sabaria, dem heutigen Steinamanger (Szombathely) in der römischen Provinz Pannonia inferior (Ungarn) geboren wurde und der nach seiner schon sehr frühen Bekehrung zum Christentum den Lebensweg vom Soldaten über den Laienmönch zum Priester und dritten Bischof von Tours in Westfrankreich zurücklegte, spielen die heiligen *Engel* eine grosse Rolle. Das beginnt schon bei jener berühmten Szene, in der der Soldat Martin seinen Mantel mit einem Bettler teilte und ihm nach dem Bericht des Sulpicius Severus († 420) in seiner um 396 verfassten Lebensbeschreibung des hl. Martin[1] in der Nacht darauf Christus von einer *Engelschar* umgeben erschien: «Martin wurde aufgefordert, den Herrn genau zu betrachten und das Gewand, das er verschenkt hatte, wieder zu erkennen. Dann hörte er Jesus laut zu der Engelschar, die ihn umgab, sagen: 'Martinus, obwohl erst Katechumene, hat mich mit diesem Mantel bekleidet' . . . Trotz dieser Erscheinung verfiel der selige Mann doch nicht menschlicher Ruhmsucht, vielmehr erkannte er in seiner Tat das gütige Walten Gottes und beeilte sich, achtzehnjährig, die Taufe zu empfangen»[2].

Sulpicius Severus berichtet dann von den Wundertaten, die Martin als Bischof wirkte, und erwähnt dabei u.a. folgendes: «Einmal wollte Martin in einem Dorf, das Leprosum heisst, den Tempel zerstören, den abergläubische Verehrung überaus prächtig ausgestattet hatte. Eine Schar Heiden widersetzte sich ihm, misshandelte und vertrieb ihn. Martin zog sich in die Nähe zurück. Dort fastete er unter beständigem Gebet drei Tage lang in Sack und Asche. Er flehte zum Herrn, die Kraft Gottes möge diesen Tempel vernichten, weil ihn Menschenhand nicht zerstören könne. Da erschienen ihm auf einmal zwei *Engel* mit Schild und Lanze bewehrt wie himmlische Krieger. Sie sprachen, der Herr habe sie gesandt, die Rotte der Heiden zu verjagen und Martin zu beschützen, damit niemand sich widersetze, während er den Tempel zerstöre. Er solle also zurückkehren und das begonnene Werk in frommem Eifer zu Ende führen. Martin kehrte also zum Dorf zurück. Die Heidenschar verhielt sich diesmal ruhig; unter ihren Augen legte er den Götzentempel bis auf die Fundamente nieder»[3].

«Infolge eines Missgeschicks kam Martin einmal im oberen Geschoss seines Hauses zu Fall, stürzte die holprigen Stufen der Treppe hinab und verletzte sich dabei schwer. Er lag wie tot in seiner Zelle und wurde von unsäglichen Schmerzen gefoltert. Da war es ihm bei Nacht, als wasche ihm ein *Engel* seine Wunden aus und bestreiche die zerquetschten Glieder mit heilender Salbe. Und wirklich, tags darauf war er wieder hergestellt. Man hätte meinen können, ihm wäre kein Unglück zugestossen»[4].

Noch öfters erfuhr Martin die Hilfe der *Engel*, so z.B. als ihm ein Engel das Tor zum kaiserlichen Palast öffnete. Sulpicius Severus berichtet darüber in seinen Dialogen folgendes: «Zur Zeit etwa, als Martin die Bischofswürde zuteil wurde, musste er aus dringender Veranlassung zu Hof gehen. Damals führte Valentinian der Ältere (364-375) die Zügel der Regierung. Als dieser in Erfahrung gebracht hatte, dass ihm Martin eine Bitte stellen wolle, die er nicht gewähren mochte, gab er Befehl, ihn nicht über die Schwelle des Palastes treten zu lassen. Seine arianische Gemahlin hatte sich nämlich seinen rücksichtslosen Stolz zunutze gemacht und ihn dem heiligen Mann ganz entfremdet, um so zu erreichen, dass er diesem nicht die gebührende Ehre erwiese. Martin versuchte es ein erstes und ein zweites Mal, eine Audienz bei dem hochmütigen Kaiser zu erlangen. Dann aber nahm er zu den bekannten Hilfsmitteln seine Zuflucht: Er legte ein Bussgewand an, bestreute sich mit Asche, nahm weder Speise noch Trank und betete unablässig Tag und Nacht. Am siebten Tag erschien ihm ein *Engel* und hiess ihn furchtlos zum Palaste gehen, die verschlossenen Tore des Kaiserpalastes würden sich von selbst öffnen, der hochfahrende Geist des Kaisers würde sich zur Milde stimmen lassen. Durch solches Zureden des *Engels*, der ihm erschienen war, ermutigt und auf dessen Hilfe vertrauend, ging Martin zum Palast. Die Tore taten sich ihm weit auf, niemand vertrat ihm den Weg. Schliesslich gelangte er unbehindert bis zum Kaiser . . . Ohne auf Martins Bitten zu warten, gewährte er schon zum voraus alles. Häufig zog er ihn in vertrauliches Gespräch und lud ihn zu Tisch. Als Martin schliesslich abreiste, bot er ihm viele Geschenke an. Der heilige Mann wies sie aber alle zurück, wie er ja immer treu seine Armut zu wahren suchte»[5]. Noch bei zwei anderen Gelegenheiten weist Sulpicius Severus ausdrücklich darauf hin, «dass ein *Engel* mit Martin von Angesicht zu Angesicht redete»[6] und dass bei einem bestimmten Anlass, wo Martin unsicher war, was er tun und wie er sich entscheiden solle, «ein *Engel* plötzlich vor ihm stand und sprach: 'Martin, mit Recht verurteilen dich Gewissensbisse; allein es gab für dich keinen anderen Ausweg. Fasse wieder Mut, werde wieder fest, sonst kommt nicht deine Ehre, sondern dein Seelenheil in Gefahr!'»[7]

Dass einem solchen Heiligen, der so vertraut mit *Engeln* verkehren durfte, umgekehrt auch der Teufel zusetzte, betont Sulpicius Severus ebenfalls mehrmals: «Der Teufel machte sich in Menschengestalt an ihn heran»[8] und versuchte ihn: «Eines Tages stand der Teufel vor Martin in der Zelle, während er betete. Purpurlicht strahlte er vor sich her und war auch selbst ganz davon umflossen; mit diesem erborgten Lichtglanz hoffte er, umso leichter täuschen zu können. Ein Königsmantel umwallte ihn, er trug ein edelsteinfunkelndes, goldenes Diadem auf dem Haupte, seine Schuhe waren golddurchwirkt; gewinnend war seine Miene,

freundlich sein Antlitz, so dass man eher alles andere als den Teufel in ihm vermuten musste. Auf den ersten Anblick hin war Martin höchst überrascht; beide schwiegen geraume Zeit. Dann begann der Teufel zuerst: 'Erkenne, wen du vor dir erblickst! Ich bin Christus. Da ich im Begriffe bin, auf die Erde herniederzusteigen, wollte ich mich dir zuerst offenbaren.' Martin aber schwieg und antwortete mit keiner Silbe darauf. Da hatte der Teufel die Frechheit, sein frevelhaftes Bekenntnis zu wiederholen: 'Martin, warum zweifelst du? Glaube doch, da deine Augen es ja schauen! Ich bin Christus.' Jetzt ward es Martin durch eine Geistesoffenbarung kund, der Teufel stehe vor ihm und nicht Gott. Daher sprach er: 'Jesus, unser Herr, hat nicht gesagt, dass er in Purpur und im Glanz einer Krone wiederkommen werde. Ich kann nicht glauben, dass Christus anders gekommen wäre als in jener Haltung und äusseren Gestalt, so wie er gelitten, als mit den Wundmalen des Kreuzes.' Bei diesen Worten verschwand der Teufel plötzlich wie Rauch und erfüllte die Zelle mit üblem Geruch. Auf diese Weise hinterliess er das untrügliche Anzeichen dafür, dass er wirklich der Teufel gewesen. Dieses Vorkommnis habe ich wortgetreu nach der Aussage Martins erzählt; das bemerke ich deshalb, damit niemand das Erzählte für ein Märchen hält»[9].
Schliesslich wird vom Sterben des hl. Martin folgendes berichtet: «Kurz vor seinem Tod erblickte er den Feind des Menschengeschlechtes; da rief er diesem zu: 'Was stehst du da, du blutgierige Bestie? Du wirst an mir nichts finden, was die Verdammung verdiente.' Nach diesen Worten gab Martin seine Seele Gott zurück. Er war 81 Jahre alt. Seine Seele wurde von einem Chor von *Engeln* aufgenommen; viele hörten, wie die *Engel* das Lob Gottes sangen.»
In einer Antiphon im Festoffizium des hl. Martin am 11. November singt die Kirche: «O glückseliger Mann, deine Seele besitzt das Paradies. Darob frohlocken die *Engel*, freuen sich die Erzengel und frohlockt der Chor der Heiligen.»

Der hl. Ambrosius

(† 4. April 397)

Der erste der vier grossen abendländischen Kirchenväter gehört aus mehreren Gründen unter den Heiligen, die zu den Engeln in besonderem Kontakt standen, genannt: Ambrosius wurde 339 zu Trier als Sohn des höchsten Staatsbeamten von Gallien geboren, nach dem Tod des Vaters aber in Rom ausgebildet. Er betätigte sich zuerst wie sein Vater im

Staatsdienst, zuletzt als Konsul in Mailand. Dort wurde er nach dem Tod des arianischen Bischofs Auxentius 374 zum Bischof gewählt, obwohl er damals erst Katechumene war. Er wurde sehr bald zum tapferen Vorkämpfer der Kirche gegenüber dem noch nicht ausgestorbenen Heidentum und dem in Oberitalien noch sehr mächtigen Arianismus. Er war ein glänzender Kanzelredner, der durch seine Predigten bedeutsame Bekehrungen erreichte, u.a. die des hl. Augustinus.
Es ist nun aufschlussreich, dass Paulinus[1], der aus Nordafrika gekommene Sekretär des hl. Ambrosius, in der Lebensbeschreibung des Heiligen («Vita sancti Ambrosii»), die er 422, also 25 Jahre nach dem Tod des Heiligen, verfasst hat, eine Episode berichtet, die zeigen soll, welch engen Kontakt der hl. Ambrosius mit den heiligen *Engeln* hatte: «In jener Zeit lebte ein Mann, der der arianischen Häresie anhing, ein äusserst scharfsinniger Wortfechter, der dabei hartnäckig, unbelehrbar und unbekehrbar gegenüber dem katholischen Glauben war. Dieser weilte einmal in der Kirche, als Bischof Ambrosius gerade predigte. Da sah dieser arianische Mann, wie er selber später berichtet hat, einen *Engel*, der dem predigenden Bischof ins Ohr hineinsprach, wobei es den Eindruck machte, als verkünde Bischof Ambrosius dem Volk nur das, was ihm der *Engel* eingesagt hatte. Durch diese Engelserscheinung wurde der Arianer bekehrt und begann dann selbst den Glauben, den er zuvor bekämpft hatte, mutig zu verteidigen»[2].
Dieser Engelserscheinung entspricht die Tatsache, dass der hl. Ambrosius, wie sich in fast allen seinen Werken zeigt, von der Existenz der hl. Engel tief durchdrungen war. Er meint in seiner Erklärung des Psalms 118 sogar, dass «alles von Engeln erfüllt ist, die Lüfte, die Länder, die Meere, die Kirchen, denen Engel vorstehen»[3].
Die Himmelsleiter im Traum des Patriarchen Jakob, auf der Engel auf- und niedersteigen, war dem grossen Mailänder Bischof ein Typus der «künftigen Gemeinschaft der Engel und der Menschen»[4]. Ambrosius unterstreicht mehrmals auch das geistige Verwandtschaftsverhältnis, das zwischen den Engeln und Menschen herrscht. Er betont, dass die übernatürliche Gnadenausstattung der Engel und die der Menschen auf den gleichen Urheber, den Heiligen Geist, zurückgeht, der die an sich niedrigere Natur des Menschen durch Gnade der Natur der Engel ähnlich gemacht hat[5]. Das Verwandtschaftsverhältnis zwischen den Engeln und den Menschen begründet Ambrosius dann auch dadurch, dass er lehrt, der Gottmensch Jesus Christus sei nicht bloss das Haupt der erlösten Menschheit, sondern auch das der Engel, denn auch die Engel gehören — so meint Ambrosius — in ihrer Art zum einen geheimnisvollen

Leib Christi, der die Kirche ist, zum einen «Tempel Gottes», zur einen «Stadt Gottes» dazu[6].

Die Zahl der Engel ist nach Ambrosius unsagbar gross, wie auch der Himmel vielmals grösser ist als die Erde. Im Vergleich zu den ungezählten Tausenden der himmlischen Geister sei die Heidenwelt nur wie ein Tropfen am übervollen Eimer, meint Ambrosius in seiner Erklärung des 1. Psalms[7]. In seiner Erklärung von Psalm 118[8] schreibt er: «Die Welt ist voll heiliger Gewalten, weil sie auch voll von bösen Geistern ist.» In seiner Schrift über den Propheten Elia[9] gibt der fromme Kirchenvater jedem Gläubigen die Mahnung: «Unter den Augen der Erzengel, Gewalten und Herrschaften und jener zehntausendmal zehntausend Engel kämpfst du; wie schmachvoll wäre es darum — bedenke das! — vor solchen Augenzeugen schmählich zu versagen!»

Ambrosius ist überzeugt, dass beim eucharistischen Opfer des Neuen Bundes die *Engel* zugegen sind; vor allem weist er auf den Erzengel Gabriel hin, «der zweifellos zugegen ist, wenn Christus gegenwärtig wird und sich opfert»[10].

Nach der Erklärung, die der hl. Ambrosius von Psalm 37 und 38 gibt[11], ist die Vermutung berechtigt, er sei der Überzeugung gewesen, jedem einzelnen Menschen stehe ein besonderer Schutzengel zur Seite. In der Kommentierung des Psalms 38 gibt Ambrosius die tröstliche Versicherung, es könne der böse Feind der Seele des Menschen nur mit Gottes Zulassung nachstellen; es sei ja «ein Engel in der Umgebung des Menschen, der schützend ihn verteidigt, dass niemand ihm schade; es weicht der Engel nicht von der Stelle, ausser auf Gottes Geheiss, dass der Streiter sich selbst im Kampf bewähre». In seiner «Rede gegen Auxentius»[12] bemerkt der hl. Ambrosius: «Die Diener Christi erfahren von den unsichtbaren Gewalten noch kräftigeren Schutz als von den sichtbaren.» Diesen Schutz erfährt die Kirche, das Volk Gottes im ganzen, Gott hat es «mit himmlischen Anordnungen und mit der Schutzwehr der Engel wie mit einem Wall umgeben»[13]. Diesen Schutz durch die Engel erfahren die Gerechten in besonderer Weise, denn ihnen leuchtet «die Gegenwart der Engel wie die Mittagssonne»[14]. In den Reihen der Gerechten erfreuen sich vor allem die Jungfrauen[15] und die Märtyrer[16] des «besonderen Schutzes» durch die heiligen Engel. In seiner Schrift «Über die Witwen»[17] gibt Ambrosius die Mahnung, wir sollten die heiligen Engel anrufen, «deren Schutz wir übergeben sind» («nobis ad praesidium dati sunt»).

Auf den Gedanken, dass die Engel einen sterbenden Gerechten bei seinem Eintritt in den Himmel jubelnd empfangen und zum Ort seiner ewi-

gen Bestimmung geleiten, kommt der hl. Ambrosius wiederholt zu sprechen. Aber auch die Sünder finden als Glieder des Gottesreiches, in dessen Gemeinschaft die Engel stehen, ihre Anteilnahme. So seufzen die Engel gemäss Röm 8,22, wenn sie als Vollzugsorgane der göttlichen Gerechtigkeit strafend gegen die Sünder einschreiten müssen[18]; umgekehrt freuen sich die Engel über die Bekehrung eines Sünders, «weil sie die Erlösung eines Menschen als ihren eigenen Gewinn betrachten»[19].
Dass der grosse Mailänder Bischof vor allem auch in seinen Predigten über das Buch Tobias (De Tobia), die er vor 380 gehalten hat, und in seinen zwischen 385 und 389 gehaltenen Predigten über das Lukas-Evangelium, vor allem zu den ersten Kapiteln[20], auf die heiligen Engel zu sprechen kommt, versteht sich von selbst.
Zu einem Bischof, der so stark von der Existenz und hilfreichen Wirksamkeit der heiligen Engel durchdrungen war und ein vorbildliches, engelgleiches Leben führte, passt das, was Paulinus von Mailand über das Sterben des hl. Ambrosius berichtet hat: «Zur selben Zeit, als er (Ambrosius) zum Herrn heimging, ungefähr von der 11. Stunde des Tages bis zu jener Stunde, in der er seinen Geist aufgab, betete er mit kreuzförmig ausgespannten Armen; wir aber sahen, dass seine Lippen sich bewegten; die Worte aber hörten wir nicht. Honoratus, der Bischof von Vercelli, hatte sich im oberen Stockwerk des Hauses zur Ruhe begeben. Da hörte er dreimal eine Stimme — war es die eines *Engels?* — die ihn rief und zu ihm sagte: 'Steh auf, eile, denn Ambrosius wird gleich sterben!' Er ging hinab und bot dem Heiligen den Leib des Herrn. Dieser empfing ihn noch, und während er schluckte, gab er seinen Geist auf, er führte also eine gute Wegzehrung mit sich in die Ewigkeit. Denn gekräftigt war seine Seele durch die Güte dieser Nahrung, damit er sich auf ewig der Gemeinschaft mit den *Engeln* erfreuen könne, deren Leben er auf Erden gelebt hatte»[21].

Der hl. Johannes Chrysostomus

(† 14. September 407)

Der um 354 in Antiochien geborene Sohn des römischen Offiziers Secundus und der frommen griechischen Frau Anthusa ist erst mit 18 Jahren getauft worden, nahm es dann aber ganz ernst mit seinem christlichen Glauben, dem gemäss er zuerst sechs Jahre lang als Mönch lebte, bis er zum Diakon und dann 386 zum Priester geweiht wurde. Nun entfaltete er als wortgewaltiger Prediger eine so angesehene, einflussreiche

Tätigkeit, dass er sich den Beinamen «Goldmund» (Chrysostomus) erwarb; schliesslich wurde er 389 zum Bischof von Konstantinopel geweiht. Weil er aber in seinen Predigten kein Blatt vor den Mund nahm und sehr offen die Missstände am kaiserlichen Hof und beim Klerus tadelte, wurde er schliesslich verbannt. In der Verbannung starb er zu Komana in Pontus mit den Worten: «Gott sei gelobt für alles, Amen», auf den Lippen[1].

Nicht bloss am Lebensende, sondern während seines ganzen priesterlichen und bischöflichen Dienstes ging ihm das Lob Gottes, die Verherrlichung des dreifaltigen Gottes über alles. Darin reihte er sich schon auf Erden in die Gemeinschaft der heiligen Engel ein.

Über diese himmlischen Geister hat der grosse Kirchenlehrer der Ostkirche zwar keine systematische Abhandlung geschrieben, aber in fast allen seinen vielen bibeltheologisch-exegetischen Homilien zu den verschiedensten Büchern des Alten und des Neuen Testaments kommt er auf die heiligen Engel zu sprechen und schildert sie als jene Geschöpfe Gottes, die vor allen anderen ins Dasein gerufen wurden, auf dass sie den dreimal heiligen Gott loben und preisen und in dessen Auftrag den Menschen dienen. Viele jener Schriftstellen, an denen in der Bibel von den Engeln die Rede ist, werden vom hl. Johannes Chrysostomus aufschlussreich, wenn auch oft nur ganz kurz, kommentiert, so in seinen Homilien zum Buch Genesis, zu den Psalmen, zum Matthäus- und Johannes-Evangelium, zu den Briefen des hl. Paulus an die Römer, Thessaloniker, Galater, Epheser, Kolosser sowie zum 1. Timotheusbrief und zum Hebräerbrief. Dazu finden sich noch besonders schöne und tiefe Aussagen über die heiligen Engel in Homilien des hl. Johannes Chrystostomus über «die Unbegreiflichkeit der göttlichen Wesenheit» sowie in Predigten auf Ostern und Christi Himmelfahrt.

Es würde zu weit führen, die Engellehre dieses wortgewaltigen Predigers im einzelnen darzulegen; nur auf den Lieblingsgedanken dieses Heiligen sei ausdrücklich verwiesen, dass die heiligen Engel nicht nur im Himmel den unendlich grossen, herrlichen Gott anbetend und lobpreisend umgeben, sondern dies auch auf Erden in den Kirchen, vor allem beim eucharistischen Gottesdienst tun[2].

In seinem kostbaren, besonders warm und begeisternd geschriebenen Werk über das Priestertum[3], in welchem Johannes Chrysostomus mehrmals darauf hinweist, dass dem geweihten Priester auf Grund seiner Wandlungs- und Sündenvergebungsgewalt in gewisser Hinsicht grössere Würde zukommt als den Engeln, fordert er vom Priester fleckenlose Reinheit u.a. auch mit dem Hinweis auf die Engel, die den Priester bei der Eucharistiefeier umgeben. Wörtlich schreibt hier der grosse Kirchenlehrer der Ostkirche, den der hl. Pius X. 1908 zum Patron aller Prediger ernannt hat: «Bedenke doch, wie beschaffen die Hände sein müssen, die so heiligen Dienst verrichten, wie beschaffen die Zunge sein muss, die so heilige Worte (beim eucharistischen Opfer) ausspricht, und wie die Seele beschaffen sein muss, die solchen Geist in sich aufnimmt; wahrlich, sie müsste reiner und heiliger sein als die eines jeden anderen. Denn in dieser Zeit (beim eucharistischen Opfer) umgeben *Engel* den Priester; das ganze Heiligtum und vor allem der Raum um den Altar ist angefüllt mit himmlischen Heerscharen, dem zu Ehren, der (im verwandelten Brot und Wein) auf dem Altar gegenwärtig geworden ist. Es ist das an und für sich schon genügend glaubwürdig, wenn man das bedenkt, was in dieser Zeit auf dem Altar vor sich geht. Zudem habe ich einmal jemanden erzählen gehört, es habe ihm ein sehr angesehener Mann im Greisenalter, der Erscheinungen zu erleben gewöhnt war, berichtet, er sei einer derartigen Vision gewürdigt worden; er habe nämlich in jenem Augenblick plötzlich, soweit es ihm überhaupt möglich war, eine Menge *Engel* erblickt, die sich — eingehüllt in glänzende Gewänder — rings um den Altar tief zu Boden neigten, so ähnlich etwa wie man Soldaten dastehen sehen kann in Gegenwart des Königs. Ich wenigstens glaube das auch. Ein zweiter, der dies überdies nicht nur von einem anderen erfahren hat, sondern der selber das zu sehen und zu hören gewürdigt worden war, hat mir erzählt, dass Leute, die im Begriffe sind, von hinnen zu scheiden, falls sie mit reinem Gewissen dieses ‘Geheimnis des Glaubens’ genossen haben, im Augenblick, da sie gerade ihre Seele aushauchen, um der empfangenen Gnade willen von *Engeln* wie von einer Leibwache hinübergeleitet werden»[4)].

Mehrmals betont Johannes Chrysostomus, dass die *Seraphim* mit kraftvoller Stimme das Dreimal-Heilig auf die göttliche Majestät singen[5)], in der Eucharistiefeier aber «singen wir Menschen mit den Seraphim, stehen mit den Seraphim, öffnen unsere Flügel mit ihnen, fliegen mit ihnen um den Thron des Königs der Könige»[6)]; «da ist der königliche Tisch; die Engel dienen bei dieser Tafel; der Herr selbst aber ist gegenwärtig»[7)]. Der Ablauf unserer irdischen Liturgie ist nach Johannes Chrysostomus gleichsam sichtbarer Abglanz und wirkmächtiges Symbol der himmlischen Liturgie der heiligen *Engel,* wobei die Einheit und Harmonie der beiden Liturgien, der himmlischen und der irdischen, vor allem in der Präfation zum Ausdruck gebracht wird, wo uns die Kirche dazu einlädt, mit den Thronen und Herrschaften, den Kerubim und Seraphim uns zu vereinen, um den seraphischen Lobgesang des «Trishagion» (des «Dreimalheilig») zu singen. Darum sagt Johannes Chrysostomus in seiner 4. Homilie über die «Unbegreiflichkeit des göttlichen Wesens»: «Erwäge, in wessen Gemeinschaft du bist, und mit wem du vorhast, Gott anzurufen: mit den Kerubim! Stelle dir vor, in welche Chöre du dich einreihen willst! Niemand stimme nachlässig in diese heiligen und geheimnisvollen Gesänge ein. Niemand hafte an irdischem Denken, sondern losgelöst von allen irdischen Dingen und ganz und gar in den Himmel versetzt, wie wenn er neben dem Thron der Herrlichkeit Gottes selber stünde, so singe er mit den Seraphim den hochheiligen Lobpreis auf Gottes Herrlichkeit und Majestät!»[8)] In seiner Homilie zu Kol 3,8 bemerkt der hl. Johannes Chrysostomus, dass das «Gloria in excelsis Deo» der Gesang der niederen Engelchöre sei, an dem sich sogar die Katechumenen beteiligen können; doch das dreimalige «Sanctus» sei der Gesang der Seraphim, denn es führe in das Heiligtum der heiligsten Dreifaltigkeit selber hinein und sei darum unter den Menschen «nur den Eingeweihten, den Getauften, vorbehalten»[9)]. «Nicht nur die getauften Menschen erheben diesen Ruf voll heiligen Erzitterns, auch die *Engel* werfen sich vor dem Herrn nieder, die Erzengel flehen Ihn an. Wie einst die Menschen abgeschnittene Ölzweige vor den Königen schwangen, um sie an Liebe und Mitleid zu erinnern, so bieten die Engel in diesem Augenblick (der priesterlichen Opferhandlung) statt der Ölzweige den Leib des Herrn selber dar und bitten für das Menschengeschlecht»[10)].

An der Gemeinschaft der heiligen Engel im Himmel und an ihrer himmlischen Liturgie nehmen nach Johannes Chrysostomus die zur Heiligkeit gelangten Menschen, allen voran die heiligen Märtyrer, teil. So sagt der heilige Kirchenvater in seiner Predigt über die Märtyrer: «Erinnere dich der geistigen Leiter, die der Patriarch Jakob von der Erde zum Himmel reichen sah: Auf ihr stiegen die Engel herab; auf ihr steigen die Märtyrer hinauf . . . Die Märtyrer steigen zum Himmel hinauf, die Engel aber ziehen ihnen voraus, die Erzengel umgeben sie wie eine Ehrenwache . . . Wenn die Märtyrer zum Himmel gelangt sind, eilen alle heiligen Mächte von oben herbei und drängen sich um sie, um ihre glorreichen Wunden sehen zu können; sie empfangen sie mit Freude und umarmen sie; dann bilden sie einen unermesslichen Geleitzug, um sie zum König des Himmels zu führen, der auf dem von Herrlichkeit erfüllten Thron inmitten der Seraphim und Kerubim thront . . . Dort vereinen sie sich mit den himmlischen Chören und stimmen in ihre geheimnisvollen Lieder ein. Wenn die Märtyrer schon in ihrem leiblichen Dasein bei der Teilnahme an den heiligen Mysterien (der Eucharistie) zum gemeinsamen Chorgesang zugelassen waren, um das 'Trishagion' mit den Kerubim und Seraphim zu singen, wie ihr Eingeweihten es kennt, wievielmehr werden sie dann an der himmlischen Liturgie mit ihren Engel-Gefährten teilnehmen»[11].

Der hl. Johannes Chrysostomus betont sehr stark, dass die Engel mit der Kirche auf Erden nicht bloss das eucharistische Geheimnis mitfeiern, sondern in besonderer Weise auch die Festgeheimnisse der grossen Herrenfeste. Vor allem erinnert er daran zu Ostern und am Fest Christi Himmelfahrt. Von Ostern sagt er: «Nicht nur die Erde, auch der Himmel nimmt am heutigen Fest teil . . . Die Engel jauchzen, die Erzengel freuen sich, die Kerubim und Seraphim feiern mit uns das heutige Fest . . . Wo kann da Raum für Trauer bleiben?»[12] Warum aber freuen sich die Engel über die Himmelfahrt des Herrn? «Als unser Herr dem Fleische nach geboren wurde, riefen die Engel beim Anblick seiner Aussöhnung mit den Menschen: 'Ehre sei Gott in der Höhe des Himmels.' Du willst wissen, wie sich die Engel über die Himmelfahrt des Herrn freuen? Höre den Herrn sagen, 'dass sie ständig auf- und niedersteigen.' Das ist das Kennzeichen derer, die ein aussergewöhnliches Schauspiel betrachten wollen. Sie wollen das unerwartete Schauspiel sehen, wie der Mensch (in der Person des Gottmenschen) im Himmel erscheint. So zeigen sich die Engel überall: wenn Er geboren wird, wenn Er stirbt, wenn Er zum Himmel auffährt»[13]. «Wir, die unwürdig für die Erde schienen, werden heute (im Gottmenschen) in den Himmel erhoben, wir werden über die Himmel hinaus erhöht, wir erreichen den Königsthron. Die (gefallene) Menschennatur, deretwegen Kerubim das Paradies bewachten, diese Natur thront von heute an über den Kerubim. War es denn nicht genug, über die Himmel erhoben zu werden? War es denn nicht genug, mitten unter den Engeln zu stehen? Wäre solche Herrlichkeit nicht schon unaussprechlich? Doch Christus hat sich (in seiner Menschennatur) über die Engel erhoben, Er hat die Kerubim überholt. Er ist höher gestiegen als die Seraphim, Er hat die Throne unter sich gelassen, Er ist nicht stehen geblieben, bevor Er nicht den Herrscherthron Gottes erreicht hatte»[14]. «Heute (in der Himmelfahrt Christi) haben die Engel erlangt, was sie seit jeher erwarteten, heute haben die Erzengel erhalten, was sie glühend ersehnten; sie haben unsere Menschennatur auf ihrem königlichen Thron gesehen, strahlend von unsterblicher Herrlichkeit und Schönheit. Obwohl die Menschennatur die Ehre erhielt, über die Kerubim und Seraphim erhoben zu werden, freuen sich diese nun über unser Heil, so wie sie getrauert hatten, als wir es (durch den Sündenfall) einbüssten»[15]. «Wenn wirklich die Luft von Engeln erfüllt ist, wievielmehr die Kirche. Und wenn die Kirche davon erfüllt ist, wie wahr ist das

besonders heute (in der Himmelfahrt Christi), da ihr Herr in den Himmel aufgefahren ist. Dass die ganze Luft von Engeln erfüllt ist, lass dir von dem Apostel sagen, der es dich lehrt, wenn er die Frauen auffordert, ihr Haupt mit einem Schleier zu bedecken wegen der Engel»[16).
Mehrmals betont der hl. Johannes Chrysostomus auch, dass die Engel uns Menschen im Auftrag Gottes zu dienen und uns zu beschützen haben[17) und dass jedem einzelnen Menschen ein Schutzengel zugeordnet ist[18). «Wenn wir schon auf dem Weg von einer Stadt in eine andere einen Führer brauchen, wievielmehr wird die Seele, die die Fesseln des Fleisches sprengt und in das künftige Leben hinübergeht, jemanden brauchen, der ihr den Weg zeigt»[19). Im Leben und vor allem auch im Sterben sind die Engel unsere Wegbegleiter. Vor allem stehen nach Johannes Chrysostomus die Engel jenen bei, die über ihr privates Lebensschicksal hinaus auch für die Allgemeinheit Verantwortung zu tragen haben: «Wenn schon denen vom Gott des Universums Engel zugewiesen sind, die nur ihr persönliches Leben zu führen haben und nichts für das Allgemeinwohl tun, um wievielmehr gilt das für solche, denen die Sorge für die ganze Erde anvertraut ist: Die himmlischen Kräfte sind denen gegenwärtig, die so grosse Bürde zu tragen erhalten haben»[20).
Bei all dem Grossen, das Johannes Chrysostomus an verschiedensten Stellen seiner Homilien über die Engelchöre zu sagen weiss, betont er doch im Anschluss an Hebr 1,13-14 ganz stark die Erhabenheit Christi über alle Engel[21).
Wir sollten uns darum — so führt es der Heilige in seiner 16. Homilie zum Römerbrief aus — und er hat das in seinem Leben, in seiner schmerzlichen Verbannung und in seinem einsamen Sterben beachtet —, immer an die Mahnung des hl. Paulus halten: «Denn ich bin sicher, dass weder Tod noch Leben, weder *Engel* noch Herrschaften noch Gewalten, weder Gegenwärtiges noch Zukünftiges . . . uns zu trennen vermag von der Liebe Gottes, die da ist in Christus Jesus, unserem Herrn» (Röm 8,38). «Ein grosses Wort, das wir meistens nicht verstehen, weil wir nicht dieselbe Liebe haben wie Paulus. Und dennoch, so gross dieses Wort ist, will der Apostel zeigen, dass alles nichts ist gegenüber der Liebe, mit welcher Gott uns umfängt; darum spricht der Apostel es erst aus, nachdem er die Liebe Gottes zu ihm geschildert hat, damit es nicht den Anschein hat, als überhebe er sich. Der Sinn dieser Worte ist folgender: Wozu ist es nötig, von zeitlichen Drangsalen zu reden, von Leiden, die das Los dieses Erdenlebens sind? Wenn mir einer von den gewaltigen Wesen des Jenseits redet, von Engeln und Erzengeln, von der ganzen jenseitigen Welt, das alles kommt mir gering vor im Vergleich zur Liebe

Christi . . . Ja, wenn du mir auch von Engeln sprichst, von allen himmlischen Mächten, von allem, was jetzt ist und sein wird, so erscheint mir das alles klein und unbedeutend, alles auf der Erde und im Himmel und unter der Erde und über dem Himmel, im Vergleich zu jener Liebe!»[22]

Der hl. Augustinus

(† 28. August 430)

Der wohl grösste Kirchenvater des Abendlandes, der hl. Augustinus, der sich erst nach vielen Irrwegen auf sittlichem und weltanschaulichem Gebiet mit 33 Jahren vom hl. Ambrosius, dem Bischof von Mailand, in der Osternacht des Jahres 387 taufen liess, hat als Priester und dann als Bischof der nordafrikanischen Diözese Hippo nicht bloss seelsorglich hervorragend gewirkt, sondern auch durch seine vielen uns hinterlassenen Werke philosophischen und theologischen Inhalts Grosses geleistet und stärker als jeder andere Denker des christlichen Altertums die Theologie der nachfolgenden Jahrhunderte beeinflusst. Das gilt beispielsweise nicht nur auf dem Gebiet der Gnaden- und Kirchenlehre, sondern auch auf dem Gebiet der Engellehre, so dass K. Pelz in seiner bereits 1913 erschienenen, aber immer noch unübertroffenen, gründlichen Untersuchung «Die Engellehre des hl. Augustinus» schreiben konnte: «Das Hauptverdienst an der Klärung der Engellehre (im christlichen Altertum) gebührt unstreitig dem mit kritischem Verstand ausgerüsteten Meister in Theologie und Philosophie, dem hl. Augustinus»[1].

Vor allem in seinem «Gottesstaat» (De civitate Dei), ein Werk, das Augustinus in den Jahren 413 - 426 niederschrieb, dann in seinen «Erklärungen zu den Psalmen» («Enarrationes in Psalmos»), die 396 - 416 entstanden, in seiner «Buchstäblichen Auslegung der Genesis» («De Genesi ad litteram» aus dem Jahre 393/4) und in seinem «Handbüchlein» («Enchiridion ad Laurentium sive de fide, spe et caritate») kommt Augustinus ziemlich ausführlich auf die Engellehre zu sprechen.

Die Existenz der Engel stand dem heiligen Bischof von Hippo zweifelsfrei fest. Darum sagte er seinen Gläubigen: «Dass es Engel gibt, wissen wir aus dem Glauben, und wir lesen, *dass sie vielen erschienen sind*, und wir halten daran fest, und es ist uns nicht gestattet, daran zu zweifeln»[2].

Augustinus war also überzeugt, dass vor allem die vielen *Engelerscheinungen*, von denen wir lesen können, keinen Zweifel an der Existenz der Engel aufkommen lassen.

Er weist dann auch darauf hin, dass zu seiner Zeit — richtig verstanden — sogar die Heiden an die Existenz überirdischer Wesen glaubten; nur

nannten sie diese «Götter» oder «Dämonen». Augustinus gibt bei diesem Hinweis auf die Heiden sogar zu, dass der Ausdruck «Götter» für die Engel eine gewisse Berechtigung habe, da auch in der Hl. Schrift manche Geschöpfe «Götter» genannt werden (vgl. Ps 491, 81,6; 94,3; 135,2; 1 Kor 8,5); eine genaue Prüfung diesbezüglicher Schriftstellen führte den heiligen Kirchenvater aber zu dem Ergebnis, dass in der Hl. Schrift zwar tatsächlich Menschen, niemals aber Engel «Götter» genannt werden. Den Grund für diese Eigentümlichkeit in der Hl. Schrift glaubte Augustinus darin gefunden zu haben, dass durch die Bezeichnung «Götter» für die Engel die Menschen dazu hätten verleitet werden können, den Engeln wegen ihrer hohen Würde auch göttliche Ehren zu erweisen, was doch völlig falsch wäre. Interessant ist, dass Augustinus seine Gläubigen häufig vor übertriebener Verehrung der Engel gewarnt hat. So bemerkt er in seiner Erklärung des Psalms 96, die Engel selbst wären entsetzt, wenn ihnen eine Verehrung, wie sie nur Gott gebührt, erwiesen würde[3]. Bezeichnend ist Augustins Feststellung in seinem Werk «Über die wahre Religion»[4]: «Wir ehren die Engel durch Liebe, nicht aber durch Unterwerfung.»
Der Name «Dämon» für Engel war damals sowohl bei den heidnischen Platonikern als auch bei den Christen gebräuchlich. Während ihn aber die Platoniker unterschiedslos auf gute wie böse Engel anwandten, habe dieser Ausdruck «Dämon» bei uns Christen — so bemerkt Augustinus in seinem «Gottesstaat»[5] — eine zu negative Bedeutung bekommen, als dass wir auch noch die guten, Gott treu gebliebenen Engel «Dämonen» nennen könnten. Am besten — so bemerkt Augustinus in seiner Erklärung des Psalms 135, n. 3 — finde er die Bezeichnung «Engel» für die überirdischen Wesen, weil dabei auf ihre Botendienste hingewiesen werde, die sie in Gehorsam gegen Gott auszuüben haben.
Bezüglich der Frage, ob und wann die Engel erschaffen worden seien, gibt Augustinus zu, dass sich aus dem Schöpfungsbericht (im alttestamentlichen Buch Genesis) die Erschaffung der Engel nicht mit letzter Klarheit nachweisen lasse; unzweideutig würden die Engel aber an anderen Stellen der Hl. Schrift Geschöpfe Gottes genannt, so etwa im Buch Daniel 3,57 und im Psalm 148,2, wo unter anderen Geschöpfen auch die Engel zum Lob des Schöpfers aufgefordert werden[6].
Wann sind die Engel erschaffen worden? Diesbezüglich gibt es — wie Augustinus feststellt[7] — unter den Theologen verschiedene Ansichten; sicher falsch sei aber die Ansicht, die Erschaffung der Engel sei erst am Ende des Sechstagewerkes anzusetzen. Augustinus weist hier auf die von ihm so zitierte Stelle im Buch Job 38,7 hin: «Als die Sterne wurden, lob-

ten Mich mit lauter Stimme alle Meine Engel.» Die Sterne aber wurden doch am 4. Schöpfungstag erschaffen; also stehe für diesen Tag die Existenz der Engel schon fest. Werke des 2. oder 3. Schöpfungstages aber könnten die Engel auch nicht sein, weil die Hl. Schrift uns genau berichte, was an diesen Tagen ins Dasein gerufen wurde. Wenn die Engel und ihre Erschaffung überhaupt im biblischen Sechstagewerk enthalten sein sollen, dann müssen sie — meint Augustinus im «Gottesstaat»[8] — jenes «Licht» sein, das am ersten Schöpfungstag erschaffen wurde. Mit dieser Behauptung wollte er aber nicht dafür eintreten, dass die Engel *vor* allen übrigen Geschöpfen ins Dasein gerufen worden seien. Er vertritt vielmehr die später auch vom IV. Laterankonzil 1215 (DS 800) ausgesprochene Überzeugung[9], Gott habe alles *gleichzeitig* erschaffen. Ausführlich hat Augustinus diese seine Ansicht in den ersten vier Büchern seines Werkes «De genesi ad litteram» dargelegt. Die Hauptstütze für diese seine Ansicht sah er in den Worten im Buch Jesus Sirach 18,1: «Der da lebt in Ewigkeit, schuf alles *zugleich* (simul).» Er meinte, die Hl. Schrift rede nur deshalb von sechs Schöpfungstagen, um sich besser der Fassungskraft der Menschen anzupassen; in Wirklichkeit aber handle es sich nur um einen *einzigen* Tag[10]; deshalb bezeichne die Hl. Schrift den Tag, an dem das «Licht», beziehungsweise die Engel erschaffen worden seien, nicht als den ersten Tag, sondern als den einen Tag. Augustinus betont da aber, jedem stehe das Recht zu, die Engel als die Erstlinge der Schöpfung Gottes zu bezeichnen, weil sie ja nach dem Schöpfungsplan Gottes tatsächlich an Rang die Ersten seien.

Was die *Zahl* der Engel und das Verhältnis ihrer Zahl zu jener der Menschen betrifft, so haben hier voraugustinische Schriftsteller aus manchen Schriftstellen Genaueres herauszulesen versucht. Augustinus aber blieb hier zurückhaltend und erklärte einmal unumwunden: «Die Zahl (der Engel) ist uns unbekannt»[11]. Nur einmal macht er die Bemerkung, dass Menschen einst die Lücken, die in den Reihen der himmlischen Geister durch den Fall der Engel entstanden sind, ausfüllen werden[12]. Er hat damit aber sicher nicht gemeint, dass genau so viele Menschen zur ewigen Seligkeit im Himmel gelangen werden, als Engel gefallen und verworfen worden sind; denn an einer anderen Stelle im gleichen Werk[13] sagt er, das himmlische Jerusalem werde einst vielleicht sogar stärker bevölkert sein, als dies vor dem Engelfall gewesen sei. Er fügt noch die Bemerkung an: «Wir kennen nämlich weder die Zahl der heiligen (zur Seligkeit gelangenden) Menschen, noch die der unreinen Dämonen.»

Auch über die Zahl der Engelchöre herrschte bei den voraugustinischen Kirchenvätern keine Übereinstimmung. Augustinus selbst aber erklärt vorsichtig, er wisse wohl, dass es Throne, Herrschaften, Fürstentümer und Mächte gebe, weil der Apostel Paulus davon schreibe. Auch daran zweifle er nicht, dass durch diese vier verschiedenen biblischen Namen für Engel auch Unterschiede unter ihnen zum Ausdruck gebracht würden. Worin diese Unterschiede aber bestünden, und was überhaupt unter diesen vier Bezeichnungen zu verstehen sei, wisse er nicht; er gestehe dies sogar auf die Gefahr hin, dass man ihm, den man sonst für einen bedeutenden Lehrer halte, nun die Achtung entziehen sollte; es sei überdies eine Frage von untergeordneter Bedeutung. So schrieb Augustinus «an Orosius gegen die Priszillianisten» im Jahre 415[14]. Sechs Jahre später, im Jahre 421, vertrat Augustinus noch denselben Standpunkt: «Was diese vier Bezeichnungen (von Engeln) an Unterschieden zum Ausdruck bringen . . . mögen jene sagen, die es können, sofern sie beweisen können, was sie sagen; ich aber gestehe in dieser Frage meine Unwissenheit ein»[15]. Noch weniger Klarheit herrschte bei Augustinus in bezug auf die übrigen fünf Engelchöre, wie sie später im Anschluss an die Darlegungen des Pseudo-Dionysius Areopagita die Theologen aufzuzählen pflegten. Augustinus warf sogar die Frage auf, ob «Erzengel» und «Kräfte» identisch seien[16]; an anderen Stellen scheint er die Kerubim mit den Thronen zu identifizieren[17].

In der Frage nach dem *Wesen der Engelnatur* schloss sich Augustinus der Ansicht derer an, die sich die Engel aus Geist und Leib zusammengesetzt dachten. In dem um 395 vollendeten Werk «Über den freien Willen («De libero arbitrio») sagt er, jedes geistige Geschöpf habe im Gegensatz zu Gott, dem reinen Geist, auch einen Leib[18]. Später sind ihm über die Richtigkeit dieser Behauptung Bedenken gekommen, und er wagte nicht mehr mit Bestimmtheit zu erklären, die Engel hätten einen Leib. Aber zur heute längst allgemein vertretenen Ansicht von der reinen Geistnatur der Engel konnte sich Augustinus doch auch nicht durchringen. Die Gründe, die ihn daran gehindert haben, gibt er in einem Brief aus dem Jahre 408 so an: Die Auffassung, die Engel seien mit einem Leib umkleidet, scheine zwar im Widerspruch zu stehen zum Psalmvers (Ps 103,4), wo es von Gott heisse, dass Er «zu seinen Boten Geister macht»; würde man aber annehmen, die Engel seien reine Geister, so würde die Schwierigkeit noch grösser, denn wie sollte man sich dann die Tatsache erklären, dass die Engel von den Menschen mit den Sinnen wahrgenommen, von den Menschen gastfreundlich bewirtet werden, wobei ihnen sogar die Füsse gewaschen sowie Speise und Trank gereicht werden. Auch würde in der Apokalypse die Gestalt des Engels so beschrieben, wie man nur ein leibhaftiges Wesen beschreiben könne. Augustinus meint dann, es stünde im genannten Psalmvers das Wort «Geist» nur als Teil des Ganzen, so wie für «Mensch» in der Hl. Schrift «Seele» für den ganzen Menschen stehe[19].

Dieser Psalmvers (Ps 103,4) hat den hl. Augustinus auch später noch beschäftigt. Der Wunsch, an der Leibhaftigkeit der Engel festhalten zu dürfen, brachte ihn auf den Gedanken, diese Worte: «Welcher zu seinen Boten Geister macht, und zu seinen Dienern brennendes Feuer» könnten im ersten Teil dieses Verses den geistigen Teil der Engelnatur beschreiben, im zweiten Teil dann den körperlichen Teil, den Feuerleib der Engel; möglicherweise könnte der Sinn dieses Psalmverses aber auch der sein, dass in den Engeln das geistige Feuer heiliger Liebe brennen müsse[20].

Noch am Ende seines Lebens hat Augustinus der Auffassung, die Engel hätten einen Leib, entschieden den Vorzug gegeben. Im 21. Buch von «De civitate Dei», das Augustinus erst 426 vollendet hat, erörtert er die Frage, wie die gefallenen Engel von körperlichem Feuer gepeinigt werden können; er berücksichtigt dabei beide Ansichten über das Wesen der Engel: die *eine* Ansicht, die Engelnatur sei eine leib-geistige, hebt er durch die Bemerkung hervor, dies sei die Meinung gelehrter Männer («sicut doctis hominibus visum est» [De civ. Dei XXI, 10]); seiner Antipathie gegen die entgegengesetzte Auffassung von der reinen Geistnatur der Engel gibt er durch die hypothetische Form Ausdruck: «Wenn aber jemand behauptet, dass die Dämonen keinen Leib haben» («Si autem quisquam nulla habere corpora daemones adseverat . . .» [De civ. Dei XXI, 10]).

Was die *Beschaffenheit des Engelleibes* betrifft, so bemerkt Augustinus, das sei eine schwierige Frage, denn der Engelleib gehöre zu den himmlischen Dingen; es finde demnach auf ihn das Schriftwort Anwendung: «Schwierig und mühsam ist es schon, uns über die irdischen Dinge, die wir schauen, ein richtiges Urteil zu bilden; wer aber wird die himmlischen Dinge erforschen können?»[21]

Vor allem interessierte Augustinus die Frage, ob der Engelleib eine feste Struktur habe oder geistförmig sei. Zur Annahme, der Engelleib sei greifbar, drängte ihn die in der Hl. Schrift berichtete Tatsache, dass Engel gesehen und berührt worden sind, dass die Patriarchen ihnen die Füsse gewaschen haben, dass der Patriarch Jakob sogar mit einem Engel gerungen hat. Andere Tatsachen aber legen dem hl. Augustinus die gegenteilige Ansicht nahe; besonders nennt er die Einwirkung der Engel auf die Phantasie und den Verstand des Menschen, ohne die körperlichen Sinne zu affizieren, wie es in der Stelle bei Zach 1,9 («Es sagte der

Engel, der in mir sprach») durch die Worte «in mir» und nicht «zu mir» ausgedrückt ist, oder wie es beim hl. Joseph der Fall war, dem ein Engel während des Schlafes Mitteilungen machte[22)].

Augustinus hat sich für die damals allgemein verbreitete Ansicht entschieden, nach welcher die gefallenen Engel, die Dämonen, einen Luftleib, die guten Engel dagegen einen leuchtenden ätherischen Leib haben, dem einmal der verklärte Auferstehungsleib der Heiligen gleichen werde[23)].

Zum Verständnis für diese Ansicht des hl. Augustinus gehört folgendes erwähnt: Man dachte sich in der Antike nicht nur die Erde, sondern auch den Luftraum und den feurigen Himmel bewohnt, und zwar den Luftraum von den Dämonen, den Himmelsraum von den Engeln[24)]. So wie wir Menschen nun als Bewohner der Erde einen Leib aus Erde haben, so schrieb man den Dämonen, den Bewohnern der Lufträume, einen Luftleib, den Engeln aber als den Bewohnern des feurigen Himmels einen Leib aus feurigem Äther zu; auch in der Hl. Schrift würde ja so gesprochen, wenn von den «Engeln im Himmel» (vgl. Mt 18,10) die Rede sei, der Teufel aber als «Herrscher im Luftreich» (Eph 2,2) bezeichnet werde.

Bisher haben wir gehört, dass der hl. Augustinus wie die meisten anderen Kirchenväter und Theologen bis hin zur Frühscholastik im 12. Jahrhundert die reine Geistnatur der Engel verkannt hat; er hat aber das grosse Verdienst, die Überwindung der Vorstellung von einem grob materiellen Engelleib eingeleitet zu haben. Stets preist er nämlich die grossen Vorzüge des ätherischen Engelleibes gegenüber dem Menschenleib. Die Engel haben nach Augustinus eine vollständige und vollkommene Herrschaft über ihren Leib[25)], der überdies viel feiner[26)] und darum viel beweglicher sei als der Menschenleib[27)].

Auffallend ist in den vielen Darlegungen des hl. Augustinus über die Engel, dass er zwar überraschend viel über ihr Wesen, ihre Erkenntniskraft und Willensfreiheit sowie über ihre Erhebung in die Übernatur geschrieben hat, nirgendwo aber ausdrücklich die uns vor allem noch interessierende Frage behandelt, ob jedem Menschen ein Engel als Beschützer an die Seite gestellt sei.

Zwar schreibt Augustinus einmal[28)], dass jeder sichtbare Gegenstand unter der Herrschaft eines Engels stehe («unaquaeque res visibilis in hoc mundo habet potestatem angelicam sibi praepositam, sicut aliquot locis divina Scriptura testatur»); ausserdem erklärt er, dass den Engeln die Obhut über das ganze Menschengeschlecht anvertraut sei[29)]. Vielleicht kann man daraus doch schliessen, dass Augustinus der Meinung war, jeder Mensch habe einen Schutzengel, zumal der heilige Bischof von Hippo wie manche Theologen vor ihm die Ansicht vertrat, Gott habe in seiner Barmherzigkeit die heidnischen Völker unter den Schutz von Engeln gestellt, während Er das auserwählte Volk Israel unmittelbar unter seinen eigenen Schutz gestellt habe[30)]. Niemals aber hat sich Augustinus direkt über den Schutzengel, der einem jeden Menschen an die Seite gestellt ist, geäussert. Der Grund dafür — so meint K. Pelz[31)] — sei «in den damaligen Zeitverhältnissen zu suchen: Wir nehmen mit Interesse wahr, dass er seine katholische Mitwelt ständig vor übermässiger Verehrung der Engel warnt. Wie die heidnischen Zeitgenossen nämlich die Engel 'Götter' nannten, so erwiesen sie ihnen auch göttliche Ehre. Unter solchen Umständen hielt es der wachsame Bischof von Hippo nicht ratsam, durch Betonung der Lehre von den Schutzengeln womöglich auch unter den Christen eine abgöttische Verehrung der Engel herbeizuführen».

Was im übrigen das Verhältnis der Engel zu uns Menschen betrifft, so spricht Augustinus klar davon, dass wir den Engeln viele und grosse Wohltaten verdanken. Er meint aber auch, die Engel seien durch das Gebot der Nächstenliebe verpflichtet, uns Menschen zu helfen[32)].

Insbesondere überbringen die Engel den Menschen Gottes Wohltaten und tragen umgekehrt zu Gott die Gebete der Menschen[33)].

Augustinus hat dann sehr interessante Darlegungen über die Art und Weise, wie die Engel uns Menschen erscheinen können; er stellt dabei folgende Theorie auf: Entweder bilden sich die Engel aus den gröberen irdischen Elementen einen Leib und bedienen sich desselben, so wie wir Menschen uns eines Kleides bedienen; ein anderes Aussehen können sie sich dabei jeweils dadurch geben, dass sie den angenommenen Leib in der Weise ändern, wie wir ein Kleid umändern und wenden. Oder aber die Engel haben die Gewalt, ihrem eigenen ätherischen Leib jede beliebige sichtbare Gestalt zu geben; absurd könne man diese Ansicht deshalb nicht nennen, weil es ja auch sogar uns Menschen möglich sei, durch heftige Affekte unser äusseres Aussehen zu verändern. Welche von diesen beiden Theorien nun die richtige sei, wage er nicht zu entscheiden, und welcher Theorie er auf Grund der Hl. Schrift den Vorzug geben würde, wolle er nicht sagen, um nicht zu längeren Ausführungen gezwungen zu sein[34)].

Der Heilige schreibt den Engeln die Fähigkeit zu, die Menschen in den Zustand der Vision zu versetzen, und zwar in den einer geistigen Schau, die darin besteht, dass der Mensch mit seiner Vorstellungskraft Abbilder von Körpern oder körperlichen Vorgängen schaut. Die Gründe, die den hl. Augustinus bewogen haben, den Engeln die Fähigkeit zuzuschreiben, die Menschen in eine geistige Schau (visio spiritalis) zu versetzen, sind folgende: In der Hl. Schrift ist nämlich von einer geistigen Mitteilung der Engel an Menschen die Rede. Vor allem weist Augustinus auf die erste Vision des Propheten Sacharja (1,9) hin, wo nach der Vision vom Propheten an Gott die Frage gestellt wird: «Was bedeutet dies, o Herr?» Dann heisst es: «Es antwortete der Engel, der in mir sprach.» Aus diesem Wort «in mir» zog Augustinus den Schluss, dass der Prophet den Engel gar nicht mit leiblichen Augen geschaut und mit leiblichen Ohren gehört habe, sondern dass es ein geistiges Schauen und Hören gewesen sei. Auch auf die Bemerkung über den hl. Joseph bei Mt 1,20: «Siehe, da erschien jenem der Engel des Herrn im Schlaf und sprach . . .» beruft sich der hl. Augustinus: Die Bemerkung «im Schlaf» sage ihm, dass der hl. Joseph den Engel nicht mit leiblichen Augen gesehen und nicht mit leiblichen Ohren gehört habe, sondern so wie man jemand im Traum zu sehen und sprechen zu hören meint[35)].

Die Lehre von den Schauungen (Visionen) hat Augustinus in den Grundzügen vom Neoplatonismus übernommen[36)]. Ihm waren auch wunderbare Vorkommnisse bekannt, für die unter der Annahme, dass die Engel den Menschen Gedanken eingeben können, eine Erklärung gefunden war. In seinem Werk «Über die Fürsorge für die Toten» («De cura gerenda pro mortuis») erzählt Augustinus ein solches wunderbares Vorkommnis, bei dem ein Mensch in den Zustand einer Vision versetzt wurde: In einem Ort in der Nähe der Bischofsstadt Hippo wohnten zwei Männer namens Curma, von denen der eine ein armer Bauer, der andere ein Schmied war. Eines Tages wurde der Bauer Curma krank; er lag wie tot in seinem Bett; nur ein ganz schwacher Atem bewahrte ihn vor dem Los, lebendig begraben zu werden. Nach mehreren Tagen erwachte er aus seinem Zustand. Sofort forderte er seine Umgebung auf, zu dem Schmied Curma zu gehen und nachzusehen, was er mache. Man ging zu ihm und war nicht wenig erstaunt, zu hören, dass der Schmied Curma in jenem Augenblick gestorben war, in welchem der Bauer Curma das Bewusstsein wiedererlangt hatte. Der Bauer erzählte nun ausführlich, was er im Zustand des Scheintodes erlebt hatte: Er sei ins Totenreich geführt worden, und dort sei er getauft worden; darauf habe man ihn an den Ort der Seligen gebracht; die Seligen aber hätten ihm beim Abschied gesagt, wenn er wirklich zu ihnen kommen wolle, müsse er sich von Augustinus taufen lassen. Auf seine Bemerkung, er sei ja soeben getauft worden, habe man ihm geantwortet, dies sei nur eine Vision gewesen; er solle sich nun in Wirklichkeit taufen lassen. Als man ihn zu den Lebenden habe zurückführen wollen, habe er noch gehört, nicht er, der Bauer

Curma, sondern der Schmied Curma sei dazu bestimmt gewesen, ins Totenreich geführt zu werden. Am darauffolgenden Osterfest liess sich der Bauer Curma, wie ihm in der Vision von einem Engel geraten worden war, von Augustinus taufen. Von seiner Krankheit und Vision erzählte er ihm dabei aber nichts. Erst nach zwei Jahren erfuhr Augustinus den Sachverhalt, als man sich bei Tisch über derartige Dinge unterhielt. Augustinus berichtet selbst, er habe nun nicht eher geruht, bis der Bauer Curma und einige achtbare Männer seines Heimatortes zu ihm gebracht worden seien; hier musste nun der Bauer Curma den Tatbestand mit allen Einzelheiten erzählen, worauf seine Begleiter bezeugten, er habe ihnen gleich nach der Vision den Hergang des Ereignisses genau in derselben Weise erzählt gehabt.

Augustinus begnügte sich nicht mit der Feststellung, dass *Engel* tatsächlich imstande sind, Menschen in den Zustand einer Vision zu versetzen. Sein philosophisch geschulter Geist drängte ihn zur Beantwortung der Frage, wie die Engel es fertig bringen, einem Menschen ganz bestimmte Vorstellungen und Gedanken einzugeben. Er war sich der Schwierigkeit dieses Problems wohl bewusst. Bescheiden bemerkte er, er würde lieber eine gute Erklärung der Visionen entgegennehmen als selber geben; seine Ausführungen wolle er nur als Vermutungen aufgefasst wissen[37)].

Die Frage, wie Engel einem Menschen bestimmte Gedanken einzugeben vermöchten, suchte Augustinus zum ersten Mal in einem Brief aus dem Jahre 389 zu beantworten. Augustins Theorie, die auf dem Grundsatz beruht, dass Leib und Seele in Wechselwirkung stehen, lautet folgendermassen: Jeder Vorgang, der sich in unserer Seele vollzieht, spiegelt sich im Leib wider. Hat der geistige Vorgang eine gewisse Stärke erreicht, so kann sogar der Mensch selbst mit seinen schwachen Sinnen die Einwirkung der Seele auf den Leib wahrnehmen. So sehen wir es einem Menschen sofort an, ob seine Seele von Freude oder von Trauer erfüllt ist. Die schwachen Spuren, die die Gedanken dem Leib eindrücken, können zwar nicht wir Menschen, wohl aber die *Engel* mit ihrem scharfen Verstand erkennen. Nun beeinflusst aber nicht nur die Seele den Leib, sondern auch umgekehrt der Leib die Seele; eine Bestätigung dafür haben wir — so bemerkt Augustinus — im Wechselverhältnis zwischen Zorn und Galle. Durch einen Zornausbruch wird die Galle vermehrt, und umgekehrt schafft die Vermehrung der Galle eine gesteigerte Neigung zum Zorn; die Spuren der Gedanken im Leib bilden sich allmählich zu einer Haltung (habitus) aus. Wirkt nun ein *Engel* auf eine solche Spur ein, so wird in der Seele der entsprechende Gedanke wachgerufen. Auf diese Weise vermögen die Engel — so meint Augustinus — einem Menschen jeden beliebigen Gedanken einzuflössen. Dass die Engel, die doch mit ihrem ätherischen Leib den grobmateriellen Menschenleib zu durchdringen vermögen, die Fähigkeit haben, auf die Gedankenspuren im Leib des Menschen einzuwirken, werde man dann wohl kaum bezweifeln, wenn man bedenke, was für erstaunliche Leistungen schon die Menschen beim Spielen von Musikinstrumenten oder beim Seiltanzen zustande bringen. Da wir aber nicht merken, dass die Vermehrung der Galle an der wachsenden Neigung zum Zorn schuld ist, so können wir uns auch nicht sonderlich darüber wundern, dass wir nicht spüren, wenn Gedanken durch Einwirkung der Engel auf unseren Leib hervorgerufen werden[38].

Es fragt sich, ob die Engel den menschlichen Geist nicht auch unmittelbar in eine Vision versetzen können. Augustinus hat, als er im Jahre 415 das Problem neuerdings aufgriff, seine frühere Ansicht selbst korrigiert. In seinem Werk «De Genesi ad litteram» (XII 19) erklärte er nun ausdrücklich, dass eine Vorstellung, die in unserem Geiste auftaucht, sowohl vom Leib als auch von der Seele ausgehen könne. Einen Beweis für seine Behauptung liefern ihm — wie er meinte — die Träume: Dass ein Traum von der Seele ausgehen könne, beweise ihm die Tatsache, dass gewinnsüchtige Leute oft von ihren Geschäften träumen; dass der Ausgangspunkt aber auch im Körper liegen könne, schliesse er daraus, dass jene Menschen, die hungrig oder durstig schlafen gehen, oft vom Essen und Trinken träumen[39].

Augustinus trat dann noch der Frage näher, ob und wie festgestellt werden könne, dass eine Vision von einem guten oder von einem bösen Engel, einem Dämon herstamme. In folgenden zwei Fällen hat nach Augustinus die Vision offensichtlich einen bösen Geist zum Urheber: erstens, wenn der Geist den Menschen in Raserei versetzt, und zweitens, wenn er ihm Dinge eingibt, die gegen den Glauben oder gegen die guten Sitten verstossen. In den anderen Fällen ist nach seiner Auffassung eine Unterscheidung schwierig oder sogar unmöglich. Schwierig sei sie, so oft der böse Geist den Menschen nicht in Raserei versetzt; unmöglich sei sie, wenn der böse Geist dem Menschen zunächst Wahres und Nützliches mitteilt, um ihn später umso leichter verführen zu können, oder, um in der Sprache der Hl. Schrift zu reden, wenn der böse Geist in der Gestalt eines Engels des Lichtes erscheine (vgl. 2 Kor 11,14). In den Fällen der letztgenannten Art könne der Mensch nur mit Hilfe der Gabe der Unterscheidung der Geister erkennen, dass die Vision von einem bösen Engel ausgehe[40].

Zuletzt gehört noch erwähnt, dass sich der hl. Augustinus auch ausführlich mit dem Sündenfall der Engel befasst hat. Er ist der Überzeugung, dass der Hochmut Luzifer und seinen Anhang zu Fall gebracht habe: Das höchste Glück ist es, Gott zu besitzen und zu geniessen. Die Engel konnten dieses Gutes teilhaftig werden durch gehorsame Liebe gegen Gott; Luzifer und sein Anhang aber wollten aus eigener Kraft, ohne Gott, selig werden; sie wandten sich vom höchsten Gut ab und gingen dadurch des Glückes verlustig, das die guten Engel im Besitz und Genuss Gottes fanden[41)].

In der Frage nach dem Zeitpunkt des Abfalls Luzifers und seines Anhangs rang sich Augustinus im Laufe der Jahre zur Erkenntnis durch, dass der Sündenfall der Engel nicht gleichzeitig mit ihrer Erschaffung, sondern nach einem gewissen Zeitintervall erfolgt sein muss. In seinem Werk über den «Gottesstaat» (XI 15) hat Augustinus alle Schriftstellen zusammengestellt, die ihn veranlasst haben, die Erschaffung der Engel und ihren Fall zeitlich voneinander zu trennen.

Von der Bosheit der gefallenen Engel gegen uns Menschen war Augustinus fest überzeugt und erklärte, dass sie uns sowohl offen als auch insgeheim zu schaden suchen[42)]. Vor allem haben sie den Wunsch, die Seelen der Menschen zu verderben und in ihre Gewalt zu bringen[43)]. Aber auch dem leiblichen Leben der Menschen suchen die Dämonen bei jeder Gelegenheit zu schaden. Augustinus hält es auch nicht für ganz ausgeschlossen, dass jedes Übel, das den Menschen trifft, unter der besonderen Leitung eines bestimmten Dämons steht[44)]. Er war auch der festen Überzeugung, dass Fälle von Besessenheit nicht nur zur Zeit Christi, sondern auch noch zu seiner Zeit vorgekommen sind; über einen solchen Fall berichtet er ausführlich in seinem «Gottesstaat»[45)]. Der Bischof von Hippo hat aber in der Besessenheit nicht etwa ein Kennzeichen sittlicher Verworfenheit erblickt oder gemeint, sie führe zur Verworfenheit; nach seiner Meinung werden bisweilen sogar unschuldige, getaufte Kinder von Dämonen gequält[46)]. Gott gibt bisweilen den bösen Geistern solche Macht, um den Menschen den Jammer des irdischen Lebens so recht vor Augen zu führen und in ihnen die Sehnsucht nach dem Glück im Himmel zu wecken. Dieses zu erlangen, helfen uns die guten Engel, die schon in seinem Besitz sind als Lohn für ihre Treue beim Abfall der bösen Engel[47)].

Der gottselige Dionysius Areopagita

(† um 520)

Hier geht es um einen anonymen syrischen Mönch[1)], der sich den Namen des vom hl. Paulus in Athen bekehrten Dionysius Areopagita beigelegt hat, der dabei aber wahrlich kein Schwindler und Betrüger sein wollte, sondern — wie Hans Urs v. Balthasar wohl mit Recht gemeint hat[2)]—, nur «ähnlich wie ein Mönch gehandelt hat, der, der Welt absterbend, den Namen eines Heiligen annimmt und in dessen umgreifender Wirklichkeit lebt, oder ähnlich wie die Schüler der grossen Propheten, die über Jahrhunderte weg in der Tradition dieser bestimmten Sendung lebend und sie fortsetzend, ihre Aussprüche unbedenklich ihrem Meister in den Mund legten. Man spricht mit Recht von einem Deutero- und Trito-Jesaja, aber nicht von einem *Pseudo*-Jesaja, man sollte es darum eigentlich auch bei diesem tiefgläubigen Denker an der Wende vom 5. zum 6. Jahrhundert nicht tun, den man heute immer nur den *Pseudo*-Dionysius Areopagita nennt».

Von diesem Theologen und seinem schriftstellerischen Werk «De coelesti hierarchia» (Über die himmlische Hierarchie), «De ecclesiastica hierarchia» (Über die kirchliche Hierarchie), «De divinis nominibus» (Über die göttlichen Namen), «De mystica theologia» (Über die mystische Theologie) und die überlieferten zehn Briefe strömt eine solche Kraft und ein solcher Glanz von Heiligkeit aus, dass dieser tiefe Denker auf keinen Fall als ein «Fälscher», nicht einmal als ein kluger, eines Tricks sich bedienender «Apologet» gelten kann[3)]. Dadurch, dass sich dieser Dionysius mit seinem schriftstellerischen Werk ganz und gar identifizierte, wurde seine Theologie «bei allen neuplatonischen und christlichen, alexandrinischen wie kappadozischen Einflüssen zu einem originalen Ganzen von solcher Prägung und Prägekraft gemacht, dass keiner der grossen theologischen Denker der Nachwelt sich ihm entziehen konnte». Das trifft für den hl. Bernhard von Clairvaux und die Seinen genau so zu wie für die Heiligen Albert den Grossen, Bonaventura und Thomas von Aquin, wie auch für Meister Eckhart, Johannes Tauler, Jan Ruysbroek, Johannes Gerson, Kardinal Nikolaus Cusanus, Dionysius den Kartäuser, die spanischen Mystiker wie Johannes vom Kreuz bis hin zu Kardinal Pierre Berulle und Bischof Fénelon.

Da nun im Werk dieses syrischen Mönchs die heiligen *Engel* eine ganz entscheidende Rolle spielen, darf er hier in diesem Buch über die Engel und Heiligen nicht verschwiegen werden.

Ein ganz wesentlicher Gedanke in der Theologie des Dionysius Areopagita ist die hierarchische Ordnung alles Seins, die stufenweise vom absolut transzendenten Gott durch das rein geistige Sein der Engel und das geistig-körperliche Sein der Menschen zur Materie herabführt. Dabei sind die rein geistigen Wesen der Engelwelt wieder hierarchisch geordnet in drei Triaden, gebildet aus je drei Chören, wobei die Seraphim, Kerubim und Throne die höchste Ordnung bilden, die mittlere Ordnung aber die Herrschaften, Kräfte und Gewalten, während die Mächte, Erzengel und Engel die unterste Ordnung in der «himmlischen Hierarchie» sind. Die über-himmlische Welt der drei göttlichen Personen des einen göttlichen Wesens offenbart sich in der Schöpfung durch Ausstrahlung und Erleuchtung. Zuerst erleuchtet sie die drei Triaden der neun Engelchöre in der «himmlischen Hierarchie» und dann die Hierarchie der Kirche hier auf Erden. In der dionysischen Weltvision nehmen die rein geistigen, himmlischen Wesen der Engelwelt eine Mittelstellung ein zwischen der Theo-logie, dem Leben des dreieinigen Gottes selbst, und der Kirche als der Verwirklichung der Theo-logie auf Erden[4)].
Nach Dionysius ist die Hierarchie der Engel keine blosse Liste geheimnisvoller, in der Hl. Schrift vorkommender Namen (Seraphim, Kerubim, Throne usw.), es ist vielmehr das grosse Verdienst dieses Theologen, die Beziehungen der Engelchöre untereinander sowie zu Gott und der Schöpfung aufgedeckt und das Verständnis für die grosse Bedeutung der so gegliederten Engelwelt geweckt zu haben. Der Titel des Werkes, in welchem er seine Untersuchungen über die Engel vorgenommen hat, ist in der Theologie zum feststehenden Namen für das Gesamtgefüge der sinnvoll geordneten Engelwelt geworden: «Die himmlische Hierarchie» (aus «híeros = heilig» und «archè = Herrschaft»): ihrem Wesen nach heilige Herrschaft, heilige Regierung, heilige Stufen- und Rangordnung. Das Wort «híeros = heilig» bringt dabei zum Ausdruck, dass diese Ordnung ihr inneres Leben sowie die Kraft, die sie erfüllt und die das Ganze zusammenhält, von Gott selbst empfängt; es weist ferner auf den Zweck der Hierarchie hin, den der Areopagite folgendermassen beschreibt: «Die Hierarchie will zur Ähnlichkeit mit Gott führen und gemäss den von Gott verliehenen Erleuchtungen zum Nachbild Gottes erheben»[5)].
Dabei wird bewirkt, dass die einzelnen Glieder der Hierarchie vervollkommnet werden «zu lautersten, fleckenlosen Spiegeln, die imstande sind, den urgöttlichen Strahl aus der Urquelle des Lichtes in sich aufzunehmen; sie sind dann Spiegel, die, von dem einstrahlenden Glanz erfüllt, diesen hinwieder . . . über die nächstfolgenden Ordnungen leuchten lassen»[6)].

Zum Wesen der Hierarchie gehört es dann auch, dass ihre Glieder von verschiedenem Rang sind, verschiedene Würde besitzen und verschiedene Aufgaben zu erfüllen haben, die jeweils zur Erhaltung des Lebens der Gesamtheit beitragen und deren Bestand gewährleisten. In der «heiligen Regierung» empfangen nur die höchsten Glieder den «urgöttlichen Strahl» von Gott selbst, «welche dann . . . diesen hinwieder über die nächstfolgenden Ordnungen leuchten lassen». Für jedes Glied der Hierarchie besteht die Vollendung darin, dass es seinem Rang entsprechend zum Nachbild Gottes erhoben wird, ja dass es zu einem «Mitwirkenden mit Gott» wird.

Die Vervollkommnung eines Geschöpfes, seine Erhebung zum «Nachbild Gottes» geschieht — bei den Engeln ebenso wie bei den Menschen — auf dem dreifachen Weg der Reinigung, der Erleuchtung und der Einigung, und zwar derart, dass Gott sich dem Geschöpf offenbart, es damit von seiner Unwissenheit reinigt, zugleich durch die Erkenntnis der Wahrheit erleuchtet und somit allmählich zur Vollendung führt. Es ist «durch die Stufenordnung der Hierarchie bedingt, dass die einen gereinigt werden, die anderen reinigen, dass die einen erleuchtet werden, die anderen erleuchten, dass die einen vollendet werden, die anderen vollenden». Zusammenfassend kann gesagt werden: «Hierarchie» bedeutet nach Dionysius Areopagita ein Ordnungsgefüge, dessen Glieder auf Grund ihrer Gotteserkenntnis und der daraus entspringenden Gottesliebe Macht über heilige Dinge und zu heiligen Handlungen haben, durch die andere — kraft der Übermittlung göttlicher Gaben — geheiligt werden.

Hier auf Erden findet die Hierarchie ihren sichtbaren Ausdruck in der Kirche Jesu Christi[7]: Der Papst vereinigt in sich die Fülle der Regierungs- und Weihegewalt. Von ihm empfangen sie die Bischöfe, die sie ihrerseits wieder den Priestern mitteilen, und aus den Händen der Priester empfangen die Gläubigen das göttliche Leben. Dieses Leben erfüllt den ganzen Organismus der Kirche, aber jedes Glied empfängt, besitzt und teilt es mit auf *seine* Weise, gemäss dem Rang und der Würde, die ihm innerhalb der Kirche zukommen und die sich gründen auf den geringeren oder grösseren Anteil an der Macht und Heiligkeit Gottes, den es objektiv besitzt als Glied eines Organismus, in welchem ihm bestimmte Funktionen übertragen sind. Zweifellos sind in der Kirche alle Bedingungen erfüllt, die für eine echte hierarchische Ordnung erforderlich sind. Da sie aber von Menschen getragen und verwirklicht wird und an die Hinfälligkeit, Unbeständigkeit und Vergänglichkeit der Materie gebunden ist, so ist die hierarchische Ordnung hier auf Erden in ihrer

Wirkung, nämlich der Heiligung ihrer Glieder, vielfach behindert und erreicht ihren Zweck, die Vollendung ihrer Glieder, nur selten und nur unter grossen Anstrengungen. Anders ist es in der Welt der reinen Geister: Die *Engel* kennen die Behinderung durch die Materie nicht. Ihre Welt bildet die vollendete Hierarchie. Sie ist das leuchtende Vorbild für die Hierarchie der Kirche auf Erden. Dionysius Areopagita sieht darum die Heiligkeit der Kirche und ihrer Glieder, voran der Hierarchie in ihr, im Gleichklang mit der Hierarchie der Engel. Wo dieser gegeben ist, wird der Christ durchsichtig auf Gott hin und durchlässig für den von Gott her kundgetanen Willen. «Durch die in Reinigung, Erleuchtung und Einigung erlangte gänzliche Verfügbarkeit für Gott und Angleichung an den göttlichen Willen nach dem Vorbild der Engelhierarchie kommt der kirchliche Hierarch dazu, 'nichts mehr zu wünschen, was nicht vollkommen Gott gefällt und mit den göttlichen Verheissungen übereinstimmt'»[8)].

Die Hierarchie-Spekulation des Dionysius Areopagita, die in der Theologie- und Frömmigkeitsgeschichte lange und stark nachgewirkt hat, war zweifellos der «erste grössere Versuch, eine systematische Verbindung zwischen der Angelologie und dem geistigen Leben der Christen herzustellen»[9)].

Der hl. Bischof Germanus von Capua

(† 30. Oktober 541)

Ein Beispiel für die Tatsache, dass die Seele eines Verstorbenen, wenn sie im Augenblick des Todes im Gnadenstand war, von ihrem Schutzengel in den Himmel geleitet wird, liefert der Tod des heiligen Bischofs Germanus von Capua. In einer Vision schaute der heilige Mönchsvater Benedikt den Heimgang dieses seines bischöflichen Freundes Germanus, wie uns der hl. Gregor d.Gr. in seinen «Dialogen» (2,35) in folgender Weise berichtet: «Als Benedikt einmal zur Nachtzeit — die Brüder schliefen noch, und er hatte das nächtliche Stundengebet bereits verrichtet — am Fenster stand und inständig zu Gott flehte, nahm er plötzlich in dieser Stunde tiefster nächtlicher Finsternis ein Licht wahr, das sich vom Himmel her ergoss, alle Dunkelheit der Nacht vertrieb und in solcher Helligkeit glänzte, dass . . . es sogar das Tageslicht übertraf. Wie nun der ehrwürdige Vater (Benedikt) mit gespannter Aufmerksamkeit in den Glanz des schimmernden Lichtes blickte, sah er, wie die Seele des Germanus, des Bischofs von Capua, in einer Feuerkugel von *Engeln* in den Himmel getragen wurde.» Der Diakon, den damals der hl. Benedikt aufgeregt als Zeugen herbeirief und der «völlig verwirrt war von dem bei einem Mann wie Benedikt ganz ungewöhnlichen Geschrei», erhaschte gerade noch einen kleinen Schimmer jener lichten Erscheinung. Ein sogleich nach Capua entsandter Bote bestätigte, dass zur gleichen Stunde, in der Benedikt die Vision hatte, der Tod des heiligen Bischofs Germanus eingetreten war.

Übrigens wird ähnliches vom Sterben heiliger Personen öfters berichtet. So schreibt der Verfasser des Lebens des heiligen Bischofs Gerhard von Toul († 23.4.994), der unter dem heiligen Bischof Bruno von Köln zuerst Kanoniker von St. Peter in Köln und dann von 963 bis zu seinem Tod im Jahre 994 Bischof von Toul war: «Ich sah die Scharen der heiligen *Engel* voll Freude der scheidenden Seele entgegeneilen und sie mit Worten liebevoller Tröstung vor das Angesicht des ewigen Richters bringen.» Die Kirche betet beim Hinscheiden eines gläubigen Menschen: «Eilet zu Hilfe, ihr *Engel* des Herrn, empfanget seine Seele, bringt sie vor das Angesicht des Allerhöchsten!»

Der hl. Benedikt von Nursia

(† 21. März 547)

Der grosse Mönchsvater des Abendlandes war durchdrungen vom Glauben an die Existenz der heiligen Engel. Darum hat er im 19. Kapitel seiner Ordensregel über «das Verhalten beim Psalmensingen» gemahnt: «Immer sollen wir an das Wort des Propheten denken: 'Dient dem Herrn in Furcht!' Und: 'Singt eure Psalmen mit Verstand!' Und: 'In Gegenwart der *Engel* singe ich Dir (o Gott) Psalmen' (Ps 137,1). Wir wollen also bedenken, wie wir vor dem Angesicht der Gottheit und ihrer *Engel* sein müssen, und so beim Psalmensingen stehen, dass unser Herz im Einklang ist mit unserem Wort.»

Im 7. Kapitel der Heiligen Regel, das über die Demut handelt, bemerkt der hl. Benedikt: «Brüder, wenn wir den höchsten Gipfel der Demut erreichen und rasch zu jener Erhöhung im Himmel gelangen wollen, zu der man durch die Erniedrigung in diesem Leben aufsteigt, dann müssen wir durch unseren Aufstieg in der Tugend jene Leiter errichten, die dem Jakob im Traum erschien und auf der er *Engel* herab- und hinaufsteigen sah. Dieses Herab- und Hinaufsteigen hat für uns ganz sicher keinen anderen Sinn, als dass man durch Erhöhung herab- und durch Erniedrigung hinaufsteigt. Die aufgerichtete Leiter ist unser irdisches Leben, das

der Herr himmelwärts aufrichtet, wenn sich unser Herz erniedrigt. Die Holme der Leiter deuten auf unseren Leib und unsere Seele. In diese Holme hat der göttliche Gnadenruf die verschiedenen Stufen der Demut und der Tugend eingefügt, die wir ersteigen sollen. Auf der ersten Stufe der Demut hält sich der Mensch immer die Gottesfurcht vor Augen und hütet sich sehr, sie zu vergessen. Stets denkt er an alle Gebote Gottes und erwägt immer in seinem Herzen, dass die Gottesverächter wegen ihrer Sünden das Feuer der Hölle brennen wird, dass aber die Gottesfürchtigen das ewige Leben erwartet. Jederzeit soll sich der Mensch freihalten von Sünden und Fehlern . . . und es soll ihm bewusst sein: Gott schaut immer vom Himmel herab auf ihn, Gottes Auge sieht überall sein Tun und Lassen, und die *Engel* erstatten allezeit über ihn Meldung.»
Es sei auch noch daran erinnert, dass Papst Gregor d.Gr. im 2. Buch seiner Dialoge, vor allem in den Kapiteln 16 und 30, die exorzistische Tätigkeit des Mönchsvaters Benedikt erwähnt, durch die der Heilige den gefallenen Erstengel, den «alten Feind», daran hinderte, seinen verderblichen Einfluss auf die Menschen auszuüben. Im Gebet, in der Schau und auch in einer Art Bedrohung, die er physisch spürte und von deren Existenz für die Menschen er überzeugt war, sah er das Böse unter dem Einfluss des Teufels und der anderen bösen Geister sich auswirken in Alltagsschwierigkeiten, aber auch in grossen antichristlichen Bewegungen. Dagegen setzte der hl. Benedikt sein grosses Vertrauen in das erlösende Kreuz Jesu Christi und in den Schutz der Gott treu gebliebenen guten Engel. Diese Abwehr des Bösen als Erbe echt benediktinischen Geistes findet in der Benediktusmedaille (dem Benediktuskreuz) einen sichtbaren Niederschlag. Sie zählt zu den ältesten Andachtsgegenständen der Kirche. Auf der kreisrunden Medaille ist das Kreuzzeichen abgebildet, in dessen Längs- und Querbalken die Anfangsbuchstaben folgender Beschwörungsformeln stehen: CSSML = Crux Sancta Sit Mihi Lux (= Das heilige Kreuz sei mir Licht), NDSMD = Non Draco Sit Mihi Dux (= Der Drache sei mein Führer nicht). Im Kreis um das Kreuzzeichen herum stehen die Buchstaben VRSNSMV = Vade Retro, Satana, Non Suade Mihi Vana (= Weiche zurück, Satan, rate mir nicht Eitles); SMQLIVB = Sunt Mala, Quae Libas. Ipse Venenum Bibas (= Schlecht ist, was du mir einträufelst. Trinke selber das Gift). Über dem Kreuzzeichen steht noch das Wort PAX (= Friede). Ihn haben die heiligen Engel zu Weihnachten für jene angekündigt, die in Gottes Gnade sind. Ihn vermitteln die Engel auch heute noch jenen, die ihnen ihr Vertrauen schenken in der Kraft des Kreuzes Jesu Christi.

Der hl. Abt Hilarus (Ellero) von Galeata

(† 15. Mai 558)

Das Leben dieses Heiligen ist von einem seiner Schüler namens Paulus niedergeschrieben worden. Diese aus dem 6. Jahrhundert stammende Biographie ist zwar gemäss der Hagiographie der damaligen Zeit legendär ausgeschmückt worden, was die wunderbaren Ereignisse im Leben dieses hl. Hilarus betrifft, aber im Kern ist sie — wie neuestens Fr. Lanzoni von Ravenna in gründlicher kritischer Analyse festgestellt hat, historisch[1]. Das trifft auch auf den vertrauten Verkehr dieses Heiligen mit den heiligen Engeln zu.

Das zeigte sich bereits in der Jugend des hl. Hilarus: Er hatte im Gottesdienst die Worte Jesu aus Lk 14,26 gehört: «Wenn jemand zu Mir kommt, aber Vater und Mutter, Frau und Kind, Brüder und Schwestern, ja selbst sein eigenes Leben nicht hintansetzt, so kann er Mein Jünger nicht sein.» Da fasste er den Entschluss zum Einsiedlerleben. Durch einen Greis wurde er darin bestärkt, das Elternhaus und alles, woran er bisher hing, zu verlassen. In der Biographie heisst es nun: «Hilarus betete, Gott möge sich würdigen, ihm einen *Engel* als Führer auf seinem weiteren Lebensweg zu senden. Kaum hatte er das Gebet beendet, erschien ihm ein Engel, der ihn in seinem Entschluss bestärkte und zu ihm sagte: 'Sei stark, handle mannhaft! Alle Wünsche deines Herzens wird Gott erfüllen. Siehe, ich bin dir als Wächter gegeben, damit alles, was du tun willst, glückt.' Da machte sich Hilarus auf den Weg, verliess seine toskanische Heimat, überquerte den Apennin und kam in die Tiefebene der Emilia. Dort liess er sich an einem einsamen Ort, den ihm der *Engel* anwies, nieder. Hier schlossen sich ihm dann — erbaut von seinem ganz gottverbundenen asketischen Leben — andere gleichgesinnte Männer an. So entstand um 496 die Abtei Galeata. Die Ordensregel, nach der Abt Hilarus und seine Gefährten lebten, war äusserst schlicht und wahrscheinlich nicht unähnlich der des hl. Pachomius: viel Gebet, strenges Fasten, Werke demütiger Bruderliebe.

Beim Einfall von Feinden in den Klosterbereich — es sollen die Soldaten des Königs Theoderich gewesen sein — standen die heiligen *Engel* dem Abt Hilarus bei. Wieder hatte der Heilige gebetet: «Herr Jesus Christus, der Du Dich gewürdigt hast, mich durch einen *Engel* hierher zu geleiten und der Du mir dann diese Stätte zum Leben angewiesen hast, Dir sei nun unsere Sache anvertraut, der Du der Richter aller bist! Sei uns nahe in dieser schweren Stunde, damit nicht der Feind über uns triumphiere, der Deine Diener vernichten möchte!» Das Gebet wurde erhört, die heiligen *Engel* beschützten im Auftrag Christi die Abtei und das Leben der Mönche in ihr.

Vom Lebensende des heiligen Abtes Hilarus heisst es dann in der Biographie: «Als seine Lebenstage mit 82 Jahren voll geworden waren, erschien ihm wieder sein *Engel* und sagte zu ihm: 'Sei stark! Handle mannhaft! Stärke deine Gemeinschaft und die um dich versammelte Schar! Denn in drei Tagen komme ich, um dich aus dieser Welt wegzunehmen!'» Der Verfasser der «Vita sancti Hilari» schliesst sein Werk mit dem kurzen, die Geschichtlichkeit des Berichteten bekräftigenden Satz: «Das, was wir selbst gesehen und aus dem Mund des heiligen Abtes vernommen haben, haben wir euch mitgeteilt»[2].

Der hl. Laurentius von Siponto

(† 7. Februar 565)

In der erst aus der zweiten Hälfte des 9. oder 10. Jahrhunderts stammenden «Vita» des heiligen Bischofs Laurentius von Siponto, der von Papst Gelasius (492-496) zum Bischof konsekriert worden sein soll, wird berichtet, dass sich in seiner Regierungszeit auf dem Gárgano-Gebirge an der Ostküste Apuliens in Süditalien eine Erscheinung des heiligen Erzengels Michael ereignet habe[1].

Schon in frühester Zeit war das Gárgano-Gebirge jedenfalls mit einem den Engeln geweihten Heiligtum geschmückt; die Bewohner des am Fuss des Gárgano-Gebirges gelegenen Städtchens Siponto pflegten eine eifrige Verehrung des heiligen Michael. Nun verstieg sich einmal — so berichtet die Überlieferung[2] — ein Stier aus der Herde eines reichen Bürgers namens Gárganus in das wirre Felsgestein. Sein Besitzer ging dem wertvollen Tier nach, und als er es gefunden hatte und einsehen musste, dass seine Rettung aus der Lage, in die es sich hoffnungslos verstiegen hatte, nicht mehr möglich sei, schleuderte er seinen Speer nach ihm, um es zu töten. Doch die Waffe wandte sich im Flug zurück und durchbohrte den Mann. Dieser Vorfall erregte begreiflicherweise ein ungeheures Aufsehen unter der Bevölkerung. Bischof Laurentius bat nun Gott um Aufhellung des rätselhaften Ereignisses. In der Nacht erschien ihm der Erzengel Michael und teilte ihm mit, dass sich auf sein Geheiss die Waffe gegen ihren Benützer gewandt habe: «Denn ich bin Michael, der Erzengel, der unaufhörlich vor dem Angesicht des Herrn steht. Dieses Gottesgericht sollte dartun, dass auf Erden jener Ort von mir bewohnt wird; ich will ihn rein erhalten. Was jemals an ihm geschieht, steht unter meiner Aufsicht und unter meinem Schutz.» Kurze Zeit danach wurde die Stadt Siponto — wie weiter in der «Vita» des hl. Laurentius berichtet wird — von den Neapolitanern belagert. Am Fuss des Gárgano-Gebirges entbrannte die Schlacht. Da hüllte sich plötzlich der Gipfel des «Monte Gárgano» in düstere Wolken, das Licht der Sonne verdunkelte sich völlig, ein heftiges Erdbeben liess den Felsenboden wanken und schwanken, und im grellen Schein unaufhörlich niederzuckender Blitze sah man auf der Bergspitze die leuchtende Gestalt eines herrlichen Engels. Die Neapolitaner wandten sich zur Flucht. Sechshundert von ihnen, von Blitzen getroffen und zur Unkenntlichkeit verbrannt, bedeckten das Schlachtfeld. Die Bürger von Siponto aber fanden am Tag nach der Schlacht, als sie in Dankprozession den Berg hinanstiegen und an den Ort der Erscheinung gelangt waren, eine tief in das Gestein eingedrückte mächtige Fussspur. Nicht weit davon war der Fels in riesigen Blöcken derart aufgeworfen, dass er gleichsam einen natürlichen Felsendom bildete.

In einer neuerlichen Erscheinung befahl der Erzengel Michael dem Bischof Laurentius, an diesem von ihm selbst geweihten Ort eine Stätte ständiger Anbetung zu errichten. So entstand auf dem «Monte Gárgano» das dem heiligen Michael geweihte Heiligtum.

Noch ein drittes Mal sei dem Bischof Laurentius von Siponto der heilige Erzengel erschienen, als sich jener mit zwei anderen Bischöfen daran machen wollte, das Heiligtum feierlich einzuweihen. Da habe ihm der Erzengel Michael verkündet, die Weihe des Heiligtums sei bereits vollzogen. So die Legende, wie sie in verschiedenen mittelalterlichen Martyrologien berichtet wird. Das Ereignis soll sich um 492-494 zugetragen haben[3)].

Vom hl. Laurentius von Siponto wird in der «Vita» noch berichtet, dass er mit der Gabe der Prophetie ausgestattet gewesen sei und kriegerische Ereignisse vorausgesagt habe. Er habe «usque ad tempora Justini († 527) et Justiniani († 565)» gelebt, sei noch mit König Totila († 552) zusammengetroffen und habe von ihm erreicht, dass Siponto von der geplanten Zerstörung verschont blieb.

Am 8. Mai 663 besiegten die Langobarden, die im 6. Jahrhundert das Herzogtum Benevent errichtet hatten, die eingefallenen Sarazenen. Man schrieb diesen Sieg der Fürsprache des heiligen Erzengels Michael zu[4)].

Vielleicht war dies der Grund, dass das Fest der Erscheinung des Erzengels Michael, das ja bis zur liturgischen Kalenderreform von 1969 in der

lateinischen Liturgie am 8. Mai gefeiert worden ist, auf diesen Tag festgelegt worden war. In der Brevierlesung der II. Nokturn hiess es an diesem einstigen «Duplex-majus-Fest der Erscheinung des heiligen Erzengels Michael»: «Die Hl. Schrift versichert es uns, und die Überlieferung der Väter bestätigt es, dass der heilige Erzengel Michael des öfteren den Menschen erschienen ist. Deshalb wird an vielen Orten das Andenken an solche Erscheinungen gefeiert. Wie einst die jüdische Synagoge tat, so verehrt ihn jetzt die Kirche Gottes als ihren Beschützer und Patron. Unter dem Pontifikat Gelasius' I. erfolgte in Apulien auf dem Gipfel des Berges Gárgano, an dessen Fuss Manfredonia liegt, eine glanzvolle Erscheinung des Erzengels Michael. Es geschah nämlich, dass der Stier eines Hirten auf dem Gárgano sich von der Herde entfernt hatte; nach langem Suchen fand man ihn, wie er sich am Eingang einer Höhle verfangen hatte. Da schoss einer mit dem Pfeil nach dem Stier, um ihn zu töten. Der Pfeil kehrte sich jedoch um und flog auf den Schützen zurück. Da bekamen alle Anwesenden und allmählich auch die anderen grosse Angst, und keiner traute sich mehr in die Nähe der Höhle. Da wandten sich die Leute an ihren Bischof; dieser erwiderte, man müsse Gott um Aufschluss in der Sache bitten, und ordnete ein dreitägiges Fasten und Beten an. Nach drei Tagen offenbarte der Erzengel Michael dem Bischof, dieser Ort stehe in seiner Obhut; er habe durch dieses Zeichen dartun wollen, dass dort zum Andenken an ihn und alle Engel eine Gottesdienststätte errichtet werden solle. Darum begab sich der Bischof mit dem Volke sogleich zur Höhle. Sie sahen, dass sie einem Gotteshaus sehr ähnlich sah, und weihten sie darum zu einer Gottesdienststätte. In der Folge wurde das Heiligtum durch viele Wunder verherrlicht.»
In diesem Zusammenhang darf noch darauf verwiesen werden, dass der heilige Erzengel Michael im Jahre 1656 dem damaligen Bischof von Siponto erschien mit dem Versprechen, alle Gläubigen würden vor der Pest bewahrt, die sich mit Steinchen aus der Krypta des Heiligtums am «Monte Gárgano» versehen haben. Auch Papst Alexander VII. habe damals solche Steinchen für sich angefordert. Über diese Befreiung von der Pest berichtet eine aus dem Jahre 1658 stammende Marmortafel am Eingang in das Heiligtum[5)]. Auch heute noch wird der Erzengel Michael am «Monte Gárgano» von zahlreichen Pilgern, die dorthin aus aller Welt wallfahren, viel verehrt.

Der selige Abt Stephanus von Rieti

(† um 580)

Die einzige Quelle, aus der wir über diesen heiligmässigen Abt erfahren, sind die Dialoge (IV,20) des heiligen Papstes Gregor d.Gr., der ihn dort und in seiner 35. Homilie (zu Lk 21,9-19) als Beispiel vollkommener Geduld schildert.

An der angegebenen Stelle seiner «Dialoge» schreibt Gregor d.Gr.: «In unseren Tagen lebte Stephanus, Abt des vor den Mauern von Rieti gelegenen Klosters S. Eleutherius, ein Mann von grosser Heiligkeit und besonders ausgezeichnet durch die Tugend der Geduld . . . An seinem Sterbetag fanden sich viele ein, um dieser heiligen Seele, die nun aus der Welt scheiden sollte, ihre Seelen zu empfehlen. Während sie alle sein Bett umstanden, sahen einige mit ihren leiblichen Augen, wie *Engel* den Raum betraten, konnten aber kein Wort hervorbringen . . . Alle Anwesenden ergriff panischer Schreck, so dass niemand dem Heimgang jener heiligen Seele beiwohnen konnte, denn — ob sie etwas gesehen hatten oder nicht —, sie wurden insgesamt von solcher Angst gepackt, dass sie voll Entsetzen aus dem Zimmer flohen.»

Der hl. Servulus von Rom

(† um 590)

Servulus war von Kindheit an gelähmt und fristete sein Leben durch jene Gaben, die er täglich im Vorhof von S. Clemente in Rom erbettelte. Den Grossteil dieser Almosen aber schenkte er an andere Arme weiter. Er ertrug sein Leiden mit grösster Ergebung. Bei seinem Tod hörte er, wie uns der hl. Gregor d.Gr. in seinen «Dialogen» (4,14) berichtet, den Gesang der *Engel*, die seine Seele für die himmlische Herrlichkeit in Empfang nahmen.

Papst Gregor d.Gr. schreibt in den «Dialogen» folgendes: «Man muss wissen, dass die scheidenden Seelen der Auserwählten oft von der Süssigkeit himmlischer Lobgesänge überströmt werden, so dass sie vor Freude darüber die Trennung der Seele vom Leib nicht zu fühlen vermögen. Deshalb habe ich auch schon in den Homilien über die Evangelien (15. Homilie Nr. 5) erzählt, es habe sich in der Halle, durch die man zur Kirche des hl. Clemens geht, ein gewisser *Servulus* befunden. Zwar war er arm an Vermögen, aber reich an Verdiensten. Langwierige Krankheit hatte ihn ganz hinfällig gemacht. Seit wir von ihm wissen konnten und bis zum Ende seines Lebens lag er gichtkrank darnieder; ja, was sage ich, dass er nicht stehen konnte, da er sich nicht einmal im Bett zu sitzender Stellung erheben, nie die Hand zum Mund führen, nie sich auf die andere Seite legen konnte. Zur Bedienung hatte er seine Mutter und einen Bruder, und was immer ihm an Almosen zuteil wurde, teilte er durch deren Hände an die Armen aus. Er hatte nie lesen gelernt, hatte sich aber die Hl. Schrift gekauft, und da er häufig fromme Männer beherbergte, so liess er sich von diesen fleissig daraus vorlesen. Auf diese Art brachte er es dahin, dass er die Hl. Schrift vollständig kennenlernte, obwohl er, wie gesagt, keinen Buchstaben kannte. In seinen Schmerzen bemühte er sich immer, Gott Dank zu sagen und mit Hymnen und Lobliedern Tag und Nacht Gott seine Zeit zu weihen. Als aber der Tag kam, an dem seine grosse Geduld belohnt werden sollte, schlug sich der Schmerz von den Gliedern auf die inneren Teile seines Leibes. Da er sein bevorstehendes Ende erkannte, bat er die bei ihm weilenden Pilger und Freunde, sie möchten aufstehen und mit ihm Psalmen singen, um so sein Ende zu erwarten. Während er nun sterbend mit ihnen Psalmen sang, unterbrach er plötzlich die Stimmen der Psalmensänger mit dem erschrockenen Ruf: 'Seid still! Hört ihr denn nicht, wie laute Loblieder im Himmel erklingen?' Und indem er so sein inneres Ohr diesen Lobgesängen zuwandte, die er vernommen hatte, wurde seine heilige Seele vom Leib gelöst. Bei ihrem Hinscheiden ergoss sich ein so starker Wohlgeruch, dass alle Anwesenden dessen unbeschreibliche Süssigkeit einatmeten und daraus deutlich erkannten, Servulus sei zu den himmlischen Chören der *Engel* aufgenommen worden. Einer unserer Mönche, der noch lebt, war dabei anwesend und pflegt mit vielen Tränen zu bezeugen, dass jener starke Wohlgeruch bis zum Begräbnis des Servulus empfunden worden ist»[1)].

Himmlische Gesänge, himmlischer Wohlgeruch! Für Rationalisten mag dies märchenhaft klingen. Für den, der an die übernatürliche Wirklichkeit und dabei auch an die Existenz der heiligen Engel glaubt, ist das eine froh zu bejahende Tatsache, die sich bei den Mystikern und ihren Visionen oft gezeigt hat[2)].

Der hl. Gregor der Grosse

(† 12. März 604)

Die Laufbahn des um 540 in Rom geborenen, aus senatorischem Adel stammenden heiligen Papstes, dem das Beiwort «der Grosse» verliehen worden ist, lässt sich in Stichworten kurz so wiedergeben: Zuerst hoher Beamter, 572-573 Stadtpräfekt von Rom, dann Mönch im selbst gestifteten Kloster, das er in seinem Elternhaus am Clivus Scauri in Rom errichtet hatte; hierauf von Papst Benedikt I. zum Regionardiakon geweiht; von Papst Pelagius II. 579 als Nuntius (Apokrisiar) an den Kaiserhof nach Konstantinopel gesandt, wo er unter schwierigsten Bedingungen die Sache des Papstes vertrat; 585/86 Rückkehr nach Rom und nun Ratgeber des Papstes Pelagius II. Im Jahre 589 wütete in Rom als Folge von Naturereignissen eine heftige Pest, die Anfang 590 auch den Papst Pelagius II. erfasste und hinwegraffte; Gregor wurde zum neuen Papst gewählt; er regierte nun überaus klug und weise die Kirche.

Gregors des Grossen Gestalt ist nun gewissermassen von *Engeln* umgeben, und man hat ihm sicher zu Recht den Titel «Doctor angelorum» («Lehrer der Engel»), beziehungsweise «Doctor coelestis militiae» («Lehrer der himmlischen Miliz») gegeben. So nannte ihn bereits sein erster Biograph Johannes Diaconus[1)], der auch jene Episode aus dem Leben Gregors des Grossen erzählt, wie dieser beim Anblick der auf dem Sklavenmarkt feilgebotenen Angelsachsen und nach Beantwortung seiner Frage, welchem Volksstamm sie denn angehörten, ausgerufen haben soll: «Angeln, die engelgleichen, Erben der Engel sollen sie werden!»[2)] Schon seine Bestimmung zum obersten Hirten der Kirche soll dem hl. Gregor d.Gr. von einem *Engel* mitgeteilt worden sein; und als er sich nach erfolgter Papstwahl verbergen wollte, um dem schweren Amt zu entfliehen, habe eine über seinem Versteck aufleuchtende Lichtsäule, in der *Engel* auf- und niederstiegen, ihn auffinden lassen[3)].

Die erste Tat Gregors als Papst sei dann eine grosse Bittprozession durch die Strassen Roms um Abwendung der Pest, die dort im Jahre 590 noch immer wütete, gewesen. Dabei sei dem Papst eine Vision des Erzengels Michael zuteil geworden, der vom Himmel auf das Grabmal des Kaisers Hadrian herabstieg und ein blutiges Schwert in die Scheide steckte. Von da an habe die Pest aufgehört. Seither wurde das Mausoleum des Kaisers Hadrian «Engelsburg» («Castel Sant'Angelo») genannt[4)].

Einmal soll Gregor einem Engel in Gestalt eines Schiffbrüchigen Almosen gegeben haben, wieder einmal einen Engel in Gestalt eines Bettlers bewirtet haben[5)]. Diese Begebenheit wurde früher in der 5. Lesung der Matutin im Festoffizium des hl. Gregor d.Gr. am 12. März mit folgenden Worten erwähnt: «Täglich lud Gregor Pilger zu Tisch; auch einen Engel und selbst den Herrn der Engel durfte er einmal in Gestalt eines Pilgers aufnehmen.» Als Papst pflegte nämlich Gregor d.Gr. täglich

zwölf Arme zu Tisch zu laden; diesen habe sich bisweilen ein Dreizehnter hinzugesellt, den nur der Heilige selbst sah und als einen Engel Gottes erkannte[6]. Unwillkürlich wird man dabei an die Worte im Hebräerbrief (13,2) gemahnt: «Vergesst nicht die Gastfreundschaft: dank ihrer durften manche, ohne es zu ahnen, *Engel* bei sich beherbergen.»
Noch viel mehr als auf Grund dieser erwähnten Ereignisse, die von manchen nicht für historisch, sondern für legendär gehalten werden, gebührt dem heiligen Papst im ausgehenden 6. Jahrhundert der Titel «Doctor angelorum» («Lehrer der Engel»), weil er sich in seinen Werken, dem Job-Kommentar «Moralia in Job», den Homilien zu Evangelien-Perikopen und zu Ezechiel und in seinen vier Büchern «Dialoge über das Leben und die Wunder italischer Väter» klar und ausführlich über die Engellehre geäussert hat, wie L. Kurz in seiner Dissertation «Gregors des Grossen Lehre von den Engeln» gründlich aufgezeigt hat[7].
«Die 34 Bücher von Gregors 'Moralia in Job' bieten eine einfache, anregende und vielseitige Darstellung des menschlichen Kampfes mit Satan»[8], dem gefallenen Erstengel. Die meisten Elemente der in der Hochpatristik allgemein angenommenen Engellehre haben in den 'Moralia in Job' ihren Niederschlag gefunden: Die Engel sind unvergleichlich vertrauter mit Gott, als die Menschen es sind; sie betrachten die Quelle der Weisheit selbst. Dennoch sind sie in ihrem Raum begrenzt. Während sie im Vergleich zu unseren Körpern Geister sind, sind sie Körper, wenn sie mit dem unbegrenzten Geist Gottes verglichen werden[9]. Satan war der erste und grösste Engel. Gregor identifiziert ihn mit Behemoth und dem Leviátan des Buches Job. Nachdem er durch seinen Stolz gefallen war, behielt er zwar seine Engelnatur, verlor jedoch seine Glückseligkeit. Jetzt durchschweift er die Welt und versucht die Menschen. Gregor bringt dann lange Abschnitte über verschiedene Arten von Versuchungen. Er berichtet auch in seinen «Dialogen» über den Umgang der italischen Asketen mit den Dämonen und ihren Beziehungen zu den Engeln[10].
Unvergleichlich gross und herrlich war jener Erstengel erschaffen worden, aus dem durch eigene Willensentscheidung der Teufel wurde. Das bei Ezechiel 31,3-9 auf Assur angewandte Bild von der Zeder auf dem Libanon, mit deren Schönheit kein Baum im Garten Gottes sich messen konnte, wandte Gregor d.Gr. mit vielen anderen Kirchenvätern auf den Erstengel an. Denn wie hoch auch die ragenden Reihen der Engelkräfte aufragten, an ihn reichten sie nicht heran; dieser Baum im Paradies Gottes hatte gleichsam so viele dichte Blätter, als er Legionen himmlischer

Geister sich unterstellt sah[11]; er war der höchste Engelsgeist[12], der Engelsfürst[13], der über alle Legionen der Engel eine überragende Vorrangstellung hatte[14]. Die neun Chöre der Engel, in die er nicht eingereiht war, dienten ihm wie neun Edelsteine zum Schmuck seines Gewandes, deren Glanz überstrahlend er umso herrlicher wirkte[15].

Nach Gottes Absicht hätte der Erstengel auf dem Gipfel stehen und im Besitz der herrlichen Gnadenausstattung Herr der Elemente sein können unter der Bedingung, dass er in freiem Dienst Gott unterworfen bliebe. In einem Akt der Liebe sollte er die Liebe, die Gott ihm erwiesen hatte, vergelten; er war ja erschaffen worden mit der Bestimmung, seinen Schöpfer mit freudiger Liebe liebend zu fürchten und fürchtend zu lieben[16]. Aber Satan wollte nicht. Es missfiel ihm, Gott unterworfen zu sein; dieser Leviátan schielte hinauf nach jener steilen Höhe, wo Gott so über allem thront, dass Er unter keinem ist; er gierte nach dem Recht einer verkehrten Freiheit, wonach er über allen stünde, er aber unter keinem, auch nicht unter Gott. Er sprach: «Hinaufsteigen will ich über die höchsten Wolken und dem Allerhöchsten gleich sein» (Is 14,14). Das war unerhörter Hochmut[17], der ihn dazu brachte, sich an der nur Gott zukommenden Herrlichkeit zu vergreifen. Er riss durch seine Sünde nicht nur sich, sondern viele andere Engel mit sich ins Verderben. An der Demut der treuen Engel, die in der Liebe zu Gott unwandelbar verharrten, prallte die werbende Satansversuchung zum Hochmut ab, weshalb der allmächtige Gott, als er die Engel nach ihren Verdiensten schied, die einen im ewigen Licht verbleiben liess, während er die abtrünnigen von der Höhe ihres Seins in die Strafe der ewigen Verdammung warf[18].

Die treu gebliebenen Engel schauen Gott unmittelbar in seiner Erhabenheit, wie Er ist. Ausführlich erörtert Papst Gregor d.Gr. die Eigenschaften des Erkenntnisaktes in der Gottesschau der Engel[19]. Ausführlich spricht er auch über das Verhältnis der Engel zu Christus, der als Gott über ihnen thront, als Mensch aber unter ihnen geboren worden ist, gelitten hat und gestorben ist, in seiner Himmelfahrt aber dann auch seine Menschennatur über alle Engel erhoben hat, wobei er dann jene, deren Natur er angenommen hatte und nun ewig tragen wird, neben die Engel gesetzt hat als Genosse zu Genossen, als Bürger des Himmels zu Bürgern, die in die Plätze jener eintreten sollten, die ihre Himmelsbürgerschaft verloren hatten. Die Lücken des Himmels werden dann vollkommen ausgefüllt sein, wenn Christus, umgeben von den dienstbereiten Engeln, auf dem Thron seiner Majestät erscheint und Gericht halten wird und die Engel in seinem Auftrag als Vollstrecker seines Richterwillens die Sünder und die Heiligen trennen und so die noch fehlenden Himmelsbürger in die entstandenen Lücken im Himmel einfügen werden[20].

Im Anschluss an Dionysius Areopagita gliedert der heilige Papst Gregor d.Gr. als erster unter den abendländischen Kirchenvätern die Engelwelt in neun Chöre auf Grund der in der Hl. Schrift vorkommenden Namen. Ausführlich spricht Gregor d.Gr. darüber in seiner 34. Homilie, die bis zur Liturgie- und Kalenderreform am Fest des Erzengels Michael als Lesung in der Matutin des Festoffiziums verwendet wurde. In ihrem wichtigsten Teil lautet diese Homilie so:

«Wir sprechen von neun Engelchören; denn aus dem Zeugnis der Hl. Schrift wissen wir, dass es Engel, Erzengel, Kräfte, Mächte, Fürsten, Herrschaften, Throne, Kerubim und Seraphim gibt. Dass es Engel und Erzengel gibt, bezeugt fast jede Seite der Hl. Schrift. Von den Kerubim und Seraphim reden bekanntlich gar oft die Bücher der Propheten. Auch der Apostel Paulus zählt im Epheserbrief die Namen von vier Chören auf; er sagt: 'Über alle Fürsten, Mächte, Kräfte und Herrschaften'; und im Kolosserbrief sagt er: 'Seien es Thronen oder Herrschaften oder Fürsten oder Mächte'. Fügt man also den vier Chören, die er im Brief an die Epheser erwähnt, noch die Thronen hinzu, so ergeben sich fünf Chöre; zählt man dann zu diesen noch die Engel und Erzengel, die Kerubim und Seraphim, so findet man zweifellos, dass es neun Chöre von Engeln gibt.

Man muss aber beachten, dass das Wort 'Engel' ihr Amt, nicht ihr Wesen bezeichnet. Denn jene heiligen Geister im himmlischen Vaterland sind zwar stets Geister, können aber durchaus nicht immer als Engel bezeichnet werden; denn Engel sind sie nur dann, wenn durch sie irgend eine Botschaft verkündet wird. Darum heisst es im Psalm: 'Er macht seine Geister zu Engeln'; als ob er offen sagen würde: Er macht die Geister, die er stets um sich hat, wenn er will, auch zu Engeln. Diejenigen, die weniger bedeutsame Aufträge ausführen, heissen Engel, die aber wichtige Dinge melden, Erzengel. Darum wird zur Jungfrau Maria nicht ein beliebiger Engel gesandt, sondern der Erzengel Gabriel; denn für diesen Auftrag war nur der höchste Engel würdig; er sollte ja auch das Allerhöchste verkünden. Darum werden die Erzengel auch mit ihren eigenen Namen angeführt; durch die Namen soll die Art ihrer Tätigkeit angedeutet werden. So bedeutet Michael: Wer ist wie Gott? Gabriel: Kraft Gottes, und Raphael: Heilung durch Gott. — Sooft also etwas von staunenswerter Kraft geschieht, wird berichtet, dass Michael gesandt wird; es soll eben schon durch sein Eingreifen und seinen Namen zu erkennen gegeben werden, dass keiner tun kann, was nur Gott vermag. Darum heisst es auch von jenem alten Feind, der in seinem Stolz Gott gleich sein wollte und sprach: 'Zum Himmel werde ich emporsteigen, über die Sterne des Himmels meinen Thron erheben, dem Allerhöchsten werde ich gleich sein', während er in seiner Kraft aufbewahrt wird, um am Ende der Welt beim letzten Strafgericht vernichtet zu werden, dass er mit dem Erzengel Michael kämpfen wird. Denn bei Johannes heisst es: Es erhob sich ein Kampf mit dem Erzengel Michael. — Zu Maria wird Gabriel gesandt; er heisst Kraft Gottes; denn er kam, den zu verkünden, der sich gedemütigt hat, in tiefster Erniedrigung zu erscheinen, um die Mächte der Luft niederzuringen. — Raphael heisst, wie wir schon sagten, Heilung durch Gott; denn er nahm von Tobias die Blindheit hinweg, da er in Ausübung seines Heilberufes seine Augen berührte»[21)].

Bezüglich des Verhältnisses, das die Engel zu uns Menschen haben, ist dem heiligen Papst und Kirchenlehrer das Wort im Hebräerbrief (1,14) richtunggebend: «Sind sie nicht alle dienende Geister zum Dienst für jene ausgesandt, die das Heil erben sollen?»[22)] In der Sorge für unser Heil erschöpft sich also der äussere Dienst der heiligen Engel: Den Unwissenden die Wahrheit zu künden, den Blinden die Quelle des Lichtes zum Trinken zu reichen, ist ihre Aufgabe[23)]. Wie durch die Patriarchen und Propheten der Ruf Gottes an die Menschen erging, so ergeht er auch durch die *Engel*[24)]. Vom Herrn singen sie (Job 36,24), wenn sie uns seine Macht kundtun[25)]; treffend passt auf sie der Name «Consul» (Job 3,14), d.h. Ratgeber, weil wir durch ihre Botschaft den Willen des Schöpfers erfahren und so beraten werden in der Not und Trübsal des Erdenlebens[26)]. Schützend stehen uns dank Gottes Hulderweis die Engel in jedem Kampf bei. Sie helfen uns Menschen nicht nur, die Versuchungen siegreich zu überwinden, sie können auch den Brandherd der Versuchungen zum Erlöschen bringen. Als Beispiel dafür weist Gregor d.Gr. auf einen gewissen Equitius hin, der sich, nachdem er den allmächtigen Gott in inständigem Gebet um ein Mittel gegen die Fleischeslust angefleht hatte, eines Nachts von einem *Engel* entmannt werden sah, und von dieser Zeit an so von jeder sexuellen Versuchung frei war, als ob er nichts Geschlechtliches mehr an seinem Leibe hätte[27)].

Beratend, mahnend, ermunternd und voll Freude über die guten Taten ihrer Schützlinge[28)] lassen die *Engel* denen, die sich in diesem Leben redlich abmühen, die Hilfe der göttlichen Vatergüte angedeihen[29)], auch dann noch, wenn die Menschen in Sünde gefallen sind. Denn sie kommen dann und heben die am Boden Liegenden wieder auf und bringen voll Freude über deren Bekehrung den Reuigen Erleichterung[30)].

Die Jakobsleiter (Gen 28,11) mit den auf- und niedersteigenden Engeln ist dem hl. Gregor d.Gr. Symbol dafür, mit welcher Liebe die Engel ihrem Schöpfer über sich anhangen und andererseits, mit welch liebevollem Mitleid sie sich zu unseren Schwächen herablassen[31] und uns in der Kraft ihrer himmlischen Gottanschauung durch ihren Dienst und ihre Hilfe erquicken.

Da die Menschen die starke Hilfe der Engel nicht entbehren können, solange ihr ewiges Heil nicht sichergestellt ist, stehen die *Engel* so lange zum Dienst der Menschen bereit, bis alle, die zum ewigen Leben vorherbestimmt sind, am Ende der Welt schliesslich gesammelt sind[32], freilich nicht, ohne dass die *Engel* sich zuvor der Menschen beim Sterben angenommen, ihnen bisweilen sogar die Todesstunde vorausgesagt haben[33] und ihnen beim Hinscheiden erschienen sind.

Ein anschauliches Beispiel dafür erwähnt Gregor d.Gr. in seinen Dialogen[34] aus dem Leben in seinem Kloster: «In meinem Kloster war vor zehn Jahren ein Bruder namens *Gerontius*. Als dieser schwer krank darniederlag, sah er in einem nächtlichen Gesicht weissgekleidete Männer von überaus glänzendem Aussehen von oben her in das Kloster kommen. Sie stellten sich vor das Bett des Kranken, und einer von ihnen sprach: 'Wir sind gekommen, um aus Gregors Kloster einige Brüder dem Heer (der Himmlischen) einzuverleiben.' Und er befahl dem anderen: 'Schreibe den Marcellus, den Valentinian, den Agnellus auf!' Hierauf fügte er noch bei: 'Schreibe auch den auf, der uns sieht!' Durch diese Erscheinung vergewissert, teilte der erwähnte Bruder (Gerontius) am Morgen seinen Mitbrüdern mit, welche aus dem Kloster in kurzer Zeit sterben würden. Als am anderen Tag tatsächlich die erwähnten Brüder zu sterben anfingen und in derselben Reihe sich im Tod folgten, in der sie aufgeschrieben worden waren, erklärte er, dass auch er selbst ihnen nachfolgen werde. Wirklich starb auch er, der den Tod der Brüder (von einem Engel) angekündigt und so vorausgesehen hatte.»

Von Engelerscheinungen beim Tod heiliger Menschen erzählt Gregor d.Gr. öfters in seinen Dialogen[35]. Er betont aber auch, dass die auserwählten Seelen im Sterben von der Belästigung durch den Teufel oder durch böse Geister, die ja immer schon den guten Menschen wie Wegelagerer nachgestellt haben[36], nicht verschont bleiben. Ja, der sterbende Todsünder sieht sogar — wie es Gregor d.Gr. am Beispiel des Todes des lasterhaften Mönchs Chrysaorius für bewiesen hält — den Teufel in Gestalt schwarzer, scheusslicher Geister vor sich, deren Anblick er sich, er mag sich drehen, wohin er will, nicht entziehen kann[37], es sei denn, dass die Anwesenden, die zwar den höllischen Drachen nicht sehen, ihn mit dem Zeichen des heiligen Kreuzes vertreiben[38]. Dieser Anblick bezweckt aber nicht, dass der Todsünder des ewigen Lebens verlustig gehe, sondern dass es ihm zum Bewusstsein komme, wem er gedient hat, um ihm so Widerstand leisten und ihn überwinden zu können. Eine solche Erscheinung ist also eine Gnade der göttlichen Barmherzigkeit[39], die — selbst wenn sie dem Sterbenden selber nicht mehr nützen sollte — doch wenigstens den Umstehenden von Nutzen sein kann[40].

Dass Engel und böse Geister mit dem Teufel an der Spitze den Menschen sichtbar erscheinen können, begründet der hl. Gregor damit, dass die Engel — analog wird es wohl auch für die Dämonen gelten — Luftleiber annehmen können.

Abschliessend zu seinen gründlichen Ausführungen über die Engellehre des heiligen Papstes Gregor d.Gr. meint L. Kurz: «Wenngleich Gregor in seiner Engellehre teilweise auf Augustinus und Dionysius Areopagita zurückgeht, so erfreut doch der zarte Takt und die Wärme der Empfindung, mit welcher er die Geistesarbeit einer vergangenen Epoche für seine Zeit und — ohne dass er es ahnte — für die folgenden Jahrhunderte zu nutzen verstand»[41].

Der hl. Wandregisil

(† 27. Juli 668)

Der um 600 bei Verdun (Nordfrankreich) in eine adelige, wahrscheinlich mit dem merowingischen Königshaus verwandte fränkische Familie hineingeborene Wandregisil erhielt am Königshof eine gute Ausbildung und brachte es dort unter König Dagobert I. bis zum «Comes palatii» im Rang eines der höchsten Hofbeamten.

Auf Wunsch seiner Eltern vermählte er sich mit einem frommen Mädchen, zog sich aber nach kurzer Ehe im Einverständnis mit seiner Gattin als Mönch in das Kloster Montfaucon nordwestlich von Verdun zurück. Da ihm das Leben dort zu wenig streng war, wanderte er als Einsiedler in die Schweiz und lebte in St. Ursitz im Kanton Basel. Längere Zeit weilte er dann im Kloster Bobbio südwestlich von Piacenza in Oberitalien. Hier begegnete er seinem späteren Biographen Jonas[1]. Von Bobbio wanderte er weiter bis nach Rom und suchte überall die nach der benediktinischen Ordensregel lebenden Klöster auf. Schliesslich kehrte er in die Schweiz zurück und liess sich um 636 in Romainmoutier im Schweizer Jura nieder. Sein unruhiger Geist trieb ihn aber bald weiter bis nach

Rouen in Westfrankreich. Dort empfing er vom heiligen Bischof Audoin die Subdiakonats- und Diakonatsweihe.
Nachdem Wandregisil durch den heiligen Bischof Audomar die Priesterweihe erhalten hatte, legte er am 1. März 649 den Grundstein zum Kloster Fontanelle, das später auch nach ihm Saint Wandrille benannt wurde. Fortan leitete er als Abt dieses von ihm gegründete Kloster bis zu seinem seligen Sterben am 27. Juli 668.
Diesem vorbildlichen heiligen Benediktiner-Abt wurden nun — wie es in der Lebensbeschreibung des Heiligen mehrmals betont wird — verschiedene Engelserscheinungen zuteil. So stand eines Nachts, als Wandregisil in inständigem Gebet um den rechten Geist in seiner Mönchsgemeinschaft verweilte, plötzlich ein von gewaltigem Lichtglanz umgebener *Engel* vor ihm, der die Zelle des Abtes mit staunenswerter Helligkeit und mit wohlriechendem Duft erfüllte. Der Engel aber sprach zu Wandregisil: «Knecht Jesu Christi, der du in der Gottesfurcht überaus grosse Bereitschaft zeigst, der Friede sei mit dir! Du bist gross in den Augen Gottes, und gross sind deine Werke, die du unaufhörlich zu verrichten trachtest. Bleibe beharrlich bei dieser deiner Haltung bis zum Lebensende! Der Herr Jesus Christus hält dir eine herrliche Krone und die beglückende Herrlichkeit des Paradieses bereit!»[2)].
Beim Hinscheiden des hl. Wandregisil am 27. Juli 668 wurde, wie sein Biograph weiter berichtet, eine wundersame Musik vernehmbar. Jener Mönch, der am Krankenlager des heiligen Abtes Wache hielt, meinte zuerst, es wäre dies der Chorgesang in der Abteikirche, der ans Krankenlager des Abtes herüberklang. Als er aber einsehen musste, dass dies unmöglich der Fall sein könne, rief er die übrigen Mönche des Klosters herbei. Sie versammelten sich um das Sterbebett ihres Vaters und vernahmen nun ebenfalls die himmlischen Gesänge[3)]. So holten die Engel den hl. Wandregisil in ihre Gemeinschaft im Himmel, und es wurde wieder — wie so oft beim Sterben der Heiligen und eigentlich aller Christen, die in der Gnade Gottes sterben — wahr, was in der Sterbeliturgie der Kirche gebetet wird: «In paradisum deducant te angeli . . .» (Ins Paradies mögen dich die Engel geleiten).

Der hl. Cuthbert
(† 20. März 687)

Um auch einen Heiligen aus dem 7. Jahrhundert, der familiären Verkehr mit den heiligen Engeln hatte, zu erwähnen, sei auf den «Wundertäter Britanniens», den Nationalheiligen der angelsächsischen Kirche, den hl. Cuthbert von Lindisfarne, hingewiesen, dessen Leben und dessen Grab in der Kathedrale zu Durham durch Wunder ausgezeichnet worden ist. Der heilige Kirchenlehrer Beda der Ehrwürdige («Beda Venerabilis» [† 26.5.735]) hat uns von diesem volkstümlichen englischen Heiligen sowohl in Prosa[1)], als auch in poetischer Form[2)] eine für die Engelverehrung im 7. Jahrhhundert aufschlussreiche Lebensbeschreibung hinterlassen.
Zuerst sei kurz der Lebenslauf des hl. Cuthbert skizziert: Der um 634 in eine Bauernfamilie Northumbriens hineingeborene Cuthbert war zunächst Schafhirte, diente dann unter König Oswin als Soldat und trat 651 in das Benediktinerkloster Melrose in Schottland ein. 664 wurde er Prior des Klosters Lindisfarne auf Holy Island, einer Insel an der Ostküste Nordenglands. Hier wirkte er unermüdlich als Verkünder des Evangeliums und war bemüht, das Heidentum und den alten Aberglauben des Volkes auszurotten. Cuthbert zog sich dann 675 als Einsiedler auf die kleine Insel Farne zurück, aus der er 684 auf den Bischofsstuhl von Hexam berufen wurde. Er gab aber dazu erst dann seine Einwilligung, als er diesen Bischofsstuhl mit dem von Lindisfarne vertauschen durfte. Als er nach Weihnachten 686 sein Ende kommen spürte, zog er sich wieder in die Einsiedelei auf der Insel Farne zurück, wo er am 20. März 687 im Ruf der Heiligkeit starb[3)].
Der grosse Geschichtsschreiber Englands, der hl. Beda Venerabilis, der selber in seinen Schriftkommentaren und im 9. Kapitel seines Werkes «Das Buch über einige Probleme» («Aliquot quaestionum liber») auf die heiligen Engel zu sprechen kommt[4)], hat nun in seiner Lebensbeschreibung des heiligen Mönchs, Priesters und Bischofs Cuthbert mehrmals berichtet, dass diesem Heiligen Englands ein vertrauter Verkehr mit den Engeln von Jugend an eigen gewesen ist. So berichtet der hl. Beda im 2. Kapitel seines «Buches über Leben und Wunder des hl. Cuthbert»[5)], dass ein *Engel* dem jugendlichen Cuthbert erschienen sei und ihm eine Medizin angeraten habe, um damit sein krankes, wundes Knie zu heilen.
Im 4. Kapitel seiner Cuthbert-Biographie erzählt der hl. Beda, dass

Cuthbert als junger Mönch eines Nachts, während seine Mitbrüder schliefen, urplötzlich vom Himmel her die ganze Gegend wunderbar erleuchtet gesehen habe; in dieser unerwarteten Helligkeit habe er dann geschaut, wie die Seele des heiligen Bischofs Aidan von Lindisfarne († 31.8.651), von Engelscharen umgeben, in den Himmel getragen worden sei[6)].

Auch später noch als Prior und Bischof wurde der hl. Cuthbert mehrmals der Erscheinung von Engeln gewürdigt. So erschien ihm, als er in seinem Kloster zu Lindisfarne Gastpater war, im Winter an einem frühen Morgen ein *Engel* in Gestalt eines reifen Mannes. Cuthbert nahm den nicht erkannten Engel gastfreundlich auf und bewirtete ihn. Dafür wurde er mit einem auffallenden Wunder belohnt, das ihm den Ausspruch entlockte: «Ich sehe, dass der, den ich gastfreundlich aufgenommen habe, ein Engel Gottes war, der nicht kam, um erquickt zu werden, sondern um mich zu erquicken»[7)]. Der hl. Beda fügt dem die Bemerkung an: «Von dieser Zeit an verdiente Cuthbert oft, *Engel* zu sehen und von ihnen angesprochen und erquickt zu werden»[8)].

Im 15. Kapitel seiner Cuthbert-Biographie erzählt der hl. Beda noch, dass Cuthbert aus einer Frau einen bösen Geist ausgetrieben habe; im 17. Kapitel aber meldet der hl. Beda, dass der heilige Mönch Cuthbert damals, als er sich auf die kleine, verlassene Insel Farne als Einsiedler zurückzuziehen begonnen hatte, zuerst mit Hilfe der *Engel* eine grosse Schar von Dämonen vertrieben habe. Schliesslich schreibt der hl. Beda im 34. Kapitel, Cuthbert habe eines Tages beobachtet, wie die Seele eines Mannes, der durch einen Unfall ums Leben gekommen war, durch *Engel* in den Himmel getragen wurde.

Was der hl. Beda der Reihe nach in seinem «Buch über Leben und Wunder des hl. Cuthbert» über diesen Heiligen und dessen Kontakte mit guten und gefallenen Engeln festgehalten hat, hat übrigens auch ein anderer zeitgenössischer Biograph des hl. Cuthbert um das Jahr 700 niedergeschrieben[9)].

Der hl. Autbert

(† 10. September 725)

Dieser heilige Bischof von Avranches in Westfrankreich, der diese Diözese von 704 bis 725 regierte, gehört unter den Heiligen, die ein besonderes Naheverhältnis zu den Engeln hatten, deshalb genannt, weil er als

Begründer der Wallfahrt zum grossen Heiligtum des Erzengels Michael, zum «Mont-Saint-Michel» in der Normandie, gilt[1].

Auf einem schmalen Granitfelsen vor der normannischen Küste, der um seines sargähnlichen Aussehens willen «mons tumbae» (Katafalkberg) genannt wurde, soll der Erzengel Michael dem hl. Autbert erschienen sein. Die Lesungen zur zweiten Nokturn im Festofficium des «Festes des heiligen Michael von der Meeresgefahr» (16. Oktober), wie es in den Diözesen Coutances und Avranches gefeiert wurde, berichteten folgendes: «Im vierten Jahrhundert zog sich von Coutances und Avranches bis Dol und Aleth eine weite, mit dichten Wäldern bedeckte Ebene hin, die durch das Gebirge von Sessiacum gegen den Andrang der Meereswogen geschützt war. Nachdem das Licht des christlichen Glaubens an den Küsten von Armorica und Neustrien erschienen war, suchten viele fromme Männer, von denen mehrere jetzt unter die Heiligen gezählt werden, die Einsamkeit jener Gegend auf, um sich ganz ungehindert dem Dienste Gottes und himmlischen Betrachtungen widmen zu können. Die durch das Leben so vieler heiliger Männer geweihte Stätte wurde später noch berühmter durch die Erscheinung des Erzengels Michael. Es war zur Zeit Childeberts III. Da erschien dieser heilige Erzengel im Traum dem Bischof Autbert von Avranches (im Jahre 709) und forderte ihn auf, ihm auf dem Berg Tombes eine Kirche errichten zu lassen und dieselbe unter seinen Schutz zu stellen. Dreimal mahnte der heilige Michael den unschlüssigen Bischof, bis derselbe endlich Hand ans Werk legte. Er liess ein Heiligtum in Gestalt einer runden Grabeskirche, ähnlich derjenigen auf dem Monte Gárgano, erbauen. Nachdem die neue Kirche mit Reliquien, die Bischof Autbert vom Monte Gárgano erhielt, reichlich ausgestattet worden war, wurde sie am 16. Oktober feierlich eingeweiht. Dieser Tag wurde seitdem nicht nur in vielen Kirchen Frankreichs, sondern auch in England gefeiert. So wurde dieser heilige Berg unter den besonderen Schutz des heiligen Michael (als «Mont-Saint-Michel») gestellt und Gott geweiht. Man nennt ihn auch «St. Michael in der Meeresgefahr», seitdem der Ozean jene weit ausgedehnten Wälder weggerissen hat und an diesen geheiligten Berg zweimal am Tag die Meeresfluten prallen. Der heilige Bischof Autbert gründete daselbst ein Kloster mit zwölf Klerikern, um immerfort den Dienst zur Verehrung des heiligen Michael zu besorgen. An ihre Stelle berief später Herzog Richard I. von der Normandie (1189-1199) Mönche aus dem Orden des hl. Benedikt. Die Folge der zahlreichen Wunder, die dort geschahen, war, dass viele Pilger aus ganz Europa, besonders viele Könige und Fürsten Frankreichs und Englands, auf den Berg des hl. Michael wallfahrten»[2].

«Solange das Abendland in seiner Substanz christlich war, galt der Berg des heiligen Erzengels Michael im äussersten Westen Europas — genau so wie der Berg des heiligen Erzengels Michael im äussersten Süden Europas (Monte Gárgano) — als Zeichen der Verehrung einer unsichtbaren Welt, mit der sich die Christenheit lebendig verbunden wusste und deren geschichtsmächtige Wirklichkeit sie gläubig bejahte. Immer wieder empfing von hier aus die fromme Verehrung der heiligen Engel, voran des Erzengels Michael, kräftige Impulse»[3].
«Es kann als unheimlich-eindringliches Symbol für jenen Geist gelten, der in der Neuzeit die dem Christentum entfremdete Menschheit beherrscht — eine Menschheit, die den heiligen Engeln kaum mehr als ein rationalistisch-hochmütiges Lächeln entgegenbringt —, wenn in der Französischen Revolution 1790 die Abtei Mont-Saint-Michel im Namen der Freiheit, Gleichheit und Brüderlichkeit aufgehoben, ihrer Schätze beraubt und der Klosterbau — ein Juwel normannischer Gotik — in ein Gefängnis für solche Priester umgewandelt wurde, die den Eid auf die Zivilverfassung verweigerten»[4].
Der Leichnam des heiligen Bischofs Autbert wurde der Überlieferung gemäss in der Kirche des Erzengels Michael auf dem Berg Tombes beigesetzt, und zwar an einem 16. Juni, während sein Sterbetag auf den 10. September fällt, wobei das Sterbejahr von Duchesne im 6. Jahrhundert unter König Childebert II. († 595) angenommen wird, andere aber am überlieferten Jahr 725 unter König Childebert III. festhalten[5].

Der hl. Johannes von Damaskus

(† 4. Dezember 749)

Aus dem achten Jahrhundert soll als Zeuge für den Glauben an die Existenz und Wirksamkeit der Engel «der letzte grosse Kirchenvater des Orients, der klassische Dogmatiker der griechischen Kirche», der hl. Johannes von Damaskus (Johannes Damascenus) genannt werden. Er war zwar — auch in der Engellehre — «kein produktiver Geist und kein origineller Forscher, sondern nur ein eifriger Sammler und fleissiger Verwerter überkommener Geistesfrüchte»[1], aber gerade deshalb ist doch das, was er über die *Engel* in seiner «Darlegung des orthodoxen Glaubens» niedergeschrieben hat, recht aufschlussreich[2].
Johannes Damascenus entstammte einem angesehenen, alteingesessenen christlichen Geschlecht in Damaskus. Er wurde um 650 dort geboren. In seiner Familie vererbte sich vom Vater auf den Sohn ein hohes sarazeni-

sches Staatsamt, vermutlich das Oberaufsichtsamt über die Steuern der Provinz Syrien. Mit der Vertrauensstellung, die die Familie bei den Kalifen genoss, hängt offensichtlich ihr Beiname «Manschur» (= der, dem geholfen ist) zusammen.

Lehrer und Erzieher des jungen Johannes und seines Adoptivbruders Kosmas war der gelehrte Mönch und Philosoph Kosmas aus Kalabrien, den ein umfassendes theologisches und profanes Wissen auszeichnete und den der Vater des Johannes aus der sarazenischen Kriegsgefangenschaft losgekauft hatte. Dieser Kosmas aus Kalabrien unterwies seine beiden hochbegabten Schüler in den geistlichen und weltlichen Wissenschaften.

Ob und wann Johannes in die Stellung seines Vaters eingerückt ist, ist nicht festzustellen. Bald nach 700 aber schied er aus dem Staatsdienst und zog sich aus Sehnsucht nach dem kontemplativen Leben mit seinem Adoptivbruder Kosmas in die berühmte Laura des hl. Sabas bei Jerusalem zurück, wohin schon früher sein Lehrer Kosmas gegangen war, um sich für den Rest des Lebens ganz dem Dienste Gottes hinzugeben. Der Patriarch Johannes V. von Jerusalem († 735) weihte Johannes Damascenus zum Priester. In der Ruhe des Sabasklosters entfaltete er nun eine fruchtbare schriftstellerische Tätigkeit. Grundsatz seines literarischen Schaffens war, die Glaubenswahrheiten gemäss den Propheten, Aposteln und Kirchenvätern der ersten christlichen Jahrhunderte darzulegen, ohne etwas Eigenes dabei zu ersinnen.

Johannes Damascenus, der am 4. Dezember 749 im Sabaskloster starb, wurde fünf Jahre danach von der Aftersynode zu Konstantinopel 754 wegen seiner Verteidigung der Bilderverehrung als Häretiker verdammt. Das siebte Konzil von Nicaea (787), das die Bilderverehrung in Schutz nahm, rehabilitierte ihn als rechtgläubigen Hauptvorkämpfer der Bilderverehrung. In der Ostkirche wird er als Kirchenvater verehrt; der Hl. Stuhl hat ihn am 18. September 1890 zum Kirchenlehrer ernannt.

Nun zur Engellehre des hl. Johannes Damascenus; er entwirft sie im 2. Buch seiner «Darlegung des orthodoxen Glaubens» im 2., 3. und 4. Kapitel: «Der gute, übergute Gott hat sich nicht mit der Betrachtung seiner selbst begnügt, nein, im Übermass seiner Güte hat er gewollt, dass etwas werde, das seine Wohltaten empfangen und das an seiner Güte teilnehmen soll. Darum bringt er alles aus dem Nichtsein ins Sein hervor und schafft es, das Unsichtbare wie das Sichtbare, und den Menschen, der aus Sichtbarem und Unsichtbarem zusammengesetzt ist. Gott schafft aber, indem er denkt, und der Gedanke subsistiert das Werk, durch das Wort vollbracht und durch den Geist vollendet.

Gott selbst ist der Schöpfer und Bildner der *Engel*. Er hat sie aus dem Nichtsein ins Sein gerufen, nach seinem Bild hat er sie geschaffen als eine körperlose Natur, eine Art Wind und unstoffliches Feuer, wie der göttliche David sagt: 'Der seine Engel zu Winden und seine Diener zur Feuerflamme macht' (Ps 103,4; Hebr 1,7). Damit beschreibt er die Leichtigkeit, Feurigkeit, Wärme, Eindringlichkeit und Schnelligkeit, womit sich die Engel Gott hingeben und ihm dienen, ihr Aufwärtsstreben und Freisein von jeder materiellen Gesinnung.

Ein Engel ist demnach ein denkendes, allzeit tätiges, willensfreies, unkörperliches, Gott dienendes Wesen, dessen Natur die Unsterblichkeit aus Gnade empfangen hat. Die Form und Bestimmung des Wesens des Engels kennt allein der Schöpfer. Unkörperlich aber und immateriell heisst der Engel in bezug auf uns Menschen, denn verglichen mit Gott, dem allein Unvergleichbaren, erscheint alles grob und stofflich. Wahrhaft unstofflich und unkörperlich ist eben nur das göttliche Wesen.

Der Engel ist also ein vernunftbegabtes, denkendes, willensfreies, in Gesinnung und Wille wandelbares Wesen. Denn alles Geschaffene ist auch wandelbar, nur das Ungeschaffene ist unwandelbar. Und alles Vernunftbegabte kann sich selbst bestimmen. Als vernunftbegabt und denkend hat das Wesen des Engels darum freie Selbstbestimmung. Als geschaffen ist es jedoch wandelbar, es hat die Macht, sowohl im Guten zu bleiben und vorwärts zu kommen, als auch sich zum Schlechten zu wenden. Unfähig ist der Engel einer Bekehrung, weil er ja unkörperlich ist. Denn der Mensch hat wegen der Schwachheit des Körpers Bekehrung erlangt. Unsterblich ist er nicht kraft seiner Natur, sondern durch Gnade. Denn alles, was einen Anfang gehabt hat, hat naturgemäss auch ein Ende. Nur Gott ist immer, ja noch mehr, er ist sogar über dem Immer. Denn nicht unter der Zeit, sondern über der Zeit ist der Schöpfer der Zeiten.

Die Engel sind zweitrangige geistige Lichter. Ihre Erleuchtung haben sie vom ersten, anfanglosen Licht. Sprache und Gehör brauchen sie nicht, sie teilen vielmehr ohne gesprochenes Wort einander ihre Gedanken und Entschlüsse mit. Durch das ewige Wort, den Logos, wurden alle Engel geschaffen und vom Heiligen Geist durch Heiligung vollendet; entsprechend ihrer Würde und Rangordnung sind sie der Erleuchtung und der Gnade teilhaftig geworden.

Sie sind umschrieben. Denn wenn sie im Himmel sind, sind sie nicht auf der Erde. Und werden sie von Gott auf die Erde gesandt, so bleiben sie nicht im Himmel zurück. Sie werden aber nicht begrenzt von Mauern und Türen, Riegeln und Siegeln, denn sie sind unbegrenzt; und begrenzt, sage ich; denn nicht so, wie sie sind, erscheinen sie den Würdigen, denen sie Gott erscheinen lassen will, sondern in veränderter Gestalt, so, wie die Sehenden sie sehen können. Denn unbegrenzt von Natur aus und im eigentlichen Sinn ist nur das Ungeschaffene. Jedes Geschöpf wird ja von Gott, seinem Schöpfer, begrenzt.

Die Heiligung haben die Engel ausserhalb ihrer Natur vom Heiligen Geist empfangen. Durch die göttliche Gnade weissagen sie. Eine Ehe haben sie nicht nötig, denn sie sind nicht sterblich.

Die Engel sind Geister, darum sind sie auch an geistigen Orten. Sie werden umschrieben, zwar nicht nach der Art der Körper — sie haben ja ihrer Natur nach keine Körpergestalt noch dreifache Ausdehnung (nach Länge, Breite und Höhe) —, sondern dadurch, dass sie dort, wohin sie befohlen werden, geistig zugegen sind und wirken und nicht zu gleicher Zeit da und dort sein und wirken können.

Ob sie dem Wesen nach gleich oder voneinander verschieden sind, wissen wir nicht. Gott allein weiss es, er, der sie erschaffen hat, der ja alles weiss. Verschieden jedoch sind die Engel voneinander durch den Lichtglanz und den Stand, sei es, dass dem Lichtmass ihr Stand oder dem Stand ihr Lichtanteil entspricht. Wegen der Überordnung des Ranges oder der Natur erleuchten sie sich gegenseitig. Es ist klar, dass die Höheren den Niedrigeren das Licht und die Erkenntnis mitteilen.

Die Engel sind stark und bereit zum Erfüllen des göttlichen Willens; dank ihrer schnellen Natur finden sie sich sogleich überall ein, wo der göttliche Wink es befiehlt. Sie beschützen die Erdteile. Sie stehen Völkern und Orten vor, wie es ihnen vom Schöpfer aufgetragen ist, sie besorgen unsere Angelegenheiten und helfen uns. Es ist sicher, dass sie nach dem göttlichen Willen und Gebot über uns Menschen stehen und ständig um Gott sind.

Schwer beweglich sind die Engel hin zum Bösen, doch sind sie in dieser Hinsicht nicht unbeweglich. Zwar sind sie das jetzt, aber sie sind es nicht kraft ihrer Natur, sondern kraft der Gnade und dem Eifer, mit dem sie nun ausschliesslich am Guten festhalten.

Sie schauen Gott, soweit es ihnen möglich ist; und diese Gottesschau ist ihre Nahrung.

Die Engel stehen über uns Menschen, denn sie sind unkörperlich und frei von jeder körperlichen Leidenschaft; sie sind aber wahrlich nicht leidenschaftslos, denn nur Gott ist leidenschaftslos.

Die Engel nehmen jene Gestalt an, die Gott der Herr befiehlt; so erscheinen sie den Menschen und enthüllen ihnen die göttlichen Geheimnisse. Sie weilen im Himmel; ihre einzige Aufgabe ist dort, Gott zu preisen und seinem göttlichen Willen zu dienen. Wie der überaus heilige, fromme und grosse Gottesgelehrte Dionysius der Areopagita sagt, hat die ganze Theologie, d.h. die Heilige Schrift, den himmlischen Wesen neun Namen gegeben. Diese gruppiert der göttliche Lehrer, der uns in die heilige Wissenschaft eingeweiht hat, in drei dreiteilige Ordnungen. Die erste, so sagt er, ist die, die immerdar um Gott ist, und, wie die Überlieferung berichtet, ununterbrochen und unmittelbar mit ihm vereinigt ist, nämlich die der sechsflügeligen Seraphim, der vieläugigen Kerubim und der hochheiligen Throne. Die zweite die der Herrschaften, der Gewalten und Mächte. Die dritte und letzte die der Fürstentümer, der Erzengel und Engel.

Einige behaupten nun, die Engel seien *vor* jeder übrigen Schöpfung ins Dasein getreten. So sagt Gregor von Nazianz, der Theologe: 'Zuerst dachte Gott die englischen und himmlischen Mächte, und dieser Gedanke ward Tat.' Andere jedoch behaupten, nach der Erschaffung des ersten Himmels seien die Engel geschaffen worden. Dass sie aber vor der Erschaffung des Menschen geschaffen wurden, darin sind sich alle einig. Ich stimme diesbezüglich dem Theologen zu. Denn es ziemte sich, dass zuerst die geistige Natur, dann die sinnliche und schliesslich der aus beiden bestehende Mensch geschaffen wurde.

Alle, die behaupten, die Engel seien Schöpfer von was immer für einer Wesenheit, diese sind ein Sprachrohr ihres Vaters, des Teufels; denn da die Engel Geschöpfe sind, sind sie keine Schöpfer. Schöpfer, Erhalter und fürsorglicher Lenker von allem ist Gott, der allein unerschaffen ist, der im Vater und Sohn und Heiligem Geist gepriesen und verherrlicht wird.

Von diesen englischen Mächten hat sich der Fürst der die Erde umgebenden Rangklasse, dem von Gott die Bewachung der Erde übertragen war, und der von Natur aus nicht schlecht, sondern gut und für das Gute geschaffen war, und der durchaus keine Spur von Schlechtigkeit vom Schöpfer in sich gehabt hat, der jedoch das Licht und die Ehre, die ihm der Schöpfer geschenkt hatte, nicht ertragen hat, durch freie Selbstbestimmung vom Naturgemässen zum Widernatürlichen gewendet und sich gegen Gott, seinen Schöpfer, erhoben in der Absicht, sich ihm zu widersetzen.

Zuerst ist er vom Guten abgefallen, dann ist er in das Böse geraten. Das Böse ist ja nichts anderes als eine Beraubung des Guten, wie auch die Finsternis eine Beraubung des Lichtes ist. Ebenso ist auch das Böse eine geistige Finsternis. Als Licht also war er vom Schöpfer gut erschaffen worden — denn Gott 'sah alles, was er gemacht hatte, und siehe, es war

sehr gut' (Gen 1,31) —; durch freie Willensentscheidung ist er Finsternis geworden. Mit ihm riss sich eine zahllose Menge der ihm unterstellten Engel los, folgte ihm und fiel mit ihm. Obwohl sie (die Dämonen) von derselben Natur sind wie die Engel, sind sie böse geworden, sie haben aus freien Stücken ihren Willen vom Guten zum Bösen gewendet. Sie (die Dämonen) haben keine Macht und Gewalt über jemand, es müsste denn sein, dass sie ihnen von Gott aus Gründen der Heilsordnung eingeräumt würde, wie von Job (1,12) und von den Schweinen im Evangelium (Mk 5,13) geschrieben steht. Erhalten sie aber von Gott die Erlaubnis, dann haben sie die Macht; sie wandeln sich und ändern sich und nehmen jene Gestalt an, in der sie erscheinen wollen.
Das Zukünftige wissen zwar weder die Engel Gottes noch die Dämonen. Gleichwohl sagen sie es voraus; die Engel tun es, wenn Gott es ihnen offenbart und vorhersagen heisst; deshalb trifft alles, was sie sagen, ein. Es sagen aber auch die Dämonen voraus, weil sie die fernen Ereignisse teils schauen, teils vermuten; deshalb lügen sie auch häufig; man darf ihnen nicht glauben, auch wenn sie unter den genannten Umständen oft die Wahrheit sagen; sie kennen aber auch die Schriften.
Jegliche Bosheit ward von ihnen (den gefallenen Engeln) ersonnen, desgleichen unreine Leidenschaften. Zwar wurde ihnen erlaubt, dem Menschen zuzusetzen; zwingen aber können sie niemand. Denn an uns Menschen ist es, den Angriff aufzunehmen oder nicht aufzunehmen. Deshalb ist dem Teufel und seinen Dämonen und seinen Anhängern das unauslöschliche Feuer und die ewige Strafe bereitet (vgl. Mt 25,41). Man muss aber wissen: Was für die Menschen der Tod ist, das ist für die Engel der Abfall; denn nach ihrem Abfall gibt es für sie keine Busse (zur Umkehr), so wenig wie es für uns Menschen eine solche nach dem Tode gibt.»

Der hl. Hrabanus Maurus

(† 4. Februar 856)

Hrabanus Maurus, dieser am meisten gefeierte Lehrer Deutschlands («primus praeceptor Germaniae») im 9. Jahrhundert, verdient es aus mehreren Gründen, unter jene Heiligen eingereiht zu werden, denen die Verehrung der heiligen Engel und der Glaube an sie ein Herzensanliegen war.
Hrabanus Maurus wurde um 780 in Mainz geboren. Er kam mit 10 Jahren zur Ausbildung in die Fuldaer Klosterschule und trat hier bei den

Benediktinern ein. Aus der grossen Schar der jungen Ordenskleriker ragte er so heraus, dass er nach seiner ersten Formung im Kloster Fulda zu dem seligen Alkuin, dem gelehrten und von Karl dem Grossen hochgeschätzten Kultusminister des Reiches, der damals in Tours dem dortigen Kloster vorstand, zur weiteren Ausbildung gesandt wurde. In der Schule des seligen Alkuin wurde ihm nicht nur eine grosse Vorliebe für das Geheimnis der heiligsten Dreifaltigkeit eingeimpft[1)], sondern auch eine eifrige Verehrung der heiligen *Engel*, vor allem des Engelsfürsten *Michael* beigebracht.

Nach seiner Heimkehr in das Kloster zu Fulda wurde Hrabanus Maurus 814 zum Priester geweiht und bald schon mit der Leitung der Fuldaer Klosterschule beauftragt. Hier unterwies er nun die jungen Ordenskleriker im Sinn seines Werkes «De institutione clericorum» und entfaltete eine vielfache schriftstellerische Tätigkeit.

Zu Beginn des Jahres 822, nämlich am 15. Januar, wurde in Fulda die grossartige, frühromanische St.Michaels-Kirche geweiht. An der Planung dieses heute noch ehrfurchtgebietenden Rundbaues zu Ehren des mächtigen Erzengels war Hrabanus Maurus ganz stark beteiligt. Wie zum Lohn dafür wurde er am Ende des gleichen Jahres, nämlich am 28. Oktober, zum Abt des Klosters Fulda erwählt und geweiht[2)].

Vielleicht hat der fromme, gelehrte Mönch Hrabanus Maurus gerade zur Einweihung der Fuldaer Michaels-Kirche seine beiden *Engel*-Hymnen, «Christe sanctorum decus angelorum» und «Tibi, Christe, splendor Patris» gedichtet[3)] und — wie er es bei seinen Hymnen zu tun pflegte — wahrscheinlich auch komponiert, die seit der jüngsten Reform des römischen Stundengebetes («Liturgia horarum») von 1971 mit unbedeutenden Änderungen bei der Vesper, beziehungsweise bei den Laudes am Fest der drei Erzengel Michael, Gabriel und Raphael am 29. September, verwendet werden. Diese beiden Engelhymnen des hl. Hrabanus Maurus sind aussagereich und schön.

Der Hymnus zu den Laudes «Tibi, Christe, splendor Patris» lautet in der sehr freien deutschen Übersetzung in der Lesehore des «Stundenbuches»[4)] so:

«Christus, Dir, dem Glanz des Vaters,
der uns Kraft und Leben gibt,
singen wir mit Herz und Munde
vor der *Engel* Angesicht;
ihrem Lobpreis, ihren Liedern
schliessen wir uns freudig an.

Wenn wir in Verehrung preisen
Deines Himmels hohe Schar,
dann zuerst den hehren Fürsten,
der die *Engel* führt zum Kampf:
Michael, der einst den Satan
mit dem Schwerte niederzwang.

Christus, König, sende huldvoll
diesen Helden uns zum Schutz,
seine Kraft soll uns bewahren,
bis Dein grosser Tag erscheint,
dass wir wachend Deiner warten,
wenn Du mit den *Engeln* kommst.»

Der Hymnus zur Vesper «Christe sanctorum decus angelorum» lautet in eigener Übersetzung so:

«Christus, du Freude der heiligen *Engel*,
Lenker des Menschengeschlechts und sein Urheber,
gewähr' uns in Güte, zum ewigen Reich im Himmel aufzusteigen.

Michael, den Engel des Friedens, send' uns, wir bitten, in diese Halle, auf dass seinem Kommen Heil und Segen uns erwachse!

Gabriel, der starke Bote, vertreibe den alten Feind, er komme von oben oft in diesen Tempel und suche uns heim!

Den Arzt-Engel des Heils, Raphael, sende uns vom Himmel, damit er alle Kranken gesund mache und unsere Schritte zu guten Taten lenke!

Dabei steh' uns allzeit zur Seite die Gebärerin unseres Gottes, Maria, und der ganze Chor der *Engel* mit all den Scharen der Seligen!

Das gewähr' uns die glückselige Gottheit des Vaters wie des Sohnes und des Heiligen Geistes gleicherweise, deren Ruhm widerhalle auf der ganzen Welt. Amen»[5)].

Vom hl. Hrabanus Maurus besitzen wir unter seinen sicher echten Predigten zwei Ansprachen oder Homilien auf den Erzengel *Michael*, wobei die eine (31. Homilie) für das Fest am 29. September, die andere (32. Homilie) für den Tag der Erscheinung des Erzengels Michael am Gárgano-Gebirge (8. Mai) gedacht war.
Während in der ersten Ansprache ein kurzer Abriss der Engellehre mit dem Hinweis auf die neun Engelchöre und mit der Deutung der Namen

der Erzengel Michael, Gabriel und Raphael zusammen mit einer sinnigen Aufzählung ihrer Eigenschaften gegeben wird[6], geht es dem hl. Hrabanus Maurus in der zweiten Ansprache nur um eine ausführliche Schilderung der Entstehungsgeschichte des Michael-Heiligtums am Gárgano-Gebirge und um eine interessante Beschreibung dieses Heiligtums[7].

Beachtenswert ist die Bemerkung des hl. Hrabanus Maurus, dass neben den neun Chören der Engel wir Menschen den *zehnten* Chor bilden, da wir die gleiche Aufgabe haben wie die Engel, nämlich in Gehorsam Gott zu dienen und in Dankbarkeit Ihn zu lieben. Zu dieser Gottesliebe möchten uns die heiligen Engel entflammen. «Lasst uns» — so schliesst der Heilige seine erste Michaels-Ansprache — «einander lieben, lasst uns jene Geister der himmlischen Heimat lieben und ihren himmlischen Wandel in unserem sittlichen Verhalten nach Kräften nachahmen! Lasst uns aber vor allem und über alles unseren gemeinsamen Urheber lieben und seine Güte anflehen, damit wir, die wir zusammen mit den heiligen Engeln für das gleiche herrliche Endziel bestimmt sind, auf ihre Fürsprache hin in ihre Gemeinschaft gelangen!»[8]

Die Verehrung des Erzengels Michael dürfte bei Hrabanus Maurus, dem fünften Abt des Fuldaer Klosters, und bei seinen Vorgängern in der Leitung dieser ehrwürdigen Abtei auf ihren Gründer, den hl. *Bonifatius* († 5.6.754), zurückgehen, der nach dem Zeugnis seines Biographen Wiltibaldis seine gesamte Missionstätigkeit unter den Schutz des Erzengels *Michael* gestellt hatte[9]; Hrabanus Maurus aber schätzte den Märtyrerbischof Bonifatius und suchte ihn, auch in der Verehrung des Erzengels Michael, nachzuahmen. Vielsagend ist, dass nach der feierlichen Weihe der neu erbauten Fuldaer Klosterkirche am 1. November 819 unter den sechs Männern, die in einer Prozession die Reliquien des hl. Bonifatius zu ihrem neuen Bestimmungsort, nämlich zum Altar in der Westapsis der Kirche, brachten, sich Hrabanus Maurus befand[10].

Auch in seinen Kommentaren, die er zu vielen Büchern des Alten und Neuen Testaments verfasste, kommt Hrabanus Maurus bei den betreffenden Schriftstellen auf die Engel wenigstens kurz zu sprechen. Das gilt vor allem von seinem zwischen 814 und 822 verfassten Kommentar zum Matthäus-Evangelium[11] und von seinem Kommentar zu den Paulusbriefen[12], den er erst als Erzbischof von Mainz zu Ende führte.

Ausführlicher aber als in seinen Schriftkommentaren hat sich der hl. Hrabanus Maurus im 5. Kapitel des ersten der 22 Bücher «De universo» mit der Engellehre befasst[13]. Hier nennt er neben den in der Hl. Schrift mit Namen genannten drei Erzengeln Michael, Gabriel und Raphael auffallenderweise auch *Uriel*, obgleich ein römisches Konzil unter Papst Zacharias im Jahre 745 verboten hatte, Uriel, Raguel, Adimis, Tophoas, Sabaoth und Simiel anzurufen, weil diese sogenannten Engel in Wirklichkeit Dämonen seien. Er bespricht die neun Chöre der Engel, stellt dabei dann aber die Frage: «Was nützt es, über die Engel-Geister das alles zu erörtern, wenn wir nicht danach streben, es auch zu unserem Vorteil und Heil entsprechend zu bedenken und die Folgerungen daraus zu ziehen?» Dabei äussert dann der gelehrte Fuldaer Mönch und Lehrer eine eigenartige Ansicht: Während nämlich sonst vielfach die Meinung vertreten wurde, es würden genau so viele Menschen zur himmlischen Herrlichkeit gelangen, als durch die Verwerfung der gefallenen Engel Plätze im Himmel frei geworden waren, behauptet Hrabanus Maurus, es würden genau so viele Menschen in die Stadt Gottes im Himmel gelangen, als die Zahl der Gott treugebliebenen guten Engel ausmacht[14]. Dann betont er noch, wir Menschen, die wir danach streben, in den Himmel zu kommen, müssten uns bemühen, den *Engeln* jeweils so ähnlich zu werden, dass die verschiedenen Klassen der Menschen genau das verwirklichen, was den einzelnen Chören der Engel aufgetragen ist. Dazu bringt Hrabanus Maurus dann eine moralische Deutung für das, was die einzelnen Menschenklassen entsprechend dem jeweiligen Chor der Engel tun müssten. Und wieder fügt er diesen Überlegungen die Begründung an: «Es wird nämlich geglaubt, dass eine gleich grosse Anzahl von Menschen in den Himmel aufsteigen wird, als gute Engel im Himmel verblieben sind»[15].

Dieses Werk «De universo» hat Hrabanus Maurus verfasst, als er nach seiner Abdankung von der Regierung als Abt des Klosters zurückgezogen auf dem Petersberg in Fulda lebte. Nach fünf Jahren wurde er aber zu einer neuen, noch verantwortungsschwereren Aufgabe berufen; er wurde Erzbischof in seiner Geburtsstadt Mainz. Am 26. Juni 847 empfing er die Bischofsweihe.

Nach achtjährigem segensreichem bischöflichem Wirken starb er am 4. Februar 856. Vielleicht kommt seine bis zuletzt gepflegte Verehrung der heiligen *Engel* durch eine symbolische Handlung recht gut zum Ausdruck, auf die der Verfasser des Fuldaer Äbtekatalogs «Gesta abbatum» dort, wo er über den Abt Hrabanus Maurus und seine Leistungen berichtet, hinweist: «Der fünfte Abt (von Fulda), der verehrungswürdige, als Verwalter und Gelehrter sehr bedeutende Hrabanus, wegen seiner Tüchtigkeit mit Recht hochberühmt, leitete 20 Jahre die Abtei und führte sie zu solchem Ansehen, dass sie vor allen Orten des Reiches hervorragte. Er liess eine Truhe nach dem Vorbild der mosaischen Bundeslade anfertigen mit Ringen und Stangen, alle Teile aus reinem Gold. Der Deckel der Truhe aber war mit einer Darstellung der *Kerubim* geschmückt, die ebenfalls ganz aus Gold waren und als Leuchter dienten . . .»[16]. Von den Kerubim aber hat Hrabanus Maurus in seinem Werk «De universo» geschrieben, dass ihr Name «Fülle des Wissens» («plenitudo scientiae») bedeute[17]. Sie sind deshalb auf der Bundeslade dargestellt, um hinzuweisen auf die Gegenwart der Engel, in deren Mitte der allwissende Gott thront. Hrabanus Maurus, der sein Leben lang bemüht war, die «Fülle des Wissens» in sich aufzunehmen und an seine Mitbrüder in einem engelgleichen, durch solide Wissenschaft geformten Klerus weiterzugeben, wollte — wie er es in seiner von ihm selbst verfassten Grabinschrift formuliert hat — zeit seines Lebens nach dem Vorbild der heiligen *Engel* «der Diener der Diener Christi, der Schüler derer, die gut lehren, und der Helfer derjenigen sein, die sich um die rechte Haltung nach dem Vorbild der heiligen Engel bemühen»[18].

Der hl. Meinrad

(† 21. Januar 861)

Dieser Benediktinermönch aus der Klosterinsel Reichenau, der zu Ende des 8. Jahrhunderts in Sülichgau (Württemberg) geboren, in Reichenau erzogen, Priester und Mönch wurde, wirkte zuerst als Vorsteher einer Schule in Babinchowa (heute Benken am oberen Zürchersee). Um 828 zog er sich als Einsiedler zurück und lebte als solcher zuerst sieben Jahre lang am Etzel (Bergstock südlich des Zürchersees), dann bis zu seinem Tod im «Finsteren Wald», an jenem Platz, wo später das Kloster Einsiedeln entstand. Dort wurde er 861 von zwei Räubern ermordet. Die älteste «Vita» dieses Mönchpriesters fusst bei aller Erbaulichkeit des Stils doch auf Originalberichten; die zweite «Vita» von Georg von Gengenbach, die erst 1378 vollendet wurde, enthält bereits viel Legendäres. Es fragt sich nur, ob jene Berichte, die Meinrads Beziehungen zu den heiligen *Engeln* schildern, auch schon legendär sind oder nicht doch echte Kontaktnahme dieses heiligen Einsiedlers mit der Welt der guten und der gefallenen Engel schildern.
Aus der Zeit des Einsiedlerlebens des hl. Meinrad wird jedenfalls berichtet, dass er sich eines Tages während des Gebetes plötzlich von einer grossen Schar böser Geister umgeben sah, die ihn und seine ganze Umgebung in Finsternis hüllten, so dass der Tag zur Nacht wurde. Als die bösen Geister durch Drohungen und Terror den Einsiedler einzuschüch-

tern suchten und er von diesem Anprall der finsteren Mächte ganz erschöpft war, dabei aber doch noch intensiver zum Gebet seine Zuflucht nahm und sich mit letzter Hingabe seinem Herrn und Gott empfahl, dem doch sein Leben geweiht war, da wurde es auf einmal vom Osten her wieder licht; es erschien ein *Engel*, der sich dem von den bösen Geistern Umgebenen näherte und dann mit grosser Eindringlichkeit dem finsteren Heer befahl, zu weichen und es nie wieder zu wagen, den Einsiedler zu quälen und zu versuchen. Als die Dämonen gewichen waren, tröstete der *Engel* den Einsiedler in freundschaftlicher Güte und verschwand dann wieder[1)].

Einmal bekam Meinrad in seiner Einsiedelei Besuch durch einen Mitbruder aus der Klosterinsel Reichenau. Die beiden beteten zusammen und führten anregende religiöse Gespräche bis tief in die Nacht hinein. Als beide dann zur Ruhe gingen, begnügte sich Meinrad mit kurzer Nachtruhe und erhob sich bald wieder zum Gebet. Der andere Mönch aber hatte kein Auge zugetan, um den Heiligen genau zu beobachten. Da kam zum betenden Meinrad ein strahlend schöner Jüngling, der mit dem Heiligen zu beten und ein religiöses Gespräch zu führen begann. Der Mönch aus der Reichenau hörte das Gespräch, verstand aber nichts davon, war aber überzeugt, dass der strahlend schöne Jüngling ein *Engel* gewesen sein müsse[2)]. Warum sollte es nicht tatsächlich der Fall gewesen sein? Es gibt ja im Leben anderer Heiliger ähnliche, bestens bezeugte Engelserscheinungen.

Weil an der Stelle, wo der hl. Meinrad gelebt hat und ermordet worden ist, das Kloster Einsiedeln entstand, sei hier auch auf die erstmalig um 1150 aufgetauchte Legende hingewiesen, dass die Gnadenkapelle der herrlichen Klosterkirche von Einsiedeln von Christus selbst, der dabei von einer Schar Engel umgeben war, eingeweiht worden sei. Tatsache ist, dass der heilige Bischof Konrad von Konstanz die erste Kirche in Einsiedeln am 14. September 948 eingeweiht hat. Papst Leo VIII. soll 964 in einer Bulle die Einsiedler «Engelweihe» bestätigt haben; diese Bulle ist aber eine Reichenauer Fälschung aus der 1. Hälfte des 12. Jahrhunderts[3)]. Man hört davon nichts mehr bis in den Anfang des 14. Jahrhunderts, wo die ersten Spuren einer Wallfahrt sich nachweisen lassen. Die Zeugnisse für die Wallfahrt nach Einsiedeln wachsen gegen die Mitte des 14. Jahrhunderts stark an, im 15. Jahrhundert erreichte die Wallfahrt bereits einen Höhepunkt. Hauptfest war und ist auch heute noch das sogenannte «Engelweihe»-Fest am 14. September.

Die Berichte über die Engelserscheinungen im Leben des heiligen Einsiedlers Meinrad und über die «Engelweihe»[4)] enthalten — wenn es dabei nur um fromme Legenden gehen sollte — sicher diesen historischen Kern: Man war damals im 9. und 10. Jahrhundert gläubig fromm der festen Überzeugung, dass die heiligen *Engel* vor allem den betenden Menschen nahe sind und in den geweihten Kirchen — wie es viele Kirchenväter bezeugt haben — vor allem beim eucharistischen Opfer zugegen sind.

Erwähnt sei hier noch, dass die Engelweihe-Legende auch im Leben des heiligen Einsiedlers *Romedius* im 11.-12. Jahrhundert eine Rolle spielt. Er war vermutlich ein Nachkomme der Grafen von Andechs (Oberbayern), die auch Herren von Thaur bei Innsbruck waren. Er verschenkte seine Güter an die Bischofskirche von Trient. Auf den Rat des Bischofs von Trient liess er sich mit ein paar Gefährten in einer wilden Schlucht bei Tavon am Nonnsberg (Trentino) nieder. Als er sich dort in der Gruft der neu erbauten, aber noch nicht geweihten Kirche zum Sterben niederlegte und die «ungezweifelte Hoffnung» hatte, «es werden die Engel Gottes selber den Ort einweihen», habe der Bischof von Trient, als er sich zur Einweihung der Kirche auf den Weg machte, in einer Rastpause gesehen, wie ihm die *Engel* in der Einweihung der Kirche zuvorgekommen seien. So der Bericht in «Heiliges Bayer-Land» (Augsburg 1714, Teil 1, S.52)[5].

Der hl. Gerhard von Csanád

(† 24. September 1046)

Der aus der venetianischen Familie Sagredo stammende heilige Bischof war zuerst Mönch und Abt in San Giorgio Maggiore zu Venedig. Auf einer geplanten Pilgerfahrt ins Heilige Land kam er nicht dorthin, sondern landete mit dem Schiff in Zara. Von dort führte ihn der Weg 1015 nach Ungarn. Vom heiligen König Stephan I. wurde er zum Erzieher seines heiligen Sohnes Emerich bestellt. 1023 zog er sich in das Benediktinerstift Bakony-Beel zurück. 1030 wurde er nach dem Sieg des Heerführers Csanád über Fürst Ajtony von Marosvár zum ersten Bischof von Csanád bestellt. In einem heidnischen Aufstand wurde Bischof Gerhard, der seine Diözese mit Hilfe von Benediktinern gut durchorganisiert hatte, bei dem später nach ihm benannten Gerhardsberg bei Ofen durch Lanzenstiche und Steinwürfe ermordet.

Das einzige von diesem heiligen Bischof erhaltene schriftliche Werk ist ein Kommentar zu dem Hymnus der drei Jünglinge im Feuerofen unter dem Titel «Deliberatio supra hymnum trium puerorum»[1], worin allem

Anschein nach der Vers «Preiset den Herrn, ihr *Engel* des Herrn!» ihn besonders beschäftigt hat, was man leicht versteht, wenn man von einem Ereignis in seinem Leben[2] folgendes erfährt: Gelegentlich des Besuches in einem Kloster fesselte die besondere Aufmerksamkeit des heiligen Bischofs ein ungewöhnlich heller Schein. «Als er nun weiterging, um zu erfahren, woher der Lichtschein komme, sah er, dass er aus der Klausur der Mönche kam. Er betrat diese daraufhin. Sie war von diesem Glanz völlig durchdrungen. Dabei stiess Bischof Gerhard auf einen Mönch namens Wolfram, einen schon altersschwachen Mann, der sich mehr als sechzig Jahre im Orden abgemüht hatte, wie er am Altar, der dem Herrn und Erlöser geweiht ist, das heilige Opfer würdig feiere. Von diesem Mönch strahlte der ganze ausserordentliche Glanz aus. Sein Antlitz war — wie es von Mose heisst - gleichsam gehörnt von der Fülle des Lichtes. Bei der hl. Messe dieses Mönchs zeigte sich eine solche Menge von *Engeln* und eine so unaussprechliche Herrlichkeit der göttlichen Majestät, wie Bischof Gerhard sie noch nie zuvor erblickt hatte, obwohl er gewohnt war, Engel und Dämonen zu schauen. Er dankte Gott für die Vision, und als er mir (dem Chronisten) davon erzählte, sagte er, es sei wohl kaum möglich, in jenem Kloster einen Mönch zu finden, der dem Alten (dem Mönch Wolfram) an Verdiensten gleichkomme. Und er fügte hinzu, es würde in der Welt nie eine hl. Messe gefeiert, zu der nicht wenigstens zwei *Engel* erscheinen, um dabei zu assistieren und ihrem Schöpfer zu dienen.»
In diesem Bericht aus dem Leben des heiligen Bischofs Gerhard von Csanád haben wir «eins der eindrucksvollsten Zeugnisse für die Gegenwart der heiligen Engel beim hl. Messopfer vor uns»[3].

Der hl. Johannes Gualbertus

(† 12. Juli 1073)

Von diesem heiligen Ordensstifter wird berichtet, dass er eine ganz besondere Verehrung zu den heiligen Engeln hatte. In einem Gebetbuch, das ihm zugeschrieben wird oder wenigstens in seinem Besitz gewesen und regelmässig von ihm gebraucht worden ist, sind besondere Gebete zum Erzengel Michael und zu den übrigen Engeln enthalten[1].
Johannes Gualbertus wurde um das Jahr 1000 aus adeliger Familie bei Florenz geboren und wurde sehr früh schon Benediktinermönch in San Miniato oberhalb von Florenz. Weil aber dort ein schlechter, unkirchlicher Geist um sich gegriffen hatte, zog sich Johannes Gualbertus zu-

nächst für einige Zeit nach Camaldoli bei Arezzo in das Stammkloster des vom hl. Romuald gegründeten Kamaldulenser-Ordens zurück; dann erbaute er um 1030 bei Acquabella am Nordwestabhang des Prato Magno östlich von Florenz eine Einsiedelei. Die Gegend wurde später «Vallombrosa» (= schattiges Tal) genannt. Aus der Einsiedelei wurde das Stammkloster der benediktinischen Vallombrosaner-Kongregation; Johannes Gualbertus aber gilt als Gründerabt dieser Ordensfamilie, die zwar nach der Regel des hl. Benedikt, aber nach zusätzlichen eigenen Statuten lebt. Der heilige Ordensstifter ist vor allem durch seine heroische Feindesliebe berühmt geworden, in der er an einem Karfreitag dem Mörder seines Bruders verzieh. Bekannt wurde er aber auch durch seinen Kampf gegen Simonie und Konkubinat in der Geistlichkeit.
Für seinen Eifer im Kampf um die Reinheit und Heiligkeit der Kirche wurde ihm die Verehrung der heiligen *Engel* eine grosse Hilfe.
Das besondere Verhältnis dieses Heiligen zu den Engeln zeigte sich noch drei Tage vor seinem Sterben: Er wurde da durch eine Vision seines *Schutzengels* gestärkt. In Gestalt eines weiss gekleideten Mönchs stand dem hl. Johannes Gualbertus sein Schutzengel tröstend in den letzten Stunden seines Erdenlebens zur Seite. Nur der Heilige selbst schaute den Engel; er wunderte sich dabei, dass seine Ordensmitbrüder den Engel nicht sahen. Er fragte sie: «Wie, ihr habt bei Tisch den weiss gekleideten Mitbruder nicht gesehen?» «Welchen Mitbruder?» fragten sie. Und der Heilige darauf: «Jenen Jüngling, der da bei uns weilt, immer zu meinen Diensten bereit! Woher ist er denn nur gekommen und wie heisst er denn?» Darauf antwortete ihm der selige Laetus, der Abt vom Kloster des Erzengels Michael (San Michele Arcangelo) in Passignano bei Florenz, der damals ebenfalls unter denen war, die dem hl. Johannes Gualbertus beim Sterben beistanden: «Weisst Du nicht, dass dieser Jüngling vom Berg des Herrn gekommen ist und Benignus heisst?» Da erkannte der Heilige im Lichte des Heiligen Geistes, dass es sein Schutzengel war, der wahrhaftig vom Berg des Herrn, das heisst vom Himmel, gekommen war und den man wirklich nicht anders als nur «Benignus» (= der Gütige) nennen konnte, denn der Herr hatte einen Engel mit diesem Namen für den hl. Johannes Gualbertus abgeordnet, weil dieser mehr als andere sterbliche Menschen in überströmender Weise den ihm anvertrauten Brüdern die «Benignitas» (= die Güte) eingeflösst hatte. So wird uns aus dem Leben und Sterben dieses Heiligen berichtet[2)].

Der hl. Anselm von Canterbury

(† 21. April 1109)

Der 1033 in Aosta (Piemont, Norditalien) geborene adelige Lombarde Anselm wurde durch einen Zwist mit seinem weltlich gesinnten Vater Gundulph aus Italien nach Frankreich verpflanzt, wo er in Bec bei Rouen Benediktinermönch wurde und diesem Kloster als Prior und Abt Ansehen verschaffte. Im Jahre 1093 wurde er Erzbischof von Canterbury und war als solcher Vorkämpfer für die Freiheit der Kirche im Sinn der Reformideen des heiligen Papstes Gregor VII. Anselm leistete auch als Theologe für seine Zeit Bedeutendes[1)], vor allem für die Gotteslehre mit seinen Werken «Monologion» und «Proslogion», die zwischen 1076 und 1078 geschrieben wurden. Wohl keine Schrift des hl. Anselm hat einen so nachhaltigen Einfluss auf die spätere Theologie ausgeübt wie «Cur Deus homo?» («Warum ist Gott Mensch geworden?»).

In diesem 1098 in Italien vollendeten Werk wirft der «Vater der Scholastik», wie der hl. Anselm, der bedeutende Kirchenlehrer des 11. Jahrhunderts, mit Recht genannt worden ist, im Zusammenhang mit der Erlösungslehre auch zwei Fragen über die heiligen *Engel* auf, die dann unter seinem Einfluss im ganzen 12. Jahrhundert immer wieder gestellt worden sind:

Die *erste* Frage ist die, ob nicht Gott statt in der Person des fleischgewordenen ewigen Wortes auch durch einen Engel hätte das Werk der Erlösung des Menschengeschlechtes wirken können. Als Antwort auf diese Frage sagt Anselm, dass die Erlösung der Menschen nur durch eine göttliche Person, nicht aber durch einen *Engel*, noch viel weniger durch einen Menschen erfolgen konnte, weil sonst der erlöste Mensch zum Sklaven dieses geschöpflichen Erlösers geworden wäre, der Mensch aber nur Sklave Gottes sein könne und sein dürfe, nicht aber eines Geschöpfes, ob das nun ein Engel oder ein Mensch ist, denn der Mensch sollte ja gerade durch die Erlösung den Engeln in allem gleich werden («Cur Deus homo», I. Buch, 5. Kap.)[2)].

Die *zweite*, die Engellehre betreffende Frage, die der hl. Anselm in seinem Werk «Cur Deus homo?» stellt und zu beantworten sucht, ist die, inwieweit die durch den Engelsturz verminderte Zahl der Gott dienenden *Engel* durch die zur Seligkeit berufenen Menschen wieder hergestellt werden sollte und inwiefern der Mensch anstelle der gefallenen Engel erschaffen worden sei. Diese doppelte Frage haben sich in der Zeit der Frühscholastik viele Theologen gestellt, so etwa der selige Rupert von

Deutz, der heilige Bischof von Paris Petrus Lombardus, der grosse deutsche Denker Hugo von St. Viktor und andere.
Ausführlich gibt der hl. Anselm im 16., 17. und 18. Kapitel des I. Buches von «Cur deus homo?» auf diese Frage die Antwort[3]. Er erklärt, es sei gewiss, dass Gott von Anfang an die Zahl der zur Seligkeit gelangenden Vernunftgeschöpfe vorherbestimmt habe. Diese Zahl könne geziemenderweise weder grösser noch kleiner sein, Gott aber habe mit Sicherheit gewusst, welche Zahl die angemessenere sei und habe sie somit auch gewollt. Nun aber seien — so meint Anselm weiter — entweder die gefallenen Engel bestimmt gewesen, zu dieser Zahl der Seligen zu gehören, oder aber man müsse ihren Fall als notwendig bezeichnen, weil es dann, wenn sie nicht zu dieser festgelegten Zahl der Seligen gehörten, unmöglich gewesen sei, dass sie im Guten verharrten, obgleich sie nicht zur Zahl der für die Seligkeit Bestimmten gehörten. Diese zuletzt genannte Annahme aber, dass nämlich der Fall der Engel notwendig gewesen sei, sei widersinnig. Folglich müsse man sich für die erste Annahme entscheiden. Stehe aber diese Annahme fest, dann müsse man auch zugeben, dass die Verminderung der Zahl der für die Seligkeit bestimmten Geschöpfe, wie sie durch den Fall der Engel bewirkt worden sei, notwendigerweise anderswoher behoben werden musste, weil doch die einmal festgesetzte Zahl nicht unvollendet bleiben durfte. «Es ist also notwendig», so folgert der hl. Anselm, «dass die gefallenen Engel aus den Reihen des Menschengeschlechtes ersetzt werden, weil es kein anderes Geschöpf gibt, das diesen Ersatz bieten könnte» («Cur Deus homo?» I. Buch, 16. Kap.)[4].
Der hl. Anselm lässt sich dann von einem gewissen Boso die Frage stellen, warum die gefallenen Engel nicht selber wieder mit Gott versöhnt und dann wieder in die festgelegte Zahl der für die Seligkeit Bestimmten aufgenommen werden konnten. Darauf antwortet er nur im Sinn seines zwischen 1085 und 1090 geschriebenen Werkes «De casu diaboli» («Über den Fall des Teufels»), dass dies unmöglich gewesen sei («Cur Deus homo?» I. Buch, 17. Kap.)[5].
Aber vielleicht hätten die gefallenen Engel doch durch andere *Engel* ersetzt werden können? Auch das wäre unmöglich gewesen, meint der hl. Anselm, denn diese Engel hätten so geschaffen werden müssen wie die gefallenen Engel vor ihrem Fall; das aber sei unmöglich gewesen, denn diese neu geschaffenen Engel hätten immer den Fall der anderen vor Augen gehabt. — Boso zeigte sich mit der Beweisführung, dass die gefallenen Engel durch die Menschen ersetzt werden müssten, zufrieden, zumal dabei überdies klar werde, dass die Zahl der aus dem Menschen-

geschlecht zur Seligkeit Gelangenden nicht geringer sein könne als die Zahl der gefallenen und verworfenen Engel. Nun bleibe aber noch die Frage offen, ob die Zahl der Seligen aus dem Menschengeschlecht nicht doch grösser sein könne als die Zahl der gefallenen Engel. Diese Frage hängt zusammen mit der weiteren, ob der Mensch überhaupt *nur* erschaffen worden sei, um die verminderte Zahl der Engel wieder aufzufüllen. In der Antwort, die der hl. Anselm darauf in ausführlicher Breite gibt, betont er, dass der Mensch zwar auch dazu, aber nicht nur dazu erschaffen worden sei, denn zur Vollkommenheit der Schöpfung Gottes gehöre von Anfang an auch eine bestimmte Anzahl verschiedener Arten der Geschöpfe. Auch die menschliche Natur müsse von Anfang an in diese festgelegte Zahl mit eingeschlossen gedacht werden, ausser es würde die menschliche Natur einen Überschuss darstellen. Da aber dies nicht einmal von der Natur des kleinsten Würmchens angenommen werden könne, so könne das noch viel weniger von der menschlichen Natur behauptet werden. Sie war also von vornherein in den ewigen Schöpfungsplan Gottes mit aufgenommen. Die Menschennatur ist demnach für sich und ihretwegen geschaffen und nicht bloss zur Stellvertretung für einzelne Individuen einer bestimmten anderen Art von Geschöpfen, nämlich der Engel, die sündigten und ihren für sie bestimmten Platz im Himmel nicht erreichten (vgl. «Cur Deus homo?», I. Buch, 18. Kap.)[6).
Aus diesen Überlegungen heraus tritt der hl. Anselm schliesslich dafür ein, dass die Menschen zwar bestimmt sind, die Plätze der gefallenen Engel einzunehmen, dass aber dies nicht besage, es würden nur so viele Menschen zur Seligkeit gelangen, als Engel gefallen sind, im Gegenteil, Anselm meint, dass die Zahl der zur Seligkeit gelangenden Menschen grösser sei als die der gefallenen Engel. Von diesem Gedanken ausgehend lässt der hl. Anselm auch die Möglichkeit offen, dass alle Geschöpfe — auch Engel und Menschen — gleichzeitig erschaffen wurden, was nicht der Fall wäre, wenn der Mensch nur der gefallenen Engel wegen erschaffen worden wäre.
Diese allzu rational anmutenden Überlegungen des grossen Kirchenlehrers des 11. Jahrhunderts muss man aus seinem grossen Anliegen heraus verstehen und werten, ungläubige Menschen von der Vernünftigkeit des Glaubens zu überzeugen gemäss seinem Grundsatz: «Fides quaerens intellectum» («der Glaube sucht einzusehen») und gemäss seiner Wertskala: «Glaube-Glaubenseinsicht-Schau». Dabei sah Anselm ganz klar die Notwendigkeit des Glaubens und die Grenzen menschlicher Einsichtsmöglichkeiten im Bereich des Glaubens. Im Glauben an die Tatsache, dass der Schöpfergott neben dem Menschen auch *Engel* ins Dasein geru-

fen hat, gab es für ihn kein Schwanken, auch nicht in der Wahrheit, dass Engel, angeführt vom Erstengel Luzifer, von Gott abgefallen sind und gesündigt haben und mit der ewigen Verdammnis bestraft worden sind. Im Werk «De casu diaboli» («Über den Fall des Teufels») wird man freilich in bezug auf die dargelegte Engellehre enttäuscht, denn über Erschaffung, Wesensnatur und Ausstattung der Engel sagt der hl. Anselm darin fast nichts. Er spricht eigentlich ausschliesslich nur über die Frage, wie es zur Sünde Luzifers kam. Auch hier beschäftigt ihn wieder die Frage, ob der Mensch nur als Ersatz für die gefallenen Engel erschaffen worden sei (vgl. «De casu diaboli», 23. Kap.)[7]. Nur auf die Verschiedenheit der Engel untereinander geht der hl. Anselm ganz kurz ein, indem er einen Vergleich mit dem Menschen anstellt: Die Menschen haben nicht nur die gleiche Natur, sondern sind miteinander auch verwandt, da sie voneinander abstammen; die Engel aber haben zwar dieselbe Natur, gehören aber nicht demselben Geschlecht an, weil es bei ihnen keine Abstammung voneinander gibt (vgl. «Cur Deus homo?» II. Buch, 21. Kap.)[8].

Wenn der hl. Anselm in seinen theologischen Werken vielleicht den Eindruck eines rationalistischen Theologen machen könnte, so erweist er sich in seinen echten, uns überlieferten «Gebeten und Betrachtungen» («Orationes et meditationes») als ein sehr kontemplativer, von fast mystischer Wärme und Frömmigkeit erfüllter Mensch. Er kommt zwar in keinem dieser Gebete und in keiner dieser Betrachtungen ausdrücklich auf die heiligen Engel zu sprechen; in seinen schönen Gebeten zur Gottesmutter aber erwähnt er sie wenigstens nebenbei in bemerkenswerter Weise: Im «1. Gebet zur heiligen Jungfrau Maria» betet er: «O Gebenedeite über allen Frauen, die du an Reinheit die *Engel* übertriffst und an Liebe die Heiligen»[9]. Im «3. Gebet zur heiligen Jungfrau Maria» nennt Anselm Maria ohne Bedenken «Königin der *Engel*» und sagt zu ihr: «O wunderbar einzige und einzigartig wunderbare Jungfrau, durch dich werden die Elemente erneuert, die Unterwelt befreit, die Dämonen vernichtet, die Menschen gerettet, die Zahl der *Engel* aber erneuert»[10].

Der selige Rupert von Deutz
(† 1135)

Ein ausgezeichneter Mystiker in der ersten Hälfte des 12. Jahrhunderts, der sehr viel über die heiligen Engel nachgedacht und geschrieben hat, ist der fromme Benediktinerabt Rupert von Deutz, der im St. Lorenzkloster in Lüttich sein Ordensleben begann und dort auch seine aszetische und wissenschaftliche Ausbildung erhielt.
Seine ersten schriftstellerischen Arbeiten liturgischer und exegetischer Art verschafften ihm einen solchen Ruf, dass bald sogar aus der Ferne sich zahlreiche Schüler um ihn sammelten.
Einen mächtigen Gönner und Beschützer gegen aufstehende Neider und Gegner fand Rupert im Abt Kuno von Siegburg, dem nachmaligen Bischof von Regensburg, dessen Bekanntschaft er in Lüttich gemacht hatte und der ihn dann mit nach Siegburg nahm. Hier wandte ihm auch der für die Hebung des kirchlichen Lebens und der kirchlichen Wissenschaft eifrig tätige Kölner Erzbischof Friedrich I. von Kärnten seine besondere Gunst zu. Der von diesen Gönnern ausgehenden Anregung verdanken mehrere schriftstellerische Arbeiten Ruperts ihre Entstehung.
Aus dem Siegburger Kloster wurde Rupert schliesslich als Abt in das Benediktinerkloster Deutz gegenüber von Köln berufen. Hier widmete er sich der Hebung des monastischen Lebens in diesem Kloster, setzte aber mit staunenswertem Eifer auch seine literarische Tätigkeit fort. Dabei zeichnete er sich als «ein sehr fruchtbarer theologischer Schriftsteller von umfassender Bildung aus, der Selbständigkeit des Denkens mit dem Festhalten an der Lehre der Kirchenväter verband und seinen Schriften eine lebendige, gemütvolle Form verlieh; er war Hymnendichter und Historiker, er schrieb allegorisch-mystische Kommentare zur Hl. Schrift, er bekundete hohe spekulative Begabung und zugleich mystische Innigkeit in seinen grossen Werken, so vor allem in seiner Geschichtsphilosophie «Über den Sieg des Wortes Gottes» («De victoria verbi Dei») und in seinem bedeutendsten Werk «De sanctissima Trinitate et operibus ejus» («Über die heiligste Dreifaltigkeit und ihre Werke»), einer grossangelegten biblischen Theologie unter dem Gesichtspunkt des Wirkens des dreieinigen Gottes[1)].
Das, was dieser Benediktinerabt, der 1135 nach segensreichem Wirken in Deutz heiligmässig starb, über die *Engel* geschrieben hat, verdient besondere Beachtung, einerseits wegen der grossen Ausführlichkeit der Darlegungen, andererseits wegen der Eigenwilligkeit und Eigenart mancher Ansichten, die er dabei vertrat.

Der selige Rupert behandelt die Engellehre vor allem in seinem genannten grossen bibeltheologischen Werk «De sanctissima Trinitate et operibus ejus», das er um das Jahr 1117 geschrieben hat. Im ersten Buch dieses Werkes, in welchem er die «Genesis» erklärt, bespricht er bei Auslegung der Schriftworte von der Erschaffung des Lichtes (Gen 1,3-5) die gesamte Geschichte der Engelwelt, ihre Erschaffung, ihre Beschaffenheit, ihre Erprobung und ihre Scheidung[2)].

Das zweite grosse Werk, in welchem Rupert v. Deutz der Engellehre ausführlichere Behandlung widmet, ist die apologetisch-polemische Schrift «Über die Verherrlichung der Dreifaltigkeit und den Hervorgang des Hl. Geistes» («De glorificatione Trinitatis et processione Spiritus Sancti»)[3)], welche er 1126 verfasste, um nachzuweisen, dass das Trinitätsgeheimnis schon im Alten Testament in mannigfachster Weise angedeutet ist. Es sind hier vor allem die Kapitel 2-23 des 3. Buches[4)], die über die Engel handeln.

Das dritte grosse Werk Ruperts, das uns über seine Engellehre Aufschluss gibt, ist das geschichtstheologische Werk, «Über den Sieg des Wortes Gottes» («De victoria Verbi Dei»)[5)], worin Rupert zeigt, wie alles, was sich auf der Welt und in der Kirche im Laufe der Geschichte abspielt, nichts anderes ist als der grosse Kampf, der seit dem Sturze Luzifers zwischen diesem und dem Worte Gottes, der zweiten göttlichen Person, geführt wird, und der seinem innersten Wesen nach, auch wenn es manchmal nach aussen anders zu sein scheint, ein stets fortschreitender Sieg Christi ist. Bei der Darlegung dieser seiner Gedanken sieht sich der Abt von Deutz natürlich mehrmals, vor allem in den Kapiteln 1-30 des 1. Buches, veranlasst, von den Engeln und dem Entscheidungskampf, der unter ihnen stattgefunden hat, zu sprechen[6)].

Zu diesen drei grossen Werken kommen dann noch der Kommentar zum Johannesevangelium, Ruperts reifstes und tiefstes Werk[7)], und die Schrift «Über Ruhm und Ehre des Menschensohnes» («De gloria et honore Filii hominis»), eine Erklärung des Matthäusevangeliums[8)], die ebenfalls häufige Hinweise auf die Engellehre enthalten.

Um uns in der Darstellung der Engellehre Ruperts v. Deutz im folgenden an seinen eigenen Aufbau zu halten, bleiben wir bei der Reihenfolge der Fragen, wie sie Rupert in Genesis 1,3-5 ausgesprochen sieht: «Da sprach Gott: Es werde Licht! Und es ward Licht. Und Gott sah: Das Licht war gut. So schied Gott zwischen Licht und Finsternis!»

«Da sprach Gott: Es werde Licht!» Rupert sagt, dass mit diesem Wort schöpferischer Allmacht Gottes die Erschaffung der Engelwelt ausgesprochen sei. Denn das Wort *Licht* an dieser Stelle der Hl. Schrift wolle nicht das materielle Licht bedeuten, sondern die lichtvolle Engelwelt, die Gott damals ins Dasein rief. Die grössten und bekanntesten Kirchenväter, vor allem Augustinus — so meint Rupert —, hätten hier unter dem Wort «Licht» die Engelwelt verstanden. Ihnen wolle er sich in dieser Deutung anschliessen. Denn die Natur der Engel werde mit Recht «Licht» genannt, nicht bloss wegen der leuchtenden Verstandeskraft, mit der die Engel ausgestattet sind, sondern vor allem, weil sie von der Gnade des wahren, ungeschaffenen Lichtes umstrahlt sind[9]. Die Engel seien — so meint der selige Rupert weiter — Licht zu nennen, und zwar nicht etwa bloss aus einer gewissen Analogie zum materiellen Licht; es verhalte sich eher umgekehrt: Die Engel seien in Wahrheit Licht, und das materielle Licht, auch das der Gestirne, habe analog zum Licht der Engel seinen Namen bekommen. Wie die Gestirne aber im Vergleich zur Sonne hinwieder kein eigentliches Licht seien, so könne man auch die Engel im Vergleich zu Gott eigentlich wieder nicht mehr Licht nennen[10]. Die Engel sind also nach Rupert v. Deutz damals erschaffen worden, als Gott sprach: «Es werde Licht»[11]. Als der Geist Gottes, der Heilige Geist, über dem Dunkel der Urflut schwebte und der Vater durch sein ewiges Wort, durch seinen Sohn, sprach: «Es werde Licht», da sind die Engel aus dem Abgrund der Finsternis gleichsam geboren worden, so wie wir Menschen aus dem Staub der Erde gebildet wurden und im Namen des dreifaltigen Gottes aus dem Wasser und dem Hl. Geiste zur Ähnlichkeit mit den Engeln wiedergeboren werden. Und wie uns Menschen die Herkunft aus dem Staub der Erde Mahnung zur Demut sein soll, so sollte es auch den Engeln Warnung vor Hochmut sein, dass sie aus dem Dunkel ins Licht gerufen wurden und der Abgrund der Dunkelheit für sie gleichsam Prinzip und Materie ihrer Existenz war[12].

Was sagt nun Rupert weiter über die Beschaffenheit und Natur der Engel? Es ist bekannt[13], dass Rupert v. Deutz in seiner grossen Abhängigkeit von Augustinus ebenfalls wie dieser der Ansicht huldigt, die Engel hätten einen Luftleib[14]. Rupert stützt sich also bei dieser Behauptung ausdrücklich auf die Tradition, bringt aber dazu auch noch zwei Vernunftbeweise, denen freilich die Beweiskraft fehlt. Er sagt: Wie der Mensch im Tode mit seiner Rückkehr zur Erde offenbart, dass er aus Erde gebildet worden ist, so haben jene Engel, die gefallen und dabei aus dem Himmel in die Finsternis des Luftreiches gestürzt worden sind, gezeigt, woher sie gekommen und gebildet wurden[15]. Überdies sind die Engel sicher örtlich begrenzt und an einen bestimmten Ort gebunden («locales et circumscripti»). Das aber könnten sie nicht sein, wenn sie nicht aus Materie, eben aus «Luftsubstanz» gebildet wären. Freilich

sind diese Leiber der Engel sehr fein und subtil; wenn aber behauptet wird, dass die Engel diesen Leib nur aus der Luft jeweils annehmen, sobald sie den Menschen erscheinen, so sei das eine Täuschung, meint Rupert weiter, denn das scheine nur so, weil die Engel eben nur selten sichtbar werden; tatsächlich aber *haben* sie einen Luftleib und nehmen ihn nicht bloss zeitweilig an[16]. Freilich könne man von den Engeln, so sagt Rupert weiter, mit Recht auch behaupten, dass sie *Geister* sind, nämlich im Vergleich zu uns Menschen, die wir einen viel schwerfälligeren Erdenleib haben. Aber im Vergleich zu Gott seien die Engel körperliche Wesen[17]; dieser Luftleib der Engel sei bei ihrer Aufnahme in den Himmel veredelt worden zu einem himmlischen Leib («corpus coeleste»).
Als dann die Scheidung der Engel erfolgte in der Verdammung der einen und in der Rechtfertigung der andern, seien die Leiber der guten Engel gleichsam nochmals aufgebessert worden, indem sie Leidensunfähigkeit erlangten, die Leiber der gefallenen Engel aber seien wieder in Luftsubstanzen zurückverwandelt worden[18]. Rupert versucht hier dann auch den Einwand zu widerlegen, dass es doch der Würde der Engel ganz und gar nicht entspreche, dass sie aus Luftsubstanz gemacht seien. Dem könne man entgegenhalten, sagt Rupert, dass man sich doch auch gar nicht daran stosse, dass der Sohn Gottes bei der Menschwerdung nicht etwa bloss einen Luftleib, sondern sogar einen schwerfälligen Erdenleib angenommen hat, und dass dieser Erdenleib bei der Himmelfahrt des Herrn über alle Engel erhoben worden ist, und dass überdies auch das gesamte Menschengeschlecht in der Auferstehung des Fleisches mit seinem Erdenleib zur gleichen verklärten Herrlichkeit mit den seligen Engeln gelangen kann[19].

Eine Folge der Behauptung, die Engel seien mit einem Luftleib erschaffen worden, ist dann, dass Rupert die Ansicht nicht dulden will, die Engel seien *vor* der materiellen Welt erschaffen worden. Die Engel seien, so sagt Rupert, entweder unmittelbar nach Erschaffung der Körperwelt, oder gleichzeitig mit ihr ins Dasein gerufen worden[20].

Über die Beschaffenheit der Engel im Augenblick der Erschaffung spricht nach Ruperts Ansicht die Hl. Schrift dort, wo es heisst: «Und Gott sah: Das Licht war gut.» Rupert macht hier zuerst darauf aufmerksam, mit welchem Unterschied von den anderen Geschöpfen gesprochen werde: Denn nach der Erschaffung dieser heisst es: «Gott sah, es war gut.» Nach der Erschaffung des Lichtes aber heisst es: «Gott sah, dass das Licht gut war», um anzudeuten, dass nur die vernunftbegabte Natur, Engel und Mensch, im wahren Sinne gut genannt werden könne, insofern nur sie an der göttlichen Güte teilhat. Und darin besteht also die Güte der vernunftbegabten Engelnatur, dass sie teilhat an der Güte Gottes[21]. Das war aber bei ihrer Erschaffung nur eine rein natürliche Güte und Unschuld[22]. Aus dieser Gutheit der Unschuld sollten sich die Engel durch eigenes Wollen mit Hilfe der Gnade emporarbeiten und voranschreiten zur höchsten, ihnen fähigen Güte[23]. Und darin liegt ein besonderes Zeichen göttlichen Wohlwollens für Engel und Menschen, dass Gott diese vernunftbegabten Geschöpfe befähigte, jene Gottähnlichkeit, jene «Divinitas», die sie von Natur aus nicht besassen, durch eigenes Wollen, durch eigenen Fleiss zu erringen[24]. Aus eigener Entscheidung also konnten die Engel entweder zu Höchstem voranschreiten oder zu Tiefstem hinabsinken[25].

Nachdem nun gesagt worden ist, *wann* und *wie* Gott die Engel geschaffen hat, ist noch die Frage zu beantworten, *wo* Gott die Engel erschaffen hat. Rupert steht hier ziemlich allein da mit seiner Ansicht und sagt: Die Engel wurden nicht im Himmel erschaffen, sondern ausserhalb des Himmels, und sind dann erst in den Himmel versetzt worden, so wie der Mensch ausserhalb des Paradieses erschaffen wurde und dann erst ins Paradies hineinversetzt wurde[26].

Nun ist weiter über jenes grosse Ereignis in der Geschichte der Engel zu sprechen, das der Abt von Deutz im Buch Genesis angedeutet sieht bei den Worten: «So *schied* Gott zwischen Licht und Finsternis. Und Gott bestimmte für das Licht den Tag und für die Finsternis die Nacht»: Die Scheidung der Engel und der ihr vorausgehende Entscheidungskampf. Gott hat die Engel in einer unwiderruflichen Scheidung geschieden in jene, die wegen ihrer Treue verdienten, zu seiner Anschauung zugelassen zu werden, und jene, die unter Anführung Luzifers sich gegen Gott empörten und darum ins Verderben gestürzt wurden[27]. Luzifer war der herrlichste von allen Engeln, schöner und strahlender als alle andern; er übertraf sie an Grösse und Wissen. Er war in Wahrheit ein «signaculum similitudinis» des dreifaltigen Gottes durch seine Grösse, in der er dem Vater glich; durch seine Weisheit, in der er dem Sohne ähnlich war; und durch seine Schönheit, in der er Ähnlichkeit hatte mit dem Hl. Geiste[28]. Rupert behauptet sogar, dass Luzifer früher als alle andern Engel erschaffen wurde, als erster von allen[29]. Aber all seine Grösse, Weisheit und Schönheit nahm dieser Engel nur zum Anlass, in stolzer Überheblichkeit[30] auf die andern Engel herabzublicken. Ja, er ging in seinem Stolz so weit, von den andern Engeln zu verlangen, dass sie ihn Gott nennen und als Gott anbeten sollten. Er sagte ganz offen, er sei Gott[31], und er bemühte sich, die andern Engel zu überzeugen, dass er wirklich aus sich selbst und darum Gott sei[32]: Niemand von den andern

Engeln war ja Zeuge, dass Luzifer von Gott erschaffen wurde, denn er ist ja das ersterschaffene Geschöpf Gottes[33]. Freilich übersah hier Luzifer, dass ein anderer dafür Zeuge seiner Erschaffung war, nämlich das Wort Gottes, der Logos, denn in ihm und durch ihn, den Sohn Gottes, ist alles, ist auch Luzifer erschaffen worden. Und der Sohn Gottes gab allen andern Engeln das Wissen um Luzifers Vergangenheit. Die einen von den Engeln nahmen nun dieses Zeugnis des Sohnes Gottes an, die andern nicht. Darin bestand die Scheidung, darin bestand die Sünde der einen, die Bewährung der andern[34]. Hier kam es also zum grossen Entscheidungskampf der Engel: Die einen hielten es mit Luzifer, die andern mit dem Logos und darum mit der Wahrheit. Und Luzifers Anhang entschied sich gegen das Wort Gottes, sie hielten zu Satan, dem Gegner Gottes, und hassten das Wort Gottes und wiesen es zurück[35]. Die andern Engel aber, die das Zeugnis des Wortes Gottes annahmen, nahmen damit den Kampf gegen die bösen Geister auf. Ihr Anführer war Michael. Ihr Schlachtruf war Michaels Name: «Wer ist wie Gott?». So wollten sie gegen den kämpfen, der sich angemasst hatte, zu behaupten: «Ich bin Gott»[36]. Die Waffe aber in diesem Entscheidungskampf war natürlich nicht eine materielle, sondern die geistige und siegreiche Waffe des Logos selber, des Wortes Gottes, das diesen Engeln seine Kraft und Gnade gab, stark zu bleiben und den Sieg über die Finsternis zu erringen[37].

Die Folgen der Besiegung Luzifers und seines Anhanges waren, dass diese besiegten, gefallenen Engel durch das unendlich gerechte Urteil des Wortes Gottes verdammt und hinabgeschleudert wurden aus ihren Plätzen[38] und so jetzt die Scheidung von Licht und Finsternis, von Tag und Nacht erfolgte: Die guten Engel sind der Tag, von dem am Anfang der Genesis die Rede ist, die gefallenen Engel aber sind die Nacht[39].

Bei der Darlegung des Entscheidungskampfes der Engel beantwortet Rupert v. Deutz ausführlicher noch einige Einzelfragen, vor allem die, wann dieser Entscheidungskampf stattfand, wann also Luzifer und sein Anhang fielen, dann, woraus und wohin diese gefallenen Engel nach ihrer sündhaften Auflehnung gegen Gott stürzten. Bei der ersten Frage, wann Luzifer gefallen sei, verficht Rupert in der Antwort die Ansicht, Luzifer sei nicht sofort gefallen, denn die Hl. Schrift wisse nichts von einem sofortigen Fall, im Gegenteil, sie deute an, dass eine nicht gar kleine Weile zwischen der Erschaffung und dem Fall Luzifers und seines Anhanges liegen müsse[40].

In seinem Werk «De victoria Verbi Dei» hat Rupert ein eigenes Kapitel[41] über diese Frage, wo er folgendes ausführt: Die Worte bei Ezechiel c. 28 («In medio lapidum ignitorum ambulasti, perfectus in viis tuis a die conditionis tuae, donec inventa est iniquitas in te»), die von niemandem anderen zu gelten haben als von Luzifer, dem Erstengel, lassen unmöglich eine Auslegung zu, die für einen sofortigen Fall Luzifers spräche, sondern man müsse auf Grund dieser Schriftworte unbedingt annehmen, dass Luzifer in jenem Zustand der Unschuld, in welchem er erschaffen worden war, eine Zeit lang («non parva mora») verblieben sei. Ja, die Meinung, Luzifer sei sofort gefallen, würde auch allzu leicht den Verdacht aufkommen lassen, Luzifer sei von Gott bereits schlecht erschaffen worden. Rupert geht hier in seiner Behauptung noch weiter und stellt folgenden eigenartigen «Lebenslauf» Luzifers auf: Zuerst wurde er erschaffen ausserhalb des Himmels, dann wurde er von Gott in den Himmel versetzt gemäss dem Wort bei Ezechiel c. 28 « . . . posui te in monte sancto Dei»; dort verblieb dann Luzifer eine Zeit lang; erst jetzt erfolgte sein Fall. Und als er fiel, wurde er auch nicht gleich aus dem Himmel gestürzt, sondern Gottes Langmut wartete, ob er etwa bereute und Busse verrichtete[42]. Als Luzifer aber in seiner hochmütigen Halsstarrigkeit unbussfertig blieb, lud er damit so viel Schuld auf sich, dass er vom Himmel hinabgeschleudert wurde[43].

Woraus ist Luzifer geschleudert worden und wohin? Luzifer wurde aus der Himmelsherrlichkeit geschleudert, aus der Glückseligkeit. Rupert ist der Meinung, dass Luzifer wirklich eine Zeit lang die Glückseligkeit des Himmels genossen hat[44]. Aber wohin wurde Luzifer geschleudert? Wohin fiel er, als er aus dem Himmel gestossen wurde? Er und sein Anhang fielen in die Luft[45]. Und der Grund, warum die gefallenen Engel in die Luft geschleudert wurden, ist nach Rupert der: Wie der Mensch, der aus Erde gebildet worden ist, zur Erde zurückkehren muss, so muss Luzifer und sein Anhang, die aus Luft gebildet wurden, zur Luft zurückkehren[46]. Im Luftreich also ist nun der Aufenthaltsort der gefallenen Engel. Nach dem Jüngsten Gericht aber wird Luzifer und sein Anhang in die Hölle geschleudert[47].

Der Sturz der Engel ist unwiderruflich[48]. Eine Bekehrung ist ihrerseits ganz ausgeschlossen. Denn es gibt für sie jetzt keine Zeit der Busse mehr, wie Häretiker mit ihrem «törichten Mitleid» zu behaupten wagten[49]. Luzifer weiss dies auch, dass es für ihn keine Umkehr gibt, sondern dass am Jüngsten Tag die ewige Verdammnis und die Verstossung in die Hölle auf ihn wartet[50].

Die Folgen des Sündenfalles für Luzifer und seinen Anhang sind also Verlust der Glückseligkeit und Bestrafung, zuerst einmal während dieser Erdenzeit im Luftreich, dann vom Jüngsten Tag an im Feuer der Hölle.

Zusammenfassend über Luzifers Fall und Verdammung deutet Rupert die beiden Namen, die in der Hl. Schrift dem gefallenen Erstengel gegeben werden: Satan und Teufel. *Satan* bedeutet nichts anderes als Gegner; so heisst Luzifer seit jenem Tag, da er sich gegen das personale ewige Wort Gottes auflehnte und in Gegnerschaft zu Ihm trat[51]. *Teufel* (= diabolus) bedeutet «deorsum fluens» und passt ausgezeichnet für Luzifer, der damals bei seinem Fall von oben hinuntergeschleudert wurde[52]. Manchmal wird auch eine andere Deutung des Wortes Teufel gegeben, nämlich «clausus ergastulo», und auch das trifft bei Luzifer zu, der fern von der Anschauung Gottes, die für ihn bestimmt war, im Luftreich und dann schliesslich in der ewigen Hölle wie in einem Kerker[53] eingeschlossen ist. Luzifer ist aber nicht bloss örtlich aus der Höhe in die Tiefe gestürzt, sondern auch geistig, insofern er, der nach Höchstem strebte, nun immer das Schlechteste und Gemeinste aufsucht[54], und insofern er, der der Höchste aller Engel war an Verstandeskraft, darin nun so geschwächt ist, dass er immer gerade das will, was Gott entgegen ist und dabei dennoch schliesslich immer wieder an der Ausführung der Pläne Gottes mitarbeiten muss[55].

Der Lohn aber für die Treue der guten Engel, die sich in diesem Entscheidungskampf mit Gottes Gnade für Gott entschieden, ist ihre Befestigung im Guten, ihre Stärkung mit Gnade und Liebe bis zur Unsündigkeit, sodass sie nicht mehr fallen und sündigen können: Wie die einen nicht mehr von ihrem Fall aufstehen können, so können die andern, die treu blieben, nicht mehr fallen. Durch das Wort Gottes sind sie befestigt worden[56]. Sündigen können sie nicht mehr, aber in der Erkenntnis können sie auch nach der Befestigung im Guten weiterhin noch wachsen und zunehmen[57].

Mit der Befestigung der guten Engel und mit ihrer Belohnung für die Treue und Festigkeit im Entscheidungskampf hängt nach Rupert v. Deutz die Gliederung der Engel in die neun Chöre und die Eingliederung der einzelnen Engel in dieselben zusammen.

Über die *Engelchöre* sagt Rupert, dass sie in drei Triaden von je drei Chören gegliedert sind[58]. Die Reihenfolge der neun Chöre zählt er konstant in folgender, von Dionysius Areopagita und Gregor d.Gr. abweichender Weise auf: Engel, Erzengel, Throne; Herrschaften, Fürstentümer, Mächte; Kräfte, Kerubim, Seraphim[59]. Immer wieder betont Rupert, dass diese Choreinteilung der Engel erst eine Folge der Befestigung der guten Engel sei, dass die Choreinteilung der Engel also erst bei der Scheidung der Engel erfolgt sei und dass man deshalb nicht sagen könne, es seien aus jedem Chor Engel gefallen[60]. Hätte die Hl. Schrift darüber etwas angedeutet, dass die Engel schon *vor* dem Fall der bösen in die neun Chöre geschieden waren, würde er, Rupert, es natürlich zugeben, so aber schweige die Hl. Schrift darüber vollständig, ja im Gegenteil, sie deute an, wie es auch die Vernunft als richtiger empfinde, dass die Zuweisung zu einem bestimmten Chor der himmlischen Geister erst die Belohnung für die Treue und Festigkeit im Entscheidungskampf sei. Wäre die Choreinteilung der Engel schon vorher gewesen und hätte es demnach z.B. bereits Seraphim gegeben, wie hätten diese noch fallen und sündigen können, wenn doch zum Wesen eines Seraphs, wie der Name besage, gehört, dass er vom Feuer der göttlichen Liebe brennt? Die neun Engelchöre sind die neun Edelsteine, von denen bei Ezechiel c. 28 gesprochen wird[61]. Über die Bedeutung der einzelnen Chornamen und über die Eigenart der einzelnen Chöre sagt Rupert fast nichts, nur von den Kerubim und Seraphim bringt er ganz knapp und kurz eine Deutung im traditionellen Sinn: Kerub bedeutet Fülle des Wissens[62], Seraph aber Feuerbrand an göttlicher Liebe[63].

Ziemlich ausführlich spricht Rupert dafür noch von der *Aufgabe der guten Engel*: Sie besteht vor allem darin, das Lob des dreifaltigen Gottes zu singen und seine erbarmungsvolle Gnade ihnen gegenüber zu preisen[64]. Diese herrlichen, harmonischen Lobgesänge der himmlischen Geister stellen eine wundersame Symphonie dar, die der Ehre des Dreifaltigen gilt und die ihren kurzen Ausdruck im dreimaligen «Sanctus» findet. In diese Engelsharmonien kommt kein unreiner Ton und kein Missklang hinein, seit Luzifer aus den Reihen der Engel gestürzt worden ist, der, soweit es an ihm lag, die ganze heilige, himmlische Musik verdarb[65].

Die Aufgabe der Engel ist dann weiter, um uns Menschen besorgt zu sein: «Die fromme, gütige Mühewaltung aller Engel um das Menschengeschlecht wird an vielen Stellen der Hl. Schrift bezeugt»[66]. Unter jenen Engeln, die in besonderer Weise den Menschen dienen, ragen *Gabriel* und *Michael* heraus[67].

Mit ganz besonderer Vorliebe bespricht Rupert die Fürsorge des hl. Michael gegen uns Menschen: Er, der im Entscheidungskampf die guten Engel angeführt und den Sieg errungen hat[68], führt jetzt bis zum Ende der Tage jene an, die an das menschgewordene ewige Wort Gottes glauben[69]. Er ist Führer der Menschen im Kampf und Gebet, er ist der Schützer und Helfer des auserwählten Volkes Israel, noch viel mehr aber des Gottesvolkes der Kirche Christi[70].

Eine innige Wechselbeziehung zwischen Engel und Menschen besteht, und je vollkommener ein Mensch ist, desto häufiger wird er von den Engeln besucht und desto bereitwilliger dienen die Engel einem solchen Menschen[71].

Warum die Engel aber um das Menschengeschlecht so besorgt sind, wird daraus klar, dass die Menschen berufen sind, zu den Engelchören emporzusteigen[72]. Je nach dem Ausmass der Verdienste werden die zur Seligkeit gelangenden Menschen in die Scharen der himmlischen Chöre eingereiht, wie Gregor d.Gr. gesagt hat[73]. Und weil wir Menschen zu den neun Engelchören emporsteigen dürfen, so zeigt sich dies jetzt schon hier auf Erden in der entsprechenden Verteilung der Gnadengaben des Hl. Geistes, von denen Paulus im 1. Korintherbrief (c. 20) spricht; denn die hier aufgezählten neun Gnadengaben entsprechen genau, so meint Rupert, der Reihenfolge der neun Engelchöre[74].

Von der Ansicht derer, die da meinen, dass aus allen Chören eine bestimmte Anzahl gefallen sei und dass deshalb die betreffende Anzahl von Menschen in jene Chöre eingereiht werden müsse, hält Rupert nichts, weil ja nach ihm, wie wir gesehen haben, die Choreinteilung der Engel erst eine Folge der Scheidung der Engel ist[75], wohl aber ist es Bestimmung der Menschen, so meint Rupert weiter, zusammen mit den neun Engelchören die Einwohnerschaft des himmlischen Jerusalem zu bilden, und so viele Menschen gelangen zur Seligkeit, als Engel treu geblieben sind, gemäss dem Schriftwort «Constituit terminos gentium juxta numerum angelorum Dei»[76].

Hier erwähnt Rupert dann die Meinung «der meisten», dass dann, wenn alle Engel treu geblieben wären, der Mensch *nicht* erschaffen worden wäre, weil dann ja auch kein Grund dafür vorhanden gewesen wäre. Rupert lehnt diese Ansicht nicht ab, sagt aber, dass man sich dann, wenn man dieser Behauptung zustimme, hüten müsse zu meinen, Gott habe vor dem Engelsturz die Erschaffung des Menschengeschlechtes überhaupt noch nicht bedacht gehabt, sondern dieser Plan sei ihm dann erst in den Sinn gekommen. Rupert meint dann, man würde richtiger sagen: Der Mensch ist nicht der Engel wegen erschaffen worden, sondern die Engel sind umgekehrt eines bestimmten Menschen wegen ins Dasein gerufen worden, nämlich des Gottmenschen Jesus Christus wegen[77]. Diesen Gedanken eines ganz und gar christozentrischen Schöpfungsplanes Gottes führt Rupert dann näher aus[78].

Wegen dieser Stellung der Engel zu Christus versteht es sich, dass die Engel bei der Vorbereitung und Ausführung des Erlösungsplanes dem Gottmenschen helfen müssen, von jenen drei Engeln angefangen, die Abraham erschienen sind, bis zum Erzengel Gabriel, der Maria die Menschwerdung Gottes in ihrem jungfräulichen Schoss ankündigte[79].

Weil die Engel also des Gottmenschen wegen erschaffen seien, darum sei es so bezeichnend, dass erst von jenem Augenblick an, da dem Abraham das Wort der Verheissung gemacht worden war, dass nämlich in seinem Samen, d.h. in der Ankunft und Geburt des aus seinem Samen abstammenden Gottmenschen alle Völker gesegnet werden, die Engel begannen, in sichtbarer Weise häufig den Menschen zu dienen. Jeder Engeldienst ist eben ein Dienst an ihrem König Jesus Christus, dessentwegen sie und die Menschen erschaffen worden sind[80)]. Aus dem gleichen Grund finden wir auch — wie der Abt von Deutz betont — bei allen wichtigen Abschnitten des Erlösungswerkes Christi die Engel dienend gegenwärtig[81)], weil Er eben ihr König ist[82)]. Man sieht, wie Ruperts Stellung in der Frage nach dem Motiv der Menschwerdung auch hier hereinspielt. Er bejaht nämlich im späteren skotistischen Sinn die Frage, ob die Menschwerdung auch ohne das Ziel der Wiederherstellung und Erlösung des Menschengeschlechtes erfolgt wäre[83)] und stellt darum hier auch die Behauptung auf, die Engel und Menschen seien des personalen ewigen Wortes Gottes wegen erschaffen worden.

Im Zusammenhang mit der Wahrheit von der Erlösung der Menschen durch Jesus Christus schneidet der selige Rupert dann auch noch die Frage an, warum die Menschen nicht durch einen Engel erlöst werden konnten, und ob nicht auch ein Engel hätte Mensch werden können; er sagt, dass die Menschen durch kein noch so starkes Geschöpf aus der Hand Satans erlöst werden konnten[84)] und dass zur vollgültigen Sühne für die Schuld des Menschengeschlechtes die Menschwerdung *Gottes* unbedingt notwendig war. Menschwerdung aber sei für die Engelnatur deswegen unmöglich, weil sich Engel und Menschenseele nicht gegenseitig durchdringen können, denn der Engel sei ja kein einfacher, reiner Geist, wie es Gott allein ist[85)]. Aus dem gleichen Grund lehnt Rupert auch die Möglichkeit substantieller Besessenheit ab[86)]. Es spielt da Ruperts Auffassung stark herein, dass die Engel keine *reinen* Geister seien, und dass sich Engel und Menschenseele, was Beschaffenheit ihrer Natur betrifft, vollständig gleichen[87)].

Noch einen Grund, warum die Engel unfähig waren, die Menschen zu erlösen, fügt Rupert dann hinzu: Die Engelnatur ist ja im Vergleich zur Menschennatur gar nicht so viel wertvoller, dass durch ihre Hinopferung den Menschen der Himmel hätte erkauft werden können. Denn was ist der Engel seiner Natur nach? Ein unsterbliches Vernunftgeschöpf, genau wie der Mensch es seiner Seele nach auch ist[88)]. Das also allein, so schliesst Rupert v. Deutz seine Überlegung in dieser Frage, war für unser Heil notwendig, dass *Gott*, der die Welt liebte, nicht einen Gesandten sende, sondern seinen eingeborenen Sohn, der in göttlicher Macht das wirken sollte, was weder ein Gesandter noch ein Engel machen konnte, nämlich die Menschennatur anzunehmen in die Einheit der Person, um diese Menschennatur dann als würdigen Preis für Adams Schuld, unvergleichlich kostbarer als die Engelnatur, dem ewigen Vater darzubringen[89].

Wenn hier nun gesagt wurde, was Rupert über das Verhältnis der Engel zu Christus dargelegt hat, so sei noch abschliessend ganz kurz auf das hingewiesen, was er über das Verhältnis der Engel zur dritten göttlichen Person, zum Hl. Geist, sagt: Der Hl. Geist, der uns Menschen in zweifacher Weise gegeben ist, nämlich zur Nachlassung der Sünden und zur Austeilung seiner Gnadengaben und Charismen, wird den Engeln nur auf *eine* Weise gegeben, nämlich nur in der Ausgiessung seiner Gnadengaben, niemals aber zur Vergebung der Sünden, denn die guten Engel können nicht sündigen, die Sünde der gefallenen Engel aber ist untilgbar[90]. Durch die Austeilung seiner verschiedenen Gnadengaben bewirkt der Hl. Geist die Einteilung der Engel in die neun Chöre[91] und bereitet in den Menschen die Aufnahme in die neun Himmelschöre vor[92].

Der hl. Bernhard von Clairvaux

(† 20. August 1153)

Mönch und Mystiker, Kreuzzugsprediger und Reformator, Klöstergründer und Kämpfer für die Einheit der Kirche; noch viele andere, sein Leben und seine verdienstvolle Tätigkeit charakterisierende Titel könnte man Bernhard von Clairvaux, diesem grossen Heiligen des 12. Jahrhunderts, geben, der um 1090 in Fontaines-lès-Dijon in Burgund als Sohn eines adeligen Ritters geboren wurde und der 1112 mit dreissig jungen Männern aus seiner Verwandtschaft und seinem Freundeskreis in das vom Aussterben bedrohte Reformkloster Citeaux eintrat und von dort schon 1115 als Abt mit zwölf Mönchen zur Gründung von Clairvaux ausgesandt wurde und von da aus noch weitere 68 Zisterzienserklöster gründete[1]. Vom hl. Bernhard von Clairvaux hat sogar der Reformator Martin Luther in einer Tischrede bekannt: «War je ein wahrer, gottesfürchtiger, frommer Mönch, so war es Bernhard, seinesgleichen ich nie-

---

Bernhard von Clairvaux, der hl. Kirchenlehrer ▶

PRIMVS ABBAS ARCHICÆNOBIJ CLAREVALLIS.

mals wieder gehört noch gelesen habe, der alle Kirchenlehrer weit übertrifft»[2].

Dieser kontemplative und dabei ungemein aktive Mönch ist vor allem auch ein Heiliger, der besonders tief und schön — sicher aus eigener Erfahrung — über die heiligen Engel gesprochen und geschrieben und ihre Verehrung besonders warm empfohlen hat.

Wenn A. Vacant in seiner Abhandlung über «Die Engel in der Scholastik» im «Dictionnaire de Theologie catholique»[3] die Engellehre des hl. Bernhard mit dem kurzen Satz abgetan hat, «er habe zwar oft von den seligen Geistern gesprochen, aber nur en passant (also nur so nebenbei)», so stimmt das nicht. Denn wenn man an das 3. und 4. Kapitel im V. Buch «De consideratione»[4] denkt, wo der heilige Abt von Clairvaux «in seiner geistreichen und inhaltsvollen Synthese der spekulativen Gottes- und Trinitätslehre»[5] ausführlich auf die gottähnlichsten Wesen, die Engel, zu sprechen kommt, so kann man nicht gut behaupten, Bernhard spreche nur «en passant» von den Engeln. Und wenn man an seine vielen «Ansprachen zum Hohenlied» («Sermones in Cantica canticorum»), etwa an die 5., 19., 31. und 53. Ansprache denkt, in denen der hl. Bernhard ausführlich bestimmte Fragen der Engellehre nicht bloss aszetisch-mystisch, sondern wirklich auch nach Art eines «scharfsinnigen Theologen»[6] behandelt, so besteht das Urteil von A. Vacant noch weniger zu Recht. Und erst gar, wenn man an die herrlichen siebzehn Ansprachen über den 90. Psalm «Qui habitat» (besonders die 11., 12., 13. und 14. Ansprache), an die unübertreffbaren Homilien über «Missus est» (besonders die 1. und 3. Homilie), an die zwei Predigten zum Fest des heiligen Erzengels Michael und an die grosse Reihe anderer Predigten denkt, in denen der «honigfliessende Lehrer» («Doctor mellifluus»), wie man Bernhard genannt hat, irgendwie auf die heiligen Engel zu sprechen kommt, so muss man sagen, dass der Abt von Clairvaux ein Mystiker ist, dem die Offenbarungswahrheit von der Existenz der Engel eine Tatsache war, die in seinem theologischen, weit mehr noch in seinem asketisch-mystischen Denken und in seinem persönlichen monastischen Leben und Streben einen ganz hervorragenden Platz einnahm. Darum ist es verwunderlich, dass darüber bisher so wenig[7] geschrieben worden ist.

Nachdem die wichtigsten Fundstellen der Engellehre des hl. Bernhard angeführt worden sind, sei auf die einzelnen Punkte etwas näher eingegangen:

1. Die Tatsache der Existenz himmlischer Geister ist für Bernhard eine Wahrheit, von der die Offenbarung immer wieder spricht.

2. Welche Beschaffenheit weisen diese Geschöpfe Gottes nach Bernhard auf? Sind sie reine Geister oder sind sie — wie der selige Rupert von Deutz und andere Theologen der damaligen Zeit gemeint haben — mit einem Leib versehen? Fast immer hat man den hl. Bernhard zu den Vertretern jener Ansicht gezählt, die die Leiblichkeit der Engel behauptet haben. Die Tatsachen liegen hier aber nicht so einfach. Denn fürs erste ist festzustellen, dass sich bei Bernhard mehrere Stellen finden, aus denen man zur Meinung kommen könnte, er habe — wie ein paar seiner Zeitgenossen, z.B. Hugo von St. Viktor — die absolute Geistnatur der Engel vertreten; so wenn er einmal die Natur der Engel auf gleiche Stufe wie die Gottes stellt und einfachhin sagt: «Geist ist Gott, das sind auch die heiligen Engel»[8)], oder wenn er einerseits die Verwandtschaft des Menschen mit den Engeln betont, weil die Seele des Menschen Geist ist[9)]; und andererseits den Unterschied zwischen Mensch und Engel darin sieht, dass der Mensch einen Leib hat[10)]. Diesen Stellen stehen dann aber mehrere andere gegenüber, wo Bernhard seine Zweifel äussert, ob nicht doch auch die Engel mit einem Leib versehen seien[11)]. Er meint darum, dass hier zumindest eine «Quaestio disputata», eine frei diskutierbare Frage vorliege[12)]. Er verurteilt die Ansicht nicht, die für die absolute Geistigkeit der Engel eintritt. Es lässt sich aber nicht leugnen, dass er selbst mehr zur gegenteiligen Ansicht neigt. Im 5. «Sermo in Cantica canticorum» (Nr. 2), wo er nach Aufzählung der beiden einander gegenüberstehenden Ansichten seine eigene Einstellung kundgibt, vertritt er es als möglich, dass die Engel leibbehaftet seien, nirgendwo aber tritt er für diese Ansicht als der einzig richtigen ein. Wohl aber sagt der hl. Bernhard, dass die Engel eines Leibes bedürfen, um ihre Aufgabe als Boten Gottes erfüllen zu können. Dabei hebt er aber ausdrücklich hervor, es bestehe ein grosser Unterschied zwischen der Notwendigkeit des Leibes für das Tier, für den Menschen und für den Engel. Er betont, dass die Engel den Leib nicht für sich, sondern für die anderen brauchen[13)]. Dass die Engel eines Leibes für sich selber nicht bedürfen, sagt er auch dort, wo er betont, dass die Erkenntnisfähigkeit der Engel von der Angewiesenheit auf die Sinne vollständig unabhängig sei im Gegensatz zu der des Menschen[14)]. Letztlich ist der Leib für die Engel nach der Ansicht des hl. Bernhard nur Werkzeug in der Erfüllung ihrer Aufgabe den Menschen gegenüber, nicht aber Wesensbestandteil ihrer Natur. Und dieser Leib, dessen sich die Engel bedienen, ist nicht schwerfällig wie der Menschenleib, sondern ist ein ätherischer Luftleib, den die Engel nach Bedürfnis in seiner Form und Gestalt ändern können und der für uns Menschen wegen seiner Subtilität ungreifbar und für gewöhnlich auch unsichtbar ist[15)].

Was die übrigen Eigenschaften der Engelnatur betrifft, so betont der hl. Bernhard neben der relativen Vollkommenheit ihrer Erkenntniskraft, «die ihnen von Natur aus eigen ist»[16)], immer wieder auch die Willensfreiheit der Engel, besonders dort, wo er davon spricht, dass sich die Engel einer Prüfung zu unterziehen und sich für oder gegen Gott zu entscheiden hatten[17)], und vor allem, wo er vom Sündenfall Luzifers und seines Anhangs redet[18)].

Eine kurze, summarische Zusammenfassung der Eigenschaften der Engel bringt der hl. Bernhard im 4. Kapitel des 5. Buches von «De consideratione», wo er auf ihre Verstandeskraft, Macht und Herrlichkeit, auf ihre Unterschiedenheit untereinander, auf ihre Würde und Vollkommenheit, auf ihre Leidlosigkeit und Unsterblichkeit, auf ihre Reinheit, Güte und Frömmigkeit Gott gegenüber und ihre Hingabe an die ihnen von Gott gestellte Aufgabe hinweist. Dabei gebraucht er auch eine etwas dunkle, missverständliche Formulierung und sagt, die Engel seien «non creati, sed facti, id est gratia, non natura» («nicht geschaffen, sondern gemacht, und zwar durch Gnade, nicht durch Natur»). Das soll wohl bedeuten, dass die guten Engel in allem, was sie jetzt sind, dies nicht seit ihrer Erschaffung, sondern erst durch Gottes *Gnade* gemacht worden sind, als sie in den Gnadenstand erhoben wurden.

Alles, was der hl. Bernhard über die Engelnatur und ihre Erhabenheit sagen könnte und möchte, zwingt ihm einmal die Worte ab: «Es ist für uns zu viel, von jenem Glanz und jener Herrlichkeit zu sprechen, wodurch die heiligen Engel schon in sich selbst und erst recht in ihrer Verbindung mit Gott erhaben sind; sie überragen uns darin unsagbar weit»[19)].

3. Was die Einteilung der Engel in die verschiedenen Chöre betrifft, so hält sich der hl. Bernhard an das, was darüber Papst Gregor d.Gr., etwas von Dionysius Areopagita abweichend, gesagt hat. Ausführlich kommt er auf die neun Engelchöre im 4. Kapitel des V. Buches «De consideratione» und im 19. «Sermo in Cantica Canticorum» zu sprechen. Wenn Bernhard dabei betont, dass die Engel «von Anfang an in ihrer Ordnung standen» («ab initio stantes in ordine suo»)[20)], so meint er damit wohl, dass die Choreinteilung der Engel seit ihrer Erschaffung besteht und nicht etwa erst durch die Befestigung der guten Engel nach dem Entscheidungskampf herbeigeführt wurde, wie der selige Rupert von Deutz gemeint hatte.

An den angeführten Stellen[21)] sucht der Abt von Clairvaux auch Namen und Eigenart der einzelnen Engelchöre zu deuten. Er sagt einleitend, die Namen der Engelchöre, aus denen wir die Ämter, die Grade und Ordnungen sowie die Verdienste der himmlischen Geister unterscheiden können[22], seien aus der Hl. Schrift bekannt. Die Beschreibung, die der hl. Bernhard dann gibt, ist im wesentlichen jene, wie sie damals immer wieder im Anschluss an Gregor d.Gr. gegeben wurde[23].

4. Was die Sendung der Engel in die Welt betrifft, so spricht sich Bernhard im Gegensatz zu Dionysius Areopagita dahin aus, dass ausnahmslos *alle* Engel, auch die der höchsten Chöre, zu Botendiensten von Gott verwendet werden. «Dies dürfte auch niemand unglaublich erscheinen», meint Bernhard, «denn Er selbst, der Schöpfer und König der Engel, kam ja nicht, um sich bedienen zu lassen, sondern um zu dienen und sein Leben für viele hinzuopfern. Wie sollte also einer der Engel einen Dienst unter seiner Würde finden, worin ihnen derjenige beispielgebend vorangeht, dem sie im Himmel mit aller Sehnsucht und Seligkeit dienen?»[24] Freilich ist es für gewöhnlich so — fügt Bernhard erklärend hinzu —, dass die höheren Engel die niedrigeren senden und diese dann zu uns Menschen kommen[25].

Wozu werden nun die Engel von Gott gesandt? Erstens, um uns Menschen bestimmte Ratschlüsse Gottes zu offenbaren. Das scheint nach dem hl. Bernhard vor allem die Aufgabe der *Erzengel* zu sein, wie er besonders am Beispiel des Erzengels Gabriel aufzeigt[26], vor allem in der 1. Homilie «Super missus est»: «Der Evangelist erzählt also: 'Der Engel Gabriel ward von Gott gesandt.' Ich glaube nicht, dass dieser Engel einer von den niedrigsten war, die aus einem beliebigen Grund häufig Botschaften auf die Erde bringen. Das zeigt uns deutlich schon sein Name, der 'Stärke Gottes' bedeutet. Auch wird nicht berichtet, dass er von irgendeinem anderen höheren Geist, wie es sonst zu geschehen pflegt, sondern von Gott selbst gesandt wird. Darum heisst es: 'Von Gott gesandt'. So heisst es schon deshalb, damit man ja nicht glaube, Gott habe einem der seligen Geister seinen Ratschluss *vor* der seligsten Jungfrau geoffenbart, ausgenommen nur den Erzengel Gabriel. Dieser erfreute sich ja unter den Engeln seines Ranges eines solchen Vorzugs, dass er eines so erhabenen Namens und eines so erhabenen Auftrags würdig erachtet wurde. Auch der Name passt zum Auftrag. Wer konnte auch geziemender Christus, die Kraft Gottes, ankündigen als dieser Engel, den der gleiche Name ziert? Der Engel Gabriel aber wurde 'Gottes Kraft' genannt, entweder weil er die Wahl zu diesem Auftrag, die Ankunft dieser Gotteskraft, nämlich Christi, zu verkünden, verdient hatte, oder weil er die seligste Jungfrau, die von Natur aus schüchtern, bescheiden und schamhaft war, stärken sollte, damit sie über das Ungewöhnliche des Wunders, das in ihr gewirkt werden sollte, nicht allzusehr erschrecke . . . Vielleicht darf man auch nicht ohne Grund annehmen, dass der gleiche Engel Gabriel auch den Bräutigam der seligsten Jungfrau, der nicht minder demütig und furchtsam war, gestärkt habe, wenn auch der Name des Engels bei dieser Gelegenheit vom Evangelisten nicht genannt wird. 'Joseph, Sohn Davids' — so sprach der Engel — 'fürchte dich nicht, Maria als deine Frau zu dir zu nehmen' (Mt 1,20). — Ganz passend wurde also Gabriel zu diesem erhabenen Amt auserwählt; oder richtiger: Weil ihm ein so wichtiger Auftrag zuteil wurde, trägt er mit Recht auch einen so erhabenen Namen»[27)].

Die wichtigste Aufgabe, die die Engel der untersten Stufe vor allem haben, ist die, den Menschen Schützer und Führer zu sein. Darüber hat der hl. Bernhard sehr viel und sehr Schönes gesagt und geschrieben, so dass er schon deshalb einen Ehrenplatz in der Geschichte der Angelologie (Lehre von den Engeln) verdient[28)]. Es sind vor allem die vier Ansprachen (11-14) über den Psalm «Qui habitat», in denen er auf die trostvolle Wahrheit vom Schutzengel zu sprechen kommt[29)]; er tut es aber auch in einer Reihe anderer Predigten, so besonders noch im Sermo 7,27,31,39 über das Hohelied[30)]. In immer neuen, von Ehrfurcht und Dankbarkeit erfüllten Worten schildert der Abt von Clairvaux die verschiedene Art der Tätigkeit der himmlischen Geister in der Erfüllung ihrer Schutzengelaufgabe uns Menschen gegenüber. Den Schriftbeweis aber für diese Glaubenswahrheit, dass jedem Menschen von Gott ein Schutzgeist an die Seite gestellt ist, nimmt Bernhard aus Hebr 1,14 und Mt 18,10[31)]. Die Schutzengel sind die treuen Wächter und Führer der Menschen auf Erden[32)], ihre huldvollen Beschützer auf den gefahrvollen Wegen des Erdenlebens[33)]. Sie werden von Gott gesandt, um uns zu helfen und zu trösten[34)], uns von Gott Einsprechungen zum Guten und Gnaden zu vermitteln[35)]; die Schutzengel sind immer in Liebe um uns besorgt[36)], sie sorgen sich um uns wegen unserer Schwachheit[37)], sie bringen zum Throne Gottes unsere Gebete[38)] und guten Werke[39)], sie sind darauf bedacht, uns gegenüber den bösen Geistern, die uns überall bedrängen und bedrohen, zu verteidigen[40)] und uns immer wieder auf den rechten Weg, den Weg des Herrn, wenn wir davon abgeirrt sind, zurückzuführen[41)], bis wir unser letztes Ziel, das ewige Glück im Himmel, erreicht haben, wo wir Menschen dann den Verlust in den Reihen der Himmelsbürger, den sie durch den Sündenfall der Engel erlitten haben, wettmachen sollen[42)].

Damit das letzte Ziel auch wirklich erreicht wird, steht der Schutzengel dem ihm anvertrauten Menschen zuletzt vor allem in der Stunde der Entscheidung, in der Sterbestunde, bei[43)]; er macht dann gleichsam den

Brautführer, der die Seele zum Bräutigam Christus ins ewige Leben geleitet[44].

Die Tatsache aber, dass Gott einem jeden Menschen einen Schutzengel an die Seite gestellt hat, ist ein einzigartiger Liebeserweis des gütigen Gottes uns Menschen gegenüber[45].

Aus dieser Tatsache aber folgen für uns Menschen Pflichten, vor allem die Pflicht dankbarer Ehrfurcht gegen die heiligen Engel wegen ihrer Gegenwart an unserer Seite, die Pflicht der Ergebenheit den Engeln gegenüber wegen ihres Wohlwollens und die Pflicht grossen Vertrauens wegen ihres Schutzes: «Deinetwegen gibt Gott seinen Engeln das Gebot, auf allen deinen Wegen dich zu behüten. Welche Ehrfurcht muss dieser Satz in dir wecken, zu welcher Ergebenheit muss er dich anregen, zu welchem Vertrauen muss er dich bewegen! Ehrfurcht wegen ihrer Gegenwart, Ergebenheit wegen ihres Wohlwollens, Vertrauen wegen ihres Schutzes. Wandle darum behutsam deine Wege, sind doch die Engel allerwegen dir zur Seite, wie es ihnen befohlen ward! In jedem Haus, in jedem Winkel hab' Ehrfurcht vor deinem Engel! Könntest du in seiner Gegenwart wagen, was du unter meinen Augen nicht wagtest? Oder zweifelst du an seiner Gegenwart, nur weil du ihn nicht siehst? Wie, wenn du ihn hörtest? Wie, wenn du ihn berührtest? Wie, wenn du seinen Wohlgeruch wahrnähmest? . . . Wenn du den Glauben fragst, so bezeugt er dir, dass die Gegenwart der Engel Tatsache ist . . . Die Engel sind also da, und zwar an deiner Seite; sie sind nicht nur mit dir, sondern auch für dich da. Sie sind zugegen, um dich zu beschützen, sie sind zugegen, um dir zu nützen. Wie wirst du dem Herrn vergelten all das, was er an dir getan hat? Denn Ihm allein gebührt Ehre und Herrlichkeit. Warum Ihm allein? Weil Er es befohlen hat und weil jede gute Gabe nur von Ihm kommt. Doch wenn Er es auch befohlen hat, so dürfen wir doch gegen jene nicht undankbar sein, die Ihm aus so grosser Liebe heraus gehorchen und uns in so grosser Not zu Hilfe kommen. Seien wir also solchen Hütern fromm ergeben und dankbar! Lieben wir sie wieder, ehren wir sie, so viel wir können und sollen!»[46]

Diese vom hl. Bernhard ausgesprochenen asketischen Folgerungen aus der Glaubenswahrheit von der Existenz der Schutzengel an unserer Seite führt der Abt von Clairvaux auch in anderen Predigten häufig aus. Besonders war es ihm ein Herzensanliegen, die ihm anvertrauten Mönche wegen der Gegenwart der heiligen Engel immer wieder zu gesammelter und andächtiger Haltung beim Gebet und beim Gottesdienst zu ermahnen[47] und zu Reinheit des Herzens, zu Eintracht und Frieden aufzufordern[48]: «Dies möchte ich sagen, liebe Brüder, damit ihr in Zukunft grösseres Vertrauen zu den heiligen Engeln hegt und sie inniger in allen Nöten um ihre Hilfe anruft; aber auch, damit ihr trachtet, würdiger in ihrer Gegenwart zu wandeln, um so immer mehr ihre Gunst zu gewinnen, ihr Wohlwollen zu erlangen, ihre Milde zu erbitten . . . Da sich dies demnach so verhält, so denkt darüber nach, Geliebte, welch grosser Sorgfalt es bedarf, uns ihres Umgangs mit uns würdig zu machen und vor dem Angesicht der Engel so zu wandeln, dass wir ihre heiligen Blicke ja nicht beleidigen. Denn wehe uns, wenn sie durch unsere Sünden und Nachlässigkeiten verstimmt, uns ihrer Gegenwart und ihres Besuches nicht mehr wert hielten! Dann müssten wir mit den Propheten trauernd klagen und sprechen: 'Es treten und stellen sich gegen mich meine Freunde und Vertrauten, und die mir zur Seite standen, fliehen meine Nähe. Doch die mir nach dem Leben trachten, wenden Gewalt an' (Ps 37,12-13). Sie nämlich, deren Gegenwart uns schützen und den Feind abwehren konnte, sind weggegangen. Wenn wir nun des vertrauten, herablassenden Umgangs der Engel mit uns so sehr bedürfen, dann müssen wir uns sorgfältig hüten, sie zu beleidigen. Wir müssen uns umgekehrt vor allem in jenen Dingen üben, an denen die Engel, wie wir wissen, ihre Freude haben. Es gibt ja so vieles, das ihnen wohlgefällt, das sie an uns gerne sehen, wie z.B. Nüchternheit, Keuschheit, freiwillige Armut, häufiges Seufzen nach dem Himmel, Gebet, das mit Tränen betaut und in reiner Absicht des Herzens verrichtet wird. Doch mehr als all das fordern die Engel des Friedens von uns Eintracht und Frieden . . . Anderseits beleidigt die Engel nichts so sehr und ruft nichts mehr ihren Unwillen hervor, als wenn sich bei uns Zwistigkeiten und Ärgernisse einnisten.»

Der hl. Bernhard fragt dann noch, warum die Engel mit solchem Eifer ihrer Schützeraufgabe uns Menschen gegenüber nachkommen. Er gibt zur Antwort, dass sie das aus einem doppelten Grund tun: Zunächst aus Gehorsam gegen Gott, der es ihnen so aufgetragen hat[49)], vor allem aber aus Liebe, aus Liebe gegen Gott, aus Liebe gegen sich selbst und aus Liebe gegen uns Menschen[50)]: «Fürwahr, um Gottes willen, dessen innerstes Erbarmen gegen uns Menschen sie nachahmen, wie es billig ist. Und unsertwegen, da sie in uns ja nur ihr eigenes Ebenbild bemitleiden; und ihretwegen, weil sie mit sehnsüchtigem Verlangen erwarten, dass wir ihre gelichteten Reihen wieder auffüllen.» Diese Gedanken führt der hl. Bernhard dann noch näher aus und knüpft dann daran in sehr schöner Weise die Forderung nach brüderlicher Liebe: «Vielleicht erinnert ihr euch noch, was wir . . . über die dreifache Liebe und Sorge der Engel für uns Menschen gesagt haben. Es lässt sich daraus der Nutzen brüderlicher Liebe herrlich darlegen. Es ist ja so leicht einzusehen: Bei einem Menschen, der seinen Nächsten nicht liebt, sind die genannten Ursachen für die besorgte Liebe der Engel um uns Menschen nicht vorhanden. Werden uns denn die Engel um Christi willen lieben, wenn sie bei uns aus dem Mangel an gegenseitiger Liebe erkennen müssen, dass wir überhaupt nicht Christi Jünger sind? Und werden uns die Engel unsertwegen lieben, das heisst wegen der Ähnlichkeit unserer Geistseele mit ihrer Geistnatur, wenn sie sehen müssen, dass wir die uns gleichen Teilhaber an der menschlichen Natur nicht lieben, ja, wenn sie aus unseren gegenseitigen Streitigkeiten folgern müssen, dass wir viel mehr fleischlich als geistig gesinnt sind? Werden uns die Engel schliesslich ihretwegen lieben und wegen der erwarteten Auffüllung ihrer Gemeinschaft aus unseren Reihen, wenn, was doch ferne sei, jenes eine Bindemittel fehlt, das uns allein mit ihnen vereinen und zur himmlischen Stadt zusammenschliessen könnte, nämlich das Band der Liebe? Wie können die Engel erwarten, dass die ewigen Mauern ihrer himmlischen Stadt aus uns wieder aufgebaut werden, wenn sie erkennen und sehen: Wir Menschen sind keine lebendigen Steine, die sich zusammenfügen lassen, und wenn sie sehen, dass wir nur Staub sind, den der Wind über die Erde dahinjagt und den ein einziger Worthauch in Wirbel bringt und das leiseste Lüftchen eines Argwohns uns nach allen Richtungen hin zerstreut?»[51)]

Noch auf etwas sei in der Engellehre des hl. Bernhard hingewiesen, das er mehr als andere seiner Zeit herausgearbeitet hat, nämlich das Verhältnis der Engel zu *Christus.* Bernhard betont ganz besonders stark, dass Christus der Herr und König auch der Engel ist[52)], zumal Christus auch als Mensch unsagbar weit über die Engel hinausragt, wenngleich er sich im Leiden freiwillig tief unter die Engel erniedrigt hat[53)]. Dem Erlösertod Jesu Christi, des Gottmenschen, schulden — wie Bernhard erklärt — auch die Engel jegliche Gnade, genau wie wir Menschen. Es ist das eine Ansicht, die sich später beim seligen Johannes Duns Scotus und bei den Scotisten wiederfindet[54)]. Nur durch die Erlösergnade Jesu Christi gestärkt konnten die guten Engel im Entscheidungskampf bestehen. Darum war auch für sie, wie Bernhard sagt, die Erlösung notwendig.

Ganz kurz sei noch auf das eingegangen, was der hl. Bernhard über die bösen Geister und ihren Anführer zu sagen weiss. Er fragt vor allem danach, was denn die eigentliche Sünde Luzifers gewesen sei; er antwortet, dass es der Stolz war, in dem er sich dem Höchsten gleich machen wollte[55)] und sich, obwohl aus dem Nichts erschaffen, mit seinem Schöpfer auf die gleiche Stufe stellte und sich in kühner Frechheit anmasste, was dem Sohn des Allerhöchsten allein zusteht[56)], nämlich Wesens-

gleichheit mit Gott Vater. Damit aber wurde der Stolz des Erstengels zugleich auch zum Neid, in welchem er den Sohn Gottes um die Herrlichkeit des Eingeborenen des Vaters beneidete[57]. Ob auch der Neid gegen uns Menschen beim Sündenfall Luzifers und seines Anhangs bereits mit hereingespielt hat? Bernhard meint, es sei möglich, dass Luzifer vorauswusste, dass die Menschen erschaffen und für die gleiche Herrlichkeit wie sie, die Engel, berufen werden sollten[58].
Die Strafe für seinen Stolz und Neid empfing Luzifer dadurch, dass er von der Herrlichkeit, mit der er ausgestattet worden war, getrennt und aus dem Himmel, der von den heiligen Engeln bewohnt wird[59] und der in nächster Nähe des Allerhöchsten auch Luzifers Wohnstätte hätte sein sollen, hinabgeschleudert wurde. Wohin? Bernhard vertritt hier die Meinung, Luzifer sei mit seinem Anhang vorläufig in das Luftreich geschleudert worden, um hier zuerst einmal von Neid innerlich zerrissen zu werden[60]. Vom Jüngsten Tag an aber wird der Ort der Verbannung für Luzifer und seinen Anhang das Feuer der Hölle sein. Bis dahin aber ist ihm und den Seinen noch gestattet, die Menschen zum Bösen zu verführen[61]. «Nicht nur besiegt sind sie alle (die bösen Geister), sondern bereits auch gerichtet und verdammt. Das Urteil ist gefällt, jedoch noch nicht feierlich verkündet. Das Feuer ist für den Teufel schon bereitet, wenn er auch noch nicht für immer ins Feuer gestürzt worden ist, sondern sein verderbliches Handwerk noch eine Weile weitertreiben darf. Der himmlische Werkmeister hat ihn gleichsam zu seinem Hammer gemacht, zum Hammer für die ganze Erde, mit dem die Auserwählten gehämmert werden zu ihrem Heil und ihrer Vollendung, die Verworfenen aber zermalmt werden zu ihrer Verdammung»[62].

Die hl. Elisabeth von Schönau

(† 18. Juni 1164)

Hier geht es um eine deutsche Mystikerin des 12. Jahrhunderts, von der in den Lesungen des Festofficiums, das aus dem 15. Jahrhundert stammt, rühmend hervorgehoben wird, sie sei eines häufigen Besuchs heiliger Engel gewürdigt und dadurch in Prüfungen und Heimsuchungen wundersam getröstet worden[1]. Die Schauungen dieser Heiligen, die in den drei Büchern «Visiones» und im «Buch der Wege Gottes» («Liber viarum Dei»)[2] aufgezeichnet sind, verdankt sie, wie sie selbst ihrer Zeitgenossin und Ordensmitschwester, der hl. Hildegard von Bingen geschrieben hat[3], in besonderer Weise den Mitteilungen ihres Schutzengels[4]. Er war es, der ihr im Auftrag Gottes diese Offenbarungen machte und sie dann zur Niederschrift und Veröffentlichung drängte. Und als die kirchliche Obrigkeit ihren Engelserscheinungen skeptisch gegenüberstand und meinte, ihr erscheine wohl eher ein Dämon, der sich als Engel des Lichtes verkleide, da befragte Elisabeth in Gehorsam ihren Schutzengel und bekam von ihm zur Antwort: «Wisse für sicher, dass ich ein wahrer Engel Gottes bin und dass die Schauungen wahr sind, die du gesehen hast, und dass das wahr ist, was du aus meinem Munde gehört hast, und verwirklicht werden wird, wenn sich die Menschen mit Gott versöhnen; ich selbst bin es, der lange mit dir zusammengearbeitet hat»[5].

Manches von diesen Visionen der hl. Elisabeth von Schönau mag freilich dabei auch aus den Überlegungen mit ihrem theologisch bestens gebildeten Bruder mit eingeflossen sein. Darum gehört zuerst noch auf diesen Bruder, Ekbert von Schönau († 28. 3. 1184), hingewiesen.

Ekbert war zuerst Kanoniker in St. Kassius und Florentius in Bonn, trat aber 1155 im benediktinischen Doppelkloster zu Schönau, wo seine Schwester im Kloster lebte und ihn herbeisehnte, ein. Er wurde ihr Theologischer Berater, Biograph und Redaktor ihrer Visionen.

Ekbert war als Abt des Klosters Schönau ein tapferer Verteidiger des katholischen Glaubens gegen die Häresie der Katharer. Wenn es eine besondere Absicht des IV. Laterankonzils (1215) in seinem wichtigen Dekret «Firmiter credimus» war, den damals neu erwachten manichäischen Dualismus der Katharer zu verurteilen und Gott als das einzige schöpferische Prinzip aller seienden Dinge, der sichtbaren wie der unsichtbaren, zu erklären, so ist aufschlussreich, wie scharf und klar fünfzig Jahre vorher Ekbert in seiner theologischen Summe gegen die Katharer und vor allem auch in seiner siebten, uns überlieferten Predigt gegen die Katharer deren Irrlehre widerlegt hat, dass der Menschenleib vom gefallenen Erstengel, vom Teufel erschaffen worden und böse sei. Gott bedarf — so betont Ekbert — bei der Erschaffung des gesamten Universums nicht der Hilfe der himmlischen Geister, am allerwenigsten des gefallenen Erstengels, des Teufels[6].

Ekbert war aber nicht bloss ein scharfer Bekämpfer der Irrlehre des manichäischen Dualismus der Katharer, er offenbart sich in seinem kleinen Werk «Soliloquium», in welchem er seine Betrachtungen («Meditationes») zusammengefasst hat, als mystischer Theologe. In acht dieser achtzehn kurzen Betrachtungen spricht er über die heiligen *Engel* in einer Art, die stark an die der hl. Hildegard von Bingen erinnert.

In ergreifender Christusmystik vergleicht Ekbert zuerst die Schönheit des menschgewordenen ewigen Wortes mit der strahlenden Schönheit der Engelchöre und kommt dabei zum Schluss, dass ihre Schönheit nichts sei im Vergleich zur Schönheit des Gottmenschen Jesus Christus[7]; Er, der Sohn Gottes, ist es, der am Anfang der Zeiten als weiser Baumeister die Engel in den Himmelsbau eingefügt hat als die lebendigen und unsterblichen, in ihrer bunten Verschiedenheit erstrahlenden Edelsteine. Er ist es auch, der den Abertausenden der himmlischen Geister den Auftrag gab, im Dienste des himmlischen Vaters allzeit bereit zu sein, um — ähnlich den emsigen Bienen — zwischen Himmel und Erde Botendienste zu erfüllen[8], aber auch in himmlischer Musik und wundersamer Harmonie auf den herrlichen, dreifaltigen Gott Lobeshymnen erklingen zu lassen[9].

In mystisch beschwingter Sprache beschreibt der Abt von Schönau der Reihe nach auch die neun Engelchöre und die Aufgaben, die ihnen jeweils vom Sohn Gottes zugewiesen worden sind: Der Sohn Gottes ist es, durch den die Seraphim erglühen in Liebe, die Kerubim leuchten in Liebesglut. Von ihnen greift das Feuer der Liebe über auf die niedrigeren Chöre der himmlischen Geister, von welchen dann auch wir Menschen in Gottesliebe entzündet werden sollen. Der Sohn Gottes ist es auch, der als König der Könige und höchster Richter den Thronen die Vollmacht gab, Gericht zu halten in Gerechtigkeit. Durch den Sohn Gottes herrschen die Herrschaften, Fürstentümer und Mächte. Durch den Sohn Gottes wirken die Kräfte ihre Wunder. Im Auftrag des Sohnes Gottes werden die Erzengel zu uns Menschen gesandt, um unserer Armseligkeit und Schwachheit zu Hilfe zu kommen und um als Boten des Heils die Erlösung anzukündigen[10]. Im Auftrag des Sohnes Gottes dienen uns auch hilfreich die Engel, die in Weisheit strahlen, in unberührter Reinheit leuchten und im Glanz unvergänglicher Liebe glänzen. Unter der erzieherischen Führung der heiligen Engel werden im Dunkel von Welt und Zeit unsere Schritte auf den rechten Weg gelenkt; die heiligen Engel halten feindliche Angriffe von uns ab, sie melden uns die geheimen Ratschlüsse des göttlichen Willens, sie stärken unsere Gemüter, wenn wir mutlos und verzagt geworden sind, und tragen unsere Gebete wie wohlriechende Rauchopfer zum Thron des himmlischen Vaters empor[11].

Im Anschluss an die Aufzählung und Schilderung der neun himmlischen Chöre spricht Ekbert auch noch vom Menschengeschlecht als der zehnten Saite auf dem «Dekachord», das der Sohn Gottes zum Lob des himmlischen Vaters spielt. Hier fordert dieser fromme Ordensmann in mystischer Ergriffenheit Jesus Christus auf, in die neun reinen Saiten des Dekachords zu greifen, dabei aber auch die zehnte Saite nicht zu verschmähen, weil auch sie, wenngleich durch den Sündenfall ganz unfähig geworden, doch durch die Berührung mit Ihm in seiner Menschwerdung, wieder fähig geworden sei, in harmonischem Zusammenklang mit den Engelchören süsse Töne des Gotteslobes hervorzubringen[12].

Zu diesem frommen Benediktinerabt Ekbert passt nun in gleicher Ehrfurcht vor der Grösse der heiligen Engel dessen Schwester Elisabeth von Schönau, die 1129 in Bonn geboren und mit 12 Jahren den Nonnen des Doppelklosters Schönau bei St. Goarshausen zur Erziehung anvertraut wurde, dort dann den Schleier nahm und 1147 die Ordensprofess ablegte. Zehn Jahre später wurde sie bereits «Magistra», Oberin der Nonnen; eine Äbtissin gab es nicht, weil das Frauenkloster in Schönau vom Männerkloster und damit von dessen Abt abhängig war. In diesem Amt wirkte inzwischen segensreich ihr Bruder Ekbert, der an den Visionen seiner Schwester sehr interessiert war, sie aufzeichnete, nach Form und Stil redigierte und an seine vielen Freunde weitergab. Durch ihn ist Elisabeth berühmt geworden. «Ihre Schriften übten schliesslich wegen ihres moralisierenden Charakters und ihrer apokalyptischen Mahnrufe sowohl auf die Zeitgenossen als auch auf die Nachwelt einen weitreichenden Einfluss aus, wie die ungemein vielen Handschriften, die sich schnell über das ganze Abendland verbreiteten, beweisen»[13].

Bei der seit Papst Gregor XIII. (1584) in das Martyrologium Romanum am 18. Juni als «heilige Jungfrau, die sich durch Treue in der Beobachtung der Ordensregel auszeichnete», eingefügten heiligen Elisabeth von Schönau erleben wir nun die mystischen Betrachtungen über die heiligen Engel, wie sie Abt Ekbert niedergeschrieben hat, in einer zum mystischen Erlebnis gesteigerten Form. Es wurde ihr im 23. Lebensjahr die Gnade «familiären Verkehrs mit den Engeln» zuteil; dieser wurde im Lauf der Jahre immer vertrauter und dauerte immer länger. Elisabeth von Schönau hielt mit den heiligen Engeln oft lange Unterredungen, in denen sie Auskunft und Unterweisung über wichtige Dinge erbat[14].

Zwei der Visionen der hl. Elisabeth von Schönau sind besonders aufschlussreich: Am Pfingstfest ihres letzten Lebensjahres sah sie, wie durch die heiligen Engel das himmlische Jerusalem aufgebaut wird und wie diese zur Errichtung von zwölf Strassen und zwölf Toren kostbare Steine herbeischaffen. Sie befragte den erschienenen Schutzengel nach der Bedeutung dieser Schau. Dabei erhielt sie die Antwort: «Die Seelen der Auserwählten werden täglich und ununterbrochen durch einen Engel aus dem Ort der Läuterung in die Himmelsherrlichkeit und in die himmlische Stadt eingeführt. Dort erhalten die einzelnen zur Seligkeit

Gelangten ihren Platz zugewiesen nach der Anordnung der seligen Geister, die dafür von Gott bestimmt sind; jede Seele hat ihren Glanz je nach dem Mass ihrer Verdienste. Das ist der Sinn der Erbauung der himmlischen Stadt Jerusalem durch die Engel. Der Anführer und Meister bei diesem Bau aber ist der Erzengel Michael»[15].

Ein anderes Mal wurde die hl. Elisabeth auf ihre Fragen, die sie an den Engel gerichtet hatte, darüber belehrt, auf welche Weise die Propheten durch die Engel Kenntnis erhielten über das Leben, Leiden und Sterben des Gottessohnes vor seiner Menschwerdung, desgleichen darüber, wie die Engel, wenn sie zu den Menschen gesandt werden, einen Leib annehmen, um so für die schwachen Menschen erkennbar zu werden[16].

Am Fest des hl. Erzengels Michael wollte Elisabeth von ihrem Schutzengel Verschiedenes über ihn und die anderen Engel erfahren, sofern es ihm gefalle, ihr darüber zu antworten. Mit strahlendem Antlitz antwortete ihr der Engel: «Frage nur, und ich will dir antworten, denn ich weiss bereits, was du fragen willst!» Und Elisabeth fragte dann: «Ich möchte wissen, ob jener Engel, der als erster von Gott abfiel, dies sofort nach seiner Erschaffung getan hat, oder ob er zunächst einige Zeit im Stand der Gnade verblieben und dann erst abgefallen ist». Der Engel antwortete ihr: «Wisse, dass unter allen Geschöpfen, die der Herr erschaffen hat, jener Engel die höchste Schönheit und Würde besass, so dass er allein nach Gott alle übrigen Geschöpfe an Herrlichkeit übertraf. In dieser seiner Würde aber verblieb er so lange, bis er erkannte, dass unter allen Geschöpfen keines an ihn herankomme an Grösse und Schönheit. Von jenem Augenblick an wurde er von Stolz aufgebläht und glaubte Gott gleich zu sein. Da aber der Stolz in seinen Geist eingedrungen war, wurde er sogleich gestürzt, denn Stolz hat keinen Platz im Himmel. Dieser gefallene Engel kann auch nicht mehr dorthin zurückkehren.» In der weiteren Unterweisung wurde Elisabeth auch noch darüber belehrt, dass nur einer der neun Chöre zusammen mit Luzifer gefallen sei, dass die übrigen Chöre aber mit umso grösserer Liebe zu ihrem Schöpfer erfüllt worden seien, und dass Michael das Haupt der Engel und Erzengel und der Fürst und Beschützer des Volkes Gottes sei[17].

Im «Buch der Wege Gottes» («Liber viarum Dei») aus dem Jahre 1156/57, das die Notwendigkeit der Busse und der sittlichen Reform der Kirche und ihrer Glieder zum Hauptthema hat, wurden von der hl. Elisabeth von Schönau die verschiedenen Mahnungen aufgezeichnet, die ihr ein Engel für die verschiedenen Stände der Kirche gegeben hat. Daraus sei nur dies erwähnt, dass der Engel die jungen Menschen zur Reinheit und Jungfräulichkeit auffordert und dabei betont, wie gerade die

Jungfräulichkeit ein besonderes Zeichen der Verbundenheit mit den Engeln sei und dass die heiligen Engel darum an jenen ihre besondere Freude haben, die sich durch Jungfräulichkeit auszeichnen[18].

Der vertraute Umgang dieser deutschen heiligen Ordensfrau mit den Engeln und ihr mystisches Wissen um die Grösse und Schönheit der himmlischen Geister spiegelt sich besonders klar in den Gebeten, die sie zu den heiligen Engeln zu verrichten pflegte.

In ihrem Gebetbuch, das erhalten geblieben und höchstwahrscheinlich nach ihren Anweisungen von ihrem Bruder Ekbert zusammengestellt worden ist, finden sich zwei besonders schöne Gebete zum Schutzengel, ein Gebet zu den Erzengeln[19] und ein langer, ergreifend schöner Hymnus auf die neun Engelchöre, der eigentlich die gesamte theologische Engellehre der Frühscholastik in Gebetsform wiedergibt: «Astra matutina, laudate Dominum, jubilate omnes filii Dei Domino! Date gloriam Deo incliti coetus angelici, jucundum est Ei eloquium vestrum . . .» («Ihr Morgensterne, lobet den Herrn, jubelt Ihm zu, all ihr Söhne Gottes! Gebt Ihm die Ehre, ihr hehren Engelscharen, denn Ihm ist euer Lobpreis angenehm . . .»). Die einzelnen Engelchöre werden dann beschrieben und gepriesen in ihrer Erhabenheit und Schönheit. Zuletzt werden sie aufgefordert, ihre Brüder, die schwachen, armen Menschen, die ihren ursprünglichen Adel im Sündenfall verloren haben, nicht zu vergessen; sie sind ja Gefangene des Teufels, von grössten Gefahren umgeben, in Not und Bedrängnis. «Bewacht uns, ihr Söhne des Lichtes, und wacht über uns, denn unsere Schwachheit ist gross, zahlreich sind die Nachstellungen, denen wir ausgesetzt sind . . . Vermeldet im Himmel die Klagerufe der Bedrängten und die Gebete der Demütigen, damit wir mit euch zusammen des Reiches Gottes teilhaftig zu werden verdienen durch den, der da lebt und herrscht von Ewigkeit zu Ewigkeit!»[20]

Elisabeth von Schönau, die sich durch kindliche Frömmigkeit und brennende Gottesliebe auszeichnete, fühlte sich im Hinblick auf die Missstände in der Kirche zu schweren Busswerken angetrieben. Tatsächlich starb sie, aufgezehrt durch ein ungewöhnlich strenges asketisches Leben, im jugendlichen Alter von erst 36 Jahren am 18. Juni 1164.

Abschliessend sei der besonders aufschlussreiche Brief, den diese deutsche Mystikerin an die hl. Hildegard von Bingen vor dem Jahre 1157 geschrieben hat, hierhergesetzt, weil er zeigt, dass ihre von einem Engel empfangenen Offenbarungen anfangs auf vielfachen Widerstand stiessen und der Seherin viel seelisches Leid eintrugen:

«Der Frau Hildegard, der ehrwürdigen Meisterin der Bräute Christi in Bingen, entbietet Elisabeth, eine einfache Nonne, mit aller Liebe inbrünstige Gebete! Die Gnade und der Trost des Allerhöchsten mögen Euch mit Freude erfüllen, weil Ihr mit meiner Verwirrung gütig Mitleid habt, wie ich aus den Worten meines Trösters erkannte, den Ihr eifrig angegangen seid, mich zu trösten!

Neulich kam . . . wahrhaftig — ich gestehe es — eine Wolke von Verwirrung über meinen Geist wegen der unangebrachten Reden von Leuten, die vieles von mir behaupten, was nicht der Wahrheit entspricht. Allein das Gerede der Menge würde ich noch leicht ertragen, wenn nicht auch jene, die das Ordensgewand tragen, mein Herz gar bitter betrübten. Denn auch sie spotten — ich weiss nicht wodurch angestachelt — über die Gnade des Herrn in mir und scheuen sich nicht, anmassend Dinge zu beurteilen, die sie nicht verstehen. Ich hörte, dass sie sogar etliche Briefe, die sie nach eigener Sicht verfasst haben, unter meinem Namen in Umlauf bringen. Zudem verbreiteten sie das Gerücht, ich hätte über den Tag des Jüngsten Gerichtes prophezeit, was ich mir jedoch niemals herausgenommen habe, da das Wissen über die Ankunft des Herrn jedem Sterblichen entzogen ist. Doch Euch möchte ich den Anlass dieses Gerüchtes eröffnen, damit Ihr beurteilt, ob ich in dieser Angelegenheit etwas getan oder gesagt habe.

Wie Ihr durch andere erfahren habt, hat der Herr seine Barmherzigkeit herrlich an mir erwiesen, mehr als ich verdient habe oder je verdienen könnte, so sehr, dass Er sich würdigte, mir häufig gewisse himmlische Geheimnisse zu offenbaren. Oft liess Er mir auch durch seinen *Engel* andeuten, was für Dinge in diesen Tagen über sein Volk kommen würden, wenn es nicht Busse tue wegen seiner Sünden. Auch befahl Er mir, dies öffentlich zu verkünden. Ich aber bemühte mich, dies alles, so gut ich konnte, geheimzuhalten, um Anmassung zu vermeiden und nicht als Urheberin von Neuerungen zu erscheinen.

Als ich also eines Sonntags in gewohnter Weise im Geiste entrückt worden war, trat der *Engel* des Herrn zu mir und sprach: ‘Warum verbirgst du Gold im Kot — ich meine das Wort Gottes, das durch meinen Mund an die Welt ergangen ist, nicht damit es verborgen, sondern dass es zum Lob und zur Verherrlichung unseres Herrn und zur Rettung seines Volkes offenbar werde?!’ Nachdem der *Engel* dies gesprochen hatte, schwang er die Geissel über mich, mit der er wie in grossem Zorn mich fünfmal sehr schmerzhaft schlug, so dass ich von dieser Geisselung drei Tage lang an meinem ganzen Körper wie erschlagen war.

Danach legte der *Engel* den Finger an meinen Mund und sprach: ‘Du wirst stumm sein bis zur neunten Stunde, da du offenbaren wirst, was der Herr an dir getan.’

Ich blieb also stumm bis zur neunten Stunde. Dann machte ich der Meisterin ein Zeichen, sie möge mir ein Notizbüchlein bringen, das ich in meinem Lager verborgen hatte. Es enthielt schon teilweise, was der Herr an mir getan hat.
Als ich es dem Abt, der mich besuchte, in die Hand gab, löste sich meine Zunge wieder, und ich sprach die Worte: 'Nicht uns, Herr, nicht uns, sondern Deinem Namen gib die Ehre!' Als ich dem Abt hernach noch einiges andere enthüllte, was ich nicht schriftlich niederlegen wollte — das grosse Strafgericht des Herrn, das, wie ich vom *Engel* erfahren habe, bald über die ganze Welt kommen sollte —, da bat ich ihn inständig, er möge dieses Wort still für sich behalten. Doch gebot er mir, ich solle mich auf das Beten verlegen und vom Herrn erflehen, Er möge mir zu verstehen geben, ob Er wolle, dass das, was ich ihm gesagt hatte, mit Stillschweigen bedeckt werden solle oder nicht.
Als ich mich nun im Gebet darum schwer abgemüht hatte, fiel ich in Ekstase. Es war im Advent, am Fest der hl. Barbara, während der ersten Nokturn (im nächtlichen Stundengebet). Da stand der *Engel* des Herrn wieder neben mir und sprach: 'Rufe laut und sprich Wehe zu allen Völkern, denn die ganze Welt ist in Finsternis getaucht. Sage weiter: Geht hinaus, denn Er hat euch gerufen, der euch aus Erde gebildet hat. Und Er spricht: Tut Busse, denn das Reich Gottes ist nahe!'
Durch diese Rede veranlasst, begann der Abt (dem ich davon berichtete) die Offenbarung bei den kirchlichen Behörden und den Ordensmännern zu verbreiten. Einige von ihnen nahmen die Worte ehrerbietig auf, andere taten es nicht, sondern machten ein finsteres Gerede über den *Engel,* mit dem ich in vertrautem Verkehr stehe. Sie sagten, dieser Engel sei nur ein Truggebilde, verwandelt in einen Engel des Lichts. Deshalb befahl mir der Abt unter der Verpflichtung im heiligen Gehorsam, den *Engel,* sooft er mir erscheine, im Namen des Herrn zu beschwören, er möge mir anzeigen, ob er ein wirklicher Engel Gottes sei oder nicht. Mir aber schien dies als Anmassung, und ich nahm diesen Befehl nur mit grosser Furcht an.
Eines Tages, als ich wieder entrückt war, bot sich der *Engel* in gewohnter Weise mir wieder dar und stand vor meinem Blick. Zitternd sprach ich zu ihm: 'Ich beschwöre dich bei Gott, dem Vater und dem Sohn und dem Heiligen Geist, dass du mir offen sagst, ob du wahrhaftig ein Engel Gottes bist und ob die Gesichte, die ich in meiner Entrückung geschaut habe, und die Worte, die ich aus deinem Munde gehört habe, wahr sind!' Er antwortete mir: 'Sei fest davon überzeugt: Ich bin wirklich ein Engel Gottes, und die Gesichte, die du geschaut hast, sind wahrhaftig;

und was du aus meinem Munde gehört hast, ist wahr und wird in Wahrheit geschehen, wenn die Versöhnung zwischen Gott und den Menschen nicht wiederhergestellt wird. Ich aber bin der gleiche Engel, der sich seit langem um dich bemüht hat.'

An der Vigil von Epiphanie erschien mir wieder mein Gebieter. Doch stand er diesmal weit von mir entfernt und hatte sein Gesicht von mir abgewandt. Daraus erkannte ich seine Entrüstung; ich sprach in Furcht zu ihm: 'Mein Gebieter, wenn ich aufdringlich war, indem ich dich beschwor, so rechne es mir bitte nicht an! Wende mir, so flehe ich, dein Antlitz wieder zu und lass dich versöhnen! Denn im Gehorsam verpflichtet habe ich es getan und nicht gewagt, den Befehl meines Vorgesetzten zu übertreten.' Als ich bei diesen Worten viele Tränen vergoss, wandte er sich zu mir und sagte: 'Du hast mir und meinen Engelbrüdern Schmach angetan, weil du Misstrauen gegen mich gehegt hast. Du sollst daher mit Sicherheit wissen, dass du fürderhin mein Antlitz nicht mehr sehen und meine Stimme nicht mehr hören wirst, wenn es nicht zur Versöhnung kommt vor dem Herrn und zwischen uns!' Ich erwiderte: 'Mein Gebieter, wie kannst du versöhnt werden?' Er sprach: 'Sag deinem Abt, er soll zu meinem und meiner Brüder Gedenken mit Inbrunst den Gottesdienst feiern!'

Als daraufhin sowohl vom Abt als auch von den übrigen Brüdern nicht nur einmal, sondern wiederholt feierliche Messen zu Ehren der heiligen Engel zelebriert worden waren und auch die Schwestern die heiligen Engel durch das Psalmengebet geehrt hatten, erschien mir mein Gebieter wieder, diesmal mit versöhntem Antlitz, und sagte zu mir: 'Ich weiss, dass das, was du getan hast, in Liebe und Gehorsam geschehen ist. Darum hast du Verzeihung erlangt. Von nun an werde ich dich häufiger besuchen als bisher!'

Als sich der Abt danach entschloss, auf Bitten einiger Geistlicher deren Wohnort aufzusuchen, um dort die Drohrede des Herrn an sein Volk zu verkünden — ob sie nicht doch Busse täten und der Zorn Gottes dann von ihnen abgewandt würde —, ging er gemeinsam mit uns allen zuerst daran, den Herrn zu bitten, Er möge seiner Magd gnädig offenbaren, ob die Rede, die schon zum Teil bekannt geworden war, noch weiter veröffentlicht werden sollte oder nicht.

Da der Abt nun die göttlichen Geheimnisse feierte und wir inständig beteten, löste sich plötzlich das Gefüge meiner Glieder, die Kräfte schwanden mir, ich geriet wieder in Geistesentrücktheit. Und siehe, der *Engel* des Herrn stand wieder vor mir. Ich sprach zu ihm: 'Mein Gebieter, denke daran, was du mir, deiner Magd gesagt hast: Das Wort Gottes ist

durch deinen Mund in die Welt gesandt worden, nicht damit es verborgen, sondern offenbar werde zur Ehre Gottes und zur Errettung seines Volkes. Und nun zeige mir, wie es mit der Mahnrede weitergehen soll, die du mir mitgeteilt hast. Ist sie schon genügend bekannt, oder soll sie noch weiter verkündet werden?' Er aber schaute mich ernsten Blickes an und sagte: 'Du sollst Gott nicht versuchen, denn jene, die Ihn versuchen, gehen zugrunde. Sage dem Abt: Fürchte dich nicht, sondern führe zu Ende, was du begonnen hast! Wahrhaft selig, die deine Mahnworte hören und sie bewahren und die kein Ärgernis an dir nehmen! Lass den Abt wissen, er solle an seiner bisherigen Predigtweise nichts ändern. Denn ich bin dabei selbst sein Ratgeber gewesen. Sage ihm, er solle keineswegs den Reden derer Aufmerksamkeit schenken, die aus Neid Zweifel über das äussern, was an dir geschehen ist! Er bedenke vielmehr, was geschrieben steht: Bei Gott ist kein Ding unmöglich!'
Durch diese Rede ermutigt, begab sich der Abt an den Ort, wohin er hatte gehen wollen, und ermahnte das Volk, das schon auf seine Ankunft gewartet hatte, zur Busse. Er verkündete, dass der Zorn Gottes über alle kommen werde, wenn sie sich nicht bemühten, Ihm durch fruchtbare Busse zuvorzukommen. Keineswegs aber hat der Abt in irgendeiner Predigt, wie man es verleumderisch behauptet hat, namhaft gemacht, welche Strafgerichte der Welt drohen.
Es geschah dann, dass viele, denen diese Predigt bekannt wurde, sich während der ganzen Fastenzeit in grosser Furcht mit Bussübungen peinigten und sich eifrig auf das Beten und Almosengeben verlegten.
In jener Zeit hat jemand — aus was für einem Eifer getrieben, weiss ich nicht, Gott allein weiss es — Briefe an die Stadt Köln gerichtet, aus denen schreckliche Drohungen vorgelesen wurden. Alles Volk hörte zu. Wenn nun auch aus diesem Anlass einige Toren über uns spotteten, so haben doch die Klugen, wie wir hören, die Rede ehrerbietig aufgenommen und nicht versäumt, Gott durch fruchtbare Busse zu ehren.
Nun geschah es am Mittwoch vor dem Osterfest, dass ich nach grossen körperlichen Leiden wieder in Verzückung geriet. Der *Engel* des Herrn erschien mir, und ich sprach zu ihm: 'Herr, was wird aus dem Wort, das du zu mir gesprochen hast?' Er antwortete mir: 'Sei nicht traurig und beunruhige dich nicht, wenn das, was ich dir vorausgesagt habe, nicht an *dem* Tag eintrifft, den ich dir angegeben habe. Denn der Herr ist durch die Busse und Genugtuung wieder versöhnt worden.'
Danach geriet ich am Freitag um die Stunde der Terz unter schweren Leiden in Geistesentrückung. Und wiederum stand der *Engel* vor mir und sprach: 'Der Herr hat die Bedrängnis seines Volkes gesehen und den

Zorn seiner Entrüstung von ihm abgewandt'. Ich entgegnete ihm: 'Was aber wird mit mir, o Herr? Werde ich nicht allen, unter denen diese prophetische Rede verbreitet wurde, zum Gespött werden?' Er sprach: 'Alles, was dir aus diesem Anlass widerfährt, sollst du geduldig und willig ertragen. Richte dein Auge aufmerksam auf den, der, obwohl Er der Schöpfer der ganzen Welt ist, den Spott der Menschen ertragen hat! Jetzt prüft der Herr deine Geduld zum ersten Mal.'
Schaut, meine Herrin Hildegard, ich habe Euch die ganze Sache der Reihe nach dargelegt, damit Ihr meine Unschuld und die unseres Abtes erkennen und anderen kundtun könnt. Doch bitte ich Euch, mir Anteil an Euren Gebeten zu schenken und, wie der Geist Gottes es Euch eingibt, mir einige Worte des Trostes zu schreiben»[21]. Das tat dann die hl. Hildegard tatsächlich. Der Briefwechsel zwischen den beiden heiligen Ordensfrauen wurde noch weiter fortgesetzt[22].

Die hl. Hildegard von Bingen

(† 17. September 1179)

Die grosse deutsche Seherin Hildegard, die 1098 in Bermersheim bei Alzey südöstlich von Bingen am Rhein geboren, im Kloster auf dem Disibodenberg erzogen wurde und dort mit 16 Jahren sich dem benediktinisch-monastischen Lebensideal verschrieb, dann seit 1136 dieses Kloster als «Meisterin» leitete und von da aus zwei weitere Klöster, nämlich 1147/50 das auf dem Rupertsberg bei Bingen und dann 1165 das in Eibingen bei Rüdesheim gründete, gehört unter jenen Heiligen, die in besonderer Beziehung zu den heiligen Engeln standen, unbedingt genannt, zumal auf Grund ihrer charismatischen Schauungen ihr mystisches Wort gerade auch über die *Engel* prophetischen Ausdruck fand und zur apostolisch wirkenden Kraft wurde.
Der hl. Bernhard von Clairvaux war es, der den Papst Eugen III. auf einer Versammlung zu Trier (1147/48) veranlasste, Hildegards Niederschrift ihrer Schauungen zu prüfen und dann zu billigen. Bernhard mahnte damals den Papst, «er möge doch nicht zulassen, dass ein so hellstrahlendes Licht im Dunkel des Schweigens bleibe, er solle vielmehr die Gnadenfülle, die der Herr unter seinem Pontifikat kundtun wolle, durch seine Autorität bestätigen». Tatsächlich «suchte er die selige Jungfrau (Hildegard) in huldvollem Schreiben heim und erteilte ihr in Christi und des hl. Petrus Namen die Erlaubnis, alles, was immer sie im Heiligen Geist erkenne, kundzutun, und forderte sie zur Niederschrift

auf». So berichtet die älteste, vor 1188 entstandene Lebensbeschreibung der hl. Hildegard, die die beiden Mönche Gottfried und Theoderich auf Grund vorliegender autobiographischer Notizen der Heiligen verfassten[1)].

Bei der Geistesverwandtschaft der hl. Hildegard mit dem hl. Bernhard, wie sie u.a. auch im Briefwechsel der beiden Heiligen in schöner Weise zum Ausdruck kommt[2)], ist es nicht verwunderlich, wenn wir wie beim hl. Bernhard auch in den Werken der hl. Hildegard Existenz und Gestalt der heiligen Engel in ausführlicher, mystisch beschwingter Weise dargestellt finden, vor allem in ihrem 1141 begonnenen und 1151 abgeschlossenen grossen Werk «Scivias — Wisse die Wege»[3)], in ihrem zwischen 1158-1163 abgefassten «Liber vitae meritorum — Buch der Lebensvergeltung»[4)] und in ihrem 1163 angefangenen und 1173 abgeschlossenen «Liber divinorum operum» («Buch der Gotteswerke»)[5)]. Aber auch in einigen Briefen[6)], sowie in der Beantwortung der 38 Fragen, die der Mönch Wibert von Gembloux an sie gerichtet hatte[7)], kommt die hl. Hildegard auf einige Punkte der Engellehre zu sprechen.

Vielsagend ist vor allem aber auch die Tatsache, dass im Leben dieser grossen deutschen Seherin, für die in unserer Zeit die deutschen Bischöfe mit viel Berechtigung vom Hl. Stuhl den Ehrentitel einer «Kirchenlehrerin» erbeten haben, die heiligen *Engel* von frühester Kindheit an eine auffallende Rolle spielen.

Schon als fünfjähriges Kind verkehrte Hildegard mit den *Engeln,* wie K. Koch in seinem Buch «Hildegard von Bingen und ihre Schwestern»[8)] berichtet, der dabei vermutlich die folgende Bemerkung in der ältesten «Vita» auf Engelserscheinungen gedeutet hat: «Kaum war sie (Hildegard) imstande, die ersten Worte zu stammeln, da gab sie ihrer Umgebung durch Worte und Zeichen zu verstehen, dass sie geheime Gesichte hatte, die sie in einer aussergewöhnlichen Gabe des Schauens wahrnahm, ohne dass andere den Anblick teilten»[9)].

Auch im späteren Leben wurde die hl. Hildegard mehrmals des Verkehrs mit den himmlischen Geistern gewürdigt. So erzählt sie selbst folgende Ereignisse in ihrem Leben: «Einst warf mich Gott aufs Krankenlager und belastete meinen Körper mit Atemnot, so dass die Adern mit dem Blut, das Fleisch mit dem Saft und das Mark mit den Knochen vertrockneten, als müsste meine Seele aus dem Leibe scheiden. In diesem Aufruhr befand ich mich dreissig Tage. Mein Leib brannte durch die Hitze der glühenden Luft. Daher hielten einige diese Krankheit für eine Strafe. Auch die Kraft meines an den Körper gebundenen Geistes schwand dahin. Noch war ich nicht aus diesem Leben geschieden, aber

ich war auch nicht mehr völlig darin. Mein Körper lag unbeweglich auf einer Decke am Boden. Doch sah ich mein Ende noch nicht, obwohl meine geistlichen Oberen, meine Töchter und meine Verwandten unter grossen Klagen kamen, um meinem Tod beizustehen. Ich aber sah während dieser Tage in einer wahrhaften Schau eine grosse, nach menschlichem Ermessen unzählbare Schar von *Engeln* aus der Heerschar des heiligen Michael, die mit dem alten Drachen gekämpft hatten. Sie harrten dessen, was Gott an mir geschehen lassen wollte. Einer von ihnen, ein starker, rief mir zu und sagte: 'Ei, ei, Adler, warum schläfst du in deinem Wissen? Erhebe dich aus deiner Unschlüssigkeit! Du wirst erkannt werden, strahlende Gemme, alle Adler werden dich sehen, die Welt wird trauern, das ewige Leben aber sich freuen. Darum, o Morgenröte, erhebe dich zur Sonne! Auf, auf, erhebe dich und trinke!' Sogleich rief die ganze Schar mit gewaltiger Stimme: 'Freudenruf! Die Boten haben geschwiegen. Die Zeit des Hinübergehens ist noch nicht gekommen. Also, Jungfrau, steh auf!' Sogleich kehrten Körper und Sinne zum gegenwärtigen Leben zurück»[10].
Als Hildegard drei Jahre später wieder krank darniederlag, hatte sie ein ähnliches mystisches Erlebnis, das sie so schildert: «Da sah ich, wie ein Kerub in loderndem Feuer, in welchem sich der Spiegel der Geheimnisse Gottes befindet, mit einem feurigen Schwert die mich quälenden Geister der Luft vertrieb, so dass sie die Flucht vor mir ergriffen und schrien: 'Ach, ach, wehe, wehe! Nun wird uns diese hier entschwinden, und wir sollen sie nicht ergreifen?!' Daraufhin lebte mein Geist wiederum gänzlich auf, mein Leib wurde in Adern und Mark wie neu gekräftigt, und so gelangte ich zur vollkommenen Genesung»[11]. Die beiden Biographen der hl. Hildegard haben diesem autobiographischen Bericht die Bemerkung angefügt, es habe sich da gezeigt, «wie die heilige Jungfrau, in doppelter Weise bald von Krankheitsschmerzen gepeinigt, bald von Schrecken und Dämonen heimgesucht, nicht nur nicht überwunden, sondern auch in einem vielfachen Sieg unter dem Schutz der *Engel* verherrlicht wurde»[12].
In einem Kapitel, das die Überschrift trägt: «Dass sie (Hildegard) nicht nur über Krankheit und Teufelsschrecken gesiegt hat, sondern auch von *Engelschutz* verherrlicht worden ist», berichten die beiden Mönche Gottfried und Theoderich in ihrer Hildegard-Biographie über die Heilige: «Noch vom Fleische umschlossen und auf Erden weilend, kämpfte sie 'gegen die bösen Geister in den Himmelshöhen' (Eph 6,12). Schrecken ergriff die Fürsten der Finsternis, als sie sahen, dass eine Frau, die mit solcher Kriegskunst (gegen sie) ausgerüstet und mit jegli-

cher Waffe der Tapferkeit bewehrt war, gegen sie stritt. Sie erschraken, wie gesagt, schrien ihr 'Wehe!' und ergriffen voll Verwirrung die Flucht. Denn Furcht und Schrecken waren über sie gekommen, als sie sahen, dass ein furchtbarer Kerub wie ein geordnetes Schlachtheer sie mit flammendem Schwert verfolgte, damit sie Hildegard nicht mehr quälten, und wie er die Magd Gottes in Schutz nahm . . . So kämpfte die Heldin Gottes zwischen den Geistern des Himmels und der Hölle, schlug die Widersacher und war immer froh über den Siegesruhm»[13)].

Sehen wir nun zu, wie die hl. Hildegard ihr Wissen über die heiligen Engel, das sie in Visionen mitgeteilt bekommen hat, in den genannten schriftlichen Werken zur Darstellung gebracht hat:

Zuerst sei auf einen Vergleich hingewiesen zwischen der Art, wie der hl. Thomas von Aquin die Engel in ihrem Wesen und Leben beschreibt, und wie dasselbe die hl. Hildegard tut: «Während in Thomas von Aquin ein dialektisch geschulter, streng diskursiv vorgehender Denker dabei am Werke ist, der in scharfsinniger Weise die Autoritäten mit ihren Dissonanzen verarbeitet und daraus seine Argumente gewinnt, bleibt bei der Seherin vom Rupertsberg alles in einer vorwissenschaftlichen Schau, ist alles mehr intuitiv erfasst und wird prophetisch vorgetragen. Nicht allein die Form, auch der Inhalt ihrer Engellehre trägt vielfach verschiedene Akzente. Hildegard rollt in wuchtigen Visionen das Drama der Heilsgeschichte auf, das unter einer Wolke von Zeugen und Boten abläuft, Engel walten von droben und stehen doch mitteninne in der Welt des Menschen, sind vom Wesen her mit beim Menschen. Die Scholastiker wie Thomas v. Aquin beginnen bei der Überlieferung, die sie einer geschulten und harten Analyse unterziehen; dabei stossen sie auf Probleme, die der hl. Hildegard nie in den Sinn gekommen wären, handelt es sich nun um die Frage, ob der Engel an mehreren Orten zugleich sein könne und ob und wie er einen Zwischenraum durchmessen müsse oder ob die Bewegung des Engels im Jetzt (in instanti) vor sich gehe. So konnte Hildegard schon gar nicht fragen, da ihr das aristotelische Rüstzeug fehlte und ihr Begriffe wie 'motus', 'tempus', 'actus', 'locus' fremd waren . . . Hildegard schöpft aus einem eigenen und tieferen Born, aus der begnadeten Schau ihres Wissens von Gott. Nicht, als hätte sie ihre Bilder nicht auch aus einer lebensnahen und zeitverhafteten Vorstellungswelt entnommen, der Lektüre und der Kontemplation der Hl. Schrift vor allem, der Kommentierung der Benediktusregel etwa auch, durch die sie angeleitet wurde, im Angesicht der *Engel* die Psalmen zu singen und angesichts der *Engel* sich ehrfurchtsvoll zu verhalten. Und doch ist ihre Welt der *Engel* ein rein verinnerlichtes Bild und in keiner

Weise der Versuch, den Kosmos durch eine transkosmische Formenwelt, durch Sphären der Geister und mit himmlischen Gestirnen zu krönen. Selbst wenn Hildegard die traditionelle Rangordnung der Geister behandelt, zeigt sie nicht das statische Gefüge neuplatonischer Stufung, sondern eher den Einklang musikalisch geordneter Strömungen und Tönungen; dafür sprechen schon die Begriffe 'Chöre', 'coelestis harmonia', 'carmen angelicum', 'sinfonia angelorum' und ähnliche Bilder. Und sogar der Einfluss der erhabenen himmlischen Geister auf die Menschen wird nicht als ein philosophisch zu deutender Übertritt in die Welt der Körper aufgefasst, sondern als innere Erfahrung erlebt, als geistiges Erlebnis gewertet, ein Erlebnis allerdings von überwältigender geistiger und keineswegs psychologisch zu verstehender Mächtigkeit. Nicht rationell erklären oder allegorisch deuten will Hildegard; sie will nur die Bilder zeigen; sie lässt sehen, was sie selbst geschaut hat und wie es ihr erschienen ist; 'wie durch Fenster' ('fenestraliter') zeigt sich ihr das Geheimnisvolle; und die ganze, weite, schöne Welt ist nichts als ein solches Fenster»[14].

An den Anfang der Ausführungen der hl. Hildegard über die Engel sei jener grossartige Lobgesang gesetzt, den sie als «Antiphon» mit nachfolgendem «Responsorium» gedichtet und vertont hat:

«Fürsten der Ehre, lebendiges Licht, heilige Engel! Tiefgeneigt vor der Gottheit, lodernd in Sehnsuchtsgluten, weil nimmer ihr euch ersättigen könnt der heiligen Flamme, schaut im Geheimnisdunkel der Kreatur ihr die göttlichen Augen. Welch lichte Wonnen durchjubeln eure Natur, weil nicht sie berührte die Untat des Bösen, die aufstand in eurem Genossen, dem gefallenen Engel, als über die innen verborgenen Zinnen der Gottheit den Flug er wagte — und stürzte qualvoll hinab in den Abgrund. Doch seines Falles Werkzeug bot er in flüsterndem Rat dem Gebilde von Gottes Hand (dem Menschen).

Preis euch, heilige Engel, Hüter der Völker, deren Gebilde in eurem Antlitz sich spiegelt, Erzengel, euch, die ihr die Seelen der Heiligen traget empor, euch, Kräfte und Mächte und Fürstentümer, Herrschaften, Throne, die zum Geheimnis der Fünfzahl ihr schliesst den heiligen Ring, und euch, die Siegel ihr seid der Geheimnisse Gottes, leuchtende Kerubim, flammende Seraphim, Lobpreis sei euch!

Ihr schaut den Herzschlag des Alten (der Tage): denn wie von Auge zu Auge seht wehen ihr aus dem Herzen des Vaters die innerste Kraft»[15].

Das erste, was die grosse Seherin des Mittelalters über die Engel festgestellt hat, ist dies, dass sie Geschöpfe Gottes sind und gewissermassen als Lichtfunken aus dem Lichtmeer des Wesens Gottes geschaffen wurden; sie sollen als geschöpfliches Licht Spiegel des lichten Seins Gottes sein. Dafür könnte man eine Menge schöner Texte aus den Werken der hl. Hildegard zusammenstellen; nur ein paar Stellen seien ausdrücklich zitiert:

«Im Anfang schuf Gott den Himmel, das heisst jenen Raum da droben, in welchem die Engel wesen»[16]. Der Allmächtige stellte «im Anfang lebendige Feuerbrände auf, die da leuchten sollen in ihrem Glanz»[17]. «Als Gott sprach: 'Es werde Licht!', entstand das geistige Licht, das sind die Engel»[18]. «Gott, der alles geschaffen hat, ist das alleinige Leben, aus dem alles Leben atmet, wie ja auch der Sonnenstrahl aus der Sonne stammt, und Gott ist das Feuer, von dem jedes Feuer, das sich auf die Seligkeit richtet, angezündet wird, gleichwie die Funken vom Feuer ausgehen. Wie wäre es auch passend, dass diesem Leben nichts Lebendiges anhinge und dieses Feuer kein Ding erwärmte und nichts erleuchtete? Und wie stünde es wohl an, dass von der Gottheit, die vor der Zeit Leben war, kein Leben und nicht irgendein Glanz ausginge? Und was würde es nützen, wenn das Licht, das durch das Feuer entzündet ist, keinem leuchtete, da doch weder das Feuer sein Licht noch die Sonne ihren Strahl verbirgt? Das ist Gott: *das* Leben, durch das die grosse Schar der Engel angezündet wurde, so wie Funken vom Feuer ausgehen. Daher stände es übel an, wenn dieses Leben nicht leuchtete»[19].

Einmal lässt die hl. Hildegard Gott so sprechen: «Durch die lichte Herrlichkeit, die Mein Wesen ist, leuchtet das lebendige Licht der seligen *Engel;* denn wie ein Strahl vom Lichte funkelt, so leuchtet diese Herrlichkeit den seligen Engeln; es könnte gar nicht anders sein, als dass es erstrahlt, so wie das Licht nie sein kann ohne das Leuchten»[20]. «Das Urfeuer, aus dem die Engel brennen und leben — das ist Gott selber. Er ist jene Herrlichkeit, aus der Geheimnis über Geheimnis hervorgeht»[21]. «Eine lichte Springflut von geheimnisvollen Erscheinungen ruht im tiefsten Mysterium des Seins: lebendige Engel, die in der Liebe Gottes glühen; vor Gottes Angesicht stehen sie in Anschauung gebannt, bereit, seinem Willen ergeben»[22].

Manche Theologen meinten, die hl. Hildegard habe — ähnlich wie der selige Abt Rupert von Deutz († 1135) und der hl. Bernhard von Clairvaux († 1153) — noch keinen klaren Begriff von der reinen Geistnatur der Engel gehabt. Sie habe nämlich erklärt, Gott habe die Materie aller himmlischen und irdischen Wesen gleichzeitig erschaffen, den Himmel, nämlich die «materia lucida», und die Erde, die «materia turbulenta»; aus der «materia lucida» seien die Engel entstanden[23]. Es fragt sich aber, ob deshalb, weil nach Hildegard die Engel aus der «materia lucida» entstanden sind, sie den Engeln etwa auch einen materiellen Leib, einen Feuer- oder Licht- oder Luftleib zugesprochen habe. Hildegard betont nämlich doch wieder sehr stark, dass die Engel Geistwesen sind[24)], die noch dazu sehr verschieden sind von der leibbehafteten Menschennatur[25)]. Ausserdem hat die heilige Äbtissin vom Rupertsberg auf die Frage Wiberts von Gembloux, welche Leiber jene Engel gehabt hätten, die dem Abraham erschienen seien, geantwortet, die Engel seien von Natur aus unsichtbar, sie nehmen aber im Verkehr mit den Menschen, um diesen sichtbar zu werden, einen Leib an[26)].

Eigene Wege ging die hl. Hildegard in der Frage nach der hierarchischen Ordnung der Engel; sie kennt nämlich nicht die pseudo-dionysische Einteilung der Engel in drei Hierarchien mit je drei Chören, sondern spricht von drei Gruppen, die zwei, dann fünf und dann wieder zwei Engelreihen umfassen und die alle wie konzentrische Kreise ineinandergelagert sind: Zuerst sind die zwei Reihen der Engel und Erzengel, innerhalb dieser zwei Reihen folgen die fünf Reihen der Kräfte, Mächte, Fürstentümer, Herrschaften und Throne, und innerhalb dieser fünf Kreise sind dann noch die innersten Kreise der Kerubim und Seraphim.

Sowohl die Namen als auch die Eigenart der einzelnen Chöre der himmlischen Geistwesen deutet die hl. Hildegard dann ebenfalls sehr selbständig, aber es ist dabei auffallend, wie zuletzt doch auch sie — ähnlich der Idee des Dionysius Areopagita — die himmlischen und die kirchlichen Hierarchien verbunden sieht, und zwar dadurch, dass nach ihrer Schilderung der höchste Engelchor, die Seraphim, in sich alle kirchlichen Ämter und Rangstufen spiegelt. Der Bedeutung und Schönheit wegen sei der wichtigste Teil der sechsten Schau des ersten Buches von «Scivias-Wisse die Wege», in der Hildegard über die Engelchöre spricht, hierhergesetzt:

«Und wiederum hörte ich die Stimme vom Himmel. Sie sprach zu mir: Der allmächtige, unaussprechliche Gott, der vor aller Zeit war, der keinen Anfang hatte, noch auch nach dem Ende der Zeiten aufhören wird zu sein, hat jegliches Geschöpf nach seinem Willen wunderbar ins Dasein gerufen und jedem nach seinem Willen wunderbar seine Aufgabe gesetzt. Die einen hat Er der Erde, die andern dem Himmel zugewiesen. Er hat die seligen Engel zum Heile der Menschen und zur Ehre seines Namens berufen. Die einen hat Er bestimmt, den Menschen in ihren Nöten zu helfen, die anderen, ihnen die Gerichte seiner geheimen Ratschlüsse zu offenbaren.

Du siehst daher in der Höhe himmlischer Geheimnisse die beiden Reihen erhabener, in grosser Herrlichkeit leuchtender Geister. In der entrückten Höhe, die Fleischesblick nicht durchdringt, die aber der Blick des innerlichen Menschen erschaut, wird dir die Bedeutung dieser beiden Reihen klar. Sie sinnbilden, dass Leib und Seele des Menschen Gott dienen müssen, bei dem ihnen zusammen mit den Himmelsbürgern das Licht ewiger Beseligung leuchtet. Die Geister der ersten Reihe sind an der Brust beflügelt und haben Antlitze wie Menschen, in denen wie in einem ungetrübten Wasserspiegel Menschengesichter erscheinen. Das sind die *Engel.* Flügeln gleich spannen sie das Verlangen, das sich aus der Tiefe ihrer Erkenntnis ringt. Nicht als ob sie Flügel hätten wie die Vögel, sondern schnell, wie der Gedanke des Menschen dahinfliegt, drängt sie ihre Sehnsucht, den Willen Gottes zu erfüllen. Dass sie Antlitze haben, deutet auf die Schönheit ihres vernünftigen Geistes, in dem Gottes alldurchforschender Blick zugleich die Werke der Menschen erschaut. Denn wie der Knecht, kaum dass er den Befehl seines Herrn vernimmt, ihm nachkommt, so haben die Engel auf die Erfüllung des göttlichen Willens in den Menschen acht und stellen deren Handlungen in sich selber Gott dar.

Die Geister der zweiten Reihe haben ebenfalls Flügel an der Brust und Gesichter wie Menschen. In ihnen leuchtet wie in einem Spiegel das Bild des Menschensohnes auf. Das sind die *Erzengel.* Auch sie sind in der Sehnsucht ihres Erkennens auf den Willen Gottes ausgerichtet und offenbaren in sich die Schönheit des vernünftigen Geistes. Auf eine ganz reine Weise verherrlichen sie das fleischgewordene Wort Gottes, da sie die verborgenen Ratschlüsse Gottes schauen und durch ihre Botendienste dem Geheimnis der Menschwerdung den Weg bereiten durften. Weder bei ihnen noch bei den ersten kannst du Weiteres von ihrer Gestalt erkennen, denn viele tiefe Geheimnisse umschliesst das Sein der Engel und Erzengel, die der vom sterblichen Leib beschwerte Menschenverstand nicht zu begreifen vermag.

Die beiden Reihen schliessen sich in Kranzesform um fünf andere Reihen. Das bedeutet, dass Leib und Seele des Menschen die fünf Sinne, die durch die fünf Wunden Meines Sohnes gereinigt sind, mit starker Kraft zügeln und auf den geraden Weg der inneren Gebote leiten müssen. Von diesen Geistern haben die der ersten Reihe wieder Antlitze wie Menschen, und von der Schulter an abwärts erstrahlen sie in hellem Glanz. Das sind die *Kräfte.* Sie steigen auf in den Herzen der Gläubigen und bauen in ihnen mit brennender Liebe den hohen Turm ihrer Werke. So spiegeln sie in ihrem geistigen Sein die Werke der Auserwählten und führen diese durch ihre Kraft zum guten Ende helleuchtender Seligkeit. Wenn nämlich den Auserwählten die Klarheit innerer Erkenntnis auf-

geht, so schütteln sie alle Bosheit ihrer Sünden ab wegen des Lichtes, das von den *Kräften* nach Meinem Willen auf sie herabstrahlt und sie umleuchtet. Tapfer kämpfen sie wider die Nachstellungen des Teufels. Alle diese Schlachten wider die höllische Heerschar stellen die *Kräfte* unaufhörlich Mir, ihrem Schöpfer, dar . . .
Die Geister der zweiten Reihe stehen da in so lichter Klarheit, dass du sie nicht anzuschauen vermagst. Es sind die *Mächte.* Sie deuten an, dass die Huld und Schönheit der göttlichen Macht von der Ohnmacht der Sterblichen, Sündenbefangenen niemals begriffen noch berührt werden kann, denn nie zerfällt die Macht Gottes.
Weissem Marmor gleich erscheinen die Gesichter der dritten Reihe. Sie haben Häupter wie Menschen, und über ihnen siehst du Feuerflammen. Eine eisenfarbige Wolke umhüllt von der Schulter an abwärts ihre Gestalt. Das sind die *Fürstentümer.* Sie sind die Urbilder derer, die durch Gottes Gabe in der Welt über die Menschen herrschen. Mit der unangetasteten Kraft der Gerechtigkeit sollen sie sich umkleiden, damit sie nicht dem Wankelmut der Unbeständigkeit verfallen. Sie sollen auf ihr Haupt schauen, das Christus ist, und ihre Regierung nach seinem Willen zum Nutzen der Menschen führen. In glühendem Eifer für die Wahrheit sollen sie lauschen auf die über ihnen waltende Gnade des Heiligen Geistes, damit sie bis zu ihrem Ende fest und beständig in der Kraft der Gerechtigkeit verharren.
Daher haben auch die Geister der vierten Reihe Antlitze wie Menschenantlitze und Füsse wie Menschenfüsse. Auf ihrem Haupte tragen sie einen Helm und sind mit marmorgleichen Tuniken bekleidet. Es sind die *Herrschaften,* die zur Darstellung bringen, dass der Herr aller Dinge die Vernunft des Menschen, die befleckt in menschlicher Verwesung lag, von der Erde zum Himmel erhob, als Er seinen Sohn auf die Erde sandte, der den alten Verführer durch seine Gerechtigkeit niedertrat. Ihn also, der das Haupt aller Gläubigen ist, sollen seine Getreuen getreulich nachahmen, ihre Hoffnung auf das Himmlische setzen und stark werden im hochherzigen Verlangen nach guten Werken.
Die Geister der fünften Reihe haben gar nichts Menschenähnliches, sondern glühen wie das Morgenrot. Es sind die *Throne.* Ihre Erscheinung will besagen, dass die Gottheit sich zur Menschheit neigte, als der Eingeborene Gottes zum Heile der Menschen einen Menschenleib anzog, unberührt von aller Menschenschuld. Denn vom Heiligen Geist empfangen, nahm Er ohne jeden Makel der Befleckung Fleisch an aus der Morgenröte, aus der seligen Jungfrau. Weiter kannst du von ihrer Gestalt nichts erkennen. Denn zahlreich sind die Geheimnisse himmlischer Ver-

borgenheit, die die menschliche Gebrechlichkeit nicht zu ergründen vermag.
Dass aber auch diese Reihen noch zwei weitere Reihen in Form eines Kranzes umschliessen, deutet darauf hin, dass die Gläubigen, die in dem Bewusstsein, dass sie durch die fünf Wunden des Sohnes Gottes erlöst sind, die fünf Sinne ihres Leibes auf das Himmlische richten, zur Liebe Gottes und des Nächsten hineilen. Denn in dem Masse, wie sie das eigene Herzensbegehren hintansetzen und ihre Hoffnung allein auf das Ewige richten, umkreisen sie mit jeglicher Zuneigung des Geistes Gott und den Nächsten in der Liebe.
Die Geister der nun folgenden ersten Reihe siehst du voller Augen und Flügel. In jedem Auge erscheint ein Spiegel und darin ein Menschengesicht. Die Schwingen haben diese Geister wie zum Flug in die himmlischen Höhen erhoben. Das sind die *Kerubim.* Sie sinnbilden das Wissen Gottes. In Ihm schauen sie die Mysterien himmlischer Geheimnisse und verhauchen, so wie Gott es will, ihr innerstes Hinstreben zu Ihm. In der Tiefe ihres Wissens erschauen sie mit reinstem, durchdringendem Blick wunderbar die Menschen, die in der Erkenntnis des wahren Gottes gleich ihnen die Flügel ihrer Herzenssehnsucht in gutem und gerechtem Streben auf den spannen, der über allen ist. Stärker ist in solchen die Liebe zum Himmlischen als das Trachten nach dem Vergänglichen. So tun es diese Geister im Fluge ihrer Sehnsucht dar.
Die Geister der zweiten Reihe brennen wie Feuer. Sie haben sehr viele Flügel, und auf diesen erscheinen, wie in einem Spiegel eingezeichnet, die Sinnbilder aller Rangstufen der verschiedenen Stände in der Kirche. Das sind die *Seraphim.* Wie sie selbst in flammender Liebe zu Gott brennen und ihr ganzes Begehren auf seine Anschauung gerichtet ist, so stellen sie in diesem ihrem Sinnen und Trachten die weltlichen und geistlichen Würden dar, die in dem geheimnisvollen Leben der Kirche in vieler Reinheit blühen, denn in ihnen offenbaren sich wunderbar die geheimen Ratschlüsse Gottes. So mögen alle, die mit der Aufrichtigkeit eines reinen Herzens liebend das himmlische Leben suchen, in Liebe zu Gott entbrennen, Ihn mit ganzer Begier umfangen, damit sie zu den Freuden derer gelangen, die sie gläubig nachahmen.
Dass du aber weder bei ihnen noch auch bei den früheren nichts Weiteres von ihrer Gestalt erkennen kannst, bedeutet, dass in den seligen Geistern viele Geheimnisse sind, die der Mensch nicht wissen soll. Denn solange er sterblich ist, kann er das Ewige nicht vollkommen erkennen.
All diese Reihen tönen, wie du hörst, in jeglicher Art von Musik und

künden in wundersamen Harmonien die Wunder, die Gott in heiligen Seelen wirkt — ein Hochgesang der Verherrlichung Gottes»[27].
Am Schluss dieser Schau der Engelchöre schreibt Hildegard: «Wer immer Erkenntnis im Heiligen Geist und die Flügel des Glaubens besitzt, der gehe nicht achtlos an meiner *Ermahnung* vorüber, sondern er koste, umfange und trage sie in seiner Seele»[28]. Es geht ihr also nicht so sehr «um ein objektives Gemälde der traditionellen Engelhierarchie, sondern um das, was man den anthropologischen Kern ihrer Engellehre» nennen könnte[29].
Vielsagend ist dabei, dass die hl. Hildegard die Menschen als den zehnten Chor sieht: «Gott, Er herrscht im Himmel in seiner Macht, voll Kraft, und Er hält sein Auge auf die Gestirne gerichtet, die durch Ihn entflammt wurden: Er schaut auf die gesamte übrige Schöpfung. So sitzt auch der Mensch auf seinem Herrschersitz, seiner Erde, und regiert die übrigen Geschöpfe, weil er in einer sinnhaften Ausstattung mit den Zeichen des allgewaltigen Gottes gezeichnet ist. Diese Zeichen sind die fünf Sinne des Menschen. Durch sie gewinnt er Einsicht aus der Kraft Gottes, und durch sie erkennt er, dass er im rechten Glauben in Gott die Dreifaltigkeit in der Einheit und die Einheit in der Dreifaltigkeit verehren muss. Diese Verehrung ist auch der Schmuck der neun Engelchöre, durch die die Satansschar vertrieben ward und stürzte. Der Mensch aber ist der *zehnte* Chor, den Gott in sich selbst im Urstand der Schöpfung der verlorenen Engel wiederhergestellt hat. Denn Gott wollte Mensch werden. Sein Menschtum ist die Burg, in der jene wandeln, die der zehnte Chor sind»[30].
Hier klang schon ein Lieblingsgedanke der hl. Hildegard an, den sie mit vielen Kirchenvätern und Frühscholastikern gemeinsam hat: Der herrlich ausgestattete Erstengel Luzifer fiel von Gott ab und wurde samt seinem Anhang von Gott verworfen. An die Stelle der gefallenen Engel soll die durch den menschgewordenen Sohn Gottes erlöste Menschheit treten. Hildegard erfuhr durch eine «Stimme vom Himmel, die zu ihr sprach: 'Gott, der alles geschaffen, bildete den Menschen nach seinem Bild und Gleichnis und zeichnete in ihm sowohl die höheren als auch die niederen Geschöpfe. Er hat ihn so sehr geliebt, dass Er ihn für den Platz bestimmte, aus dem der gefallene Engel geschleudert ward, und ihm alle Herrlichkeit und Ehre zuordnete, die jener mit seiner Seligkeit verloren hatte'[31]. 'Dem Menschen gab Gott die Stelle und Ehre des verlorenen Engels, auf dass er Gott zum Ruhm vollende, was jener nicht tun wollte'[32]. 'Nachdem das Heer der verlorenen Engel gefallen war, bestimmte Gott für den Glanz, den jener verloren hatte, den Menschen.

Da auch dieser zugrunde ging, kaufte Er ihn mit einem hohen Preis in einem beseligenden Raube zurück. Mit vielen wunderbaren Zeichen rief Er ihn zum Leben zurück, Zeichen, die im Alten Bund häufig verheissen, im Neuen Bund aber unter den zahlreichen Wunderwerken Seiner Erlösungstat erfüllt wurden'»[33].

Wie hat die hl. Hildegard den Engelsturz geschaut? Sie kommt mehrmals in ihren Werken darauf zu sprechen. Nur ein Text sei zitiert: «Es gab damals eine unzählbar grosse Schar von Engeln, die aus sich selbst etwas sein wollten. Denn als sie ihre grossartige Herrlichkeit und glanzvolle Schönheit in funkelnder Fülle aufstrahlen sahen, vergassen sie ihres Schöpfers. Sie hatten noch nicht angefangen, Gott zu loben, da glaubten sie schon bei sich selber, der Glanz ihrer Ehre sei so gross, dass niemand ihnen widerstehen könnte. So wollten sie auch Gottes Glanz verdunkeln. Als sie dann aber sahen, dass sie seine wunderbaren Geheimnisse niemals erschöpfen könnten, wandten sie sich voller Abscheu von Ihm ab. Die Ihn hätten rühmen sollen, sprachen in trügerischer Einbildung, sie wollten sich in ihrem Lichtglanz einen anderen Gott erwählen. Deshalb stürzten sie in die Finsternis, zurückgeworfen zu solcher Ohnmacht, dass sie nur dann einem Geschöpf etwas antun können, wenn der Schöpfer es ihnen verstattet. Gott hatte nämlich den ersten aller Engel, Luzifer, mit der ganzen Fülle von Schönheit, die Er über die Schöpfung verschenkt hatte, so geziert, dass von daher auch seine ganze Heeresschar erglänzte. Nun aber ward er, der sich zum Widerspruch verkehrte, grässlicher als alle Grässlichkeiten. Denn in seiner Zorngewalt schleuderte der heilige Gott ihn an jenen Ort, der da ohne jedes Licht ist»[34].

Was die Zahl der Engel, die Gott geschaffen hat, betrifft, so spricht Hildegard vom «zahlreichen Heer der himmlischen Geister, die da aufblitzen in seligem Leben und prangen in Herrlichkeit und Schönheit»[35]. Auch bezüglich der Zahl der gefallenen Engel sagt Hildegard, dass sie «eine unzählbare Menge» seien[36]. Über das Zahlenverhältnis zwischen den treu gebliebenen und den gefallenen Engeln sagt die Seherin dabei nichts, aber wir können wohl annehmen, dass auch sie die ziemlich allgemeine Ansicht teilte, dass doch nur ein kleiner Bruchteil der Engel gefallen sei.

Über die Ämter und Aufgaben der Engel spricht die hl. Hildegard ebenfalls häufig: Die erste und vornehmste Aufgabe, die die Engel haben, ist die Lobpreisung Gottes. «Wie der Strahl der Sonne die Sonne selbst anzeigt, so offenbaren die Engel durch ihren Lobpreis Gott, und wie die Sonne nicht ohne ihr Licht sein kann, so ist auch die Gottheit nicht ohne das Lob der Engel»[37].

In der Lobpreisung Gottes besteht der Engel Freude; sie werden dieser Aufgabe nie überdrüssig, da sie ja nie an ein Ende kommen, Gottes Herrlichkeit in gebührender Weise zu loben[38].

In der Erfüllung dieser Aufgabe, Gottes Lob zu singen, sieht die hl. Hildegard eine besondere Ähnlichkeit zwischen den heiligen Engeln und den Priestern und Ordensleuten, «die Gottes Lob singen wie die Engelchöre» und «die den Dienst der Engel versehen, indem sie unablässig Stunde um Stunde dem Gebet obliegen»[39]. Noch mehr als das Stundengebet gereicht aber die gottgeweihte Jungfräulichkeit zur Ehre Gottes; sie ist «eine Genossin der Engel und verspricht die Gemeinschaft mit ihnen»[40].

Besonders eingehend spricht die hl. Hildegard auch noch von der zweiten Aufgabe der Engel, nämlich von ihrem Dienst an den Menschen: Gott hat sie beauftragt, um das Heil der Menschen besorgt zu sein, den Menschen in ihren Nöten zu Hilfe zu kommen, ihnen seine Ratschlüsse mitzuteilen und darauf zu achten, dass die Menschen den göttlichen Willen gewissenhaft erfüllen[41]. «Allen Gläubigen bieten die seligen Geister ihre ehrfurcht- und liebe-erweckenden Dienste an»[42]. «Die Engel beschützen die Menschen auf Erden vor den Nachstellungen des Teufels»[43]. Ganz besonders zeigen sie sich als Schützer der Reinheit und Jungfräulichkeit der ihnen anvertrauten Menschen[44]. Die Schutzengel freuen sich über die guten Werke der Menschen und tragen diese vor Gottes Thron[45].

Worauf es letztlich den Engeln vor allem aber ankommt, ist dies, die ihnen anvertrauten Menschen zur ewigen Heimat zu führen, für die sie bestimmt sind[46]. Um die Menschen glücklich dorthin zu geleiten, eilen die Engel in der Todesstunde herbei und sind beim Sterben des Menschen und beim Gericht, das nun über ihn gehalten wird, zugegen: «Während die Seele sich (vom Leibe) löst, kommen lichte und finstere Geister herbei, die Genossen ihres Wandels, je nach den Bewegungen, die sie in ihrem Wohnsitz gemacht hat. Denn wenn bei der Auflösung des Menschen die Seele ihre Wohnstätte verlässt, sind nach der gerechten und wahrhaftigen Anordnung Gottes gute und böse Engel zugegen, die Zeugen all der Werke, die sie in und mit dem Leib vollbracht hat. Sie erwarten das Ende, um sie nach der Auflösung mit sich zu führen, das heisst, sie harren auf das Urteil des gerechten Richters, das Er über diese Seele bei ihrer Trennung vom Leibe fällen wird, und führen sie, sobald sie vom Leibe befreit ist, an den Ort, dem sie nach ihren Verdiensten vom himmlischen Richter zugewiesen wird»[47].

Engelschutz umgibt auch die Kirche, damit der Teufel sie nicht niederreisse und zerstöre[48].

Engel umschweben auch die Priester der Kirche bei der Feier der Eucharistie. So schaute es die Heilige eines Tages ganz klar: «Als ein Priester, mit den heiligen Gewändern bekleidet, zur Feier der göttlichen Geheimnisse an den Altar trat, kam plötzlich ein heller Lichtglanz vom Himmel. Engel stiegen hernieder, und das Licht umflutete den Altar»[49]. Denn beim Messopfer empfängt ja der Mensch «das Brot, an dessen Wohlgeschmack sich die seligen, Gott schauenden Engel nicht ersättigen können»[50].

Noch viele Aussagen der hl. Hildegard über die Engel wären zu erwähnen. Es würde im Rahmen dieses Werkes zu weit führen, das ja einen Überblick geben wollte über die Rolle, die die Engel im Leben der Heiligen aller Jahrhunderte der Heils- und Kirchengeschichte spielen. Dass die Engel im Leben und in den Schauungen und schliesslich im Weltbild der hl. Hildegard, wie sie dieses in ihren drei theologischen Hauptwerken, vor allem in ihrer «gewaltigen Bilderdogmatik»[51] «Scivias-Wisse die Wege» entwirft, eine ganz grosse, bedeutsame Rolle spielen, haben die bisherigen Ausführungen sicher in genügender Weise gezeigt[52].

Der hl. Franz von Assisi

(† 3. Oktober 1226)

Beim Hinweis auf Heilige, die in besonderer Weise die heiligen Engel verehrt und durch mystische Erlebnisse zu ihnen besonders innige Beziehungen bekommen haben, darf jener Mann nicht unerwähnt bleiben, der mit vollem Recht als «seraphischer Heiliger» bezeichnet wird: Franziskus. Er hat zwei Jahre vor seinem seligen Heimgang in die Gemeinschaft der Engel und Heiligen im Himmel auf dem La-Verna-Berg nach einer ekstatischen Schau durch einen gekreuzigten Seraph die Wundmale Christi eingeprägt bekommen. Der selige Tommaso da Celano, der erste Biograph des hl. Franziskus[1], und der hl. Bonaventura[2] gaben davon eine ausführliche Schilderung.

Im Sommer 1224 war es: Franziskus hatte sich auf den La-Verna-Berg begeben, um sich dort durch das gewohnte 40tägige Fasten auf das Fest des von ihm viel verehrten Erzengels Michael vorzubereiten.

Gerade war erst das Fest der Kreuzerhöhung begangen worden. Franziskus lebte noch ganz in der Betrachtung des Kreuzesleidens Jesu. Nach einer im Gebet durchwachten Nacht überstrahlte den Beter plötzlich ein übernatürliches Licht. Da schaute er in einer Verzückung in einem weissglühenden Strahlenkranz eine Gestalt gleich einem Seraph mit sechs Flügeln. Dieser Seraph aber war mit ausgespannten Armen und geschlossenen Füssen an ein Kreuz geheftet. Zwei Flügel schlug er über dem Haupt zusammen, zwei streckten sich zum Fluge aus, zwei bedeckten seinen ganzen Leib.

Als der Heilige aus Freude und Schrecken zugleich wieder zur Besinnung kam, fand er die fünf Wunden des gekreuzigten Seraph an seinem eigenen Leib.

Noch in der ersten Ergriffenheit schrieb Franziskus auf ein Pergamentblatt für Bruder Leo, seinen Begleiter, einen Hymnus der jubelnden Dankbarkeit und Anbetung nieder, dazu noch eine kurze Segnung des Bruders Leo. Dieser selbst aber fügte der Handschrift des hl. Franziskus später einige Sätze hinzu, in denen auch die Worte stehen: «Und es kam die Hand des Herrn auf ihn. Und wegen der Erscheinung und der Anrede des Seraphs und der Einprägung der Wundmale Christi in seinem Leib verfasste er diese Lobpreisung, die auf der anderen Seite des Blattes steht; er schrieb sie mit eigener Hand, dem Herrn danksagend für die ihm erwiesene Wohltat.» An der Echtheit dieses noch erhaltenen Pergaments mit den halb verwischten Zügen des hl. Franziskus ist nach vielen Erörterungen nicht mehr zu zweifeln[3)].

Sowohl vor als auch nach dieser Erscheinung eines Seraphs soll Franziskus noch mehrmals durch Engelserscheinungen erfreut, getröstet und gestärkt worden sein. Vielleicht ist es nur schöne Legende, wenn überliefert worden ist, Franziskus habe einmal gehört, wie ein *Engel* eine Laute schlug; diese himmlische Musik aber habe genügt, um den Heiligen in Ekstase zu versetzen[4)]. Bestens überliefert aber ist jene Vision, die Franziskus eines Nachts im Juli 1216 bei und in der Portiunkula-Kapelle hatte[5)]: Der Heilige war damals mehr denn je zuvor vom Verlangen erfüllt, von Gott die Rettung der Sünder zu erwirken. Er hatte sich büssend und betend in einer Strohhütte in der Nähe der kleinen, «Santa-Maria-degli-Angeli» geweihten Kapelle, die er «Portiunkula», sein kleines Erbteil, nannte, zurückgezogen. Eben war er wieder in das betrachtende Gebet vertieft, als ihm ein leuchtender *Engel* erschien und ihm sagte: «Geh' sogleich in die Kapelle! Dort erwarten dich unser Herr Jesus Christus und seine heilige Mutter, von zahlreichen himmlischen Geistern umgeben.» Franziskus eilte darauf in das kleine Heiligtum. Dort schaute er am Altar die wunderbare mystische Wirklichkeit: Jesus Chri-

---

Franz von Assisi, von zwei Engeln begleitet, auf dem Weg nach Portiunkula ▶

stus, das fleischgewordene, ewige Wort, hatte auf einem Thron von Licht Platz genommen. Zu seiner Rechten sass seine hochheilige Mutter Maria. Beide waren umgeben von einer grossen Schar heiliger *Engel*. Ergriffen von Liebe und Freude warf sich Franziskus zur Erde nieder. Da sprach Jesus Christus gütig zu ihm: «Franziskus, Ich habe deine inständigen Gebete gehört. Meine *Engel* haben sie zu Meinem Thron heraufgetragen. Zum Lohn für den Eifer, mit dem du und deine Brüder euch um das Heil der unsterblichen Seelen abmüht und sorgt, erbitte jetzt jene Gnade, die du ersehnst! Sie soll dir gewährt werden.» Der Heilige wandte sich nun zuerst an die seligste Jungfrau Maria, die Zuflucht der Sünder und Königin der Engel, und beschwor sie, die Bitte, die er jetzt an ihren Sohn richten werde, zu unterstützen. Seine Bitte aber an den Herrn ging dahin, Christus möge allen Gläubigen, die reumütig ihre Sünden beichten und in dieses Heiligtum zu frommem Gebet kommen, Nachlass aller Sündenstrafen gewähren. Die seligste Jungfrau verband sich tatsächlich mit der Bitte ihres treuen Dieners. So erfüllte der Herr die Bitte und gewährte die grosse Verzeihung von Assisi, den «perdono di Assisi», allgemein bekannt unter dem vollkommenen «Portiunkula-Ablass». Die Engelscharen, die den Herrn Jesus und seine jungfräuliche Mutter umgaben, sollen damals vor Freude gejubelt haben. Darum wurde für die Messfeier am Portiunkulafest (2. August) als Evangelium jenes Wort Jesu gewählt, dass bei den *Engeln* im Himmel mehr Freude herrscht über einen einzigen Sünder, der sich bekehrt, als über neunundneunzig Gerechte, die der Busse nicht bedürfen (vgl. Lk 15,7).
Nach alter Überlieferung soll Christus damals zu Franziskus gesagt haben: «Franziskus, es ist viel, was du begehrst, aber du hast noch mehr verdient. Geh zu Meinem Stellvertreter und lass von ihm Meinen Willen auf Erden bestätigen!» Sogleich habe sich damals Franziskus mit Bruder Masseo auf den Weg nach Perugia gemacht, wo sich Papst Honorius III. gerade aufhielt. Ihm berichtete Franziskus von seiner Vision in der Portiunkula-Kapelle und von dem durch Jesus Christus dort gewährten Ablass, und wie er, der Papst, dies bestätigen solle. «Für wie viele Jahre willst du diesen Ablass?» So fragte der Papst. Franziskus aber sagte darauf: «Heiliger Vater, nicht Jahre will ich, sondern Seelen!»
Die Bitte des hl. Franziskus war damals etwas völlig Neues, denn einen vollkommenen Ablass, wie er ihn wünschte, gab es bis dahin nur für jene, die an einem Kreuzzug zur Befreiung des Heiligen Grabes in Jerusalem teilnahmen. Der Papst erfüllte, wenn auch gegen den Widerstand der Kurie, den Wunsch des Heiligen. Schon war Franziskus dabei, sich

in grösster Freude vom Papst zu verabschieden, als dieser sagte: «O Bruder Einfalt, wohin willst du denn gehen ohne ein Schriftstück, das Unsere Bewilligung bestätigt?» Die Antwort des Heiligen aber lautete: «Heiliger Vater, mir genügt Euer Wort! Ich brauche kein Schreiben. Mein Schreiben wird Maria sein, Christus ist der Notar, die heiligen *Engel* aber sind die Zeugen!»

Am 2. August 1216 verkündete dann Franziskus überglücklich den grossen Ablass vor einer riesigen Volksmenge, die von überall her zusammengeströmt war. Auch die Bischöfe von Assisi, Perugia, Todi, Spoleto, Nocera, Gubbio und Foligno sollen dabei anwesend gewesen sein. Die heiligen *Engel* mag damals Franziskus wirklich zu Zeugen seiner Dankbarkeit angerufen haben, so wie er es in seinem grossen Dankgebet[6] tut: «Onnipotente, altissimo, santissimo et sommo Dio Padre . . . Allmächtiger, höchster, heiligster, grösster Gott . . . bei deiner Liebe bitten wir die glorreiche, seligste, immer jungfräuliche Mutter Maria, die heiligen *Erzengel* Michael, Gabriel und Raphael sowie alle Chöre der himmlischen Geister, die Seraphim und Kerubim, die Throne und Herrschaften, die Fürstentümer und Mächte, die Kräfte, die Erzengel und Engel . . ., sie möchten Dir, dem höchsten, wahren Gott, dem Ewigen und Lebendigen, zusammen mit Deinem vielgeliebten Sohn, dem Herrn Jesus Christus, und dem Heiligen Geist, dem Tröster, in alle Ewigkeit Dank sagen. Amen, Alleluja.»

«Die *Engel* hat Franziskus mit grösstem Affekt verehrt», so schrieb sein Biograph Tommaso da Celano[7]; er lehrte seine Jünger, sie sollten den Anblick der heiligen *Engel* nicht betrüben und in ihrer Gegenwart nicht zu tun wagen, was man nicht einmal vor den Menschen sich zu tun getraut. Immer und überall sollten sie die himmlischen Geister verehren, vor allem aber auch ihre *Schutzengel*, «qui nobiscum in acie sunt», die zusammen mit uns in der Abwehrfront stehen, um ihren schützenden Beistand anrufen.

Wie der hl. Benedikt in seiner Regel (Kap. 19), so empfiehlt auch der hl. Franziskus seinen Jüngern, beim Chorgebet, dem Psalm 137,1 entsprechend, «im Angesicht der *Engel*» zu psallieren.

Franziskus hat die Engel als hilfreiche Gefährten im Leben und als Vorbilder im Lobpreis auf den dreieinigen Gott betrachtet, desgleichen als kraftvolle himmlische Wesen, die uns Gottes Segen vermitteln und die zusammen mit uns und für uns «dem höchsten, wahren, ewigen und lebendigen Gott den schuldigen Dank abstatten und für uns Fürsprache einlegen».

Im Sinn des Dionysius Areopagita und gemäss der allgemeinen Überzeugung der Kirche seiner Zeit wusste Franziskus um die hierarchische Gliederung der seligen Geister in neun Chören[8]; namentlich kannte er aber nur die Erzengel Michael, Gabriel und Raphael. Auch hier hielt sich Franziskus getreu an die Lehre der Kirche und der Tradition, ganz im Gegensatz zu jenen, die auch andere Engelnamen (Uriel, Barachiel, Jehadiel, Sealtiel) verbreiteten[9].

Ganz besonders verehrte Franziskus neben den Schutzengeln den heiligen Erzengel Michael, wie uns wieder sein Biograph Tommaso da Celano überliefert hat, der als Grund dafür angibt: «Weil Michael die Aufgabe hat, die Menschenseelen Gott darzustellen, darum ist er mehr als andere Engel zu verehren.» — Franziskus hielt zu Ehren des hl. Michael sehr streng das Fasten vom Tag nach der Himmelfahrt Mariens bis zum Fest des Erzengels (am 29. September). Jedes Mitglied seiner Ordensfamilie — so wünschte es Franziskus — solle zu Ehren dieses Engelsfürsten Gott zum Lob und Dank etwas Besonderes anbieten und opfern[10].

Bei dieser Tatsache, dass der Heilige von Assisi den Erzengel Michael ganz besonders verehrte, darf nicht übersehen werden, dass in ganz Italien, besonders aber in Umbrien, seit dem 5. bis 6. Jahrhundert die Michaelsverehrung sehr verbreitet war und viele Kirchen diesem Erzengel geweiht waren[11]. Nach uralter Überlieferung hat Franziskus das Kloster Sant'Angelo de Pantanelli an der Grenze zwischen Umbrien und Toskana ausdrücklich dem hl. Michael geweiht, ebenso das Oratorium in Fonte Colombo[12].

Erwähnt gehört noch, dass Franziskus den Erzengel Michael vor allem auch deshalb besonders verehrt und angerufen hat, um in ihm einen mächtigen Schützer und Verteidiger bei den Angriffen und Versuchungen von seiten des Teufels und der anderen bösen Geister zu haben. Hier war Franziskus ein Kind des Mittelalters, der Angst und Furcht vor diabolischen und dämonischen Anfechtungen hatte, wie aus seinen Ermahnungen[13] und aus manchen Formulierungen in seiner Ordensregel[14] klar ersichtlich wird.

Zuletzt sei noch an die schöne, vielleicht nur legendäre, aber den Heiligen in seiner grossen Demut sehr gut charakterisierende Erzählung erinnert, Franziskus habe deshalb den Empfang der heiligen Priesterweihe abgelehnt, weil ihm in einer Vision ein *Engel* erschienen sei, der ihm ein durchsichtiges Gefäss, das mit reinstem Wasser gefüllt war, gezeigt und dabei gesagt habe, die Reinheit der Priester müsse so transparent sein wie die des ihm gezeigten Wassers[15].

Der hl. Thomas von Aquin

(† 7. März 1274)

Den grössten Theologen des Mittelalters, den hl. Thomas von Aquin, zeichnet ein besonderes Naheverhältnis zu den heiligen *Engeln* aus, wie schon der Ehrentitel andeutet, mit dem er sehr früh schon, mindestens seit dem 15. Jahrhundert, benannt worden ist: «Doctor *angelicus*» — Engelgleicher Lehrer[1)].

In mehr als achtzig Dokumenten des kirchlichen Lehramtes wurde gerade unter diesem Titel des hl. Thomas v.A. das Beispiel seines Lebens, die Spiritualität seiner Persönlichkeit und der überragende Wert seiner Lehre empfohlen. Und am Kopf einer nicht lange nach dem Tod des hl. Thomas v.A. († 1274) geschriebenen Handschrift der «Summa Theologiae», des Hauptwerkes dieses grossen Kirchenlehrers, im niederösterreichischen Zisterzienserstift Lilienfeld stehen die Worte: «Frater Thomas sanctae memoriae, qui sicut *angelus* doctrina sua illuminavit sanctam Ecclesiam» (Bruder Thomas, dem heiliges Gedenken gebührt, hat wie ein *Engel* durch seine Lehre die heilige Kirche erleuchtet).

Der grosse griechische Kardinal Bessarion († 1472), der ganz stark um die Wiedervereinigung der getrennten Ostkirche mit Rom bemüht war, hat den Ausspruch getan: «Thomas v.A. ist der Gelehrteste unter den Heiligen und der Heiligste unter den Gelehrten.» Es scheint, als ob dies die schönste Begründung des Ehrentitels «Doctor angelicus» für Thomas v.A. wäre, zeichnet doch gerade dies die heiligen *Engel* vor uns Menschen aus, dass sie uns Menschen sowohl an Wissen als auch an Heiligkeit unsagbar weit überragen; Thomas v.A. aber näherte sich als Mensch in dieser doppelten Hinsicht den heiligen Engeln.

Der Aquinate hat sich in seinem relativ kurzen Erdenleben, soweit das menschenmöglich ist, Engelgleichheit erbetet und errungen, und er hat das Jesuswort über die Seligen: «Sie sind wie die Engel im Himmel» (Mk 12,25) gleichsam im voraus schon hier auf Erden erfüllt, einerseits durch seine in besonderer Herzensreinheit strahlende Heiligkeit, da er sich völlig losrang von jener dreifachen Lust, die den Menschen zum Materiellen hinabzieht und daran hindert, den reinen Geistern ähnlich zu werden, und anderseits durch seine Weisheit und sein tiefes Eindringen in die Erkenntnis des dreifaltigen Gottes und seiner Offenbarung, wodurch er wiederum mehr als andere Menschen den Engeln ähnlich wurde, von denen ja Christus weiter gesagt hat: «Sie schauen allezeit das Antlitz Meines Vaters, der im Himmel ist» (Mt 18,10). Mit Recht hat darum der gelehrte Dominikanertheologe Vincentius Contenson († 1674) in seiner «Theologia mentis et cordis» (Theologie des Geistes und des Herzens) geschrieben, dass Thomas v.A. der «Doctor angelicus» (der engelgleiche Lehrer) «nicht bloss wegen seines scharfen, in die Tiefe der Wahrheit eindringenden Intellektes sei, sondern auch deshalb, weil er, obschon mit dem Leibe auf Erden weilend, geistig im Himmel gewesen sei und gleichsam mit den Engeln gelebt habe».

Sehen wir uns diesen doppelten Grund, durch welchen Thomas v.A. zum «Homo angelicus», zum engelgleichen Menschen, und so durch sein persönliches vorbildliches Leben und seine Spiritualität und Lehre zum «Doctor angelicus», zum engelgleichen Lehrer geworden ist, näher an:

I. Hier sei zuerst von der engelgleichen Herzensreinheit des hl. Thomas v.A. gesprochen: Die «Castitas», die Keuschheit, ist ja nach den eigenen Worten des hl. Thomas v.A. in seiner «Summa Theologiae»[2] jene Tugend, die den Menschen vom Niedrigen und Gemeinen, vom Sinnlichen und Materiellen weg zum Geistigen und Geistlichen hinzieht und ihn so in besonderer Weise zu geistiger Betätigung befähigt. Umgekehrt formuliert es der hl. Thomas v.A. in seinem Opusculum «De perfectione vitae spiritualis» (Über die Vollkommenheit des spirituellen Lebens) im 8. Kapitel so: «Damit der Mensch für Gott umso freier sei und Ihm umso vollkommener anhange, ist der zweite Weg hin zur Vollkommenheit die beständige Beobachtung der Keuschheit . . . Der Geist des Menschen wird nämlich im Freisein für Gott nicht nur durch die Liebe zu den äusseren Dingen sehr stark behindert, sondern vor allem und noch viel mehr durch den Ansturm der inneren Leidenschaften. Von allen inneren Leidenschaften aber absorbiert den Geist des Menschen am meisten die Begierde des Fleisches und die geschlechtliche, sexuelle Betätigung.»

Wenn wir nun bedenken, wie sehr gerade der hl. Thomas v.A. darauf aus war — im Gegensatz zu manchen Kirchenvätern und Theologen der Frühscholastik, die hier noch nicht so klar sahen —, die völlige Immaterialität und reine Geistigkeit der Engel, ihr völliges Freisein von Materie zu betonen, so lässt sich begreifen, wieso der hl. Thomas v.A. gerade in der Keuschheit (Castitas), in der Herzensreinheit, eine besondere Annäherung des Menschen an die Engel, diese reinen Geister, sah.

Wenn wir nun nach dieser Lehre das persönliche Leben des hl. Thomas v.A. durchforschen und in diesem Zusammenhang die schlichten Berichte der Zeugenaussagen in seinem Heiligsprechungsprozess[3] auf uns wirken lassen, so fällt auf, dass wir hier tatsächlich mit den Augen von

Zeitgenossen des hl. Thomas v.A. bei ihm eine ganz reine, von den ungeordneten Wünschen und Regungen der sexuellen Sinnlichkeit und der Anhänglichkeit an das Materielle losgelöste Seele schauen können. Die Zeugen, die damals beim Heiligsprechungsprozess unter Eid über die Persönlichkeit und den Lebenswandel des hl. Thomas v.A. ausgesagt haben, preisen immer wieder in ihren Aussagen über ihren Zeitgenossen dessen fleckenlose, unverletzt bewahrte Reinheit. Wenn wir dann neben diese Zeugenaussagen auch noch das mystische Erlebnis stellen, das in den Akten des Heiligsprechungsprozesses und in der von Wilhelm von Tocco verfassten ersten Thomas-Biographie über den jugendlichen Thomas v.A. im Turm zu San Giovanni berichtet wird, so spüren wir, dass diesem Heiligen mit noch viel mehr Recht das Attribut «angelicus» (engelgleich) zukommt: Der Knabe Thomas war von den Söhnen des grossen Mönchvaters Benedikt auf Montecassino zur sittlichen Sauberkeit und Reinheit und zu grösster Ehrfurcht vor Gott und den heiligen *Engeln* erzogen worden; er hatte dabei sicher auch an den Mönchen bei deren Chorgebet erlebt, wie sie sich an die Mahnung ihres Ordensvaters im 19. Kapitel seiner Ordensregel hielten: «Wir wollen bedenken, wie wir vor dem Angesicht Gottes und seiner *Engel* sein müssen und darum so beim Psalmensingen stehen, dass unser Herz im Einklang ist mit unserem Wort.» Von Montecassino war dann der junge Thomas zum Studium nach Neapel geschickt worden. Dort hatte er den neu entstandenen Dominikanerorden kennengelernt und sich für diesen begeistert. Er war schliesslich — ganz gegen den Willen seiner Angehörigen — in diesen eingetreten. Da setzt nun der genannte Bericht ein: «Als ihn (nämlich Thomas) seine Brüder durch ihr Unrecht nicht zu beugen (und zum Austreten aus dem Orden nicht zu bewegen) vermochten, überlegten sie, wie sie ihn durch eine andere Art von Bedrängnis besiegen könnten: nämlich durch den Sturm, durch den gewöhnlich sogar Türme zum Einsturz kommen, Felsen erweicht und die Zedern des Libanon entwurzelt werden. In ihm werden wir alle als Kämpfer befunden; wegen der Schwierigkeiten aber sind nur wenige Sieger. Die Brüder schickten nämlich Thomas, als er allein in der Kammer war, in der er unter Bewachung schlief, ein sehr hübsches Mädchen als Dirne gekleidet. Sie sollte ihn durch ihren Anblick, ihre Zärtlichkeiten, ihre Spiele und auf verschiedene andere Art zur Sünde verleiten. Als sie aber der unbezwungene Kämpfer erblickte, der die Weisheit Gottes schon als Braut empfangen hatte und deren Liebe ihn mit ihrem Duft erfüllte, und als er wahrnahm, dass sich in ihm nun der Stachel des Fleisches regen würde, den er stets der Vernunft unterworfen hatte, da vertraute er sich dem Rat der göttlichen Vorsehung an, damit sein Triumph sich umso ruhmreicher aus diesem Kampf erhebe; er nahm dann voll Zorn ein feuriges Holzscheit aus dem Kamin und jagte damit das Mädchen unwillig aus der Kammer fort. Dann ging er in der Glut seines heiligen Zornes zur Ecke der Kammer und brannte dort das Zeichen des Kreuzes mit der Spitze des glühenden Scheites in die Wand ein, warf sich hierauf auf den Boden nieder und bat Gott unter Tränen um den Gürtel immerwährender jungfräulicher Keuschheit, die er in solchem Kampf unverletzt hatte bewahren dürfen. Als er dies unter Tränen erfleht hatte, schlief er ein. Siehe, da wurden zwei *Engel* vom Himmel zu ihm gesandt; sie sagten ihm, er sei vom Herrn erhört worden und habe in diesem schwierigen Kampf den Sieg errungen. Dann gürteten sie seine Lenden und sagten: 'Siehe, von Gott her gürten wir dich, wie du erfleht hast, mit dem Gürtel der Keuschheit, der durch keinen weiteren Kampf mehr gelöst werden kann; und was man durch das Verdienst menschlicher Tugend nicht haben kann, das wird dir durch das Geschenk göttlicher Freigebigkeit gewährt.' Dass Frater Thomas gewiss war, niemals an sich ein Zerbrechen des Gürtels gespürt zu haben, steht fest durch das Zeugnis seiner Beichtväter bei seinem Tode. Denn er konnte bemerken, dass seine jungfräuliche Reinheit, die er in einem so schweren Kampf unbesiegt bewahrt hatte, bis zu seinem Tod nicht verletzt ward. Er vermied aber seit damals nach allen Kräften, mit Frauen unnötig zusammen zu sein. Er pflegte sich darüber des öfteren zu verwundern und es zu rügen, dass Menschen, die sich der Betrachtung des Göttlichen hingegeben haben, allzu lange unnötig mit Frauen zusammensitzen und mit langen Gesprächen Zeit vergeuden können; es sei denn, dass irgendeine sehr notwendige Pflicht der Anlass dazu sei oder das Gespräch nach Gott und dem Göttlichen trachte. Da Thomas bei dieser Umgürtung die Berührung durch die *Engel* mit körperlichem Schmerz empfunden hatte, erwachte er mit einem Aufschrei. Denen aber, die ihn später fragten, warum er damals geschrien habe, wollte er das durch göttliche Gnade ihm gewährte Geschenk nicht kundtun, sondern bewahrte es im geheimen, um es erst bei seinem Sterben kundzutun . . . O Glückseliger, dem die Gesellschaft der heiligen *Engel* nicht versagt ward, als er mit Keuschheit gegürtet wurde, und der um seiner Reinheit willen es wert war, engelgleich («angelicus») zu werden, da er als Irdischer um seine jungfräuliche Keuschheit kämpfte»[4)].

Mag sein, dass man heute, in dieser Zeit einer schaurigen Sexwelle, in der kaum mehr ein Verständnis für gottgeweihte Jungfräulichkeit und Keuschheit vorhanden ist, über einen solchen Bericht in einem Heiligsprechungsprozess spöttisch lächelt. Papst Pius XI. aber hat sich in seiner Enzyklika «Studiorum ducem» vom 29. Juni 1923 zur Sechshundertjahrfeier der Heiligsprechung des hl. Thomas v.A. nicht gescheut, auf diesen Bericht ausdrücklich hinzuweisen und zu schreiben: «Thomas v.A. besass alle sittlichen Tugenden in höchstem Grad, und sie waren bei ihm innig miteinander verbunden und bildeten ein einziges Strahlenbündel in der Liebe, die nach seiner Lehre 'alle Tugendakte beseelen muss'. Das besondere Merkmal des hl. Thomas v.A. aber ist seine Keuschheit, die ihm eine gewisse Ähnlichkeit mit den heiligen *Engeln* verlieh. Und da er diese in einem gefährlichen, entscheidenden Kampfe unversehrt bewahrt hatte, wurde er für würdig befunden, von den *Engeln* geheimnisvoll umgürtet zu werden»[5)]. Im «Rituale Romanum» aber war noch in der Ausgabe vom 10. Juni 1925 die «Segnung der Gürtel zu Ehren des hl. Thomas v.A. zur Bewahrung der Keuschheit» mit folgendem Gebet vorgesehen: «Herr Jesus Christus, Sohn des lebendigen Gottes, Du liebst und behütest die Keuschheit. Darum flehen wir zu Deiner unermesslichen Milde: Wie Du durch die Hand heiliger *Engel* den hl. Thomas v.A. mit dem Gürtel der Keuschheit gürten und vor der Befleckung von Leib und Seele bewahren liessest, so wolle zu seiner Ehre und Verherrlichung diese Gürtel segnen und heiligen, damit alle, die sie ehrfürchtig um ihre Lenden tragen und behalten, von jeder Unlauterkeit des Geistes und des Leibes gereinigt werden und so verdienen, Dir in der Todesstunde durch die heiligen *Engel* würdig vorgestellt zu werden.»

II. Der zweite Grund, der dem hl. Thomas v.A. das Attribut «angelicus» (engelgleich) verdient hat, ist seine tiefe Gottesgelehrtheit und Weisheit. Wenn Thomas das Wesen der Engel in der «pura spiritualitas», in der reinen Geistnatur ausgedrückt fand, so sah er darüber hinaus ihren ganz besonderen Vorzug vor den übrigen vernunftbegabten Geschöpfen in ihrem gewaltigen, das menschliche Erkennen weit übersteigenden Wissen und in der ihnen sofort nach ihrer Bewährung zuteil gewordenen Schau Gottes von Angesicht zu Angesicht, zu der sie nun für immer zugelassen sind nach dem Wort Jesu: «Die *Engel* schauen allezeit das Antlitz Meines Vaters, der im Himmel ist» (Mt 8,10). Auch in dieser Hinsicht durfte der hl. Thomas v.A. in höchstmöglichem Grad schon hier auf Erden den *Engeln* ähnlich werden. Denn gerade auch das ist es, was die Akten seines Heiligsprechungsprozesses immer wieder hervorheben: Thomas wird mit besonderer Betonung als «contemplativus», als ein ganz in der Welt des Übersinnlichen, Übernatürlichen, Transzendenten, Göttlichen beheimateter Denker gerühmt, der ganz der «Contemplatio», der Beschauung, der Durchdringung und Erfassung

des Wesens Gottes und der göttlichen Offenbarungswahrheiten hingegeben war.
In der Darstellung des Triumphes des hl. Thomas v.A. durch die Meisterhand des Antonello da Messina im Nationalmuseum zu Palermo auf Sizilien erscheint oben Gott Vater mit zwei *Engeln* zur Rechten, die ein Buch halten mit der Inschrift: «Bene scripsisti de Me, Thoma!», und mit zwei *Engeln* zur Linken, die gleichfalls ein Buch halten, in welchem die Worte stehen: «Sensum Tuum, Domine, quis scire poterit, nisi Tu dederis sapientiam?» Damit soll doch wohl bildhaft gesagt werden, dass Thomas v.A. durch Vermittlung der *Engel*, denen er so ähnlich war und die er innig verehrte, engelgleiche Weisheit von Gott bekommen hat, um über das Wesen Gottes zu dessen Wohlgefallen Tiefstes in seinen Werken niederschreiben zu können. Darum hat Thomas ja auch immer wieder in seiner «Oratio ante studium» gebetet: «Creator ineffabilis . . . Unaussprechlich grosser Schöpfer, der Du aus den Schätzen Deiner Weisheit eine dreifache Hierarchie der *Engel* bestimmt und sie in wunderbarer Ordnung über den empirischen Himmel gesetzt und alle Teile des Universums auf das eleganteste geordnet hast, Du, sage ich, der Du die Quelle allen Lichtes und aller Weisheit genannt wirst und das überragende Prinzip von allem: würdige Dich, über die Dunkelheit meines Verstandes den Lichtstrahl Deiner Klarheit auszugiessen . . .»
Was ist nach Thomas v.A. jene Weisheit, die den Menschen so sehr den Engeln gleich zu machen vermag? Es ist die Gotteserkenntnis, die Theologie, von der der Aquinate sagt, dass sie nicht bloss Wissenschaft, und nicht bloss die höchste aller Wissenschaften, sondern Weisheit, göttliche Weisheit, «sapientia divina» ist. Im Prolog zum I. Buch der Sentenzen des Petrus Lombardus[6)] schrieb schon der junge Pariser Magister Thomas: «Die Theologie ist im eigentlichen Sinn Weisheit, weil sie die höchsten Ursachen betrachtet. Sie ist Weisheit im höheren Sinn als die Metaphysik. Denn sie betrachtet diese höchsten Ursachen nach Art dieser Ursachen selbst, weil sie auf einer unmittelbaren Inspiration und Offenbarung Gottes beruht, während die Metaphysik die höchsten Ursachen nur unter Gesichtspunkten betrachtet, die aus dem Bereich des Geschöpflichen genommen sind. Deshalb ist auch die Theologie viel mehr als die Metaphysik als göttlich zu bezeichnen, da sie göttlich ist ihrem Gegenstand und Inhalt, aber auch der Art und Weise nach, wie sie zu diesem Inhalt kommt, während die Metaphysik, insofern sie natürliche Theologie ist, nur ihrem Inhalt nach göttlich ist.» Und die Aneignung dieser göttlichen Weisheit und Theologie, der Gotteserkenntnis, soll mit Hilfe der göttlichen Gabe der Weisheit nach dem Rat und dem Vorbild des hl.

Thomas v.A. so weit gesteigert werden, dass es nicht bloss zu irgendeiner Erkenntnis Gottes, sondern zu einer liebenden und beglückenden «cognitio Dei experimentalis», zur mystischen Contemplatio des Göttlichen kommt. So gesehen könnte und sollte eigentlich die vollkommene Aneignung der Theologie und die immer intensivere Beschäftigung mit ihr schliesslich zur Mystik führen und zum mystischen Erlebnis, zu einem Vorgeschmack der beseligenden Anschauung Gottes werden, deren sich die Engel allezeit erfreuen.

Dass dies der hl. Thomas v.A. nicht bloss gelehrt, sondern tatsächlich in seinem Leben verwirklicht hat, und dass er darum auch in dieser Hinsicht wieder zu einem «homo angelicus» und zum «Doctor angelicus» geworden ist, zeigt vielleicht am ergreifendsten jene Episode aus dem Leben des Heiligen, die sein Biograph Wilhelm von Tocco unter Berufung auf Reginald von Piperno, den vertrauten Freund des hl. Thomas, berichtet: Als Thomas gegen Ende seines Lebens in Neapel seine schriftstellerische Tätigkeit einstellte, da bat ihn Reginald von Piperno, er möge doch weiterschreiben und seine grossen theologischen Werke zu Ende bringen. Da gab Thomas zur Antwort: «Reginald, ich kann nicht mehr, weil all das, was ich geschrieben habe, im Vergleich zu dem, was ich geschaut habe, mir wie Spreu vorkommt. Ich erhoffe von Gott, dass Er bald meinem Leben und Lehren ein Ende bereiten wird.» Thomas v.A. war ein Mystiker, reich an Erlebnissen, die den höchsten Formen der Mystik angehören, er war ein «homo contemplativus» und darum ein «homo angelicus», nicht bloss am Ende seines Lebens, sondern schon in seiner Kindheit in Montecassino, wo er stürmisch nach einer Antwort verlangte auf die Frage, was Gott sei. In der Mitte seines Lebens als junger Magister erklärte er in seiner Antrittsvorlesung in Paris: Wie die Berge über die Erde hoch hinausragen und dem Himmel nahe sind, so sollen auch die Lehrer der ewigen Wahrheit sich über alles Irdische erheben und allein dem Himmlischen zustreben wie die *Engel*. Und wie die Berge zuerst vom Sonnenlicht beleuchtet werden, so sollen auch die Lehrer der Gotteswissenschaften den Lichtglanz des Geistes zuerst empfangen[7]. Haben wir da nicht eine schöne Erklärung des Titels «Doctor angelicus» vor uns, wie er eigentlich jedem Lehrer der Theologie und schliesslich jedem Priester, jedem Verkünder des Wortes Gottes zukommen müsste? Jener, dessen Aufgabe es ist, «contemplata aliis tradere», muss zuerst ein «contemplativus» sein; von ihm aber gilt dann, was Thomas v.A. erkärt hat: «Homo per contemplationem continuatur angelis» (Durch die Kontemplation wird der Mensch den *Engeln* zugesellt)[8].

Übersehen wir zuletzt beim Hinweis auf die Tatsache, dass Thomas v.A. ein «homo angelicus» und «Doctor angelicus» war, nicht den Umstand, dass der Aquinate in seiner Kindheit von Mönchen erzogen wurde und sich in seiner Jugend an einen Mönchsorden anschloss. Der Eintritt in einen Mönchsorden aber ist, wie Thomas v.A. in seinem Opusculum «Gegen die pestbringende Lehre jener, die den Menschen vom Eintritt in einen Orden abhalten»[9] schreibt, «ein den guten Engeln gemässes gutes Werk»[10]. Dazu gehört die Bemerkung von E. Peterson in seinem «Buch von den Engeln»[11]: «Zur Wesensbestimmung des Mönchs im alten Sinn des Wortes gehört, dass er die Existenz der *Engel* und damit auch die an die Existenz der Engel gebundene Liturgie in seiner Ordnung nachahmt, das heisst zuerst, dass er freiwillig im mönchischen Officium in den hymnischen Preis der Engel einstimmt . . . und sich fortdauernd an dem hymnischen Preis der Engelordnungen beteiligt, die ja unaufhörlich das Lob Gottes singen.»

So steht also der Mensch, der Mönch, der Priester und Lehrer Thomas v.A. vor uns als einer, der sich wahrhaft als «angelicus», als «engelgleich» offenbarte in der Losgelöstheit vom Irdischen, Sexuell-Sinnlichen, Materiellen durch zarte Herzensreinheit (castitas) und im Erfülltsein von wahrer Weisheit durch spekulative und kontemplative Gotteserkenntnis, die sich im mystischen Erlebnis zu innigster Gottverbundenheit und Gottesliebe steigerte.

III. Man kann den Titel «Doctor angelicus» für Thomas v.A. auf seine persönliche Lebensführung und Spiritualität deuten, wie es bisher versucht wurde; man kann diesen Titel aber auch so verstehen, dass sich der Aquinate mehr als andere Theologen mit wissenschaftlichem Ernst sondergleichen, mit Gründlichkeit und Wärme die Darlegung der Lehre von den Engeln (Angelologie) angelegen sein liess und diesen Teil der dogmatischen Theologie nach den Kirchenvätern, Frühscholastikern und Scholastikern zu einem gewissen Höhepunkt und Abschluss führte. Man muss es nachgelesen haben, mit welchem theologischen Eros, mit welcher Gründlichkeit und Ausführlichkeit und an wie vielen Stellen seiner Werke Thomas v.A. die Lehre von den Engeln behandelt! Man brauchte diesbezüglich nur unter dem Stichwort «angelus» (Engel) auf die 639 Nummern in der «Tabula aurea», im Index zu den Werken des hl. Thomas, wie sie Petrus von Bergamo erstellt hat, und die dort angegebenen, mindestens dreimal so vielen Belegstellen aus den Werken des Aquinaten hinweisen.

Es seien nur die allerwichtigsten Fundstellen genannt: im Sentenzenkommentar II, distinctio 1-11; in der «Summa Theologiae» I, quaestio 50-64 mit insgesamt 72 Artikeln, quaestio 93, a.3, quaestio 106-114 mit

46 Artikeln; in der «Summa contra Gentes» II. Buch, c. 46-55; 91-101, III. Buch, c. 41-45, 52-62, 78-80, 88, 103-113, 154; in der Quaestio disputata «De veritate»: quaestio 8 «de cognitione angelorum» mit 17 Artikeln, quaestio 9 «de cognitione scientiae angelicae» mit 7 Artikeln; in der Quaestio disputata «De potentia»: quaestio 6 «de miraculis» mit 10 Artikeln; in der Quaestio disputata «De malo»: quaestio 16 «de daemonibus» mit 12 Artikeln; in der Quaestio disputata «De spiritualibus creaturis» (nach M. Grabmann dem «wissenschaftlich tiefsten und gründlichsten Werk, das Thomas geschrieben hat») mit 11 Artikeln. Dazu kommen noch die Erklärungen des hl. Thomas v.A. zu den entsprechenden Schriftstellen in der «Expositio in Evangelium Matthaei», in der «Expositio in Evangelium Joannis» und in der «Expositio in S. Pauli apostoli epistolas». Vor allem aber gehört noch auf das Opusculum «De substantiis separatis seu de angelorum natura» hingewiesen, das der hl. Thomas v.A. seinem Freund Reginald von Piperno mit folgendem vielsagendem Vorwort gewidmet hat: «Weil wir dem heiligen Gottesdienst der *Engel* nicht beiwohnen können, darf doch die der Andacht gewidmete Zeit nicht ungenützt vorübergehen. Wir müssen die Zeit, die dem Officium des Psalmengesangs entzogen wird, für die Abfassung von Schriften verwenden.» Der Aquinate nennt hier das gemeinsame monastische Chorgebet «angelorum sollemnia»; er wollte nun die Zeit, in der er sich nicht am gemeinsamen Chorgebet beteiligen konnte, mit der Abfassung eines Traktates über die Engel ausfüllen; dieser Traktat ist eine seiner tiefsten spekulativen Abhandlungen geworden. Unwillkürlich wird man dabei an die Apostolische Ermahnung «Sacrae laudis» vom 6. Januar 1962 erinnert, in der Papst Johannes XXIII. die Priester gebeten hat, das liturgische Stundengebet (Officium, Brevier) in seiner Intention für das rechte Gelingen des II. Vatikanischen Konzils zu beten. Dabei bemerkte der Papst am Schluss folgendes: «Es sei Uns gestattet, den Priestern noch einen Gedanken zur Überlegung zu unterbreiten, der sehr gut zum Gesagten passt: Die Kirche bietet uns die sichere, trostvolle Lehre, dass Gott, der Vater aller, den Schutz jedes getauften Menschen einem besonderen *Engel* anvertraut hat. Von diesem unserem Schutzengel wollen wir vor allem erbitten, dass er uns täglich beim Beten des Breviers gütig beistehe, damit wir es würdig, aufmerksam und andächtig verrichten, so dass es Gott wohlgefällig, für uns segensreich und für andere Menschen zum besten Beispiel werde»[12)].

Was ist nun das Besondere an der Engellehre des «Doctor angelicus», und was ist dabei seine besondere Leistung?

Halten wir zuerst dies fest: Für Thomas v.A. ist es völlig klar, dass die

Existenz der Engel ein Glaubensgeheimnis ist, das der menschliche Geist nicht entdecken könnte, wenn es nicht geoffenbart worden wäre. Nur die göttliche Offenbarung gibt Gewissheit über die tatsächliche Existenz der Engel und sagt uns, dass es wirklich über die Menschen hinaus vernunftbegabte, personale Geschöpfe höherer Seinsart gibt, die mit grösserer Verstandeskraft und Willensmacht ausgestattet sind und die überdies durch ihr völlig immaterielles, rein geistiges Wesen Gott ähnlicher und Gott näher sind als wir Menschen.

Unter den vielen Fragen, die sich Thomas v.A. über die Engel gestellt hat, suchen wir vergebens die fast frivole Frage, ob die Engel, von denen in der Hl. Schrift so oft und klar gesprochen wird, etwa nur weltbildbedingte, mythologische Personifikationen seien. Ausgehend von der klaren Lehre der Hl. Schrift über die Existenz der Engel, entwirft Thomas v.A. an den angeführten und noch an vielen anderen Stellen seiner Werke ein gross angelegtes Bild der Engel, das diametral entgegengesetzt ist dem so unsachlichen, unmännlichen, süssen und fast durchwegs kitschigen Bild der Engel, wie es etwa in der Kunst der Barockzeit entworfen wurde und leider allzusehr das Frömmigkeitsleben bis in unsere Zeit beherrschte und so die Glaubenswahrheit von der Existenz der Engel vielfach dem Gespött des Unglaubens auslieferte oder zur Entmythologisierung förmlich hintrieb. Bezeichnend ist da der ironische Satz des «Kirchenvaters» der Entmythologisierer, R. Bultmann: «Man kann nicht elektrisches Licht und Radioapparat benützen, in Krankheitsfällen moderne medizinische und klinische Mittel in Anspruch nehmen und zugleich an die Geisterwelt und Wunderwelt des Neuen Testaments glauben.» Hier urteilt H.U. v. Balthasar[13)] sicher viel richtiger: «Auch ein modern-kritisches Denken darf das eindeutige Zeugnis der Bibel in dieser Sache (was die Existenz der Engel betrifft) nicht einfach 'entmythologisieren'. Über alle religionsgeschichtlichen Parallelen zwischen dem jüdischen Engelbild und dem Mesopotamiens, Ägyptens, Kanaans, Persiens hinaus wird der Engel in der Bibel so unlöslich in den Offenbarungsvorgang eingeschaltet, dass er zum Grundbestand des jüdischen und des christlichen Glaubens gehört . . . Und die Tradition, in die Thomas v.A. sich eingebettet fand, war zu einhellig, so dass für ihn ein Abweichen hier nicht in Frage kam.»

Was nun an dem von Thomas entworfenen Bild der Engel besonders auffällt und worin er die Engellehre der katholischen Theologie auf einen gewissen Höhepunkt und zu einem gewissen Abschluss gebracht hat, lässt sich etwa in folgenden acht Punkten zusammenfassen:

1. Thomas zeigt mit Vorliebe, wie sehr die in der Hl. Schrift bezeugte

Existenz der Engel der menschlichen Vernunft einzuleuchten vermag; denn — die göttliche Offenbarung vorausgesetzt — die menschliche Vernunft erkennt unschwer, dass die ganze Struktur des Universums die Existenz reiner Geistwesen, wie es die Engel sind, gewissermassen fordert. Die ganze Schöpfung ist nach Thomas wesensnotwendig ein Stufenbau, der vom bloss materiellen über das materiell-geistige Sein zum unsichtbaren rein geistigen Sein emporsteigt. Es ist ein Strukturgesetz des Universums, dass das Höchste der niederen Natur das Unterste der nächsthöheren Natur berührt. In diesem Gesetz sieht Thomas die Bürgschaft dafür, dass sich an die mit einem materiellen Leib verbundene menschliche Geistseele im Stufenbau des Universums reine Geister anreihen, und zwar wiederum in hierarchischer Stufung. Die Ordnung im Universum fordert, dass der Übergang von einem Extrem zum andern, d.h. von Gott, dem reinsten Geist, zur materiellen Welt durch Zwischenglieder hindurch stattfindet. Die Art, wie Thomas die Engel in den Gesamtplan der Schöpfung Gottes eingebaut sieht, und die Art, wie er die Existenz der Engel für die Vollkommenheit des Universums gewissermassen für notwendig erachtet, ist neu, wenngleich sich hier bei ihm der Einfluss des hl. Augustinus, des Dionysius Areopagita sowie arabischer und jüdischer Philosophie nicht leugnen lässt. In der Geschichte der katholischen Theologie war aber dieser Gedanke bis hin zu Thomas v.A. noch nie mit solcher Betonung und in solcher Klarheit ausgesprochen worden[14].

2. Mit dem Einbau der Engelwelt in die gesamte Schöpfung Gottes zur Vollkommenheit des Universums hängt dann bei Thomas v.A. auch die Antwort auf die Frage zusammen, die vor dem IV. Laterankonzil (1215) viel diskutiert wurde, ob nämlich die Engel *vor* der materiellen Welt oder *gleichzeitig* mit ihr erschaffen worden seien. Thomas deutet das «simul ab initio temporis» («zugleich mit dem Beginn der Zeit») des IV. Laterankonzils[15] im Einklang mit den meisten Frühscholastikern[16] dahin, dass die Engel — und zwar alle insgesamt — gleichzeitig mit der materiellen Welt erschaffen wurden und dass sie nicht — wie viele griechische Kirchenväter behauptet hatten — *vor* der Erschaffung der Körperwelt ins Dasein gerufen wurden, sondern *gleichzeitig* mit ihr, denn — so führt es Thomas in «De ente et essentia» c.6, in der Summa Theologiae I, q.61,a.1-4 und in «De potentia» III, 18-19 genauer aus — die Geisterwelt ist ein auf das Ganze hingeordneter Teil des Universums und bezieht ihre Vollkommenheit aus dem Ganzen; darum würde sich das vorzeitige Erschaffensein der Engel nicht mit der Vollkommenheit des Universums vertragen.

3. Was das *Wesen* der Engel betrifft, so ist Thomas v.A. einer der ersten, der mit absoluter Klarheit und Konsequenz und ohne jede Einschränkung für die reine Geistigkeit der Engel eintritt. Das war sicher wieder eine besondere Leistung des hl. Thomas v.A., wenn man bedenkt, dass in der Frühscholastik noch der eine oder andere Theologe den Engeln einen Luftleib zuschrieb. Im Gegensatz zu dem absolut einfachen, von jeglicher Zusammensetzung absolut freien Wesen Gottes sind die Engel nach Thomas v.A. wie alles Geschaffene zusammengesetzt aus Wesenheit und Dasein (essentia et existentia), aus Potenz und Akt, aus Subjekt und akzidentellen Formen, nicht aber aus Materie und Form; die Engel sind über alles Materielle erhaben und im vollen Sinn des Wortes *reine* Geister.

4. Aus der Immaterialität und gänzlichen Stofflosigkeit der Engel folgert Thomas dann nicht bloss ihre Unvergänglichkeit, sondern auch dies, dass jeder Engel für sich eine eigene Species (Art) bildet, weil eben den Engeln eine die allgemeine Natur in Individuen auseinanderteilende Materie fehlt.

Für die nähere Bestimmung der Verschiedenheit der Engel untereinander haben wir, wie Thomas lehrt, keine solchen Anhaltspunkte in der Hl. Schrift, dass es möglich wäre, mit Gewissheit oder auch nur mit Wahrscheinlichkeit zu sagen, worin die Unterschiede zwischen den einzelnen Engeln sowie zwischen den je drei Chören der drei Engelshierarchien zu suchen seien. Als letzten Grund für diese Unterschiede gibt Thomas das Verhältnis der einzelnen Engel und Engelchöre zu Gott an[17)]. Im Anschluss an die Engelnamen in der Hl. Schrift dürfe man den einzelnen Engelchören und Engelhierarchien verschiedene Ämter zulegen, ähnlich wie dies im geordneten Hofstaat eines Königs der Fall sei. Thomas stützt sich dabei auf die «Himmlische Hierarchie» des Dionysius Areopagita und auf die 34. Homilie des hl. Gregors des Grossen.

5. Die *Zahl der Engel* ist nach dem von Thomas aufgestellten Grundsatz: «Je vollkommener die Wesen, in umso grösserer Zahl sind sie von Gott erschaffen» überaus gross; doch lasse sich — so meint der hl. Thomas v.A. — über die genaue Zahl der Engel und über deren Verhältnis zur Zahl der übrigen Geschöpfe und speziell der Menschen weder von der Vernunft noch von der göttlichen Offenbarung in der Hl. Schrift aus etwas Sicheres aussagen.

6. Trotz der Erhabenheit ihres Wesens und ihrer Verstandes- und Willenskraft waren die Engel doch nicht vom Anfang ihrer Existenz an auch schon selig in der beseligenden Anschauung Gottes von Angesicht zu Angesicht. Mit Hilfe der Gnade mussten auch sie sich erst ihr Endziel

verdienen. Wahrscheinlich — so meint Thomas — gelangten sie durch einen einzigen verdienstlichen Akt der Bewährung zur Seligkeit. Gnade und Glorie der zur Seligkeit gelangten Engel scheinen dem hl. Thomas v.A. proportional der Vollkommenheit ihrer natürlichen Ausstattung zu sein, weil die Weisheit des Schöpfers die verschiedenen Stufengrade der Natur auf die der Gnade und Glorie hingeordnet habe. Jene Engel, die sich in der Prüfung bewährt haben, haben in der Anschauung Gottes und in ihrer Liebesverbundenheit mit Ihm ihre wesentliche Seligkeit erreicht, die höchstens noch durch unwesentliche Freuden vermehrt werden kann.

7. Solange ein vernunftbegabtes Geschöpf noch nicht in das Endziel der Glückseligkeit, für das es von Gott geschaffen worden ist, eingegangen ist, kann es noch sündigen. Das konnten auch die Engel, wenn man sie in ihrer Natur betrachtet. Von der Neigung her betrachtet konnte die Sünde der Engel, dieser rein geistigen Wesen, nur eine rein geistige sein, nämlich Stolz und Neid. Der Gegenstand des Stolzes aber konnte bei den Engeln nur ein nicht in rechter Ordnung gewolltes Verlangen nach Gottgleichheit sein oder aber die Erreichung der Seligkeit aus eigener Kraft, ohne demütige Anerkennung der Notwendigkeit der von Gott verliehenen Gnade, oder schliesslich auch das Verlangen, sich selbst als letztes Ziel zu setzen, was mit der Geschöpflichkeit unvereinbar ist und nur Gott allein zukommt. Nur durch den Widerspruch gegen Gott und die gottgewollte Ordnung kann das Böse in die Schöpfung hineingekommen sein. Es gibt keine von Natur aus bösen Geister, sie gingen vielmehr alle aus der Schöpferhand Gottes *gut* hervor.

Die Sünde der gefallenen Engel muss — so meint Thomas — unmittelbar nach ihrer Begnadung geschehen sein. Vermutlich hat der höchste der Engel zuerst gesündigt; sein schlechtes Beispiel ist dann Anlass zum Abfall der anderen Engel geworden. Die Zahl der treu gebliebenen Engel ist nach Thomas grösser als die der gefallenen. Die Mehrzahl der Engel bestand die Bewährung. Auf die Sünde der gefallenen Engel folgte sogleich die Strafe. Den bösen Geistern blieb zwar die rein natürliche Erkenntnis, sie verloren jedoch die übernatürliche Ausstattung, die Möglichkeit zur ewigen Glückseligkeit und die Verbindung mit Gott. Dies hatte dann freilich auch seine Auswirkung auf die natürliche Erkenntnis und auf den Willen der gefallenen Engel. Sie besitzen zwar noch eine inhaltlich beschränkte, rein verstandesmässige Erkenntnis gewisser Offenbarungswahrheiten; diese ist aber nie mit einem affektiven, im Übernatürlichen begründeten Liebesverlangen verbunden. Ihr Wille aber ist gänzlich im Bösen verhärtet, nicht wegen der Grösse der Schuld, sondern wegen der Endgültigkeit der Entscheidung, die aus den natürlichen Bedingungen ihres Standes folgte, denn der freie und überlegte einmalige Akt der Entscheidung für oder gegen Gott führte die Engel ihrer Natur entsprechend sofort unwiderruflich zur ewigen Beseligung oder aber zur ewigen Verwerfung. Die Ewigkeit der Bestrafung der gefallenen Engel stand für den hl. Thomas — im Gegensatz zu Origenes mit seiner sogenannten Apokatastasis-Lehre — ausser Frage.

8. Dort, wo Thomas von Aquin von den Mitteln der göttlichen Vorsehung spricht, behandelt er auch die Aufgaben der Engel der Körperwelt und den Menschen gegenüber und spricht dabei ausführlich auch vom Schutzengeldienst der himmlischen Geister: Gott gibt — wie Thomas meint — von der Geburt an — und nicht etwa erst von der Taufe an — jedem Menschen einen Schutzengel zur Seite. Dieser begleitet den Menschen durch das ganze Erdenleben und ist sein hilfreicher Beschützer auf dem Weg zur ewigen Heimat. Dort teilen dann die Schutzengel mit den zur ewigen Seligkeit gelangten Menschen die Freuden des Himmels, während die Menschen in der Verdammnis der Hölle einen strafenden Dämon neben sich haben. Bei dieser Behauptung wirkt wohl bei Thomas v. Aquin noch die fast allgemeine Ansicht der Frühscholastik nach, dass jedem Menschen sowohl ein guter Engel zum Schutz als auch ein Dämon, ein Plagegeist, zur Erprobung an die Seite gestellt sei.

Erwähnenswert ist noch die Ansicht des Aquinaten, dass die Schutzgeister aus den verschiedenen Engelchören genommen seien, und zwar für universellere Aufgaben und Anliegen, für ganze Völker und Reiche aus den höheren Engelchören, für partikuläre Anliegen und für die einzelnen Menschen aus dem niedersten Chor. Nach dem vom hl. Thomas behaupteten Strukturgesetz des Universums und der durchgehenden hierarchischen Gliederung und Ordnung von Natur und Übernatur meint Thomas hier noch — er ist dabei aber wie in der gesamten Engellehre sehr zurückhaltend mit der theologischen Wertung oder Qualifikation seiner Behauptung — : «Es ist wahrscheinlich, dass die höheren Engel zum Schutz derer bestimmt sind, die zu höherem Grad der Glorie von Gott erwählt worden sind»[18].

Nur eine skizzenhafte Schilderung der Engellehre des hl. Thomas von Aquin wurde geboten, aber sie kann genügen, um die Richtigkeit der Behauptung zu bestätigen[19], dass Thomas in hervorragender Weise um eine Harmonie bemüht war zwischen dem, was die göttliche Offenbarung über Existenz und Wesen der reinen Geister — vielfach nur andeutungsweise — berichtet, und dem, was die Philosophen, vor allem die griechischen, über das Wesen des reinen Geistes und die Überhöhung des sichtbaren Kosmos durch ein Reich gänzlich stoffloser Formen spekuliert hatten. Thomas unterbaute die biblische Lehre von den Engeln, die er — abgesehen von seiner Kommentierung der entsprechenden Stellen im Matthäus- und Johannes-Evangelium — nicht erst ausführlich darlegt, sondern als klare, eindeutig feststehende Offenbarungswahrheit voraussetzte, mit der Seins- und Erkenntnislehre des Aristoteles und mit dem Symbolismus der mystischen Theologie des Dionysius Areopagita. Es überschneiden sich daher bei ihm ständig zwei deutlich unterscheidbare Fragenreihen: die nach der Seinsverfassung des reinen Geistes und seiner Stellung im Kosmos, und die nach der Erklärung der durch die Offenbarung verbürgten Tatsachen der Engelwelt. Ausschlaggebend bei allem ist ihm aber der Blick vom Ganzen des Kosmos her; dieser bestimmt sowohl den Aufbau der Engellehre bei Thomas als auch die Fragestellung im einzelnen. Und gerade hier zeigt sich am Beispiel der Engellehre des hl. Thomas, wie er uns — gemäss der Weisung des II. Vatikanischen Konzils im 16. Artikel des Dekrets «Optatam totius» über die Ausbildung der Priesterkandidaten — Vorbild sein kann[20)], denn er hat die katholische Lehre über die Engel «sorgfältig aus der göttlichen Offenbarung geschöpft, ist tief in sie eingedrungen und hat sie für sein geistliches Leben fruchtbar gemacht» als «homo angelicus» und «Doctor angelicus»; er hat die Heilsgeheimnisse auch bezüglich der Engel «integre», dass heisst ganzheitlich und unverkürzt, in den Kosmos der Schöpfung und der Heilsökonomie integrierend, mit Hilfe der philosophischen Spekulation tiefer zu durchdringen und in ihrem Zusammenhang zu verstehen versucht, um sie, soweit als möglich, zu erhellen.

Auf dem Weg zum ökumenischen Konzil von Lyon im Jahre 1274 machte der hl. Thomas v. Aquin schwer erkrankt Halt in der Zisterzienserabtei Fossanuova am Rand der Pontinischen Sümpfe südlich von Rom. Dort kam es am 7. März 1274 zum heiligmässigen Sterben und seligen Heimgang des «Doctor angelicus» in die beseligende Anschauung Gottes von Angesicht zu Angesicht zusammen mit den heiligen Engeln, denen er nun ganz ähnlich geworden war, so dass er, der erleuchtet Schauende, der so viele mit seiner Weisheit erleuchtet hatte, nun als erstes Wunder, das an seinem offenen Sarg geschah, einem fast erblindeten Priester Erleuchtung zuteil werden liess im wiedererlangten Augenlicht. So berichtet Wilhelm von Tocco im 61. Kapitel der ersten Biographie des hl. Thomas von Aquin: «Nachdem der engelgleiche Lehrer mit vielen Zeichen und Zeugnissen der Heiligkeit gestorben war, da liess sich P. Johannes von Ferrentino, der Subprior des Klosters Fossanuova, der so schwer augenkrank war, dass er kaum noch sehen konnte, zum

Leichnam des Heiligen führen. Er warf sich mit Ehrfurcht und Andacht zu seinen Füssen nieder, neigte sich über den Leichnam und legte sein Antlitz auf diesen und betete zu Gott, dass ihm auf Grund der Verdienste des engelgleichen Lehrers, dem er sich im Gebet empfahl, das Augenlicht zurückgegeben werde, das er entbehrte. Da er augenblicklich vollkommen erleuchtet wurde, rief er aus: 'Gepriesen sei Gott, weil mir auf die Verdienste des heiligen Thomas hin mein Augenlicht in vollkommener Weise zurückgegeben worden ist!' Und es traf sich gut, dass dem, der um das Augenlicht bat, Gott wegen der Verdienste des Heiligen das Licht gewährte, da Gott jenem sogleich, als er hinüberging in die Gemeinschaft der heiligen *Engel*, das Licht der Herrlichkeit gewährt hat, so dass er nun Gott in Ewigkeit schaut zusammen mit den heiligen *Engeln*»[21)].

Der hl. Raimund von Penyafort
(† 16. Januar 1275)

Diesem Dominikaner-Heiligen, der im vorletzten Jahrzehnt des 12. Jahrhunderts in Villafranca bei Panadés in der Umgebung von Barcelona in eine mit dem aragonischen Königshaus verwandte Familie hineingeboren wurde und der in Bologna das Studium der Rechtswissenschaft begann und abschloss und einer der bedeutendsten Kanonisten wurde, in Rom vor allem als Rechtsberater und Beichtvater von Papst Gregor IX. tätig war, in der spanischen Heimat aber vor allem in der Bekehrung der Irr- und Ungläubigen erfolgreich wirkte und als Generaloberer des Dominikanerordens dessen Satzungen neu fasste, wird in der Heiligsprechungsbulle von Papst Clemens VIII. vom 29. April 1601 eine ganz besondere Familiarität und Freundschaft mit dem heiligen *Schutzengel* zugeschrieben. Dieser soll ihn regelmässig, wie sein Biograph Michael Llot («De laudabili vita et de actis B.P.Fr. Raymundi de Penia Forti enarratio» [Rom 1595]) berichtet, zum mitternächtlichen Gebet aufgeweckt haben.

Der hl. Ivo Hélory
(† 19. Mai 1303)

Hier geht es um einen heiligen Priester und Rechtsanwalt, von dem man sich gut vorstellen kann, dass ihm eines Tages wegen seiner Güte gegenüber den Armen und Unterdrückten ein *Engel* in Gestalt eines Bettlers erschien, den er zu Tisch geladen und bewirtet hatte.

Ivo Hélory, geboren 1253 zu Kermartin in der Bretagne, studierte Theologie in Paris — wahrscheinlich als Schüler des hl. Bonaventura — und ragte aus der Schar der Studenten, wie diese im Heiligsprechungsprozess bezeugten, durch seine Liebenswürdigkeit und Reinheit heraus. Er war dann — noch Laie — als Offizial des Archidiakons von Rennes tätig. Bald darauf wirkte er in gleicher Stellung bei Bischof Alanus de Bruc in Tréguier und nach Empfang der Priesterweihe um 1284 als Seelsorger und Rechtsberater in Tredrez und Louannec.

Er zeichnete sich durch Gebetsgeist und Fürsorge für die Armen und Hilflosen aus; diese verteidigte er in vorbildlicher Weise vor geistlichen und weltlichen Gerichten.

Eines Tages — so gab es ein Zeuge im Kanonisationsprozess zu Protokoll — kam ein ganz besonders bedauernswerter Armer in dürftiger Kleidung zu Ivo, wie dieser gerade mit seinem Freund, der dann später als Zeuge im Kanonisationsprozess über das Erlebte berichtete, zu Tische sass. Ivo lud den Armen zum Mitessen ein. Nachdem der Arme ein wenig von den Speisen gekostet hatte, stand er auf und schickte sich an, durch die Türe den Raum zu verlassen. Da drehte er sich nochmals um und sagte zu Ivo und dem Zeugen auf Bretonisch: «Adieu, der Herr sei mit euch!» Im gleichen Augenblick war dieser Arme wie verwandelt, strahlend schön und mit weissen Kleidern angetan. Nach dieser Erscheinung fing Ivo in Gegenwart des Zeugen vor Ergriffenheit zu weinen an und sagte: «Jetzt weiss ich gar wohl, dass ein Bote des Herrn gekommen ist, um uns zu besuchen»[1)].

Ivo wurde durch Papst Clemens VI. am 19. Mai 1347 heiliggesprochen. Seine Verehrung breitete sich bald von der Bretagne aus, die ihn als zweiten Landespatron verehrt, über ganz Europa aus. Bald wurde er zum Schutzpatron der Juristen und der juridischen Universitätsfakultäten. Sogar Bruderschaften, die nach dem hl. Ivo benannt wurden und sich um den Rechtsschutz der Armen ganz besonders annahmen, entstanden in Frankreich, Belgien, Italien und sogar in Brasilien[2)].

Der hl. Nikolaus von Tolentino

(† 10. September 1305)

Bei diesem Heiligen aus dem Orden der Augustiner-Eremiten handelt es sich, wie in den Heiligsprechungsprozessakten[1)] aus dem Jahre 1325 und in der ersten, aus dem Jahre 1326 stammenden Biographie, die der Priester Pietro von Monterubbiano verfasst hat[2)], um eine Persönlichkeit, der eine ganz besondere Familiarität mit den heiligen Engeln zuteil geworden ist. Fast möchte man meinen, dass es bei einem späteren Heiligen, der in einem dem heiligen Erzengel Michael geweihten Ort geboren worden ist und vorher den jahrelang kinderlos gewesenen Eltern durch einen Engel als Erhörung ihrer vielen Gebete angekündigt worden ist, gar nicht anders sein konnte.

Der Geburtsort des hl. Nikolaus von Tolentino ist Castel Sant'Angelo, heute Sant-Angelo in Pontano in Süditalien[3)].

Die Eheleute Compagnone Guerinti und Amata dei Gaidani hatten nach mehreren, fromm und edel verlebten Ehejahren immer noch keine Kinder, nach denen sie sich ganz stark sehnten. Sie beteten sehr viel um den ihnen noch immer versagten Kindersegen und flehten dazu vor allem die Fürsprache jenes Heiligen an, der damals in Süditalien wohl am meisten verehrt wurde; es ist der heilige Bischof Nikolaus, dessen Reliquien von Myra in Kleinasien nach Bari in Süditalien gebracht worden waren und dort im Dom verehrt werden[4)].

Eines Nachts wurden die Eheleute von einem *Engel*, der ihnen erschien, aufgefordert, sich nach Bari auf Pilgerfahrt zu begeben. Dort würden ihre vielen Gebete Erhörung finden. So war es dann auch, wie in den genannten ältesten Dokumenten über das Leben des hl. Nikolaus von Tolentino als historisch sicher berichtet wird: Die beiden Eheleute pilgerten nach Bari und übernachteten nach Gewohnheit der damaligen Wallfahrer im Dom vor dem Reliquienschrein des heiligen Bischofs Nikolaus. Da erschien ihnen nachts im Traum der Heilige und kündigte ihnen an, sie würden innerhalb eines Jahres einen Sohn bekommen, dem sie den Namen Nikolaus geben sollten; er werde Priester werden und ein Heiliger.

Nach neun Monaten war es dann wirklich so weit. Das Knäblein, das im Jahre 1245 geboren wurde, war die Frucht einer Gebetserhörung, die den Eltern durch einen *Engel* gemeldet worden war.

Auch die Ankündigung des Priesterberufes und der späteren Heiligkeit des Knaben sollte bald verwirklicht zu werden beginnen: Der junge Nikolaus wurde von der Predigt eines Augustiner-Eremiten über das Schriftwort «Die Welt vergeht mit ihrer Lust . . .» (1 Joh 2,17) so ergriffen, dass er — fast noch ein Kind — bei den Augustiner-Eremiten eintrat und sich vom Noviziat an durch grossherziges Streben nach Vollkommenheit auszeichnete. Zum Priester wurde Nikolaus von Tolentino geweiht durch den hl. Benvenuto, Bischof von Osimo, im Jahre 1273 in Congoli.

Engelgleiche Reinheit zeichnete ihn im ganzen Priesterleben aus. Schmerzliche Krankheiten gaben ihm vielfach Gelegenheit, die Schule der Geduld durchzumachen; er fügte strenge Abtötung noch hinzu.

Als Nikolaus in Fermo stationiert war, besuchte er eines Tages einen Vetter, der der Obere im Kloster der Augustiner-Chorherren zu Santa Maria di Jacopo zwischen Monturano und Montegiorgio war. Dieser war entsetzt über das schlechte Aussehen des Heiligen und wollte ihn zum Übertritt in seine Kanoniker-Gemeinschaft überreden, weil er es hier leichter und besser haben werde. Da zog sich Nikolaus in die Kirche zurück, um dort Klarheit zu erbeten. Hier merkte er plötzlich, nicht allein zu sein; er wusste sich von einem ganzen Chor von *Engeln* umgeben, die mit wohltönender Stimme sangen: «In Tolentino, in Tolentino, in Tolentino wird deine Bleibe sein. Bleibe darum in jenem Stand, zu dem du berufen worden bist, weil du dort dein Heil finden wirst!»[5].

Tatsächlich war dann 30 Jahre lang bis zu seinem seligen Heimgang Tolentino der Ort seines segensreichen priesterlichen Wirkens auf der Kanzel und im Beichtstuhl. Ihm, der den Gläubigen in seiner ganzen Haltung wie ein Engel erschien, wurden in diesen Jahren in Tolentino, wie sein Biograph Domenico Gentile aus den ältesten Dokumenten berichtet, mehrmals nicht bloss Engel-Auditionen zuteil[6], bei denen er die himmlischen Gesänge der Engel hören durfte, sondern auch Engel-Visionen, vielfach gerade dann, wenn er sich mit seinem Lieblingsgebet, dem Engelsgruss, an die Königin der Engel wandte. Aber auch dämonische Quälereien blieben ihm nicht erspart.

Eines Nachts im Frühling 1305 befand sich P. Nikolaus seiner Gewohnheit gemäss in der Kirche zum betrachtenden Gebet[7]. Da fühlte er sich wieder einmal von himmlischen Geistern umgeben; es war wieder mehr eine Audition als eine Vision der heiligen *Engel*. Augenblicklich wurde er dann in eine überaus beglückende Ekstase versetzt, die nur durch das Glockenläuten zum nächtlichen Chorgebet abgebrochen wurde. Er kam wieder zu sich und betete: «Mein Herr und Gott, wie schön muss doch jenes Geschenk sein, das du denen bereit hältst, die dich lieben! Ich ersehne nichts anderes als aus dem Leib losgelöst zu werden und für immer mit Dir vereint zu werden.» Diese himmlischen Erscheinungen, die von wundersamen Melodien begleitet waren und zur Entrückung des Heiligen führten, wiederholten sich von da an sechs Monate lang jede Nacht, bis zu jenem Tag, da sich bei ihm die Todeskrankheit einstellte.

An jenem Tag fühlte er in sich das brennende Verlangen, die Königin der heiligen Engel und seinen Ordensvater Augustinus inständig zu bit-

ten, sie möchten sich ihm vor seinem Hinscheiden kundtun und ihm den Tag seines Heimgangs offenbaren.
Es kam der 5. September 1305: P. Nikolaus lag schwer krank darnieder. Der junge Kleriker Giovannuzzo sass an seinem Krankenbett und beobachtete den Kranken. Dieser lag mit geschlossenen Augen ganz bleich und still da. Nur die Lippen bewegten sich im Gebet. Auf einmal öffnete der Kranke weit die Augen, ein übernatürliches Licht umstrahlte das Bett und den Kranken. Dieser richtete sich ganz von selbst auf, was er schon seit Tagen nicht mehr gekonnt hatte; er neigte sein Haupt zum Zeichen des ehrfurchtsvollen Grusses, den er einer erschienenen Person entbot. Und Frater Giovannuzzo hörte die Worte aus dem Mund des Kranken: «Meine liebe Herrin und Mutter, möge es dir nicht missfallen, mir den Tag meines Scheidens aus dieser Welt kundzutun!» Augenblicke der Stille traten darauf ein. Dann sprach wieder der Kranke: «Meine Herrin und Mutter, während meines Priester- und Ordenslebens hat mich der dunkle Schatten des Bösen Feindes ständig bedrängt. Alle Einflüsterungen und Nachstellungen der Hölle drangen auf mich ein. Ich spürte, dass mir der Böse Feind auf Schritt und Tritt nachfolgte und meine Heimkehr zu deinem göttlichen Sohn zu verhindern suchte. Ich habe darunter viel zu leiden gehabt, weil ich ein gebrechliches, hinfälliges Geschöpf bin. So bitte nun deinen eingeborenen Sohn, Er möge auf deine Fürsprache und auf die meines Ordensvaters hin bewirken, dass sich der alte Feind von mir entfernt und mich in der Todesstunde nicht mehr zu belästigen vermag. Ich möchte wenigstens in jenen letzten Tagen, da sich der Todesengel meinem Bett naht, nicht mehr die schreckliche Gegenwart des Bösen Feindes erleben. Sollte es aber im Himmel anders beschlossen sein, so geschehe der Wille meines Herrn. Dann werde ich diesen Kelch bis zum letzten Tropfen austrinken»[8)].
Kaum hatte P. Nikolaus diese Worte gesprochen, da schwand wieder dieses übernatürliche Licht, von dem er umstrahlt war, er lag wieder leichenblass da. Frater Giovannuzzo fragte nun den Heiligen: «P. Nikolaus, an welchem Tag hat die seligste Jungfrau gesagt, dass Sie sterben werden?» Der Heilige erwiderte: «Am dritten Tag nach dem Fest ihrer Geburt. Sie hat mir aufgetragen, mich auf den grossen Schritt durch die Sakramente der Kirche vorzubereiten.»
Der Heilige, der um die Wirksamkeit des Gebetes wusste, betete in den folgenden Tagen mit grösstem Eifer darum weiter, dass im Augenblick seines Heimgangs der Teufel ihn nicht verwirren und die Reinheit der Opferhingabe seines Lebens an Gott nicht verdunkeln möge. Gott aber erprobte die Ausdauer und Beharrlichkeit des Heiligen. Trost und Kraft

wurden ihm erst nach drei Tagen zuteil, gerade am Geburtsfest der seligsten Jungfrau.
Frater Giovannuzzo blieb beständig in der Krankenzelle des Heiligen. Da merkte er, wie sich am Fest von Mariä Geburt der Sterbenskranke plötzlich in seinem Bett aufrichtete und ein paar Augenblicke in ganz ekstatischer Haltung verblieb und mit weit geöffneten Augen etwas schaute. Dann sank er mit verklärtem Antlitz wieder auf sein Lager zurück. Da fragte Frater Giovannuzzo den Heiligen: «P. Nikolaus, was haben Sie denn jetzt gesehen, dass es Ihnen so viel Freude verschafft hat?» Der Sterbenskranke antwortete: «Ich habe einen *Engel* gesehen, der mir versicherte, dass meine Gebete erhört worden sind.» So gab es Frater Giovannuzzo im Heiligsprechungsprozess wörtlich zu Protokoll.
Am 9. September 1305 empfing der Heilige dann die Sterbesakramente und nahm in einer ergreifenden kurzen Ansprache Abschied von seinen Mitbrüdern, die er noch um Verzeihung bat, sollte er ihnen Ärgernis bereitet oder den einen oder anderen von ihnen beleidigt haben. Am Tag darauf, 10. September 1305, durfte Nikolaus von Tolentino in die himmlische Herrlichkeit eingehen, um nun für immer an der himmlischen Liturgie zur Verherrlichung des dreifaltigen Gottes zusammen mit den Engeln und Heiligen teilzunehmen.
Am 23. Mai 1325 eröffnete der Avignoner Papst Johannes XXII. mit der Bulle «Pater luminum et misericordiarum» den Kanonisationsprozess, in welchem 371 Zeugen über die heroischen Tugenden und über die Wunder, die der Heilige schon zu Lebzeiten gewirkt hatte, aussagten. Am 28. September 1325 wurde der Heiligsprechungsprozess bereits beendet, zumal bis dahin schon 301 beglaubigte Wunder vorlagen, die auf die Fürsprache des hl. Nikolaus von Tolentino gewirkt worden waren[9].

Die hl. Humilitas

(† 22. Mai 1310)

Aus dem Leben dieser heiligen Vallombrosaner-Äbtissin[1] werden in der aus dem Jahre 1330 stammenden Lebensbeschreibung Engelserscheinungen berichtet: Rosanna, aus der adeligen Familie der Negusanti, in Faënza im selben Jahr geboren, in welchem der hl. Franziskus von Assisi zum ewigen Lohn abberufen wurde, verlor mit 15 Jahren ihren Vater und wurde ein Jahr darauf mit dem adeligen Ugolotto dei Caccianemici verheiratet. Nach dem frühen Tod zweier Kinder beschlossen die jungen

Eheleute, in das Chorherren- bzw. Chorfrauenstift St. Perpetua zu Faënza einzutreten. Rosanna nahm nun den Namen Humilitas an. Nach zwei Jahren wählte sie das strengere Leben einer Inklusin bei den Vallombrosanern von Sant'Apollinare. Mit Hilfe des Vallombrosaner-Generalabtes Plebano gründete sie zwischen 1262 und 1266 für Nonnen des Vallombrosanerordens das Kloster Santa Maria alla Malta, 1282 das Kloster San Giovanni bei Florenz. Dort war die hl. Humilitas als Äbtissin ihren Töchtern eine fürsorgliche, gütige und fromme Mutter. Sie verstand es, den jungen Novizinnen die in der Regel des hl. Benedikt und in den Ordenskonstitutionen des hl. Johannes Gualbertus geforderten Tugenden einzupflanzen. Wie diese beiden heiligen Ordensväter vom Glauben an die Existenz der heiligen Engel erfüllt waren, so war es auch die hl. Äbtissin Humilitas, die auf manchen Wegen ganz spürbar von *Engeln* geführt wurde[2)].
Der zeitgenössische Biograph der hl. Humilitas, ein Vallombrosaner-Mönch namens Blasius, berichtet in einem ausführlichen Kapitel über den Umgang der Heiligen mit den heiligen *Engeln*; sie selbst aber bringt davon aufschlussreiche Ausführungen in ihren sogenannten «Gesprächen» («Sermones»), die uns erhalten sind und die zwar nicht sprachlich, aber inhaltlich an die Schriften der hl. Caterina von Siena heranreichen[3)].
Bezüglich des Inhalts dieser «Gespräche» bekannte die hl. Humilitas ihrem Seelenführer und Beichtvater gegenüber: «Alles, was ich darin, mein Seelenheil betreffend, niedergeschrieben habe, ist mir nicht durch irgendeinen Menschen beigebracht worden, sondern durch unseren Herrn Jesus Christus, meinen Lehrer und Bräutigam. Er hat mich dazu inspiriert oder hat bei seinen Erscheinungen so mit mir gesprochen, wie ich selbst jetzt mit Ihnen spreche»[4)].
Aus diesen «Gesprächen» der hl. Humilitas erfahren wir, dass sie nicht bloss seit ihrer Geburt den Schutzengel an ihre Seite gestellt sah, sondern seit der Zeit, da sie sich als Ordensfrau um die seelische Betreuung von verschiedenen Menschen zu kümmern hatte, auch noch einen zweiten Engel als Ratgeber und Führer an ihrer Seite wusste.
Im 4. «Gespräch» sagt die Heilige darüber wörtlich folgendes: «Alle himmlischen Engel liebe ich, aber zwei sind für mich eine ganz besondere Freude und Beglückung, weil sie mich bei Tag und bei Nacht stärken und mir unschätzbare Gaben aus den himmlischen Reichtümern mitteilen. Der Herr hat sie mir als Beschützer gegeben, damit sie mich vor jeder Belästigung durch den Bösen Feind bewahren. Sie haben bisher den ihnen für mich zuteil gewordenen Auftrag mit grösstem Eifer ausge-

führt, denn durch ihre Kraft bin ich bestens gestärkt worden. Beide Engel stützen mich zur Rechten und zur Linken, so dass ich in meiner Armseligkeit nicht fallen kann. Wenn ich mich fest an sie halte, können mir meine Feinde nichts Schädliches zufügen. Der erste dieser meiner beiden himmlischen Beschützer ist aus dem Chor der Engel, aus dem allen Menschen für ihr Erdenleben Schützer zugewiesen werden; der Name dieses Engels heisst Sapiel, was ich als göttliche Weisheit deute. So oft ich diesen Namen aussprechen höre, wird es mir sogleich warm im Herzen vor Freude. Er ist an meiner Seite seit jenem Augenblick, da ich in das Erdenleben eintrat . . . Der zweite Schutzengel an meiner Seite heisst Emmanuel und gehört dem Chor der Kerubim an. Er wurde mir in meinem 30. Lebensjahr beigesellt, als ich mich um viele seelsorgliche Aufgaben zu kümmern begann und mir die Betreuung vieler Schäflein vom Herrn übertragen worden war, wenngleich ich keinen Hirtenstab und keine solchen Aufgaben entsprechende Kräfte zur Verfügung hatte. Er spannt seine Flügel über mich aus und hilft mir bei meinen Arbeiten und Mühen. In seiner Güte hat er mich schon oft gestärkt und getröstet, indem er mir an seinem Gnadenreichtum Anteil gewährte. Im 11. 'Gespräch' erkläre ich noch weiter, wie diese beiden Engel, die mir tatsächlich an die Seite gegeben sind, mir bei den Aufgaben, die Gott mir übertragen hat, helfen; sie deuten mir auch viele göttliche Geheimnisse.»

Diesen beiden Engeln gegenüber war die hl. Humilitas — wie ihr Biograph, der sie sehr gut kannte, ausdrücklich berichtet — immer überaus gehorsam. Um sie zu ehren, verfasste sie eine Abhandlung über den himmlischen Hofstaat («Tractatus de curia paradisi»). Darin kann man folgendes lesen: «Etwas unschätzbar Grosses und Herrliches ist für mich das Wissen um den hohen Adel und die Grösse meiner beiden Engel. Wenn ich an ihre Schönheit denke, fühle ich mich sogleich in Ekstase versetzt und ausser mir im Überschwang der Freude darüber, dass ich zwei so vollkommene Liebhaber Gottes an meiner Seite haben darf, die allzeit in Gottes Gegenwart weilen und dabei dennoch mir in grosser Hilfsbereitschaft zur Verfügung stehen. Sie sind für mich wie zwei starke, unüberwindliche Felsen, auf denen trotz meiner Armseligkeit meine ganze Heilssicherheit aufruht. Ihre Kraft ist so gross, dass ich nichts zu fürchten habe, auch wenn sich Feinde der verschiedensten Art an mich heranmachen würden. Die beiden Engel sind so weise und dabei so klug darum besorgt, mich in das Tugendleben immer mehr einzuführen. Sie sind so eifrig darauf bedacht, mich zu behüten, dass ich — noch ehe ihre Hilfe notwendig geworden ist — schon spüre, dass sie mir ganz nahe sind, um mir beizustehen. Sie sind wie zwei mächtige tragende Säulen, die meine Armseligkeit und Schwachheit tragen und stützen».

Diesen beiden mächtigen Gefährten an ihrer Seite empfahl sich die heilige Äbtissin Humilitas in allen ihren Sorgen und Nöten, wie sie im 11. «Gespräch» aufzeigt, wo sie u.a. wörtlich sagt: «Oh ihr, meine beiden starken Engel, begleitet mich auf allen meinen Wegen und wacht eifrig darüber, dass sich meine Feinde den Pforten meines Herzens nicht nahen können! Zieht vor mir gegen sie das Schwert, um mich zu verteidigen! Verschliesst mir den Mund so fest, dass er für jedes sinnlose, überflüssige Wort verschlossen bleibt! Meinen Augen prägt das Siegel der Liebe auf, dass sie nichts an dieser vergänglichen Welt betrachten können, was meinem Geliebten nicht gefällt! Haltet mir aber gleichzeitig die Augen offen und hellwach, damit sie nicht durch Schläfrigkeit beim andächtigen Beten des Breviers behindert werden und mein Geist nicht müde und schläfrig wird, wenn es gilt, auf die Lobpreisung Gottes zu achten! Bewahrt mir die Ohren hellhörig für den Namen Jesu und für alles, was Ihn betrifft, und bewirkt, dass in meine Ohren nichts eindringt, was für meine Seele tödliches Gift wäre! Bindet mir die Füsse mit Ketten der Liebe, damit sie sich nicht auf die Wege der Sünde begeben, sondern alle meine Schritte zur grösseren Ehre Christi und seiner glorreichen Mutter gereichen! Bindet mir auch mit euren gebenedeiten, für Gottes Aufträge allzeit bereiten Flügeln meine Hände, damit sie nichts ergreifen, was nach irdischer Eitelkeit schmeckt, helft mir vielmehr, dass meine Seele sich immer nur an himmlischen Wohlgerüchen erquicke! Behütet alle meine leiblichen Begierden, auf dass mein seelisches Verlangen immer nur nach dem Himmlischen ausgerichtet sei und meine Seele ganz und gar in ihrem Geliebten ruhe! Bewirkt, dass die Wege der Gottesliebe in mir so gefestigt seien, auf dass dann, wenn die Wasser sinnloser irdischer Freude auf sie einströmen, sie davon nicht überflutet werden und die Seele vor dem Ertrinken bewahrt bleibt! Ihr innig geliebten Engel, seht, ich bin euch zum Schutz übergeben und von meinem trauten Herrn Jesus anempfohlen worden, damit ihr mich allzeit treu bewacht! Ich empfehle mich euch, ihr glückseligen Engel: Bittet für mich das ewige Wort, es möge mein Herz ganz an sich ziehen und nicht zulassen, dass es sich jemals von ihm trennt!»

Am Schluss des 11. «Gesprächs» sagt die Heilige noch: «O mein Engel Emmanuel, o mein Engel Sapiel, die ihr meine Schutzengel seid, ich bitte euch, schenkt mir mit allen euren Kräften eure Hilfe und euren Beistand in wirksamer Weise, damit ich dann, wenn ihr mich meiner hohen lieben Frau und Königin Maria zugeführt habt, betrachten und geniessen kann, zusammen mit der Mutter ihren geliebten göttlichen Sohn zu schauen . . .»

Der Biograph bemerkt zuletzt, es würde zu weit führen, all jene Stellen noch zu nennen, an denen die hl. Humilitas ihre beiden geliebten Schutzengel lobend erwähnt und ihnen ihre Dankbarkeit bezeugt für alle ihr geleistete Hilfe im geistlichen Leben und Streben nach Vollkommenheit.

Am 22. Mai 1310 starb die hl. Humilitas im hohen Alter von 84 Jahren in Florenz, wo sie bald als Heilige verehrt und angerufen wurde. Obwohl ihr Leichnam in der blossen Erde beigesetzt worden war, fand man ihn nach einem Jahr völlig unverwest. Die von Papst Clemens XI. genehmigten liturgischen Texte für das Fest der hl. Humilitas weisen ausdrücklich auf ihre Vertrautheit mit den heiligen Engeln hin[5].

Die selige Christina von Stommeln

(† 6. November 1312)

Der französische Jesuit A.Fr. Poulain († 1919) hat in seinem grossen Werk über Mystik «Des grâces d'Oraison» (10. Aufl., Paris 1922), das in deutscher Übersetzung unter dem Titel «Handbuch der Mystik» (3.Aufl., Freiburg/Br. 1925) erschienen ist, folgende Behauptung aufgestellt: «Dem aussergewöhnlichen Gnadenerweis Gottes geht (fast immer) eine aussergewöhnliche Einwirkung des Teufels zur Seite. Die Erde ist das Schlachtfeld. Die zwei Heere der guten wie der bösen Geister streiten nebeneinander um dieselben Seelen»[1].

So stark wie selten sonst einmal im Leben mystisch begnadeter Menschen trifft diese Behauptung im Leben der seligen Christina von Stommeln zu: Hier war das Ringen der guten *Engel* und der gefallenen (mit dem Teufel an der Spitze) von der Kindheit angefangen bis ins Alter von 70 Jahren zu spüren, wie der zeitgenössische Dominikaner-Gelehrte P. Petrus de Dacia († 1289) nach gründlichen Beobachtungen zuverlässig bezeugt hat[2].

Christina wurde 1242 zu Stommeln, einem Ort zwischen Köln und Neuß, als Tochter des Landwirtes Heinrich Bruso und dessen Frau Hilla geboren. Das Kind, dem besondere Religiosität eigen war und dem bereits mit sechs Jahren eine erste Erscheinung zuteil wurde, erlebte mit sieben Jahren in einer Vision, dass sie von einem *Engel* ins Paradies geführt wurde, wo sie himmlische Geheimnisse schaute und mit unaussprechlicher Wonne erfüllt wurde. Mit neun Jahren wurde sie drei

Nächte nacheinander im Geist von einem *Engel* der seligsten Jungfrau Maria vorgestellt. Die Gottesmutter sagte dabei dem Kind: «Freue dich, teuerste Tochter, und frohlocke, denn du wirst die Braut und Freundin meines vielgeliebten Sohnes sein!» Als Christina zehn Jahre zählte, erschien ihr Jesus Christus in einer Nacht und sprach zu ihr: «Vielgeliebte Tochter, siehe, Ich bin Jesus Christus. Gelobe Mir Treue, und zwar so, dass du Mir für immer dienst! Sollte dich sonst jemand um ein anderes Verlöbnis angehen, so sage ihm, dass du dich Jesus Christus selbst in die Hände verlobt hast!» Damit ergriff der Herr ihre rechte Hand und legte sie in die seine und sprach abschliessend die Worte: «Bei den Beginen sollst du bleiben!»[3].

Von da an sann Christina nur darauf, zu den Beginen zu kommen, die eine besondere Art von gemeinschaftlich, aber ohne eigentliche Ordensgelübde in den sogenannten Beginenhöfen lebenden frommen Jungfrauen und Witwen waren. Als sie erfuhr, dass es in Köln Beginen gebe, begab sich die Dreizehnjährige ohne Wissen ihrer Eltern dorthin. Christina wurde in dem 1230 gegründeten Beginenhof zwar gütig aufgenommen; da sie aber gegen den Willen ihrer Eltern fortgegangen war und ihr deshalb jede Aussteuer versagt geblieben war, musste Christina in grösster Armut in Köln leben, denn jede Begine musste für ihren Unterhalt selbst sorgen.

Bei den Beginen in Köln begannen für Christina die Verfolgungen durch den Teufel. P.H. Wilms OP schreibt in seiner «Geschichte der deutschen Dominikanerinnen»[4]: «Christina von Stommeln steht in ihrem reinen Tugendglanz den edelsten Frauengestalten, die unsere Altäre zieren, würdig zur Seite. Sie steht in bezug auf geistliche Tröstungen den grössten Mystikerinnen gleich; eigen aber ist ihr die geradezu brutale Verfolgung, die sie vom Teufel erduldete. Gott bereitet seinen besonderen Freunden besondere Prüfungen, aber nicht allen die gleichen. Manche werden von den Menschen in harter Weise verfolgt und gekränkt; andere tragen innere Versuchungen, Dürre und Geistestrockenheit; Christina von Stommeln blieben auch diese Leiden nicht erspart. Die Beginen zu Köln und dann zu Stommeln haben ihren Teil zu den Leiden dieser edlen Jungfrau redlich beigetragen. Geistestrockenheit und innere Verlassenheit waren ihr nicht unbekannt, aber unsagbar mehr hat sie vom Bösen Feind zu erleiden gehabt. Er durfte sie in einer uns heute nicht mehr verständlichen Weise verfolgen und quälen. Ihr gelehrter Biograph aus Schweden P. Petrus de Dacia hat den strengsten Forderungen der Wissenschaft entsprechend dargetan, dass es sich hier wirklich um diabolische Angriffe handelt. Die Berichte, die uns vorliegen,

sind durchaus glaubwürdig, weil sie zur Zeit der seligen Christina von Stommeln angefertigt wurden von solchen, die entweder die Ereignisse selbst wahrgenommen oder sie doch von Augenzeugen vernommen hatten. Die beteiligten Zeugen sowohl wie die Berichterstatter sind achtbare, wohl unterrichtete Männer, die allen Glauben verdienen. Dies gilt vorzüglich von dem besonderen Seelenführer Christinas, von Petrus de Dacia, der selbst ein heiligmässiger Ordensmann war und in seiner Ordensprovinz die höchsten Vertrauensposten bekleidete. Was wir über Christina von Stommeln an zuverlässigen Nachrichten besitzen, verdanken wir seinen Aufzeichnungen und Anregungen.
Von den teuflischen Quälereien, denen die selige Christina von Stommeln unterworfen war, traten am grellsten ins Licht die körperlichen Misshandlungen. Von einer unsichtbaren Macht wurde sie an Haaren emporgezogen, mit glühenden Steinen gebrannt, mit Stöcken geschlagen, mit Ruten gegeisselt, mit Unrat beworfen. Von derselben unsichtbaren Macht wurden ihr Zähne ausgeschlagen, die Füsse durchbohrt, der ganze Leib geschunden. Die Wirkungen wurden von den Zeugen wahrgenommen. Sichtbare Spuren blieben zurück. Vielfach trugen die Quälereien visionären Charakter an sich. Sie wurden verursacht durch lebhaft auf das Vorstellungsvermögen einwirkende Schreckbilder. Das Leiden vollzog sich dann im Innern der Dulderin. Zuweilen gewahrten auch ihre äusseren Sinnesorgane die Truggestalten.»
Es war wohl ein stellvertretendes Sühneleiden, das diese mystisch begnadete Frau — zuerst bei den Beginen in Köln, dann bei den Beginen in ihrer Heimat Stommeln — bis zum Jahre 1288 über sich ergehen lassen musste.
Daneben erlebte die selige Christina von Stommeln aber auch erhebende und tröstliche Gnadenerweise: neben der Stigmatisation beispielsweise ekstatische Kommunionen, tiefe Erkenntnisse der Heiligen Schrift und die Gabe der Herzensschau.
In den Kämpfen, Leiden und Prüfungen aber bewährte sich die Selige in ihrem hervorragenden Tugendleben, das P. Petrus de Dacia so geschildert hat[5)]: «Ich hatte Gelegenheit, ihre Sitten und ihr Verhalten genau zu beobachten und zu prüfen und reiflicher Erwägung zu unterziehen, wie ich früher schon ihre Geduld und Bescheidenheit betrachtet hatte. Obgleich nun manches in ihren Zuständen vorkam, was der gewöhnliche menschliche Verstand nicht fassen und erklären kann und was nach meiner Meinung den Charakter des Übernatürlichen und Wunderbaren an sich trägt, so habe ich doch zum mindesten das bemerkt, dass sie eine erstaunliche und für solche, die es nicht aus dem Augenschein feststellen

konnten, unglaubliche Enthaltsamkeit übte, eine mit Anständigkeit verbundene Freundlichkeit und eine mit Gottesfurcht gepaarte Heiterkeit besass und dazu eine vor allen ausgezeichnete Demut und Fröhlichkeit bei Erniedrigung und Zurücksetzung. Sie redete wenig und nur Erbauliches, und wenn man sie über etwas befragte, antwortete sie mit Bescheidenheit. Sie redete mitunter auch wohl ein munteres, nie aber ein leeres oder müssiges Wort. Sie trug Ordenskleidung, die gleich entfernt war von überflüssigem Schmuck wie von gesuchter Demut. In ihrem Wandel war etwas wunderbar Tugendhaftes, das alle, die sie sahen oder mit ihr umgingen, sehr erbaute.»

Als die Sühneleiden, die vor allem der Bekehrung der Sünder und der Befreiung der Armen Seelen aus dem Fegfeuer galten, 1288 grösstenteils beendet worden waren, verlebte Christina noch einen friedvollen, zurückgezogenen Lebensabend in Stommeln, wo sie hochbegnadet am 6. November 1312 im Alter von 70 Jahren starb. Papst Pius X. hat am 11. August 1908 nach gründlicher Prüfung die kultische Verehrung dieser stigmatisierten deutschen Frau, die den Kampf zwischen den guten und den gefallenen Engeln an ihrer eigenen Person, an Leib und Seele zu spüren bekam, ausdrücklich anerkannt.

Die selige Emilia Bicchieri

(† 3. Mai 1314)

Die vierte von sieben Töchtern eines Adeligen in Vercelli, Emilia Bicchieri[1)], verlor in früher Jugend ihre Mutter. Damals warf sie sich zu Füssen eines Bildes der seligsten Jungfrau Maria nieder und beschwor die Königin der Engel, sie von nun an unter ihren besonderen Schutz zu nehmen. Mit 16 Jahren eröffnete sie ihrem Vater den grossen Wunsch, sich Gott im Orden des hl. Dominikus für das ganze Leben zu weihen. Der Vater ging auf den Wunsch ein und erbaute am Rande der Stadt Vercelli ein Kloster. Emilia zog sich mit einigen anderen adeligen Jungfrauen dorthin zurück. Mit 20 Jahren wurde sie zur Priorin dieser klösterlichen Gemeinschaft gewählt.

Emilia verstand es, das Kloster mit grosser Umsicht und Liebe zu leiten und ihre Mitschwestern zur treuen Beobachtung der Ordensregel und zum Streben nach Vollkommenheit anzuhalten. Dabei ging sie selbst mit bestem Beispiel voran.

Vor allem suchte sie ihre Mitschwestern an die Verrichtung von Abtötungen zu gewöhnen und brachte ihnen bei, diese Abtötungen jeweils dem *Schutzengel* zu übergeben, damit er dieselben dann, wenn sie im Fegfeuer von allen Sündenmakeln geläutert werden, zu ihren Gunsten verwende. So verweigerte die Priorin Emilia einer gewissen Schwester Cäcilia oft die Erlaubnis, ausserhalb der Mahlzeiten etwas zu trinken und empfahl ihr, diese Entbehrung aufzuopfern in Verbindung mit dem göttlichen Heiland, der am Kreuz von verzehrendem Durst gepeinigt wurde. Diese Schwester Cäcilia starb noch in jungen Jahren und erschien ihrer Priorin drei Tage nach ihrem Hinscheiden und teilte ihr mit, dass sie lange Zeit im Fegfeuer hätte geläutert werden müssen, wenn nicht am dritten Tag ihrer jenseitigen Läuterung ihr *Schutzengel* gekommen wäre, der die sie umgebenden Fegfeuerflammen mit jenem Trinkwasser ausgelöscht hätte, dessen sie sich so ungern, dann aber doch opferbereit beraubt hatte, als sie noch auf Erden im Kloster weilte. Nun sei sie befreit und dürfe den Aufstieg zum Himmel antreten[2)].

Die heiligmässige Priorin Emilia besass neben anderen Tugenden vor allem auch eine ganz grosse Liebe zum Heiland im heiligsten Altarssakrament. Christus selbst hatte ihr in einer Erscheinung alle Ängstlichkeit in bezug auf den öfteren Empfang der heiligsten Eucharistie mit den Worten genommen: «Wisse, dass jene, die mich aus Liebesdrang empfangen, mir ungleich mehr gefallen als jene, die sich aus Furcht vor Mir fernhalten!» Durch diese Erscheinung beruhigt, hungerte die selige Emilia Bicchieri immer mehr nach dem Himmelsbrot. Eines Tages wurde sie während der hl. Messe, bei der der Konvent kommunizierte, am Krankenlager einer leidenden Schwester zurückgehalten. Sobald sie sich von der Kranken losmachen konnte, begab sie sich in den Chor, wo die Schwestern noch ihre Danksagung abhielten; der Priester hatte sich schon entfernt. Da opferte Emilia dem göttlichen Heiland im Liebesschmerz die erlittene grosse Entbehrung, dass sie die hl. Kommunion nicht empfangen könne, auf. Im gleichen Augenblick erschien ein *Engel* und spendete ihr im Angesicht der gesamten Schwesternschaft die hl. Kommunion.

Mit dem Brote der Engel gestärkt, ging die selige Emilia Bicchieri am 3. Mai 1314 zum ewigen Lohn heim, um in der Gemeinschaft der heiligen Engel auf ewig den gütigen Gott dankbar zu loben und zu preisen[3)].

Die hl. Agnes von Montepulciano

(† 20. April 1317)

Im Leben von vier heiligen Frauen aus dem Dominikanerorden haben die *Engel* eine grosse Rolle gespielt; zu ihnen gehört neben der seligen Emilia Bicchieri (1238-1314), der hl. Caterina von Siena (1347-1380) und der seligen Osanna von Mantua (1449-1505) auch die hl. Agnes von Montepulciano (1268-1317).

Diese Heilige, deren Lebensbeschreibung der selige Ordensgeneral der Dominikaner Raimund von Capua († 1399 in Nürnberg), der langjährige Beichtvater der hl. Caterina von Siena, geschrieben hat, wurde 1268 in einer adeligen Familie in Gracciano Vecchio bei Montepulciano geboren. Sehr früh trat sie bei den Dominikanerinnen ein. Zusammen mit ihrer Novizenmeisterin Schwester Margherita gründete sie in Proceno in der Provinz Viterbo ein Kloster, dem sie jahrelang vorstand. Dann wurde sie wegen des hervorragenden Rufs, den sie besass, zur Gründung eines Klosters in der Umgebung von Montepulciano aufgefordert. Ihr Ordensleben war durch viele ausserordentliche Gnadengaben und übernatürliche Erscheinungen ausgezeichnet, zu denen auch mehrmals Engelserscheinungen gehörten.

So soll der hl. Agnes von Montepulciano, wie der selige Raimund von Capua berichtet, ein *Engel* zehnmal die hl. Kommunion gespendet haben, da sie an der Mitfeier der hl. Messe verhindert gewesen war[1].

Auch bei anderen Gelegenheiten wurde dieser Heiligen durch einen *Engel* Trost und Hilfe zuteil[2].

Am 20. April 1317 wurde die hl. Agnes in die Gemeinschaft der Engel und Heiligen im Himmel aufgenommen, wie Papst Benedikt XIII. bei der Heiligsprechung im Jahre 1726 bestätigte. Vorher tat dies die heilige Kirchenlehrerin Caterina von Siena, die zweimal das Grab der hl. Agnes von Montepulciano besuchte und in einigen Briefen und in ihrem Dialog von den Tugenden der hl. Agnes geschrieben hat[3].

Der selige Johannes von Alverna

(† 9. August 1322)

Bei diesem Seligen aus der Ordensfamilie des hl. Franziskus geht es um einen begnadeten Mystiker, dem eine ganz einzigartige, familiäre Vertrautheit mit dem heiligen Schutzengel zugeschrieben wird, und zwar

wohl nicht nur als fromme Dichtung in den Kapiteln 49-53 der «Fioretti» des hl. Franziskus[1], sondern in voller Wahrheit und Wirklichkeit.
Johannes wurde 1259 in Fermo (Italien) geboren; von daher ist er in der Literatur auch als «Johannes Firmanus» bekannt[2]. Mit 11 Jahren wurde er den Augustiner-Chorherren zur Erziehung anvertraut; er trat aber schliesslich nicht bei diesen ein, sondern bei den Jüngern des hl. Franziskus, weil er hoffte, hier ein Leben der Strenge und Zurückgezogenheit führen zu können.
Im Jahre 1292 verliess Johannes die Gemeinschaft seiner Mitbrüder, die damals durch verschiedene Bewegungen in Unruhe und Spaltung hineingeraten waren[3], und zog sich auf den Alvernaberg, auf dem einst der hl. Franziskus durch einen Seraph die Wundmale des Herrn eingeprägt bekommen hatte, zurück. Hier lebte er nun 50 Jahre lang ein Leben der Abtötung und Busse in einer einsamen Klause. Nur zum gemeinsamen Chorgebet traf er sich in der Kirche mit seinen Mitbrüdern.
Den heiligen *Engeln*, vor allem seinem Schutzengel, erwies der selige Johannes von Alverna eine ganz einzigartige Verehrung. Umgekehrt wurde er von ihnen, besonders von seinem Schutzengel, häufig besucht und getröstet[4]. Einmal vertraute er einem befreundeten Mitbruder an, er habe eines Tages — als er sich gerade vor dem Kruzifix in seiner Klause einer schweren Züchtigung unterziehen wollte und davor gerade inständig gebetet hatte, einen Jüngling von einmaliger Schönheit zu sich in seine Zelle kommen gesehen; dieser habe zu ihm gesagt, er sei dazu gesandt worden, um nun eine Zeit lang bei ihm zu weilen. Als er, Johannes, in diesem Jüngling einen *Engel* erkannt und dementsprechend verehrt hatte, habe sich dieser zu ihm hingesetzt und habe mit ihm ein Gespräch begonnen über das Geheimnis des Kreuzes, über die Freuden des Himmels sowie über gewisse Worte in den Evangelien und in den Paulusbriefen. Drei Monate lang sei nun der *Engel* in seiner Klause ein- und ausgegangen wie ein guter Freund, der in die Wohnung seines Freundes ganz vertraut zu kommen und wieder zu gehen gewohnt ist.
Nach Ablauf dieser drei Monate habe der *Engel* sich verabschiedet und noch gesagt, die Absicht seines wiederholten Kommens sei gewesen, ihm den Sinn der Hl. Schrift zu erschliessen, damit er dann fähig sei, im Sinn des Charismas der Weisheit auch andere Menschen in die rechte Kenntnis der Hl. Schrift einzuführen.
Wieder einmal[5] — es war die Nacht vor dem Fest des heiligen Erzengels Michael — begab sich der selige Johannes von Alverna aus seiner abgelegenen Klause in die Kirche zum gemeinsamen Chorgebet, um zusammen mit den Mitbrüdern dem heiligen Erzengel Michael die schuldige

Verehrung darzubringen. Nach Beendigung des nächtlichen Chorgebetes (Matutin und Laudes) blieb Johannes noch eine Weile in der Kirche zurück, um über die Grösse und Herrlichkeit der heiligen *Engel* zu meditieren. Als er sich dann zum Portal der Kirche begab, um wieder in seine Klause heimzukehren, erschien ihm ein *Engel* mit einer Harfe, der dieser die zartesten und schönsten Melodien entlockte; das war so ergreifend, dass dem Seligen dünkte, es löse sich vor Glück und Freude seine Seele vom Leib in Entzückung über diese himmlische Musik. Johannes ging dann in seine Klause zurück, immer begleitet vom Harfen-spielenden Engel. In seiner Klause warf er sich dann überglücklich vor dem Kruzifix nieder, um für das Erlebte dem Herrn zu danken. Immer noch begleitete der Engel das Gebet des Seligen mit himmlischer Musik, so dass das Herz des seligen Johannes von wundersamem Trost erfüllt wurde. Der Ruf vom heiligmässigen Lebenswandel des frommen, charismatisch begnadeten Franziskanermönchs zog viele Menschen zu ihm auf den Alvernaberg hinauf; sogar Kaiser Heinrich VII. besuchte ihn dort und war von der Unterhaltung mit ihm so erbaut, dass er den Alvernaberg unter seinen besonderen kaiserlichen Schutz stellte[6)].
Auf göttliches Geheiss durchzog Johannes die letzten Jahre seines Lebens die Städte Italiens, um alle zur Busse aufzufordern. Von Todesahnung erfüllt, kam er 1322 auf den Alvernaberg zurück und starb dort eines seligen Todes. Papst Leo XIII. bestätigte seine immerwährende Verehrung.

Der selige Dalmatius Moner

(† 24. September 1341)

Hier handelt es sich um eine verehrungswürdige Persönlichkeit, die ausserhalb der Ordensfamilie, der sie angehörte, ziemlich unbekannt sein dürfte. Der selige Dalmatius passt aber in dieses Buch über Heilige, die mit Engeln besonders verbunden waren, sehr gut herein, weil er schon zu Lebzeiten dadurch charakterisiert wurde, dass man ihn «frater angelo familiaris» nannte, also «Bruder, der mit dem Engel familiär verkehrt».
Der erste Biograph dieses Seligen, Fra Nicola Eymerich († 1399), der betont, er habe den seligen Dalmatius noch als Novizenmeister im Dominikanerorden gehabt, schildert ihn als einen äusserlich wenig sympathischen, harten und schweigsamen Menschen, der aber besonders begnadet und gottverbunden lebte[1)]. Dalmatius wurde als Kind ehrbarer El-

tern in Santa Coloma de Farnés bei Gerona in Katalonien (Spanien) um 1291 geboren. Nach seiner schulischen Ausbildung in Gerona studierte er in Montpellier. Von dort kehrte er nach Gerona zurück, wo er in den Dominikanerorden eintrat. Obwohl besonders begabt und zum Lehramt bestimmt, fand er dennoch nicht darin seine Berufung; er sollte sich mit grösster Innerlichkeit ganz dem Dienste Gottes hingeben. Er führte ein Leben von ausserordentlicher Strenge. Seine kärgliche Nachtruhe gönnte er sich nur auf der blossen Erde. Tag und Nacht gab er sich den Übungen des Gebetes und der Betrachtung hin.

Eines Tages, als er nach seiner Gewohnheit seiner Andacht in einem abgelegenen Tal Genüge tat, ging einer seiner Mitbrüder aus, um ihn zu suchen, konnte ihn aber nirgendwo finden; schliesslich erblickte er den Gesuchten in Verzückung, in der Luft schwebend, über einer Baumkrone. Öfters kam das vor, dass man ihn in Ekstase in die Luft erhoben fand.

Auf Reisen wollte der selige Dalmatius nie einen Mundvorrat mitnehmen, er lehnte sogar, freundlich dankend, die Almosen ab, die man ihm spenden wollte. Er zog es vor, sein ganzes Vertrauen auf Gott allein zu setzen, der ihm oft durch Vermittlung der heiligen *Engel* in seiner Not zu Hilfe kam.

Jede Nacht, wenn der selige Dalmatius im Stundengebet die «Laudes» betete, kamen ihm immer wieder die Worte aus dem Lobgesang der drei Jünglinge im Feuerofen, dem sogenannten «Benedicite», über die Lippen: «Benedicite *angeli* Domini Domino!» («Preiset den Herrn ihr Engel des Herrn!») Seine Umgebung hatte dabei das Gefühl, er habe die heiligen Engel unmittelbar vor sich. So verbreitete sich die Überzeugung, es kämen die himmlischen Geister und würden mit ihm das Gotteslob singen. Schliesslich ging er so vertraut mit diesen himmlischen Gefährten um, dass man ihn, wie eingangs schon bemerkt wurde, für gewöhnlich als «den Bruder, der sich mit den Engeln unterhält» bezeichnete[2)].

Um seine Andachtsübungen unberufenen Blicken zu entziehen, pflegte sich Dalmatius tagsüber in eine Höhle zurückzuziehen, die er in einem benachbarten Hügel entdeckt hatte. Seine Liebe zur Zurückgezogenheit und seine grosse Verehrung für die heilige Maria Magdalena veranlassten ihn, bei den Vorgesetzten um die Erlaubnis einzukommen, sich nach «Sainte-Baume» in der Provence in Frankreich begeben zu dürfen, um an der angeblichen Stätte des Hinscheidens dieser im Dominikanerorden einst besonders verehrten biblischen Heiligen auch sein Leben zu beschliessen. Dieses Heiligtum Maria Magdalenas, die dort der Überliefe-

rung nach dreissig Jahre ihrem göttlichen Meister in Gebet und Busswerken gedient haben soll, wurde damals von Dominikanern betreut. Bald aber erkannte der selige Dalmatius, es sei nicht Gottes Wille, dass er sich dauernd dort niederlasse. So kehrte er nach Gerona zurück. Hier grub er sich selbst im Klostergarten eine Höhle und lebte vier Jahre darin. Er verliess diese Höhle nur, wenn die Glocke zum gemeinsamen Chorgebet oder in den Speisesaal rief[3].
Er starb in seiner geliebten Höhle, während er gerade seine Hände im Gebet zum Himmel erhob, am 24. September 1341. Sicher haben ihn die von ihm so geliebten *Engel* abgeholt in ihre Gemeinschaft, nachdem er schon auf Erden familiären Umgang mit ihnen pflegen durfte. Er wird im Dominikanerorden zusammen mit dem heiligen Heinrich Seuse und dem seligen Marcolino von Forli als ein Wegbereiter der vom seligen Ordensgeneral Raimund von Capua durchgeführten Reform des Ordens verehrt[4].

Die hl. Birgitta von Schweden

(† 23. Juli 1373)

Bei dieser heiligen Familienmutter, Witwe und Ordensstifterin, die 1303 in Finsta bei Uppsala geboren, 1316 kaum 14jährig mit dem adeligen Ulf Gudmarsson vermählt und 1344 nach einer glücklichen Ehe, die mit acht Kindern gesegnet worden war, verwitwet wurde, gibt es von früher Kindheit an bereits übernatürliche Erscheinungen und Offenbarungen, die ihr zuteil wurden. Dabei zeigt sich, dass diese heilige Frau[1] nicht bloss ganz fest auch an die Existenz der Engel geglaubt und sie innig verehrt hat, es wurden ihr auch von heiligen Engeln und über sie Offenbarungen zuteil, so dass die hl. Birgitta zu jenen Heiligen zu rechnen ist, die mit den Engeln besonderen Kontakt hatten.
Vielsagend ist schon ein Wort, das einmal Gott Vater in Gegenwart der hl. Birgitta zu den Engeln gesprochen hat: «Ihr seid Meine Freunde, und die Flamme eurer Liebe brennt in Meinem Herzen. Ich werde um eurer Bitten willen Meiner Tochter Birgitta Barmherzigkeit erweisen»[2].
Oft sprachen Engel zur hl. Birgitta und teilten ihr im Auftrag Gottes himmlische Dinge mit[3]. Die Lesungen im Stundengebet für die Schwestern des von Birgitta gegründeten Erlöserordens sollen ihr von einem Engel diktiert worden sein. In der Einleitung zu diesen ganz auf die Königin der Engel und ihre Gnadenprivilegien ausgerichteten Lesungen, dem sogenannten «Sermo Angelicus», berichtet Petrus von Alvastra,

der Seelenführer der Heiligen: «Nachdem die selige Birgitta schon mehrere Jahre in Rom in einem Gebäude neben der Kirche San Lorenzo in Damaso, das einem Kardinal gehörte, gewohnt hatte, wusste sie immer noch nicht, welche Lesungen im Stundengebet der Ordensschwestern in ihrem Kloster zu Vadstena, dessen Errichtung ihr Christus in Schweden befohlen und dessen Ordensregel Er selbst ihr zu Ehren seiner jungfräulichen Mutter diktiert hatte, genommen werden sollten. Im Zweifel darüber betete die selige Birgitta. Da erschien ihr Christus und sprach: 'Ich werde dir Meinen Engel senden, der dir die Lesungen, die in der Matutin durch die Ordensschwestern gelesen werden sollen, offenbaren wird. Er wird dir dieselben diktieren, du aber schreibe dieselben auf, wie er sie dir sagen wird!' Die selige Birgitta hatte ein Zimmer, von dem ein Fenster auf den Hochaltar der römischen Kirche (San Lorenzo in Damaso) gerichtet war und durch das sie täglich den (eucharistischen) Leib Christi sehen und anbeten konnte. In diesem Zimmer hielt sie sich täglich mit einer Schreibtafel und einer Feder in der Hand zum Schreiben bereit auf, nachdem sie die Tagzeiten des Stundengebetes und ihre sonstigen Gebete verrichtet hatte. In dieser Bereitschaft wartete sie auf den Engel des Herrn. Dieser kam tatsächlich, stellte sich ihr zur Seite und stand gar ehrbar aufgerichtet neben ihr; immer hielt er dabei sein Antlitz und seinen Blick in ehrfürchtiger Haltung auf den Altar gerichtet, in welchem der (eucharistische) Leib Christi aufbewahrt war. Also stehend, diktierte er die für den betreffenden Tag bestimmten Lesungen über die hohe Vortrefflichkeit der von Ewigkeit her erwählten seligsten Jungfrau Maria deutlich und geordnet in der Muttersprache der seligen Birgitta. Sie selbst schrieb diese Lesungen Tag für Tag dem Diktat des Engels entsprechend in grosser Andacht nieder. Sie zeigte dann ihrem geistlichen Vater täglich das, was sie am betreffenden Tag niedergeschrieben hatte. Es begab sich aber an einzelnen Tagen, dass sich der Engel zum Diktieren nicht einfand. Wenn sie nun an einem solchen Tag von ihrem geistlichen Vater nach dem an diesem Tag Niedergeschriebenen gefragt wurde, antwortete sie demütig: 'Vater, heute habe ich nichts geschrieben; ich habe zwar lange auf den Engel des Herrn gewartet, dass er diktieren möchte, was ich schreiben solle, aber er ist nicht gekommen.' Auf diese Weise ist vom Mund des Engels der nachfolgende 'Sermo Angelicus' über die Vortrefflichkeit der seligsten Jungfrau Maria angegeben und niedergeschrieben worden . . . Nachdem aber der Engel das Diktat des 'Sermo Angelicus' beendet hatte, sprach er: 'Siehe, jetzt habe ich den Rock der Königin des Himmels hergerichtet. Ihr näht nun denselben zusammen, wie ihr das könnt!' . . .»[4).]

Eigenartig ist in jenen Abschnitten der «Offenbarungen» der hl. Birgitta, die über die Engel handeln, dass die Seherin aus Schweden — genau so wie viele Theologen der Frühscholastik und Scholastik — jeden Menschen sowohl von einem guten Engel, dem Schutzengel, als auch von einem bösen, gefallenen Engel, einem Plagegeist, umgeben sah.
Aus den vielen Texten, die in den «Offenbarungen» der hl. Birgitta über die Engel handeln[5)], seien nur ein paar besonders klare herausgegriffen und zur Kenntnis gebracht. Eines Tages sprach Gott Vater zu ihr: «Vernimm, was Ich sage, und halte, was Ich dir gebiete . . . Nur jener ist wahrhaft aller Ehre wert, der ewig in sich ist und war und der aus Liebe sowohl die *Engel* als auch die Menschen erschaffen hat, und zwar nur dazu, dass möglichst viele an Seiner Herrlichkeit Anteil erhalten. Ich bin der Gleiche an Macht und Willen, der Ich damals war, als Mein Sohn Fleisch annahm. In Ihm bin und war Ich, und Er ist in Mir und der Hl. Geist ist in Uns beiden . . . Du sollst weiter wissen, dass den *Engeln*, bevor sie Mich in Seligkeit schauen durften, ein Licht gezeigt worden ist, in welchem sie sich für oder gegen Mich entscheiden sollten. Viele von ihnen sind dabei nicht etwa deshalb gefallen, weil sie Mein Gesetz und Meine Gerechtigkeit nicht kannten, sondern weil sie daran nicht festhalten wollten. Denn sie sahen zwar ein, dass alle, die Gott wahrhaft lieben, Ihn schauen und beständig bei Ihm bleiben dürfen, jene aber, die Mich hassen, mit dem Entzug der beseligenden Anschauung Meiner Herrlichkeit auf ewig bestraft werden sollen. Dennoch hat ihre Begierlichkeit und ihr Ehrgeiz lieber den Hass gegen Mich und dadurch jene Stätte, wo sie auf ewig bestraft werden, gewählt, als Mich zu lieben, auf dass sie sich beständig an Meiner Anschauung erfreuen könnten. Eine ähnliche Gerechtigkeit wie an den Engeln wurde auch am Menschen geübt, denn zuerst muss der Mensch Gott aufrichtig lieben, dann erst darf er Ihn schauen. Darum hat Mein Sohn aus unendlicher Liebe gemäss dem Gesetz geboren werden wollen, damit Er in Seiner Menschheit sichtbar würde, der in Seiner Gottheit nicht sichtbar werden kann. So ist denn auch der freie Wille den Menschen wie den *Engeln* gegeben worden, damit sie nach dem Himmlischen trachten und das Irdische geringschätzen.»
Als die hl. Birgitta nach ihrer Heilig-Land-Pilgerfahrt in Neapel weilte, klagte Christus ihr gegenüber bitter über die vielen Sünden der Einwohner dieser Stadt; er sagte ihr u.a.: «Höre aufmerksam auf das, was Ich dir nun sage: Ich bin der Schöpfer und Herr aller Dinge, auch der *Engel*, sowohl der treu gebliebenen als auch der gefallenen. Niemand entgeht Meinem Gericht. Der Teufel aber hat dreifach gegen Mich gesündigt,

nämlich durch Stolz, durch Neid und durch Vermessenheit, d.h. durch übertriebene Liebe zu sich selbst. Denn so stolz ist er gewesen, dass er über Mir Gott sein wollte und Ich ihm untertan sein sollte. Er hatte auch solchen Neid gegen Mich, dass er Mich, sofern das überhaupt möglich gewesen wäre, am liebsten getötet hätte, um dann selbst Herr über alles zu sein und auf Meinem Thron zu sitzen. So lieb war ihm sein eigenes Wesen, dass er überhaupt nicht nach meinem Willen fragte, wo immer er seinen eigenen Willen durchsetzen konnte. Darum stürzte er aus dem Himmel und wurde aus einem strahlenden *Engel* ein Teufel in der Tiefe der Hölle. Als Ich dann aber seine Bosheit und seinen masslosen Neid sah, den er nun gegen die Menschen hegte, offenbarte Ich Meinen Willen und gab den Menschen Mein Gebot, so dass sie, wenn sie dieses halten würden, Mein Wohlgefallen hätten, dem Teufel aber missfallen würden. Dann kam Ich um der Liebe willen, die Ich zu den Menschen habe, in die Welt und nahm aus der Jungfrau Maria Fleisch an, Ich belehrte die Menschen in Wort und Tat ganz persönlich und zeigte ihnen den Weg der wahren Religion und öffnete ihnen, um ihnen so Meine vollkommene Liebe und Zuneigung zu beweisen, mit Meinem eigenen Blut den Himmel. Aber was tun Mir jetzt die Menschen an? Sie verachten Meine Gebote, werfen Mich wie ein abscheuliches Gift aus ihrem Herzen und speien Mich wie einen stinkenden Gegenstand aus ihrem Munde und haben vor Mir Abscheu wie vor einem Aussätzigen, der übelsten Geruch verbreitet. Den Teufel aber und seine Werke umfangen sie mit ganzer Hingabe, ihn führen sie in ihr Herz ein, erfüllen mit Lust und Liebe seinen Willen und gehorchen seinen verkehrten Eingebungen. Darum werden sie durch Mein gerechtes Gericht in der Hölle zusammen mit dem Teufel und seinem Anhang auf ewig bestraft werden.»

Neben vielen Engeltexten in den «Offenbarungen» der hl. Birgitta könnte man auch aus ihrem «Sermo Angelicus» gar manche schöne, aufschlussreiche Stellen anführen, an denen von der Bedeutung der heiligen Engel im Schöpfungs- und Heilsplan Gottes zusammen mit Maria, der Königin der Engel, die Rede ist. Es seien abschliessend nur drei Segnungen (oder Absolutionen) besonders hervorgehoben. Wie nämlich bis zur letzten Reform des Breviergebetes jede der Lesungen in der Matutin mit einer Segnung eingeleitet worden ist, so ist es auch bei den der hl. Birgitta von einem Engel diktierten Lesungen des Stundengebets der Schwestern im Orden des göttlichen Erlösers der Fall. Vor Beginn der ersten Lesung am Montag lautet der Segen: «Zur Gemeinschaft mit den himmlischen Bürgern möge uns die Königin der Engel geleiten!» Am Donnerstag lautet der Segen vor der zweiten Lesung: «Die vom Engel gegrüsste Jungfrau wolle uns für würdig erachten, dass unsere Sünden getilgt werden!» Vor der dritten Lesung am Samstag aber heisst die Segensformel: «Die Königin der Engel möge uns zur Herrlichkeit des himmlischen Reiches führen!» Diese Segensbitte hat sich sicher an der 71jährigen Seherin aus Schweden erfüllt, als sie am 23. Juli 1373 ihre überaus bewegte Erdenpilgerfahrt, die sie vom Norden zum Süden, vom Westen zum Osten geführt hatte, in einem heiligen Sterben beendete.

Die hl. Jeanne d'Arc

(† 30. Mai 1431)

«Ich habe nichts getan als nur im Auftrag Gottes und seiner *Engel*», so verteidigte sich vor den ungerechten Richtern im Prozess von Rouen 1431 die «Jungfrau von Orléans», die man damals völlig zu Unrecht zum Tode verurteilt und durch Verbrennung auf dem Scheiterhaufen am Marktplatz von Rouen hingerichtet hat.

Dieser eine Satz der Jungfrau von Orléans müsste allein schon genügen, um diese durch Papst Benedikt XV. am 16. Mai 1920 heiliggesprochene Patronin Frankreichs unter jene Heiligen einzureihen, die zu den heiligen Engeln in besonderen Beziehungen standen.

Schon mit 13 Jahren hat das am 6. Januar 1412 in Domremy an der Maas (südwestlich von Nancy in Lothringen) geborene Kind der Bauersleute Jacques und Isabella d'Arc Erscheinungen gehabt, bei denen sie den Erzengel Michael und dann die beiden Heiligen Katharina und Margarita schaute und von ihnen den Auftrag des «Königs des Himmels» mitgeteilt bekam, das französische Königreich, das unter die Herrschaft Englands geraten war, zu befreien und seinen rechtmässigen König zur Krönung zu führen.

Lange blieb das Bild der Jungfrau von Orléans durch kritiklose Verherrlichung oder durch gehässige Verleumdung verzerrt: Schon zu Lebzeiten war sie zur legendären Figur geworden. Einerseits erzählten sich die Franzosen die sonderbarsten Wundergeschichten von ihr, anderseits versuchten die Engländer, solange sie in Frankreich noch etwas zu sagen hatten, den Ruf ihrer Todfeindin durch lügnerische Propaganda zu verteufeln. Zwischen diesen beiden Extremen schwankte das Urteil über

---

Jeanne d'Arc, die mit Hilfe der Engel und Heiligen ihr Vaterland befreite ▶

Jeanne d'Arc allzu lange; die einen verehrten sie als ein fast göttliches Wesen, die anderen verfluchten sie als ein dämonisches Weib. Der Zugang zur wirklichen Johanna wurde erst möglich, nachdem J. Quicherat 1849 die noch erhaltenen Prozessakte in fünf Bänden veröffentlicht hatte[1]. Die wichtigsten Aussagen und Akten aus diesem umfangreichen Material des Prozesses von 1431 gegen die Jungfrau von Orléans und des Rehabilitationsverfahrens von 1456 gab in deutscher Übersetzung P. Schirmer-Imhoff heraus: «Der Prozess Jeanne d'Arc, Akten und Protokolle 1431-1456»[2].

Es soll hier nicht weiter auf die Rolle der Jungfrau von Orléans in den einzelnen Phasen der kriegerischen Auseinandersetzung im Hundertjährigen Krieg zwischen Frankreich und England eingegangen werden. Hier geht es uns nur um die Engelserscheinungen, die dieser Heiligen zuteil geworden sind.

Jeanne d'Arc selbst schildert diese auf Befragung durch ihre Richter während des ihr gemachten Prozesses in folgender Weise[3]: «Ich schwöre, die Wahrheit zu sagen auf Fragen nach meiner Herkunft und nach allem, was ich tue, seit ich (aus Lothringen) nach Frankreich (gemeint ist dabei Frankreich im engeren Sinn, nämlich die sogenannte «Isle de France», geographisch das Pariser Becken) gekommen bin. Was aber meine göttlichen Offenbarungen angeht, so habe ich darüber (bisher) nie gesprochen, noch sie irgendjemandem ausser Karl VII., meinem König, anvertraut. Und wollt Ihr mir den Kopf abschlagen, so würde ich nicht davon reden können, denn meine geheimen Ratgeber, meine Stimmen, haben es mir untersagt.

Als ich 13 Jahre alt war, hatte ich eine Stimme (gehört), die von Gott kam, um mich zu leiten. Das erste Mal hatte ich grosse Furcht. Die Stimme kam zur Mittagsstunde; es war im Sommer, im Garten meines Vaters. Ich hatte den Tag zuvor gefastet. Ich habe die Stimme gehört mir zur Rechten, von der Seite der Kirche (von Domremy) her.»

Auf die Frage des Richters, ob ihr ein Glanz erscheine, wenn sie die Stimme höre, antwortete die Angeklagte: «Fast immer begleitet die Stimme eine grosse Helligkeit. Dieses Licht kommt von derselben Seite, von der man die Stimme vernimmt. Dort zeigt sich meist ein heller Schein . . . Mir schien die Stimme erhaben. Ich glaube, sie war mir von Gott geschickt. Beim dritten Anruf wusste ich: Es war die Stimme eines *Engels*. Die Stimme hat mich immer recht geleitet, und ich habe sie immer verstanden.»

Auf die Frage des Richters, was ihr die Stimme zu ihrem Seelenheil geraten habe, antwortete Jeanne d'Arc: «Mich gut zu führen, in die Kirche zu gehen. Sie sagte mir, es sei notwendig, dass ich, Johanna, nach Frankreich ginge. Zwei-, dreimal in der Woche sagte mir die Stimme, dass ich, Johanna, nach Frankreich gehen müsste, und zwar so, dass mein Vater nichts von meinem Aufbruch wüsste. Die Stimme hiess mich, nach Frankreich zu gehen, und ich konnte nicht mehr bleiben, wo ich war. Die Stimme befahl mir, die Belagerung von Orléans aufzuheben. Sie hiess mich, Robert de Baudricourt in Vaucouleurs aufzusuchen — das war der Stadthauptmann —, dass er mir Leute gäbe, die mit mir kämen. Ich antwortete, ich sei ein armes Mädchen, das nichts vom Reiten noch von der Kriegsführung verstünde . . . Als ich in Vaucouleurs ankam, erkannte ich Robert de Baudricourt; und dennoch hatte ich ihn nie gesehen; ich erkannte ihn durch die Stimme; sie sagte mir, dass er es sei. Ich sagte ihm, dass ich nach Frankreich gehen müsse. Zweimal hat er mich abgewiesen; das dritte Mal hat er mir die Leute gegeben; die Stimme hatte mir vorausgesagt, dass es so kommen würde.»

Jeanne d'Arc berichtete dann dem Richter, wie sie nach Chinon kam, wo sich der König damals aufhielt. «Als ich den Saal (im Königsschloss) betrat, erkannte ich ihn unter allen anderen; meine Stimme wies ihn mir. Ich sagte dem König, ich wolle den Krieg gegen die Engländer führen.»

Vom Richter wurde Jeanne d'Arc gefragt, welches die erste Stimme gewesen sei, die zu ihr kam, als sie 13 Jahre alt war. Sie antwortete: «Das war der heilige *Michael*, den ich vor meinen Augen sah. Er war nicht allein, sondern von *Engeln* des Himmels begleitet.»

Auf die Frage des Richters, ob sie den hl. Michael und die Engel leibhaftig und wirklich gesehen habe, sagte die Jungfrau von Orléans: «Ich habe sie mit meinen Augen gesehen, wie ich Euch alle sehe. Als sie mich verliessen, weinte ich, denn ich wünschte, sie hätten mich mit sich fortgenommen.»

Auf die Frage des Richters, welches Aussehen der hl. Michael gehabt habe, als er ihr erschien, lautete die Antwort Johannas: «Ich habe ihn nicht mit der Krone gesehen. Von seinen Gewändern weiss ich nichts.» Ob er nackt gewesen sei? Darauf sagte sie fast schnippisch: «Meint Ihr, Gott habe nichts, ihn zu bekleiden?» «Hatte er Haare?» «Warum sollte man sie ihm abgeschnitten haben?» «Hatte er eine Waage?» «Ich weiss es nicht. Ich habe jedenfalls eine grosse Freude, wenn ich ihn sehe. Es scheint mir, wenn ich ihn sehe, so bin ich nicht im Stand der Todsünde.»

Der Richter insistierte: «Johanna, Ihr habt gesagt, dass der hl. Michael Flügel habe. Aber Ihr habt uns nichts von den Gestalten und den Gliedern der heiligen Katharina und Margarita berichtet. Was habt Ihr uns darüber zu sagen?» Johanna antwortete: «Ich habe Euch gesagt, was

ich weiss, und ich werde Euch nichts anderes antworten. Ich habe den hl. Michael und die heiligen Frauen erblickt, und ich weiss wohl, es sind die Heiligen des Paradieses.»
Zuletzt fragte der Richter: «Glaubt Ihr, dass der hl. *Michael* und der hl. *Gabriel* wirkliche Personen sind?» Und die Antwort Johannas lautete diesmal: «Ich habe sie mit meinen eigenen Augen gesehen, und ich glaube an ihr Dasein ebenso fest wie an Gott.»
Schliesslich wurde die Jungfrau von Orléans noch über das Zeichen befragt, das ein *Engel* in ihrer Gegenwart dem König überbracht habe. Hier die Antworten Johannas: «Es war ein *Engel* von Gott und von niemand anderem, der das Zeichen dem König übergab . . . Er sagte dem König, er solle mir den Befehl übertragen, und das Land werde bald gerettet sein.» Der Richter wollte noch wissen, ob es derselbe *Engel* gewesen sei, der ihr das erste Mal erschien, oder ein anderer. Johanna sagte: «Es war immer derselbe. Nie hat er mich verlassen . . . Wie könnte er mich auch verlassen, da er mich jeden Tag tröstet.»
Ob Johanna dem hl. Michael und den Engeln Ehrfurcht erwiesen habe, wenn sie sie sah? «Ja — wenn sie gegangen waren, habe ich die Stelle geküsst, auf der sie gestanden oder wo sie verharrt hatten.» «Blieben sie lange bei Euch?» «Sie erschienen oft mitten unter den Gläubigen, ohne dass man ihrer gewahr wurde. Ich habe sie oft mitten unter den Menschen bemerkt.»
Der abschliessende Dialog zwischen Johanna und ihrem Richter über die Engelserscheinungen sei im vollen Wortlaut hierhergesetzt[4)]:
Richter: «Habt Ihr ein Zeichen, dass Eure Erscheinungen gute Geister sind?»
Johanna: «Der hl. Michael verbürgte es, noch ehe die Stimmen kamen.»
Richter: «Wieso wusstet Ihr, dass es der hl. Michael war?»
Johanna: «Durch die Redeweise und Sprache der Engel; ich glaube fest, dass es Engel waren.»
Richter: «Woher wusstet Ihr, dass dies die Sprache der Engel war?»
Johanna: «Ich habe es bald geglaubt, und ich habe es willig geglaubt. Als mir der hl. Michael erschien, sagte er mir, dass die heilige Katharina und die hl. Margarita zu mir kämen, und dass ich tun sollte, wie sie mir raten würden; dass sie den Befehl erhalten hätten, mich zu leiten und zu beraten; dass ich ihnen glauben sollte, und dass es auf Befehl Unseres Herrn sei.»
Richter: «Und wenn sich der Böse in Gestalt oder Aussehen eines Engels zeigte, wie erkänntet Ihr ihn?»
Johanna: «Ich würde genau erkennen, ob es wahrhaftig der hl. Michael

wäre oder ein betrügerischer Nachahmer. Das erste Mal zweifelte ich wohl, ob das der hl. Michael sei. Und das erste Mal hatte ich grosse Furcht; ich musste ihn mehrere Male sehen, ehe ich wusste, dass es der hl. Michael war.»

Richter: «Warum habt Ihr es in jenem Augenblick eher geglaubt als beim ersten Mal?»

Johanna: «Das erste Mal war ich noch ein Kind und hatte Angst. Dann belehrte er mich und zeigte mir so viele Dinge, dass ich fest glaubte, dass er es war.»

Richter: «Worüber belehrte er Euch?»

Johanna: «Vor allem hiess er mich, ein gutes Kind zu sein, und Gott würde mir helfen. Und unter anderem sagte er mir, dass ich dem König von Frankreich zu Hilfe kommen solle . . . Und der Engel berichtete mir von dem grossen Elend, in dem Frankreich war.»

Richter: «In welcher Art und Gestalt, Grösse und Kleidung ist Euch der hl. Michael erschienen?»

Johanna: «Er erschien mir als wahrer Edelmann. Über seine Kleidung und das übrige sage ich nichts mehr. Ich glaube an die Worte und Werke des hl. Michael, der mir erschienen ist, ebenso fest, wie ich glaube, dass Unser Herr den Tod und die Passion für uns erlitten hat. Das, was mich geführt hat, ist der gute Rat, der Trost und die Lehre, die er mir anvertraut und gegeben hat.»

Richter: «Was bestimmte Euch, auf Euer Banner *Engel* mit Armen, Füssen, Beinen und Gewändern malen zu lassen? . . . Habt Ihr sie so malen lassen, wie sie zu Euch kommen?»

Johanna: «So, wie sie in den Kirchen gemalt sind.»

Richter: «Stellten die beiden Engel auf Eurer Fahne den hl. Michael und den hl. Gabriel dar?»

Johanna: «Sie waren nur da zu Ehren Unseres Herrn, der darauf gemalt war. Ich habe sie nur zu Ehren Unseres Herrn anbringen lassen. Er war dargestellt, wie er die Welt hält.»

Richter: «So sind die beiden Engel jene, die die Welt behüten? Aber warum habt Ihr nicht mehr von ihnen daraufmalen lassen, wenn es Unser Herr war, der Euch das Banner nehmen hiess?»

Johanna: «Die ganze Fahne war mir von Unserem Herrn befohlen worden. Und die Stimmen der hl. Katharina und der hl. Margarita sagten zu mir: 'Nimm dieses Banner im Auftrag des Himmelskönigs!' Und weil sie zu mir sagten: 'Nimm dieses Banner im Auftrag des Himmelskönigs!', liess ich Unseren Herrn und zwei Engel darauf darstellen — in Farbe. All dies tat ich auf ihr Geheiss.»

Richter: «Habt Ihr sie gefragt, ob Ihr kraft dieser Fahne alle Schlachten, die Ihr unternehmen wolltet, gewinnen und den Sieg davontragen würdet?»

Johanna: «Sie sagten mir, meine Fahne mutig zu tragen, und Gott würde mir helfen.»

Richter: «Gründete sich Eure Siegeshoffnung auf Eure Fahne oder auf Euch selbst?»

Johanna: «Auf Unseren Herrn, auf sonst nichts!»

Man hat von gegnerischer Seite wie damals beim Prozess, so bis herauf in die jüngste Vergangenheit, die verschiedensten Hypothesen gegen die Echtheit der Engelserscheinungen, die der hl. Jeanne d'Arc zuteil wurden, vorgebracht. Für die Echtheit dieser Engelserscheinungen aber sprechen mindestens folgende Tatsachen, die G. Kranz in seiner Abhandlung über die Jungfrau von Orléans[5)] gut zusammengestellt hat:

1. Jeanne d'Arc war, wie Ärzte urkundlich versichert haben, ein körperlich und geistig durch und durch gesundes Bauernmädchen, zu dessen kühler Überlegungsfähigkeit und zu dessen nüchternem, jeder Schwärmerei abholdem Charakter Wachträume gar nicht passen.

2. Die der Jeanne d'Arc zuteil gewordenen Offenbarungen in den Stimmen, die sie vernahm, haben ganz konkrete Aufträge enthalten: Sie sollte Orléans entsetzen und den Dauphin zur Krönung führen. «Man kann nicht annehmen, Jeannes Unterbewusstsein habe sich dies gewünscht, denn das Gegenteil ist der Fall. Die Rettung des vom Untergang bedrohten Vaterlandes war eine so ungeheure Aufgabe, dass dieses halbwüchsige Landmädchen vor ihr zurückbebte. Erschreckt lehnte sie die an Wahnsinn grenzende Zumutung ab: 'Ich bin ja nur ein armes Mädchen und verstehe nichts vom Reiten und Kriegführen.' Später erklärte sie noch: 'Ich würde lieber neben meiner armen Mutter spinnen, denn dies hier ist nichts für mich!' Dieses anfängliche Zurückschaudern vor dem Auftrag des Himmels beweist, dass Jeanne d'Arc nicht von sich aus auf diese Gedanken verfiel.»

3. Die Strategie, die sie zur Ausführung brachte, war, wie B. Shaw einmal erklärt hat, «ein militärisches und politisches Meisterstück, das Frankreich gerettet hat»; Staatsmänner und Feldherren von grossem Format hätten damals keine besseren Mittel finden können. Es ist darum völlig ausgeschlossen, dass dies alles dem Kopf eines unwissenden Landmädchens entsprungen ist, es muss hier vielmehr eine höhere Macht dahintergewesen sein.

4. Die Entschiedenheit, mit der Jeanne d'Arc das Unternehmen durchführte, und der Erfolg, von dem das Unternehmen schliesslich trotz

mancher Rückschläge gekrönt war, lassen es unmöglich zu, in der Jungfrau von Orléans eine ehrgeizige Hochstaplerin oder anmassende Phantastin zu sehen. «Mit Halluzinationen erobert man keine Festungen.»

5. Obwohl sich Jeanne d'Arc durch den Erzengel Michael von Gott zu der ihr übertragenen Sendung berufen wusste, schwieg sie über dieses ihr Geheimnis. Eine Hysterikerin hätte sofort alle Welt mit ihren angeblichen Visionen und Erscheinungen bekannt gemacht, Jeanne d'Arc aber zog trotz ihres jugendlichen Alters, das doch zu grosser Mitteilsamkeit neigt, weder ihre Mutter noch ihren Beichtvater ins Vertrauen. Vier Jahre lang hat sie ihre Visionen in ihrem Herzen verschlossen; Karl VII., dem sie, wie ihr die 'Stimmen' befahlen, den ganzen Inhalt ihrer Offenbarungen mitteilte, blieb der einzige Mensch, der sie erfuhr. Auch später schwieg sie darüber. Und selbst die Richter, die sie mit unaufhörlichen Fragen quälten und Antworten erzwangen, konnten ihr nur Bruchstücke aus ihrer Offenbarungswelt entreissen.

6. Weil sich Jeanne d'Arc bewusst war, dass sie auf Grund einer übernatürlichen Offenbarung eine Sendung zu erfüllen habe, die nur ihr und niemandem sonst aufgetragen sei, nahm sie aus dem Auftrag Gottes das Recht in Anspruch, sogar Königen, Bischöfen und Generälen Befehle zu erteilen. Sie schaute nur darauf, dass man ihren Befehlen gehorchte; es kümmerte sie dabei wenig, ob man von ihrer göttlichen Sendung überzeugt war oder nicht; noch weniger kümmerte es sie, ob man ihrer Person Verehrung entgegenbrachte. Ihr ging es einzig und allein um die Erfüllung des göttlichen Auftrags, nicht um ihren eigenen Ruhm. Dadurch unterschied sie sich in ihrem Sendungsbewusstsein klar vom Geltungsdrang eines Psychopathen. «Selbst mitten im rauhen Lagerleben vergass Jeanne d'Arc keinen Augenblick, dass überirdische Mächte sie ihres Umgangs würdigten.» Die Tatsache aber, dass ein siebzehnjähriges Mädchen ohne fachliches Wissen, ohne führende Stellung und ohne Hilfe von seiten des Königshofes so gewaltige Taten vollbrachte, unterstreicht den übernatürlichen Charakter ihrer Sendung. Merkwürdig ist dabei auch noch, dass sie viele Ereignisse, auch kleinste Vorkommnisse, auf Grund der Mitteilung durch die gehörten 'Stimmen' vorausgesagt hat.

7. Fügen wir als letztes Argument für die Echtheit der Engelserscheinungen Johannas noch die unerschütterliche Festigkeit im Stehen zu den empfangenen Offenbarungen an, an der sie trotz ihrer treuen Liebe zur Kirche festgehalten hat, wenn wir von ihrem erpressten Widerruf absehen; auf die Frage, ob sie sich dem Urteil der Kirche auf Erden in allem, was sie, Johanna, gesagt und getan habe, unterwerfe, antwortete sie:

«Ich berufe mich auf die streitende Kirche, vorausgesetzt, dass sie von mir nichts Unmögliches zu tun verlangt. Das, was ich etwas Unmögliches nenne, hiesse, alles Gesagte und Getane und in diesem Prozess Erklärte, ableugnen —, dass ich die Erscheinungen widerrufe und die Offenbarungen, zu denen ich mich bekannt und die ich von Gott empfangen habe, abstreite. Aber ich werde sie um nichts in der Welt widerrufen. Das, was mir unser Herr zu tun aufgetragen hat, das werde ich für niemanden auf der Welt widerrufen. Es wäre mir unmöglich. Wenn mir die Kirche gebieten wollte, das Gegenteil von dem zu tun, was Gott mir aufgetragen, so könnte ich niemals gehorchen.» — Der Verhörende fragte sie noch: «Wenn Euch die streitende Kirche sagt: 'Eure Offenbarungen sind Trugbilder und teuflisches Blendwerk!', unterwerft Ihr Euch dann der Kirche?» Johanna antwortete: «Ich werde mich auf Unseren Herrn berufen, dessen Gebot ich immer befolgen will.»

Die Jungfrau von Orléans ging zuletzt für die ihr vorgeworfenen zwölf Schuldartikel in den Tod. Zu diesen aber, die im Rehabilitationsverfahren von 1456 widerlegt wurden, gehörten vor allem folgende drei[6)]:

1. «Du hast gesagt und behauptet, Johanna, dass Du etwa seit Deinem dreizehnten Lebensjahr Offenbarungen und Erscheinungen von *Engeln*, dem hl. *Michael*, dem hl. *Gabriel*, der hl. Katharina und der hl. Margarita gehabt, und dass Du sie mit Deinen leiblichen Augen häufig gesehen habest; dass jene oft mit Dir gesprochen und Dir mehrfach Weisungen gegeben haben, die in Deinem Prozess niedergelegt sind. Was diesen Artikel angeht, so haben die Gelehrten der Universität Paris und andere die Art der Offenbarungen, den Zweck der Erscheinungen erwogen sowie den Inhalt der geoffenbarten Dinge und Deine Person. Sie sind der Meinung, dass diese Dinge Lügen, Verführungen und Missetaten sind, sowie dass diese Offenbarungen und Erscheinungen Aberglaube, Sinnestäuschungen, böse und vom Teufel sind.»

2. «Du hast gesagt, dass Dein König ein Zeichen erhielt, woran er erkannte, dass Du von Gott gesandt seiest, nämlich dass der hl. Michael, begleitet von einer Schar von Engeln — wovon einige Flügel hatten, andere Kronen, unter denen auch die hl. Katharina und die hl. Margarita waren —, mit Dir ins Schloss Chinon kam; dass alle mit Dir zusammen die Stufen des Schlosses erklommen bis zu dem Gemach Deines Königs. Und der Engel überreichte dem König die kostbarste Krone aus reinstem Gold. Und der Engel verneigte sich vor dem König und erwies ihm seine Reverenz . . . Was diesen Artikel angeht, so halten ihn die Gelehrten für unwahrscheinlich, verlogen, verführerisch, vermessen und die Würde der Engel beleidigend.»

3. «Du hast gesagt, dass Du die Engel und die Heiligen erkänntest an dem guten Rat, dem Trost und den Weisungen, die sie Dir gegeben — auch daran, dass sie sich Dir genannt und die Heiligen Dich gegrüsst haben. Du glaubst auch, dass es der hl. Michael gewesen, der Dir erschienen ist; dass seine Worte und Werke gut sind; Du glaubst es ebenso fest, wie Du glaubst, dass Christus der Herr gelitten hat und gestorben ist um unserer Erlösung willen. — Was diesen Artikel angeht, so sind die Gelehrten der Meinung, dass dies nicht ausreichende Zeichen sind, um die Engel und die oben genannten Heiligen zu erkennen; dass Du leichtgläubig warst und es freventlich behauptet hast und darüber hinaus in dem angestellten Vergleich im Glauben irrst.»

Im Rehabilitationsverfahren sagte der letzte Beichtvater Johannas, der Dominikaner P. Martin Ladvenu von Rouen, am 13. Mai 1456 folgendes aus: «Bis zum Ende ihres Lebens blieb Johanna dabei, ihre Stimmen seien von Gott, und alles, was sie getan habe, habe sie auf Gottes Geheiss hin vollbracht. Ihre Stimmen hatten sie nicht getäuscht. Und ihre Offenbarungen kamen von Gott»[7]. Der Priester Jean Massieu, Pfarrer der Kirche Saint-Candé-le-Vieux zu Rouen, aber wusste vom Sterben der hl. Jeanne d'Arc zu berichten: «Sie begehrte noch das Kreuz der Kirche Saint-Sauveur; sie erhielt es und umschlang es weinend, sich Gott, dem hl. *Michael*, der hl. Katharina und allen Heiligen anheimgebend, drückte sie ein letztes Mal dieses Kreuz an sich und empfahl sich den Umstehenden, dann stieg sie von ihrem Gerüst herunter (hinein in den brennenden Scheiterhaufen). Jean Fleury, der Kanzlist des Amtsmannes, sagte uns danach, der Henker habe nach seinen eigenen Erklärungen festgestellt, dass trotz der Verbrennung des Körpers, der bald in Asche verwandelt war, Johannas Herz unversehrt geblieben war und blutgefüllt. Man hiess mich, die Asche und das, was von ihr verblieben war, zu sammeln und alles in die Seine zu werfen. Was ich getan habe»[8].

Sicher haben die heiligen *Engel*, voran der hl. *Michael*, Jeanne d'Arc im Tod nicht verlassen, sondern eingeführt in die himmlische Herrlichkeit. «In paradisum deducant te angeli . . .». Hier ist es sicher der Fall gewesen.

Die hl. Lidwina von Schiedam

(† 14. April 1433)

Im Buch «Das Allerheiligste und die Heiligen, Eucharistische Heilige aus allen Jahrhunderten der Kirchengeschichte» wurde die hl. Lidwina

als eine eucharistische Heilige dargestellt, die 19 Jahre lang bis zu ihrem Tod nur vom «Brot der Engel», von der heiligsten Eucharistie lebte[1]. Dass diese niederländische Heilige aber auch eine «*angelische* Heilige» genannt werden kann, und zwar nicht bloss wegen ihrer unverletzt bewahrten, engelgleichen Herzensreinheit, sondern vor allem wegen ihres auffallend häufigen Verkehrs mit heiligen *Engeln*, ist ebenfalls bestens bezeugt[2]. Sie, die seit dem 15. Lebensjahr fortwährend krank und siech zu Bette lag, wurde oft von einem *Engel* an andere Orte entrückt und hatte häufig in Visionen und Ekstasen Umgang mit heiligen *Engeln*, so dass ihr Biograph das von Gott an Mose gerichtete Wort (Exodus 23,20ff) auch an ihr geheimnisvoll erfüllt erachtete: «Ich werde einen *Engel* schicken, der dir vorausgeht. Er soll dich auf dem Weg schützen und dich an den Ort bringen, den Ich bestimmt habe.»
Oft wurde Lidwina von einem *Engel* besucht, mit dem sie dann so freundschaftlich verkehrte wie ein Freund mit seinem Freund. Sie kannte auch die Schutzengel ihrer Beichtväter und Seelenführer, ihrer Angehörigen und vieler anderer Menschen[3].
Der Schutzengel erschien ihr in verschiedener Gestalt, bisweilen als überaus schöner junger Mann, immer aber in grosser, strahlender Klarheit. Bisweilen war diese Klarheit so leuchtend, dass sie meinte, tausend Sonnen würden zusammen keinen solchen Glanz ergeben wie ihr Schutzengel. Immer trug er das Zeichen des *Kreuzes* an der Stirne, damit sie nicht einer Täuschung erliege, weil ihr auch der Böse Feind oft in der Gestalt eines lichten Engels erschien.
Beim Betrachten des Leidens Christi, in das sich Lidwina immer mehr vertiefte, kam es vor, dass sie durch einen *Engel* an die Stätten des Lebens und Leidens Christi in Palästina entrückt wurde. Immer wieder kam es im Leben der hl. Lidwina zu Begegnungen mit einem *Engel*, wie ihr Biograph P. Johannes Brugman als bestens bezeugte Tatsache hinstellt.
Die 38 Jahre lang an das Krankenlager gefesselte Leidensbraut Christi durfte Ihm auch in den Wundmalen ähnlich werden. Bei der Stigmatisation waren es wieder *Engel*, die dabei anwesend und tätig waren, wie uns der Biograph Lidwinas berichtet[4]. Eines Abends um das Fest des Apostels Thomas (damals 21. Dezember) wurde das Zimmer, in welchem Lidwina zu Bett lag, von einem starken Licht erleuchtet, so dass ihre erschreckten Angehörigen, die herbeigeeilt kamen, meinten, es brenne im Zimmer. Lidwina aber sagte ihnen: «Geht nur wieder in Frieden, hier ist kein Feuer und auch keine Gefahr für eine Feuersbrunst! Ich bitte euch, mich wieder allein zu lassen und die Türe zu schliessen!» Eine Stunde

später vollzog sich dann im Rahmen einer Vision die wunderbare Einprägung der Wundmale Christi im kranken Leib Lidwinas: Zunächst nahte sich ihr ein *Engel*, der, nachdem er sie berührt hatte, ihrem Leib die natürliche Gesundheit zurückgab. Hierauf sah Lidwina in visionärer Schau andere *Engel* ihr Zimmer betreten, die die Leidenswerkzeuge Christi, das Kreuz, die Nägel, die Lanze, die Geissel, die Dornenkrone, das Rohr und die Geisselsäule trugen; sie stellten sich an den Wänden des Zimmers auf, als wollten sie jemandem Platz machen. Tatsächlich trat die seligste Jungfrau, die Königin der Engel, mit mehreren Heiligen ein. Schliesslich zeigte sich auch Christus, und zwar zuerst in der Gestalt eines Kindes; er betrachtete seine Braut — Lidwina hatte sich ja mit ihrer Jungfräulichkeit schon im Alter von zwölf Jahren dem Herrn geweiht — mit grosser Zärtlichkeit; dann breitete er seine Arme in Kreuzesform aus und wurde plötzlich zu einem Mann reifen Alters; sein Antlitz war von fahler Blässe und ganz mit Blut bedeckt; man sah an seinen Händen und Füssen die Wunden der Nägel und eine grosse Öffnung an der Stelle des Herzens. Dieser Anblick erzeugte in Lidwina eine mit Schmerz vermischte Freude. Der Anblick ihres Vielgeliebten erfreute sie sehr, aber der Anblick seiner Wundmale zerriss ihr das Herz und erfüllte sie mit lebhaftestem Mitleid. Während sie, ganz vertieft in dieses doppelte Gefühl, die Wundmale des Herrn betrachtete, sah sie leuchtende Strahlen daraus hervorgehen, die sich auf sie richteten und ihr selbst die heiligen Wundmale einprägten. Nach vollendeter Stigmatisation nahm die seligste Jungfrau Maria den *Engeln* die Leidenswerkzeuge ab und reichte sie der Reihe nach Lidwina zum Küssen. Dann verschwand der himmlische Zug, aber am Fuss des Bettes Lidwinas blieb das Kruzifix mit dem Gekreuzigten zurück.
In der Karwoche des Jahres 1433 steigerte sich die Leidensbereitschaft und Verbundenheit mit dem leidenden Christus bei Lidwina so sehr, dass sie Ihn bat: «Herr, lass mich so viel leiden, als ich verdiene, aber gewähre mir dann die Anschauung Deines anbetungswürdigen Antlitzes, ohne erst noch durch das Fegfeuer hindurchgehen zu müssen!» Der Herr antwortete ihr: «Deine Sehnsucht geht in Erfüllung! Am Osterdienstag wirst du mit den *Engeln* im Himmel das Alleluja singen!» Das wurde Wirklichkeit am 14. April, dem Osterdienstag des Jahres 1433.

Die hl. Francisca Romana

(† 9. März 1440)

Jene Heilige, die wohl am sinnenfälligsten und in wirklich ausserordentlicher Weise vertrauten Umgang mit den heiligen Engeln hatte und dadurch ganz besonders bekannt geworden ist, ist Francisca Romana, die 1384 in Rom als Kind des Adelsgeschlechts der Busci (Bussi), das mit den einflussreichen Familien der Orsini, Savelli und Mellini verwandt war, geboren wurde. Ihr von vertrautem Verkehr mit den heiligen Engeln durchzogenes Leben ist zweifach biographisch festgehalten worden, nämlich von dem langjährigen Beichtvater Franciscas, dem Olivetaner-Ordenspriester Johannes Mattiotti, und von der Mitschwester der Heiligen, Maria Magdalena Anguillaria[1)].

Der vertraute Verkehr der hl. Francisca Romana mit Engeln hat das Eigentümliche an sich, «dass ihr in drei verschiedenen Abschnitten ihres Lebens drei verschiedene Schutzengel gegeben wurden, wobei der erste aus dem Chor der Engel, der zweite aus dem Chor der Erzengel, der dritte aus dem Chor der Mächte war, wie der Heiligen geoffenbart wurde»[2)].

Schon im Alter von 11 Jahren entschloss sich Francisca zum Ordensleben und übte in vieler Hinsicht Werke der Busse und der Abtötung. Ihr Vater aber erklärte ihr, er habe sie dem jungen Adeligen Lorenzo de Ponziani zur Ehe versprochen. Der darob bitter Enttäuschten riet der Beichtvater, den Willen des Vaters, sie zu vermählen, als Willen Gottes zu bejahen. Sie tat es in Gehorsam gegen Gott und ihren Schutzengel.

Die drei verschiedenen himmlischen Gefährten, die ihr in ihrem Leben an die Seite gestellt wurden in drei verschiedenen Lebensabschnitten, hatten nicht bloss die Aufgabe, Francisca zu schützen und zu verteidigen, sondern auch ihr inneres Leben stufenweise seiner Vollendung entgegenzuführen. Man kann diese drei Engel Franciscas mit den drei Stufen des geistlichen Lebens, dem Weg der Reinigung, der Erleuchtung und der Einigung in Verbindung bringen[3)].

Franciscas *erster* Schutzengel gehörte — wie schon bemerkt wurde — dem untersten Chor der Engel an. Sie sah diesen nicht, wie die späteren, ständig neben sich, aber «sie nahm seine Gegenwart an unzweideutigen Zeichen wahr und stand in innigem Verkehr mit ihm. Er war . . . nicht nur ein liebevoller Freund und Berater, sondern auch ein strenger Zuchtmeister, der ihre Fehler sogar mit körperlichen Strafen ahndete»[4)]. Denn er schlug sie mit unsichtbarer Hand bei nur geringen Fehlern oder

nachlässigen Gedanken und «schonte sie sogar in Gegenwart anderer nicht»[5]. Sogar während der Beichte Franciscas war er spürbar mit seiner reinigenden Aufgabe anwesend[6].
«Solche Züchtigungen, die in der ersten Lebensperiode der hl. Francisca etwas Gewöhnliches waren, mögen auf den ersten Blick überraschen; sie verlieren aber alles Auffallende, wenn man bedenkt, welche Reinheit Gott von solchen Seelen verlangt, die Er zu besonderer Heiligkeit bestimmt hat. Franciscas Engel war der von Gott bestellte Künstler, der mit scharfem Meissel aus ihrer Seele allmählich jenes Bild hervorbrachte, das sie Christus, dem einzig Heiligen, ähnlich machte»[7].
Francisca wohnte mit ihrem Gemahl Lorenzo im Palazzo Ponziani, nicht weit von Santa Cecilia in Trastevere in Rom. Vannozza, die Gemahlin von Lorenzos älterem Bruder, traf eines Tages Francisca bitterlich weinend an. Als diese ihr gestand, dass nicht die Ehe, sondern das Ordensleben ihr Ideal gewesen wäre, bekannte ihr die Schwägerin, dass auch sie den gleichen Wunsch habe begraben müssen. Daraufhin entstand zwischen beiden Frauen innige Freundschaft. So kam es, dass neben dem Schutzengel Franciscas auch ihre Schwägerin Vannozza dazu beitrug, dass sie den Weg der Ehe, der Hausfrau und Mutter nicht mehr verabscheute, sondern gerade durch diese Lebensform ihren Weg zu Gott immer fester zu gehen begann. Im Ordensbrevier der Olivetaner heisst es von Francisca: «Sie hörte nicht mehr auf, in ihrer Ehe auf das bedacht zu sein, was Gottes war, so dass sie Gott in ihrem Mann und ihrem Mann in Gott gefiel»[8]. Ihr Schutzengel führte Francisca so, dass sie jede Abscheu vor der Ehe und der geschlechtlichen Hingabe ablegte und die gottgewollte sakramentale Verbindung sehr bewusst lebte, wenngleich es für Francisca immer ein Opfer blieb, wenn sie sich ihrem Mann zur Erfüllung der ehelichen Pflichten hingeben musste[9].
Der Ehe Franciscas mit Lorenzo de Ponziani entstammten sechs Kinder, von denen drei bald nach der Geburt starben. Die drei namentlich bekannten Kinder sind 1. Battista, der 1400 geboren wurde und als einziges Kind die Eltern überlebte; 2. Evangelista, der nur neun Jahre alt wurde, und 3. Agnes, die schon mit fünf Jahren starb. Francisca ernährte ihre Kinder — wie ihr Biograph Johannes Mattiotti berichtet — nicht nur mit Muttermilch, sondern erzog sie vor allem zur Frömmigkeit und Gottesliebe. Dies traf ganz besonders auf ihren zweiten Sohn Evangelista zu, «den ich mit Recht einen 'irdischen Engel' nennen könnte, so sehr war er dem Gebet und der Gottesliebe hingegeben»[10]. Er starb 1411, nachdem er seinen Tod vorausgesagt hatte, an der Pest, die damals in Rom ausgebrochen war. In seinen letzten Worten gewährte er

seiner Mutter folgenden Einblick in sein Innenleben: «Erinnerst du dich, Mutter, dass ich dir immer gesagt habe: 'Nichts in dieser Welt gefällt mir, einzig und allein das ewige Leben in der Gemeinschaft mit den Engeln ersehne ich?' Gott erfüllt nun meine Sehnsucht, denn siehe, jetzt werden wir getrennt . . .»[11].

Es dauerte nur etwa ein Jahr, bis Francisca auch ihre kleine Tochter Agnes hergeben musste. Um ihr dieses neue Opfer erträglich zu machen, erschien ihr vorher der verstorbene Lieblingssohn Evangelista in Begleitung eines ihm ähnlichen, aber noch viel strahlenderen Jünglings, und bereitete die Mutter auf den Tod der erst fünfjährigen Agnes vor[12]. Wie Franciscas Mutterliebe, so war auch ihr Schmerz über den Verlust der beiden Kinder überaus gross, aber dieses Opfer bewirkte tieferes Eindringen in Gottes unerforschliche Pläne, nach denen die unsichtbare Welt noch tiefer und anschaulicher in Franciscas Leben eintreten sollte. Die bisherige Vertrautheit mit ihren Kindern ging in eine besondere Vertrautheit mit den heiligen Engeln über.

In jener Vision vor dem Tod ihrer Tochter Agnes hatte Franciscas verstorbener Lieblingssohn Evangelista ihr mitgeteilt: «Mutter, du sollst wissen, dass ich im zweiten Chor der ersten Hierarchie, unter den Erzengeln, weile. Ich bin diesem Jüngling, den du neben mir siehst, beigesellt. Dieser wird dich von jetzt an Tag und Nacht sichtbar beschützen und begleiten . . .»[13].

Dieser *zweite* Schutzengel Franciscas aus dem Chor der Erzengel war ihr «so zugetan, dass er ihr in menschlicher Gestalt zur Seite stand . . . Sein Antlitz strahlte wie die Sonne, so dass Francisca nicht in sein Gesicht schauen konnte, ohne geblendet zu werden . . .»[14]. «Ein lichter Schimmer umkleidete seine Gestalt, und wenn Francisca auch zuweilen ihn selbst nicht sah, so war ihr doch dessen himmlischer Glanz ununterbrochen sichtbar»[15].

Der Dienst dieses zweiten Schutzengels Franciscas bestand vor allem darin, sie auf dem Weg der *Erleuchtung* zu führen und sie erleuchtend zu begleiten. «Sein Blick und seine Augen waren ständig zum Himmel gerichtet; diese Haltung entflammte und erhob Francisca zu Gott hin», so berichtet die Mitschwester der Heiligen[16]. Er war nach Franciscas Angaben als Subdiakon gekleidet und strahlte für sie nicht bloss sinnlich wahrnehmbar, sondern drang mit seinem Leuchten bis in ihre Seele. Weiter heisst es in der von Maria Magdalena Anguillaria verfassten Lebensbeschreibung Franciscas[17]: «Sie durfte sich der Gegenwart dieses Engels und seines Anblicks nicht nur dann erfreuen, wenn sie in ihrer Hauskapelle betete, sondern auch wenn sie auf der Strasse oder in der

Kirche oder unter Leuten war. Sogar dann war es ihr gewährt, die Gestalt dieses Engels zu schauen, und sie konnte beobachten, wie dieser Engel sein Gesicht mit den Händen beschämt verhüllte, sobald jemand von den Leuten (unter denen sich Francisca befand) irgendeinen Fehltritt tat; ausserdem pflegte Francisca von ihrem Engel zu berichten, dass sie in seinem Blick wie in einem klaren Spiegel sowohl die Erhabenheit der Engelnatur, als auch ihre eigene Nichtigkeit ganz deutlich erkannte. Diese Selbsterkenntnis übertraf in ganz unvergleichlicher Weise jene Kenntnis, die sie vorher von sich selbst gehabt hatte . . .»

Der langjährige Beichtvater Franciscas, Johannes Mattiotti, berichtet in seiner Biographie der Heiligen: Der zweite Schutzengel Franciscas, «der Erzengel . . . strahlte in so hellem Licht, dass sie in den Nachtstunden allein mit dessen Helligkeit mühelos noch anfallende Arbeiten wie am hellen Tag verrichten konnte . . .»[18]. «War sie allerdings einmal wegen der vielen häuslichen Sorgen und Mühen oder wegen der Beschwerden anstrengender Besuche etwas verdrossen oder in einen Fehler gefallen, so verschwand alsbald der Engel, bis sie durch die ihr dadurch zuteil gewordene Ermahnung demütig ihre Schuld erkannte und bekannte; nachdem sie Vergebung erbeten hatte, strahlte der Engel von neuem mit lieblichem Antlitz . . .»[19].

Dieser zweite Schutzengel Franciscas setzte das Amt des ersten als Zuchtmeister fort, damit die Heilige sich gehorsam in ihre Verpflichtungen als Gattin, Mutter und Hausfrau fügte. Dabei erzog er sie nicht etwa zu einer falschen «Weltfeindlichkeit», sondern — wie ihr Beichtvater berichtet — zur Erfüllung des Willens Gottes mitten in ihrer weltlichen Umgebung. «Dadurch wies er ihr den Weg einer 'gesunden' Askese, die vor allem eine Sache des Gehorsams gegen den Willen Gottes ist»[20]. Dieser zweite Schutzengel erwies sich für Francisca ausserdem als Führer und Lehrmeister im Tugendleben, gab aber auch acht, dass sie nicht in übertriebenem Eifer zu sinnloser Kasteiung ihres Leibes überging oder zu massloser Aktivität im Verrichten guter Werke[21].

Auflösung und Missachtung der Ordnung Gottes im politischen und kirchlichen Bereich, wie dies damals in Rom, bedingt durch das Weilen der Päpste in Avignon, der Fall war, und die damit zusammenhängende Auflösung der sittlichen Ordnung brachten viele Menschen jener Zeit in die Knechtschaft der Sünde und des Teufels. Wie viel dabei von der dämonischen Macht spürbar wurde, erfuhr die Heilige vielfach in ihrem Leben: Versuchungen, Täuschungen, Quälereien durch böse Geister sowie Intrigen und Feindschaft von seiten vieler Menschen waren für Francisca schmerzhafte Prüfungen. «Sie allein hätte ihnen nicht standhalten können . . . Deshalb gewährte ihr der gütige Gott in seiner Barmherzigkeit einen Engel, der ihr sichtbar beistand»[22]. Der Engel war bei ihr und half ihr, aber immer so, dass sie völlig frei fähig war, der Unordnung und Auflehnung standzuhalten durch Übung der richtigen Askese. Diese nahm ihr der Engel nicht ab. Wohl aber half er ihr durch seine Gegenwart, ihren Blick immer auf Gott gerichtet zu halten. Der Engel war es auch, der durch blosses Nicken des Kopfes die Dämonen zur festgesetzten Zeit von Francisca wieder vertrieb[23].

Francisca wurde aber nicht nur von Dämonen gequält, getäuscht und geprüft, sie wurde auch in Visionen in Gottes unsichtbare Welt hineingetaucht in Begleitung des sie erleuchtenden Engels. Franciscas Seelenführer Johannes Mattiotti hat in seiner Biographie der Heiligen ihren Visionen das ganze 3. Buch gewidmet und dabei geschrieben, dass auch hier «der Engel immer wieder an sie herantritt, sie tröstet und stärkt, damit sie sich nicht allzusehr fürchte . . .»[24].

In einer Vision wurde Franciscas Geist «in den Himmel, in den Chor der Seraphim entführt. In ihm erstrahlte eine ungeheure Liebesglut, die alle Engel entflammt, alle Geister dieses Chores und die der niedrigeren Chöre. Auch Franciscas Seele erglühte dabei in dieser Liebesglut. Und ein Seraph sprach zu ihr: 'Die höchste Gottheit ist es, deren Licht und Liebe uns alle erglühen lässt . . . Gesegnete Seele, verharre im Guten! Die Liebe erwartet dich und will, dass du dich immer mehr von dir selbst lossagst. Bewahre rein dein Herz und deine Hände, strebe mit reinem Gewissen nach dem Guten und nach Gott . . . Verharre in der Betrachtung der göttlichen Liebe, die auch dich in ihr Glühen hineinziehen will'»[25].

Im Lichte des Erzengels «schaute Francisca auch die Seelen anderer und erkannte verborgene Herzensgeheimnisse. Eine weitere Folge war die ihr eigene überirdische Weisheit und die Fähigkeit zur Unterscheidung der Geister, eine Gabe, die ihr . . . in der Leitung der Seelen wunderbare Dienste leistete»[26].

«So geschah es, dass sie durch die Mitwirkung mit der göttlichen Gnade viele Seelen durch ihr beispielhaftes Leben und ihre Worte aus den Banden des teuflischen Verführers befreite; ihre engelhafte Ausstrahlung erquickte alle auf wundersame Weise, ihre sanften Worte entzündeten die Anwesenden in der Liebe zu Gott»[27].

Von ihrem Erzengel angetrieben und geführt, sorgte Francisca für die Kranken in den Spitälern und half den Hilfesuchenden in leiblicher und geistiger Not, die sie in ihrem Haus in wachsender Anzahl aufsuchten.

Zeitweise wurde Francisca von ihrem Gatten getrennt, weil dieser vom

König Ladislaus von Neapel, der in Rom einmarschiert war, als Geisel gefangengenommen worden war, zur Strafe dafür, dass er die Autorität des Papstes verteidigt hatte.

In den letzten zwölf Jahren lebte Francisca mit ihrem Gatten in völlig enthaltsamer Ehe und widmete sich noch mehr als bisher dem Streben nach Heiligkeit und den Werken der Nächstenliebe. In dieser Zeit gründete sie an der Kirche Santa Maria Nuova in Rom eine Vereinigung von Oblatinnen, eine Art dritten Ordens im Anschluss an die Olivetanermönche («Compagnia delle Oblate del Monastero Olivetano di Santa Maria Nuova»).

Francisca selbst trat nicht gleich in diese Gemeinschaft ein, sondern tat nach Weisung ihres Schutzengels solange noch alle ihrem Mann nötigen Liebesdienste. Dieser starb 1436. Nun «konnte Francisca sagen, dass alles, was sie in der Welt noch hätte zurückhalten können, ins Grab gesunken war»[28]. Jetzt «konnte sie noch einige Jahre (von 1436 bis 1440) bei ihren geistlichen Töchtern weilen, mit ihnen für die Armen und für die Kirche arbeiten und beten».

Das war nun die Zeit, in der Christus seine treue Dienerin auf die Vereinigung mit sich vorbereitete; zuerst einmal durch den Ordenseintritt: «Mit blossen Füssen, in einem armseligen Kleid, die Haare unbedeckt und aufgelöst, ausgestreckt am Boden liegend und Tränen vergiessend, bat Francisca — Sünderin und Bettlerin, wie sie sich selber nannte —, ihre Tage der Witwenschaft bei den Schwestern verbringen zu dürfen»[29]. Die Schwestern gewährten ihr nicht nur diese Bitte, sondern ernannten sie kurz darauf zu ihrer Oberin. Francisca aber lehnte zuerst dieses Amt aus Demut ab, ihr Erzengel aber gab ihr zu erkennen, dass sie die Wahl zur Oberin als den Willen Gottes annehmen solle[30]. Der Erzengel versicherte ihr, dass sie auch als Oberin demütig und selbstlos dienen könne. Also gehorchte sie und wuchs noch zur Erbauung aller in eine geistliche Mutterschaft hinein, die sie mit grosser Liebe und Fürsorge ausübte.

Weiter führte Christus die Heilige in diesem letzten Lebensabschnitt auf dem Weg der Einigung durch Visionen, in denen er sich ihr als leidenden Erlöser und Schmerzensmann offenbarte und ihr sogar die Wundmale seines zermarterten Leibes mitteilte[31].

Auf diesem letzten Lebensabschnitt wurde Francisca zuletzt von einem *dritten* Schutzengel begleitet, der ihr aus dem Engelchor der *Mächte* zugeteilt worden war und der in seinem Dienst, in seiner Herkunft und in seiner Ausstrahlung anzeigte, dass Francisca nun in einen noch tieferen Lichtkreis der Liebe Gottes eingetaucht werden sollte.

Dieser Schutzengel Franciscas aus dem Chor der Mächte hatte den bösen Geistern gegenüber, die die Heilige noch immer quälten, noch grössere Macht als der zweite Schutzengel aus dem Chor der Erzengel. «Sein Lichtglanz war so gross, dass Francisca ihn gar nicht scharf ansehen konnte»[32]. Dieser Engel sammelte Franciscas Liebes- und Busswerke wie «goldene, fruchtbeladene Zweige», und er wob aus den Tugendakten ihres Lebens und aus ihren Verdiensten ein kostbares Gewebe, ein himmlisches Hochzeitsgewand[33]. Auffallend war, wie dieser Engel seine Arbeit an diesem kostbaren Gewebe schliesslich immer mehr beschleunigte. «Daran erkannte die Dienerin Gottes ihren bald bevorstehenden Tod»[34].

Am 2. März 1440 befiel Francisca eine schwere Krankheit. Christus erschien ihr am selben Tag in grosser Herrlichkeit und sagte ihr den nahen Tod voraus. «Trotz grosser körperlicher Schmerzen blieb Francisca ruhig und lobte fröhlich Gott, wie sie es ihr Leben lang getan hatte»[35]; ihre Krankheit schien sie innerlich nicht zu berühren. In jahrelang geübter Askese hatte sie ja das «Absterben» bereits hinter sich. Darum konnte sie in letzten Worten beten: «Ich gebe meinen Leib, meinen Geist, mein Leben in Deine Hand, Herr Jesus!» So blieb sie auch in der Todeskrankheit und beim Sterben gelassen und heiter und starb am 9. März 1440 mit den letzten Worten: «Die Himmel sind offen. Die Engel steigen hernieder, der Erzengel hat sein Werk vollbracht, er steht vor mir und winkt mir freundlich zu, ihm zu folgen»[36].

Papst Paul V. hat Francisca Romana, die der heilige Bischof und Kirchenlehrer Franz von Sales «eine der grössten Heiligen» genannt hat[37], 1608 heiliggesprochen. Weil sie sichtbar an ihrer Seite den Schutzengel wusste und oft auch so dargestellt wird, wie sie ihren Schutzengel als Diakon oder im weissen Chorrock neben sich hat, wird sie neben dem Märtyrer Christophorus seit 1925 als Patronin der Autofahrer verehrt.

Der «standhafte Prinz» Fernando

(† 5. Juni 1443)

Fernando, der jüngste, am Fest des Erzengels Michael (29. September) 1402 in Santarém geborene Sohn des Königs Johann I. von Portugal, unternahm mit seinem Bruder Heinrich dem Seefahrer von Lissabon aus einen Kreuzzug gegen die Mauren in Nordafrika. In heiliger Kreuzzugsbegeisterung griff er am 13. September 1437 an der Spitze eines Heeres von 7000 Mann Tanger an. Die Kreuzfahrer wurden aber genötigt, die

Belagerung aufzugeben. Harte Bedingungen wurden ihnen gestellt, darunter die Verpflichtung, die 1415 eroberte Stadt Ceuta wieder herauszugeben. Fernando wurde als Geisel zurückgehalten und mit zwölf Gefährten, darunter sein Sekretär und spätere Biograph J. Alvares, zuerst nach Arzila, südwestlich von Tanger, dann nach Fez gebracht, wo Fernando in Ketten zu beschämender und aufreibender Zwangsarbeit verurteilt wurde. In der nun fünf Jahre dauernden Kerkerhaft, die am 5. Juni 1443 mit dem Tod endete, erhielt Fernando durch himmlische Visionen übernatürliche Kraft zum tapferen Durchhalten und heldenhaften Sterben.

J. Alvares[1)] hat in der von ihm verfassten Biographie Fernandos berichtet, dieser edle Prinz habe ihm bei seiner letzten Beichte anvertraut, es sei ihm die seligste Jungfrau Maria in Begleitung von *Engeln* erschienen; er habe vor ihr das Knie gebeugt und darauf klar und deutlich gehört, wie einer aus dem Gefolge der Königin der Engel folgendes Gebet an Maria gerichtet habe: «Ich bitte Dich inständig, Königin, dass Du Dich dieses Deines Dieners, der Dir unter so grosser Mühsal gedient und Dich in dieser Welt innig verehrt hat, annehmen möchtest. Siehe doch, wie lang er schon heimgesucht wird! Bitte Deinen Sohn, dass Er den grossen Bedrängnissen, unter denen Fernando zu leiden hat, ein Ende mache! Ich bringe Dir, Königin, für ihn meine Gebete dar, denn er ist mir (seit seiner Geburt am 29. September 1402) geweiht und übertragen. Möge es Dir doch gefallen, ihn mit uns zu nehmen!» «Als ich» — so erzählte der tapfere Prinz seinem Sekretär Alvares weiter — «dies gehört hatte, wandte ich dem so Sprechenden meine Augen zu und sah, dass er in einer Hand eine Fackel trug, in der anderen ein Kreuz in der Form, in der die Christen den Erzengel Michael darzustellen pflegen, und ich verstand, dass er selbst es war, den Gott mir so durch die genannten Zeichen zu erkennen gab»[2)]. So begegnete also der tapfere Prinz Fernando am Lebensende dem «Engel von Portugal».

Als Fernandos Sekretär und Biograph Alvares 1451 aus der Kriegsgefangenschaft frei kam, nahm er das Herz des toten Helden nach Portugal mit. Im Jahre 1463 konnte dann der Leichnam des seligen Fernando, dessen Verehrung Papst Paul II. in einem Breve aus dem Jahre 1470 ausdrücklich gestattete, in die portugiesische Heimat gebracht und in der herrlichen Kirche des Klosters zu Batalha bei Leiria in der Nähe von Fatima beigesetzt werden[3)]. In Fatima ist ja dann der «Engel Portugals», der dem seligen Fernando am Lebensende erschienen war, auch den drei Hirtenkindern Lucia, Francisco und Jacinta erschienen.

Erwähnt sei noch, dass der grosse spanische Dichter Calderón de la Barca im Drama «Der standhafte Prinz»[4], einem der schönsten Dramen Calderóns, den seligen Fernando verherrlicht hat, indem er sein heldenhaftes Leiden und Sterben so schildert: Fernando könnte aus der maurischen Haft befreit werden, wenn man als Lösegeld die christliche Stadt Ceuta preisgäbe. Fernando meint, das vor Gott nicht verantworten zu können, dass christliche Gotteshäuser und christliche Menschen in die Hände der Muslims fallen. Weder Versprechungen noch Drohungen vermögen seine Haltung zu ändern. Lieber erleidet er alle Schrecken der Gefangenschaft, Sklavendienst, Kerker, Marter und Tod, als dass er seinem Glauben zuwiderhandelte: «Weil er Sonne, die mir funkelt,/ weil er Licht ist, das mir leuchtet.» Das jenseitige Leben in der Gemeinschaft der Engel und Heiligen ist für Fernando eine so gewisse Wirklichkeit, dass er gern für das irdische Leben abstirbt, um das ewige zu gewinnen. Dem Maurenkönig, der ihn zu Tode quält, dankt er, weil er ihm den Weg ins ewige Leben verkürzt, und seinem Bruder in Lissabon lässt er melden, Sterben heisse für ihn Leben. Als endlich ein Heer zu seiner Befreiung naht, ist es zu spät. Hunger und Durst haben den Märtyrer getötet. Doch er, der sich aufgeopfert hat, um eine Stadt zu retten, erscheint als verklärter Geist, leuchtet dem christlichen Heer mit der Fackel in der Hand voran und führt es zum Sieg. Wie Fernando vor dem Sterben den Erzengel Michael geschaut hat, so erscheint er nun selber engelgleich und verklärt dem christlichen Heer. «In Fernando hat Calderón das Muster eines Mannes gegeben, der entschlossen ist, für seinen Glauben zu kämpfen und zu dulden, und doch weit entfernt bleibt von Fanatismus. Selbst einem andersgläubigen Gegner erweist der standhafte Prinz Achtung und Toleranz. Kein einziges böses Wort fällt über den Maurenkönig. Ein kleinerer Geist als Calderón hätte diesen Zusammenstoss von Islam und Christentum in Schwarzweissmalerei dargestellt. Calderón aber gestaltet im Feldherrn Muley sogar einen Muslim, der an Edelmut mit dem Christen Fernando wetteifert. Goethe, der das Drama in Weimar aufführen liess, sagte von dieser Dichtung: 'Wenn die Poesie ganz von der Welt verlorenginge, so könnte man sie aus diesem Stück wiederherstellen'»[5].

Die hl. Coletta Boellet von Corbie

(† 6. März 1447)

Bei dieser franziskanischen Heiligen handelt es sich in vieler Hinsicht um ein Wunderkind, das mit ausserordentlichen Charismen ausgestattet war: Ekstasen, Levitationen, Prophezeiungen, Herzensschau und Offenbarungen über das jenseitige Los Verstorbener, staunenswerte Wunder, darunter auch Totenerweckungen, werden aus dem Leben dieser Ordensfrau berichtet, die mit heroischer Treue den Forderungen Gottes entsprach und sich durch Bussgeist, Demut, Liebe zur Armut und durch ganz grosse Bereitschaft auszeichnete, die Ordensregel der Klarissen in der ursprünglichen Strenge zu beobachten. Dass in ein solches Leben auch die mehrmalige Intervention heiliger *Engel* gehörte, kann eigentlich nicht wunder nehmen.

Diese Heilige wurde ihren Eltern geschenkt, als die Mutter bereits 60 Jahre alt war und bisher trotz jahrelanger grosser Sehnsucht nach einem Kind und trotz vielem Gebet um ein Kind jede Aussicht auf Kindersegen entbehrt hatte. Auf die Fürsprache des damals viel verehrten hl. Nikolaus von Bari empfing die greise Frau das Kind, das sie darum Nicoletta, in der Koseform Coletta, nannte[1)].

Der Geburtsort der hl. Coletta war Corbie in Flandern, wo der Vater Robert Boellet Zimmermann und Wagner im ehrwürdigen Benediktinerstift war.

Schon als Kind legte Coletta einen ungewöhnlichen Ernst an den Tag und bemühte sich in diesem Alter bereits um eifriges Gebet, um Werke der Abtötung und der Nächstenliebe.

Nach dem Tod ihrer Eltern trat die Achtzehnjährige dem Dritten Orden des hl. Franziskus bei und führte von da an noch viel mehr als bisher ein Leben der Selbstverleugnung und der Busse.

Von der göttlichen Vorsehung wurde Coletta die Aufgabe zugewiesen, den Klarissenorden, dessen Zucht da und dort nachgelassen hatte, zu reformieren. Sie trat dazu selbst in den Klarissenorden über und legte 1406 in Nizza vor Benedikt XIII. (Petrus de Luna) die Profess ab. Von ihm erhielt sie alle Vollmachten zu der beabsichtigten Ordensreform. Ungeachtet aller Schwierigkeiten führte sie diese mit bewunderungswürdiger Klugheit und Tatkraft durch und brachte viele Klöster zur ursprünglichen Strenge der Ordensregel zurück und gründete siebzehn neue Klöster, deren Bewohner seither Colettinen heissen.

Der Franziskaner Petrus de Vaux, der das Leben der hl. Coletta niederschrieb und sie persönlich sehr gut kannte und auch bei ihrem Sterben am 6. März 1447 in Gent (Belgien) dabei war, berichtet neben vielen staunenswerten wunderbaren Ereignissen im Leben der hl. Coletta auch von mehrmaligen Engelserscheinungen: Wohltäter der hl. Coletta, denen von feindlich gesinnten Menschen in gemeinster Weise zugesetzt wurde, wurden auf die Fürsprache der hl. Coletta von den heiligen *Engeln* wunderbar beschützt und beschirmt[2]. Auch sie selbst genoss mehrmals in auffallender, sichtbarer Weise die Hilfe und den Schutz der heiligen *Engel* in schweren Prüfungen und Heimsuchungen[3], vor allem in Zeiten, in denen sie von bösen Geistern schwer verfolgt wurde[4].

Beim Sterben der hl. Coletta wurde in den von ihr besonders geliebten Reformklöstern ihres Ordens von den Schwestern ein wunderbarer Gesang der heiligen *Engel* vernommen, wobei dann ein *Engel* die Nachricht überbrachte: «Die ehrwürdige Ordensschwester Coletta ist zum Herrn heimgegangen»[5]. Eine Ordensfrau, die ebenfalls durch besondere Tugenden und Charismen ausgezeichnet war, schaute im Augenblick des Todes der hl. Coletta eine grosse himmlische Schar, in deren Mitte die Seele der Heiligen unter wunderbaren Melodien in Gottes Herrlichkeit hinaufgetragen wurde[6].

Papst Pius VII. hat Coletta[7], die mit Recht «die zweite Mutter der Klarissen» genannt wird, am 24. Mai 1807 heiliggesprochen.

Der ehrwürdige Dionysius der Kartäuser

(† 12. März 1471)

Der flämische Kartäusermönch mit dem Namen Dionysius van Rijkel (Belg.-Limburg) aus der Kartause in Roermond (Niederlande) darf mit vollem Recht unter den besonderen Verehrern der heiligen Engel genannt werden. Er war ein ungemein fruchtbarer theologischer Schriftsteller. Mehr als hundert grössere oder kleinere theologische Werke hat er verfasst, die seit 1896 in 42 Quartbänden aus den 150 von ihm selbst geschriebenen Handschriften publiziert worden sind[1]. In fast allen seinen Werken kommt dieser gelehrte und fromme Kartäusermönch auf die *Engel* zu sprechen. Vor allem gilt das von seinen Kommentaren zu allen Büchern des Alten und Neuen Testaments; alle Schriftstellen, an denen von den Engeln die Rede ist, erklärt er sehr eindrucksvoll. Besonders erörtert Dionysius der Kartäuser Fragen der Engellehre (Angelologie) bei der Kommentierung der Werke des Pseudo-Dionysius Areopagita, jenes grossen, unbekannten Theologen des ausgehenden 5. und beginnenden 6. Jahrhunderts, der sich mit dem Namen des vom hl. Paulus bekehrten Dionysius Areopagita geschmückt hatte. Diesen Theologen hat der Kartäusermönch Dionysius als seinen Namenspatron verehrt und hochgeschätzt; er war neben der Hl. Schrift sein Lieblingsautor. An dem diesem unbekannten Heiligen geweihten Altar in der Klosterkirche der Kartause zu Roermond zelebrierte der Kartäuser Dionysius täglich das hl. Messopfer. «Die tiefsinnige, aber dunkle Lehre dieses Theologen Dionysius Areopagita suchte Dionysius der Kartäuser in seinen Kommentaren ins helle Licht zu stellen und korrekt zu deuten; auf ihn, den 'divinus Dionysius', wie er ihn nennt, beruft sich der Kartäuser in seinen dogmatischen und aszetischen Schriften gar oft»[2].

Wie nun der *eine* Dionysius vor allem in seinem Werk «Hierarchia coelestis» (Himmlische oder Engelhierarchie) sehr viel über die heiligen Engel, ihr Wesen und ihre Gliederung geschrieben hat, so machte es auch der *andere* Dionysius in der Kartause zu Roermond.

Sehr viel schrieb er dann über die Engel auch in seinem Kommentar zu den Sentenzen des Petrus Lombardus, vor allem zum 2. Buch (Distinctio 2-11), dann in seiner «Elementatio theologica» (Propositio 63-86) und in seinem Werk «Creaturarum in ordine ad Deum consideratio theologica» (Theologische Betrachtung der Geschöpfe in ihrer Hinordnung auf Gott) in den Artikeln 16-51; hier werden der Reihe nach alle Fragen der Engellehre in kurzer, aber einprägsamer Weise im Sinne der Kirchenväter und Scholastiker beantwortet[3].

In sehr schöner, ja ergreifender Weise im Sinne einer «Theologie auf den Knien» kommentiert Dionysius der Kartäuser im «Te Deum» die Verse «Tibi omnes angeli . . .» (Dir lobsingen alle Engel, Dir die Himmel und die gesamten Mächte, Dir rufen Kerubim und Seraphim mit nie ermüdender Stimme zu: Heilig, heilig, heilig ist der Herr, Gott der Heerscharen)[4].

Auch in den uns überlieferten vielen Ansprachen kam der fromme Mönch häufig auf die heiligen Engel zu sprechen. In einer sehr schönen Predigt auf den Apostel Bartholomäus – es geht ja dabei um jenen Nathanael, zu dem Jesus gesagt hat: «Amen, amen, Ich sage euch: Ihr werdet den Himmel offen und Gottes Engel über dem Menschensohn auf- und niedersteigen sehen» (Joh 1,51) — empfiehlt der Kartäuser den Ordensleuten und allen Gläubigen, die heiligen Engel «in herzlicher Liebe («diligendo cordialiter») zu verehren, sie jeden Tag zu lobpreisen («cotidie honorando»), sie eifrig anzurufen («assidue invocando»), ihrem Vorbild nachzueifern («imitando»), vor allem in ihrer fleckenlosen Reinheit, und schliesslich mit ihnen auch zusammenzuarbeiten («eis collaborando») zum Heil der Mitmenschen»[5].

Alles, was Dionysius der Kartäuser in seinen verschiedenen Werken über die Engel niedergeschrieben hat, hat er klug und anschaulich zusammengefasst in den sieben Ansprachen für das Fest des heiligen Erzengels Michael[6]. Da legt er der Reihe nach fast die gesamte Angelologie (Lehre von den Engeln) dar. Aufschlussreich sind hier schon die Schrifttexte, die er diesen Ansprachen voranstellt: Bei der 1. Ansprache: Offb 1,4: «Gnade euch und Friede von Ihm, der ist, und der war und der kommen wird, und von den sieben Geistern vor seinem Thron und von Jesus Christus . . .»; im Anschluss daran werden die Ordnung und Gliederung sowie die Dienstämter der Engel besprochen. — Der 2. Ansprache ist Mt 18,10 vorangestellt: «Sehet zu, dass ihr keines von diesen Kleinen gering achtet, denn Ich sage euch: Ihre Engel schauen allzeit das Angesicht Meines Vaters im Himmel.» — In der 3. Ansprache geht es um Daniel 12,1: «In jener Zeit erhebt sich Michael, der grosse Fürst, der einsteht für die Söhne deines Volkes.» Hier wird dann die Frage beantwortet, was ein Engel ist; dann werden die Engelhierarchien und die Zahl der Engel erörtert, desgleichen die Tätigkeiten, die die Engel uns Menschen gegenüber ausüben. — Die 4. Ansprache hat den biblischen Leitspruch von Daniel 10,21: «Niemand ist mein Helfer ausser Michael, euer Fürst.» Hier werden dann die Wohltaten der Engel uns Menschen gegenüber besprochen; desgleichen die Seligkeit und die Liebenswürdigkeit der heiligen Engel. — Vor der 5. Ansprache steht wieder der Vers aus Daniel 12,1; im Anschluss daran bespricht Dionysius der Kartäuser die dreifache Hierarchie der Engel, ihre Vollkommenheit, Seligkeit und Liebe; desgleichen beantwortet er die Frage, in welcher Weise wir Menschen die Engel beglückwünschen sollen. — Vor der 6. Ansprache steht Hebr 1,14: «Sind sie (die Engel) nicht alle nur dienende Geister, denen zum Dienste gesandt, die bestimmt sind, das Heil zu erben?» Hier werden dann die Tätigkeiten der Engel uns Menschen gegenüber besprochen; desgleichen wird die Frage beantwortet, in welcher Weise die Engel von uns Menschen nachgeahmt werden sollen. — Die 7. Ansprache wird mit dem Psalmvers eingeleitet: «Denn Er entbietet für dich seine Engel, dich zu behüten auf all deinen Wegen» (Ps 91,11). Hier behandelt der fromme Kartäusermönch dann zuletzt noch die Wohltaten, die die Engel uns Menschen erweisen, weiter ihre Demut und Reinheit sowie ihre Liebe uns Menschen gegenüber; die Gesinnung und die Motive, mit welchen sie uns Menschen beistehen, uns ermahnen, uns erleuchten, uns trösten und uns gegen die Angriffe der bösen Geister beschützen und verteidigen.

Welch vertrautes und liebendes Naheverhältnis Dionysius der Kartäuser zu den heiligen Engeln persönlich gehabt hat, zeigt wohl am besten die Antwort, die er auf die Frage gegeben hat, was wir den Engeln schulden: 1. dankbare Hochschätzung («reverentia») wegen ihrer Anwesenheit («praesentia») mitten unter uns und an unserer Seite, wegen ihrer Würde («dignitas») und wegen ihrer Erhabenheit («excellentia»); 2. weise, schamvolle Scheu («sapientialis pudor»), so dass wir davor zurückschrecken, in ihrer Gegenwart uns nachlässig («negligenter»), feige («viliter»), fleischlich gesinnt («carnaliter») und schuldhaft («culpabiliter») zu benehmen. Dionysius der Kartäuser hat sicher selber das beherzigt, was er von uns allen fordert: «Lasst uns die heiligen Engel fromm anrufen («invocemus devote»), loben wir sie in hervorragender Weise («laudemus eximie»), verehren wir sie gebührend («honoremus decenter»), lieben wir sie glühend («diligamus ferventer»), folgen wir ihnen in ihrer ganz und gar auf Gottesliebe ausgerichteten Tätigkeit («actus eorum sectemur . . .»), gehorchen wir ihren Einsprechungen («eorum inspirationibus obtemperemus») und folgen wir ihrer richtunggebenden Führung («eorum sequamur directionem»)[7].

Dionysius der Kartäuser hat aber die heiligen Engel nicht bloss verehrt und geliebt. Er durfte auch mit ihnen verkehren und sie in sichtbarer Gestalt sehen. Wenn man von diesem heiligmässigen Ordenspriester behauptet hat, er habe weithin das gelebt und erlebt, was er in seinen theologischen und aszetischen Werken niedergeschrieben hat, so gilt das auch von dem, was er über die heiligen Engel und die ihnen schuldige Verehrung und Nachahmung geschrieben hat. Und wenn er selbst in mehreren seiner Werke berichtet, dass er fortwährend mit den Seelen Verstorbener verkehrt habe und Arme Seelen ihm hunderte Male erschienen seien mit der Bitte, ihnen durch Gebet und gute Werke, vor allem aber durch das hl. Messopfer zu helfen[8], so sind diesem Kartäuser in ähnlicher Weise auch *Engel* erschienen, deren himmlische Gesänge er zu hören bekam und die er bisweilen auch in sichtbarer Gestalt sehen durfte. So heisst es in der Lebensbeschreibung des ehrwürdigen Dieners Gottes Dionysius, wie sie wenige Jahrzehnte nach dessen Tod Theoderich Loer van Stratum verfasst hat, dort, wo von den vielen Ekstasen, die dem gelehrten und frommen Kartäusermönch, dem «Doctor ecstaticus» zuteil wurden, berichtet wird: «Er sah oft nach dem nächtlichen Chorgebet der Matutin, wie die in ihre Zellen zurückkehrenden Mönche von leuchtend weissen Gestalten begleitet wurden, die dann mit den Mönchen auch noch in deren Zellen eintraten. Dionysius zweifelte nicht daran, dass es sich dabei um die Schutzengel der Mönche handelte»[9]. Dionysius war nämlich, wie sein Biograph weiter berichtet, «schon sehr früh durch strenge Aszese, durch unablässiges Gebet und durch unermüdliche Arbeit für den Empfang ausserordentlicher Charismen Gottes befähigt worden. Die ekstatischen Zustände, die göttlichen Einsprechungen, die ihm zuteil gewordenen Visionen und die von Gott empfangene Enthüllung zukünftiger Ereignisse waren ihm Sachen der Erfah-

rung. Die höchste Stufe des Schauens, die intellektuelle Vision, diese untrüglichste unter allen Visionen, war es dann, in der ihm das Elend der Kirche seiner Zeit, die Verkommenheit der Geistlichen hohen und niedrigen Ranges und die Korruption in allen Schichten der menschlichen Gesellschaft zugleich mit ihren schrecklichen Folgen zu schauen gegeben wurde unter der an ihn ergangenen Weisung, die drohenden Strafgerichte Gottes zu verkünden und hoch und niedrig zur Busse aufzufordern. Infolgedessen schrieb er ernste Mahnbriefe an die Bischöfe und sogar an den Papst in Rom. Hier achtete man auf seine Mahnungen nicht, anderswo aber gingen manche in sich und begannen, wie Dionysius der Kartäuser, ein engelgleiches Leben zu führen»[10].
Schon seit vielen Jahren hatte Dionysius grosse Gichtschmerzen und Stein- und Nierenleiden mit engelgleicher Geduld ertragen, ohne auch nur im geringsten von seinen Ordensübungen und seiner schriftstellerischen Tätigkeit abzulassen. Dazu kamen noch Geschwüre und Wunden an den beiden Füssen, die immer wieder verbunden werden mussten und Tag für Tag neue Schmerzen verursachten. Obschon gegen diese Übel vom Arzt Operationen vorgenommen wurden, vernahm man von dem heiligmässigen Kartäusermönch nie auch nur den leisesten Seufzer. Aber seine Schwäche nahm immer mehr zu. Am Fest des hl. Thomas v.A., des engelgleichen Lehrers, im Jahre 1471, liess sich Dionysius noch in die Kapelle des hl. Dionysius führen, wo er seit vielen Jahren täglich die hl. Messe gefeiert hatte. Hier wohnte er nochmals der Darbringung des hl. Messopfers bei, empfing mit grösster Andacht den Leib des Herrn als Wegzehrung und wurde dann wieder in seine Zelle zurückgeführt. Dort sprach er noch zu den um ihn versammelten Mitbrüdern: «Geliebteste Brüder, der von mir schon vorhergesagte und sehnlichst erwartete Zeitpunkt ist nun gekommen. Müsste ich noch länger leben, so bedürfte ich der Hilfe anderer und wäre allen zur Last. Der Herr ist nahe mit seinen heiligen Engeln. Er schenke mir die ewige Ruhe. Mit Maria, der Königin der Engel, werfe ich mich vor Ihm zu seinen Füssen nieder. Ich hoffe auf den Herrn und werde nicht zu Schanden werden.» Am Fest Gregors des Grossen, des Papstes, der ebenfalls die Engel viel verehrt und gar manchmal geschaut hatte, am 12. März 1471, wurde Dionysius der Kartäuser im 69. Lebensjahr und im 48. seines Ordenslebens in die Ewigkeit abberufen, um in die Gemeinschaft der Engel und Heiligen aufgenommen zu werden.

Die selige Osanna von Mantua

(† 18. Juni 1505)

Diese charismatisch reich begnadete Dominikaner-Terziarin wurde 1449 in Mantua als Tochter des adeligen Nicola Andreasi und der Agnes Gonzaga geboren. In ihrer Biographie, die ihr Zeitgenosse, der Dominikaner-Ordensgeneral Francesco Silvestri da Ferrara verfasst hat[1)], wird sie als Passionsmystikerin geschildert, «die mitten unter den zahlreichen Sorgen einer ebenso klugen wie tätigen Hausverwaltung ein gotterfülltes und erleuchtetes Leben führte, das ganz und gar der Busse, der Ekstase und den Leiden der Stigmatisation gewidmet war. Bezeichnend für die Höhe ihrer Begnadung ist, dass sie schon mit 18 Jahren auf mystische Weise mit Christus vermählt wurde und so bereits im frühen Alter zu den höchsten Stufen der Gottvereinigung gelangte»[2)].

Kaum hatte Osanna das Alter des Vernunftgebrauchs erreicht, erhielt sie auf übernatürlichem Weg Unterweisungen für ihr gottverbundenes Leben: Als sie sechs Jahre alt war, begab sich ihre Familie den Sommer über auf das Land. Eines Tages, als die kleine Osanna allein am Ufer der Etsch weilte, erschien ihr ein *Engel* und unterwies sie in der Gottesliebe und sagte ihr: «Siehe, wie jedes Geschöpf mit ganzer Kraft ausruft: 'Liebet Gott, all ihr Erdenbewohner, denn Er hat alle Dinge einzig und allein dazu erschaffen, um eure Liebe zu gewinnen!'» Bald darauf erschien dem jungen Mädchen auch Jesus Christus an derselben Stelle, eine Dornenkrone auf seinem Haupt und ein schweres Kreuz auf den Schultern tragend, und sagte zu Osanna: «Liebes Kind, Ich bin der Sohn der Jungfrau Maria und Dein Schöpfer. Ich habe allzeit die Kinder geliebt, weil ihr Herz noch rein ist. Ich nehme bereitwillig Jungfrauen als Meine Bräute an und hüte ihre Jungfräulichkeit . . .»[3)]. Diese Erscheinung war eine Aufforderung an Osanna, ihrem göttlichen Bräutigam auf dem Weg des Leidens zu folgen. Sie befolgte diese Aufforderung, weihte sich Christus, verzichtete auf die Ehe und begann mit 15 Jahren das Leben einer Dominikaner-Terziarin.

Inmitten eines gottgeweihten Lebens mit viel Busse und Gebet war sie immer bemüht um das Seelenheil ihrer Mitmenschen und erfüllte verantwortungsvolle Aufgaben auch im politischen Bereich, wie beispielsweise die Regentschaft im Herzogtum Mantua während der Abwesenheit des Herzogs Franz II. von Gonzaga, dessen Dankbarkeit für all ihre Hilfe sie wieder zu nutzen verstand im Interesse der Armen und Notleidenden der Stadt Mantua.

Die heiligmässige Frau, die nicht bloss durch die Stigmatisation, sondern durch viele Ekstasen und Visionen ausgezeichnet wurde, sagte einmal zu ihrem zweiten Biographen, dem späteren Ordensgeneral der Olivetanermönche P. Hieronymus: «Welchen Trost und welche Freude giesst Gott in die Seele, wenn Er sie an sich zieht, um sich mit ihr zu vereinigen! In solchen Augenblicken sind alle Kräfte des Leibes geschwächt und träge, während die Seele zu gewaltiger Schauung aufsteigt zu Visionen, die das menschliche Auge nie gesehen, die das Ohr nie gehört hat. Die Seele wird dann in der Süssigkeit dieser Vereinigung weder nach links noch nach rechts abgelenkt; sie erfreut sich einzig und allein der Vision und der ewigen göttlichen Majestät. Dann fühlt der Leib nichts mehr, weil alle seine Kräfte durch die überlegenen Kräfte der Seele gebunden und gleichsam aufgesogen sind. Welcher Verstand könnte begreifen, welche Sprache könnte zum Ausdruck bringen, was die Seele da im Bild eines endlosen Lichtes von der göttlichen Majestät schaut!»[4)]

Die grosse Mystikerin Osanna von Mantua starb am 18. Juni 1505 im Alter von 56 Jahren. An ihrem Sterbebett war der ganze Hof von Mantua, der Herzog mit seiner Gemahlin, der Kardinal von Gonzaga und sein Bruder zugegen.

Der selige Petrus Faber

(† 1. August 1546)

Der einzige Priester, der in Paris unter sechs Laien zur neu gegründeten «Gesellschaft Jesu» des hl. Ignatius von Loyola stiess, ist der in Villaret in Savoyen geborene Petrus Faber (Favre). Der 28jährige Priester zelebrierte am 15. August 1534 die hl. Messe, als Ignatius und seine sechs ersten Gefährten in der Märtyrerkapelle auf dem Montmartre in Paris durch ihre ersten Gelübde die Grundlage des späteren Jesuitenordens legten.

Seit 1537 wirkte Petrus Faber in Italien, besonders in Rom und Parma, als Exerzitienmeister und Prediger. Seit 1540 war er Begleiter der Päpstlichen Legaten zu den Reichstagen und Religionsgesprächen in Deutschland und in den Niederlanden, dann war er 1541-42 in Spanien, 1544-1546 in Portugal tätig. Unter bewusstem Verzicht auf kirchenpolitische Einflussnahme war das Wirken des seligen Petrus Faber ganz seelsorglich ausgerichtet und dabei den Protestanten gegenüber sehr ökumenisch eingestellt; vor allem war er auf die rechte innerkirchliche Reform bedacht, auf die er besonders durch Exerzitien für Priester und Laien starken Einfluss ausübte.

Über das Innenleben dieses demütigen, frommen, überaus seeleneifrigen Priesters, das durch ständige Verbindung mit Gott und durch hohe Gebetsgnaden ausgezeichnet war, gibt uns sein «Memoriale»[1)], ein geistliches Tagebuch, einigen Aufschluss. Dabei erfahren wir auch, dass ein besonderer Zug im Frömmigkeitsleben dieses Priesters eine ganz innige Verehrung der heiligen *Engel* war. «In eigenartigem Gegensatz zur äusseren Einsamkeit dieses apostolischen Pilgers — in einem fremden Land und fern von der Gemeinschaft seiner Mitbrüder — war Petrus Faber auf seinem Weg zu Gott nie allein.» Zunächst war es die Gemeinschaft der Kirche, die ihm den Auftrag zu seinen Wanderfahrten gegeben hatte und die ihn geistigerweise in all seinem Beten begleitete. Was dem Leser des «Memoriale» aber besonders in die Augen fällt, ist dies, dass er ganz besonders auch in der Gemeinschaft der *Engel* und Heiligen stand. «Wie Faber allerorts den Kontakt mit gleichgesinnten, glaubenseifrigen Männern aufnahm, sie im geistlichen Gespräch und durch die Exerzitien für 'seinen Weg' zu begeistern suchte und so nach und nach eine geistliche Front reformfreudiger Priester aufbaute, so wollte er sich auch überall der Solidarität der unsichtbaren geistlichen Mächte eines Ortes und Landes, der *Engel* und Heiligen versichern»[2)]. Petrus Faber schreibt selber: «Der Anrufung (der Engel und Heiligen) bediene ich mich, sooft ich besonders für diesen oder jenen Ort, dieses oder jenes Land beten will; ich rufe die *Engel* und Heiligen zu Hilfe, denen die besondere Sorge um die dort lebenden und verstorbenen Menschen anvertraut war oder ist»[3)].
Dann bekennt der Selige wieder: «Die Verehrung der *Engel* und Heiligen . . . bedeutete für mich viel geistliche Anregung und Andacht»[4)]. Er wird dann ganz konkret im Einsatz der heiligen *Engel* für seine Seelsorgearbeit; so schreibt er am 15. Juni 1542: «Am Oktavtag von Fronleichnam wünschte ich, mit dem Dechanten von Speyer in Verbindung zu treten, um ihm die Wohltat der Exerzitien zukommen zu lassen; doch konnte ich meinen Wunsch noch nicht in die Tat umsetzen, sondern ihn erst zum Gegenstand meines Gebetes machen . . . Es fiel mir auch ein, dass es (neben all den äussern Schritten, die einer unternehmen kann) bei der Werbung um die Gunst eines Menschen von grösster Wichtigkeit sei, grosse Andacht zu allen *Schutzengeln* zu pflegen; denn diese können uns die Menschen in mancher Hinsicht günstig stimmen und die Angriffe und Versuchungen der Feinde niederhalten»[5)].
Von sich selbst bezeugt der selige Petrus Faber: «Mein *Schutzengel*, den ich besonders verehre, hat mir viel geholfen und für mich gegen meinen bösen Geist, vor allem gegen den Geist der Unzucht gestritten»[6)].
Am 10. August 1542 schreibt Petrus Faber: «Ich hatte das gute Verlan-

gen, ich möchte, wenn ich mich Gott unserem Herrn anempfehle und Ihm meine Bitten und Dankgebete vorbringe, nie vergessen, als Mittler und Helfer Unseren Herrn und Erlöser Jesus Christus, die Gunst des Hl. Geistes, Unsere Liebe Frau, die guten *Engel* und den Tagesheiligen anzurufen»[7].

Am 13. August 1542 schreibt Petrus Faber in seiner Gewissenserforschung: «Halte hier fest, meine Seele, wie du bei deiner Arbeit vor Guten und Bösen gar viele Fehler und Unvollkommenheiten offenbar werden liessest, ohne dass diese Fehler beachtet oder nach strenger Gerechtigkeit vermerkt wurden. Umso grösseren Dank schuldest du Gott, unserem Herrn, der aus Güte und dank dem Gebet der Heiligen und dem Mittlerdienst der *Engel* nicht zulässt, dass man deine Sachen übel auslegt und sie nach strenger Gerechtigkeit beurteilt . . .»[8].

Über den heiligen Engeln aber weiss Petrus Faber Maria, die Königin der Engel. So schreibt er am 16. August 1542: «Als ich den Leib Christi unseres Herrn, der vor mir auf dem Altare lag, voll Andacht anbeten wollte, kam mir in den Sinn, dass Unsere Liebe Frau, die *über* allen Chören der *Engel* steht, der göttlichen Majestät wohl mehr Ehre und Dienst erweist als alle anderen reinen Geschöpfe, die aus der Hand des Höchsten hervorgegangen sind; dass sie folglich den Menschen viel mehr und viel bessere Gunst erweisen kann als alle *Engel* und Seraphim, denn sie triumphiert und herrscht nicht nur herrlicher als alle anderen Geschöpfe, sondern sie verherrlicht und lobt und bedient auch mehr als sie alle ihren Sohn und die allerheiligste Dreifaltigkeit: als Frau, *Königin*, Mutter, Fürsprecherin, Sachwalterin und Bittstellerin, die sich für die Erneuerung aller Geschöpfe einsetzt, welche noch nicht zur höchsten Vollkommenheit in ihrem Wesen oder ihren Werken gelangt sind; und so erwirkt sie den Menschen auf Erden täglich neue Geschenke der Gnade, des Friedens und schliesslich aller Herrlichkeit; den Seligen des Himmels aber erwirkt sie das Geschenk noch höherer Verherrlichung»[9]. «Es kam mir eine Einsicht über die Himmelfahrt Mariens: dass nämlich Unsere Liebe Frau wegen ihres Mitleidens mit dem Leiden ihres Sohnes (das ja der vollkommene und gerade Weg zum Aufstieg in den Himmel ist) bis *über* die Chöre der *Engel* erhoben worden ist»[10].

Am Fest des heiligen Erzengels Michael (29. September) 1542 beschäftigten den seligen Petrus Faber ganz besonders Gedanken über die *Engel*. Er schreibt da in seinem «Memorial»: «Am Tag des heiligen Erzengels Michael gab dieser mir grosse Andacht und Anlass zu vielen frommen Erwägungen und Anmutungen über ihn und über alle *Engel*. Beim Breviergebet überkam mich grosses Verlangen, die *Engel* möchten Unseren Herrn preisen, sooft wir diese Psalmverse beten; denn sie verkosten und verstehen sie besser als wir . . . Ich wünschte ferner, mein Breviergebet und das anderer, meine Worte und Gedanken möchten ihnen (den heiligen *Engeln*) Anlass sein, Unseren Herrn zu preisen, Ihm Dank zu sagen oder Gnaden für uns zu erbitten. Und wenn ich selbst oft so achtlos bin, dann mögen wenigstens sie auf die guten Worte achten, die meine Zunge ausspricht und auf die Kreuzzeichen und Gebetsgebärden, die Gott Ehrfurcht erweisen — auch wenn sie nur vom überpersönlichen Glauben der Kirche oder von meinem eigenen vorbewussten, habituellen Glauben belebt sind»[11].

Petrus Faber pflegte immer wieder die *Schutzengel* der mit ihm verwandten oder ihm seelsorglich anvertrauten Menschen anzurufen. So schreibt er am 3. Oktober 1542: «Am Vortag von St. Franziskus, als ich das Fest eines Märtyrers nachholte, zu dem ich schon lange eine grosse Andacht hege, las ich die hl. Messe für all meine lebenden und verstorbenen Verwandten, für alle aus unserem Hausstand und in der Folge auch für alle Familien meiner Mitbrüder in der Gesellschaft Jesu. Dabei traten mir bei grosser Andacht die Gründe vor Augen, die uns zu Dank verpflichten gegen unsere leiblichen Eltern. Ich fand darum, es gereiche allen zum Besten, wenn ich die gegenwärtigen, ehemaligen und künftigen *Schutzengel* dieser Familien anrufe . . . Ihnen müssen wir ja Gott danksagen, durch ihre Fürsprache für all die vielen Sünden abbitten, die diese Familien bisher begangen haben . . .; von ihrer Fürsprache müssen wir all die Gnaden und Wohltaten erhoffen, deren diese Familien jetzt oder künftig bedürfen»[12].

Oft kommt der selige Petrus Faber auf das Gebet zu den heiligen Engeln zu sprechen. So schreibt er am 5. November 1542: «Am fünften Tag in der gleichen Oktav von Allerheiligen, morgens nach meinem Gebet und meiner gewohnten täglichen Betrachtung, die das Leben Christi durchgeht, verspürte ich grosse Andacht im Gedanken an die heiligen *Engel* . . . und ich betete zu den *Engeln* aller Heiligen und aller Armen Seelen (d.h. zu all denen, die jemals ihre Schutzengel gewesen sind), sie mögen mir um der Verdienste Christi willen ihre Gunst schenken. Ebenso bat ich, ich möge doch von aller Tücke jener bösen Geister verschont werden, denen es einst erlaubt war, diese Heiligen zu prüfen. Ich konnte nämlich einigermassen nachempfinden, wie hart es wäre, der Macht dieser bösen Engel in die Hände zu fallen»[13].

Von einem verstorbenen Priester namens Don Bartolomeo de Mosono nahm Petrus Faber an, dass dieser das ewige Ziel im Himmel erreicht habe, «weil ich aus den letzten Stunden des Verstorbenen und aus den

Angaben seines Gefährten sicher wusste, dass er schon seit vielen Jahren eine innige und unablässige Andacht zum heiligen Erzengel Michael gepflegt hatte — und diesem und den anderen *Engeln* haben viele Kirchen ja gerade den Montag zum besonderen Gedenktag geweiht. So freute ich mich, dass er gerade an einem Montag heimgegangen ist, und ward darob getröstet. Der Diener (Christi) muss zum Dienst eifrig und geeignet sein. In diesem Sinn wünschen wir, die *Engel*, diese dienenden Geister, mögen uns Eignung und Eifer in unserem Dienst erlangen»[14)].

Der selige Petrus Faber war durch und durch überzeugt, dass dort, wo ein Mensch anwesend ist, auch dessen *Schutzengel* da ist, und umgekehrt, dass beim Weggehen des betreffenden Menschen sich auch dessen Schutzengel aus unserer Umgebung entfernt. Ein Beispiel: «Am Tag des hl. Märtyrers Valentin (d.h. am 14. Februar 1543) verliess uns Stephanus Carolo (ein junger Mann aus Speyer, der in die Gesellschaft Jesu eintrat) mit Bestimmung nach Rom. Aus Anlass dieses Abschieds verspürte ich grosse Andacht, seinen Schutzengel und die anderen guten Engel für ihn anzurufen. Ich verspürte auch eine grosse Geistesregung bei dem Gedanken, dass sein guter Engel, von mir unerkannt, so lange in unserer Hausgemeinschaft geweilt hatte, und dass er nun räumlich von uns wegzog. So bedauerte ich, dass ich ihm in seiner Sorge um den ihm anvertrauten jungen Mann nicht nach Kräften geholfen habe, während der Engel ihn mir zur Demut und zum Gehorsam angehalten hatte und nicht zuliess, dass mich sein böser Engel belästige, wie ich das verdient gehabt hätte»[15)].

Immer wieder kommt der Selige auf die heiligen Schutzengel zu sprechen; er erwartet sich viel von ihnen. So schreibt er am 1. März 1543: «Am Tag, da ich das Fest der Schutzengel feierte, d.h. am 1. März, fand ich grosse Andacht, namentlich bei der Messe, die ich für unsere Gesellschaft aufopferte. Ich bat Gott, Er möge sie mit der Engelsmacht heiliger Geister umgeben und festigen und ihr so einen gar mächtigen Schutzwall und Schirm geben»[16)].

Am 27. März 1543 trug der selige Petrus Faber folgende Notiz in sein geistliches Tagebuch: «Als ich in ein neues Haus einzog, das ich kürzlich gemietet hatte, kamen mir in Herz und Geist verschiedene Anmutungen, weil ich mir einen gesegneten Einzug in diese neue Wohnung wünschte. Dabei betete ich kniend in den verschiedenen Kammern und Räumen des Hauses: 'Herr, wir bitten Dich, besuche diese Wohnung und weise von ihr alle Nachstellungen des Bösen Feindes. Deine heiligen *Engel* mögen in ihr wohnen und sie in Frieden bewahren; Dein Segen sei immerdar über uns, durch Christus unseren Herrn.' Ich verrichtete dieses Gebet mit guter Andacht, weil ich spürte, es sei angebracht und gut, so zu beten, wenn wir irgendwo neu einziehen. — Auch die guten *Engel*, welche die Nachbarn dieses Hauses beschützen, rief ich an und verspürte, dass auch dies angebracht und gut ist, wenn einer in ein anderes Haus zieht. Ich wünschte im Gebet auch, die bösen Geister der Nachbarn, namentlich die Geister der Unzucht (die bei den Dirnen und Wüstlingen und den anderen zweifelhaften Existenzen, die, wie ich hörte, in diesem Quartier wohnen, sicher nicht fehlen) möchten mir oder meinen Hausgenossen nichts antun können»[17].

Einmal spricht der selige Petrus Faber in seinem «Memorial» ausführlich über den Sündenfall des Erstengels. Er übernimmt dabei die traditionelle Ansicht, dass die Sünde Luzifers in der Ablehnung der demütigen Anbetung des menschgewordenen Sohnes Gottes und in der Verweigerung des Glaubens an die Menschwerdung Gottes bestanden habe: «Unser Herr Jesus Christus ist Gott und Mensch zugleich. Wir ehren Ihn als unseren Gott und müssen Ihm dienen, nicht nur im Geiste als einem Geistwesen, sondern auch mit unserem Leib, weil Er unser leibgewordener Herr ist, ein Mensch wie wir kraft Seiner Menschennatur, in der Er zuerst gelitten hat und in der Er jetzt 'auf Seinem Thron zur Rechten des allmächtigen Vaters' herrscht. Diese unsere Natur, die Gott so hoch erhoben hat, müssen wir ehren und uns ihr unterwerfen, da ihr auch alle *Engel* unterworfen sind; wir müssen sie verehren und anbeten und sie 'in Heiligkeit und Gerechtigkeit' (Lk 1,75) ehren; denn sie ist ja das vollkommene Werkzeug der Gottheit zu unserer Erlösung, zu unserer 'Berufung, Rechtfertigung, Heiligung und Verherrlichung' (Röm 8,30); sie ist der 'Tempel der ganzen Gottheit' (Kol 2,9). Der erste *Engel* wollte sich nicht unter diese Natur beugen, um sich so in Demut unter sich selbst zu erniedrigen; ja, er wollte nicht einmal dem Allerhöchsten untertan sein, sondern aus eigener Kraft 'in die Freude und Glorie seines Herrn und Gottes eingehen' (Mt 25,21). Ihm wurde das von Ewigkeit vorherbestimmte Geheimnis vorgelegt, die Demut des Gottessohnes, der sich von Ewigkeit zur Menschwerdung entschlossen und sie beschlossen hatte, um sich vor Dem zu erniedrigen, der Ihn von Ewigkeit als Seinesgleichen gezeugt hatte. Luzifer erhob sich über sich selbst, weil er sich nicht unter den menschgewordenen Gott erniedrigen wollte, der da Christus ist, der vom Höchsten zum Niedrigsten wurde. Jener aber weigerte sich, sich . . . bis zu jener von Gott einst anzunehmenden Menschennatur herabzulassen. So ging er der Gnade verlustig und erhob sich über sich selbst, indem er sprach: 'Ich will aufsteigen und dem Allerhöchsten gleichwerden' (Is 14,14) — ein Aufstieg, der ihm zum Absturz und Untergang wurde»[18].

Die herzlich innige Verehrung der heiligen Engel durch Petrus Faber und seinen vertrauten Umgang mit ihnen und seine Gewohnheit, die himmlischen Geister, vor allem die Engel der Länder, Städte und Dörfer, in die er als Missionar kam, zu grüssen und um ihre Hilfe bei der Bekehrung oder Glaubensstärkung der dort wohnenden Menschen, denen er begegnen würde, anzuflehen, erwähnt in seinen Briefen auch P. Jerónimo Nadal († 1580), der den Seligen gut gekannt hat[19].

Der selige Johannes Liccio

(† 14. November 1511)

Hier geht es um einen heiligmässigen Dominikanermönch, dem in seinem Seeleneifer bei eingetretenen Schwierigkeiten *Engel* zu Hilfe kamen. Johannes Liccio[1] wurde um 1430 als Kind armer Landarbeiter in Cáccamo, Provinz Palermo auf Sizilien, geboren. Die Mutter verlor er schon sechs Monate nach seiner Geburt. Nach einer in grösster Armut, aber überaus fromm verlebten Kindheit kam der 15jährige Junge zufällig nach Palermo und beichtete dort beim seligen Petrus von Jeremia († 1452), dem Prior und Novizenmeister im neu errichteten Reformkloster S. Zita der Dominikaner. Dieser empfahl ihm den Eintritt in den Dominikanerorden.

Unter diesem heiligmässigen Lehrmeister Petrus von Jeremia machte der junge Johannes bald grossartige Fortschritte im geistlichen Leben.

Nach der Priesterweihe war Johannes Liccio zuerst ein paar Jahre im Lehrfach tätig, dann aber wurde er wegen seiner grossen Beredsamkeit vor allem als Volksmissionar eingesetzt. Als solcher durchwanderte er ganz Sizilien, aber auch die Lombardei, Venezien und die Romagna. Überall bewirkten seine Predigten zahlreiche Bekehrungen.

Von grosser Liebe zu seiner Heimat und von Sorge um den darniederliegenden religiös-sittlichen Stand der dortigen Bevölkerung erfüllt, wünschte der fromme Dominikanermönch nichts sehnlicher als die Errichtung eines Konvents in seiner Heimat Cáccamo. Diesem Unternehmen aber standen die grössten Schwierigkeiten entgegen. Er aber nahm seine Zuflucht zum Gebet in der festen Überzeugung, dass Gott ihm zeigen würde, wie er seinen Plan zur Ausführung bringen könne und solle. Er wurde in seinem Vertrauen nicht enttäuscht[2]. Eines Tages erschien ihm ein *Engel* und hiess ihn dort sein Kloster zu erbauen, wo er den Grundriss für den Bau schon ausgeschachtet finden werde. Während er über den Sinn dieser Worte nachdachte, erhielt er die Nachricht, dass ein paar Bauern in einem nahen Wald einen neu ausgeschachteten Grundriss aufgefunden hätten. Da sie diesen zum ersten Mal an dieser Stelle sahen, meinten sie, dass er nur von Engelshand herrühren könne. Der selige Johannes Liccio aber sah in der ganzen Angelegenheit nun einen Wink der göttlichen Vorsehung, das Kloster an dieser Stelle zu bauen und es der Königin der Engel, Unserer Lieben Frau von den Engeln (Santa Maria degli Angeli) zu weihen.

Noch fehlten ihm das nötige Geld und Baumaterial, aber der Selige fing nun von neuem inständig zu beten an. Nachdem er eine ganze Nacht im Gebet zugebracht hatte, erblickte er morgens vor der Tür des Hauses, in welchem er die Nacht verbracht hatte, ein mit Holz und Bausteinen beladenes Ochsenfuhrwerk, neben dem ein strahlend schöner Jüngling stand. Dieser konnte doch wohl wieder nur ein *Engel* sein. Der *Engel* verschwand, der glückliche Dominikanermönch aber machte sich nun — durch gute Menschen unterstützt — an das Bauen. Beständig dabei auf wunderbare Weise Unterstützung findend, vollendete Johannes Liccio den 1487 begonnenen Bau 1494 und wurde der erste Prior dieses Dominikanerklosters. Von seiner Heimat Cáccamo aus durchwanderte der selige Johannes Liccio dann mehrmals als gern gehörter, überaus erfolgreicher Prediger die heimatliche Insel, so dass er sich sogar den Ehrentitel eines «Apostels Siziliens» verdiente. Er trug sehr viel zur religiös-sittlichen Erneuerung Siziliens bei. Von seinen Ordensoberen wurde er zum Generalvikar der reformierten Kongregation seines Ordens auf Sizilien ernannt und mehrmals auch als Visitator der Klöster seines Ordens eingesetzt.

Johannes Liccio hegte eine besonders innige Andacht zum bitteren Leiden des göttlichen Heilands. Wenn er darüber predigte, war seine ergreifende Beredsamkeit imstande, auch abständige und verstockte Christen zur Reue und Umkehr zu bewegen.

Nach seinem am 14. November 1511 erfolgten Tod wurde über seinem Grab in Cáccamo sein Bildnis gemalt, wie er das Kreuz und die übrigen Leidenswerkzeuge Christi in seine Arme schliesst. In einer Gedenktafel am Rathaus von Cáccamo aber wurde daran erinnert, dass dieser von Gott geliebte Mönch das Kloster «Santa Maria degli Angeli» in Cáccamo mit Hilfe der heiligen *Engel* («ministerio angelico») erbaut hat[3]. Sicher geht es dabei nicht etwa nur um eine fromme Legende, denn jener Papst, der Johannes Liccio seliggesprochen hat, nämlich Benedikt XIV., war — wie bekannt ist — bei der Durchführung von Selig- und Heiligsprechungen äusserst kritisch und sehr auf die historische Wahrheit bedacht.

Die hl. Angela Merici
(† 27. Januar 1540)

Die 1474 in Desenzano am südlichen Gardasee geborene Gründerin des Ursulinenordens, die sich in vorbildlicher Weise um die Erziehung der weiblichen Jugend annahm, in Brescia aber darüber hinaus zur Ratgeberin und Helferin aller Stände dieser Stadt geworden war, war nach überaus segensreichem Wirken, nach Pilgerfahrten in das Heilige Land und nach Rom und nach einer kriegsbedingten kurzen Übersiedlung von Brescia nach Cremona schwer erkrankt. Man rechnete so sehr mit ihrem Tod, dass ein befreundeter Wohltäter, Girolamo de Patengola, für sie bereits in Versform folgende Grabinschrift verfasste: «Die den Namen, die Taten und die Sprache eines *Engels* hatte, liegt hier begraben. Sie lebte als Jungfrau in schweigsamer Zelle und erfreute sich hier des wahren inneren Friedens. Von Gott war sie geliebt, als seine gehorsame Magd war sie allem feind, was den Sinnen gefällt. Jetzt lebt sie im Himmel, das Haupt mit Palmen gekrönt, heilig unter den Engeln»[1].

Also «Name, Werk und Sprache eines Engels» hatte diese heilige Jungfrau. Die Grabinschrift wurde zwar niemals auf das Grab der hl. Angela gesetzt, denn sie wurde damals wieder wunderbar gesund und wirkte noch weitere zehn Jahre als erste Oberin ihres Ordens in vorbildlicher Weise. Aber sie hatte es wirklich mit den heiligen *Engeln* zu tun, und zwar nicht bloss durch ihren Namen, der an die Engel erinnert.

Als Kind hatte die hl. Angela ein erstes negatives Erlebnis mit einem Engel. Im Seligsprechungsprozess sagte ein gewisser Agostino Gallo unter Eid u.a. folgendes aus: «Die ehrwürdige Mutter Angela war immer gegen Visionen eingestellt und war vor allem jenen feind, die sich damit rühmen, dieses oder jenes zu sehen, denn sie hielt solche noch mehr für verlorene Seelen, als es die Ungläubigen sind. Sie erachtete jene als vom Teufel betrogen, der sich, wie es der hl. Paulus im 2. Korintherbrief schreibt, in einen Engel des Lichtes verwandelt. In der Tat gab es zu ihrer Zeit genug Menschen, die sich in allerhand (unechten) Visionen gefielen . . . Die selige Mutter zeigte mir die (dabei vorkommenden) schrecklichen Irrtümer an einem Beispiel: In ihrer Kindheit erschien ihr der Teufel in der Gestalt eines Engels, der von unbeschreiblicher Schönheit war. Aber Gott hatte Mitleid mit der Reinheit dieser lauteren Seele und erleuchtete sie dergestalt, dass sie sich plötzlich hinstreckte, ihr Antlitz gegen den Boden gekehrt, und ausrief: 'Geh zur Hölle, Feind des Kreuzes, denn ich erkenne, dass ich nicht würdig bin, einen Engel Gottes zu schauen.' Darauf verschwand der Teufel sofort. Die Erinnerung an dies, wie es mir Mutter Angela erzählte, bestärkte mich noch mehr als die vielen guten Werke, die ich sie verrichten sah, darin, dass sie eine grosse Dienerin Gottes war. Denn in ihr war eine tiefe Demut, welche die Krone aller Tugenden ist, denn diese sind eitel und leer, wenn das Fundament der heiligen Demut fehlt»[2)].

Eine sicher echte Vision hatte die hl. Angela in ihrer Jugend: Ihre ältere Schwester, die für Angela in jeder Hinsicht Vorbild war, zu der sie im jugendlichen Ringen und Reifen dankbar aufgeschaut hatte, war plötzlich gestorben. Noch in ihrem Alter sprach die Heilige voll Trauer von dem tiefen Leid, das sie durch diesen schmerzlichen Verlust befallen hatte. Angela betete viel für die Verstorbene und quälte sich mit der Frage, ob diese wohl in den himmlischen Frieden eingegangen sei. Da wurde ihr die grosse, ihr weiteres Leben bestimmende Vision zuteil: Als sie eines Tages auf dem Feld, Brudazzo genannt, etwas westlich von Desenzano, mit Gefährtinnen Feldarbeit verrichtet hatte und die Gefährtinnen dann nach Hause gingen, zog sich Angela noch an Ort und Stelle zum Gebet für ihre verstorbene Schwester zurück. Da sah sie «plötzlich eine Schar *Engel* in der Luft, in deren Mitte sich die Seele ihrer geliebten Schwester befand, glücklich und frohlockend; dann entschwand sehr schnell die Engelschar. Aber die Vision blieb so stark in Angelas Erinnerung, dass sie immer daran dachte und sich immer glühender zum Fasten und Beten angespornt fühlte.» Dies ist der Bericht, wie ihn Antonio Romano ohne jede Ausschmückung nach dem persönlichen Bericht der hl. Angela aufgezeichnet hat[3)]. Diese Vision wurde später vielfach legendär ausgeschmückt. So heisst es schon 1566 in einem Brief, den der Franziskaner Francesco Landini schrieb: «So erschien ihr (Angela) einmal, als sie im Gebet versunken war, eine Prozession von Engeln und Jungfrauen, die aus dem geöffneten Himmel hervorkamen, eine Reihe je zu zweit, wobei die Engel auf verschiedenen Arten von Instrumenten spielten und die Jungfrauen sangen. Angela hörte die Melodie so, dass sie sie singen konnte, und während die Prozession vorbeizog, erkannte sie als eine der Jungfrauen ihre Schwester, die kurz vorher in das Paradies eingegangen war. Diese blieb mit der ganzen Prozession stehen und sagte Angela voraus, dass Gott sich ihrer bedienen wolle und dass sie eine Gesellschaft von Jungfrauen gründen werde, welche sich bald vergrössern solle; dies und ähnliches sagte sie voraus»[4)].

Trotz dieser legendären Ausschmückung geht es bei der von der hl. Angela in ihrer Jugend erlebten Vision auf jeden Fall um eine Engelserscheinung, die zweifellos das spätere Wirken der heiligen Ordensstifterin stark beeinflusst hat. Man spürt es noch an manchen Hinweisen in ihren Schriften auf die heiligen *Engel.*

So schreibt die hl. Angela im Vorwort zu ihrer Ordensregel an ihre «geliebten Töchter und Schwestern»: «Wir wollen besonnen und klug sein. Denn ein Werk hat umso grösseren Wert, je mehr Mühe und Gefahr es mit sich bringt. Und es gibt kaum ein Übel, das sich nicht gegen uns erheben würde; wir müssen immer bedenken, dass wir hier mitten in Fallstricke und Gefahren hineingestellt sind. Unser Fleisch und unsere Sinnlichkeit sind ja nicht erstorben. Gegen uns rüsten sich die Mächte dieser Welt und die ganze Hölle. Unser Widersacher, der Teufel, schläft und ruht nicht, sondern geht nach den Worten des hl. Petrus wie ein Löwe brüllend umher und sucht auf zahllose Weisen und mit unbeschreiblichen Listen eine von uns zu verschlingen. Doch fürchtet euch deswegen nicht, meine Schwestern! Bemüht euch nur, von nun an so zu leben, wie es einer wahren Braut des Erlösers geziemt . . . Dann werden wir erleben, wie uns die dornigen, steilen und steinigen Wege blumig und eben und wonnig geworden und mit den herrlichsten Schätzen überschüttet sind. Die heiligen *Engel* und die himmlischen Chöre werden so bei uns sein, wie wir am Leben der *Engel* teilnehmen»[5)].

Im 6. Kapitel ihrer Regel, das über das Gebet handelt, bringt die Heilige als Beispiel für das rechte, demütige Beten ein ergreifendes Reuegebet. Darin fleht sie u.a. so: «Sei mir gnädig, Herr, und verzeih' mir die vielen Beleidigungen und alle meine Sünden, die ich vom Tag meiner hl. Taufe an bis heute begangen habe . . . Darum bitte ich Dich um Deines heiligen Leidens willen und durch das kostbare Blut, das Du aus Liebe zu uns vergossen hast. Ich bitte Dich um Deines heiligen Namens Jesus willen, der gebenedeit sei im Himmel und auf Erden von allen seligen Chören der Engel und Erzengel. Ach, Herr, es schmerzt mich, dass ich so spät Deiner göttlichen Majestät zu dienen begonnen habe . . .»[6)].

Im 10. Kapitel, das der gottgeweihten Jungfräulichkeit gewidmet ist, wird die Jungfräulichkeit als «die Schwester aller *Engel*» beschrieben[7)].

Die hl. Angela Merici, die am 27. Januar 1540 66jährig in Brescia starb und 1807 von Papst Pius VII. heiliggesprochen wurde, wird gerne mit einer Himmelsleiter dargestellt, auf der die *Engel* Gottes auf- und niedersteigen. Es ist das eine Anspielung auf ihre Engelsvision, aber auch auf die Tatsache, dass diese engelgleiche Jungfrau mit ihren zahllosen Töchtern in aller Welt für unzählige Frauen und Mädchen durch ihr segensreiches Erziehungswerk zu einer Himmelsleiter geworden ist.

Der hl. Johannes von Gott
(† 8. März 1550)

Der Gründer des Hospitalordens der Barmherzigen Brüder, Johannes von Gott (Ciudad), der 1495 in Montemor-novo (Alentejo, Portugal) als Sohn eines bescheidenen Handwerkers geboren wurde und erst nach vielen Umwegen und Irrwegen — bekehrt durch eine Predigt des seligen Johannes von Avila am 20. Januar 1539 — allmählich zu seiner eigentlichen Lebensaufgabe in der Betreuung der Kranken fand[1], hat in seinem Leben, wie sein erster, zeitgenössischer Biograph Franciscus de Castro[2], Priester und Rektor am Spital zu Granada, festgehalten hat, häufige Gunsterweise und Hilfen von seiten der heiligen *Engel*, vor allem des Erzengels Raphael, erfahren. Darum wird der Heilige gern mit diesem Erzengel, der ihm hilft und ihn in seinem Liebeswerk unterstützt, dargestellt, wie z.B. auf dem Bild von Murillo im Spital «Santa Caridad» zu Sevilla oder auf dem Bild von M. Vajda im Chor der Barmherzigen Brüder in Wien[3].

Im 3. Kapitel des II. Buches der Biographie des hl. Johannes von Gott berichtet Franciscus de Castro[4] zuerst, wie der Heilige sich mit ganz grosser, selbstloser Liebe aller Bedürftigen und Kranken angenommen hat. Dann schreibt er weiter wörtlich: «Zu diesem Zweck stellte der gütige und gnädige Gott seinem treuen Diener einen hilfreichen *Engel* an die Seite, wie einst dem jungen Tobias den Erzengel Raphael.»

Eines Nachts fehlte für die ordentliche Pflege der Kranken das nötige Wasser im Haus. Da es der nahe Brunnen nicht mehr hergab, war es notwendig geworden, es von einem ziemlich entfernt liegenden Ort, der Ribarrambla heisst, herbeizuschaffen. Johannes von Gott machte sich zu diesem Zweck mit zwei Eimern auf den Weg. Als er dann in das Haus zurückkam, fand er bereits alle Kranken genau so versorgt und alles gerichtet und geordnet, wie er selbst es zu tun pflegte. Als er die Kranken befragte, wer sie denn in seiner Abwesenheit bedient habe, antworteten alle wie mit einer Stimme, er selbst habe es doch getan; niemand sonst sei inzwischen dagewesen. Johannes von Gott aber, der sich klar bewusst war, wie weit er doch vom Haus entfernt gewesen war, sagte zu den Kranken, die weiter an ihren Beteuerungen festhielten: «Wahrlich, meine Brüder, Gott muss die Armen und Bedürftigen ganz besonders lieben, wenn er zu ihrer Betreuung sogar *Engel* sendet!» «Jener, der die Person des Johannes von Gott vertreten hatte, wird kaum — so meine ich — verschieden sein vom Erzengel Raphael.» So äussert sich Franciscus de Castro.

In einer anderen Nacht, die stürmisch und regnerisch war, geschah es, dass der Diener Gottes aus dem Dorf, das Zacatinus heisst, fortging. Da traf er einen Bettler, der um Unterstützung bat. Johannes von Gott aber sagte zu dem Bettler: «Bruder, komm mit mir ins Spital! Bequemer wirst du dort die Nacht verbringen können als hier!» Als der Bettler aber erklärte, er sei gehunfähig, nahm ihn Johannes von Gott — obwohl er schon durch die für das Spital gesammelten Almosen schwer beladen war — auf seine Schultern. Froh setzte er so die Wanderung fort, brach aber dann unter der zu schweren Last zusammen. Da sah er einen Mann von vornehmer Gestalt, der sich zum Tragen der Last anbot, die Hand des Bettlers ergriff und sich ihm zur Verfügung stellte. Zu Johannes von Gott aber sagte der geheimnisvolle Mann: «Gott hat mich gesandt, um dir in deinem Liebeswerk zu helfen. Damit du aber wissest, wie angenehm und wohlgefällig Gott deine Hilfsbereitschaft ist, sollst du es erfahren: Ich habe den Auftrag bekommen, alles, was du aus Liebe zu den Armen tust, Gott zu berichten.» Johannes von Gott aber bat darauf: «Ich liebe dich, Bruder. Aber erkläre mir, wer und woher du bist!» Darauf antwortete jener: «Der Erzengel Raphael bin ich, und bestellt bin ich zu deinem Schutz und zu dem deiner Gefährten.»

Einige Tage später wollte Johannes von Gott seiner Gewohnheit gemäss an seine Armen Brot verteilen. Aber es reichte in keiner Weise für alle. Da erschien der Erzengel Raphael — für viele der dabei Anwesenden sogar sichtbar — einen Korb voll mit Brot tragend, ganz in der Art, wie dies Johannes von Gott zu tun pflegte. Dieser erkannte, dass es derselbe war, der ihm damals beim nächtlichen Sturz mit der schweren Last geholfen hatte. Der Erzengel aber sagte zu ihm mit freundlicher Stimme: «Bruder, wir gehören ein und demselben Orden an; nimm jetzt aus dem himmlischen Vorrat diese Brote, mit denen du zur vollen Sättigung der Armen beitragen kannst!» Als er das gesagt hatte, verschwand er wieder, liess aber Johannes von Gott wunderbar getröstet zurück.

Abends pflegte Johannes von Gott auszugehen, um auf einer bewaldeten Anhöhe Holz zu sammeln für seine Armen, damit diese im kalten Winter ihr bescheidenes Quartier ein wenig erwärmen könnten. So machte er es sogar an einem Weihnachts-Vorabend. Da in dieser Jahreszeit die Tage sehr kurz sind, wurde er von der Dunkelheit, die noch durch ein heraufziehendes Gewitter verstärkt wurde, überrascht. Er zweifelte, ob er den Heimweg noch finden werde. Da sah er auf einmal zwei brennende Fackeln vor ihm einherschweben, die ihm den Weg erleuchteten. Da er dabei auf dem ganzen Heimweg keine Fackelträger, sondern nur die brennenden Fackeln sah, war er überzeugt, dass ihm *Engel* den Weg bis zum Spital gewiesen hatten.

Johannes von Gott war auch überzeugt, dass die heiligen Engel unsere guten Werke im Dienste der Armen und Kranken freudig beobachten und für uns in das Buch des Lebens eintragen. So schrieb er an seine grosse Wohltäterin Doña Maria de Mendoza, die Herzogin von Sessa, im zweiten, uns erhalten gebliebenen Brief, den er an sie richtete: «Wie oft hat Ihr durchlauchter Gemahl, der Herzog von Sessa, mich aus dem Schuldturm befreit und mich ausgelöst und mich getröstet mit seinem gesegneten Almosen, das die *Engel* im Himmel in das Buch des Lebens eingetragen haben, wo er einen grossen Schatz angehäuft hat für den Augenblick, da Ihr, gute Herzogin, dorthin geht und Euch dieses Schatzes für ewig erfreuen werdet, Ihr und Euer demütiger Gemahl»[5].

Auch dem sterbenden Johannes von Gott standen zuletzt *Engel* bei, wie sein erster Biograph ausdrücklich betont hat. Der Heilige hat selbst seinem Beichtvater gestanden, dass ihm beim Empfang der heiligen Wegzehrung die seligste Jungfrau Maria, der Apostel Johannes und der Erzengel Raphael zur Seite standen. Nach Eintritt des Todes aber verliessen — wie viele damals bezeugten, die es beobachtet hatten — unsichtbare Gestalten die Sterbezelle des Heiligen; ein eigenartiger Wohlgeruch erfüllte hierauf den ganzen Raum, so dass jene, die dies erlebt hatten, der Überzeugung waren, *Engel* seien anwesend gewesen und hätten die Seele des eben Verstorbenen in die himmlischen Freuden geleitet, ganz im Sinn des Gebetes der Kirche beim Begräbnisgottesdienst: «In paradisum deducant te angeli . . .» («Ins Paradies mögen Engel dich geleiten . . .»). Wir dürfen mit Sicherheit annehmen, dass dies beim Tod des hl. Johannes von Gott am 8. März 1550 in Granada tatsächlich der Fall war.

Der hl. Ignatius von Loyola

(† 31. Juli 1556)

Das 13. von 13 Kindern eines baskischen Adeligen, Inigo López de Loyola, hatte einen wahrhaft guten Schutzengel, als eine Kanonenkugel ihm bei der Verteidigung der Festung Pamplona (Navarra, Nordspanien) am 20. Mai 1521 ein Bein zertrümmerte. Damals begann nämlich die Bekehrung des Offiziers, von dem seine Vertrauten später berichteten, er habe «bei mutwilligen Spielen, Raufhändeln, Frauengeschichten und tollkühnen Waffentaten, versucht und besiegt vom Laster des Fleisches»[1] ein sehr weltliches Leben geführt. Auf seinem Krankenlager las der Verwundete in Ermangelung der gewünschten Ritterromane aus reiner Langeweile die «Vita Christi» des Kartäusers Ludolf von Sachsen, das meistgelesene Buch des späten Mittelalters, und die «Legenda Sanctorum» (Legenda aurea) des Jacobus a Voragine. Durch diese Lektüre ging er in sich. Als Pilger zu den Heiligtümern Unserer Lieben Frau von Aránzazu und von Montserrat liess er sich dann in der Einsamkeit von Manresa fast ein Jahr lang nieder. Hier wurde er — von Gottes Gnade überströmt — zu einem Mystiker der heiligsten Dreifaltigkeit, aber auch zum Verfasser des überaus segensreichen «Exerzitienbüchleins» («Exercitia spiritualia»). Auf dem Weg zum Priestertum wurde er zum weitsichtigen Gründer eines neuen Ordens, der «Gesellschaft Jesu», der er u.a. auch eine besondere Verehrung der heiligen *Engel* mit auf den Weg durch die Kirchengeschichte gab, nachdem er selbst nach seiner Bekehrung zu einem grossen Verehrer der heiligen *Engel* geworden war. Vermutlich war er ihr durch die Lektüre des «Lebens Jesu» des Kartäusers Ludolf von Sachsen († 1378) nahegekommen, der dort häufig, besonders im 7. Kapitel des II. Teils, auf die heiligen *Engel* zu sprechen kommt.

In seinem Exerzitienbüchlein empfiehlt der hl. Ignatius, über die heiligen *Engel* Betrachtungen anzustellen, vor allem dort, wo es um jene Heilsereignisse im Leben Jesu geht, bei denen die heiligen *Engel* eine bedeutsame Rolle spielen, etwa bei der Verkündigung des Herrn, bei der Todesangst des Herrn am Ölberg und bei der Auferstehung Jesu (vgl. Geistliche Übungen Nr. 50 und Nr. 58)[2)].

In der ersten Regel zur Unterscheidung der Geister bemerkt der hl. Ignatius in seinem Exerzitienbüchlein: «Es ist Gott und seinen *Engeln* eigen, bei ihren Anregungen wahre Fröhlichkeit und geistliche Freude mitzuteilen und alle Traurigkeit und Verwirrung, die der Böse Feind einflösst, zu entfernen»[3)]. — In der dritten Regel über die Unterscheidung der Geister[4)] weist der hl. Ignatius darauf hin, dass «der gute *Engel* zu trösten vermag zum Fortschritt der Seele, auf dass sie wachse und vom Guten zum Besseren aufsteige»; der Böse Geist aber beeinflusse die Seele «zum Gegenteil hin, um sie künftig zu seiner schändlichen Absicht und Bosheit hinzuziehen». Hier klingt schon jenes grosse Thema an, das der Heilige im Exerzitienbüchlein in der «Betrachtung von den beiden Feldzeichen» ausführt, dass sich nämlich um jeden Menschen ein geistiger Kampf zwischen den Mächten des Lichtes und denen der Finsternis, also zwischen den guten und den gefallenen Engeln abspielt, ein Thema, das schon bei Origenes[5)] und vor allem in dem «Leben des hl. Antonius», wie es der hl. Athanasius verfasst hat (besonders in den Kapiteln 29-43), aufklingt.

In seinem «Geistlichen Tagebuch»[6] erwähnt der hl. Ignatius am 18. Februar 1544: «Ich hielt Zwiesprache über viele Dinge und bat die *Engel* . . . und machte sie zu meinen Fürsprechern bei unserer Herrin und ihrem Sohn . . . Ich machte der heiligsten Dreifaltigkeit vor ihrem ganzen himmlischen Hof meine endgültige Bestätigung und sagte mit sehr inniger Hingabe zuerst den göttlichen Personen Dank, danach unserer Herrin und ihrem Sohn, danach über die *Engel*, die heiligen Väter, die Apostel und Jünger, allen heiligen Männern und Frauen und allen Personen, die mir dazu geholfen hatten.»

Am 10. März 1544 berichtet der Heilige in seinem «Geistlichen Tagebuch» von seiner Vorbereitung auf die Messfeier: «Dabei dachte ich oder kam ich zu der Ansicht, für das Amt des Messelesens müsse ich mich verhalten oder sein wie die *Engel*»[7]. Nachdem ihm bei dieser Vorbereitung auf die hl. Messe Tränen der Ergriffenheit gekommen waren, berichtet er am 29. März 1544: «Es schien mir grössere Vollkommenheit zu sein, wenn man wie die *Engel* innere Andacht und Liebe auch ohne Tränen findet»[8].

In seinen Ordensregeln[9] wünscht der hl. Ignatius, seine Söhne sollten die Reinheit der *Engel* nachahmen. Er drückt auch den Wunsch aus, man möge allzeit in den Mitgliedern der «Gesellschaft Jesu» die Liebe, den Seeleneifer und die unveränderliche Heiterkeit der *Engel* finden[10].

Das Beispiel des hl. Ignatius in der Verehrung und Nachahmung der heiligen *Engel* wirkte nach dem Tod des Ordensstifters und ersten Ordensgenerals der «Gesellschaft Jesu» am 31. Juli 1556 in Rom bei manchen Jesuiten ganz stark nach, am stärksten wohl bei dem ersten Priester, der sich der jungen «Gesellschaft Jesu» in Paris angeschlossen hat; es ist der selige Petrus Faber, von dem umgekehrt der hl. Ignatius gestanden hat: «Gott sei Dank für alles, was Er mir durch diesen Mann geschenkt hat; er hat mir geholfen, mein Gewissen zu erkennen»[11].

Der hl. Stanislaus Kostka

(† 15. August 1568)

Der heilige Jesuiten-Kleriker Stanislaus Kostka, aus hochadeliger polnischer Familie zu Rostkow in Masovien 1550 geboren, zeichnete sich schon in seiner Kindheit durch engelgleiche Reinheit und tiefe Frömmigkeit aus. Pater R. Müller SJ meint ihn so charakterisieren zu müssen[1]: «Der Stil eines Erde und Himmel umfassenden, bussfreudigen Lebens gibt dem jungen hl. Stanislaus Kostka seine Prägung; die religiöse Erneuerung jener Zeit kann an ihm abgelesen werden in seiner Liebe zur Eucharistie, zu den Bruderschaften und ernsten Pilgerfahrten. Charakteristisch dafür ist seine Verehrung der hl. Barbara, worin Liebe zur Eucharistie, freudiger Ernst in der Vorbereitung auf den Tod, Jungfräulichkeit und Heldentum gleicherweise ihren Ausdruck finden. Ebenso kennzeichnend für die damalie Zeit wird Stanislaus, wenn er gerne vor den barocken Altären mit den instrumentierenden *Engeln* kniet, in Vertrautheit Umgang mit den himmlischen Geistern pflegt und sie die brüderliche Liebe ebenso herzlich erwidern; Stanislaus ist eben auf Erden und im Himmel gleicherweise beheimatet. Er scheint sich auch gar nicht zu wundern, wenn diese beiden Welten ineinanderklingen.»

Im Alter von 14 Jahren wurde Stanislaus zusammen mit seinem älteren Bruder Paul zur Ausbildung nach Wien geschickt. Beide kamen zunächst in das Konvikt der Jesuiten neben der Kirche «Am Hof».

In dieser Kirche, die bezeichnend für die damalige Zeit «Unserer Lieben Frau von den neun Chören der heiligen Engel» geweiht worden war, ministrierte der junge Stanislaus gerne und und betete dort viel[2)].

Als das Konviktsgebäude den Jesuiten entzogen wurde, mussten die beiden Brüder Kostka in das hinter der Kirche gelegene Haus (jetzt Seitzergasse 3) übersiedeln. Der Hausherr war lutherischer Ratsherr. Dem zum Leichtsinn neigenden Bruder Paul behagte es, dass er nun grössere Freiheit genoss als in der strengen Hausordnung des Jesuitenkonvikts. Stanislaus aber, der ein zurückgezogenes, nur dem Gebet und dem Studium gewidmetes Leben führte, hatte deshalb von seinem Bruder Paul viel zu leiden. Da erkrankte Stanislaus lebensgefährlich. In dieser Situation bekam er nicht bloss Spott und Hohn von seiten seines Bruders und anderer Menschen, sondern auch das Geheimnis der Bosheit von seiten Satans zu spüren. An einem der ersten Tage seiner Krankheit sah Stanislaus — er wusste nicht wie und woher — einen grossen schwarzen Hund in seinem Zimmer, der sich mit funkelnden Augen auf sein Bett stürzte. «Ohne die geringste Unruhe oder Aufregung machte der Kranke über das anstürmende Ungetüm das Zeichen des heiligen Kreuzes. Der Hund prallte nun zurück, um sich aber gleich ein zweites und drittes Mal dem Bett des Kranken zu nähern. Jedes Mal war das Kreuzzeichen siegreich. Der Angreifer verschwand ebenso plötzlich, wie er gekommen war. Der Zustand des Kranken aber verschlimmerte sich; die Ärzte gaben ihn auf. Stanislaus kannte seine Lage. Er fürchtete sich keineswegs, er blieb vielmehr ruhig und ergeben. Sorge machte ihm nur, er könnte ohne die heiligen Sakramente von der Welt scheiden müssen. Innig bat er seinen Bruder Paul und seinen Hofmeister Bilinski, sie möchten den lutherischen Hausherrn bitten, ihm den letzten Wunsch nicht zu versagen. Bilinski und Paul aber fürchteten sich vor dem Ratsherrn, dessen Gesinnung sie kannten; sie meinten, bevor dieser einen katholischen Priester sein Haus betreten lasse, würde er sie alle samt dem Schwerkranken auf die Strasse werfen. Nun wandte sich Stanislaus an die hl. Barbara — er gehörte ja einer studentischen Bruderschaft an, die die hl. Barbara als Patronin verehrte — und diese half wunderbar. Eines Nachts ergriff Stanislaus den an seinem Bett sitzenden Bilinski am Arm, schüttelte ihn heftig und rief: 'Auf die Knie!' Dabei kniete er selbst im Bett nieder, während er jubelnd sprach: 'Siehe, die hl. Barbara! Sie kommt mit zwei *Engeln*, die mir das heiligste Sakrament bringen'. Dreimal betete er das damals übliche 'Herr, ich bin nicht würdig . . .', dann rief er entzückt aus: 'Gott meines Herzens!' Darauf fühlte er die heilige Hostie auf seinen Lippen. Nach wenigen Augenblicken legte er sich wieder hin und verharrte lange in andachtsvoller Sammlung»[3)].

In der Christnacht durchflutete ein sanftes Licht das Krankenzimmer. Die seligste Jungfrau Maria, die Königin der heiligen Engel, erschien mit dem Jesuskind auf dem Arm. Sie legte dem Kranken ihr göttliches Kind in die Arme und sagte zu ihm, er möge tun, was er längst erwogen habe und sich dem Orden der Gesellschaft Jesu anschliessen. Um dies auszuführen, wurde Stanislaus auf wunderbare Weise urplötzlich die Gesundheit zurückgeschenkt.

Er unternahm dann alles, um von seinem Vater die Erlaubnis zum Eintritt in den Jesuitenorden zu erreichen. Da aber der Vater nicht die Erlaubnis gab und auch noch andere Hindernisse sich in Wien dem Eintritt in den Jesuitenorden in den Weg legten, floh Stanislaus aus Wien, um in Augsburg beim damaligen Provinzial der Jesuiten, beim hl. Petrus Canisius, die Erlaubnis zum Eintritt in die Gesellschaft Jesu zu erreichen. In Augsburg erfuhr Stanislaus, der Provinzial sei in Dillingen. So machte er sich, begleitet von einem Pater, gleich wieder dorthin auf den Weg und durchwanderte dazu die ganze Nacht. Am Morgen kam er bei einer Kirche an. Die Tür stand offen. Eilig folgte Stanislaus den eintretenden Leuten in die Kirche, kniete nieder und wartete auf den Beginn der hl. Messe. Doch in dieser Kirche wurde das Messopfer nicht mehr gefeiert. Irrlehrer hatten die Kirche den Katholiken weggenommen. Stanislaus kamen die Tränen. In seiner Sehnsucht nach dem Himmelsbrot wurde ihm wieder — wie damals in Wien während der schweren Krankheit — wunderbar geholfen: *Engel* erschienen und brachten ihm die heiligste Eucharistie[4)].

Mit einem Empfehlungsschreiben, das der hl. Petrus Canisius an den damaligen Ordensgeneral der Jesuiten, den hl. Franz Borja, gerichtet hat, wanderte der junge, 17jährige Stanislaus dann nach Rom, wo er ins Noviziat in Sant'Andrea al Quirinale aufgenommen wurde. Hier war er seinen Mitnovizen «in Frömmigkeit und Fröhlichkeit ein leuchtendes Vorbild»[5].

Auf der Flucht mit der tagelangen Wanderung von Wien nach Augsburg, von Augsburg nach Dillingen, von Dillingen nach Rom muss sich Stanislaus wohl den Todeskeim geholt haben. Jedenfalls war er den Tücken des römischen Klimas nicht gewachsen. Als Stanislaus sein Ende nahen fühlte, bat er, nicht im weichen Bett sterben zu müssen; man möge ihn auf den Fussboden legen. Man erfüllte ihm diesen Wunsch und legte ihn auf eine Matratze über den Steinfliessen. Am Fest ihrer leiblichen Aufnahme in den Himmel, am 15. August 1568, holte ihn die Königin der Engel heim: Maria erschien dem Sterbenden mit einer Schar von *Engeln*; und mit der gleichen Stimme, die ihn in Wien während der schweren Krankheit aufgefordert hatte, in die Gesellschaft Jesu einzutreten, wurde Stanislaus nun zu den ewigen Freuden im Himmel gerufen, um sich dort auf ewig mit «Unserer Lieben Frau von den neun Chören der heiligen Engel» in der Anschauung des dreifaltigen Gottes zu freuen.

Die hl. Teresa von Ávila

(† 15. Oktober 1582)

Die grosse spanische Kirchenlehrerin und Reformerin des Karmeliterordens Teresa von Ávila, die 1982 im 400. Jahr ihres seligen Heimgangs zur beseligenden Anschauung des dreifaltigen Gottes in vielfacher Hinsicht in ihrer Grösse aufgezeigt worden ist, vor allem auch durch Papst Johannes Paul II. in seinem Schreiben an den Generaloberen des Karmeliterordens[1] und durch seine Ansprache[2] bei seinem Besuch in Ávila, ist nicht bloss eine charismatisch begnadete Lehrerin des Gebetes, sondern auch eine Mystikerin, die über Christus, über das Geheimnis der hl. Eucharistie und über das der heiligsten Dreifaltigkeit Tiefes geschaut und kundgetan hat.

Darf sie auch unter jenen Heiligen genannt werden, die eine besondere Beziehung zu den Engeln hatte? Auf den ersten Blick ist man versucht, mit Nein zu antworten, denn sie spricht wohl viel, sehr viel vom gefallenen Engel, vom Teufel[3] und bekennt in ihrer Selbstbiographie[4], dass er ihr bisweilen ganz arg zugesetzt habe. Aber von den heiligen Engeln spricht Teresa von Ávila eigentlich nur ein einziges Mal ausführlicher. Doch da geht es um ein so tiefgreifendes mystisches Erlebnis, dass sie gerade dadurch in der Heiligengeschichte auch besonders berühmt geworden ist. Sie schildert dieses Erlebnis in folgender Weise[5]:

«Es gefiel dem Herrn, mich einige Mal mit folgender Vision zu begnaden: Ich sah neben mir, gegen meine linke Seite zu, einen *Engel* in leiblicher Gestalt. — In dieser Weise sehe ich sie (die Engel) nur selten. Obgleich mir oft *Engel* erscheinen, so geschieht dies doch gewöhnlich, ohne dass ich sie sehe, sondern in der Weise, wie bei der zuerst besprochenen Vision. Hier aber wollte der Herr, dass ich den *Engel* in leiblicher Gestalt sehen sollte. — Er war nicht gross, eher klein, aber sehr schön. Sein Antlitz war so entflammt, dass er mir als einer der erhabensten Engel vorkam, die ganz in Flammen zu stehen scheinen. Es müssen dies jene sein, die man Kerubim nennt. Sie sagen mir zwar ihre Namen nicht, aber ich sehe gut, dass im Himmel zwischen den einen und den anderen Engeln ein unaussprechlicher Unterschied ist. In den Händen des mir erschienenen *Engels* sah ich einen langen goldenen Pfeil; an der Spitze seines Eisens schien mir Feuer zu sein; es kam mir vor, als durchbohrte er mit dem Pfeil einige Male mein Herz bis ins Innerste; und wenn er den Pfeil wieder herauszog, war mir, als zöge er den innersten Teil meines Herzens mit heraus. Als er mich dann wieder verliess, war ich ganz entzündet von feuriger Gottesliebe. Der Schmerz dieser Verwundung aber war so gross, dass er mir Klageseufzer herauspresste; aber auch die Wonne, die dieser ungemein grosse Schmerz verursachte, war so überschwenglich, dass ich unmöglich von diesem Schmerz freizuwerden verlangen, noch mit etwas Geringerem als mit Gott mich begnügen konnte. Es ist dies kein körperlicher, sondern ein geistiger Schmerz, wiewohl auch der Leib, und zwar nicht in geringem Mass, an ihm teilnimmt. Der Liebesverkehr, der seither zwischen meiner Seele und Gott stattfindet, ist so beglückend, dass ich den gütigen Herrn anflehe, er wolle ihn dem zu kosten geben, der etwa meint, ich würde hier lügen. Solange dieser Zustand andauerte, ging ich umher, als wäre ich ausser mir. Ich hätte weder sehen noch reden, sondern mich nur in meine Pein versenken mögen, da sie mir eine grössere Seligkeit bereitete als alle geschaffenen Dinge . . . Er, der so erhabene Gnaden meiner Seele erweist, die ich doch so wenig seinen grossen Wohltaten entspreche, sei dafür in Ewigkeit gepriesen!»

Teresa von Ávila war damals (1559), als ihr diese Gnade zuteil wurde, dass ihr Herz von einem Kerub mit glühendem Pfeil durchbohrt wurde, noch einfache Ordensfrau im Kloster der Heimsuchung zu Ávila und

stand im 44. Lebensjahr. Der Ort aber, wo sich dies zutrug, war ein im östlichen Flügel des Klosters der Heimsuchung gelegenes Betzimmer, für das die Heilige eine besondere Vorliebe hatte, weil es besonders still und einsam war[6]. Teresa erlebte diese ekstatische Vision der Herzdurchbohrung gleichsam als Antwort auf das Misstrauen ihrer Freunde gegenüber ihren mystischen Erlebnissen[7]. Lorenzo Bernini hat diese Szene künstlerisch 1646 in Marmor zu meisseln versucht am linken Seitenaltar der Karmeliterkirche Santa Maria della Vittoria in Rom. Am unverwesten Herzen der hl. Teresa von Ávila in ihrer Grabeskirche zu Alba de Tormes in der Nähe von Salamanca kann man heute noch die Tatsächlichkeit dieser Herzdurchbohrung beobachten.
Was die Frage betrifft, welchem Chor der Engel dieser himmlische Geist angehörte, der die Herzdurchbohrung an Teresa von Ávila vornahm, so hat der grosse Theologe Dominikus Báñes bei der Approbierung der bei aller Schlichtheit und Sachlichkeit grossartigen Schilderung dieses ekstatischen Erlebnisses durch Teresa selbst eine kleine Korrektur vornehmen zu müssen geglaubt und anstelle von «Cherubines» «Serafines» gesetzt[8]. Teresa könnte dann mit vollem Recht — ähnlich wie der hl. Franz von Assisi — eine «seraphische Heilige» genannt werden. Wichtiger als diese Frage ist im Bericht der Heiligen die Bemerkung, dass ihr «*oft* Engel erscheinen», dass sie die Engel dabei aber «nur selten in leiblicher Gestalt» sieht.
Im Gegensatz zu dieser wohl einmaligen körperlich und nicht bloss seelisch erlebten Verwundung bei der Herzdurchbohrung kennt Teresa von Ávila auch die bloss seelische Verwundung, die sie wohl öfters erlebt hat und die sie in einem Bericht an ihren Seelenführer P. Rodrigo Alvarez aus dem Jahre 1576 so schildert[9]: Es geht da um «eine Art Verwundung, wobei der Seele vorkommt, als wenn man ihr einen Pfeil durchs Herz, ja durch sie selber bohrte. Diese Verwundung verursacht den grössten Schmerz, so dass die Seele laut aufschreien muss; aber er ist so wonnevoll, dass man nie mehr ohne ihn sein möchte. Dieser Schmerz berührt aber nicht die körperlichen Sinne, da es keine materielle Verwundung ist; man fühlt ihn vielmehr in der Seele, und es zeigt sich davon nichts am Körper. Man kann diesen Zustand nur durch Vergleiche veranschaulichen, die aber überaus plump, ja sogar für diesen Zweck sehr plump sind; aber auf andere Weise kann ich mich nicht ausdrücken. Diese Vorgänge kann man weder beschreiben noch auch durch Worte anschaulich machen. Wer davon keine Erfahrung besitzt, kann sie nicht begreifen . . . Manchmal nimmt die Seele, die diese Verwundung der Liebe empfangen hat, in ihrem Innersten erhabene Liebesseufzer wahr, deren

Wirkungen in der Tat wunderbar sind. Es ist ihr auch trotz aller Bemühungen nicht möglich, sich diese Gnaden zu verschaffen, wenn sie ihr der Herr nicht verleiht, noch auch, sie von sich zu weisen, wenn der Herr sich würdigt, sie ihr zu schenken. Es ist dies ein so lebendiges und erhabenes Verlangen nach Gott, dass man es nicht beschreiben kann.»

Auf eine Vision Teresas, in der sie die leibliche Aufnahme Marias, der Königin der Engel, erleben durfte[10], sei zuletzt noch hingewiesen, weil sie da die seligste Jungfrau mit den heiligen *Engeln* in Verbindung bringt: «An einem Fest der Aufnahme der Königin der Engel, Unserer Lieben Frau, in den Himmel wollte mir der Herr die Gnade erweisen, dass mir in einer Verzückung diese ihre Aufnahme und die Freude und das Siegesgepränge, womit sie (von den Engeln) in Empfang genommen wurde, sowie die Stätte, an der sie nun ist, gezeigt wurde. Ich kann dies aber nicht näher beschreiben. Die Seligkeit, die mein Geist aus dem Anschauen einer solchen Glorie empfand, war überaus gross, und die Wirkungen dieser Vision waren ausserordentlich.»

Hier geht es eigentlich um die Schau der himmlischen Seligkeit in der Gemeinschaft der heiligen Engel, und man wird dabei unwillkürlich an das erinnert, was eine andere spanische Mystikerin aus der Zeit der hl. Teresa von Ávila, nämlich die ehrwürdige Dienerin Gottes Marina von Escobar († 1633), über den Himmel in einer Vision geschaut und dann geschildert hat.

Marina von Escobar hatte dreissig Jahre lang Luis de Ponte als Seelenführer, der sie mit der hl. Teresa von Ávila verglichen und ihr Leben auf Grund ihrer eigenen Berichte niedergeschrieben hat. Sie führte in ihrer Vaterstadt Valladolid ein Leben glühender Gottesliebe, des Leidens und des inneren mystischen Gebetes wie Teresa von Ávila. Sie bewirkte eine Reform des Birgittenordens, dem sie angehörte, so ähnlich, wie Teresa von Ávila die Reform des Karmelitenordens herbeigeführt hat. Die letzten dreissig Jahre ihres Lebens war Marina von Escobar ununterbrochen an das Krankenlager gefesselt, erreichte dabei aber eine ungewöhnliche Reife und Heiligkeit. Einmal nun durfte sie in einer Vision die Seligkeit im Himmel in der Schau Gottes so erleben: «Die *Engel* umgaben mich und trugen mich, geführt von der Herrlichkeit des Herrn, gleichsam durch alle Himmel. Dann liessen sie mich nieder am Rand eines unermesslichen Ozeans, der die Grösse Gottes, seine Weisheit, seine Wesenheit selber war. Dann versenkten sie mich in diesem unergründlichen Meer der göttlichen Wesenheit, der unfassbaren, unbegreiflichen Weisheit Gottes, die sich mir offenbarte. Ich blieb einige Zeit in diesem Ozean versenkt. Dann führten die *Engel* mich ans Ufer. Ich ruhte nun etwas

aus, um Kraft zu gewinnen. Darauf versenkten mich die Engel wiederum mit noch grösserer Kraft in dieses Meer, so dass ich viel tiefer als das erste Mal darin untersank. Dann führten sie mich wieder ans Ufer. Und sie fragten mich: Ist Gott noch tiefer? Meine Seele wurde dabei mit einer Erkenntnis erleuchtet, die ihr zeigte, dass das, was sie von der göttlichen Unermesslichkeit gesehen hatte, noch sehr wenig sei im Vergleich zu dem, was zu schauen ihr noch übrigbliebe. Und meine Seele rief: Ja, Gott ist noch tiefer . . . Darauf tauchten mich die *Engel* wieder in dieses leuchtende Meer, und ich erhielt eine ungleich grössere Erleuchtung, eine viel vollkommenere Erkenntnis der Wesenheit Gottes. Hernach zogen mich die *Engel* wieder ans Land und setzten mich ans Ufer. Und sie wiederholten ihre Frage: Ist Gott noch tiefer? Und ich wurde noch mehr erleuchtet und gewann noch grössere Erkenntnis, so dass ich zur Antwort geben musste: Ja, Gott ist noch tiefer . . . Da tauchten mich die *Engel,* wie mir schien, bis auf den Grund dieses Meeres, und hernach fragten sie mich wieder: Ist Gott noch tiefer? Und meine Seele, noch mehr erleuchtet, achtete jetzt nur noch auf die Unendlichkeit dessen, was noch zu erkennen und zu schauen übrigblieb, und antwortete: Ja, Gott ist noch tiefer, ist noch unendlichmal tiefer . . .»[11)].
So mag auch Teresa von Ávila die Rolle der *Engel* empfunden haben, als sie am 15. Oktober 1582 von den Engeln in ihre Gemeinschaft aufgenommen wurde, um von da an Gott nicht mehr nur in der Spiegelhaftigkeit, Rätselhaftigkeit und Stückhaftigkeit der irdischen Gotteserkenntnis, sondern — wie es der hl. Paulus im 1 Kor 13,12 schildert, «von Angesicht zu Angesicht» zu schauen. Da ging nun in beseligender Weise in Erfüllung, was Teresa in den ergreifenden zwölf Strophen ihres Gedichtes «Seufzer einer verbannten Seele»[12)] formuliert hat. Nur die fünfte Strophe sei hierhergesetzt: «Unser Weilen hier auf Erden ist nur Schmerz und Seelenpein, / Reines Leben wird uns werden: In des Himmels Höhn allein. / Gott, mein Gott, gewähre mir: Dass ich lebe dort bei Dir! / Nur um eines will ich flehn: / Sterben möcht' ich, Dich zu sehn!»
Was Teresa von Jesus in ihren «Rufen der Seele zu Gott» einmal ausgesprochen hat, ist sicher nicht nur an die Heiligen, sondern auch an die *Engel* im Himmel gerichtet gewesen: «O ihr seligen Bewohner des Himmels, kommt doch unserer menschlichen Armseligkeit zu Hilfe und seid unsere Fürsprecher bei der göttlichen Barmherzigkeit, dass sie uns einigermassen teilnehmen lasse an eurer Freude und uns etwas von eurer lichtvollen Erkenntnis mitteile!»[13)]

Der hl. Petrus Canisius
(21. Dezember 1597)

Was Petrus Canisius, der 1521 geborene älteste Sohn des Bürgermeisters Jakob Kanijs von Nimwegen, der erste Deutsche, der sich der jungen «Gesellschaft Jesu» angeschlossen hat, geleistet hat, um weite Teile des deutschen Volkes für den katholischen Glauben wiederzugewinnen, lässt sich mit Recht in dem Titel, den Papst Leo XIII. für ihn geprägt hat, zusammenfassen: «Zweiter Apostel Deutschlands».
Petrus Canisius erfüllte die ihm von seinem Ordensoberen, dem hl. Ignatius von Loyola, gestellte Aufgabe in den deutschen Landen als Professor der Theologie, als Domprediger, als Ordensprovinzial, als Konzilstheologe in Trient, als Berater führender Kirchen- und Staatsmänner, vor allem aber auch als theologischer Schriftsteller. Am nachhaltigsten übte er seinen Einfluss aus mit seinen drei Katechismen, dem grossen Katechismus, der «Summa doctrinae christianae» für Studenten (Wien 1555), dem mittleren Katechismus («Parvus catechismus catholicorum» für Mittelschüler, Köln 1558) und dem Kleinen Katechismus («Catechismus minimus» für Kinder, Ingolstadt 1556).
In der Erfüllung seiner mannigfaltigen Aufgaben spielen beim hl. Petrus Canisius ganz ähnlich wie beim seligen Petrus Faber die heiligen *Engel* eine grosse Rolle.
Zunächst einmal hat sich Petrus Canisius die Gewohnheit seines Lehrmeisters Petrus Faber, bei dem er im April 1543 zur Klärung letzter Berufszweifel Exerzitien gemacht hatte, angeeignet, den Schutzengel vertrauensvoll anzurufen, sich seiner Führung kindlich zu überlassen und sich ihm wie einem starken, grossmütigen Riesen anzuvertrauen[1)].
In seiner aus Freiburg in der Schweiz vom Januar 1583 datierten Denkschrift an den Jesuiten-Ordensgeneral Claudius Acquaviva kommt Petrus Canisius auf diese vom seligen Petrus Faber übernommene Gewohnheit zu sprechen. Wörtlich schreibt er dort, wo er über verschiedene Seelsorgeerfahrungen dieses seines frommen Lehrmeisters berichtet, u.a.: «. . . Wenn man zum ersten Mal ein Land oder eine Stadt betritt, soll man nach dem Beispiel von Pater Faber die *Engel* und *Erzengel* und ausserdem die bekannteren Heiligen jener Gegend anrufen und verehren und seine Bemühungen in der Seelsorge ihrem Schutz anempfehlen; auf ihre Fürbitte wird Gott sicher grosse Hilfe trotz der eigenen Unwürdigkeit gewähren . . .»[2)].
Noch viel bedeutsamer als diese vom seligen Petrus Faber übernommene

Gewohnheit, in der geschilderten Weise die Engel in der Seelsorge als Helfer «einzuspannen», ist im Leben des «zweiten Apostels Deutschlands» die Tatsache, dass ihm vor seiner Sendung nach Deutschland in der Peterskirche in Rom nicht bloss die berühmte Herz-Jesu-Offenbarung zuteil wurde, sondern damit verbunden auch eine *Engel*-Vision, die er in einer Tagebuchnotiz selber sehr anschaulich so schildert:

«Am 4. September 1549, dem Fest des Propheten Moses und Oktavtag des heiligen Bischofs Augustinus, an dem ich die Professgelübde ablegen sollte, hast Du, o Herr, mir die Anregung gegeben, mich selbst und die so wichtige Feier den heiligen Aposteln in der Vatikanischen Basilika innig anzubefehlen. Es war mir, als ob sie mein Flehen erhörten und mit ihrer apostolischen Vollmacht mein Gelöbnis guthiessen, das ich vor ihnen im voraus schon ablegte. Ich sage innigen Dank für diesen Segen, den mir die Apostelfürsten spendeten, und ich war beim Verlassen der Kirche sehr getröstet, weil ich so mit ihrem huldvollen Beistand zu der wahrhaft apostolischen Feier der Professablegung herantreten konnte. Aber als ich zuvor vor dem Altar der Apostelfürsten Petrus und Paulus kniete, hast Du mir ein neues Gnadengeschenk gegeben: Du stelltest mir, der ich kurz danach die feierlichen Gelübde ablegen sollte, damals einen besonderen *Engel* an die Seite, und durch ihn, der mich in dem heiligen Lebensstand, wie er den Professen des Ordens entspricht, leiten und schützen sollte, wolltest Du mich unterweisen und stützen. Mit ihm also, der gleichsam mein Begleiter war, schritt ich zum Sakramentsaltar in der Petersbasilika, und ich lernte das Amt des mir eben beigegebenen *Engels* besser verstehen. Meine Seele lag darnieder in ihrer Missgestalt, Unreinheit, Schlaffheit und mit vielen Fehlern und bösen Neigungen behaftet. Da wandte sich der heilige *Engel* zum Throne Deiner Majestät, er wies auf die Grösse und Vielfältigkeit meiner eigenen Unwürdigkeit und Schwachheit hin. So erkannte ich klar, wie unwürdig ich sei, zur Ablegung der Professgelübde hinzuzutreten. Und es war mir, als ob der *Engel* andeutete, wie schwierig es für ihn sein sollte, mich auf dem steilen Weg der Vollkommenheit zu führen und zu leiten. Darauf eröffnetest Du mir gleichsam das Herz Deines heiligsten Leibes, und es war mir, als ob ich es unmittelbar erschauen dürfte . . .

Bei Beginn der Messe, die Dein Sohn Ignatius, der erste hochwürdige Generalobere unseres Ordens, in Gegenwart aller Mitbrüder feierte,

---

Petrus Canisius, der zweite Apostel der Deutschen ▶

hast Du mir erneut meine Armseligkeit und Schwachheit gezeigt, bei deren Anblick mich Abscheu und Mutlosigkeit befielen. Aber bei der Wandlung hast Du, Vater der Erbarmung, mich armseligen Menschen getröstet; Du hast das Vertrauen in mir gestärkt und mir neuen Mut geschenkt; Du hast mir die höchsten Verheissungen gegeben und alle meine Fehler mir verziehen. Du hast mich gnädig dazu hingeführt, dass ich fürderhin als neues Geschöpf lebe und nur mehr meine völlige Hinwendung zu Dir vor Augen habe.
Auch Deine seligste Mutter gab zu diesem neuen Anfang durch jenen *Engel* ihren Segen, der zuerst am Altar der Apostelfürsten Petrus und Paulus mir beigesellt worden war. Er mahnte mich, ihn immer zu meiner Rechten sein zu lassen und überall auf ihn nicht minder Rücksicht zu nehmen, als ich sie jemandem Hochgestellten erzeigen würde. Dies soll dazu beitragen, dass ich mir der Gegenwart des *Engels* beständig bewusst sei, und der Blick auf seine Gegenwart bringt ungemein grosse Hilfe . . .»[3].

Von diesem mystischen Erlebnis am Anfang seiner Sendung nach Deutschland her kann man es verstehen, dass der hl. Petrus Canisius nicht nur auf Grund des Beispiels und Wortes seines Lehrmeisters Petrus Faber die Verehrung der heiligen Engel eifrig pflegte und anderen empfahl, sondern auch aus ureigener mystisch erlebter Erfahrung. Darum schrieb er einem Priester kurz vor seinem seligen Tod am 21. Dezember 1597 aus Freiburg in der Schweiz: «Gerade den *Engeln* ist eine besondere Verehrung zu widmen, wie man sie Himmelsfürsten schuldet. Dann kann man mit den Propheten sprechen: 'Im Angesicht der *Engel* will ich Dir lobsingen' (Ps 137,1) . . . Pflicht des Priesters ist es, die Aufgabe der *Engel* zu übernehmen und aus ganzem Herzen zu beten, wie wenn er ihr 'Heilig, heilig, heilig' sprechen oder singen würde . . .»[4].

Von solcher Haltung der jungen «Gesellschaft Jesu» in bezug auf eine ganz innige, vertrauensvolle Verehrung der heiligen *Engel,* wie wir sie am hl. Ignatius von Loyola, am seligen Petrus Faber und jetzt am hl. Petrus Canisius kennenlernten, versteht es sich nun fast von selbst, dass eine besondere Verehrung der *Engel* auch zur Praxis der von den Jesuiten gegründeten Marianischen Kongregationen gehörte und in den Gebetbüchern dieser Gemeinschaften (z.B. in dem von P. Thomas Sailly SJ verfassten «Litaneien- und Gebetsschatz» [«Thesaurus litaniarum et orationum sacer», Brüssel 1598, Köln 1600]) ihren Niederschlag fand. Die «Praesides» (geistlichen Leiter) der Marianischen Kongregationen pflegten den Sodalen die Verehrung der heiligen *Engel,* speziell des

Schutzengels, einzuimpfen, wie sich schon am «Libellus sodalitatis» (Ingolstadt 1588, S. 136) zeigt, wo den Lesern dringend empfohlen wird, sich am Abend vor dem Einschlafen an die Gegenwart des Schutzengels zu erinnern und sich seinem Schutz ganz besonders zu empfehlen.
Wenn es stimmt, dass auch der zweite Ordensgeneral der «Gesellschaft Jesu», der hl. *Franz Borja* († 1572), die heiligen *Engel* besonders verehrt hat und — wie manche behaupten — eine eigene «Abhandlung über die Andachtspraxis zu den heiligen Engeln» verfasst hat, so ist es dann auch gar nicht zu verwundern, dass in den folgenden hundert Jahren von Mitgliedern des noch jungen Jesuitenordens mindestens fünfundzwanzig Werke über die Verehrung der heiligen *Engel* geschrieben worden sind, ohne dabei die grundlegende Abhandlung des grossen Jesuitentheologen Franz Suarez († 1619) mitzuzählen[5].
In den letzten Lebensjahren von 1564-1570 hat der hl. *Franz Borja* in seinem Tagebuch notiert, «worüber er an den einzelnen Tagen betrachtete, worum er betete, was er für Opfer brachte und wofür; ferner seine Erleuchtungen und Empfindungen, sein ganzes Gehaben mit Gott». Dabei wandte sich dieser Heilige oft an den gekreuzigten und in der heiligsten Eucharistie gegenwärtigen Herrn Jesus Christus und an dessen jungfräuliche Mutter, oft aber auch an die heiligen *Schutzengel*[6]. Da zeigt sich der hl. Franz Borja als gelehriger Schüler des seligen Petrus Faber, bei dem er — ähnlich wie der hl. Petrus Canisius — noch vor seinem Eintritt in die «Gesellschaft Jesu» als Fürst und Familienvater Exerzitien gemacht hat.
Zuletzt sei nochmals auf den hl. Petrus Canisius und seine Engelverehrung, wie er sie auch in das schlichte, gläubige Volk hineintragen wollte, hingewiesen. Da ist nämlich die Antwort überaus vielsagend, wie er sie in seinem Kleinen Ingolstädter Katechismus auf die Frage gegeben hat, «ob es sich denn überhaupt gezieme, dass ein Christ die lieben Heiligen ehrt und anruft»: «Wir ehren und rufen die lieben Heiligen und *Engel* an als auserwählte vortreffliche Freunde Gottes, die bei Ihm in der ewigen Herrlichkeit wohnen und die voll sind von himmlischer Freude und Seligkeit. Sie sind auch gegen uns so gesinnt, dass sie der brüderlichen Liebe und Treue niemals vergessen, sondern unsere getreuen und würdigen Fürsprecher bei Gott sind»[7]. Im Gebetsanhang zum Kleinen Ingolstädter Katechismus hat Petrus Canisius den Kindern noch das Gebet beibringen wollen: «Dein heiliger Engel, o Gott, sei mit mir, auf dass der Böse Feind keine Gewalt noch Wirkung bei mir habe!»[8] Zum «Engel des Herrn» aber, den man morgens und abends beten soll, fügt der Heilige noch die Bitte an: «Durch die würdigste Stunde, in der der Gott-

mensch Jesus Christus empfangen, und du, allerheiligste Jungfrau Maria, eine Königin der Engel geworden bist, werde mein Gebet erhört und all mein Begehren zum Guten gewendet»[9].

Im Zusammenhang mit den Katechismen des hl. Petrus Canisius ist es aufschlussreich, was der zur selben Zeit entstandene «*Catechismus Romanus*» über die heiligen *Engel* und ihre Verehrung zu sagen weiss. Dieser im Auftrag des Konzils von Trient erstellte, von einer Bischofskommission unter dem Vorsitz des heiligen Mailänder Kardinal-Erzbischofs Carolus Borromaeus († 1584) erarbeitete und als Leitfaden des katholischen Glaubens für die Seelsorger bestimmte Katechismus kommt sowohl im 1. Teil, der das Apostolische Glaubensbekenntnis katechetisch auslegt, als auch im 3. Teil, der über die Gebote Gottes handelt, als auch im 4. Teil über das Gebet auf die *Engel* zu sprechen. Im 1. Teil heisst es bei der Auslegung der Worte des Apostolischen Glaubensbekenntnisses «Schöpfer des Himmels und der Erde»: «Gott hat aus nichts auch die Geisterwelt, nämlich unzählbare *Engel* erschaffen, auf dass sie Ihm dienen und an seinem Thron stehen. Ihnen allen hat Er auch die herrliche Gabe seiner wunderbaren Gnade und Macht verliehen . . . Obwohl solche Himmelsgaben sie alle auszeichneten, fiel ein grosser Teil der *Engel* von Gott, ihrem Vater und Schöpfer, ab. Sie wurden dafür von ihrem erhabenen Thron gestürzt . . .»[10].

Im 3. Teil über die Gebote wird zum 1. Gebot Gottes u.a. gesagt: «Die *Engel* werden mit einem Menschenantlitz und mit Flügeln dargestellt, weil dadurch den Gläubigen beigebracht werden soll, wie wohlwollend die *Engel* gegen das Menschengeschlecht gesinnt und wie bereitwillig sie in der Vollziehung der göttlichen Aufträge sind, 'denn alle sind dienende Geister zum Dienste derer, die das Heil erben sollen' (Hebr 1, 14)»[11]. Weiter heisst es hier: «Bei der Erklärung des 1. Gebotes ist auch deutlich zu zeigen, dass die Verehrung und Anrufung der heiligen *Engel* . . . keineswegs der Vorschrift dieses 1. Gebotes entgegen ist . . . Denn wer wäre so töricht zu meinen, wenn ein König das Gesetz erlassen hat, es dürfe in seinem Reich kein anderer als König auftreten oder sich königliche Huldigung und Ehre gefallen lassen, so wolle er dadurch verbieten, dass man seine Beamten ehrt. Wenn es von den Christen heisst, dass sie die *Engel* tief gebeugt verehren nach dem Vorbild der Heiligen des Alten Testaments, so erweisen sie ihnen damit ja nicht die Verehrung, die sie Gott entgegenbringen; wenn wir umgekehrt zuweilen lesen, *Engel* hätten sich geweigert, von Menschen Ehrenbezeigungen anzunehmen, so ist das so zu verstehen: sie wollten nur jene Verehrung nicht zulassen, die Gott allein gebührt . . . Wenn nun schon Könige, durch die Gott die

Welt regiert, so geehrt werden, sollten wir da die *Engel* nicht umso grösserer Ehren wert erachten, da doch diese seligen Geister die Könige an Würde weit übertreffen? Denn sie will Gott als seine unmittelbaren Diener haben; ihrer bedient Er sich nicht bloss zur Leitung seiner Kirche, sondern auch der übrigen Dinge; durch sie entrinnen wir Tag für Tag den grösseren Gefahren des Leibes und der Seele, auch wenn sie unserem Auge nicht sichtbar sind. Dazu kommt noch die Liebe, die sie gegen uns hegen; von ihr getrieben, flehen sie innig für die grossen, ihnen anvertrauten Wirkungskreise, wie aus der Hl. Schrift leicht zu ersehen ist; und es unterliegt keinem Zweifel, dass sie das auch für jene tun, deren Schutzengel sie sind; bringen sie doch unsere Gebete und Tränen vor Gott (vgl. Tobias 12,12). Darum sagt der Herr im Evangelium (Mt 18,10), man dürfe den Kleinen kein Ärgernis geben, 'denn ihre Engel im Himmel schauen immerdar das Antlitz des himmlischen Vaters'. Anrufen darf man sie also, weil sie allezeit Gott schauen und weil sie mit grösster Bereitwilligkeit den Schutz für unser Heil besorgen, der ihnen übertragen ist»[12].

Im 4. Teil des «Catechismus Romanus», in welchem über das Gebet gehandelt und vor allem das Vater-unser kommentiert wird, wird den Seelsorgern die Weisung gegeben: «Um bei der Erklärung der Lehre (von der göttlichen Vorsehung) die Vaterliebe Gottes gegen die Menschen deutlicher hervortreten zu lassen, wird es gut sein, dem Volk etwas über die *Schutzengel* zu sagen. An der Seite jedes einzelnen Menschen steht nämlich ein himmlischer Geist, um ihn vor jedem erheblichen Schaden zu bewahren. Denn wie sich Eltern um Begleiter und Beschützer für ihre Kinder umsehen, wenn diese eine unsichere und gefährliche Reise unternehmen müssen, so gibt der himmlische Vater jedem einzelnen von uns auf dem Weg zum himmlischen Vaterland einen *Engel* mit, durch dessen Hilfe und Wachsamkeit wir die Fallstricke der Feinde meiden und ihre furchtbaren offenen Angriffe zurückschlagen können. Unter dem Schutz dieses himmlischen Führers vermögen wir den rechten Weg einzuhalten, ohne uns durch den arglistigen Feind von der geraden Richtung zum Himmel abdrängen zu lassen. Gott hat mit der Durchführung dieser seiner ausserordentlichen Fürsorge für die Menschen die *Engel betraut,* weil sie ihrer Natur nach eine gewisse Mittelstellung zwischen Gott und den Menschen einnehmen. Welche Wohltat das für uns ist, lässt sich aus zahlreichen Beispielen der Heiligen Schrift dartun. Nach ihrem Zeugnis hat Gottes Güte gar nicht selten die *Engel* vor den Augen der Menschen Wunderzeichen tun lassen, woraus wir schliessen sollten, diese Beschützer unseres Heils wirkten noch weit mehr zu unserem zeitlichen und ewigen Nutzen, ohne dass wir es sehen . . . ». Nach dem Hinweis auf das 5. und 6. Kapitel im Buch Tobias und das 12. Kapitel in der Apostelgeschichte heisst es dann noch: «Wir erkennen aus den biblischen Beispielen die gewaltige Grösse der Wohltat, die Gott den Menschen durch die *Engel,* seine Dolmetscher und Boten, erweist. Gott sendet uns seine *Engel* aber nicht bloss gelegentlich und in bestimmten Fällen, vielmehr ist jedem einzelnen von uns schon vom ersten Anfang unseres Daseins an ein *Schutzengel* beigegeben. Diese Lehre, sorgsam dargelegt, wird nicht verfehlen, die Gemüter der Zuhörer aufzurichten und sie zur ehrfürchtigen Anerkennung der wahrhaft väterlichen göttlichen Vorsehung zu bestimmen.»[13)]

Die hl. Rosa von Lima

(† 24. August 1617)

Wunderbarer Gunsterweisungen erfreute sich «die erste Blüte der Heiligkeit Lateinamerikas», Rosa von Lima. In dieser jugendlichen Terziarin des Dominikanerordens entfaltete die neue Welt ihren ganzen Zauber. Rosa ist eine Gestalt so himmlisch rein, so heroisch stark, dass sie unwillkürlich an die hl. Agnes erinnert. Am 20. April 1586 zu Lima geboren, starb sie dort am 24. August 1617 mit 31 Jahren. Trotz der verschiedensten Bemühungen ihrer Verwandten fand Rosa keine Aufnahme in einem Kloster. Sie blieb in der Welt. Mit dem schwarz-weissen Gewand der Dominikaner-Terziarinnen bekleidet, lebte sie ganz bescheiden und zurückgezogen zuerst im Haus ihrer Eltern, die letzten Jahre bei einer bekannten Familie. Glühender Busseifer und ganz grosse Gebetsglut treten als besondere Merkmale an Rosa hervor. Der Ausgelassenheit und Grausamkeit der spanischen Entdecker Südamerikas stellte sie in ihrem harten Bussleben die christliche Demut, Selbstlosigkeit und Liebe entgegen. Der Verweltlichung und dem Versinken ins Irdische stand ihr mystisches und hochbegnadetes Innenleben gegenüber. Harte, fast erschreckende Busswerke übte diese zarte Jungfrau. Innig, fast bezaubernd schön nimmt sich ihr Gebetsleben aus, das die ganze Pracht des südlichen Klimas in seinen Bereich zu ziehen suchte: Blumen und Bäume, Vögel und Schmetterlinge wetteiferten mit der liebeglühenden Jungfrau, die im Garten ihres Elternhauses eine kleine Klause errichtet

---

Rosa von Lima, erste Blüte
des christlich gewordenen Lateinamerika ▶

hatte, im Lob auf den Schöpfergott. Dabei leisteten ihr der *Schutzengel* und andere der himmlischen Geister vielfach Gesellschaft, erleuchteten und ermutigten sie und begleiteten sie auf ihren Wegen, wie ihr Biograph Leonhard Hansen (Vita di Santa Rosa da Lima, Roma 1664) mehrfach klar bezeugt. Papst Clemens X. aber schrieb in der Heiligsprechungsbulle vom 12. April 1672: «Gott der Herr sandte Rosa ihren *Engel,* der vor ihr herging und sie ganz offenkundig beschirmte . . . Das familiäre Vertrauen dieser heiligen Jungfrau zu ihrem *Schutzengel* war so gross, dass sie ihn nicht bloss als ihren besten Freund, sondern auch als Wegbereiter schätzte, wenn ihr göttlicher Bräutigam Jesus Christus mit seinem zur gewohnten Stunde erwarteten Besuch zögerte.»

Der hl. Franz von Sales

(† 28. Dezember 1622)

Der liebenswürdige heilige Bischof von Genf, der sich - gegen den Willen seines Vaters - nach langen rechtswissenschaftlichen und theologischen Studien in Paris und Padua 1594 zum Priester hatte weihen lassen und nach erfolgreicher, aber überaus schwieriger Missionarstätigkeit in dem von Calvinismus beherrschten Chablais, einer Landschaft südlich des Genfer Sees, als Bischof-Koadjutor und als Bischof von Genf von 1599 bis zu seinem Tod am 28. Dezember 1622 überaus segensreich gewirkt hat, kommt in seinen aszetischen Abhandlungen und Briefen über die Gottesliebe «Theotimus» und in seiner für Weltchristen bestimmten Anleitung zum frommen, gottseligen Leben «Philothea» mehrmals auf die heiligen Engel zu sprechen und empfiehlt sehr eindringlich die Verehrung der Engel, vor allem der Schutzengel.

Was Franz von Sales in einem Brief vom 7. April 1617 der Frau von Veyssilieu aus Annecy dringend empfohlen hat, dazu fordert er mehrmals in seiner «Philothea» auf: «Verrichten Sie oft Akte der Liebe zur Gottesmutter, den Heiligen und *Engeln*; machen Sie sich mit ihnen vertraut und richten Sie oft Worte des Lobpreises und der Liebe an sie! Denn je mehr sie zu den Bürgern des göttlich-himmlischen Jerusalems Zugang finden, desto weniger wird es Ihnen ausmachen, jene des irdischen Jerusalems oder der niedrigen Stätte dieser Welt zu verlassen»[1].

Das Anrufen der *Engel*, vor allem des Schutzengels, ist dem hl. Franz

---

Franz von Sales, der berühmte Bischof von Genf ▶

von Sales in seiner «Philothea» nach der Marienverehrung ein besonderes Anliegen: «Es wird dir von Nutzen sein, deinen Schutzengel anzurufen!»[2)] «Rufe deinen Schutzengel und die Heiligen an, damit sie dir helfen!»[3)] «Rufe die seligste Jungfrau und deinen Schutzengel an!»[4)] «Bete zu Gott, dass Er dich vollständig erneuere, dich segne und stärke, und rufe die seligste Jungfrau, deinen Schutzengel und die Heiligen an!»[5)]
Im 16. Kapitel des II. Teils seiner «Philothea», wo der heilige Bischof von Genf «verschiedene Ratschläge» gibt, «um die Seele durch das Gebet und die Sakramente zu Gott zu erheben», bespricht er die «Verehrung und Anrufung der Heiligen» und empfiehlt dann nach der Verehrung Mariens wieder ganz besonders die Verehrung der heiligen *Engel*. Wörtlich schreibt er dabei: «Mit den *Engeln* musst du ganz besonders vertraut sein. Betrachte sie oft, wie sie deinem Leben unsichtbar zur Seite stehen! Liebe und verehre den Schutzengel deines Bistums, die Schutzengel der Menschen, mit denen du zusammenlebst, besonders aber deinen eigenen! Bete oft zu ihnen, preise sie, nimm ihren Beistand in Anspruch in deinen geistlichen und zeitlichen Anliegen, damit sie nach deinen Wünschen mit dir wirken! Der grosse Petrus Faber, der erste Priester, Prediger und Lektor der Theologie in der Gesellschaft Jesu, der erste Gefährte des hl. Ignatius, kam einmal von Deutschland her, wo er zur Ehre Gottes Grosses geleistet hatte, durch sein Heimatbistum und erzählte, dass er auf der Reise durch häretische Ortschaften immer die Schutzengel jeder Pfarrgemeinde begrüsst und dadurch viel Trost empfangen habe. Er habe förmlich gefühlt, wie sie ihn gegen die Anschläge der Häretiker schützten und ihm halfen, viele Seelen für die Heilslehre empfänglich und gelehrig zu stimmen. Er erzählte dies so eindringlich, dass mir dies eine Dame vor vier Jahren, also 60 Jahre später, noch mit grösster Ergriffenheit berichtete. Es war mir darum eine grosse Freude, in dem kleinen Dorf Villaret inmitten unserer rauhen savoyischen Berge vor einem Jahr einen Altar an jener Stelle zu weihen, wo dieser heilige Mann das Licht der Welt erblickt hat»[6)].
Über die ernsten Vorsätze, die ein fromm und gottverbunden lebender Mensch fassen und oft in der monatlichen Geisteserneuerung bekräftigen soll, bemerkt der hl. Franz von Sales zu der gottliebenden Seele «Philothea»: «Wenn uns ein ernstes Versprechen, das wir einem Menschen gegeben haben, streng verpflichtet, wie viel mehr das Wort, das wir Gott gegeben haben . . . Und bedenke, in wessen Gegenwart du sie ausgesprochen hast: Im Angesicht des himmlischen Hofes: Die seligste Jungfrau, der hl. Josef, dein Schutzengel . . . schauten auf dich, begleiteten deine Worte in freudiger Zustimmung mit ihrem Gebet, sahen dich

mit unbeschreiblicher Freude zu Füssen des Heilands, als du ihm dein Herz weihtest. Es war ein Freudenfest im himmlischen Jerusalem...»[7].
Im I. Teil seiner «Philothea», wo der hl. Franz von Sales Anweisungen und Übungen angibt, «um den ersten Wunsch nach einem frommen Leben in einen festen Entschluss umzuwandeln», stellt er im 17. Kapitel eine Betrachtung «Wahl des Himmels» an und gibt dabei den Rat: «Stelle dir vor, du seiest auf einem weiten Feld, ganz allein mit deinem Schutzengel, wie der junge Tobias, als er nach Rages zog! Er zeigt dir in der Höhe den Himmel offen mit allen Freuden . . . , dann in der Tiefe die gähnende Hölle mit allen Qualen . . . Nachdem du dich durch diese Vorbereitung zwischen Himmel und Hölle gestellt gesehen hast, knie in Gegenwart deines Schutzengels nieder und erwäge: Es ist wirklich wahr, du stehst zwischen Himmel und Hölle; beide stehen offen, dich aufzunehmen, je nach der Wahl, die du treffen wirst . . . Gott, der aus Gerechtigkeit mit der Hölle bestraft und aus Barmherzigkeit mit dem Himmel belohnt, wünscht mit sehnlichem Verlangen, dass du den Himmel wählst. Dein Schutzengel drängt dich dazu ganz mächtig; er bietet dir von Gott tausend Gnaden und Hilfen an, um dir beim Aufstieg beizustehen . . . Nimm die Gnadenerweise an, die dir die seligste Jungfrau, die *Engel* und Heiligen anbieten! Versprich ihnen, dass du ihren Weg einschlagen willst! Ergreife die Hand deines Schutzengels, damit er dich führe! Mache deiner Seele Mut zu dieser Wahl!»[8]
Hier passt her, was der hl. Franz von Sales in seinem «Theotimus» über den Unterschied zwischen Betrachtung und Beschauung anmerkt: Während die Betrachtung mit dem Essen, das mit mühsamem Kauen verbunden ist, verglichen werden kann, gleicht die Beschauung mehr dem Trinken: «Wie dieses geschieht die Beschauung ohne Mühe und Widerstand, mit Freude und Leichtigkeit». Das kann bis zur Trunkenheit führen. Die Beschauung könnte nur mit einer heiligen, weihevollen Trunkenheit verglichen werden. «Im Gegensatz zur leiblichen Trunkenheit beraubt sie uns nicht der geistigen Sinne, wohl aber der leiblichen; sie verdummt und vertiert uns nicht, sondern *macht uns den Engeln gleich* und vergöttlicht uns gewissermassen; sie entrückt uns selbst, aber nicht, um uns herabzuwürdigen und Tieren gleichzustellen, wie irdische Trunkenheit, sondern um uns über uns selbst hinauszuheben und uns unter die *Engel* einzureihen. Wie diese leben dann auch wir mehr in Gott als in uns selbst, und, von der Liebe gedrängt, sind wir dann wie die heiligen *Engel* ganz darauf bedacht und voll damit beschäftigt, seine Schönheit zu schauen und uns mit seiner Güte zu vereinigen»[9].
In seinen Ausführungen über die göttliche Vorsehung kommt der hl.

Franz von Sales auch auf die Erschaffung der *Engel*, ihre gnadenhafte Ausstattung und auf den Sündenfall der Engel zu sprechen. Er schreibt: «Theotimus, wir reden von göttlichen Dingen nach den Erfahrungen, die wir aus der Betrachtung der menschlichen Dinge schöpfen. Wir sagen also, dass Gott von Ewigkeit her in vollkommenster Weise die 'Kunst' besass, die Welt zu seiner Verherrlichung zu erschaffen. Daher erwog er zuerst in seinem Geiste die vornehmsten Geschöpfe, von denen er wollte, dass sie ihm besondere Ehre erweisen würden: Die *Engel* und die Menschen. Er ordnete die *Engel* nach der Mannigfaltigkeit ihrer Ordnungen und Chöre, wie die Hl. Schrift und die Kirchenväter uns lehren, und beschloss, auch die Menschen in jener Mannigfaltigkeit zu erschaffen, die wir an ihnen sehen. Gleichzeitig erwog er von Ewigkeit her auch die Mittel, die den *Engeln* und Menschen zur Erreichung ihres von ihm bestimmten Zieles dienen sollten. Er begnügte sich jedoch nicht mit dem Planen, sondern schuf tatsächlich *Engel* und Menschen und spendete und spendet noch immer durch seine Leitung den vernunftbegabten Geschöpfen alles, was sie brauchen, um zur Herrlichkeit zu gelangen. Kurz gesagt: Die höchste Vorsehung Gottes ist jener Akt, durch den er den *Engeln* und den Menschen die notwendigen und nützlichen Mittel verleihen will, ihr Ziel zu erreichen»[10]. «Alles, was Gott gewirkt hat, ist für das Heil der *Engel* und Menschen bestimmt»[11]. «Aus der Masse der zahllosen möglichen Geschöpfe, die Gott hervorbringen konnte, wählte und schuf er die *Engel* und die Menschen gewissermassen dazu, seinem Sohn Gesellschaft zu leisten, seine Gnade und seine Herrlichkeit zu teilen und Ihn in alle Ewigkeit anzubeten und zu preisen»[12]. «Ausserdem beschloss Gott in seiner Vorsehung, alle übrigen Dinge, natürliche und übernatürliche, Unseres Herrn wegen ins Dasein zu rufen, damit *Engel* und Menschen Ihm dienen und so Teilhaber an seiner Herrlichkeit werden können. Obgleich nun Gott die *Engel* und die Menschen mit freiem Willen erschaffen wollte, mit der Freiheit, das Gute oder das Böse zu wählen, so erschuf er sie gleichwohl in ursprünglicher Gerechtigkeit, gleichsam zum Zeugnis dafür, dass seine Güte sie für das Gute und für die Herrlichkeit bestimmt habe. Diese Gerechtigkeit bestand in einer wonnevollen Liebe, die sie zur ewigen Glückseligkeit bereitmachte, hinlenkte und hinführte. Weil aber die allerhöchste Weisheit beschlossen hatte, diese Liebe in solcher Weise mit dem freien Willen der Vernunftgeschöpfe zu verbinden, dass die Liebe dem Willen nicht Gewalt antut, sondern volle Freiheit lassen sollte, sah Gott auch voraus, dass ein Teil der *Engel*, allerdings ein *geringerer* Teil, diese Liebe freiwillig preisgeben und infolgedessen ihre Herrlichkeit verlieren würde. Die Sünde der

Engel konnte dabei nur ein ausdrücklicher Bosheitsakt sein, ohne vorhergegangene Versuchung und ohne einen anderen mildernden Umstand. Ausserdem sah Gott voraus, dass der *grössere* Teil der *Engel* im Dienste des Herrn und Heilands treu bleiben würde. Daher wollte Er, der in der Erschaffung der *Engel* seine Barmherzigkeit überreich verherrlicht hatte, nun auch seine Gerechtigkeit verherrlichen. Dazu beschloss Er im Ingrimm seines gerechten Zornes, die unglückliche Schar der treulosen Engel auf ewig zu verstossen, sie, die in der Vermessenheit ihres Aufruhrs ihn so schändlich verlassen hatten»[13)].

Der ehrwürdige Dominicus a Jesu Maria

(† 16. Februar 1630)

Bei diesem charismatisch begabten Karmeliterordenspriester — er war ein echter Europäer: In Calatayud in Aragon (Spanien) 1559 als viertes von 11 Kindern des Notars Michael Urrusolo geboren, in Rom, München, Wien, Prag, Nancy, Brüssel und Paris apostolisch tätig, in Wien 1630 in der Hofburg in Gegenwart des Kaisers und seiner Familie gestorben — geht es um einen Menschen, dessen Leben «so reich an übernatürlichen, mystischen Vorgängen und Wundern war, dass man versucht wäre, an Übertreibung oder Kritiklosigkeit der Berichterstatter zu glauben, wenn nicht ernste Männer als Augenzeugen dafür einstehen würden . . . Prophetischen Geistes, schaute er die Zukunft; er las in den Herzen, befreite Besessene, heilte Krankheiten und erweckte sogar Tote. Alle Länder, die er besuchte, wurden Zeugen seiner Heiligkeit und Glaubenskraft: sein Vaterland Spanien, dann Frankreich, Italien, Österreich, Bayern, Lothringen und Belgien. Päpste und Fürsten wählten ihn zum Berater, stellten sich unter seine Leitung und verwendeten ihn zu den schwierigsten diplomatischen Sendungen . . . Er erbaute Klöster, errichtete Zufluchts- und Fürsorgehäuser, stiftete Frieden zwischen Familien und Staaten, er wurde Mitbegründer einer der grössten Institutionen der katholischen Kirche, der Propaganda fide; wir sehen ihn im Schlachtgetümmel als unerschrockenen Seelsorger der Soldaten und ihrer Führer. Dabei blieb er allzeit der demütige Ordensmann, der seinem Seelenführer wie ein Kind gehorchte, der Mann des Gebetes und der höchsten Beschauung, ein wahrer Sohn seiner grossen Landsmännin Teresa von Avila»[1)].

Dieser begnadete Mönch hatte von Kindheit an auch mystischen Verkehr mit den heiligen Engeln, voran mit seinem Schutzengel. So schreibt ein guter Kenner der biographischen Quellen des Lebens dieses wahrhaft ehrwürdigen Karmeliten: «Sein besonderer Freund und Begleiter im Gebet war sein heiliger Schutzengel, der ihm schon in seiner Jugend öfters erschien, ihn des Nachts zum Gebet aufweckte und dann selbst mit ihm den grössten Teil der Nacht in liebender Unterhaltung über Gott und im Gebet zubrachte»[2]. «Es wird berichtet, er habe schon als Kind mit seinem Schutzengel fast wie mit einem Spielkameraden verkehrt»[3]. Ein italienischer Biograph des ehrwürdigen Dominicus a Jesu Maria geht noch weiter und schreibt: «Die fromme Mutter freute sich, zu sehen, wie der Himmel dieses ihr Kind Dominicus unter seinen ganz besonderen Schutz genommen hatte; sie war gerührt, zusammen mit ihrer Tochter Maria beobachten zu können, wie sich häufig Engel über dieses ihr Kind beugten und es mit himmlischen Gesängen erfreuten»[4]. Dazu bemerkt wieder ein anderer Autor: «Gewiss mag im Leben des ehrwürdigen Dominicus vieles legendär und mythenhaft sein; er war auch ein Kind seiner Zeit, die für die Mythenbildung einen fruchtbaren Boden bot. Aber auch dann, wenn dieses Leben mit der Sonde der Kritik näher untersucht und voll und ganz freigelegt wird, ohne dass die ausserordentlichen, aber nebensächlichen Phänomene der Mystik zum Massstab der Beurteilung dieses einzigartig grossen Mannes genommen werden, erscheint doch sein Leben hineingezogen und hineingetaucht in die Sphären einer anderen Welt, aus der er seine Kraft zog»[5]. So gesehen, dürfte als geschichtliche Tatsache im Leben des ehrwürdigen Dominicus a Jesu Maria auf jeden Fall ein familiärer Umgang dieses Mannes von Kindheit an mit seinem Schutzengel und überhaupt mit den heiligen Engeln festzuhalten sein.

Ähnlich wie im Leben anderer Heiliger, etwa der hl. Francisca Romana, steht auch die Tatsache fest, die P. Dominicus a Jesu Maria selber in seiner Selbstbiographie (Kap. 11) geschildert hat: Eines Tages wurde ihm nach der Feier der hl. Messe in einer lang andauernden Ekstase, in der er das Mysterium der heiligsten Dreifaltigkeit schauen durfte, die Gnade zuteil, dass ihm zusätzlich zu seinem Schutzengel auch noch ein Engel aus einer höheren Hierarchie zum besonderen Schutz in schwierigen Aufgaben zugewiesen wurde. Er nannte diesen Engel fortan seinen «Vorläufer», weil er ihm immer — oft sichtbar — vorausging, ihn auf alles aufmerksam machte und ihn vor allen Gefahren beschützte und verteidigte. «Zusammen mit meinem Schutzengel und meinem 'Vorläufer'-Engel haben dann wir drei zusammen Gott, unseren Herrn, gelobt und gepriesen»[6].

Auf die Rolle, die P. Dominicus a Jesu Maria als päpstlicher Legat bei der Erringung des Sieges in der Schlacht am Weissen Berg bei Prag am 8. November 1620 gespielt hat, gehört zuletzt noch hingewiesen. Er hat «durch geistliche Ermahnung, Zuspruch und Aufmunterung des Heeres, vor allem aber durch seinen Segen und sein Gebet, den Ausgang der Schlacht mitentschieden»[7]. Papst Paul V. aber gratulierte in einem Brief dem Kurfürsten Maximilian von Bayern und schrieb, «dass an jenem Tag ein himmlisches Heer gegenwärtig war und den Sieg erringen half»[8]. Hier dürfte der Papst auf jene Tatsache angespielt haben, dass P. Dominicus a Jesu Maria einen Tag vor der Schlacht den Sieg vorausgesehen und dem Kurfürsten Maximilian von Bayern mit folgenden Worten angekündigt hat: «Morgen wird der grosse Entscheidungskampf erfolgen. Unter dem Schutze Jesu Christi, dessen Sakramente die Häretiker verachten, unter dem Beistand Mariens, deren Gnadenvorzüge sie verschmähen, und mit Hilfe der himmlischen Heerscharen (der heiligen Engel) wird dic Kirche und das Reich einen herrlichen Sieg erfechten»[9]. P. Dominicus a Jesu Maria, der heiligmässige Karmelit, griff zwar damals nicht aktiv in das Schlachtgeschehen ein, wie legendär behauptet wurde, aber dieser gottverbundene, christusförmige, Maria, die Königin der Engel, ganz besonders liebende und mit den heiligen Engeln familiär verkehrende Mönch betete und flehte vertrauensvoll um den vorausgeschauten Sieg wie einst Moses am Berg Horeb.

Wahrhaft dem Moses glich dieser Mönch nicht bloss damals in seinem vertrauensvollen Gebet, sondern auch sonst in seinem Leben: Ausserordentliche göttliche Gnadengaben wie Ekstasen, Wunder und Weissagungen, vor allem aber eine einzigartige Gottverbundenheit, innige Christus- und Marienliebe und eine ganz einzigartige Freundschaft mit den Engeln zeichneten diesen Mönch aus. Dazu kamen seine unverletzte Herzensreinheit sowie sein glühender Seeleneifer im Beichtstuhl und auf der Kanzel. Überdies war er erfüllt von grösster Einsatzbereitschaft für seinen Orden und für die Kirche.

Nach der Schlacht am Weissen Berg begab sich P. Dominicus a Jesu Maria mit Aufträgen des Papstes an die Höfe von Wien, Nancy, Brüssel und Paris. Gegen Ende des Jahres 1621 kam er nach Rom zurück, wo er für seinen Orden als Generaldefinitor, beziehungsweise Generalprokurator und Generaloberer tätig war. Papst Urban VIII., der ihn überaus schätzte, sandte ihn 1629 in der Angelegenheit des Mantuaner Erbfolgestreites nach Wien. Hier starb er am 16. Februar 1630 in der kaiserlichen Hofburg im Beisein des Kaisers Ferdinand II.

P. Dominicus a Jesu Maria, der befreundet war mit den damals in Rom lebenden Heiligen Camillus von Lellis, Robert Bellarmin und Joseph von Calasanz, war auch ein bedeutender Theologe und Lehrer des geistlichen Lebens, wie sich vor allem in seiner mystischen Schrift «Sententiarium spirituale» (Rom 1623) zeigt. Die Selbstbiographie des ehrwürdigen Dominicus a Jesu Maria, die er im Auftrag seines Beichtvaters P. Johannes a Jesu Maria niederschrieb unter dem Titel «Las cosas más notables de su vida acerca de Revelaciones y actos de virtudes» und die bis zu seiner Ankunft in Rom im Jahre 1602 reicht, ist ein überaus demütiges und aufrichtiges Zeugnis dafür, was Gottes Gnade in einem Menschen zustande bringt, der sich ganz ihr ausliefert. Dabei zeigt sich im Leben dieses heiligmässigen Mönchs, dessen Seligsprechungsprozess am 29. Januar 1676 in Rom begonnen, aber noch immer nicht zu Ende geführt worden ist, eine einzigartige Gottverbundenheit und Freundschaft mit den Engeln und Heiligen[10].

Der heiligmässige Weihbischof Friedrich Forner

(† 5. Dezember 1630)

Ein Beispiel dafür, dass sich die auf Ignatius von Loyola, Petrus Faber und Petrus Canisius zurückgehende, blühende Engelverehrung im Jesuitenorden auch auf die von Jesuiten herangebildeten Weltpriester segensreich ausgewirkt hat, stellt der um 1570 in Weismain (Oberfranken) geborene und als Germaniker in Rom 1595 zum Priester geweihte Friedrich Forner dar[1]. Der Bamberger Fürstbischof Neythard von Thüngen ernannte ihn zum Domprediger, Pfarrvikar zu Unserer Lieben Frau und zum Geistlichen Rat. Von seiten des weltlich und protestantisch gesinnten Weihbischofs Johannes Schoner hatte Friedrich Forner unter dem ebenfalls zum Protestantismus neigenden Fürstbischof Johann Philipp von Gebsattel viel zu leiden, weil er sich mutig für die katholische Erneuerung in Bamberg einsetzte. Nach dem Tod von Fürstbischof Gebsattel (1609) und der Absetzung des Weihbischofs Johannes Schoner wurde Friedrich Forner Generalvikar der Erzdiözese Bamberg und am 7. Oktober 1612 Weihbischof. Er war von da an der eigentliche Träger der Gegenreformation in Bamberg und erwarb sich um die Erhaltung des katholischen Glaubens in dieser Erzdiözese ganz grosse Verdienste. Eine besondere Hilfe war diesem heiligmässigen Priester und Bischof dabei eine überaus innige Verehrung der heiligen *Engel*, die ihm zweifellos von den Jesuiten im Germanikum in Rom beigebracht worden war.

Für die grosse Engelverehrung, die Friedrich Forner eigen war, zeugen seine 1627 publizierten dreissig Ansprachen über die heiligen *Engel*[2], die man mit Recht einen grossartigen Traktat über die Engel, speziell die Schutzengel und ihre Verehrung, ja eine «Legenda aurea» der heiligen Engel genannt hat, zumal er darin aus der Hl. Schrift, aus den Kirchenvätern und aus der Kirchengeschichte eine grosse Zahl von Beispielen dafür bringt, welche und wie viele Wohltaten die *Engel* den Menschen erweisen.
Als Beispiel ausserordentlicher Familiarität mit den Engeln zitiert Bischof Friedrich Forner dabei u.a. den Kapuzinerpater *Francesco da Bergamo*, der 1626 im hohen Alter von 93 Jahren als «Engelpater» des 16. und 17. Jahrhunderts starb[3]. Diesen Kapuziner dürfte Friedrich Forner als Germaniker in Rom kennengelernt haben, denn P. Francesco da Bergamo, dieser durch Demut, Bussgesinnung und opferbereite Gottes- und Nächstenliebe ausgezeichnete Ordenspriester, wirkte vor allem in den Kapuzinerklöstern der römischen Provinz überaus segensreich. In der Lebensbeschreibung des ehrwürdigen Dieners Gottes Francesco da Bergamo[4] heisst es wörtlich: «Er hatte vom März 1624 bis zu seinem Tod am 2. Oktober 1626 die Gnade einer ans Wunderbare grenzenden Familiarität mit den heiligen *Engeln*, deren himmlische Musik er oft, wie er ausdrücklich bezeugte, zu hören bekam.»
Bischof Friedrich Forner war bei allem Hinweis auf Wunder und übernatürliche Ereignisse im Leben der Heiligen und der Kirche insgesamt[5] wahrlich kein leichtgläubiger oder gar abergläubischer Mensch, sonst hätte er sicher nicht in einem seiner Werke[6] gegen Abergläubigkeit ganz scharf Stellung genommen.
Bischof Forner starb hochverdient um den katholischen Glauben in Bamberg am 5. Dezember 1630.

Der hl. Joseph von Copertino

(† 18. September 1663)

Der «fliegende Heilige», wie Joseph von Copertino in neueren Biographien wegen seiner mystischen Flüge und Levitationen genannt[1] und 1963 sogar zum Schutzpatron der Weltraumfahrer ernannt wurde und bisweilen sogar mit Flügeln dargestellt wird, gleicht schon durch solche äussere Umstände den heiligen *Engeln*, mit denen er familiären Verkehr pflegte, wie uns von den ersten[2] bis zu den neuesten Biographien[3] dieses Heiligen bestätigt wird.

Joseph von Copertino, mit dem Familiennamen Giuseppe Desa, wurde als letztes Kind eines kinderreichen, bescheidenen Ehepaares in Copertino bei Nardò südlich von Brindisi am 17. Juni 1603 geboren. Nicht einmal bescheidenste Volksschulbildung konnte er sich aneignen, weil er gleich zu Beginn seiner Schulzeit schwer erkrankte und fünf Jahre lang schwerstbehindert war, bis er wunderbar geheilt wurde. Nun aber war er schon zu alt, um wieder in die Schule zu gehen; er musste zu arbeiten beginnen. Dabei aber taugte er nirgendwo, weil er sich durch eigenartige Zerstreutheit und Ungeschicklichkeit auszeichnete.

In dieser Zeit reifte in ihm der Entschluss zum Ordensleben in der Nachfolge des hl. Franziskus. Aber auch da ging ihm anfangs alles schief. Bei den reformierten Minderbrüdern behielt man ihn wegen seiner Ungeschicklichkeit nicht, die Kapuziner aber schickten ihn aus dem gleichen Grund im Noviziatsjahr wieder weg, bis er endlich im kleinen Konvent «La Grotella» zuerst als Stallknecht, dann als Laienbruder behalten wurde und schliesslich wegen seiner hervorragenden Frömmigkeit und trotz seiner intellektuellen Unbegabtheit zum Priestertum aufsteigen konnte.

Nun reifte er zu jenem Mystiker heran, bei dem die mystischen Zustände (stundenlange Ekstasen, Levitationen u.a.) ausserordentlich häufig waren, aber besonders gut beglaubigt sind[4)]. Er schwebte beim Beten oft in der Luft, flog durch die Kirche — wie von einem Magnet angezogen — zum Tabernakel hin, ja es ereigneten sich schliesslich im Leben dieses Ordenspriesters so ausserordentliche Dinge, dass man ihn wegen des Aufsehens, das er machte, bei der Inquisition anzeigte und in abgelegenen Klöstern internierte. Schliesslich wurde er im Minoritenkloster zu Osimo bei Loreto untergebracht. Dort verbrachte er die letzten sechs Lebensjahre von 1657-1663 ganz abgeschieden von der Welt. Selbst die Klosterkirche durfte er nur des Nachts besuchen, weil er fast immer in Ekstase, die manchmal sechs bis sieben Stunden dauerte, geriet. Wie er im Leben ausserordentliche Gnaden von Gott empfangen und Wunderbares gewirkt hat, so wurde er auch nach seinem Tod durch grosse Wunder verherrlicht, die an seinem Grab geschahen. Infolgedessen wurde er 1753 von Benedikt XIV. selig- und 1767 von Clemens XIII. heiliggesprochen.

In den vielen Verkennungen und Zurücksetzungen, die er wegen seiner auffallenden mystischen Zustände erleiden musste, wurde der hl. Joseph von Copertino oft von seinem Schutzengel, der ihm sichtbar erschien, getröstet und ermutigt[5)].

Die Biographen berichten auch, dass dieser Heilige trotz seines vertrau-

ten Verkehrs mit seinem Schutzengel diesem dennoch grösste Ehrfurcht entgegenbrachte. Beim Betreten seiner Zelle liess er dem ihm sichtbar zur Seite stehenden Engel immer den Vortritt. Als er eines Tages mit einem Ordenspriester zu einem religiösen Gespräch in einer ländlichen «Pergola» (Laube) weilte und der Mitbruder ihn auf die schöne Aussicht auf das doch relativ weit von Osimo entfernte Loreto mit seiner gewaltigen Basilika, die über dem «Heiligen Haus» erbaut worden war, aufmerksam machte, da rief der hl. Joseph von Copertino plötzlich innerlich ganz ergriffen aus: «Schau, wie dort die heiligen *Engel* aus dem Himmel herniederfliegen und im Heiligen Haus von Loreto ein- und ausgehen!» Und während er dies sagte und staunend nochmals darauf hinwies, wurde der Heilige — wie es oft bei ihm geschah — emporgehoben und im Flug nach Loreto hinübergetragen.
In der Klosterkirche der Minoriten zu Osimo, in der der hl. Joseph in einer neuestens sehr schön gestalteten Krypta beigesetzt ist, wird dieses Ereignis in einem grossen Gemälde dargestellt. Wahrlich, der hl. Joseph von Copertino war schon äusserlich ein «engelgleicher» Heiliger, noch mehr aber war er es durch seine strahlende Herzensreinheit und durch die mystische Tiefe, mit der er in die Geheimnisse Gottes eindrang.

Die gottselige Jeanne-Marie Chezard de Matel

(† 11. September 1670)

Mit der französischen Ordensstifterin und Mystikerin Jeanne-Marie Chezard de Matel haben sich in unserer Zeit zwei bedeutende Erforscher der Geschichte der Spiritualität in Frankreich auseinandergesetzt, teils kritisch, teils positiv die Bedeutung dieser Ordensfrau herausstellend: *H. Bremond*, der Geschichtsschreiber der französischen mystischen Literatur des 17. und 18. Jahrhunderts, in seiner «Histoire littéraire du sentiment religieux en France»[1)] und *L. Cristiani* in seiner «Étude historico-critique de Jeanne de Matel»[2)]. Jeanne-Marie de Matel wurde 1596 in der Nähe von Lyon geboren und wuchs als ungebildete Analphabetin auf, bekam aber von Gott auffallende Charismen, darunter eine sozusagen eingegossene Schriftkenntnis geschenkt. Unter Bischof Richelieu gründete sie in Lyon die 1644 approbierte Kongregation der «Frauen vom menschgewordenen Wort».
In ihren mystischen Schriften knüpft diese heiligmässige Französin an

die mittelalterliche Mystik an und erinnert dabei stark an die hl. Gertrud die Grosse[3]. Sie gibt u.a. einen lehrreichen Einblick in das Verhältnis zwischen den normalen Seelenkräften und der mystischen Erfahrung[4]. Ihre geistlichen Werke[5] enthalten u.a. auch «Erhebungen und Erleuchtungen über die heiligen *Engel*, besonders über den heiligen Erzengel Michael», die so aufschlussreich und schön sind, dass der italienische Theologe P.A. Arrighini in seinem Buch «Gli Angeli»[6] den Rat gibt: «Über die Andacht zu den *Engeln*, speziell zum heiligen Michael, empfehlen wir, die überaus frommen und oft glühenden Seiten der ehrwürdigen Jeanne de Matel in ihrem Werk 'Elevations et lumières sur les saints Anges et saint Michel' zu lesen; man wird nicht aufhören, ohne dass man das Herz von Liebe und Verehrung zu den *Engeln* und zum Fürsten der Engel durchdrungen fühlt.»
Die Dienerin Gottes, Jeanne-Marie de Matel, schreibt u.a. folgendes: «Ich will fortan noch viel mehr an die Engel denken. Man leidet oft darunter, im Leben allein oder fast allein zu sein; es scheint bisweilen, als wäre die Erde für uns eine unermessliche Wüste, als wäre die Stadt, in der wir wohnen, ein erschreckendes, unbewohntes Ödland. Aber, o mein Gott, sind wir nicht allzeit in der allerbesten und heiligsten Gesellschaft? Haben wir nicht dauernd ganz nahe bei uns, unter uns, um uns Myriaden von Engelgeistern, die uns folgen und uns lieben? . . . Die ganze übernatürliche Welt ist ja liebenswert und schön. Und diese übernatürliche Welt umgibt uns und durchdringt uns. Wir haben nichts anderes zu tun als uns ganz ihrem heiligenden Einfluss zu überlassen und in der Verbindung mit ihr zu leben. Gott, der da gesprochen hat: 'Es ist nicht gut, dass der Mensch allein sei', er wollte, dass die weite Umwelt des Menschen belebt sei von himmlischen Geistern, diesen erhabenen Brüdern der menschlichen Geistseele; denn die *Engel*, so adelig und schön sie auch sind, sind doch unsere Brüder. Jesus hat uns ja in seinem Evangelium versichert, dass wir nach der Auferstehung den Engeln ähnlich sein werden. Welche Freude ist dies doch, daran zu denken, dass wir Brüder und Schwestern der *Engel* sind, denn wir besitzen mit ihnen zusammen die geistige Intelligenz; wir sind wie sie Söhne und Töchter des himmlischen Vaters; wir sind wie sie Erben der gleichen ewigen Glückseligkeit . . . Ich will darum jeden Tag alle heiligen *Engel* anrufen und ihnen zusammen mit der ganzen Kirche zurufen: 'Omnes Angeli et Archangeli, intercedite pro nobis!' In gleicher Weise will ich noch öfter *den* Engel anrufen, den Gott für meinen Schutz bestimmt hat, dass er mich erleuchte, lenke und leite auf allen Wegen; in ganz besonderer Weise ist unter allen Schutzengeln sicher der vollkommenste der Erzen-

gel *Raphael*. Vielleicht habe ich bisher zwar seinen Namen oft ausgesprochen, ohne dabei aber daran zu denken, was dieser Name bedeutet, und ohne zu bedenken, dass er 'der Arzt des Herrn', die 'Medizin Gottes' ist. Fortan will ich mich darum, wenn ich krank und leidend bin, vor jedem irdischen Arzt an ihn wenden; wenn Krankheit und Tod mich überfallen und verschlingen wollen, wie der grosse Fisch den Sohn des Tobit zu verschlingen suchte, will ich mich vertrauensvoll an ihn wenden und rufen: 'Domine, invadit me!' Und wenn Kälte und das dämmrige Dunkel der Altersschwäche mich überfallen, meine Haare bleich und meine Glieder krumm werden, mein Fleisch auszutrocknen beginnt und auch das Licht meiner Augen zu erlöschen droht, dann will ich mich vertrauensvoll an ihn wenden und rufen: 'Domine, invadit me!' Und wenn zuletzt der Dämon, der so arg die gute Sara verfolgt hat und ihre sieben Männer, die sie geheiratet hatte, getötet hat, auch meine Seele zu vernichten droht und zu töten sucht, dann werde ich noch stärker als zuvor zum Erzengel Raphael rufen, im Vertrauen, dass er mir sofort zu Hilfe kommen und mich retten wird: 'Domine, invadit me!' . . .»[7].

Die ehrwürdige Benedikta Rencurel

(† 28. Dezember 1718)

Fast 200 Jahre vor der hl. Bernadette hatte ein anderes französisches Hirtenmädchen, nämlich Benedikta Rencurel, die am Fest des hl. Erzengels Michael des Jahres 1647 in dem kleinen Dorf Saint-Etienne bei Avençon im Departement Hautes Alpes (Frankreich) von ganz armen Eltern geboren wurde, die grosse Gnade häufiger Erscheinungen Mariens, der jungfräulichen Mutter Jesu, der Königin der Engel[1]. Als Benedikta mit zehn Jahren den Vater verlor, wurde sie einem benachbarten Gutsbesitzer zum Hüten seiner Schafherde übergeben. Schlicht und opferbereit tat sie ihren Dienst.

Vom Monat Mai des Jahres 1664 angefangen erschien die seligste Jungfrau dem Hirtenmädchen Benedikta vier Monate lang täglich. Maria gab dabei dem Mädchen den Auftrag, in der Örtlichkeit einer Talmulde, die den Namen Le Laus trug, eine verfallene Kapelle wieder aufzubauen, damit dort für die Bekehrung der Sünder viel gebetet werde. M. Lambert, der Generalvikar von Embrun, führte 1665 mit Benedikta lange Verhöre durch und kam zur Überzeugung, dass die Marienerscheinungen, von denen das Hirtenmädchen ihm berichtete, echt seien. So wurde 1666 mit dem Bau einer Kirche in Le Laus begonnen, 1670 wurde sie vollendet[2)].

Benedikta, die sich als Terziarin des Dominikanerordens bemühte, nach Heiligkeit zu streben, gab nun das Viehhüten auf und widmete sich ganz dem Dienst an den Pilgern, die sich immer zahlreicher einstellten. Um der Bekehrung der Sünder willen unterzog sich Benedikta schwersten Abtötungen, sie betete viel, wies die verstockten Sünder zurecht und ermutigte die Schwachen und Verzweifelten. Es ward ihr das Charisma der Herzensschau zuteil. Sie durchschaute Sünder, die aus falscher Scham schwere Vergehen nicht gebeichtet hatten, und machte sie darauf aufmerksam. Es kam dabei vor, dass sie Pilger von der Kommunionbank wegwies mit der Aufforderung, zuerst nochmals in den Beichtstuhl zurückzukehren und die verheimlichte Schuld zu bekennen.

Innerhalb der folgenden Lebensjahre schaute Benedikta wohl über hundert Mal die Gottesmutter, von der sie in ihrer Aufgabe im Dienst der Bekehrung der Sünder unterwiesen wurde. Benedikta wurde aber auch eines überaus vertrauten Umgangs mit *Engeln* gewürdigt, die sich ja nach dem Wort des Herrn (Lk 15,10) herzlich freuen über einen Sünder, der sich bekehrt. Engel verkehrten freundschaftlich mit Benedikta und beteten sogar oft abwechselnd mit ihr den Rosenkranz um die Bekehrung der Sünder; Engel berieten auch Benedikta in schwierigen Situationen und waren im Auftrag der Königin der Engel liebevoll besorgt um ihr seelisches und leibliches Wohl[3)].

In den Jahren 1692 bis 1712 musste Benedikta von seiten jansenistischer Priester, denen die Wallfahrtskirche in Le Laus anvertraut worden war, die aber offen von der Kanzel herab die Echtheit der Marienerscheinungen, wie sie Benedikta zuteil geworden waren, leugneten, viel Verkennung und Verfolgung erleiden. Man wollte sie schliesslich in ein Kloster einsperren. Einen offenen Angriff auf Benedikta aber wagte man nicht, weil man das gläubige Volk fürchtete, das sich von der Überzeugung nicht abbringen liess, die Gottesmutter sei dem Mädchen Benedikta monatelang täglich erschienen. Durch Engel wurde Benedikta vor den Gefahren gewarnt, die ihr drohten. Man verweigerte ihr die Sakramente und verbot ihr sogar, die Kirche in Le Laus zu betreten. Die Mutter Gottes und Engel standen ihr aber — oft sichtbar — in diesen schweren Zeiten bei, ermutigten sie zum Durchhalten und rieten ihr, wie sie sich verhalten solle. «Deine Feinde wären glücklich, wenn du verzagtest, denn dann würden sie ihr Ziel schnell erreichen!» So sagte die Gottesmutter zu Benedikta, die nun unermüdlich weiter betete und opferte, um dem Teufel und der Hölle Sünder zu entreissen. Ein Engel aber offenbarte ihr: «Le Laus ist Gottes Werk. Weder Menschen noch Dämonen können es je zerstören. Es wird fortdauern und überreiche Frucht tragen.» Am 28. Dezember 1718 starb Benedikta nach einem heiligmässigen Leben im Alter von 71 Jahren. Die vielen Pilger, die sich in Le Laus in ihren Gebeten der Gottesmutter empfahlen, begannen bald auch Benedikta anzurufen und um ihre Seligsprechung zu beten. 1871 wurde der Seligsprechungsprozess begonnen[4)].

Die ehrwürdige Dienerin Gottes Maria Diomira

(† 14. Januar 1768)

Maria Theresia Serri, mit dem Ordensnamen Maria Diomira, wurde am 23. Februar 1708 als begnadetes Kind der aus Zug bzw. Freiburg in der Schweiz stammenden Eltern Giovanni und Teresa Serri, geb. Curti in Genua geboren.

Schon als Kleinkind zeigte sie auffallende Vorliebe für das Gebet und die Betrachtung des leidenden Gottmenschen Jesus Christus. Auffallend ist nun, dass diese heiligmässige Ordensfrau ganz besonders familiären Umgang mit den heiligen *Engeln* hatte, wie aus ihrer im Auftrag des Beichtvaters niedergeschriebenen Selbstbiographie[1)] ersichtlich wird.

Da das Kind zwischen dem fünften und zehnten Lebensjahr bereits unter wiederholten Angriffen des Teufels zu leiden hatte, musste es schon in dieser Zeit die Mahnung des Herrn zum «Wachen und Beten» beherzigen. Da schreibt sie nun in ihrer Selbstbiographie[2)]: «Ich legte mich nicht eine einzige Nacht nieder, ohne dass ich mich nicht ermattet fühlte von langem Weinen und Knien, während ich mich mit der heissesten Glut meines Geistes Jesus, der seligsten Jungfrau und meinem Schutzengel empfahl. Auch hielt ich sehr oft die Arme ausgestreckt, so hoch ich nur konnte, und betete in dieser Stellung viele Rosenkränze, während alle anderen im Hause schliefen.»

Im reifen Mädchen erwachte sehr bald der Ordensberuf. Aber in welchen Orden, in welches Kloster sollte sie eintreten? «Der Herr würdigte sich, die im Sturm von mir bewiesene Standhaftigkeit zu belohnen, was sich in folgender Weise zutrug: Ich begab mich eines Tages allein in die Kirche der Schwestern» — sie weilte damals bei den Benediktinerinnen in Pisa —, «um Jesus im heiligsten Sakrament anzubeten. Wie ich eben Weihwasser nehmen wollte, gewahrte ich über meinem Kopf und rings um mich herum einen leuchtenden Glanz. Erstaunt und bestürzt, wusste ich nicht, was ich denken sollte, als ich zwei flammende *Engel* von ausserordentlicher Schönheit sah. Der eine davon nahm meine rechte Hand, der andere steckte einen Ring an den Finger, indem er sagte: 'Jesus hat dich zur Braut erwählt; durch dieses Unterpfand gibt Er dir seinen Willen zu erkennen, dass du Ordensschwester werden sollst; bald wirst du den Ort erfahren, wo du als Kapuzinerin eintreten sollst.' Das Gesicht verschwand. Es lässt sich leicht denken, wie ich vor Freude frohlockte; ich dankte nach Kräften meinem Bräutigam und wünschte den Augenblick herbei, den Ort zu erfahren, für den Er mich bestimmt hatte»[3].

«Eines Tages ging ich nach einem Auftrag, den ich nicht mehr weiss, nach Hause. Wie ich an einer Quelle vorüberging, begegneten mir einige Jünglinge von unvergleichlichem Aussehen. Es waren *Engel*. Einer von ihnen redete mich an und sagte: 'Du wirst in *Fanano* als Kapuzinerin eingekleidet werden. Das ist der Ort, den Gott für dich bestimmt hat.' Ich staunte über diese Worte, denn in meinem ganzen Leben hatte ich den Ort Fanano noch nie nennen gehört. 'Wo ist Fanano?' fragte ich im Weitergehen mich selbst und grübelte in meinen Gedanken nach. Ich war voller Freude, meinen Seelenführer zu treffen, erzählte ihm, was mir begegnet war, und fragte ihn, ob er etwas von Fanano wisse. Er gab mir zur Antwort, dass er dieses Fanano sehr wohl kenne; zudem kenne er auch noch zwei Kapuzinerinnen aus jenem Ort, die jedes Jahr gelegentlich der Kollekte bei ihm Wohnung nehmen. Dann fügte er bei: 'Lassen Sie das nur gut sein, denn ich werde sofort an die Mutter Oberin dort schreiben, Sie unter ihre Schwestern aufzunehmen.' Er ging, um zu schreiben, wobei er der Oberin meine Lebensweise erzählte»[4]. Wenig später, im April 1730, erhielt Maria Theresia Serri die Aufnahme in das Kloster zu Fanano, einer unbedeutenden Kleinstadt im damaligen Herzogtum Modena, Diözese Nonantola, am Fusse des Monte Cimone, dem höchsten Berg der Apeninnen.

Ihr ganzes weiteres Leben verbrachte Maria Theresia Serri, die bei der Einkleidung den schönen Namen Maria Diomira erhielt, in diesem Kloster. Ihre Tugenden, ihre Liebe zum gekreuzigten Herrn, aber auch die ihr schon in früher Kindheit geschenkten besonderen Gnadengaben kamen nun immer mehr zum Vorschein. Sie wirkte schliesslich neun Jahre lang als vorbildliche Novizenmeisterin, dann als Äbtissin des Klosters. Eins mit dem gekreuzigten Heiland, dessen Leiden sie ständig betrachtete, wurde sie auch der Wundmale gewürdigt, die dann freilich auf ihre Bitte hin wieder verschwanden; die Schmerzen der Wundmale aber blieben ihr bis zum Lebensende.

Auffallend ist, dass sie in ihrem Ordensleben die Vertrautheit mit den heiligen *Engeln* weiter hochhielt. So schreibt sie in der Selbstbiographie aus der Zeit ihres Noviziates: «Ich fühlte mich von einem lebhaften Eifer für Gott angetrieben, hielt mich, was ich auch tatsächlich war, für die geringste und armseligste aller Schwestern und befolgte jeden auch noch so geringen Wink meiner Novizenmeisterin . . . Übrigens war ich immer bedacht, rechtzeitig für die Stunde der (nächtlichen) Matutin wach zu sein. Damit ich mich nie verschlief, kam mein Schutzengel sichtbar, um mich aufzuwecken. Diese Gunst habe ich von ihm nicht bloss damals empfangen, sondern empfing sie fortwährend bis heute. Auch muss ich bemerken, dass dieser liebenswürdigste *Engel* mir seinen wachsamen Schutz erwies, noch bevor ich ins Kloster ging. Noch in der Welt ging ich am frühen Abend regelmässig in die Kirche, um mich mit Jesus im heiligsten Sakrament zu unterhalten. War ich nun in dieses Geheimnis der Liebe vertieft, so würde man mich bei Einbruch der Nacht in die Kirche eingeschlossen haben, wenn nicht dieser treue Wächter, der sich vor meinen Blicken sichtbar zu erkennen gab, mich gerufen und mir bedeutet hätte, fortzugehen. Gar viele Gnaden habe ich von ihm (dann auch in meinem Ordensleben) erhalten. Ich habe ihn stets als meinen treuen Wächter und Beschützer auf mich zukommen gesehen, wenn — wie es so oft und in tausend verschiedenen Weisen geschah — der teuflische Feind mich angriff, auf jedem Weg mir Leid anzutun suchte oder mir ein jäher Sturz drohte»[5)].

«Eines Tages war ich im Kloster mit dem Gedanken beschäftigt, welch grossen Trost eine Ordensschwester in der Todesstunde empfinden müsse, die sich ihrer beständigen Treue gegen Gott bewusst ist. Für das Wenige, das ich dann getan haben werde, soll ich einen überaus grossen Lohn erhalten und sicher sein, ihn nie wieder zu verlieren — o ich Glückliche! O ich überaus Glückliche, wenn mir durch die göttliche Barmherzigkeit ein so glückliches Los zufallen sollte! Indem ich dieses Gebet länger fortsetzte, sah und erkannte ich vor mir zwei *Engel*, von denen der eine ein sehr schönes Buch in den Händen hielt und es öffnete, der andere mich darin eine Stelle lesen liess, die er mir zeigte. Ich las und fand dort meinen Namen. Die *Engel* bedeuteten mir, es sei das Buch des Lebens, und durch die göttliche Güte stehe auch mein Name darin geschrieben; sie liessen mich den unschätzbaren Wert einer so grossen Gnade erkennen. Hierauf sagten sie mir noch, dass mir der Name Maria gegeben worden sei, auf dass ich mich verpflichtet fühlte, mit der reinsten und heiligsten Ehrerbietung die Gottesmutter, die Königin der Engel, zu verehren und nachzuahmen; und dass mir der Name 'Diomira'

(=Schau auf Gott!) gegeben worden sei, um mich daran zu erinnern, meine Gedanken und Begierden stets auf Gott zu richten; dass ich schliesslich in der Taufe den Namen Theresia erhalten habe, damit ich dieser heiligen Jungfrau in der Abtötung und Liebe zu Jesus Christus nacheifere. Nach diesen Worten verschwanden die beiden *Engel*. Wie könnte ich meine Freude darüber ausdrücken, mich in diesem glücklichen Buch des Lebens eingetragen zu sehen?! Jetzt noch lese ich jene Schriftzeichen, sie stehen mir ganz klar vor Augen; ich betrachte sie, und diese Betrachtung treibt mich an, mich Gott zuzuwenden, um Ihn zu bitten, dass Er mir die Wege offenbare, auf denen ich Ihn immer inniger lieben und Ihm zuliebe mehr leiden könne, um nie aus diesem Buch ausgelöscht zu werden. Ach, wer vermöchte — ich sage nicht in diesem Leben, sondern in der endlosen Ewigkeit — genug das Unglück einer Seele zu beweinen, die, nachdem sie so sehr von Gott begünstigt worden war, nachher elend verloren ginge!»[6].

Bezeichnend ist, wie Sr. Maria Diomira als Novizenmeisterin den ihr anvertrauten Novizinnen ihre eigene Frömmigkeit beizubringen suchte: «Um die Novizinnen zu den beschwerlichen Arbeiten für die Kommunität zu ermutigen, ging ich in Gemeinschaft mit ihnen und brachte ihnen einige Kunstgriffe bei, wodurch sie ihre Handlungen heiligen könnten. Hatten sie z.B. Holz zu tragen, so sagte ich ihnen, sie sollten sich vorstellen, sie begleiteten Jesus, um ihm das Kreuz auf Golgotha hinauf tragen zu helfen. Auch mussten sie eine bestimmte Anzahl, etwa drei, fünf, sieben usw. Stück tragen. Trug eine drei, so sagte ich ihr: Denk' an die Nägel, mit denen Jesus ans Kreuz geheftet wurde! Erinnere dich an die drei Stunden seiner Todesverlassenheit am Kreuz! Trug eine fünf Bündel: Betrachte die fünf Wunden, die Ihn gepeinigt haben! Unter der Zahl sieben gab ich ihnen die sieben Schmerzen zu verstehen, die die Seele der seligsten Jungfrau Maria durchstachen; unter der Zahl neun aber erinnerte ich sie an die neun Chöre der *Engel*, die den Thron Gottes umstehen»[7]. «Damit aber alles zur Ehre des Herrn, zum Vorteil der mir anvertrauten Seelen und auch zum zeitlichen Gedeihen meiner Ordensfamilie gereiche, nahm ich meine Zuflucht zum Vater des Lichtes, auf dass er mich erleuchte; nahm meine Zuflucht zur Mutter der Barmherzigkeit, um durch ihre Vermittlung bei ihrem göttlichen Sohn für die Leitung dieser seiner Bräute seinen Beistand zu erlangen; schliesslich nahm ich immer meine Zuflucht zu meinem heiligen Schutzengel, den ich bat, meine Schritte nach den Fussstapfen des Herrn zu richten, damit die Untergebenen mir folgen könnten»[8].

Auch in den Visionen, die der Sr. Maria Diomira in ihrer Oberinnenzeit zuteil wurden, spielen die *Engel* eine Rolle. So schreibt sie: «Sehr oft habe ich das Jesuskind in der Krippe gesehen, umgeben von der jungfräulichen Mutter Maria, dem hl. Joseph und einer grossen Schar von *Engeln*, die es in tiefster Ehrfurcht anbeteten»[9]. «Auch habe ich öfters Jesus gesehen in der Herrlichkeit seiner Auferstehung und im Triumph seiner Himmelfahrt, umgeben von unzähligen Scharen heiliger *Engel*»[10]. «Bei Gelegenheit des Umbaus unserer Kirche, um sie zu vergrössern, weil sie vorher zu klein war, wurde notwendig, die Infirmerie als Kirche zu gebrauchen. Eines Tages verrichtete ich dort meine Andacht; es schien mir aber, ich sei viel zu weit von Jesus im heiligsten Sakrament entfernt und fühlte ein heftiges Verlangen, ihm näherzukommen. Das Herz fühlte sich zu Ihm hingedrängt, und doch konnte das Verlangen nicht ausgeführt werden. In diesem heiligen Widerstreit war es, als sich unversehens eine glänzende Kugel erhob, aus Licht gestaltet nach Art eines Thrones, der von *Engeln* erhoben und begleitet wurde, mitten darauf eine prachtvolle Monstranz, in der ich die konsekrierte Hostie erblickte. Jetzt hatte ich alle Bequemlichkeit, Ihn anzubeten und mein Verlangen nach Jesus zu stillen. Gerade darum wird mein Verlangen, dem heiligsten Sakrament nahe zu sein, immer heftiger, weil ich in seiner Nähe alle Freude empfinde. An den Festen von Heiligen, zu denen ich eine grössere Verehrung hege, und an den Festen der *Engel* sehe ich diese in Glanz und grosser Herrlichkeit bei mir. Die Visionen und Erscheinungen, von denen ich bis dahin gesprochen habe, erfüllen mich zuerst mit der Angst, es könnte das eine Täuschung sein. Die Angst schwindet, sobald ich sehe, dass diesen eine lebhafte Erkenntnis meiner Armseligkeit, ein heftiges Verlangen, die Tugenden zu üben, zu leiden, stärker Jesus zu lieben, und grössten Abscheu vor der Sünde in mir zurückzulassen, folgen. Fast immer spornen mich diese Visionen und Erscheinungen an, für die Sünder zu beten . . .»[11].

Einmal bemerkt Sr. Maria Diomira auch, es sei sehr angemessen, «einen Blick auf die furchtbare Züchtigung zu werfen, die den rebellischen Engeln zuteil wurde, als sie es wagten, den Frieden im Reiche Gottes zu stören . . .»[12].

Schwester Maria Diomira starb am 14. Januar 1768 im 60. Lebensjahr, nachdem sie unmittelbar vor Empfang der heiligen Sakramente noch mit einer trostvollen Vision der Heiligen Familie und mit der sichtbaren Gegenwart ihres Schutzengels, der sie in die ewige Heimat begleiten wollte, beglückt worden war[13]. Der für sie eingeleitete Seligsprechungsprozess gedieh so weit, dass sie 1901 zur ehrwürdigen Dienerin Gottes erklärt wurde.

Die hl. Maria Franziska von den fünf Wunden

(† 6. Oktober 1791)

Die am 25. März 1715 in Neapel geborene Anna Maria Rosa Nicoletta Gallo, die mit 16 Jahren Mitglied des Dritten Ordens der Alcantariner, der reformierten Franziskaner des hl. Petrus von Alcantara wurde, war schon als Kind in auffallender Weise erfüllt vom Geist des Gebetes, «so dass sie des Nachts mehrere Stunden dem Schlaf entzog, um mit ihrem Herzen bei Gott zu sein»[1]. Nach glaubwürdigen alten Berichten «soll ihr Schutzengel sie nicht bloss einmal in den Glaubenswahrheiten unterwiesen haben»[2].

Als das Mädchen ihrem Vater gegenüber die Ehe mit einem reichen jungen Mann ausschlug und der immerwährenden Jungfräulichkeit das Wort redete, schlug er im Zorn auf sein Kind ein und sperrte es bei Wasser und Brot in eine Kammer. Maria Franziska aber war darüber glücklich und betrachtete das harte Leid als ihre Verlobungsfeier mit dem himmlischen Bräutigam. Der Vater besann sich schliesslich und gestattete ihr, im Kleid der Terziarinnen dem Herrn im Elternhaus zu dienen. Sie bekam den Zunamen «von den fünf Wunden», eine Vorbedeutung der Wunden, die sie noch tragen sollte. Wegen ausserordentlicher Erscheinungen, die sich in ihrem Leben zutrugen, wurde sie von ihren Geschwistern und übrigen Verwandten als Betrügerin verleumdet; sogar ihr Beichtvater glaubte, sie überaus hart behandeln zu müssen. Maria Franziska von den fünf Wunden aber zeichnete sich immer mehr durch grosse Liebe zu den Armen und Kranken, vor allem aber durch besonders innige Verehrung des Leidens Christi aus und war mit dem Charisma der Prophetie sowie durch viele Visionen und Ekstasen ausgezeichnet.

Ihr grosser Beschützer in aller seelischen und leiblichen Not war der Erzengel *Raphael*, der ihr oft — freilich nicht immer für die leiblichen Augen sichtbar — erschien und ihr die grössten Liebesdienste erwies[3].

«Als Maria Franziska wegen der Verfolgung von seiten ihrer eigenen nächsten Verwandten nicht mehr zu Hause bleiben konnte, fand sie Aufnahme bei einer befreundeten Familie und lebte die letzten 38 Jahre ihres Lebens als Haushälterin bei einem Priester. Als ihr Vater im Sterben lag, bat sie Gott, für ihn die Todesangst leiden zu dürfen, was ihr sofort gewährt wurde.» Solche mystische Stellvertretung wird in ihrem Leben[4] öfters berichtet. So bat sie Gott auch, an Stelle ihres Vaters die

Läuterung des Fegfeuers erleiden zu dürfen. Sie betete überhaupt sehr viel für die Verstorbenen, und manchmal konnte es scheinen, als ob sie mit der jenseitigen Welt — auch mit der der heiligen *Engel* — «in engster Beziehung stünde und in dieser zu Hause sei und lebe»[5]. Der 1743 geborene, 1815 in Neapel gestorbene, 1951 heiliggesprochene Professor und Ordenspriester Francesco Saverio Bianchi, der die Mystikerin Maria Franziska seelsorglich betreute und selber am Pfingstfest 1800 zum mystischen Leben berufen worden war, nannte die Begegnung mit dieser franziskanischen Heiligen eine der grössten Gnaden seines Lebens.
Maria Franziska von den fünf Wunden starb am 6. Oktober 1791 zu Neapel. 1843 wurde sie von Papst Gregor XVI. selig- und 1867 von Papst Pius IX. heiliggesprochen[6].

Schwester Maria Magdalena Dötzin

(† 17. April 1822)

Im Kloster der Kapuzinerinnen in St. Maria Loreto in Salzburg lebte im ausgehenden 18. und beginnenden 19. Jahrhundert die schlichte, fromme Schwester Maria Magdalena Dötzin, von der ihre Mitschwestern in der Hauschronik überlieferten, sie habe von Kindheit an ganz besonders vertrauten Umgang mit ihrem Schutzengel gepflegt. Er stand ihr oft sichtbar zur Seite und war ihr während ihres Ordenslebens spürbar nahe, wenn sie ganz gewissenhaft und regeltreu ihren Verpflichtungen nachkam. Umgekehrt spürte sie, dass sich der Schutzengel von ihr entfernte, wenn sie sich in der Lebensführung fehlerhaft erwies. Das war dann für diese gute Schwester immer ein Anlass zu einem besonders herzlichen Akt der Reue. Sie meinte, auch ihre Mitschwestern würden genau so wie sie den Schutzengel sichtbar an ihrer Seite haben.
Gegen Ende ihres Lebens hatte die Oberin des Klosters der Schwester Maria Magdalena Dötzin ihren vertrauten Verkehr mit ihrem Schutzengel verboten. Die Schwester fügte sich diesem Befehl. Von da an zeigte sich der Schutzengel nicht mehr in sichtbarer Weise. Wohl aber gab er ihr weitere Winke und Weisungen, vor allem auch bezüglich der Vorbereitung auf den nahen Tod. Den ganzen Winter 1821/22 hatte Schwester Maria Magdalena um das Sakrament der Krankensalbung gebeten, weil ihr Tod nahe bevorstehe. Immer aber war ihr dieses Sakrament verweigert worden mit Rücksicht auf das Urteil des Hausarztes, der meinte, es stünde gar nicht so schlecht um sie. Endlich, am Gründonnerstag, 17. April 1822, liess sich der Beichtvater der Schwester doch herbei, ihr die

Sterbesakramente zu spenden. Der Priester war noch nicht aus der Zelle weggegangen, da sank Schwester Maria Magdalena ihren Mitschwestern bereits tot in die Arme[1].
Für die Dahingeschiedene kam dann aus Bozen (Südtirol) Ersatz durch Schwester Maria Theresia Überbacher, von der die ganze Stadt Salzburg bald wusste, dass sie sich gleicher übernatürlicher Gunst von seiten ihres Schutzengels erfreue wie die verstorbene Schwester Maria Magdalena Dötzin. Schwester Maria Theresia Überbacher starb als Oberin des Loreto-Klosters am 30. März 1866[2].

Die hl. Katharina Labouré

(† 31. Dezember 1876)

«Ich war 16 Jahre lang Oberin einer Heiligen und wusste es nicht!» So sagte die Vorgesetzte der hl. Katharina Labouré. Wie verborgen muss doch die Heiligkeit dieser Barmherzigen Schwester gewesen sein! Eine Mitschwester von ihr aber sagte bei der Zeugenaussage im Rahmen des Seligsprechungsprozesses: «Andere waren vielleicht nach aussen hin genau so vollkommen, aber keine machte einen solchen Eindruck von einer durch die Liebe zu Gott und zur seligsten Jungfrau ganz von sich losgelösten Seele»[1].
Katharina Labouré war bäuerlicher Herkunft; sie blieb auch ihr Leben lang ein bäuerlicher Mensch, auch in der Kongregation der Barmherzigen Schwestern vom hl. Vinzenz von Paul, der die am 2. Mai 1806 in Fain-les-Moutiers (Burgund, Frankreich) Geborene seit dem 21. April 1830 bis zu ihrem seligen Heimgang am 31. Dezember 1876 angehörte. Sie hatte neben der Betreuung alter, gebrechlicher Männer 46 Jahre lang auch fast immer nur bäuerliche Arbeiten zu verrichten: im Garten, bei den Hühnern und Tauben und im ganz bescheidenen klösterlichen Kuhstall im Hospiz von Enghien in Paris. Auch Katharinas Frömmigkeit blieb dabei bäuerlich schlicht und unkompliziert, nach innen gekehrt und verschwiegen.
Nichts spürte man bei dieser Barmherzigen Schwester von auffallenden Sonderfrömmigkeiten. Nur ihrem Ordensvater, dem hl. Vinzenz von Paul, schenkte sie schon vor ihrem Ordenseintritt besondere Beachtung. Der unbefleckt empfangenen Gottesmutter aber erwies sie lebenslang ganz treue Liebe und Verehrung, vor allem seit sie in drei beglückenden Visionen sie geschaut und von ihr Aufträge bezüglich der «Wundertätigen Medaille» und Botschaften empfangen hatte.

Dass bei der hl. Katharina Labouré etwa auch die heiligen Engel eine besondere Rolle gespielt hätten, kann beim besten Willen nicht behauptet werden. Gewiss hatte sie — wie alle anderen Barmherzigen Schwestern — in der Professformel in feierlicher Stunde gesagt: «Ich, Katharina Labouré, erneuere in der Gegenwart Gottes und des *ganzen himmlischen Hofes* meinen Taufbund und gelobe Gott Armut, Keuschheit und Gehorsam . . .», aber man erfährt in ihrem Leben nichts von einer besonderen Verehrung der heiligen Engel, speziell des Schutzengels. Freilich wird sie sich als katholische Ordensfrau mit einer gewissen Selbstverständlichkeit an ihren Schutzengel erinnert und zu ihm wohl auch täglich gebetet haben.

Einmal tat sie es in besonderer Weise. Und auf Grund dessen, was sich daraufhin in der Nacht vom 18. zum 19. Juli 1830 ereignete, gehört die hl. Katharina Labouré in diesem Buch genannt. Die Novizenmeisterin hatte am Nachmittag des 18. Juli 1830 — es war der Vorabend des Festes des hl. Vinzenz von Paul — über die Marienliebe dieses Heiligen zu den Kandidatinnen mit grossem Feuer gesprochen. Die Kandidatin Katharina Labouré trank diese Worte begierig in sich hinein. Sie bekannte später: «Ich habe mich mit dem Gedanken schlafen gelegt, dass ich diese Nacht meine gute Mutter sehen werde. So lange schon hatte ich gewünscht, sie zu sehen . . . Ich war dann mit dem Gedanken eingeschlafen, dass der hl. Vinzenz mir die Gnade erwirken werde, die seligste Jungfrau zu sehen. Endlich, um halb zwölf Uhr, hörte ich mich beim Namen rufen: 'Schwester! Schwester!' Ich wurde wach. Ich schaute auf die Seite, woher die Stimme kam. Sie kam vom Mittelgang her. Ich ziehe den Vorhang (um mein Bett) zurück. Ich sehe ein Kind, in Weiss gekleidet, etwa vier bis fünf Jahre alt. Das sagte zu mir: 'Stehen Sie schnell auf und kommen Sie in die Kapelle, die heilige Jungfrau erwartet Sie!' Sofort kam mir der Gedanke: Aber man wird mich hören. Doch dieses Kind gibt mir zur Antwort: 'Seien Sie ruhig, es ist halb zwölf Uhr, alle schlafen. Kommen Sie, ich warte auf Sie.' Ich habe mich sehr beeilt, mich anzukleiden, und begab mich zu diesem Kind, das am Kopfende meines Bettes stehen geblieben und nicht weitergegangen war. Es ist mir gefolgt, oder besser, ich bin ihm gefolgt, es war immer zu meiner Linken und brachte überallhin die Strahlen des Lichtes, wo es vorüberkam. Überall waren die Lichter angezündet, wo wir vorübergingen; ich war höchst erstaunt darüber. Aber noch mehr war ich überrascht, als ich in die Kapelle eintrat . . . Die Tür hatte sich geöffnet, kaum dass das Kind sie mit der Fingerspitze berührt hatte»[2)].

Der angesehene französische Mariologe René Laurentin bemerkt zu diesem Bericht der hl. Katharina Labouré in seinem aus mühsamen Archivforschungen erstellten authentischen Leben dieser Heiligen unter dem Titel «Die Geheimnisse eines alten Gesichtes»[3]: «Katharina erzählt so unbefangen ihr Abenteuer und denkt dabei gar nicht daran, dass sie damit das Abenteuer des hl. Petrus wiederholt, das uns in der Apostelgeschichte (12,6-11) erzählt wird, als er aus dem Gefängnis befreit wurde: 'In der Nacht weckte ihn der *Engel* . . . das Tor öffnete sich vor ihnen von selbst . . . Er glaubte zu träumen . . .'».

Die Heilige fährt in ihrem Bericht fort: «Meine Überraschung war vollständig, als ich alle Kerzen und Lampen angezündet sah. Das erinnerte mich an die Mitternachtsmesse (zu Weihnachten). Die seligste Jungfrau sah ich jedoch nicht. Das Kind führte mich vor zum Presbyterium, auf die Seite, wo der Lehnsessel des Herrn Direktors steht. Und da kniete ich mich nieder, und das Kind blieb die ganze Zeit stehen. Da mir die Zeit lang wurde, schaute ich, ob nicht die Wächterinnen über die Tribüne gingen. Endlich ist die Zeit gekommen. Das Kind macht mich aufmerksam. Es sagt zu mir: 'Da ist die heilige Jungfrau. Da ist sie!' Ich hörte ein Geräusch . . . wie das Rauschen eines Seidenkleides, das von der Tribüne her kam, neben dem Bild des hl. Joseph. Es liess sich auf den Stufen des Altares auf der Evangelienseite nieder in einen Lehnstuhl gleich dem der hl. Anna. Es war aber nicht die hl. Anna, die in diesem Lehnstuhl war, sondern die seligste Jungfrau allein . . . Es war nicht dieselbe Gestalt wie die hl. Anna . . . Ich zweifelte, ob es die hl. Jungfrau sei. Aber das Kind, das dastand, sagte zu mir: 'Da, die heilige Jungfrau!' Es wäre mir unmöglich zu sagen, was ich in diesem Augenblick empfand, was in meinem Innern da vor sich ging. Es schien mir, ich sähe nicht die seligste Jungfrau»[4].

Wieder macht Professor René Laurentin zum Bericht der Heiligen die Bemerkung[5]: «Dieser ganze Anfang hat den Anschein eines Traumes, ganz wie die Befreiung des Apostels Petrus in der Apostelgeschichte, der zu träumen meinte. Aber der Bericht ist mit so realistischen Angaben durchwirkt, dass sie mit einem Traum kaum vereinbar sind. Katharina befürchtet das Kommen der Wächterinnen, die in der Nacht über die Seitentribüne hin- und hergehen. Sie zweifelt an der Identität der seligsten Jungfrau. Katharina steht links im Chor vor der Kommunionbank, beobachtet aufmerksam den Sessel, auf den der Gast ihr gegenüber sich gesetzt hat, auf den Stufen des Altares. Er gleicht dem auf dem Bild, das über dem Reliquiar des hl. Vinzenz hängt: der Sessel, auf dem die hl. Anna ihre Tochter, die kleine Jungfrau Maria, belehrt. Wenn es nicht die hl. Anna ist, die da sitzt, wäre es also doch die Jungfrau, die auf dem

Bild der hl. Anna steht? Hätte sie sich auf den Stuhl ihrer Mutter gesetzt? Doch da wiederholt das Kind: 'Da, die heilige Jungfrau!' Aber Katharina versteht *noch* nicht. Sie hält Distanz, bleibt wie angewurzelt beim Lehnstuhl des Herrn Direktors stehen, der hier bereitgestellt ist für das Hochamt zu Ehren des hl. Vinzenz am morgigen Tag.»

Nun heisst es im Bericht der hl. Katharina Labouré weiter[6)]: «Jetzt sprach das Kind zu mir nicht mehr wie ein Kind, sondern wie ein Mann, ganz laut und mit eindringlichen Worten. Jetzt, ich schaute die heilige Jungfrau an und machte nur einen Sprung zu ihr hin, warf mich an den Stufen des Altares auf die Knie, die Hände auf die Knie der heiligen Jungfrau gestützt. Da verbrachte ich eine Zeit, es war die schönste meines Lebens. Es wäre mir unmöglich zu sagen, was ich empfand. Sie sagte mir, wie ich mich gegen meinen Beichtvater verhalten soll und mehrere andere Sachen, die ich nicht sagen darf; die Art, wie ich mich in meinem Leiden verhalten soll. Die Jungfrau wies mich mit der linken Hand auf den Fuss des Altares. Dorthin sollte ich kommen, mich hinknien, mein Herz ausschütten. Da werde ich alle Tröstungen erhalten, die ich brauche . . . Ich habe sie dann noch gefragt, was alle die Dinge bedeuteten, die ich gesehen habe . . . Sie erklärte mir alles.»

Wir übergehen hier das, was die seligste Jungfrau an kommenden zeitgeschichtlichen Ereignissen in Frankreich und in den beiden Ordensfamilien des hl. Vinzenz von Paul ankündigte. Hier interessiert uns nur noch das, was die hl. Katharina Labouré 1856 über den Schluss der Erscheinung vom 18./19. Juli 1830 niedergeschrieben hat[7)]:

«Ich habe, ich weiss nicht wie lange, hier verweilt. Alles, was ich weiss, ist: Als sie fortgegangen war, bemerkte ich, dass etwas erlischt, mehr wie ein Schatten, der sich auf die Seite der Tribüne hin bewegte, auf dem gleichen Weg, wie sie gekommen war. Ich erhob mich von den Stufen des Altares und bemerkte nun das Kind dort, wo ich es gelassen hatte. Es sagte zu mir: 'Sie ist fort.' Wir gingen dann den gleichen Weg zurück, der wieder ganz beleuchtet war, und dieses Kind ging immer zu meiner Linken. *Ich glaube, dieses Kind war mein Schutzengel*, der sich sichtbar machte, um mir die seligste Jungfrau zu zeigen, denn ich hatte viel gebetet, dass er mir diese Gnade erwirke. Es war weiss gekleidet und trug ein wundersames Licht bei sich, das heisst, es war glänzend von Licht. Sein Alter war etwa vier bis fünf Jahre. Zu meinem Bett zurückgekehrt, da war es zwei Uhr in der Frühe . . . Ich hörte die Uhr schlagen. Ich bin nicht mehr eingeschlafen.»

«*Ich glaube, dieses Kind war mein Schutzengel . . .*» Werden wir bei diesen Worten der hl. Katharina Labouré nicht wieder an den hl. Petrus erinnert? Von ihm heisst es in der Apostelgeschichte (12,8-11): «Der *Engel* aber sagte zu ihm (zu Petrus im Kerker): 'Gürte dich, und zieh' deine Sandalen an!' Er tat es. Und der Engel sagte zu ihm: 'Wirf deinen Mantel um, und folge mir!' Dann ging er hinaus, und Petrus folgte ihm, ohne zu wissen, dass es Wirklichkeit war, was durch den *Engel* geschah; es kam ihm vor, als habe er eine Vision. Sie gingen an der ersten und an der zweiten Wache vorbei und kamen an das eiserne Tor, das in die Stadt führt; es öffnete sich ihnen von selber. Sie traten hinaus und gingen eine Gasse weit; und auf einmal verliess ihn der *Engel*. Da kam Petrus zu sich und sagte: 'Nun weiss ich wahrhaftig, dass der Herr seinen Engel gesandt . . .!'»

Die selige Maria von Jesus dem Gekreuzigten (Mirjam Baouardy)

(† 26. August 1878)

Am 13. November 1983 hat Papst Johannes Paul II. «die kleine Araberin» Mirjam, «das Licht vom Tabor»[1)], die man als «Zeichen der ökumenischen Hoffnung und des Friedens für den Nahen Osten» bezeichnete, seliggesprochen.

Zeichen der ökumenischen Hoffnung ist Mirjam, diese mit allen nur denkbaren Charismen begnadete, mit 33 Jahren verstorbene Karmelitin, denn in ihrem Leben spielten verschiedene Religionen und Kirchen eine Rolle: ihre Vorfahren stammten aus dem Libanon und waren maronitische Christen; geboren wurde sie in Abellin (Cheffa-Amar, Galiläa) am 5. Januar 1846 als 13. Kind des Ehepaares Giries Baouardy und Mirjam Schahyn und dort nach melchitischem Ritus getauft und gefirmt. Schon mit drei Jahren wurde sie Vollwaise, da der Tod im Abstand von wenigen Tagen ihr Vater und Mutter raubte; sie wurde nun von einem gutsituierten Onkel adoptiert und kam mit diesem 1854 im Alter von acht Jahren in die Gegend von Alexandrien in Ägypten. Von ihrem siebten Lebensjahr an beichtete Mirjam jeden Samstag und empfand schon damals brennenden Hunger nach Jesus in der heiligsten Eucharistie, dem sie ihr Leben weihte.

Kurz vor ihrem 13. Geburtstag wurde Mirjam, ohne dass man sie fragte, nach orientalischem Brauch von ihren Adoptiveltern mit einem Onkel,

---

Maria von Jesus (Mirjam Baouardy), genannt «die kleine Araberin» ▶

der in Kairo wohnte, verlobt. Alles war für die Hochzeit in Alexandrien bereit gemacht, als sie in der Nacht zuvor die gleichen Worte hörte, die sie einst in Abellin vernommen hatte: «Alles vergeht. Wenn du Mir dein Herz schenkst, werde Ich immer bei dir bleiben.» Am anderen Morgen gab Mirjam ihrem Bräutigam durch klare Zeichen zu verstehen, dass sie von der Vermählung mit ihm nichts wissen und eine Jesus Christus geweihte Jungfrau bleiben wolle. Zur Strafe dafür wurde sie monatelang wie eine Sklavin behandelt.

Da Mirjam erfahren hatte, dass ein früherer Diener ihres Adoptivvaters, ein Muslim, demnächst nach Nazareth ziehen werde, rannte sie eines Abends zu diesem in der Hoffnung, er werde sie dorthin mitnehmen, um dort ihren einzigen am Leben gebliebenen Bruder Paul zu finden. Der Mann nahm Mirjam in sein Haus auf und behandelte sie anfangs gut, schliesslich verlangte er aber, dass sie zum islamischen Glauben übertreten müsse. «Ich eine Muslimin? Nein, niemals! Ich bin eine Tochter der katholischen, apostolischen und römischen Kirche und hoffe, mit Gottes Gnade bis zum Tod in meiner Religion, die allein wahr ist, zu verharren!» In seiner Wut, von einer kleinen Christin so zurechtgewiesen worden zu sein, wurde der islamische Fanatiker gewalttätig; er warf das Mädchen zu Boden und schnitt ihm die Kehle durch. Er glaubte das blutüberronnene Mädchen tot, wickelte es in einen grossen Schleier und liess es in einer dunklen Gasse Alexandriens liegen. Das geschah in der Nacht vom 7. zum 8. September 1858. Viel später vertraute Mirjam ihrem Seelenführer an, sie sei damals tatsächlich gestorben, aber von einer Krankenschwester in hellblauem Kleid, die nur die Gottesmutter gewesen sein könne, wunderbar geheilt und zum Leben wieder erweckt worden[2)].

Das verlassene, obdachlose, 13 Jahre alte Mädchen begab sich dann in die Katharinenkirche in Alexandrien. Dort nahm sich ein Franziskanerpater Mirjams an und verschaffte ihr eine Stelle als Hausmädchen in einer christlichen Familie. Mehrmals wechselte sie in Alexandrien die Stelle, um ihrer Berufung als gottgeweihte Jungfrau besser entsprechen zu können. Schliesslich wollte sie endlich zu ihrem Bruder kommen, der in der Nähe von Nazareth lebte. Sie schiffte sich dazu in Alexandrien nach Akka ein. Ein Sturm liess jedoch das Schiff an den Klippen Jaffas zerschellen. In Jaffa suchte Mirjam wieder Arbeit für einige Tage. Dann wollte sie weiterziehen. In dem Wunsche, nach Jerusalem hinaufzuziehen, schloss sie sich einer Pilgerkarawane an und erreichte tatsächlich die Heilige Stadt. Dort fand ein Priester für sie wieder eine Stelle.

In Jerusalem begann nun all das, was Mirjam neben den vielen auffallenden mystischen Begebenheiten in ihrem weiteren Leben auch zu einem ganz besonderen Fall konkreter Beziehungen zu den heiligen *Engeln* machte. Denn sie, die in ihrem bewegten Leben schliesslich zuerst einmal Postulantin bei den Josephsschwestern in La Capelette bei Marseille (Frankreich), dann Karmelitin in Pau (Frankreich) und in Mangalore (Indien) wurde und zuletzt nach einem weiteren Aufenthalt im Karmel zu Pau als mystische Opfer- und Sühneseele in dem von ihr gegründeten Karmel zu Bethlehem lebte und dort am 26. August 1878 starb, hatte fortan mehrmals mit *Engeln* in ganz auffallender Weise zu tun. Sie, die zeitweise schrecklich unter Anfechtungen durch den Teufel zu leiden hatte und einige Zeit lang sogar von ihm besessen war, wurde von Jerusalem an bisweilen auch sichtbar von ihrem Schutzengel geführt und war vier Tage lang sogar von einem *Engel* besessen, der deutlich aus ihr sprach und Weisungen gab. Sehen wir uns das alles der Reihe nach etwas näher an:

«Eines Tages näherte sich ihr in den Strassen Jerusalems ein sehr schöner junger Mann, sprach sie an und pries ihr gegenüber die Gott geweihte Keuschheit. Einige Tage später begegnete er ihr aufs neue und sagte ihr, sein Name sei Johannes Georg; er schlug ihr vor, sie zur Grabeskirche zu begleiten. An dieser heiligen Stätte versprach Mirjam ihrem geheimnisvollen Führer, das ewige Gelübde der Keuschheit abzulegen, wenn er dasselbe tue. Beide taten es dann am glorreichen Grab unseres Herrn. Bevor Johannes Georg dann Mirjam wieder verliess, erinnerte er sie an die Hauptabschnitte ihres künftigen Lebens, wie sie ihr die seligste Jungfrau nach ihrer Ermordung und wunderbaren Heilung und Auferweckung schon vorgezeichnet habe. Zehn Jahre später, kurz vor Mirjams ewiger Profess in Mangalore (Indien), sah sie ihren «geistlichen Bruder» aufs neue; damals begriff sie, dass Johannes Georg ihr *Schutzengel* war, den ihr der Herr, wie einst dem Tobias, zugesellt hatte»[3)].

Auch im weiteren Leben erschienen der seligen Mirjam Engel bisweilen sichtbar, etwa auch in der Gestalt eines Kindes oder eines jungen Mannes, «um ihr in Gefahren beizustehen, ihr während der Ekstasen als Dolmetscher zu dienen und ihr Anteil an ihrer Glückseligkeit zu geben. Im Chor und während der Erholung sah sie oft auch die Schutzengel ihrer Mitschwestern»[4)].

Etwas Eigenartiges ist Mirjams Besessenheit von einem *Engel*. Sie ereignete sich in Pau am 4. September 1868. Genau 40 Tage zuvor hatte in Mirjam eine erste teuflische Besessenheit begonnen gehabt. Jetzt war die dem Teufel zugestandene Zeit abgelaufen; er verliess den Leib der Novizin, die sich damals in der Krankenabteilung des Karmels befand. «An die Stelle der Versuchungen, Demütigungen und Entstellungen der jungen Schwester, die auf ihren Kampf gegen den Bösen Feind zurückzuführen waren, trat nun eine wirkliche Verklärung. Mirjam schwebte, während die Mittagsglocke anschlug, etwa 20 Zentimeter über dem Bett; ihr Antlitz strahlte, ihre schwarzen Augen glänzten wie Diamanten, ein wundersames Lächeln umspielte ihre Lippen. Die Schwestern, die beim Bett Mirjams standen, fielen auf die Knie; sie vermeinten, einem Vorübergang des Herrn beizuwohnen. Nun ergriff ein übernatürlicher Geist Besitz von dem befreiten Leib der Ekstatikerin; sie war jetzt von einem guten Engel besessen. Vier Tage dauerte dieser Zustand. Während früher der Teufel aus der jungen Karmelitin sprach, tat es nun ein guter Engel. Er übermittelte den Schwestern Lehren und Ratschläge von hohem Wert . . . Der Unterricht des Engels betraf die Regeltreue, den Gehorsam, das Stillschweigen, die gute Ausnützung der Zeit und die Liebe in der Ordensgemeinschaft. Diesem Unterricht fügte dann der Engel, der aus Mirjam sprach, noch die Sätze hinzu: 'Schwestern, die Gottesmutter wiederholt, dass ihr Schwester Maria, dem kleinen Nichts, niemals von diesem Geschehen Kenntnis geben dürft! Stellt ihr keine Fragen! Ihr sollt ihr keine Aufmerksamkeit schenken, sie nicht ansehen, nicht von ihr sprechen; nichts, nichts als Verachtung . . . Das kleine Nichts wird nur kurze Zeit hier (in Pau) bleiben; danach wird sie das Werk Gottes vollbringen. Wundert euch über nichts, verliert niemals den Mut, weil ihr keine Engel, sondern schwache Menschen seid! Wer sich ganz klein macht, der gefällt Jesus und findet ihn.' Mehrmals fragten die Schwestern das geheimnisvolle Wesen, das aus ihrer Mitschwester Maria sprach, nach seinem Namen. Es antwortete: 'Ich gehöre zu jenen, die auf- und niedersteigen; ich bin der Geist von Schwester Maria.' Der Engel verkündete dann, dass die Prüfungen der Kleinen (Mirjam) nach seinem Weggang aufs neue beginnen werden. Satan werde zurückkehren; drei Jahre lang werde er ihre Einbildungskraft mit Zwangsvorstellungen quälen und versuchen, sie zum Verlassen des Klosters zu bewegen; sie werde bis an den Rand der Verzweiflung getrieben werden, man werde ihr helfen müssen, in ihr Nichts hinabzusteigen. Schwester Maria werde Fehler begehen; Gott werde es zulassen, weil die Zeit der Prüfung gekommen ist und auch, damit Satan später aufgrund ihrer Demut keine Macht mehr über sie habe. Denn später werde sie tatsächlich grosse Dinge vollbringen; sie werde fast ständig entrückt werden. Das kleine Nichts sei ein Opfer, und als solches müsse es viel leiden. — Bevor der Engel aus Schwester Maria wieder wegging, wurde er von den Karmelitinnen nochmals nach seinem Namen befragt. Er antwortete: 'Ich bin der Geist Marias, ich bin der Engel Marias.' Der Leib der Besessenen erschauerte. 'Ich habe die Freude in den Knochen', sagte sie unaufhörlich. Nachdem der Engel sich entfernt hatte, fiel wieder ein Schleier der Trauer über Mirjam. Die angekündigten Prüfungen und Leiden brachen über sie herein; sie musste wieder vom Tabor herabsteigen, um tief in den Garten von Gethsemane einzudringen»[5)].

Im August 1870 schiffte sich eine Gruppe von Karmelitinnen aus dem Karmel in Pau, darunter Schwester Maria von Jesus dem Gekreuzigten — so lautete der Ordensname der Begnadeten —, in Marseille zur Fahrt nach Indien ein, um in Mangalore einen Karmel zu gründen.

Die ersten Monate in Mangalore verliefen für die kleine Araberin fast idyllisch, bald aber setzte das ein, was der Engel in jenen vier Tagen, da er von Mirjam in Pau Besitz ergriffen hatte, sehr deutlich angekündigt hatte: Der Teufel kam wieder und quälte Mirjam mit Mutlosigkeit und Widerwillen gegen den Ordensberuf, mit Versuchungen zur Flucht aus dem Kloster, ja sogar zum Selbstmord. In Mangalore gelang es dem Teufel sogar, dem Bischof, einigen Priestern und mehreren Karmelitinnen, insbesondere der Priorin und der Novizenmeisterin, äusserstes Misstrauen, ja sogar Feindseligkeit gegen Schwester Maria einzuflössen. Satan setzte alles daran, Mirjam zur Verzweiflung zu bringen.

Schliesslich wurde sie am 23. September 1872 wieder nach Pau zurückgeschickt. Dort fand sie wieder die Ruhe der Seele. Es begann eine erhebende Zeit, die mit Verzückungen und Levitationen, Ekstasen und Visionen ausgezeichnet war. Seit ihrer Rückkehr aus Mangalore träumte Schwester Maria von einem Karmel in Bethlehem, dann auch von einem solchen in Nazareth. Der Karmel von Bethlehem wurde nach ihren Plänen errichtet. 1875 kam sie dorthin und verbrachte dort ihre letzten drei Lebensjahre. Was sie da noch tat? Sie hat es einmal grossartig so zusammengefasst: «Ich bringe meine Leiden dar in Vereinigung mit Jesus und allen Märtyrern, die für den Triumph der Kirche gelitten haben. Ich wünsche mich aufzuopfern, zu leiden, geröstet und zermalmt zu werden, damit die Kirche den Sieg erringt. Ich vereinige mich mit Jesus auf dem Kalvarienberg und opfere mich mit Ihm auf für die Bekehrung der Sünder und für die Kinder der Kirche. Ich bringe meine Leiden dar für die Blinden, die nichts von der Kirche wissen, damit sie sie kennenlernen»[6)].

Der Bischof von Pau hat einmal an den lateinischen Patriarchen von Jerusalem über die Karmelitinnen in Bethlehem den vollauf berechtigten Lobeshymnus geschrieben: «Sie besitzen jetzt kostbare Perlen, und unter diesen Perlen eine noch glänzendere als die anderen, nämlich Sr. Maria von Jesus dem Gekreuzigten. Ja, ich bekenne es und werde es nicht leugnen, ich werde vor Gott und den Engeln bekennen, dass diese Schwester ein bewundernswerter Hort aller Tugenden, insbesondere des Glaubens, der Demut, des Gehorsams und der Liebe ist; kurz, sie ist ein Wunder der Gnade Gottes»[7)].

Die Dienerin Gottes Maria Dominika Klara Moes

(† 24. Februar 1895)

Die zu Lebzeiten viel verkannte, erst durch ein kirchliches Gericht rehabilitierte, mystisch begnadete Dominikanerin Klara Moes, die 1832 in Bous bei Remich (Luxemburg) geboren wurde und am 24. Februar 1895 in dem von ihr gegründeten Kloster Limpertsberg (Luxemburg) nach vielen heroisch ertragenen Leiden, in denen sie auch äusserlich durch die Wundmale Christus ähnlich werden durfte, starb, ist von frühester Kindheit an fühlbar und oft auch sichtbar von ihrem Schutzengel geleitet und unterwiesen worden und hat sich auch sonst eines ungemein familiären Verkehrs mit den heiligen *Engeln* erfreuen dürfen.

In ihren autobiographischen Mitteilungen an ihren Seelenführer schrieb sie: «Die Liebe und Verehrung zu den heiligen *Engeln* war schon von meiner frühesten Kindheit an in mein Herz gelegt, erreichte aber mit dem voranschreitenden Alter einen immer höheren Grad. Meine Andacht zu ihnen ist eine beständige, denn es gehen wenige Augenblicke vorüber, in denen ich nicht an sie denke und mit ihnen rede, bald in Bitt-, bald in Dankgebeten. Ich beginne kein Werk, mag es auch noch so gering sein, ohne die lieben *Engel* um Hilfe angerufen zu haben. Jede Woche widme ich ihnen einen Tag, um sie ganz besonders zu verehren; an demselben empfange ich zu ihrer Ehre die hl. Kommunion. Auch lasse ich keinen Monat vorübergehen, ohne eine Novene zu ihrer Verehrung zu halten. Wie sollte ich auch nicht alles tun, um die heiligen *Engel* zu lieben und zu verehren, da sie ja so vieles für mich getan haben und immer noch fortfahren, mir ihre zärtlichste Liebe zuzuwenden»[1)].

Schwester Klara Moes' erster Biograph und langjähriger Beichtvater J.P. Barthel schreibt[2)]: «Seit dem Tag ihrer Taufe wurde sie des fast beständigen Verkehrs mit ihrem heiligen Schutzengel gewürdigt. Diesem ward von Gott die besondere Aufgabe zuteil, seinem Schützling die erste Erziehung im geistlichen Leben zu geben. Er sollte Anna — so hiess der

Taufname der Dienerin Gottes Klara Moes — im mündlichen und betrachtenden Gebet unterrichten, ihre verkehrten Neigungen im Keime ersticken, ihr Herz mit Tugenden schmücken, ihre Seele vor jedem Einfluss des Bösen schützen und von ihr alles fernhalten, was ihrer Reinheit und Unschuld gefährlich sein könnte.»

Einmal bekannte Schwester Klara Moes[3]: «Ein Vater und eine Mutter können nicht besorgter für ihr Kind sein, als mein treuer Wächter, der Schutzengel, es für mich war. Er war mir Vater für Leib und Seele und ein tröstender Engel in jeder Not. Er war mir alles in allem. War ich krank, so heilte er mich; war ich müde, so stärkte er mich; war ich traurig und betrübt, so tröstete er mich; war ich verlassen, so suchte er mich mit seiner süssen Gegenwart heim; sind mir Widerwärtigkeiten zugestossen, so suchte er mir dieselben zu erleichtern, so weit es ihm möglich war; war ich mit einer Arbeit beschäftigt, die meine Kräfte überstieg, so kam er mir zu Hilfe; im Gebet war er mir sichtbar zur Seite und betete mit mir; sodann ging er mit mir an meine Beschäftigung. Während er mich in der Nacht einige Stunden schlafen hiess, kniete er neben meinem Nachtlager und flehte für mich; sobald die Zeit zum Aufstehen gekommen war, weckte er mich mit den sanften Worten: 'Kind, es ist Zeit zum Aufstehen; dein himmlischer Bräutigam ruft dich wieder in seinen heiligen Dienst; steh auf und bringe dich wieder zum Opfer seines göttlichen Willens dar! Tue alles treu und pünktlich, was er von dir verlangt! Nimm alles mit der grössten Liebe und Dankbarkeit aus seinen Händen an, mag es Bitteres oder Süsses sein! Alles gereicht dir zum grössten Nutzen.'»

Ihrem Schutzengel empfahl sich schon das Mädchen Anna Moes täglich mit folgendem Gebet[4]: «O heiliger Schutzengel und treuer Wächter meines Lebens, dem ich von Gott anvertraut bin, bleibe stets an meiner Seite und halte alles von mir fern, was deinen Augen missfällt! Bewahre und beschütze mich, dass ich ganz rein an Leib und Seele bleibe! Dulde nichts in mir und an mir, was dich betrüben könnte! Wenn ich Fehler begehe, so rüge sie und strafe mich nach deren Grösse, damit ich sie nicht wieder begehe! Ermahne mich mit Sanftmut und Strenge, damit ich keine Entschuldigung in irgendeiner Weise vorbringen kann! Mache mich ganz demütig, gehorsam und willfährig, damit ich ein Kind nach dem Herzen Gottes werde und du dereinst am Ende meines Lebens Ehre beim lieben Gott mit mir einlegen kannst!»

Der Schutzengel hielt das Mädchen ganz konkret in den verschiedensten Situationen zum Gehorsam, aber auch zu Werken der Busse an[5]. «Der himmlische Erzieher unterliess es aber auch nicht, seinen Schützling hie und da in besonderer Weise zu erfreuen: 'Wenn ich dem lieben Engel ganz gehorsam war und alles getreu so getan hatte, wie er es vorgeschrieben, dann lud er mich ein, mich im Kreise vieler heiliger Engel zu unterhalten und mich herzlich mit ihnen zu erfreuen. Wir spielten dann zusammen wie kleine Kinder'»[6].

Der Schutzengel führte das Mädchen Anna Moes aber auch in ihren ausserordentlichen Lebensberuf ein. «Im Oktober 1833 erschien der Schutzengel Anna Moes und zeigte ihr ein rotes, mit einer Dornenkrone umwundenes Herz. Dabei sprach er: 'Fürchte dich nicht, mein liebes Kind, der göttliche Heiland hat dich auserwählt, in besonderer Weise an den Leiden teilzunehmen, die ihm durch gottlose Menschen in seiner heiligen Kirche zugefügt werden. Es werden grosse und anhaltende Bedrängnisse über dieselbe hereinbrechen. Die Hölle wird ihre ganze Macht aufbieten, um es so weit zu bringen, dass die eigenen Kinder der Kirche sich gegen dieselbe auflehnen und sie bis aufs äusserste verfolgen. Die Menschen lassen sich verblenden und betören, in Wut gegen ihre Mutter, die heilige Kirche loszustürmen, und glauben sogar, grosse Werke zu verrichten, je mehr sie dieselbe verfolgen, aber der Herr der Heerscharen wird sie zu Schanden machen. Siehe, mein liebes Kind, für dies alles sucht der göttliche Heiland Trost und Hilfe bei dir. Er wird dir sehr viele und schwere Leiden schicken, aber auch seine Hilfe dir nicht versagen. Es ist sein heiligster Wille, dass du alle deine Leiden zu dem Zweck aufopferst, für den er dich erwählt hat. Sein heiligstes Herz soll dein beständiger Zufluchtsort sein. Bete viel und innig, dass die Andacht zum süssesten Herzen Jesu doch bald in den Herzen der wohlgesinnten Menschen besonders in deinem Vaterland Eingang finde. Bete viel, dass das göttliche Herz Jesu die verirrten Menschen erleuchte, damit sie den Weg des Unglaubens und der Sittenlosigkeit verlassen! Rufe mit Vertrauen das heiligste Herz Jesu an, damit es würdige und eifrige Priester in den Weinberg des Herrn sende, denn wo gute Priester sind, werden sich auch gute Christen finden'»[7]. «Die kleine Kreuzesbraut war damit an einem folgenschweren Zeitpunkt angelangt. Sie sollte für ihr ganzes Leben in einen Kreis zahlloser Leiden aller Art zum Heil der unsterblichen Seelen eintreten. Der treue Wächter führte sie in die Kirche zu den Füssen des Altares und veranlasste sie, sich ganz und gar dem Herrn zum Sühnopfer darzubringen, was sie dann auch mit grösster Bereitwilligkeit tat. Darauf sprach der Engel die bedeutungsvollen Worte: 'Jetzt, mein Kind, trittst du in eine Leidensschule ein, die du nicht eher verlassen wirst, bis deine Seele von deinen treuen Engeln zum Throne Gottes geführt wird, um dort von deinem himmlischen Bräutigam gekrönt zu werden'»[8].

Das dem Kind von Gott zugedachte Sühneleiden begann mit einer eigenartigen Augenkrankheit, die erst 1840 etwas nachliess. Dafür kamen dann andere körperliche und seelische Leiden verschiedenster Art im Lauf des weiteren Lebens. Immer aber wurde Anna Moes getröstet und gestärkt durch ihren Schutzengel, aber auch durch andere Engel, denn der Schutzengel hatte ihr eines Tages gesagt, «der Herr habe aus jedem der neun Engelchöre einen Fürsten zu ihrem Schutz bestimmt. Diese heiligen Engel würden ihr nach Zeit, Umständen und Bedürfnissen von Gott gesandt, ganz grosse Dienste aber würde ihr der heilige Erzengel Michael leisten, er werde sie als gewaltiger, unbesiegbarer Heerführer gegen die höllischen Feinde verteidigen. Deshalb sei es für sie eine unerlässliche Pflicht, sich gegen die neun Chöre der Engel recht dankbar zu erweisen, besonders gegen den heiligen Erzengel Michael, und die Engel innig zu lieben und zu verehren»[9].
Das Kind Anna Moes wurde von ihrem Schutzengel auch angeleitet und darauf vorbereitet, das Gelübde immerwährender Jungfräulichkeit und Reinheit abzulegen[10]. Wieder war es der Schutzengel, der dem Mädchen dann bei der Vorbereitung auf die erste Beichte und auf die erste heilige Kommunion sichtbar und spürbar half[11]. Von dem Tag der ersten hl. Kommunion an ging Anna Moes dann täglich zur hl. Messe.
Nur ganz kurz dauerte für sie die Schulzeit. Sehr früh schon wurde sie zur Arbeit eingespannt. Dabei verwirklichte sie in ergreifender Weise den Grundsatz des «Ora et labora» nach den Anweisungen ihres Schutzengels: «Was mir die Vereinigung des Gebetes mit der Arbeit besonders leicht machte, waren die Belehrungen, die die heiligen Engel mir während der Arbeit über die Geheimnisse des Lebens Jesu auf Erden gegeben haben. Infolgedessen gewöhnte ich mich daran, mir bei den verschiedenen Beschäftigungen den arbeitenden Erlöser in seiner Kindheit vorzustellen oder ein entsprechendes Geheimnis aus seinem Leben zu betrachten. So konnte ich mir z.B. in meiner frühesten Jugend, als die heiligen Engel mich zu den häuslichen Arbeiten anleiteten, das göttliche Kind Jesus so lebendig vorstellen, wie es seiner reinsten Mutter Maria bei ähnlichen Arbeiten zu Diensten war, wie es so pünktlich besorgt war, den Willen seiner heiligen Mutter aufs genaueste zu vollziehen, und dabei stets mit dem Willen des himmlischen Vaters vereint blieb. Ferner lehrten mich die heiligen Engel, wie ich die Arbeit als Gebet dem himmlischen Vater in Vereinigung mit den Arbeiten seines Sohnes bald für diesen, bald für jenen Zweck aufopfern solle. Stets aber suchten sie zu erzielen, dass ich alles zur grösseren Ehre Gottes tue und die Selbstsucht sich nicht in meine Handlungen einschleiche»[12].

Am 20. Januar 1850 erlebte die 18jährige Anna Moes die mystische Vermählung mit Christus[13]. Am 20. Juni des gleichen Jahres bekam sie von Christus die Mitteilung über das von ihr zu gründende Dominikanerinnenkloster. In der Folgezeit forderte der Herr seine Braut immer wieder auf, «für die Neubelebung und das Wiederaufblühen des Dominikanerordens im ursprünglichen Geist seines heiligen Stifters zu beten und zu leiden[14]. Wie sie das alles verwirklichen sollte, blieb ihr völlig unklar, aber sie liess sich ganz ergeben trotz immer wieder auftauchender Schwierigkeiten der ihr zugedachten Lebensaufgabe entgegenführen.
Im Jahre 1856 kam Anna Moes zu ihrem Priesterbruder Michael Moes, der Vikar in Siebenbrunnen geworden war, und leitete diesem in der höchst bescheidenen Vikarswohnung den Haushalt bis zu dessen allzufrühem Tod am 11. Juli 1858. Immer führte die Dienerin Gottes dabei ein ergreifendes Sühne- und Opferleben.
Von 1860 an kam es dann zur schrittweisen, überaus mühevollen, ihr vom Herrn aufgetragenen Gründung des Klosters auf dem Limpertsberg. Es ging dabei um ein schicksalhaftes Ringen um die kirchliche Anerkennung und Verwirklichung ihrer Lebensaufgabe in der Gemeinschaft des dritten, beziehungsweise zweiten Ordens des hl. Dominikus, dem Anna Moes zuletzt als Schwester Maria Dominika Klara vom hl. Kreuz und als Priorin ihres Klosters angehörte. Nicht bloss viele menschliche Missverständnisse und Verkennungen, sondern auch feindselige Anfechtungen von seiten der Hölle begleiteten ihren Weg hin zur Klostergründung. «Satanische Kämpfe und Verfolgungen währten bei ihr mit kurzen Unterbrechungen ein volles Menschenalter in wechselnder Stärke und mannigfaltiger Weise. Diese lieferten ihr reiche Gelegenheit, Akte heroischer Demut und Geduld sowie unerschütterlichen Gottvertrauens zu üben»[15]. «Es ist nicht zu beschreiben, was meine Seele von 1860 bis heute (im Jahre 1879) von seiten der Hölle erduldet hat», schreibt Schwester Klara Moes in einem im Auftrag ihres Seelenführers verfassten Bericht[16]. Mit rührender Dankbarkeit gedenkt die Dienerin Gottes in diesem Bericht aber auch der ausserordentlichen Hilfe, die sie durch Vermittlung der Königin der heiligen Engel erfahren hat: «Meiner lieben, süssen Mutter Maria verdanke ich: 1. dass mehrere heilige Engel mir auf meinem leidens- und gefahrvollen Lebensweg als Schutzengel zur Seite gegeben wurden; 2. dass ich von frühester Jugend an einen grossen Hass gegen die Sünde und besonders gegen jegliche Sünde wider die heilige Reinheit in mir bewahrte; 3. dass ich im Guten beharrlich voranschritt und stets gleichförmig mit dem heiligsten Willen Gottes in meinen äusseren und inneren Bedrängnissen blieb; so peinlich und qual-

voll meine Lebenswege auch waren, so hat diese Gnade doch bewirkt, dass ich noch nie den göttlichen Heiland gebeten habe, er möge mich davon befreien; nur bat ich Ihn um die Gnade der Standhaftigkeit; dann möge Er mit mir tun, was Er wolle; 4. auch verdanke ich der lieben, unbefleckt empfangenen Jungfrau zum grössten Teil die Siege, die ich in den verzweifelten Kämpfen mit der ganzen Hölle errungen habe; 5. endlich gewährte sie mir am 8. Dezember 1873, dem Fest ihrer unbefleckten Empfängnis, die ganz vorzügliche Gnade, von den lästigen Nachstellungen unreiner Geister, die mich zwölf Jahre lang in der schrecklichsten Weise gequält hatten, gänzlich befreit zu werden»[17)].
Das Erdenleben dieser mystisch hochbegnadeten Frau endete am 24. Februar 1895.

Die hl. Gemma Galgani

(† 11. April 1903)

Die 1878 in der Nähe von Lucca (nördlich von Pisa) geborene, früh verwaiste und mit 25 Jahren am Karsamstag, 11. April 1903 verstorbene Gemma Galgani hat — menschlich gesprochen — nichts weiter geleistet, als dass sie sittlich sauber lebte, harte familiäre Schicksalsschläge und schmerzhafte Krankheiten in erbaulicher Ergebenheit tapfer ertrug und so geläutert wurde. In den Augen der Verantwortlichen in der Kirche aber ist sie eine ergreifende, jugendliche Passionsmystikerin, die dem gegeisselten, mit Dornen gekrönten und gekreuzigten Herrn Jesus Christus nicht bloss durch die Stigmata, sondern auch durch vorbehaltlose Sühnebereitschaft ähnlich werden durfte und sich Gott als freiwilliges Sühneopfer für gefährdete Seelen anbot.
Aus der im Auftrag ihres Seelenführers niedergeschriebenen Selbstbiographie, dem kurzen Geistlichen Tagebuch und den Briefen, die sie an ihren Seelenführer, den Passionisten-Ordenspriester P. Germano schrieb, erfahren wir, dass die am 14. Mai 1933 Heiliggesprochene nicht bloss eine Kreuzesmystikerin war, sondern auch einen auffallend innigen und familiären Kontakt mit ihrem Schutzengel hatte, wie P. Germano bei seinen Aussagen im Seligsprechungsprozess mehrfach bestätigte. Aus den genannten Dokumenten hat der französische Theologe J. Fr. Villepelée ein recht anschauliches Bild des mystischen Verkehrs der hl. Gemma Galgani mit den heiligen Engeln zusammengestellt unter den Überschriften: 1. In der Gesellschaft der Engel — 2. Freundschaftliche Gegenwart des Engels — 3. Der Engel als Meister des geistlichen Lebens[1)].

In ihrer Selbstbiographie schreibt Gemma Galgani, sie habe seit ihrer frühesten Kindheit ihren Engel voll Vertrauen angerufen und ihn dann ratend und mahnend an ihrer Seite gehabt. Einmal schreibt sie wörtlich: «Man hatte mir — ich erinnere mich sehr gut — eine goldene Uhr mit Kette geschenkt; und ich — eitel wie ich bin — hatte nicht gemerkt, dass ich sie auch beim Ausgehen trug; damals hatte ich an meiner Putzsucht Gefallen. Als ich wieder zu Hause war, begann ich mich umzukleiden. In diesem Augenblick sah ich einen *Engel* — jetzt weiss ich, dass es mein Schutzengel war —, der mit grossem Ernst zu mir sagte: 'Erinnere dich, dass kostbare Gegenstände, die zur Zierde der Braut eines gekreuzigten Königs dienen, nur die Dornen und das Kreuz sein dürfen . . .!' Diese Worte machten mir Angst, und auch der *Engel* flösste mir Angst ein. Aber bald darauf überlegte ich diese Worte, ohne etwas zu verstehen; ich fasste aber diesen Entschluss: ich beschloss, aus Liebe zu Jesus und um Ihm Freude zu machen, nichts Derartiges mehr zu tragen und von diesen Dingen, die nur Eitelkeit sind, nie mehr zu sprechen.» Der Schutzengel hat sich also sehr früh schon der hl. Gemma als Begleiter gezeigt, um ihr junges Leben auf die Vollkommenheit hinzulenken.

Gemma erfreute sich dann fast immer der ständigen Gegenwart des Schutzengels, der sich ihr oft auch sichtbar zeigte. Fast auf jeder Seite ihres «Diario», eines geistlichen Tagebuches, in das sie im Auftrag ihres Beichtvaters, des Bischofs Volpi, gehorsam und mit grosser Herzenseinfalt, aber überaus gewissenhaft vom 19. Juli 1900 bis 3. September 1900 alles eintrug, was ihr in ihrem reichen mystischen Leben begegnete, ist davon die Rede, wie treu der Schutzengel sowohl während des Tages als auch oft in langen, schlaflosen Nächten sie bewacht, im Guten gestärkt, sie ermahnt oder auch getadelt hat.

Einige Beispiele dieser Eintragungen[2)]: 20. Juli 1900: «Gestern, gegen 4 Uhr, kam mir das Verlangen, mich noch einmal ein wenig mit Jesus mystisch zu vereinen; ich versuchte es, und plötzlich war ich mit Ihm vereint . . . Er gab mir einige Mitteilungen für den Beichtvater und segnete mich dann noch. Ich begriff dann, dass Er sich für einige Tage nun entfernte. Aber wie gut ist Jesus! Kaum geht Er, so lässt Er mir den Schutzengel, der mir mit dauernder Liebe, Wachsamkeit und Geduld zur Seite steht.»

21. Juli 1900: «Heute abend bin ich, wie ich es Jesus versprochen hatte, zu P. Vallini beichten gegangen. Aber ach, als ich aus dem Beichtstuhl

---

Gemma Galgani, genannt «die Tochter der Passion» ▶

herauskam, fühlte ich mich plötzlich unruhig und aufgeregt: es war das Zeichen, dass der Teufel in der Nähe war. Ja, leider, er war in der Nähe. Ich bemerkte ihn gut, als ich mich anschickte, meine Gebete zu verrichten. . . . Kaum hatte ich mich hingekniet, liess sich der Böse Feind, der schon seit einigen Stunden im Verborgenen gewartet hatte, in der Gestalt eines ganz kleinen Mannes sehen, aber so grässlich, dass ich ganz von Entsetzen ergriffen wurde. Meine Gedanken waren nun ganz auf Jesus gerichtet, und ich beachtete den anderen gar nicht. Ich fuhr fort, zu beten. Aber ganz plötzlich begann er, mich auf die Schulter und auch tiefer zu schlagen; und er schlug fest zu . . . Ich bat meinen Schutzengel, und wirklich half er mir, auf eine ganz eigenartige Weise, wie ich sagen muss. Kaum erschien er mir, so bat ich inständig, mich nicht allein zu lassen. Er fragte mich, was ich hätte; ich zeigte auf den Teufel, der sich etwas entfernt hatte, aber mir immer noch drohte. Ich bat den Schutzengel, die ganze Nacht bei mir zu bleiben . . . Ich ging dann zu Bett; darauf schien es mir, dass er seine Flügel ausbreitete und über meinen Kopf hielt. Ich schlief ein. Und heute morgen war er noch am gleichen Platz wie gestern abend.»

28. Juli 1900: «Die Nacht verlief sehr gut. Am Morgen kam der Schutzengel zu mir; er war zufrieden und liess mich Papier nehmen und schreiben, was er mir diktierte. Hier ist alles: 'Denke daran, meine Tochter, dass, wer Jesus wirklich liebt, wenig spricht und alles erträgt. — Ich befehle dir von seiten Jesu, nie deine Meinung zu sagen, ausser wenn du gefragt wirst; und nie auf deiner Meinung zu bestehen, sondern sogleich nachzugeben. — Gehorche pünktlich dem Beichtvater und dem, welchen er bestimmt, aber ohne Widerrede; in den Dingen, wo du es musst, gib eine einfache Antwort, und sei aufrichtig mit ihm und mit anderen Personen. — Wenn du einen Fehler begangen hast, klage dich sogleich an, ohne zu warten, bis man dich fragt. — Endlich vergiss nicht, deine Augen zu hüten, und denk' daran, dass ein abgetötetes Auge die Herrlichkeiten des Himmels schauen wird!' — Nach diesen Worten segnete er mich und liess mich dann zur hl. Kommunion gehen. Ich lief sogleich fort. Es war das erste Mal seit fast einem Monat, dass sich Jesus wieder fühlen liess. Ich sagte Ihm alle meine Anliegen. Er unterhielt sich mit mir lange. Ich kommunizierte um halbneun; als ich aus der Ekstase erwachte, war es schon spät . . . Ich befand mich noch immer in der gleichen Haltung, in der ich kommuniziert hatte. Beim Aufstehen sah ich, dass der Schutzengel mit ausgebreiteten Flügeln mir zu Häupten stand. Er begleitete mich dann nach Hause und wies mich noch an, im Verlauf des Tages nicht mehr zu beten.»

29. Juli 1900: «Bis gestern mittag blieb ich in einem Zustand, ohne mich sammeln zu können; aber mein Schutzengel war bei mir und gab mir Kraft. Ich muss auch sagen, dass ich am Samstag keinen Hunger hatte, er aber wies mich an, zu essen; so hat er es heute morgen, am Sonntag, gemacht. Jeden Abend unterlässt er es nicht, mich zu segnen, auch, wenn nötig, zu strafen und zu tadeln.»

1. und 2. August 1900: «Am Mittwoch konnte ich mich nicht sammeln. Am Donnerstag auch nicht. Dann und wann sagte mir mein Schutzengel etwas, aber immer im Wachen; am Mittwoch aber dachte ich bei mir, dass ich vom Teufel getäuscht sein könnte; er aber beruhigte mich und sagte mir nur: 'Gehorche!'»

6. August 1900: «Heute abend, als ich die Abendgebete verrichtete, näherte sich mir der Schutzengel, schlug mir auf die Schulter und sagte mir: 'Gemma, warum so grosse Unlust beim Gebet? Das missfällt Jesus!' 'Nein', antwortete ich, 'es ist nicht Unlust, ich fühle mich nur seit zwei Tagen nicht wohl.' Er entgegnete: 'Tu deine Pflicht mit Eifer, und du wirst sehen, dass dich Jesus noch mehr lieb haben wird!' . . .Ich bat den Schutzengel, zu Jesus zu gehen und Ihm zu sagen, dass Er ihm erlauben möchte, die Nacht bei mir zu bleiben. Er verschwand sofort . . . Nach Beendigung der Gebete ging ich zu Bett. Und der Schutzengel kehrte zurück, nachdem er von Jesus die Erlaubnis zum Kommen erhalten hatte; er fragte mich: 'Wie lange ist es her, dass du nicht für die Seelen im Fegfeuer gebetet hast? O meine Tochter, du denkst so wenig daran! Mater Maria Theresia leidet immer noch (im Fegfeuer), weisst du?' Es war seit dem Morgen, dass ich nicht für sie gebetet hatte. Er sagte mir, dass es ihm gefallen würde, wenn ich jedes kleine Leiden für die Seelen im Fegfeuer aufopferte. 'Jede kleine Busse ist eine Erleichterung für sie; auch gestern und heute war es so, als du für sie das Wenige aufgeopfert hast.' Ich antwortete ein wenig verwundert: 'Ich habe körperlich gelitten. Können denn Kopfschmerzen eine Erleichterung für die Seelen im Fegfeuer sein?' 'Ja', antwortete er mir, 'ja, meine Tochter, jedes noch so kleine Leiden gewährt ihnen Erleichterung.' Da versprach ich ihm, dass ich von jetzt an alles für sie aufopfern werde. Er sagte noch: 'Wie sehr leiden doch diese Seelen! Willst du leiden?'»

8. August 1900: «Kurz nachdem ich heute aus dem Beichtstuhl gegangen war, kam mir ein gewisser Gedanke, indem ich innerlich zu mir sagte, dass der Beichtvater meine Sünden zu sehr verkleinere; ich wurde unruhig. Um mich zu beruhigen, näherte sich mir der Schutzengel; ich war in der Kirche, und er sprach laut diese Worte: 'Aber sag' mir, wem willst

du nun glauben: dem Beichtvater oder deinem eigenen Kopf? Dem Beichtvater, der ständige Erleuchtung und Beistand hat, der grosse Fähigkeiten besitzt, oder dir, die du nichts, nichts, gar nichts von all dem hast? O du Stolze!' Und er sagte mir: 'Du willst dich zur Lehrerin, Führerin und Leiterin des Beichtvaters machen?'»

9. August 1900: «Auch heute, nachdem ich einen sehr heftigen Angriff des Bösen Feindes mit Hilfe Gottes ausgestanden hatte, kam der Schutzengel, machte mir Vorwürfe und sagte sehr ernst: 'Tochter, denke daran, dass du mit jedem Verstoss gegen den Gehorsam eine Sünde begehst! Warum sträubst du dich so, dem Beichtvater zu gehorchen? Vergiss nicht, dass es keinen kürzeren und sichereren Weg gibt als den des Gehorsams!' . . .»

16. August 1900: «Heute, Donnerstag, befiel mich der gewohnte Widerwille: die Furcht, meine Seele zu verlieren; denn es tat sich die Zahl und Grösse meiner Sünden vor mir auf. Welche Aufregung! In diesem Augenblick sagte mir der Schutzengel ins Ohr: 'Aber die Barmherzigkeit Gottes ist unendlich.' Das beruhigte mich . . .»

20. August 1900: «Gestern am Tag sprach ich wieder mit dem Schutzengel; er machte mir Vorwürfe, besonders über meine Unlust beim Gebet, und erinnerte mich an verschiedenes andere, auch an das, was er mir am Tage gesagt hatte, und fügte hinzu, dass ich darüber Jesus Rechenschaft ablegen müsse. Endlich, als ich ihn vor dem Zu-Bett-gehen um den Segen bat, kündigte er mir an, dass Jesus heute, den 20. August, einen Angriff des Dämons gegen mich zulassen wolle, und zwar deswegen, weil ich für einige Tage im Gebet nachlässig gewesen sei. Er kündigte mir an, dass der Dämon alle Kräfte aufbieten würde, um mich am Beten zu hindern . . .»

26. August 1900: «Gestern zur Essenszeit erhob ich die Augen und sah den Schutzengel. Dieser schaute mich mit einem so strengen Blick an, dass ich erschrak; er sprach nicht. Später, als ich für kurze Zeit zu Bett ging, da befahl er mir, ihm ins Gesicht zu schauen; ich tat es, schlug aber gleich den Blick wieder nieder; doch er bestand darauf und sagte: 'Schämst du dich nicht, in meiner Gegenwart Fehler zu begehen! Fühle wenigstens Scham, wenn du sie begangen hast!' Er bestand darauf, dass ich ihn anschaute; mehr als eine halbe Stunde liess er mich immer in sein Antlitz schauen; es kamen daraus so strenge Blicke auf mich . . . Ich konnte nichts als weinen. Ich bat meinen Gott und unsere Mutter, dass Er mich von hier fortnehmen sollte, weil ich es nicht länger aushalten könnte. Von Zeit zu Zeit wiederholte er mir: 'Schäme dich!' Ich bat, dass wenigstens nicht andere mich in diesem Zustand sehen, weil sonst

auch nicht eine Person mehr mir nahen würde . . . Ich litt den ganzen Tag hindurch; und immer, wenn ich meine Augen erhob, blickte er mich streng an . . . Am Abend verrichtete ich meine Gebete, aber immer noch stand er da und schaute mich auf gleiche Weise an; er hiess mich dann zu Bett zu gehen und segnete mich; aber er verliess mich nicht; er blieb mehrere Stunden bei mir . . .»

2. September 1900: «Diese Nacht habe ich geschlafen, in Gegenwart meines Schutzengels; beim Erwachen sah ich ihn in meiner Nähe; er fragte mich, wohin ich ginge. 'Zu Jesus', sagte ich. Der ganze übrige Tag verlief sehr gut. Aber gegen Abend, mein Gott, wie ist es mir da ergangen! Der Schutzengel zeigte sich ernst und streng; ich konnte den Grund nicht verstehen . . . Jetzt erinnere ich mich an zwei Sünden, die ich im Lauf des Tages begangen hatte. Mein Gott, welche Strenge! Mehrmals wiederholte der Schutzengel diese Worte: 'Ich schäme mich deiner. Es wird dahin kommen, dass ich dir nicht mehr erscheine, wenn du solche Sachen machst . . .' In diesem Zustand verliess er mich.»

3. September 1900: «Ich habe den Schutzengel diese Nacht nicht mehr gesehen, auch am Morgen nicht. Heute aber hat er mir gesagt, dass ich Jesus anbeten solle, der ganz allein sei. Dann ist er verschwunden. Heute abend war es dann besser als am Abend vorher. Ich bat ihn mehrmals um Verzeihung, und er schien geneigt, mir zu verzeihen. Heute nacht ist er immer um mich herum gewesen. Er wiederholte, dass ich brav sein und unserem Herrn Jesus nicht mehr missfallen solle, und wenn ich in Seiner Gegenwart sei, solle ich noch besser und braver sein.»

In ihrer Selbstbiographie (Seite 251) fasst die hl. Gemma Galgani ihren Bericht über die Engel-Erscheinungen gleichsam zusammen und schreibt: «Sobald der Schutzengel mich mit seiner Gegenwart umgeben hatte, war er mir Meister und Führer. Sooft ich einen Fehler begangen hatte, machte er mich auf denselben aufmerksam. Er lehrte mich, wenig zu sprechen und nur, wenn man mich fragte . . . Er lehrte mich, die Augen niederzuschlagen . . . Er gab mir auch diesen Verweis: 'Mehrmals habe ich dir erklärt, dass du dich in Gottes Gegenwart befindest: du sollst ihn anbeten in seiner unendlichen Güte, in seiner unendlichen Majestät, in seiner Barmherzigkeit und in all seinen Eigenschaften!'»[3)]

Seit dem Jahre 1896, als Gemma 18 Jahre alt geworden war, waren ihre Begegnungen mit dem *Engel* immer zahlreicher geworden. Sobald sie dann P. Germano kennengelernt hatte, hat sie ihm auch über die Besuche des *Engels,* die ihre Seele mit Freude erfüllten und sie stärkten, genau berichtet. Diese Briefe an P. Germano — es sei vor allem an den 12. Brief vom 14. September 1900, an den 17. Brief vom 3. Oktober 1900, an den 61. Brief vom 13. Mai 1901 und an den 114. Brief vom 20. Juli 1902 erinnert — sind ungemein aufschlussreich[4]. P. Germano war über manche Mitteilungen Gemmas anfangs überrascht und wohl auch skeptisch, gab ihr Vorsichtsmassregeln an und schrieb ihr u.a. am 22. Oktober 1900: «Was die Erscheinungen des Engels anbelangt . . . erhebe Einspruch, dass du ihrer nicht würdig seist und dass du nur den Willen Gottes erfüllen wollest. Hüte dich vor den Fallstricken des Dämons! Und ich füge noch bei: sollte die Erscheinung nicht verschwinden, so lade sie ein, sich mit dir zu Boden zu werfen vor der Majestät Gottes, um sie anzubeten und sie im Glauben und in der Liebe zu lobpreisen! Bete das Stossgebet, das den Dämon erbeben lässt: Es lebe Jesus!»[5]

Gemma hielt sich daran. Eine Frau namens Eufemia Giannini, die Gemma gut kannte, berichtete im Apostolischen Prozess in Pisa 1922 wörtlich folgendes: «Gemma hatte den Befehl erhalten, jede Erscheinung durch das Kreuzzeichen, das Weihwasser und sogar mit Anspucken zu vertreiben. Als sich der Schutzengel eines Tages zeigte, spuckte sie ihm ins Gesicht und versuchte, ihn zu vertreiben. Der Engel aber bewegte sich nicht; ja, an jener Stelle, wo ihr Speichel zu Füssen des Engels lag, wuchs eine weisse Rose empor; auf ihren Blumenblättern war in goldenen Buchstaben geschrieben: Man nimmt alles von der Liebe entgegen»[6]. Man mag auch diesem Bericht gegenüber skeptisch eingestellt sein; der heiligmässige P. Germano, Seelenführer und Biograph der hl. Gemma Galgani, war jedenfalls sehr bald von der Echtheit der Engelserscheinungen vor Gemma überzeugt worden und schrieb in seiner «Biographia della Serva di Dio Gemma Galgani»: «Mehrmals habe ich persönlich den gemeinsamen Gebeten und Betrachtungen Gemmas und des *Engels* beigewohnt; durch rein äusserliche Beobachtungen konnte ich mich überzeugen von der Wirklichkeit aller Einzelheiten, die sie mir später gewissenhaft mitteilte»[7].

«Wir müssen also» — wie J. Fr. Villepelée schreibt — «die beinahe ununterbrochene Gegenwart des Schutzengels anerkennen; er brachte Gemma alle Schätze der Erleuchtung und des Wohlwollens Gottes; es handelt sich wirklich um die Gegenwart eines himmlischen Geistes, dem es oblag, sie während des ganzen irdischen Lebenswegs zu begleiten»[8].

Frau Mechthild Thaller-Schönwerth
(† 30. November 1919)

Hier handelt es sich um eine mystisch begnadete deutsche Frau, die zwar keine kanonisierte Heilige ist und dies auch sicher nie werden wird, die aber mit Recht in einer neu erschienenen Biographie «Die Vertraute der Engel» genannt wird[1].

Schon in ihrem vierten Lebensjahr sah die am 30. März 1868 geborene Mechthild Schönwerth oft ihren Schutzengel. Seit ihrem fünften Lebensjahr wurde die schon früh nach Vollkommenheit Strebende auch noch zusätzlich von einem Erzengel betreut[2].

In München ging Mechthild bei den Schulschwestern des Angerklosters in die Schule und erwarb sich dort eine aussergewöhnlich hohe Bildung. In dieser Zeit erwählte sie sich als Beichtvater den Redemptoristenpater Schora, der ein in jeder Hinsicht ausserordentlicher, von Gott erleuchteter Seelenführer gewesen sein muss. Er war gegen sein Beichtkind sehr streng, und als er erfuhr, dass Mechthild bereits auf ausserordentlichen Gnadenwegen wandelte und von ihrem Schutzengel geführt wurde, verstand er es, jeden Keim von Stolz und Eigenliebe in ihr auszurotten und die Tugend der Demut, aber auch die Opfer- und Leidensbereitschaft in ihr zu stärken[3].

In München kam oft ein Freund der Brüder Mechthilds ins Haus, der vier Jahre älter war als sie und schliesslich um ihre Hand anhielt. Ihr Beichtvater sagte ihr, es sei Gottes Wille zu heiraten. Gewöhnt, in der Stimme des Beichtvaters diejenige Gottes zu erkennen, willigte sie ein und vermählte sich mit 17 Jahren am 7. Mai 1885. Diesem Mann, der in den Dienst des Fürsten von Thurn und Taxis getreten und zuletzt als Oberdomänenrat tätig war, hielt Mechthild in grosser, opferbereiter Liebe unverbrüchlich bis zum Lebensende die Treue, obwohl dieser Mann ein rücksichtsloser, launenhafter und treuloser Tyrann war. Aber sie sah in ihm im Auftrag ihres Beichtvaters «ihren strengen, unnachsichtigen Novizenmeister»[4].

Die ersten drei Jahre ihrer kinderlos gebliebenen Ehe verbrachte Frau Mechthild Thaller — so hiess sie nun — in Regensburg, die weiteren Lebensjahre dann in Obermarchtal (Württemberg), wohin ihr Mann versetzt worden war.

Aus den Briefen dieser von Kindheit an mystisch begnadeten, am 30. November 1919 verstorbenen Frau, vor allem aber aus den von ihr geführten und wenigstens teilweise erhalten gebliebenen Tagebüchern[5] erfährt man viele Einzelheiten über Kreuze und Leiden, aber auch über ausserordentliche Gnaden und himmlische Tröstungen, die ihr von Gott zugedacht worden sind.

«Ein besonders schweres Kreuz war für Frau Mechthild Thaller neben dem lieblosen Benehmen ihres Mannes ihre Kinderlosigkeit. Dafür schenkte ihr der Herr aber eine grosse Familie geistlicher Kinder, Männer und Frauen, Priester, Ordenspersonen und Laien, die sich ihrer Führung unterstellten und von ihr vorzugsweise auf schriftlichem Weg geführt wurden. Aber auch ausserordentliche Mittel, die ihr Gottes Allmacht zur Verfügung stellte, dienten diesem Zweck, z.B. die Gabe der Bilokation. Während ihr Körper beispielsweise im Bett ruhte, holte sie der Schutzengel ab, warf ihr einen grauen Mantel über, und dann trat sie ihre Wanderung an. So pflegte sie in langen Nachtwachen während des Ersten Weltkrieges in Lazaretten Verwundete an der Westfront, die sie nach ihrer Heimkehr wieder als ihre einstige Pflegerin erkannten»[6].

Aus den Briefen und Tagebüchern geht ganz besonders anschaulich hervor, wie vertraut Frau Mechthild Thaller mit den ihr zugeteilten heiligen *Engeln* war und wie gross sie von den Engeln dachte.

Den Hauptgrund, warum wir Menschen die Engel zu wenig verehren, sah sie in folgendem: «Wir kennen sie nicht oder wenigstens viel zu wenig. Beides aber, Verehrung und Liebe, setzt das Erkennen voraus. Aus dem Erkennen der Erhabenheit und Vollkommenheit der Engel und ihres Nahverhältnisses zu Gott, ihrer Vorzüge und ihrer Macht würde ganz von selbst die Verehrung der Engel hervorspriessen. Und wenn wir gar noch erkennen würden, wie sehr sie uns in Gott auch lieben, wie sie unsere Seele mit aller Liebe umgeben, weil sie ja Zeugen des grössten Liebesaktes, des freiwilligen Todes des eingeborenen Gottessohnes Jesus Christus waren und daher den hohen Preis kennen, den Gott selbst für jede Menschenseele bezahlt hat, so müsste das unsere Gegenliebe entflammen, und wir wären in Demut beglückt, sie als Freunde, als Brüder in Gott begrüssen zu dürfen. Aber wir kennen sie nicht. Wir kennen nicht einmal unseren eigenen Schutzengel, obwohl er doch unser treuer Begleiter und Freund das ganze Leben hindurch ist. Aber wir würden vielleicht wenigstens ihn kennen, wenn wir uns ein klein wenig darum bemühen würden. Er verdiente es wahrlich! Wir wissen, die Engel sind selige Geister, selig in der ewigen Anschauung und Erkenntnis der ewigen Liebe Gottes. Für die gesamte Engelwelt ist zwar die himmlische Se-

---

Mechthild Thaller-Schönwerth, die «Vertraute der Engel» ▶

ligkeit völlig gleich, denn die Seligkeit jedes einzelnen Engels ist vollkommen. Die Erkenntnis Gottes ist jedoch bei den einzelnen Stufen nicht gleich gross. Diese Stufen sind eigentlich nur dadurch gebildet, dass die höhere Klasse immer eine grössere Gotteserkenntnis besitzt als die vorhergehende. St. Michael und St. Gabriel haben unter allen Engeln die grösste Gotteserkenntnis. Die Seraphim sind so vollständig in den Grad der Erkenntnis, die ihnen gegeben ist, versenkt, dass sie ganz in Gott entflammt und brennend sind in feurigster Liebe. Die Seligkeit der Engel kann nicht erhöht werden, denn sie ist vollkommen; aber ihre Freude kann vermehrt werden. So oft z.B. ein Schutzengel eine Seele aus dem Fegfeuer in den Himmel führt, erhöht sich seine Freude, d.h. er freut sich ungemein darüber, dass nun im Himmel eine neue Seele Gott ohne Unterlass lobt und preist und der göttlichen Liebe würdig ist. Es ist eine unsagbar grosse Freude für die Engel, wenn sie die Sicherheit haben, dass die Früchte der Erlösung und das kostbare Blut Jesu Christi an ihren Pflegebefohlenen nicht mehr verloren gehen können»[7)].

Frau Mechthild Thaller sah ihren Schutzengel und den ihr zugeteilten Erzengel neben sich und bat sie, über sie Wache zu halten und die Engel der Finsternis zu vertreiben[8)]. Sie sah auch die Engel mancher Mitmenschen, vor allem die ihres Seelenführers und seiner priesterlichen Freunde[9)].

Frau Mechthild Thaller bekam auch Aufschluss über die Art, wie sich die Schutzengel um die ihnen anvertrauten Menschen kümmern und sorgen. «Die Zahl der Schutzengel ist so unendlich gross, dass kein Engel, welcher seinen Schützling in die himmlische Seligkeit begleitet hat, noch einmal bei einem der nachfolgenden Menschengeschlechter Dienst tut. Der Schutzengel, der dem Menschen auf Erden beigestanden ist, bleibt auch im Himmel neben ihm. Durch das Eingehen ihrer Schützlinge in die himmlischen Freuden wird auch die Freude der Schutzengel ins Unendliche gesteigert. Die Schutzengel jener Unglücklichen aber, die die Herrlichkeit Gottes nicht schauen werden, sind den anderen nicht nachgesetzt. Der gerechte Gott erhöht ihre Freude wie die der anderen Engel, und sie werden speziell der Dienerschaft der Königin der Engel zugeteilt und lobpreisen mit unbeschreiblicher Freude die Gerechtigkeit Gottes . . . Es ist nichts lieblicher als ein Schutzengel, nichts gnadenreicher als die Güte Gottes, die unsere Seelen so sehr liebt, dass sie durch einen Engel beschützt, ermahnt und sogar bedient werden sollen. O du mein treuester Freund, geliebtester Bruder, heiliger Schutzengel, ich grüsse dich tausendmal im Namen Jesu und danke Gott, dass er dich so schön, so gut und so mächtig erschaffen hat»[10)].

Ihre Engel erschienen der Frau Mechthild — wie sie einem ihrer geistlichen Kinder berichtete und auch in ihrem Tagebuch niederschrieb — in verschiedenen Gewändern. Kam der Engel in hellgrünem Gewand, so bedeutete dies, dass ihr nun kleinere Leiden und Widerwärtigkeiten bevorstanden; kam der Engel aber in dunkelgrünem Gewand, so kamen grosse Leiden und Kreuze; kam er in priesterlichen Gewändern, z.B. in Albe und gekreuzter Stola, so hatte er ihr grosse Gnade zu verkünden. Abends kam er sehr oft in braunem Pilgergewand mit dem Pilgerstab; das war das Zeichen, dass er sie zu einem Liebeswerk abholte[11)].

Was die Engel für Frau Mechthild Thaller persönlich bedeuteten, schildert sie in ihrem Tagebuch am 3. Januar 1907 so: «Ich nahm heute meine Zuflucht zu den Engeln und bat sie, in ihrer Glorie meiner Leiden zu gedenken. Da sah ich meinen Engel vor mir in wunderbarer Herrlichkeit. Er neigte sich über das Bett und sprach zu mir: 'Du bist ja nicht allein. Siehe, ich wache Tag und Nacht bei dir, zähle deine Seufzer, trockne deine Tränen und bringe deine Gebete vor den Herrn. Und auch mein Bruder, der Gabrielsgefährte (der Erzengel, der dir zugeteilt ist), ist wieder bei dir und bringt dir Stärke, die du nötig hast, um die viele Bitterkeit ertragen zu können, die dich überfallen wird!' Da sah ich auch den Gabrielsgefährten neben meinem Schutzengel. Er hatte eine grüne Stola, und in seinem Diadem glänzten grüne Steine. Mein Schutzengel hat noch immer ein dunkelgrünes Gewand. Es überfiel mich grosse Traurigkeit, als ich dies sah; mein Engel aber tröstete mich und sagte: 'Du wünschest Jesus zu lieben — nur durch Leiden kommst du dazu, Gott von ganzem Herzen zu lieben. Fasse also Mut!'»[12)].

Einmal sah Frau Mechthild Thaller ihre Engel in strahlender Schönheit. Da sagte sie zu ihnen: «O wie schön seid ihr! Und doch müsst ihr noch tausendmal schöner sein als ich euch erblicke. Wenn ich den ganzen Glanz eurer Herrlichkeit vor mir sehen würde, müsste ich ja vergehen.» Einer der geschauten Engel aber antwortete ihr: «Ja, es ist wahr, wir sind schön. Doch noch viel schöner als wir in unserer ganzen himmlischen Schönheit ist eine reine Seele. Die Seligkeit der Heiligen ist viel schöner als die unsere, denn sie durften für Gott leiden.» So steht es im Tagebuch am 8. Dezember 1906[13)].

Aufschlussreich in den Tagebuch-Eintragungen von Frau Mechthild Thaller ist, dass nicht bloss jeder Mensch einen Schutzengel hat, sondern auch kirchliche Institutionen wie z.B. ein Priesterseminar. So schreibt die begnadete Frau am 24. Mai 1907 in ihrem Tagebuch: «Heute nachmittag gegen fünf Uhr sah ich den Hausengel des Klerikalseminars (der Diözese Rottenburg). Er gehört zum Chor der 'Throne'. Er ist von überwältigender Majestät, voll erhabener Würde, voll heiligen Ernstes. Seine Augen schauen zum Himmel empor, zu Jesus, dem ewigen Hohenpriester, der sich für uns opferte. Er trägt ein herrliches Gewand, und seine Krone strahlt eine Helle und ein Licht aus, vor dem ich meine Augen schliessen muss. Er ersuchte mich, des Klerikalseminars täglich zu gedenken in meinen Gebeten und Leiden. Mit ergreifenden Worten empfahl er mir alle seine 'Hausgenossen', insbesondere die Vorstände des Hauses . . . Ich fragte diesen wunderbaren himmlischen Fürsten, ob er schon da war, als 'Deus dedit' (mein Seelenführer) und 'Servus Dei' (sein Freund) im Klerikalseminar waren. Da sprach er: 'Ja, ich bin im Hause seit dessen Gründung. Ich kenne deine geistlichen Freunde und grüsse sie im Namen Jesu. Sie gehören zu denjenigen, die mir Freude bereiten, aber bedenke, wieviel Kummer ich schon ertragen musste, wenn ich bei der Priesterweihe sah, dass ein Teil der Neugeweihten verlorengehen werde. Niemand gedenkt meiner, niemand ruft mich an, und ich bin doch da, um ständig für mein Haus und seine Bewohner zu beten. Und mir ist doch von Gott so grosse Macht gegeben!' Dann fragte ich, wie es bei der kommenden Priesterweihe sein werde, ob viele zukünftige Heilige darunter seien. Da lächelte der Engel und sprach: 'Viele? Was ist das für ein Begriff? *Einer* ist dieses Jahr darunter, und das ist viel, denn manchmal vergehen Jahre, ohne dass ich wieder eine solche Freude habe.' Dann fragte ich um das Jahr von 'Deus dedit's Priesterweihe. Da sprach der Engel: 'Damals waren es drei. Pax tecum!' Und ich sah nichts mehr»[14]. Nochmals kam Mechthilds Erzengel auf die Zustände im Priesterseminar zu sprechen. Es war am 22. Juni 1907. Da erfuhr die begnadete Frau u.a. folgendes: «Gegenwärtig arbeitet der Teufel heimlich an der Irreführung der Seelen . . . Er arbeitet daran, in den jungen und zukünftigen Priestern die Moral und Glaubensüberzeugung zu lockern. Man wird die Existenz der Engel anfechten, die Verehrung der seligsten Jungfrau als anmutige Sentimentalität betrachten, ihre Unbefleckte Empfängnis und Jungfräulichkeit als hysterische und überspannte Anschauung behandeln; das Dogma von der Unbefleckten Empfängnis wird als Vergöttlichung der Mutter Gottes bezeichnet werden. Es werden sogar priesterliche Dozenten und priesterliche Professoren aufstehen, die vom Übermass der Marien- und Heiligenverehrung reden und die Gläubigen ermahnen, sich direkt an Gott zu wenden und sich nicht immer dieser kindischen, einfältigen Heiligenverehrung hinzugeben in ihren Gebeten. Dieser heimliche Kampf und diese verborgene Arbeit Satans währt nun schon ein paar Jahre. Auch in unserer Diözese arbeitet er unverdrossen. Der Teufel wird mehr Erfolg haben als zur Zeit der Reformation. Er ist wachsam, und wer seine Pläne zu durchkreuzen sucht, den wird er bis zum Äussersten verfolgen. Im nächsten Jahr soll Pater B. achthaben, er wird manche der oben angedeuteten Ansichten bei den Alumnen vertreten finden. Das Gift ist ihnen eingegeben worden, ohne dass sie es als Gift erkannten. Der arme Pater B. wird schauen, was er alles erfahren wird an Gleichgültigkeit im Glauben und an gedankenlosem Nachbeten von fast irreligiösen Ansichten. Pater B. war schon von Anfang an bestimmt, in dieser schweren Zeit diesen verantwortungsvollen Posten (im Priesterseminar) zu bekleiden. Er soll aber ruhig sein, denn die Gnade Gottes ist mit ihm»[15)].

Auch das, was Frau Mechthild Thaller über die neun Chöre der Engel, die sie täglich anrief und verehrte, und über einzelne dieser Engelchöre sowie über die drei in der Hl. Schrift genannten Erzengel Michael, Gabriel und Raphael schaute und erfuhr, ist ungemein aufschlussreich, zumal alles besonders in Verbindung mit der Heilsgeschichte und der Hierarchie der Kirche gesehen wird[16)]. Vielsagend ist in den Tagebuch-Eintragungen der Frau Mechthild Thaller auch das, was sie über die Engel im Leben bestimmter Heiliger und über das Verhältnis der Engel zu den Armen Seelen im Fegfeuer niedergeschrieben hat[17)]. Fast alle Eintragungen bestätigen, dass diese Frau, die von vielen Gläubigen unserer Zeit als «grosse Fürbitterin und Helferin im Himmel» verehrt wird, tatsächlich eine «Vertraute der Engel» auf Erden gewesen ist[18)].

Francisco Marto

(† 5. April 1919) und

Jacinta Marto

(† 20. Februar 1920)

Die von den Päpsten Pius XII., Johannes XXIII., Paul VI. und Johannes Paul II. direkt oder indirekt bestätigten Erscheinungen der unbefleckt empfangenen Gottesmutter Maria in Fatima in der Zeit vom 13. Mai bis 13. Oktober 1917 sind heute den meisten Katholiken bekannt. Viel weniger bekannt aber ist, dass die drei begnadeten Seherkinder Lucia, Jacinta und Francisco im Jahr zuvor, also 1916, die dreimalige Erscheinung eines strahlend schönen *Engels* erlebt und von diesem eine Botschaft in Gestalt zweier Gebete, die er die Kinder lehrte, empfangen haben. Es wird darüber folgendes zuverlässig berichtet[1)]:

Die drei Kinder hüteten an einem Frühlingstag des Jahres 1916 die Schafe ihrer Eltern am Fusse eines Hügels in der Nähe von Fatima, der im

Volksmund «Cabéco» (Grosskopf) genannt wird. Das schlechte Wetter zwang die Kinder, einen Unterstand aufzusuchen. Dazu stiegen sie den Hügel hinan, bis sie auf halber Höhe eine Höhle fanden. Diese bot ihnen hinreichenden Schutz gegen den Regen. Als dieser schliesslich wieder aufgehört hatte, blieben die Kinder zuerst noch in ihrem Unterschlupf, assen da ihr mitgenommenes bescheidenes Mahl, beteten dann, wie gewohnt, den Rosenkranz und fingen hierauf zu spielen an.
Erschreckt durch einen starken Windstoss, liefen die drei Kinder dann aber aus der Höhle heraus ins Freie, um nach der Ursache dieses Getöses zu forschen. Wie sie nun auf die Ebene hinunterschauten, gewahrten sie über dem kleinen Olivenwäldchen, das den Abhang unter ihnen bedeckte, einen ausserordentlichen Lichtschein und darin eine — wie ihnen schien — menschliche Gestalt.
Die Erscheinung, wie eine Statue aus Kristall, glänzender als der Schnee, von Sonnenstrahlen durchdrungen, schwebte nun auf die drei Kinder zu. Und schon stand in überirdischer Schönheit ein Jüngling vor ihnen. Er begann die drei Kinder mit jenen Worten anzusprechen, mit denen einst auf dem Hirtenfeld von Bethlehem die schlichten Hirten angeredet worden waren: «Fürchtet euch nicht!» (Lk 2,10). Dann fügte der Erschienene die Erklärung hinzu: «Ich bin der Engel des Friedens. Betet mit mir!»
Der Engel kniete dann vor den Kindern nieder, berührte mit der Stirn den Boden und sprach dreimal: «Mein Gott, ich glaube an Dich, ich bete Dich an, ich hoffe auf Dich, ich liebe Dich. Ich bitte Dich um Verzeihung für jene, die nicht glauben, Dich nicht anbeten, nicht auf Dich hoffen und Dich nicht lieben.»
Lucia, Francisco und Jacinta wurden von einer übernatürlichen Kraft bewogen, sich ebenfalls auf die Erde niederzuwerfen, es also dem erschienenen Engel gleichzutun und das von ihm vorgesprochene Gebet zu wiederholen. Der Engel erhob sich dann und sagte noch: «Betet so! Die heiligsten Herzen Jesu und Mariens werden sich durch euer Gebet rühren lassen.» Der geheimnisvolle Bote entschwand dann wieder.
Die drei Kinder schauten verwundert um sich, sie fühlten sich in eine andere Welt versetzt, sie überdachten das Erlebte und wiederholten dann noch einmal das Gebet des Engels, das sich unauslöschlich in ihr Gedächtnis eingeprägt hatte.
Von da an unterhielten sich Lucia, Francisco und Jacinta am liebsten

---

Francisco und Jacinta Marto, die Seherkinder von Fatima ▶

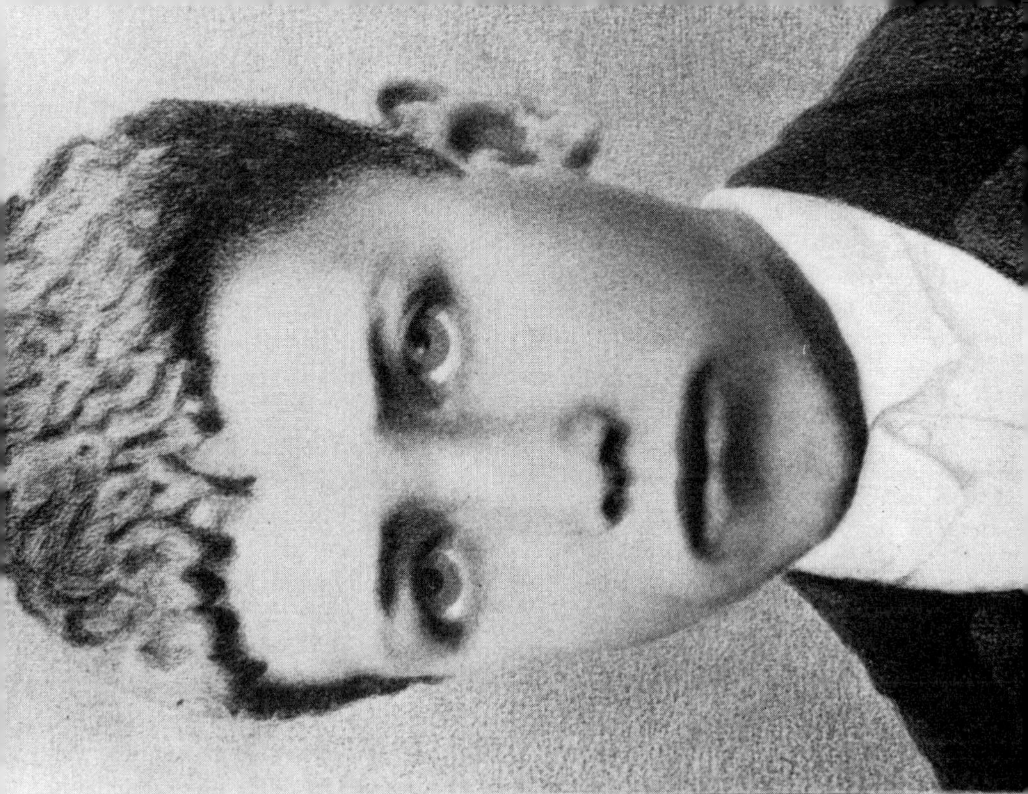

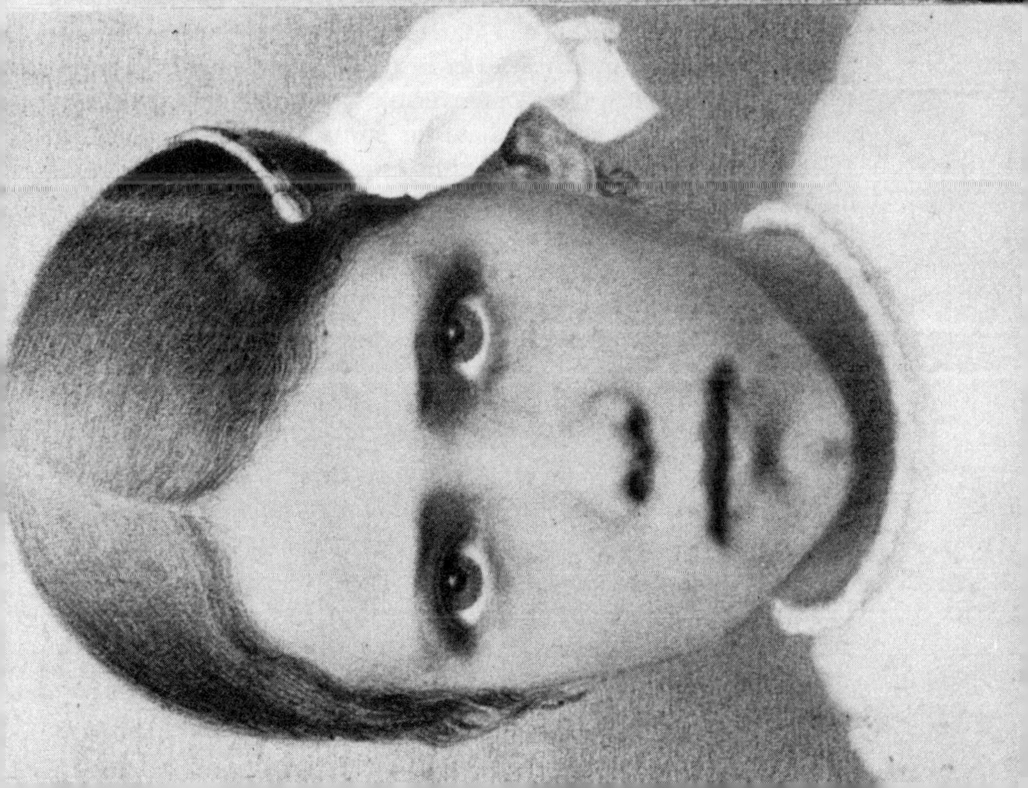

über diese Erscheinung. Sie führten fortan ihre Schafe besonders gern in die Nähe des Erscheinungshügels, beteten mit grosser Andacht das Gebet, das sie der Engel gelehrt hatte, und überdachten es immer wieder. Dabei ging ihnen immer mehr der Gedanke der stellvertretenden Sühne auf: An Gott glauben auch für jene, die nicht glauben, auf Gott hoffen, auch für jene, die nicht hoffen, Gott lieben auch für jene, die Gott nicht lieben, Gott anbeten auch für jene, die Gott nicht anbeten, und dabei Gott für die gottvergessenen Menschen, die nicht mehr glauben, nicht mehr hoffen, nicht mehr lieben, nicht mehr anbeten, um Verzeihung bitten. Den Kindern war hier eine ganz wesentliche, grundlegend christliche Haltung beigebracht worden, die ihnen immer vertrauter wurde und ihnen sozusagen in Fleisch und Blut überging. Sie haben diese Sühnehaltung in ihrem Leben grossartig verwirklicht: Francisco und Jacinta in der Art, wie sie ihr junges Leben aufopferten, und Lucia in ihrer Sühnebereitschaft in verschiedenen Klöstern und nun im Karmel von Coimbra.

Einige Wochen nach dieser Engelserscheinung — es war an einem Tag mitten im Sommer 1916, während die Eltern der drei Kinder sich der Mittagsruhe gewidmet hatten — spielten die drei Kinder beim Brunnen im Garten von Lucias Eltern. Auf einmal stand der schöne Jüngling wieder vor ihnen und ermahnte sie, zu beten, viel zu beten, und sagte dann: «Die heiligsten Herzen Jesu und Mariens wollen mit euch einen Plan der Barmherzigkeit verwirklichen.» Der Engel empfahl dann den drei Hirtenkindern, sie sollten Gott Opfer für die Bekehrung der Sünder darbringen, um so ganz besonders auf ihr portugiesisches Vaterland den Frieden herabzuflehen. Jedes Wort des Engels drang wieder ganz tief in die Seele der Kinder. Sie dankten Gott von Herzen dafür, dass er sie so liebe und für seine geheimnisvollen Pläne auserwählt habe. Sie versprachen zu tun, was sie können, um die Wünsche Gottes zu erfüllen. Von diesem Augenblick an opferten sie alle ihre Handlungen Gott auf. Am allerliebsten wiederholten sie das Gebet des Engels: «Mein Gott, ich glaube an Dich . . .»

Zu Beginn des Herbstes 1916 hüteten Francisco, Jacinta und Lucia wieder ihre Schafherde auf dem «Grosskopf-Hügel» in der Nähe von Fatima. Als sie ihr karges Mahl verzehrt hatten, begaben sie sich wieder zur Höhle, um dort, wie üblich, den Rosenkranz zu beten; diesem wollten sie noch das Gebet des Engels anfügen. Sie beugten sich dazu bereits tief zur Erde nieder. Auf einmal waren sie von einem ausserordentlich hellen Licht umflossen. Sie erhoben ihre Gesichter und sahen wieder den himmlischen Boten vor sich. Er hielt diesmal einen Kelch in seinen Händen. Über dem Kelch schwebte eine Hostie, aus welcher Blutstropfen in den Kelch fielen. Der Engel kniete sich nun nieder und befahl den Kindern, es ebenso zu machen und mit ihm so wie er zu beten. Unterdessen blieben der Kelch und darüber die Hostie in der Luft schweben. Der Engel aber sprach nun das folgende Gebet vor, das er dreimal wiederholte: «Heiligste Dreifaltigkeit, Vater, Sohn und Heiliger Geist, ich bete Dich aus tiefster Seele an und opfere Dir auf den kostbaren Leib, das Blut, die Seele und die Gottheit unseres Herrn Jesus Christus, der in allen Tabernakeln der ganzen Welt zugegen ist, zur Sühne für die Schmähungen, den Gottesraub und die Gleichgültigkeit, durch die Er beleidigt wird. Durch die unendlichen Verdienste seines heiligsten Herzens und die Fürsprache des unbefleckten Herzens Mariens bitte ich Dich um die Bekehrung der Sünder.»

Der Engel erhob sich dann und reichte Lucia die Hostie; den Inhalt des Kelches aber teilte er an Francisco und Jacinta aus, indem er sagte: «Empfanget den Leib und das Blut Jesu Christi, der durch die undankbaren Menschen so furchtbar beleidigt wird! Leistet Sühne für ihre Sünden und tröstet euren Gott!» Dann liess er noch die Kinder dreimal das ihnen zuvor vorgesprochene Gebet wiederholen: «Heiligste Dreifaltigkeit . . .»

Als die Kinder dreimal dieses Gebet gesprochen hatten, entschwand der Engel. Die Kinder aber wiederholten, tief zur Erde geneigt, immer wieder dieses Aufopferungsgebet. Ganz versunken in die geschaute und erlebte übernatürliche Wirklichkeit und in das, was da im Gebet des Engels aufgeklungen war, überdachten sie das ganze Ereignis immer wieder. Sie erfassten immer mehr den Sinn der Sühnekommunion, in der wir dem dreifaltigen Gott Leib, Blut und Seele, die mit der Gottheit Jesu Christi hypostatisch vereint sind, aufopfern zur Sühne und Genugtuung für die vielen Schmähungen und Sakrilegien, für all die Ehrfurchtslosigkeit und Gleichgültigkeit, mit der Jesus Christus, der in der heiligsten Eucharistie wahrhaft, wirklich und wesentlich gegenwärtig ist, beleidigt wird, heute mehr denn je. Und es geht dabei um das dringendste Gebetsanliegen, das wir heute, in dieser Zeit des Glaubensabfalls und der Glaubensverwirrung, Gott vortragen können: die Bekehrung der Sünder. Wir bitten Gott darum auf Grund der unendlichen Verdienste des heiligsten Herzens Jesu und auf Grund der Fürsprache des unbefleckten Herzens Mariens.

Die beiden Gebete, die der Engel des Friedens in Fatima die drei Hirtenkinder gelehrt hat, sind ungemein aktuell für unsere Zeit und sind so verfasst, dass man sich unwillkürlich sagen muss: So etwas konnten diese Kinder unmöglich aus sich selbst ersonnen haben.

Zuletzt gehört noch darauf hingewiesen, dass die drei Hirtenkinder von Fatima durch die dreimalige Erscheinung des Engels des Friedens bestens vorbereitet worden waren für die Erscheinungen der Königin der Engel, der unbefleckt empfangenen Gottesmutter. Die drei sprachen — wie die noch lebende Lucia bestätigt hat — vom Herbst 1916 an eigentlich von nichts anderem mehr, wenn sie unter sich waren, als nur von der Erscheinung des Engels. Der Dialog, den Jacinta mit ihrem Bruder Francisco geführt hat, ist da vielsagend. Sie sagte zu ihm: «Ich weiss nicht, was mit mir los ist, ich kann eigentlich gar nicht mehr recht spielen und singen, ich habe eigentlich zu nichts mehr Lust.» Darauf Francisco: «Ich auch nicht. Aber was macht das schon aus? Der Engel war doch so schön.» Da Francisco und Jacinta genau so wie Lucia den himmlischen Boten nie mehr mit den leiblichen Augen betrachten konnten, verweilte ihr geistiges Auge umso mehr bei der unvergleichlichen Schönheit des Engels. In ihrem Herzen widerhallten immer wieder die gehörten Worte des Engels, und sie lebten ganz in der Erwartung der angekündigten Pläne der göttlichen Barmherzigkeit.
Zuletzt könnte man noch fragen: Warum hat Gott diesen drei Kindern einen Engel gesandt? Die Antwort kann nur lauten: Dieser himmlische Bote sollte nach dem Willen Gottes der Vorläufer der Himmelskönigin sein; er sollte sie auf ihre Sendung als Vertraute Mariens vorbereiten.
Was aber soll die mystische Kommunion, die die Kinder aus Engelshand empfangen durften, bedeuten? Lucia empfing nur die heilige Hostie, Francisco und Jacinta aber durften aus dem Kelch das kostbare Blut trinken. Darf man etwa annehmen, dass dies so geschah, um anzudeuten, dass diese beiden Kinder schon bald das Opfer ihres Lebens bringen und den Kelch des Leidens trinken sollten nach der Absicht der Gottesmutter? Wie Jesus die beiden Zebedäussöhne Jakobus und Johannes gefragt hat: «Könnt ihr den Kelch trinken, den Ich trinken werde?» (Mk 10,38), so wurden gleichsam diese beiden Kinder bei der mystischen Kelchkommunion gefragt, ob sie mit Christus und seiner schmerzensreichen Mutter den Kelch des Leidens im Geist der Sühne für die vielen Sünden der Menschheit und zur Erlangung der Gnade der Bekehrung der Sünder zu trinken bereit seien. Sie waren dazu bereit, wie sich in ergreifender Weise bei ihrer Todeskrankheit und bei ihrem bereitwilligen Sterben zeigte[2)]. Francisco starb eines heiligmässigen Todes am 5. April 1919, Jacinta am 20. Februar 1920. Im Dezember 1950 hat der Bischof von Fatima den kanonischen Prozess für die Seligsprechung Jacintas und ihres Bruders eingeleitet. Die Leiber der beiden Kinder ruhen seit dem 1. Mai 1951 in der Basilika der Cova da Iria in Fatima.

Die ehrwürdige Dienerin Gottes Faustina Kowalska

(† 5. Oktober 1938)

Für diese am 25. August 1905 im Dorf Glogow (Bezirk Swinica, zwischen Lodz und Wloclawek, Polen) geborene, schulisch ziemlich ungebildete, aber mystisch überaus begnadete Ordensschwester in der polnischen Ordenskongregation Unserer Lieben Frau von der Barmherzigkeit, die 33jährig am 5. Oktober 1938 in Krakau gestorben ist, hat Papst Johannes Paul II. als Erzbischof von Krakau den diözesanen Seligsprechungsprozess eröffnet und diesen als Promotor stark voranzutreiben gesucht. Warum wohl? Weil diese Laienschwester einzureihen ist in die Linie der grossen Mystiker. Viele Jahre hindurch war Christus selbst ihr geheimer Seelenführer, der sie bei seinen Erschcinungen zur Botschafterin der göttlichen Barmherzigkeit berief und ihr auftrug, ein Bild von Ihm als dem König der Barmherzigkeit malen zu lassen.
Im Leben dieser Mystikerin unseres Jahrhunderts waren auch die heiligen *Engel* vielfach eine spürbar und sichtbar gewordene Realität, wie sich im Tagebuch dieser jungen Polin, das sie im Auftrag ihres Seelenführers, des theologisch ungemein gebildeten und heiligmässigen Priesters Sopocko, niederzuschreiben begann und das erst 1981 im polnischen Urtext veröffentlicht wurde, an einer Reihe von Eintragungen zeigen lässt.
Als Helen Kowalska — so hiess sie vor ihrem Ordenseintritt — die erste hl. Kommunion mit neun Jahren empfangen hatte, entfaltete sie von da an einen ganz auffallenden Gebetseifer. Die besorgte Mutter überraschte ihr Kind mehrmals dabei, wie sie mitten in der Nacht auf dem Boden kniend betete. Die Mutter wollte diesen «Überspanntheiten» ein Ende bereiten und tadelte Helen barsch: «Du wirst mit all deinem Beten den Kopf verlieren!» Die Antwort des Mädchens darauf lautete: «Aber nein, Mama! Ich glaube, dass mein Schutzengel mich zum Beten aufweckt!»[1)].
Der Schutzengel erschien ihr später, nachdem sie in Warschau im Kloster Unserer Lieben Frau von der Barmherzigkeit am 1. August 1924, am Vorabend des Festes Unserer Lieben Frau von den Engeln, Aufnahme gefunden hatte, gar manchmal. So erzählt eine Mitschwester von Sr. Faustina, Sr. Justina, über ihr Zusammenleben mit der Mystikerin im Kloster zu Wilna folgendes: «Als wir zusammen in Wilna weilten, arbei-

tete Sr. Faustina im Garten und ich in der Küche. Ich war allein und überlastet. Oft stand ich abends beim Lichterlöschen noch vor Stössen von Geschirr, das noch abzuwaschen war. Da kam mir Sr. Faustina zu Hilfe, obwohl sie von schwacher Gesundheit und völlig übermüdet war. Aber ihre Liebe zum Nächsten war so gross, dass sie gerne half. Ich erinnere mich, dass ich von der Mutter Oberin einmal in die Stadt geschickt wurde und Sr. Faustina mich in der Küche zu ersetzen hatte. Wie verwundert aber war ich, als ich bei meiner Rückkehr aus der Stadt Sr. Faustina ruhig auf einer Bank sitzen sah; die ganze Arbeit war beendet. 'Schwester Faustina' — sagte ich — 'wie ist denn das nur möglich? Wer hat Ihnen geholfen?' Da antwortete sie mit einem feinen Lächeln: 'Die *Engel* haben mir geholfen, sonst hätte ich es nicht geschafft!'»[2)] Ihre Biographin M. Winowska bemerkt dazu: «Da Sr. Faustina geschickte Hände hatte und sehr intelligent war, ist es wohl möglich, dass ihre Antwort, die sie ihrer Mitschwester Justina damals gab, scherzhaft gemeint war. Doch wissen wir aus anderen Quellen, dass sie in engem Verkehr mit ihrem Schutzengel stand, der ihr oft sichtbar erschien. In ihrer Kindlichkeit fand Sr. Faustina dabei nichts Ausserordentliches. So schreibt sie am 19. Oktober 1935 in ihrem Tagebuch wie selbstverständlich: 'Abreise von Wilna nach Krakau für die achttägigen Exerzitien. Ich sah schon am frühen Morgen meinen *Schutzengel*, der mich auf der ganzen Reise begleitete. Er verschwand an der Klosterpforte in Warschau. Als wir in den Zug nach Krakau einstiegen, erblickte ich ihn wieder an meiner Seite. Er war in Gott versunken. Ich aber schaute ihm zu. Kaum hatten wir die Schwelle des Klosters überschritten, sah ich ihn nicht mehr.' Mit der Zeit wurde diese hilfreiche Anwesenheit noch notwendiger und auch offenbarer. Doch ist es sicher nicht verboten, auf ein herrliches Bild Murillos hinzuweisen, auf dem Engel in der Küche Pfannen und Kessel handhaben, während der Küchenbruder in einer Ekstase versunken ist. Warum also sollte es Sr. Faustina nicht ähnlich ergangen sein? Bei ihrer Aussage ist Sr. Faustina der festen Überzeugung, dass 'sie ohne Hilfe die Arbeit nicht erledigt hätte', und wir können uns gut vorstellen, wie sie die *Engel* zu Hilfe rief»[3)].

Sr. Faustina wurde schon zu Beginn ihres Ordenslebens in geheimnisvoll mystischer Weise dazu aufgefordert, sich um bestimmte Seelen im Fegfeuer zu kümmern. Da schreibt sie einmal in ihrem Tagebuch: «Eines Tages fragte ich den Herrn, für wen ich noch beten solle. Er antwortete

---

Faustina Kowalska, die oft ihren Schutzengel sah ▶

mir: 'Ich werde es dich nächste Woche wissen lassen.' Ich sah meinen Schutzengel, der mir befahl, ihm zu folgen. Plötzlich befand ich mich an einem düsteren, von Flammen umgebenen Ort. In den Flammen — leidende Seelen. Sie beteten inständig, doch ohne Wirkung für sie selbst. Nur wir können ihnen helfen. Die Flammen, die sie brennen, berührten mich nicht. Mein Schutzengel verliess mich nicht einen Schritt. Ich fragte die Seelen: 'Was bereitet euch die grösste Qual?' Sie antworteten mir einhellig: 'Unsere grösste Qual ist der Hunger nach Gott! . . .' Ich wollte weiter mit ihnen sprechen, doch mein Schutzengel gab mir ein Zeichen, wegzugehen, und wir verliessen das schmerzensvolle Gefängnis»[4)].
Am 20. Oktober 1936 schreibt Sr. Faustina in ihrem Tagebuch: «Heute habe ich in Begleitung eines *Engels* die Hölle besucht. Sie ist ein Ort grosser Qualen, und gross ist ihre Ausdehnung. Von allen Qualen, die ich gesehen habe, ist der Verlust Gottes die grösste . . . Ich wäre beim Anblick dieser Martern gestorben, wenn die Allmacht mich nicht gestärkt hätte. Der Sünder soll wissen, dass er leiden muss je nach der Art seiner Sünde, und leiden muss auf ewig. Ich schreibe dies auf Anordnung Gottes hin, damit keiner sich entschuldigen kann mit der Ausrede, dass noch nie jemand dort war und niemand wisse, um was es sich bei der Hölle handle. Ich, Sr. Faustina, war auf Anordnung Gottes im Abgrund der Hölle, um zu bezeugen, dass die Hölle existiert . . . Ich habe gesehen, dass die Hölle von Seelen bevölkert ist, die hier (auf Erden) nicht an die Hölle glaubten. Seit diesem Tag bete ich noch eifriger für die Sünder»[5)].
Wenn Sr. Faustina familiären Verkehr mit den heiligen *Engeln* hatte, wundert es nicht, wenn sie umgekehrt auch durch gefallene Engel belästigt wurde.
Am Gründonnerstag 1934 sagte Jesus in einer Vision zu Sr. Faustina: «Ich will, dass du dich ganz hingibst für die Sünder und besonders für jene, die alle Hoffnung auf die göttliche Barmherzigkeit verloren haben»[6)]. Mit Erlaubnis ihres Beichtvaters verpflichtete sie sich sofort mit folgendem Weiheakt: «Im Angesicht des Himmels und der Erde, im Angesicht aller Engelchöre und der himmlischen Mächte, im Angesicht der jungfräulichen Gottesmutter erkläre ich heute Gott, dem Einen und Dreieinigen, dass ich mich in Vereinigung mit Jesus Christus, dem Erlöser der Seelen, aus freiem Willen der Bekehrung der Sünder, vor allem jener, die alle Hoffnung auf die göttliche Barmherzigkeit aufgegeben haben, weihe. Diese Weihe besteht darin, dass ich in völliger Hingabe an den Willen Gottes alle Qualen, Ängste und Leiden, die die Sünder durchmachen, auf mich nehme und dass ich ihnen alle Tröstungen, die

aus meiner Vereinigung mit Gott erwachsen, zuwende. Mit einem Wort: Ich opfere für sie alle meine Messen, alle Kommunionen, alle meine Bussübungen und alle meine Erniedrigungen wie auch alle meine Gebete. Ich fürchte die Schläge der göttlichen Gerechtigkeit nicht, denn ich bin mit Jesus vereint. O mein Gott, ich will sühnen für die Seelen, denen es an Vertrauen in Deine Barmherzigkeit fehlt. Ich hoffe gegen alle Hoffnung auf Deine unendliche Barmherzigkeit, mein Herr und mein Gott. Wenn ich mich so ausliefere, zähle ich nicht auf meine eigenen Kräfte, sondern auf die Kraft der Verdienste Jesu Christi. Jeden Tag meines Lebens will ich diesen Weiheakt im Gebet wiederholen, das mich Jesus selbst gelehrt hat: O Blut und Wasser, aus dem Herzen Jesu als Quelle der Barmherzigkeit geflossen, ich vertraue auf euch!»[7)].

Die Folgen dieser Selbstaufopferung für die Sünder liessen nicht auf sich warten, denn von diesem Tage an brach der Teufel offen in das Leben der Sr. Faustina ein. Mit heimtückischen Angriffen oder regelrechten Belagerungen verfolgte er sie hartnäckig mit seinem Hass. Vier Monate nach ihrem Akt der Selbstaufopferung für die Sünder schrieb Sr. Faustina am 9. August 1934 in ihrem Tagebuch: «Nächtliche Anbetung am Donnerstag. Ich brachte diese Heilige Stunde von elf bis zwölf Uhr für verstockte Sünder dar, die nicht mehr auf die göttliche Barmherzigkeit hoffen . . . Jesus gab mir zu verstehen, wie kostbar Ihm das Sühnegebet ist . . . Nach der Heiligen Stunde, halbwegs auf dem Flur zu meiner Zelle, wurde ich von einer Meute riesiger schwarzer Hunde umzingelt, die sich aufbäumten und kläfften, als wollten sie mich in Stücke reissen. Ich gab mir Rechenschaft, dass es nicht Hunde, sondern Dämonen waren. Einer schrie wütend: 'Wir werden dich zerreissen, denn du hast uns diese Nacht viele Seelen entrissen!' Ich antwortete: 'Reisst mich in Stücke, wenn Gott es will, ich habe es verdient. Ich bin nur eine arme Sünderin, Gott aber ist heilig, gerecht und unendlich barmherzig!' Bei diesen Worten brüllten die Dämonen: 'Flieht, flieht! Sie ist nicht allein. Der Allmächtige ist mit ihr.' Und sie verschwanden in einem Wirbel von Staub auf der Strasse. Ich aber ging ruhig in meine Zelle und, das Te Deum singend, betete ich die unausschöpfliche Barmherzigkeit an»[8)].

Offene, versteckte und heimtückische Angriffe des Teufels folgten. So schreibt Sr. Faustina an einer Stelle ihres Tagebuches: «Heute abend stürzte, während ich über die göttliche Barmherzigkeit und die von ihr den Seelen erwiesenen Wohltaten schrieb, plötzlich Satan in meine Zelle in rasender, zorniger Wut. Ich bekam Angst, aber ich machte sogleich mit meinem Kruzifix ein grosses Kreuzzeichen. Da schwand das Ungetüm»[9)].

Wieder einmal schreibt Sr. Faustina: «Satan sagte, dass er mich hasse.

'Tausend Seelen tun mir weniger unrecht als du, wenn du von der grossen Barmherzigkeit des Allmächtigen sprichst', schrie er mir zu; 'deinetwegen fassen die grössten Sünder wieder Vertrauen und kehren zu Gott zurück; ich verliere an Boden, und du verfolgst mich umso mehr, je mehr du von der Barmherzigkeit sprichst.' Ich habe begriffen, wie sehr Satan die göttliche Barmherzigkeit hasst»[10].

Einmal — es war 1935 nach einem feierlichen Gottesdienst mit der Inthronisierung des Bildes von Christus als dem König der Barmherzigkeit im Heiligtum von Ostra Brama — da versperrte eine Schar von Dämonen Sr. Faustina den Weg heim ins Kloster. Sie drohten ihr mit schrecklichen Qualen und schrien: «Sie hat uns entrissen, was seit Jahren unser Eigentum war!» Als Sr. Faustina den fürchterlichen Hass dieser Dämonen sah, rief sie ihren *Schutzengel* zu Hilfe. Sogleich stand dieser strahlend und ganz deutlich vor ihr und sagte ihr: «Fürchte dich nicht, Braut meines Herrn! Ohne seine Erlaubnis können sie dir nichts Böses antun!» Darauf verschwanden die Dämonen. Der *Schutzengel* aber begleitete Sr. Faustina in sichtbarer Gestalt bis nach Hause. Sie schildert ihn so: «Sein Auge war ruhig und bescheiden. Auf seiner Stirn leuchtete eine Flamme. O mein Jesus, ich bin bereit, mein ganzes Leben hindurch mich abzumühen und zu leiden für diesen Augenblick, da ich Deine Herrlichkeit und das Heil der Seelen gesehen habe»[11].

Am Freitag, den 13. November 1936, schrieb Sr. Faustina in ihr Tagebuch: «Ich sah einen *Engel*, Botschafter des göttlichen Zornes. Seine Hände waren mit Blitzen beladen zur Bestrafung der Welt und vor allem einer Stadt, deren Namen ich nicht nennen darf. Ich habe diesen *Engel* angefleht, noch etwas einzuhalten, bis die Welt Busse tue. Doch mein Gebet war machtlos gegenüber dem Zorn Gottes. Plötzlich aber sah ich die allerheiligste Dreifaltigkeit. Die Macht ihrer Majestät durchdrang mich ganz und gar, und ich wagte nicht mehr, mein Gebet zu wiederholen. Im selben Augenblick aber fühlte ich in meiner Seele die Gnade Jesu, der in mir wohnt, und ich flehte Ihn mit Worten, die in meiner Seele eingeprägt sind, an, sich der Welt zu erbarmen. Während ich so betete, erkannte ich die Ohnmacht des Engels des Zornes, die gerechte Züchtigung vorzunehmen. Noch nie in meinem Leben habe ich mit solcher Eindringlichkeit gebetet. Es wurden mir diese Worte eingegeben: 'Ewiger Vater, ich bringe dir dar den Leib und das Blut, die Seele und die Gottheit Deines vielgeliebten Sohnes, unseres Herrn Jesus Christus, für unsere und der ganzen Welt Sünden. Wegen seiner schmerzvollen Passion erbarme Dich unser!'»[12] Die Ähnlichkeit dieses Gebetes mit dem, das der Engel die drei Seherkinder in Fatima gelehrt hat, ist auffallend.

Die an Tuberkulose schwer erkrankte Sr. Faustina wurde im Dezember 1937 in ein Sanatorium in Pradnik bei Krakau eingeliefert. Eine Woche nach ihrer Einlieferung im Sanatorium schrieb sie am 16. Dezember 1937 in ihr Tagebuch: «Mein *Schutzengel* hat mir aufgetragen, für eine bestimmte Seele zu beten. Im gleichen Augenblick hat man mir mitgeteilt, dass ein Mann im Sterben liege. Es ist eigenartig, wie Jesus mir (durch meinen Schutzengel) zu verstehen gibt, dass jemand mein Gebet nötig hat. Das geschieht vor allem bei Sterbenden, und jetzt viel häufiger als früher»[13)]. Sr. Faustina übte im Auftrag ihres *Schutzengels* an vielen Sterbenden ein ungemein wirksames Gebetsapostolat aus.
Täglich konnte die Schwerkranke zu ihrem grossen Trost im Sanatorium die hl. Kommunion empfangen. Als dies einmal ganz unmöglich schien, griff ein *Engel* ein. Sie selbst schildert dies so: «Eines Abends kam die Krankenschwester und sagte mir: 'Morgen werden Sie nicht kommunizieren können; Sie sind zu müde; später werden wir dann weitersehen . . .' Ich fühlte bei diesen Worten einen sehr heftigen Schmerz, erwiderte aber ganz ruhig: 'Gut, Schwester!' Ich bemühte mich, wieder einzuschlafen. Am folgenden Morgen machte ich meine Betrachtung und bereitete mich für die Kommunion vor, von der ich wusste, dass ich sie nicht empfangen dürfe. Als aber meine Liebe und Sehnsucht ihren Höhepunkt erreicht hatten, sah ich plötzlich neben meinem Bett einen *Seraph*, der mir die Hostie reichte mit den Worten: 'Empfange den König der Engel!' Nach der Kommunion wurde mein Geist vor Liebe und Bewunderung entrückt. Während dreizehn Tagen wiederholte sich das. Doch abends war ich nie sicher, ob ich am folgenden Tag die Kommunion empfangen dürfe. Ich wagte gar nicht, daran zu denken. Ich vertraute allein auf Gott. Als ich eines Tages, gerade vor der Kommunion, einen leisen Zweifel hatte, sah ich plötzlich den *Seraph* mit der Hostie vor mir. Ich fragte den Herrn Jesus, und, da ich keine Antwort erhielt, dann den Seraph: 'Könnte ich nicht beichten?' Er antwortete: 'Kein himmlischer Geist hat die Gewalt zum Beichthören.' Sogleich aber lag nun die Hostie auf meinen Lippen»[14)].
Sr. Alfreda, eine Krankenschwester, die die schwerkranke Sr. Faustina betreute, hat folgendes zu Protokoll gegeben: «Einmal war der Zustand von Sr. Faustina besonders schlimm. Da erkrankte der Spiritual. Während einer Reihe von Tagen konnte deshalb in der Kapelle des Sanatoriums keine Messe gefeiert werden. Als ich Sr. Faustina (mit ihrem grossen Hunger nach der Vereinigung mit dem Herrn in der Hl. Eucharistie) sagte, wie sehr ich sie bedauere (die Kommunion nicht empfangen zu können), antwortete sie mir lächelnd: 'Ich habe heute früh den Herrn schon empfangen'»[15)].

Als Sr. Faustina am 5. Oktober 1938 im Lebensalter des Herrn Jesus ihr Sühne- und Opferleben im Dienste der göttlichen Barmherzigkeit beendete, war dieses kurze Leben nicht bloss durch viele Gnadenerweise und Visionen ihres göttlichen Bräutigams bereichert worden, sondern auch durch häufigen intimen Verkehr mit den heiligen *Engeln*.
Der polnische Bischof und heutige Kardinalpräfekt der Kongregation für die Ostkirchen, Ladislas Rubin, vergleicht in seinem Vorwort zu M. Winowskas Buch «Anrecht auf Barmherzigkeit. Schwester Faustinas Ikone»[16] die Mystikerin aus Polen mit der kleinen Theresia von Lisieux, weil beide sich nicht bloss in ihrer Todeskrankheit, der Tuberkulose, sondern vor allem auch in ihrem innerlich gelebten Karmel-Geist und in ihrer Sendung gleichen, «ihr Leben zur Sühne für die 'traurigsten Sünder', die Ungläubigen und Atheisten» aufzuopfern. Überdies könnte das Gebet zum *Schutzengel*, das die hl. Theresia vom Kinde Jesus in ihrer «Geschichte einer Seele»[17] niedergeschrieben hat, genau so von Sr. Faustina geschrieben sein:
«Erhabener Hüter meiner Seele, der du im schönen Himmel leuchtest wie eine zarte, reine Flamme, nahe dem Thron des Ewigen, du kommst für mich auf diese Erde und erleuchtest mich mit deinem Schein. Schöner Engel, du bist mein Bruder geworden, mein Freund, mein Tröster. Wissend um meine grosse Schwäche, führst du mich an der Hand. Und ich sehe dich, voll Zärtlichkeit den Stein vom Weg räumen. Immer lädt mich deine liebe Stimme ein, nur auf den Himmel zu schauen. Je mehr du mich niedrig und klein siehst, umso strahlender ist dein Angesicht. O du, der den Raum durcheilt, schneller als die Blitze, fliege recht oft an meiner Stelle hin zu denen, die mir teuer sind! Mit deinem Flügel trockne ihre Tränen! Singe, wie gut und barmherzig Jesus ist! Singe, wie das Leiden Freuden hat! Und ganz heimlich flüstere meinen Namen. Ich will in meinem kurzen Leben meine Brüder, die Sünder, retten. O schöner Bote des Vaterlandes, gib mir deine heiligen Gluten! Ich habe nichts als meine Opfergaben und meine schmucklose Armut. Vereint mit deinen reinen Wonnen bringe sie dem dreieinigen Gott! Dir das Königreich und den Ruhm, die Reichtümer des Königs der Könige! Mir das Brot des heiligen Mahles, mir den Schatz des Kreuzes! Mit dem Kreuz, mit der Hostie, mit deiner himmlischen Hilfe, erwarte ich friedlich vom anderen Leben das Glück, das ewig ist.»
Wie Theresia von Lisieux wollte auch Sr. Faustina «am 'Tisch der Sünder' sitzen, ihr Schicksal teilen in allem, ausser der Sünde, um für sie Barmherzigkeit zu erlangen. Gott nahm sie beim Wort, und wir wissen heute, dass ihr Leiden und ihr hartes Sterben nichts gemeinsam hatten

mit dem 'Rosenregen', der nach ihrem Tod die Welt übergoss»[18]. Diese Worte des Kardinals L. Rubin stimmen tatsächlich.

Die ehrwürdige Schwester Maria Antonia Cony

(† 25. April 1939)

Der ehrwürdige Diener Gottes P. Johannes Baptist Reus, der mystisch begnadete, aus der Erzdiözese Bamberg (Bayern) stammende, heiligmässige Jesuit, der jahrzehntelang in Brasilien segensreich gewirkt hat, hat zuverlässig das ebenso heiligmässige, mystisch begnadete Leben der 1939 mit 39 Jahren verstorbenen «Franziskanerin von der Busse und der christlichen Liebe» Sr. Maria Antonia Cony bezeugt. Sie erlebte vom 5. bis zum 30. Lebensjahr ihren *Schutzengel* ratend, schützend und helfend an ihrer Seite, wie sie in den im Auftrag ihres Seelenführers niedergeschriebenen Lebenserinnerungen geschildert hat. Diese Lebenserinnerungen der Schwester Maria Antonia Cony, zu der in der portugiesischen Originalausgabe Pater J.B. Reus das Vorwort schrieb, sind in deutscher Übersetzung unter dem Titel «Ich sah meinen Engel» erschienen[1].

Darin erfahren wir über das Leben dieser intelligenten, sorgfältig im Lehrberuf ausgebildeten, tüchtigen Schulschwester, dass sie am 4. April 1900 in Santa Vitoria do Palmar (Brasilien) geboren wurde, und dass sie bereits mit fünf Jahren inmitten einer Karnevalsgesellschaft, in die sie sich verirrt hatte, sehr deutlich ihren *Schutzengel* an ihrer Seite erlebte. «Seit jenem Februar- oder Märztag 1905 begleitete mich mein Freund (der Engel) stets überallhin . . . Seine Gegenwart beglückte mich. Sie flösste mir grosses Vertrauen ein. Ich nannte ihn im Geiste nur 'meinen neuen Freund'. Erst mit sechs Jahren erfuhr ich, dass es der *Schutzengel* sei. Er sprach oft mit mir . . . Ebenso sah ich ihn oft»[2]. Von besonderen Erlebnissen mit ihrem *Schutzengel* berichtet Sr. Maria Antonia Cony dann aus der Zeit vor ihrer Erstkommunion, als sie in Jaguarao bei den Schwestern im Kolleg der Unbefleckten Empfängnis in die Schule ging. Immer wieder griff in der folgenden Zeit ihr *Schutzengel* mahnend, ratend, führend in ihr junges Leben ein[3]: «Mein lieber Schutzengel war die ganze Zeit bei mir»[4]. «Ohne ihn mit meinen Augen wahrzunehmen, sah ich ihn neben mir stehen»[5]. «Der Einfluss meines Schutzengels auf meinen Willen war stärker als alle Lockungen der Welt»[6].

In Versuchungen und Schwierigkeiten, in denen das junge Mädchen in Gefahr geraten war, einen Fehler zu begehen, sah sie ihren Schutzengel traurig aussehend: «Ich fühlte sofort, dass mein Schutzengel mit meinem Vorhaben nicht einverstanden war»[7]. Umgekehrt erlebte das Mädchen die Freude und das Wohlgefallen ihres Schutzengels, wenn es sich aufgerafft hatte, seinen Einsprechungen Folge zu leisten und Gutes zu tun. «Im gleichen Augenblick strahlte mich die unvergleichliche Holdseligkeit meines *Engels* an. Sie war mein Glück und meine Wonne»[8].
Eine ganze Reihe von Beispielen erzählt Sr. Maria Antonia Cony in ihren Lebenserinnerungen aus ihrer Kindheit und Jugend, wo sie ihren Schutzengel traurig oder froh gestimmt an ihrer Seite erlebte. So berichtet sie aus dem Jahre 1911: «Ich durfte mich während der ganzen Pfingstoktav an der Holdseligkeit meines Schutzengels erfreuen»[9]. Oder im Jahre 1915, wieder in einer Karnevalsgesellschaft wie 1905: «Ein schwarzer Domino reichte mir die Hand. Gleichzeitig aber fühlte ich, wie von einer anderen Hand meine Linke ergriffen wurde. Es war die liebe Hand meines 'Freundes' (des Schutzengels). Sofort stand das Erlebnis von 1905 vor meinen Augen. Entsetzen erfasste mich . . . Der Domino merkte mein plötzliches Widerstreben. Es wiederholte sich fast genau der gleiche Vorgang wie vor zehn Jahren. Er versuchte, mich mit seiner behandschuhten Rechten gewaltsam die Treppe hinunterzuziehen, die Hand meines *Engels* aber zog mich in die entgegengesetzte Richtung. Wie sehr sich der Domino auch mühte, es gelang ihm nicht, mich vorwärtszuzerren. Seine Augen sprühten Funken. Schliesslich stiess er in unritterlichem Ton einige mir unverständliche Worte hervor. Gleichzeitig liess er mich los, stürzte eiligst die Treppe hinunter und verschwand auf der Strasse. Nun legte sich die Hand meines *Schutzengels* sanft und mitleidsvoll auf meine Schulter. Ich erhob die Augen und sah, wie mir die Holdseligkeit seines Antlitzes zulächelte. Ich war beglückt und kehrte ruhig zum Saal zurück . . .»[10]. Immer wieder schaut das heranreifende Mädchen bei den verschiedensten Gelegenheiten das Antlitz des *Schutzengels*, bald froh gestimmt, bald traurig, je nachdem wie das Mädchen sich bei Anregungen zum Guten oder in Versuchungen verhielt.
Im Jahre 1928 trat Cecy Cony, die Lehrerin geworden war, in die Kongregation der Franziskanerinnen von der Busse und der christlichen Liebe in São Leopoldo ein. Sie wurde in der Schule bei den Kleinkindern eingesetzt. Unter der Anleitung ihres *Schutzengels* machte sie immer mehr Fortschritt im Streben nach Vollkommenheit. Der damals schon im Ruf der Heiligkeit stehende Pater J.B. Reus war nun ihr Seelenführer

und führte sie klug und konsequent. Er war es auch, der ihr, der nunmehrigen Sr. Maria Antonia, den Auftrag zur Niederschrift ihrer Lebenserinnerungen gab. Er hat bezüglich des Inhalts dieser Lebenserinnerungen, vor allem was die darin geschilderten mystischen Erlebnisse mit dem *Schutzengel* betrifft, darauf hingewiesen, dass Sr. Maria Antonia Cony ganz unfähig war, mystische Erlebnisse zu erfinden: «Auch nicht durch Lektüre hätte sie dahin gelangen können, Vorkommnisse derart kennenzulernen und sie so genau zu beschreiben»[11]. Dom Henrique Golland Trindade OFM, Bischof von Botucatu (São Paolo), meinte in seinem Vorwort zu den Lebenserinnerungen der Sr. Maria Antonia Cony, «dass Gott uns durch sie . . . anspornen wollte, unserem *Schutzengel* mehr Beachtung und Liebe zu schenken»[12].

Eigenartig ist, dass im Jahre 1935 die fühlbare Gegenwart ihres *Schutzengels* bei Sr. Maria Antonia Cony aufhörte. Von der göttlichen Vorsehung war ihr für die wenigen Jahre ihres weiteren Lebens ein schmerzlich läuterndes Sühneleiden zugedacht, das sich immer mehr steigerte, bis zu äusserster Bedrängnis durch den Bösen Feind und durch innere Verlassenheit, in der die leidgereifte Schwester immer wieder betete: «Mein Jesus, ich liebe Dich trotzdem!»[13]

Im Dezember 1938 erkrankte Sr. Maria Antonia Cony schwer. In der Nacht vom 24. zum 25. April 1939 rief Gott sie zu sich. Kurz nach Veröffentlichung ihrer Aufzeichnungen kam es zu auffallenden Gebetserhörungen, und man sprach in Brasilien bald von der jugendlichen Heiligen, die so viele Wunder wirken könne.

Der Diener Gottes Josémaria Escrivá

(† 26. Juni 1975)

Nicht weil der Gründer des «Opus Dei» etwa eine ganz hervorragende Verehrung zu den heiligen Engeln gehabt habe, soll er die Reihe jener Heiligen und heiligmässigen Menschen beschliessen, die ein auffallendes Naheverhältnis zu den himmlischen Geistern hatten. Seine Verehrung der Engel war wohl nur eine solche, wie sie zu jedem gläubig frommen katholischen Priester gehören sollte. Der Grund, warum noch auf diesen heiligmässigen Priester hingewiesen werden soll, ist vielmehr der, dass sowohl am Anfang seines weltweiten Werkes die *Schutzengel* eine auffallende Rolle spielten, als auch am Ende eines seiner letzten Worte die Aufforderung an junge Menschen war, die *Engel* zu lieben und zu verehren[1].

Am Schutzengelfest, 2. Oktober 1928, nahm der am 9. Januar 1902 in Barbastro (Aragón, Spanien) geborene und am 28. März 1925 zum Priester geweihte Josémaria Escrivá de Balaguer y Albás, der nach vollendetem Theologiestudium auch noch das Jusstudium mit dem Doktorat abgeschlossen hatte, an Exerzitien im Hause der Lazaristenpatres in der Strasse García de Parades in Madrid teil. Während er in seinem Zimmer betete, drang das Glockengeläute der Kirche Unserer Lieben Frau von den Engeln (Nuestra Señora de Los Angeles) in die Stille des Zimmers herein. In diesen Augenblicken gefiel es Gott, den jungen Priester zu erleuchten. In einer Vision sah er das «Opus Dei» so, wie der Herr es wollte und wie es im Lauf der Jahrhunderte sein würde. Das war die Geburtsstunde des «Opus Dei». Dass dies am Fest der heiligen *Schutzengel* geschah, «hat eine tiefe Bedeutung, die man heute, in einer Epoche, da ganz grosse Trakte des katholischen Glaubensgebäudes verdunkelt und wie ausgestorben daliegen oder gar vom Abbruch bedroht sind, erklären muss. Zu den vernachlässigten Bereichen unseres religiösen Lebens und unserer praktischen Frömmigkeit gehört, neben anderem, unsere lebendige und bewusste Beziehung zu den *Engeln*. Viele Katholiken würden sehr erstaunt sein, wieder einmal aus dem Römischen Katechismus der Päpste Pius V. und Clemens XIII., die ja keineswegs ausser Kraft gesetzt sind, zu erfahren, was in dieser Hinsicht zur verbindlichen Lehre der Kirche gehört . . . Wenn also das 'Opus Dei' nach Gottes Willen gerade am Schutzengelfest in der Seele Josémaria Escrivás enthüllt und sichtbar gemacht wurde und dadurch das Licht der Welt erblickte, geboren wurde und als neu gestaltende Kraft in die Geschichte eintrat, dann dürfen wir daraus dreierlei entnehmen:

1. Nicht nur der Erstling dieses Werkes, sein Gründer, sondern auch das ganze Werk in alle Zukunft sollten, wie jedes menschliche Lebewesen von Geburt an der schützenden Begleitung von *Engeln* teilhaftig sein. 'Festigen und vertiefen wir', sagte Escrivá am 26. November 1967 in seiner Homilie 'Auf dem Weg zur Heiligkeit', 'unsere Freundschaft mit den heiligen *Schutzengeln*. Wir alle haben Begleitung nötig: Begleitung des Himmels und der Erde. Verehrt die heiligen *Engel*!' Und in der Tat lebt und wirkt das Opus Dei in seinen verschiedenen Apostolaten der Jugendlichen und Erwachsenen, der zum Zölibat sich Verpflichtenden und der Verheirateten, unter dem Schutz der heiligen Erzengel Michael, Gabriel und Raphael.

Josémaria Escriva, der Gründer des Opus Dei ▶

2. Ferner kündigte der 'englische' Geburtstag des 'Opus Dei', zumal unter den Glockenklängen von einer Kirche der Königin der Engel, bereits die existentielle Nähe dieses Werkes zur Gottesmutter, der Königin der Engel, an.

3. Das Fest der heiligen *Schutzengel* ist überdies ein Fest der Demut; denn in liebender Demut vollziehen sie in allem den Willen Gottes, und nur eine kindhafte Demut kann den Menschen dazu bringen, sich ihnen anzuvertrauen. So ist denn das 'Opus Dei' am 2. Oktober 1928 bereits mit dem Stigma der kollektiven Demut zur Welt gekommen . . .»[2)].

Die demütige Dienstbereitschaft der heiligen *Engel*, die im Hebr 1,14 «dienende Geister» genannt werden, «denen zum Dienst gesandt, die bestimmt sind, das Heil zu erben», sollte gemäss der Vision am Schutzengelfest 1928 beim Gründer des «Opus Dei» und bei seinem ganzen Werk eine bleibende charakteristische Note für immer sein: «Meine Aufgabe ist es, verborgen zu bleiben und zu verschwinden, damit allein Jesus ins Licht trete»[3)], so deutete der Gründer des «Opus Dei» einmal für sich diese engelgleiche dienende Demut. Danach lebte er und baute sein weltweites Werk auf.

Und als sein letzter Tag hier auf Erden anbrach, erinnerte er junge Menschen nochmals an die heiligen *Engel* und an jene dienende Demut in der Kirche und für die Kirche, wie sie uns die heiligen *Engel* vorgemacht haben und vormachen: Er fuhr mit seinem Generalsekretär und Nachfolger in der Leitung des «Opus Dei» nach Castel Gandolfo, um dort Mädchen zu besuchen, die im Studienzentrum «Villa delle Rose», dem Sitz des 'Collegium Romanum Sanctae Mariae', an einem Kurs teilnahmen. Hier galten seine Worte der Kirche und dem Heiligen Vater. «Er bat seine Töchter um Gewissenhaftigkeit und Treue in der Erfüllung ihrer Pflichten, welche den Geist des 'Opus Dei' ausmachen. Sie sollten — so bat er sie — alles, wirklich alles zum Anlass nehmen, um die dauernde Nähe zu Gott, zur Gottesmutter, der Königin der Engel, zum hl. Josef, zu den *Schutzengeln* zu leben, 'um unserer heiligen Kirche zu helfen, die der Hilfe so sehr bedarf, da es ihr gegenwärtig in der Welt übel ergeht . . . Bittet den Herrn darum, dass Er unseren *Dienst* für die Kirche und für den Heiligen Vater wirkungsvoll sein lässt!'»[4)] Wenige Stunden später kam es an diesem gleichen Tag — es war der 26. Juni 1975 — durch Herzstillstand zum plötzlichen Tod dieses grossen Mannes.

Schluss

Den geschilderten, gläubig überzeugten Bezugspersonen zu den heiligen Engeln aus der Hl. Schrift des Alten und des Neuen Testaments sowie aus jedem Jahrhundert der Kirchengeschichte könnten zweifellos noch gar manche aus zurückliegenden Jahrhunderten und aus der jüngsten Vergangenheit angefügt werden. So gehörte, wie sicher viele erwarten würden, ausführlich auch auf die begnadete Priestermutter Dr. Gabriele Bitterlich († 4. April 1978 auf dem St. Petersberg bei Silz im Oberinntal, Tirol) hingewiesen, die als Initiatorin des schon weltweit verbreiteten «Engelwerkes» (Opus Sanctorum Angelorum) gilt und von dessen Mitgliedern als geliebte Mutter verehrt wird. Weil aber die angeblichen Offenbarungen über die Engel, die diese Frau im Laufe vieler Jahre empfangen haben soll, noch von den obersten Stellen des kirchlichen Lehramtes geprüft werden, soll nicht weiter von dieser Frau berichtet werden, sondern nur vom «Engelwerk» selbst, von dessen Zielsetzungen und Motiven. Auch dies geschieht mit Bedachtnahme auf die Mahnungen, die die Hl. Glaubenskongregation in jüngster Zeit (Prot. Nr. 1005/69 vom 29. September 1983) bei einschlussweise gegebener Anerkennung dieses Werkes dessen Leitung und dessen Mitgliedern in bezug auf die in ihren Reihen geübte Frömmigkeit erteilt hat[1].

Das sogenannte «Engelwerk» (Opus Sanctorum Angelorum, OSA)[2] ist eine mehrfach gegliederte Gemeinschaft gläubiger Menschen, deren Liebe und Verehrung nach dem dreifaltigen Gott, nach dem Gottmenschen Jesus Christus und seiner gebenedeiten Mutter, der Königin der Engel, den heiligen Engeln, voran dem jeweiligen Schutzengel gilt.

In dieser Gemeinschaft wird die *Erkenntnis* der heiligen Engel, was sie sind, was sie tun, was sie wollen, gefördert.

In dieser Gemeinschaft wird weiter Bedacht genommen auf eine bewusste, freiwillige *Bindung* der Menschen an die heiligen Engel sowie ein gemeinsames gegenseitiges Erzogenwerden durch sie und ein in Gott Geeintwerden zum gemeinsamen Kampf gegen den Bösen und das Böse.

Schliesslich geht es in dieser Gemeinschaft um ein immer zielstrebigeres Hingeführtwerden zur Hingabe an Gott und zum opferbereiten Sühneeinsatz besonders für die Priester, die Stellvertreter Jesu Christi, denen der ärgste Ansturm des höllischen Feindes gilt.

Um diesen mehrfachen Zweck zu erreichen, werden jene Gläubigen, die sich mit dem Engelwerk verbinden wollen, schrittweise immer tiefer in die Gemeinschaft hineingenommen durch das Schutzengel-Versprechen, die Schutzengel-Weihe, die Engel-Weihe und die Sühne-Weihe.

1. Das *Schutzengel-Versprechen* ist die einfachste Bindung des Menschen an seinen Schutzengel mit der betonten Verpflichtung zur Treue gegen Gott und seine Gebote, seine Kirche und zur Liebe zum eigenen Schutzengel.
2. Die *Schutzengel-Weihe* ist schon eine bewusste und freiwillige Bindung des Menschen an den eigenen Schutzengel nach Erlangung der Kenntnis vom Plan, den Gott mit dem «Engelwerk» hat. Mit dieser Weihe beginnt die Erziehung des Menschen durch seinen Engel und der Eintritt in das «Engelwerk».
3. Die *Engel-Weihe* setzt bereits die Erziehung durch den Engel voraus. In dieser Weihe verbindet sich der Mensch mit *allen* heiligen Engeln und verpflichtet sich, mit ihnen für das Reich Gottes, das in der Kirche Jesu Christi seinen Anfang genommen hat, und gegen den höllischen Feind zu kämpfen.
4. Die *Sühne-Weihe* (gegliedert in die allgemeine, in die besondere und in die geheime Sühne-Weihe) bringt die Bereitschaft des Menschen zum Ausdruck, sich Gott in jeweils gesteigerter Form zur Sühne anzubieten und am grossen Sühnewerk der Kirche mitzuhelfen, wann und wo und wie Gott es bestimmt.

Aus der Erkenntnis des Wesens, der Aufgabe und Sendung der heiligen Engel holen sich die Mitglieder des Engelwerkes die Motive für ihr christliches Leben und Streben nach Vollkommenheit:

1. Weil die heiligen Engel *«dienende Geister»* sind, bemühen sich die Mitglieder des Engelwerkes um wahre Demut und Dienstbereitschaft gegenüber der Kirche und den Mitmenschen.
2. Weil die heiligen Engel vor allem *Anbeter Gottes* «im Geist und in der Wahrheit» sind, bemühen sich die Mitglieder des Engelwerkes um die beständige Anbetung Gottes und des in der heiligsten Eucharistie wahrhaft und wirklich gegenwärtigen Gottmenschen Jesus Christus.
3. Weil die heiligen Engel *Boten Gottes* sind, bemühen sich die Mitglieder des Engelwerkes, überall, wo sich dazu Gelegenheit bietet, Gottes Grösse, Heiligkeit, Liebe und Gerechtigkeit zu künden, vor allem durch ein vorbildliches Leben.
4. Weil die heiligen Engel *Kämpfer* gegen den Bösen und das Böse sind, ist es auch Aufgabe der Mitglieder im «Engelwerk», für die geistige Not der Zeit aufgeschlossen und wach zu sein, ihre Ursachen zu erkennen, einander zu stärken im Kampf gegen den Bösen und die geeigneten Hilfsmittel in diesem Kampf zu gebrauchen.

Grundlegende Verpflichtungen aller Mitglieder des «Engelwerkes» sind, auf die Engel, unsere grossen heiligen Brüder, zu hören, ihre Mahnungen zu befolgen, diese herrlichen Geistwesen von Herzen zu lieben und ihre Verehrung nach Kräften zu üben und zu fördern. Dann sind die heiligen Engel Helfer in unseren Nöten, Lichtbringer in unserer Dunkelheit, Stützen in jeder Gefahr, Mahner und Ratgeber in Zweifeln und Schwierigkeiten, Fürbitter am Throne Gottes, unsere beständigen Begleiter, unsere sichersten Führer, unsere treuesten Freunde, unsere Tröster in Verlassenheit und bei Heimsuchungen, unsere Schützer bei der Abwehr des Bösen Feindes und unsere Vorbilder in allen Tugenden, vor allem in der Demut, im Gehorsam und in der Reinheit.

Den krönenden Abschluss dieses umfangreichen «Plädoyers» für die heiligen Engel und die ihnen geschuldete, ehrfurchtsvoll liebende Verehrung in diesem Buch, das gewissermassen eine positive Ergänzung zu E. von Petersdorff's «Daemonologie» sein könnte, soll der Engel-Hymnus des bestens bewährten und anerkannten Priesterdichters DDr. Friedrich Dörr bilden. Er versteht es dabei grossartig, aufzuzeigen, was die heiligen Engel uns bedeuten sollten:

«Geister ihr aus Gottes Geist,
hohe Himmelswesen,
die zum Dienst in seinem Reich
Gott sich auserlesen.
  Ganz erhellt von Glanz und Licht
  schaut ihr Gottes Angesicht.

Kerubim an Gottes Thron,
lichte Seraphinen,
eure Liebe wird Gesang,
Jubel euer Dienen.
  Fleht, dass mit euch unser Geist
  Gottes Macht und Güte preist!

Engel, die Gott ausgesandt,
um das Heil zu künden,
im Getriebe dieser Welt
lehrt zu Gott uns finden.
  Führt uns auf des Lichtes Bahn,
  die uns Christus aufgetan!

Helft Bedrängten, die in Not,
einsam und verlassen.
Wehrt dem Unheil, das uns droht
auf des Lebens Strassen.

Teilt die Gaben Gottes aus,
Frieden tragt in jedes Haus!

Eurem Schutz ist anvertraut
Christi Reich auf Erden;
helft uns Menschen in der Welt
Gottes Volk zu werden!
Bleibt in Liebe zugesellt
allen, die Gott auserwählt!

Gott der Herr hat euch bestellt,
wenn wir einstens scheiden,
uns ins Reich des ew'gen Lichts
hilfreich zu geleiten!
Eins mit euch in sel'ger Freud
schaun wir Gottes Herrlichkeit»[3)].

Engel in Anbetung, immer bereit, Gottes Willen zu erfüllen.
Zeichnung von Annelies Flaspöhler, Osnabrück.

ANMERKUNGEN

Zur Einleitung 7

1) Vgl. Paolo Molinari, Die Heiligen und ihre Verehrung (Freiburg Br. 1964) S. 55
2) Vgl. Fr.X. Seibel O.Carm., Die Vision in der Kirche, Anmerkungen zu einem Buch bei der Doktorernennung der hl. Theresia, in: Carmelus 18/1971, S. 151
3) Vgl. E. Benz, Die Vision (Stuttgart 1969) S. 641

Die kirchliche Engellehre (Angelologie) 13

1) Vgl. R. Ficker: malâk - Bote, in: E. Jenni-Cl. Westermann, Theologisches Handwörterbuch zum Alten Testament Bd.I (München 1971) Sp. 900-908
2) Vgl. W. Nigg, Bleibt, ihr Engel, bleibt bei mir. . . (München, 4. Aufl., 1981) S. 16
3) K. Rahner: Angelologie, in: Lexikon f. Theologie u. Kirche I/533-534
4) Vgl. A. Rodewyk SJ, Sie stehen ganz im Licht (Stein am Rhein, 3. Aufl., 1981) S. 17
5) W. Nigg, Bleibt, ihr Engel, bleibt bei mir . . . S. 8
6) Franz Suarez, De angelis cap.12, nr.13, cap.13, nr.28; cap.13, nr.30.
7) Vgl. J. Brinktrine, Die Lehre von der Schöpfung (Paderborn 1956) S. 184

Die Stammeltern Adam und Eva 28

1) Cl. Schedl, Geschichte des Alten Testamentes, Bd. I (Innsbruck 1957) S. 104
2) Vgl. H. Frey, Das Buch der Anfänge (Stuttgart 1964) S. 62-67
3) Vgl. E. Kautzsch, Die Apokryphen und Pseudepigraphen des Alten Testamentes, 2. Bd.: Die Pseudepigraphen (Hildesheim 1962) S. 500-530; Paul Riessler, Altjüdisches Schrifttum ausserhalb der Bibel, S. 669-681.
4) Vgl. P. Riessler, a.a.O. S. 671-673
5) Vgl. E. Kautzsch, a.a.O. S. 521
6) Vgl. E. Kautzsch, a.a.O. S. 522-524
7) Vgl. E. Kautzsch, a.a.O. S. 524
8) Vgl. E. Kautzsch, a.a.O. S. 524-525

Der Patriarch Abraham 35

1) Vgl. Cl. Schedl, Geschichte des Alten Testamentes, Bd. II. (Innsbruck 1956) S. 61
2) Vgl. Cl. Schedl, a.a.O. S. 61
3) Vgl. Cl. Schedl, a.a.O. S. 61
4) Vgl. Cl. Schedl, a.a.O. S. 61
5) Vgl. Cl. Schedl, a.a.O. S. 61-62

Der Patriarch Jakob 38

1) Zum Jesus-Wort bei Joh 1,51 von den auf- und niedersteigenden Engeln über dem Menschensohn bemerkt R. Schnackenburg in: Das Johannes-Evangelium, I. Teil (Freiburg Br. 1965) S. 318: «Die Beziehung zum Traumgesicht Jakobs von der Himmelsleiter lässt sich wegen des sprachlichen Anklangs nicht bestreiten . . . Von dem auf Erden weilenden 'Menschensohn' gehen die Engel mit Wünschen oder Gebeten zu Gott empor und steigen zu seinem Dienst herab.»
2) S. Grill, Himmelsleiter, in: Lexikon f. Theologie und Kirche V/365
3) Theodoret v. Cyrus († um 460), Quaestiones in Genesim 28
4) Vgl. Cl. Schedl, Geschichte des Alten Testamentes, Bd. II (Innsbruck 1956) S. 70
5) Jerusalemer Bibel (herausgegeben von D. Arenhoevel, A. Deissler u.A. Vögtle, Freiburg Br. 1968) S. 46, Fussnote zu Gen 28, 10-22

Der König David 46

1) Vgl. E. Kalt, Die Psalmen (Freiburg Br. 1935) S. 337
2) Vgl. E. Kalt, a.a.O. S. 369
3) Vgl. E. Kalt, a.a.O. S. 490-491

Der heilige Prophet Elia 49

1) Vgl. Élie, le prophète, 2 Bde., Etude Carm., Brügge 1956
2) J. Zilk, Brot und Wein für alle Menschen (Verlag am Eschbach, Eschbach: Markgräflerland) S. 16

Der heilige Prophet Jesaja 53

1) Vgl. Cl. Schedl. Geschichte des Alten Testamentes, Bd. IV, S. 196-201
2) Vgl. O. Wimmer - H. Melzer, Lexikon der Namen und Heiligen, S. 402; Bibliotheca Sanctorum, Bd. VII, S. 927-940
3) Vgl. O. Hophan, Die Engel (Luzern 1956) S. 72

Der heilige Prophet Ezechiel 63

1) Vgl. G. Fohrer, Ezechiel, S. XXIV
2) Vgl. Cl. Schedl, Geschichte des Alten Testamentes, Bd. IV, S. 406-450; J. Scharbert, Die Propheten Israels um 600 v. Chr. (Köln 1967) S. 296-458
3) Vgl. Cl. Schedl, a.a.O. S. 409-418; J. Scharbert, a.a.O. S. 303-312
4) Vgl. O. Hophan, Die Engel (Luzern 1956) S. 75-77

Der hl. Tobias 67

1) Vgl. O. Wimmer - H. Melzer, Lexikon der Namen und Heiligen (Innsbruck 1982) S. 803

2) Vgl. Cl. Schedl, Geschichte des Alten Testamentes, Bd. VI (Innsbruck 1959) S. 181-183

Der hl. Zacharias, Gemahl der hl. Elisabeth 71

1) Vgl. O. Hophan, Die Engel (Luzern 1956) S. 175

2) Vgl. B. Mariani, Santo Zaccaria, padre di s. Giovanni Battista, in: Bibliotheca Sanctorum XII/1443-1445

Der hl. Joseph 74

1) Vgl. T. Stramare, I sogni di S. Giuseppe, in: Premier Symposion International: Saint Joseph durant les quinze premiers siècles de l'Eglise (Montreal 1971) S. 104-122

2) Vgl. Johannes Chrysostomus: IV. Homilie zum Matthäus-Evangelium

Die seligste Jungfrau Maria — Königin der Engel 78

1) Die hier folgenden Gedanken entstammen den Ausführungen von P.O. Hophan, Die Engel (Luzern 1956) S. 176-178

2) Sogar der greise, eher konservativ eingestellte Dogmatiker M. Schmaus meint in seiner sonst wirklich empfehlenswerten Dogmatik «Der Glaube der Kirche» (2., vermehrte Aufl. St.Ottilien 1979) im 3. Band, S. 367: «Es ist nicht zu leugnen, dass manche der (in der Hl. Schrift) dargestellten Wesen in den neutestamentlichen Texten nicht mit voller Sicherheit personal oder quasi-personal verstanden werden können. So kann man die Frage stellen, ob der Verkündigungsengel ein wirklicher Engel ist oder eine biblische Darstellung der Einwirkung Gottes auf die Jungfrau Maria.» Ob das nicht doch eine völlig überflüssige Frage ist? Denn wenn es tatsächlich Engel gibt, warum sollte nicht gerade beim wunderbaren Geheimnis der Menschwerdung Gottes ein wirklicher Engel eine entscheidende Rolle gespielt haben?

3) Thomas v. Aquin, Summa theol. III, qu. 30, a. 3

4) Johannes Chrysostomus, 4. Homilie zum Matthäus-Evangelium

5) Pius IX. schreibt in der Bulle «Ineffabilis Deus» vom 8. Dez. 1854 gleich am Anfang wörtlich: «Weit mehr als alle Engel und Heiligen überhäufte Gott Maria mit himmlischen Gnadengaben, die Er der Schatzkammer seiner Gottheit entnahm. So wunderbar begnadete Er sie, dass sie allzeit frei blieb von jeder Makel der Sünde und strahlend von Schönheit und Vollkommenheit eine solche Fülle von Reinheit und Heiligkeit besass, wie sie, abgesehen von Gott, grösser überhaupt nicht erdacht werden kann und auch niemandem ausser Gott erreichbar ist» (vgl. R. Graber, Die marianischen Weltrundschreiben der Päpste in den letzten hundert Jahren [Würzburg 1954] S. 14).

Die hl. Maria Magdalena 86

1) Vgl. P. Ketter, Magdalena und der Auferstandene, in: Christus und die Frauen (Düsseldorf 1935) S. 380-386

2) Vgl. P. Ketter, a.a.O. S. 381

3) Vgl. P. Ketter, a.a.O. S. 382

4) Vgl. J. Dillersberger, Markus, Das Evangelium des hl. Markus in theologisch und heilsgeschichtlich vertiefter Schau, Bd. V (Salzburg, 2. Aufl., 1938) S. 186-188

Der Apostel Petrus 95

1) Zur Person des Apostels Petrus vgl. P. Gächter, Petrus und seine Zeit (Innsbruck 1958), A. Penna, San Pietro (Brescia 1954), O. Cullmann, Petrus (Zürich 1952)

2) Man vergleiche dazu: A. Wikenhauser, Die Apostelgeschichte (Regensburg 1938) S. 47-50 und 85-87

3) Zu den beiden Petrusbriefen vgl. U. Holzmeister, Commentarius in Epistulas sanctorum Petri et Judae Apostolorum (Paris 1937), K. H. Schelkle, Die beiden Petrusbriefe (Frankfurt 1962)

Der Apostel Paulus 99

1) Vgl. O. Kuss, Paulus / Die Rolle des Apostels in der theologischen Entwicklung der Urkirche (Regensburg 1971) S. 403-404

2) O. Kuss (a.a.O. S. 404) weist hier in der 1. Fussnote auf folgende Literatur hin: O. Everling, Die paulinische Angelologie und Dämonologie (Göttingen 1888), M. Dibelius, Die Geisterwelt im Glauben des Paulus (Göttingen 1909), G. Kurze, Der Engels- und Teufelsglaube des Apostels Paulus (Freiburg/Br. 1915)

3) Vgl. O. Kuss, Der Brief an die Hebräer (Regensburg 1966) S. 45-47: Die Engel im Hebräerbrief

Der Apostel Judas Thaddäus 104

1) Vgl. A. Stöger, Der Brief des Apostels Judas (Düsseldorf 1962) S. 15 f.
2) Vgl. Origenes, In Matthaeum 10,7
3) Vgl. O. Hophan, Die Apostel (Luzern 1946) S. 236
4) Vgl. A. Stöger, a.a.O. S. 29-30
5) Vgl. A. Stöger, a.a.O. S. 34-35

Der Apostel Johannes 114

1) Vgl. P. Morant, Das Kommen des Herrn. Eine Erklärung der Offenbarung des Johannes (Zürich 1969) S. 186
2) J. Michl, Die Engelvorstellungen in der Apokalypse. I. Teil: Die Engel um Gott (München 1938)
3) Vgl. P. Morant, a.a.O. S. 43-44

Der ehrwürdige Hermas 121

1) Vgl. B. Altaner, Patrologie (4. Aufl. Freiburg 1958) S. 69: «Das Ansehen des Hermas erhellt daraus, dass Irenäus (Haer.4, 20,2), Tertullian (nur in der vormontanistischen Zeit: or. 16) und Origenes (In Mt 14,21; Princ. 4,11) das Werk «Hirt des Hermas» zur Heiligen Schrift rechnen, obwohl es nach Origenes nicht allgemein zur kirchlichen Lesung benutzt wurde; nach dem Fragmentum Muratori durfte die Schrift zwar gelesen, aber nicht in der Kirche verkündet werden.»
2) Über Aufbau und Inhalt des «Pastor Hermae» informiert Fr. Zeller: Die Apostolischen Väter (Kempten-München 1918) S. 171-178; im folgenden wird diese Übersetzung aus dem Griechischen benützt. Manche Theologen sind der Meinung, bei diesem Engel-Hirten handle es sich gar nicht um einen Engel, sondern um Christus; vgl. J. Daniélou, Théologie du Judéo-Christianisme (Tournai 1958), Chapitre V: Trinité et Angélologie, p. 167-174

Der hl. Pontianus von Spoleto 128

1) Vgl. G. Lucchesi, Ponziano di Spoleto, in: Bibliotheca Sanctorum X/1016-1017; Acta Sanctorum Januarii I/932-935
2) Vgl. A. Amore, Trifone e Respicio, in: Bibliotheca Sanctorum XII/656-657; Acta Sanctorum Novembris IV/318-323
3) Vgl. J. Daniele, Antimo, in: Bibliotheca Sanctorum II/62-65; Acta Sanctorum Maji II/614-619
4) Vgl. A. Amore, Valentino e Ilario, in: Bibliotheca Sanctorum XII/904; Acta Sanctorum Novembris I/613-636
5) Vgl. M.O. Garrigues, Vittore di Marsiglia, in: Bibliotheca Sanctorum XII/1261-1273
6) Vgl. J.M. Sauget, Eustazio di Ancira, in: Bibliotheca Sanctorum V/295-296;
7) Vgl. A. Amore, Cristina di Bolsena, in: Bibliotheca Sanctorum IV/330-332; Acta Sanctorum Julii V/495-534

Die hl. Caecilia 130

1) Vgl. E. Josi, in: Bibliotheca Sanctorum III/1064-1081; E. Hosp, Die Heiligen im Canon Missae (Graz 1926) S. 157-170
2) J. Dillersberger, Wer es fassen kann (Salzburg 1932) S. 245-247

Der hl. Gregor der Wundertäter 132

1) Vgl. R. Janin: Gregorio Taumaturgo, in: Bibliotheca Sanctorum VII/214-215
2) J. Markgraf, Ausgewählte Schriften des hl. Gregorius Thaumaturgos (Kempten 1875) S. 20-65
3) Vgl. J. Markgraf, a.a.O. S. 29 (Lobrede auf Origenes Nr. 4)
4) Vgl. J. Markgraf, a.a.O. S. 32 (Lobrede auf Origenes Nr. 5)
5) Vgl. J. Markgraf, a.a.O. S. 35 (Lobrede auf Origenes Nr. 5)
6) Vgl. J. Markgraf, a.a.O. S. 65 (Lobrede auf Origenes Nr. 19)

Der hl. Gregor von Nazianz 134

1) Vgl. J. Barbel, Gregor von Nazianz, Die fünf theologischen Reden, Text und Übersetzung mit Einleitung und Kommentar, (Düsseldorf 1963)
2) Vgl. Basilius d. Gr., De Spiritu Sancto 38
3) Vgl. Gregor v. Nyssa, De virginibus 4; Oratio catechetica magna 6
4) Gregor v. Nazianz, 38. Rede, Nr. 9
5) Gregor v. Nazianz, 38. Rede, Nr. 9; vgl. auch Nr. 7; 45. Rede, Nr. 5
6) Gregor v. Nazianz, 40. Rede, Nr. 5
7) Gregor v. Nazianz, 40. Rede, Nr. 7
8) Gregor v. Nazianz, 38. Rede, Nr. 9
9) Gregor v. Nazianz, 38. Rede, Nr. 17
10) Gregor v. Nazianz, 38. Rede, Nr. 31; 42. Rede, Nr. 9 u. 27
11) Gregor v. Nazianz, Poemata dogmatica 36, 20-24; Carmen de seipso 3,5-9
12) Gregor v. Nazianz, 38. Rede, Nr. 17

13) Gregor v. Nazianz, 45. Rede, Nr. 25
14) Gregor v. Nazianz, 38. Rede, Nr. 17
15) Gregor v. Nazianz, 38. Rede, Nr. 14
16) Gregor v. Nazianz, 38. Rede, Nr. 14
17) Gregor v. Nazianz, 28. Rede, Nr. 31, in der Übersetzung von J. Barbel, a.a.O. S. 127
19) Gregor v. Nazianz, 11. Poema historicum de seipso 3,5-9: «In Te quiescimus, o Dei Verbum, manentes domi; Tibi referimus otium, Tua est consessio, Tua exsurrectio, Tua statio, Tua rursus profectio, Tuis et nunc auspiciis viam inimus. Sed mihi aliquem angelum mitte ducem vitae, faustum custodem, qui me columna ignis et nubis ducat, dividat mare, flumina sistat verbo, nutriat cibo coelesti».
20) Basilius, Adv. Eunom. 3, 1 (PG 29/656A-657A)

Der hl. Martin von Tours 138

1) Sulpicius Severus, Vita sancti Martini, in: Acta Sanctorum, IV Nov. In deutscher Übersetzung: W. Schamoni, Auszüge aus dem «Leben des hl. Martin von Tours», aus den Briefen und Dialogen des Sulpicius Severus, in: «Ausbreiter des Glaubens im Altertum» (Düsseldorf 1963) S. 15-66
2) W. Schamoni, a.a.O. S. 20: Leben des hl. Martin Nr. 3
3) W. Schamoni, a.a.O. S. 30: Leben des hl. Martin Nr. 14
4) W. Schamoni, a.a.O. S. 32: Leben des hl. Martin Nr. 19
5) W. Schamoni, a.a.O. S. 50: Dialoge des Sulpicius Severus Nr. 5
6) W. Schamoni, a.a.O. S. 59: Dialoge des Sulpicius Severus Nr. 11
7) W. Schamoni, a.a.O. S. 62: Dialoge des Sulpicius Severus Nr. 13
8) W. Schamoni, a.a.O. S. 23: Leben des hl. Martin Nr. 6
9) W. Schamoni, a.a.O. S. 34: Leben des hl. Martin Nr. 24

Der hl. Ambrosius 141

1) Vgl. M. Pellegrino come biografo, in: La Scuola cattolica LXXIX, 1951, pp. 151-162
2) Vgl. E. Dessmann, Das Leben des hl. Ambrosius: die Vita des Paulinus (Düsseldorf 1967) Nr. 17 S. 46
3) Expositio in Psalmum 118
4) De Jacob et vita beata libri duo
5) De Spiritu Sancto, I
6) Vgl. Epistola 76 mn. 12 f
7) Enarrationes in 12 psalmos Davidicos
8) Expositio in Psalmum 118
9) De Helia et jejunio
10) Expositionis evangelii secundum Lucam libri decem: I, 24,28
11) Enarrationes in 12 psalmos Davidicos
12) Sermo contra Auxentium
13) Hexaemeron III
14) De Abraham libri duo, 1.I
15) De virginibus I
16) Expositio in Psalmum 118
17) De viduis, cap. 9,55
18) Epistola 34
19) Expositio in Psalmum 118
20) Expositionis evangelii secundum Lucam libri decem: I, Nr. 24,28; II, Nr. 7-14 und VII, 210
21) Vgl. E. Dessmann, a.a.O. Nr. 47 S. 64

Der hl. Johannes Chrysostomus 144

1) Vgl. Ch. Baur, Der hl. Chrysostomus und seine Zeit, 2.Bde. (München 1929-1930); C.V. Gheorgiu, Johannes Chrysostomus oder Goldmund, der unliebsame Mahner (Köln 1960)
2) Vgl. A. Naegle, Die Eucharistielehre in den Werken des hl. Chrysostomus, (Kempten 1900) S. 104-105
3) Johannes Chrysostomus: Sechs Bücher über das Priestertum, ins Deutsche übersetzt von A. Naegle (Kempten 1916)
4) Johannes Chrysostomus, Sechs Bücher über das Priestertum, 6. Buch, 4. Kap. S. 227
5) Johannes Chrys., Homilia in Seraph n.2, PG 56/138
6) Homilia in Seraph n.3, PG 56/138
7) Homilia in Eph 1,3 PG 62/29
8) De incompr. 4
9) Homilia in Col 3,8, PG 62/363
10) De incompr. 3
11) Sermo in Mart. PG 50/709-710
12) Sermo in Resurr. PG 50/436
13) Sermo in Asc. 4, PG 50/449
14) Sermo in Asc. 3, PG 50/446
15) Sermo in Asc. 4, PG 50/448
16) Sermo in Asc. 1, PG 50/443C
17) Sermo in laudem s. Pauli 7, PG 50/509
18) In Mt, Hom. 59, 4; In Act. Ap., Hom. 26,3; In Col., Hom. 3,4; In Hebr, Hom. 14,4
19) Hom. in Laz. 2,2
20) Sermo in laudem s. Pauli 7, PG 50/509. Mit anderen Kirchenvätern des 4./5. Jahrhunderts betont Johannes Chrysostomus, dass auch die Völker ihren besonderen Schutzengel haben (vgl. Sermo in laudem s. Pauli 2, PG 50/482)

21) In Hebr., Hom. 3
22) In Rom., Hom. 16

Der hl. Augustinus 150

1) K. Pelz, Die Engellehre des hl. Augustinus (Münster 1913) S. 1
2) Augustinus, In Psalmum 103, sermo 1, n. 15
3) In Ps.96,n. 12: «Angeli indignantur, si pro Deo colantur».
4) De vera religione 55, 110: «Honoramus angelos charitate, non servitute»; dabei ist unter «servitus» (griechisch: latreîa) der Gott allein gebührende «cultus latrîae», der Kult der Anbetung gemeint.
5) De civitate Dei IX, 2 u. 23
6) Vgl. De civitate Dei XI,9
7) Vgl. De civitate Dei XI, 32
8) De civitate Dei XI, 9
9) Vgl. F. Holböck, Das Decretum «Firmiter credimus» des IV. Laterankonzils im Lichte der Engellehre der Frühscholastik, in: L. Scheffczyk, Wahrheit und Verkündigung (München 1967) Bd.1,S. 733-768
10) De genesi ad litteram IV,33
11) Vgl. De civitate Dei XV, 1
12) Vgl. Enchiridion c.62
13) Enchiridion c.29
14) Ad Orosium c.11
15) Enchiridion c.58
16) Vgl. Enchiridion c.58
17) Vgl. In Ps. 79 n.2; In Ps. 98 n. 3
18) De libero arbitrio III, 11 n.33
19) Vgl. Epistola 95 n. 8
20) De civitate Dei XV,23
21) De Trinitate III, 10 n.21
22) Enchiridion c.59
23) Vgl. De Trinitate IV,11; De divinatione daemonum c.3,4 u. 5; De diversis quaestionibus 83, qu.47: «Angelica corpora, qualia nos habituros speramus, lucidissima atque aetherea esse credendum est».
24) Vgl. De genesi ad litteram III,9
25) Vgl. De Trinitate II, 7 n.13
26) De genesi ad litteram II, 17 n.37
27) De Trinitate III, 9 n.17
28) De diversis quaestionibus 83 qu.79: «Unaquaeque res visibilis in hoc mundo habet potestatem angelicam sibi praepositam, sicut aliquot locis divina Scriptura testatur».
29) De genesi ad litteram VIII, 25, n.47
30) Vgl. In Ps. 88, sermo 1 n.3
31) Vgl. K. Pelz, a.a.O. S. 68
32) Vgl. De doctrina christiana I, 30, n. 33: «Manifestum est, hoc praecepto, quo jubemur diligere proximum, etiam sanctos angelos contineri»
33) Vgl. Epistola 140 n. 9, c.20: «Annuntiant angeli non solum nobis beneficia Dei, verum etiam Illi preces nostras».
34) Vgl. De Trinitate III, 1.n.5
35) Vgl. Enchiridion c.50
36) De civitate Dei X, 32
37) De genesi ad litteram XII, 18 n. 30
38) Vgl. Epistola 9 n.3
39) Vgl. De genesi ad litteram XX,30
40) Vgl. De genesi ad litteram XII, 13-14
41) Vgl. De vera religione c.13
42) Vgl. De civitate Dei VIII,4
43) De civitate Dei XXI,6
44) Vgl. In Ps. 104 n.11
45) De civitate Dei XXII,8 n.7
46) De civitate Dei XXI, 14
47) Vgl. De correptione et gratia c.11 n.32: «Angeli sancti, qui . . . huius permansionis debitum mercedem recipere meruerunt, tantam scilicet beatitudinis plenitudinem, qua eis certissimum sit semper se in illa esse permansuros».

Der gottselige Mönch Dionysius Areopagita 161

1) Die Frage, wer hinter dem Pseudonym «Dionysius Areopagita» steht, und die einst viel erörtert worden ist, ist für uns hier letztlich uninteressant; wir halten uns hier an die Feststellung von H.U.v. Balthasar in seiner theologischen Ästhetik «Herrlichkeit» (Bd. 2, Einsiedeln 1962, S. 147-214), der dort mit kluger Zurückhaltung behauptet, es handle sich um einen syrischen, tiefgläubigen Mönch um 500, der von den Alexandrinern und von Gregor von Nyssa abhängig ist; wir nennen ihn einen «gottseligen Mönch» im Anschluss an Dionysius den Kartäuser, der seinen grossen Namenskollegen immer «divinus Dionysius» nennt.
2) Vgl. H.U.v. Balthasar, a.a.O. S. 154
3) Vgl. H.U.v. Balthasar, a.a.O. S. 150
4) Vgl. G. Tavard, Die Engel, in: Handbuch der Dogmengeschichte, Bd.II (Freiburg/Br. 1968) S. 48
5) Dionysius Areopagita, «De coelesti hierarchia», Kap.3, Nr. 1
6) Dionysius Areopagita, a.a.O. Kap.3, Nr. 2
7) Vgl. H. Kühn, Das Reich des lebendigen Lichtes (Berlin 1947) S. 137
8) Vgl. H.U.v. Balthasar, a.a.O. S. 213
9) Vgl. G. Tavard, a.a.O. S. 49

Der hl. Abt Hilarus (Ellero) von Galeata 167

1) Vgl. G. Lucchesi, Ellero, in: Bibliotheca Sanctorum IV/1140-1141
2) Vgl. Acta Sanctorum Maii, III/472-477

Der hl. Laurentius von Siponto 168

1) Vgl. Acta Sanctorum Februarii II/56-63; Vgl. dazu: B. Cignitti: Lorenzo, vescovo di Siponto, in: Bibliotheca Sanctorum VIII/145-147
2) Vgl. Acta Sanctorum Septembris VIII/55
3) Vgl. Acta Sanctorum Septembris VIII/55
4) Vgl. M.Gr. Mara: Il culto di San Michele arcangelo in Oriente, in: Bibliotheca Sanctorum IX/416-446, bes. 425
5) Vgl. M.Gr. Mara, a.a.O. S. 425

Der hl. Servulus von Rom 171

1) Gregor d.Gr., Dialoge, Buch IV, Kap. 14
2) Vgl. R. Hammerstein, Die Musik der Engel (Bern 1962) S. 53-62

Der hl. Gregor der Grosse 172

1) Johannes Diaconus: S. Gregorii Magni vita, 1.I, PL 75/50
2) Johannes Diaconus: S. Gregorii Magni vita, 1.I, PL 75/30; Paulus Diaconus, S. Gregorii Magni vita, PL 75/8
3) Johannes Diaconus, S. Gregorii Magni vita, PL 75/25; 1. IV, PL 75/170
4) S. Gregorii Magni vita ex ejus scriptis adornata, 1.I,c.7, PL 75/217
5) Johannes Diaconus, S. Gregorii Magni vita, 1.II, PL 75/52
6) Vgl. Acta Sanctorum Martii II,p.121
7) L. Kurz, Gregors des Grossen Lehre von den Engeln (Rottenburg a.N.) 1938
8) Vgl. G.H. Tavard, Die Engel, in: Handbuch der Dogmengeschichte Bd.II (Freiburg/Br. 1968) S. 51
9) Gregor d.Gr., Moralia in Job II, 3
10) Vgl. G.H. Tavard, a.a.O. S. 51
11) Gregor d.Gr., Moralia in Job, 1.32, c.23, PL 76/1072
12) Moralia in Job, 1.9,c.5, PL 75/290
13) Moralia in Job, 1.32,c.24, PL 76/1074
14) Moralia in Job 1.4,c.9, PG 75/3; Homilia in Ev. 1.2, hom. 34, PL 76/1604
15) Moralia in Job, 1.32,c.23, PL 76/1072
16) Vgl. L. Kurz, a.a.O. S. 28
17) Gregor d. Gr., Moralia in Job, 1.2,c.10, PL 75/45
18) Moralia in Job, 1.15,c.54, PL 75/494
19) Vgl. L. Kurz, a.a.O. S. 43-59
20) Vgl. L. Kurz, a.a.O. S. 73
21) Gregor d.Gr., Homilia in Ev.1.2, hom. 34, PL 76/1603-1604
22) Moralia in Job, 1.9,c.15, PL 75/301
23) Moralia in Job, 1.2,c.3, PL 75/39
24) Homilia in Ev. 1.2, hom. 36, PL 76/1624
25) Moralia in Job, 1.27, c.4, PL 76/855
26) Moralia in Job, 1.4,c.28, PL 75/126; 1.28, c. 1, PL 76/894
27) Dial.a.1,c. 4, PL 77/164
28) Epist. 1.2,ep.29, PL 77/1113
29) Moralia in Job, 1.2,c.20, PL 75/53; 1.18,c.44, PL 76/591
30) Moralia in Job, 1.2,c.20, PL 75/54
31) Moralia in Job, 1.5,c.31, PL 75/163; 1.2,c.7, PL 75/42
32) In I Reg. exp. 1.2,c.1, PL 79/60
33) Vgl. Johannes Diaconus, S. Gregorii Magni vita, 1.1, PL 75/28
34) Gregor d.Gr., Dial. IV,c.26
35) Vgl. Gregor d.Gr., Dial.1.2,c.35, PL 66/200; Dial.1.4,c.7, PL 77/384; Dial. 1.4,c.19, PL 77/404; Homilia in Ev. 1.2, hom. 35, PL 76/1617; Dial.1.4,c.15, PL 77/396; Vgl. Homilia in Ev. 1.2, hom. 40, PL 76/1600.
36) Gregor d.Gr., Homilia in Ev. 1.1, hom. 11, PL 76/1472
37) Dial.1.4,c.38, PL 77/440; Homilia in Ev. 1.1, hom. 12, PL 76/1480
38) Dial. 1.4,c.38, PL 77/440; Homilia in Ev. 1.1, hom. 19, PL 76/1515; 1.2, hom. 38, PL 76/1644; vgl. auch Johannes Diaconus, Vita s. Gregorii Magni, 1.1, PL 75/36
39) Vgl. Gregor d.Gr., Homilia in Ev. l.1, hom. 19, PL 76/1515
40) Gregor d. Gr., Dial., l.4,c.38, PL 77/441
41) Vgl. L. Kurz, a.a.O. S. 130

Der hl. Abt Wandregisil 179

1) Die beste Ausgabe der ältesten «Vita» des hl. Wandregisil, um 700 von dem Mönch Jonas verfasst, der den Heiligen noch persönlich gekannt und ihn gut charakterisiert hat, ist in den Monumenta Germanica Scriptorum rerum Merovingiarum V/13-24; eine zweite «Vita», in Fontanelle verfasst, von zweifelhaftem Wert, ist abgedruckt in den Acta Sanctorum Julii V/272-281
2) Vgl. Acta Sanctorum Julii V/281
3) Vgl. Acta Sanctorum Julii V/281; man vergleiche auch G. Morin, De la vie et des miracles de saint Wandrille, abbé de Fontanelle (Paris 1884), u. E. Brouette, Vandregisilo, in: Bibliotheca Sanctorum XII/944-947

Der hl. Cuthbert 181

1) Beda Venerabilis, Vita metrica sancti Cuthberti (PL 94/575-596)
2) Beda Venerabilis, Vita prosaica sancti Cuthberti (PL 733-790)
3) Vgl. B. Colgrave, Saint Cuthbert of Durham (Gateshead on Tyne 1955)
4) Beda Venerabilis, Aliquot quaestionum liber: Quaestio IX: De angelis (PL 93/462-464
5) Beda Venerabilis, Liber de vita et miraculis sancti Cuthberti, cap. 2 (PL 94/738)
6) Vgl. Acta Sanctorum, Sept. Bd.IV, p. 102
7) «Cerno, quod Angelus Dei erat, quem suscepi, pascere, non pasci veniens» (Acta Sanctorum, Sept. Bd. IV, p. 102)
8) «Denique saepius ex eo tempore Angelos videre et alloqui . . . meruit refici» (Acta Sanctorum Sept., Bd. IV, p. 102)
9) Vgl. Acta Sanctorum, Sept., Bd. VIII, p. 102; B. Colgrave, Two lives of St.Cuthbert (Cambridge 1940)

Der hl. Autbert 182

1) Vgl. Acta Sanctorum Junii III/603-604
2) Zitiert bei Prosper Guéranger: Das Kirchenjahr (Mainz 1899) Bd. 14, S. 477-478
3) Vgl. H. Kühn, Das Reich des lebendigen Lichtes (Berlin 1947) S. 311
4) Vgl. H. Kühn, a.a.O. S. 330-331
5) Vgl. P. Viard: Auberto, vescovo di Avranches, in: Bibliotheca Sanctorum II/580-581

Der hl. Johannes von Damaskus 184

1) Vgl. D. Stiefenhofer, Des hl. Johannes von Damaskus genaue Darlegung des orthodoxen Glaubens (München 1923) S. IX
2) Freilich ist der hl. Johannes von Damaskus auch in seiner Engellehre nicht originell; er folgt darin bisweilen sogar wörtlich den Darlegungen des hl. Gregor von Nazianz und des Pseudo-Dionysius Areopagita. Aber er fasst dabei getreu das zusammen, was vor ihm im Orient über die Engel gelehrt worden war.

Der hl. Hrabanus Maurus 189

1) Vgl. F. Holböck, Der Hl. Geist-Hymnus 'Veni, Creator Spiritus' und sein Dichter, in: Österreichisches Klerus-Blatt, 115. Jahrg., Nr. 11/1982, S. 129-130
2) Vgl. M. Sandmann, Hraban als Mönch, Abt und Erzbischof, in: Hrabanus Maurus und seine Schule (Fulda 1980) S. 13-47
3) Die beiden Hymnen sind abgedruckt in: PL 112/1659
4) Stundenbuch für die kath. Bistümer des deutschen Sprachgebietes (Freiburg Br. 1978) 3. Bd. S. 918f. Dieser Hymnus «Tibi, Christe, splendor Patris» lautet in der lateinischen Fassung, wie sie auf Hrabanus Maurus zurückgeht, so: «Tibi, Christe, splendor Patris, vita, virtus cordium, / In conspectu angelorum votis, voce psallimus. / Alternantes concrepando melos damus vocibus. / Collaudamus venerantes omnes coeli milites, / Sed praecipue primatem coelestis exercitus, / Michaelem in virtute conterentem Zabulon. / Quo custode procul pelle, rex Christe piissime, / Omne nefas inimici, mundo corde et corpore / Paradiso redde tuo nos sola clementia».
5) Die lateinische Fassung des Hymnus «Christe sanctorum decus angelorum» lautet so: «Christe sanctorum decus angelorum / Rector humani generis et auctor, / Nobis aeternum tribue benignus / Scandere sedem. / — Angelum pacis Michael ad istam / Coelitus mitti rogitemus aulam, / Nobis ut crebro veniente crescant Prospera cuncta. / — Angelus fortis Gabriel ut hostem / Pellat antiquum, volitet ab alto / Saepius templum veniens et istud / Visere nostrum. / — Angelum nobis medicum salutis Mitte de coelis Raphael, ut omnes / Sanet aegrotos, pariterque nostros / Dirigat actus. / — Hinc Dei nostri genitrix Maria / Totus et nobis cho rus angelorum / Semper assistat, simul et beata / Concio tota. / — Praestet hoc nobis Deitas beata / Patris et Nati, pariterque sancti / Spiritus, cuius reboat in omni / Gloria mundo. Amen»
6) PL 110/58-60
7) PL 110/60-63
8) PL 110/60: «Diligamus nos, fratres charissimi, invicem, diligamus et illos coelestis patriae spiritus, et illorum coelestem conversationem, quantum possumus, in bonis moribus imitemur. Diligamus ante omnia et super omnia conditorem nostrum, deprecantes ejus clementiam, ut qui nos ab initio inter sanctorum angelorum consortia ascribi voluit, sanctorum archangelorum suorum precibus exoratus, ad eorum societatem nos pervenire faciat Jesus Christus».

9) Vgl. Wilitbaldis, Vita sancti Bonifaci (MGSS II)
10) Vgl. M. Sandmann, a.a.O. S. 23
11) PL 107/727-1156
12) PL 111/1277-1616; PL 112/9-834
13) De rerum naturis vel De universo libri XII, Liber I, Caput V, PL 111/28-32
14) «Tantum credimus humanum genus ascendere, quantos illic contigit electos angelos remansisse» (PL 111/30B)
15) «Illuc enim ascensura creditur tanta multitudo hominum, quanta multitudo remansit angelorum» (PL 111/30C)
16) Vgl. M. Sandmann, a.a.O. S. 46
17) PL 111/29C
18) Vgl. M. Sandmann, a.a.O. S. 47

Der hl. Meinrad 194

1) Vgl. Acta Sanctorum Jan. Bd. II, p. 104-105, nr.471
2) Vgl. Acta Sanctorum Jan. Bd. II, p. 105, nr. 472
3) Vgl. R. Henggeler, Einsiedeln, in: Lexikon der Marienkunde, I. Bd. (Regensburg 1967) Sp. 1540-1544
4) Vgl. R. Bauerreiss OSB-K.A. Wirth, Engelweihe, in: Reallexikon zur deutschen Kunstgeschichte, 5. Bd. (Stuttgart 1959) Spalte 671-680
5) Vgl. R. Bauerreiss-K.A. Wirth, Engelweihe, a.a.O. Sp. 680

Der hl. Gerhard von Csanád 196

1) Das Werk wurde ediert von I. de Batthyany: S. Gerardi . . . scripta et acta (Albae Carolinae 1790) p. 1-297
2) Die beiden Biographien des hl. Gerhard, die «Legenda major sancti Gerardi episcopi (aus den ersten Jahrzehnten des 12. Jahrhunderts), als auch die «Legenda minor sancti Gerardi episcopi» liegen in einer kritischen Ausgabe vor, die E. Madzsar besorgte, in: «Scriptores Rerum Hungaricarum tempore ducum, regumque stirpis Arpadianae gestarum» II. Bd. (Budapest 1938) S. 480-506 u. 471-479
3) Vgl. H. Kühn, Das Reich des lebendigen Lichtes (Berlin 1947) S. 272

Der hl. Johannes Gualbertus 197

1) Vgl. A. Wilmart, Le manuel des prières de saint Jean Gualbert, in: Revue Bénédictine XLVIII (1936) p. 259-299
2) Vgl. Paolo di Re, Giovanni Gualberto nelle fonti dei secoli XI-XII, Studio critico, storico, agiografico (Roma 1974) p. 112-113

Der hl. Anselm von Canterbury 199

1) Vgl. O. Wimmer-H. Melzer, Lexikon der Namen und Heiligen (Innsbruck 1982) S. 137
2) Migne, PL 158/365D
3) Besonders im 16. Kapitel, das die Aufschrift trägt: «Ratio, cur numerus angelorum, qui ceciderunt, restituendus sit de hominibus»
4) Migne, PL 158/381C-382A
5) Migne, PL 158/382B
6) Migne, PL 158/384B
7) Migne, PL 158/355D-356A
8) Migne, PL 158/456C
9) A. Stolz, Anselm von Canterbury (München 1937) S. 300
10) A. Stolz, a.a.O. S. 305 u. 308

Der selige Rupert von Deutz 203

1) Vgl. M. Grabmann, Geschichte der scholastischen Methode II/100-104
2) Rupert v. Deutz, De sanctissima Trinitate et operibus ejus, 1.I,c.10-17, PL 167/206-214
3) De glorificatione Trinitatis et processione Spiritus Sancti, PL 169/13-201
4) PL 169/54-74
5) De victoria Verbi Dei, PL 169/1215-1502
6) PL 169/1218-1244
7) Commentaria in Evangelium sancti Joannis, PL 169/201-827
8) De gloria et honore Filii hominis, PL 168/1307-1634
9) De ss. Trin. et op. ejus I/10, PL 167/207D; Vgl. auch De glorif. Trin. III/2: «Ubi dixit Deus: 'Fiat lux . . .' creaturam esse angelicam factam . . . multorum et maxime Patris Augustini non parvipendenda firmat auctoritas» (PL 169/54C)
10) De ss. Trin. et op. ejus I/10, PL 167/207Dff
11) De ss. Trin. et op. ejus I/10, PL 167/207D
12) De ss. Trin. et op. ejus I/12: «Item non minus illis quam nobis humilitatis commonitio est ipsa sui conditio, quoniam ut nobis terra vel pulvis, sic et illis tenebrosa abyssus existendi principium vel materia fuit. De tenebris enim jubente Deo lux ista resplenduit . . .» (PL 167/209B)
13) Vgl. Cl. Baeumker, Witelo, S. 535; Vacant, Ange dans l'Eglise latine, in: Dictionnaire de Theologie Catholique I/1, 1225, n.3
14) Vgl. De ss. Trin. et op. ejus I/11, PL 167/208B

15) De ss. Trin. et op. ejus I/11, PL 167/208B; I/17, PL 167/214C

16) De ss. Trin. et op. ejus I/11, PL 167/209A

17) «Angeli autem, etsi ad comparationem nostri spiritus dicuntur et sunt, in comparatione tamen Dei corporei sunt» (De ss. Trin. et op. ejus, I/11, PL 167/208B; Vgl. auch De glorificatione Trin. III/7, PL 169/58C, wo Rupert v. Deutz sagt, dass die Engel wirklich Licht seien und so zu nennen seien, aber im Vergleich zur zweiten göttlichen Person, dem wahren Licht, das jeden Menschen erleuchtet, seien sie doch wieder nicht Licht, denn die zweite göttliche Person sei «ipsa lucis substantia», für die das Sein und das Leuchten in eins zusammenfalle, während die Engel «lux non carens materia» seien, die richtiger «lucerna» genannt werden sollten, weil bei ihnen Sein und Leuchten nicht zusammenfalle, da sie erst dadurch, dass sie das wahre, ungeschaffene Licht lieben, selbst zu Licht geworden seien.

18) «Quod si quaeritur, unde sint facti (angeli), qui tam gloriosi sunt et splendidi, responderi utcumque potest, quod de aeris substantia facti sunt . . . In sanctis angelis feliciter immutati sunt, ut dicantur et sint corpora coelestia. Porro apostatae angeli ab illa felicitate lapsi, rursus in aeream qualitatem conversi sunt» (De victoria Verbi I/28, PL 169/1241D-1242B)

19) De victoria Verbi I/28, PL 169/1242B

20) De victoria Verbi I/28, PL 169/1241D

21) De ss. Trin. et op. ejus I/13, PL 167/210 BC

22) De ss. Trin. et op. ejus I/14, PL 167/211B

23) De ss. Trin. et op. ejus I/14, PL 167/211

24) «Dignum vero laude est, et curiositati nostrae debet sufficere, quod talem creaturam potuit facere Omnipotens, quae capax ejusdem Factoris possit existere, et divinitatem, quam non habet per naturam, valeat consequi per industriam» (De ss. Trin. et op. ejus I/15, PL 167/212B)

25) « . . . creatus quidem est uterque (angelus et homo) purus et innocens, sic videlicet ut ipsa innocentia vel proficere ad summa, vel deficere ad ima possit» (De ss. Trin. et op. ejus I/15, PL 167/212B)

26) De ss. Trin. et op. ejus I/11, vgl. auch De gloria et honore l.13, PL 168/1627B

27) De ss. Trin. et op. ejus I/12, PL 167/210-211

28) De victoria Verbi I/8, PL 169/1223D-1224A, I/24, PL 169/1238C

29) « . . . ante ceteros angelos formatus est lucifer» (De victoria Verbi I/12, PL 169/1227B)

30) De victoria Verbi I/8, PL 169/1223B; De ss. Trin. et op. ejus I/16, PL 167/212D; De ss. Trin. et op. ejus III/18, PL 167/304B; De glorificatione III/8, PL 169/1240A; De gloria et honore l.13, PL 168/1627B

31) «Non suffecit ei tanta largitas Creatoris, nisi idem diceretur vel existimaretur de ipso quod de Deo, nisi appelaretur Deus, nisi adoraretur ab angelis ut Deus, nisi praedicaretur et ipse increatus. Negavit quippe Deum esse creatorem suum et dixit se esse Deum» (De victoria Verbi I/8, PL 169/1224A)

32) «Ego feci meipsum, Deus ergo sum» (De victoria Verbi I/9, PL 169/1224D; I/10, PL 169/1225B-1226A; I/11, PL 169/1226B-1227A)

33) De victoria Verbi I/12, PL 169/1227B

34) De victoria Verbi I/13, PL 169/1227D-1228AB

35) De victoria Verbi I/14, PL 169/1228D-1229A

36) De victoria Verbi I/18, PL 169/1232B

37) De victoria Verbi I/15, PL 169/1230A

38) De victoria Verbi I/15, PL 169/1230A

39) De ss. Trin. et op. ejus I/18, PL 167/215D-216A. Es ist erwähnenswert, dass Rupert v. Deutz meint, die Bezeichnung der guten Engel als Tag und der schlechten als Nacht sei wieder das Ursprüngliche, wovon dann erst der materiell-zeitliche Tag und die materiell-zeitliche Nacht im übertragenen Sinn ihren Namen erhalten hätten.

40) De glorificatione III/9, PL 169/61A

41) De victoria Verbi l.I,c.21, PL 169/1235Aff

42) De victoria Verbi I/21; De glorificatione III/10, PL 169/62AB

43) De victoria Verbi I/21, PL 169/1235A

44) De victoria Verbi I/25, PL 169/1238D

45) «Sic ille terribiliter indignatione Dei trementibus cunctis angelorum ordinibus coelo excussus in hunc aerem miser cecidit . . . Et nunc quidem in hunc aerem illum esse dejectum et omnes satellites ejus, quos aereas catervas dicimus, passim in Scripturis habemus . . .» (De ss. Trin. et op. ejus I/17, PL 167/214B)

46) De ss. Trin. et op. ejus I/17, PL 167/214C; De victoria Verbi I/25, PL 169/1239A; De gloria et honore l.13, PL 168/1627B: hier sagt Rupert v. Deutz, dass das Luftreich, in das die gefallenen Engel gestürzt wurden, im Vergleich zum Himmel bereits Hölle genannt werden könne.

47) De ss. Trin. et op. ejus I/17, PL 167/214C; De victoria Verbi I/25, PL 169/1239A

48) De ss. Trin. et op. ejus I/12, PL 167/210 CD

49) « . . . jam semel expulsi non possunt stare inconvertibiles apostatae. Quamvis quorumdam haereticorum stulta compassio fuerit ausa promittere illis nescio quo tempus poenitentiae» (De ss. Trin. et op. ejus I/19, PL 167/216D)

50) De victoria Verbi I/26, PL 169/1240A

51) De victoria Verbi I/6, PL 169/1221D

52) De victoria Verbi I/6, PL 169/1221D; I/26, PL 169/1240A

53) De victoria Verbi I/6, PL 169/1221D; I/26, PL 169/1240A

54) De victoria Verbi I/6, PL 169/1221

55) De ss. Trin. et op. ejus III/18, PL 167/304B

56) De ss. Trin. et op. ejus I/13, PL 167/210D-211A; I/17, PL 167/214B; Comm. in Ev.s.Joannis, l.V, PL 169/405C; De victoria Verbi I/30, PL 169/1244Q

57) De victoria Verbi I/29, PL 169/1242D

58) De glorificatione III/2, PL 169/55A

59) De glorificatione III/2; De ss. Trin. et op. ejus II/15, PL 167/259C

60) «Ergo non antequam caderent apostatae angeli, jam erant ordines distincti, sed illis cadentibus isti, qui permanserunt, in ea, qua firmati sunt remuneratione, sunt et ordinati novemque ordinibus distincti» (De ss. Trin. et op. ejus II/15, PL 167/259D); «Beati illi spiritus, qui in Creatoris sui dilectione manserunt, et in veritate steterunt, venerabilibus ordinibus distincti et splendidis nominibus merito sunt decorati, ut alii vocentur angeli, archangeli, throni . . .» (De victoria Verbi I/27, PL 169/1240D-1241A)

61) De victoria Verbi I/27, PL 169/1241A; I/16, PL 169/1230D

62) De ss. Trin. et op. ejus III/32, PL 167/319B; hier sagt Rupert v. Deutz noch, dass sich die Fülle des Wissens bei den Kerubim vor allem auch in der Beurteilung der Menschen zeige: «Sciunt enim, quid in libro cuiusque nostrum sit scriptum, id est bene habent memoriae traditum, quid boni aut mali gesserit quisque nostrum».

63) «Seraphim, id est hi angeli, qui divini amoris igne ardent» (De glorificatione III/17, PL 169/69A; De ss. Trin. et op. ejus II/15, PL 167/259C)

64) De victoria Verbi I/30, PL 169/1244A

65) De glorificatione III/14; Rupert v. Deutz nennt hier Luzifer «omni voce dissonans, omni symphoniae contrarius, sibilator non cantor, non praecentor sed succentor, imo quantum in se fuit vel est, totius musicae corruptor»; Vgl. dazu auch De glorificatione III/15, wo Rupert v. Deutz eine schöne trinitarische Erklärung des dreimaligen Sanctus gibt.

66) Vgl. bes. Comment. in Ev. s. Joannis, l.V, PL 169/971D

67) «Prae omnibus Michael atque Gabriel coram Deo pro nobis sunt, propter nos satagunt et in nostrum eunt atque veniunt adjutorium, sicut testatur utrumque, Vetus scilicet et Novum Testamentum» (Comm. in Ev. s. Joannis, l.V, PL 169/972B)

68) De victoria Verbi I/18, PL 169/1232B

69) De victoria Verbi I/18

70) Comm. in Ev. s. Joannis l.V, PL 169/972D-973; 975-976

71) De ss. Trin. et op. ejus VIII/2, PL 167/493C

72) De ss. Trin. et op. ejus I/15, PL 167/259

73) De glorificatione III/17, PL 169/68D-69A

74) De glorificatione III/18, PL 169/69C-70B: «. . . quia, inquam, sumus ejusdem novenis ordinibus disponendi, perpulchrum est considerare, quia quot sunt illic a Spiritu oris Domini ornamenta coelorum, tot sunt hic in hominibus sanctis ab eodem Spiritu divisiones gratiarum. Sic enim ait Apostolus: 'Unicuique autem datur manifestatio Spiritus ad utilitatem: alii quidem per Spiritum datur sermo sapientiae, alii autem sermo scientiae . . .' (1 Kor 12). Hoc ergo, qui perpendit, scilicet electionem ex hominibus tot esse charismatum varietate ornatum, quot ordinibus illos beatos spiritus constat esse distinctos; potest etiam apte secundum eadem charismata conjicere, qui vel quales homines, quibus aut cuius ordinis angelis similes debeant existimari».

75) De glorificatione III/17, PL 169/68D-69A

76) Rupert v. Deutz fügt hier ehrlich hinzu, es sei nicht ganz sicher, ob sich die aufgestellte Behauptung gerade aus diesem Schriftwort beweisen lasse, da es im hebräischen Text eigentlich heisse: «juxta numerum filiorum Israel».

77) De glorificatione III/20, PL 169/71D-72A

78) De glorificatione III/21, PL 169/73A. De glorificatione III/7 sagt Rupert v. Deutz: «Deus Pater nonnisi propter amorem Verbi sui creaturam rationalem, i.e. creaturam angelicam, de qua nunc loquimur, et creaturam humanam, de qua post haec locuturi sumus, condidit» (PL 169/58B)

79) De gloria et honrore l.IX, PL 168/1511B

80) De glorificatione III/21, PL 169/73BC

81) Comm. in Ev. s. Joannis, l.V, PL 169/972A; De gloria et honore l.II, PL 168/1339B

82) De glorificatione III/19, PL 169/71A

83) De gloria et honore l.13, PL 168/1628D; man vergleiche dazu die Ausführungen von J. Baltzer: Beiträge zur Geschichte des christologischen Dogmas im 11. und 12. Jahrhundert, in: Studien zur Geschichte der Theologie und der Kirche, 3. Bd. (Leipzig 1898) H. 1, S. 29-32

84) Comm. in Ev. s. Joannis l.III, PL 169/330D

85) « . . . angelicae naturae omnino impossibile erat, ut scilicet hominis naturam assumeret, ut humana se anima vestiret. Nihilo quippe angelicus spiritus humana subtilior est anima. Unde nec alter alteri, scilicet angelicus spiritus humano spiritui capabilis est, nec alter alterius est capax. Solus denique Deus, spiritus increatus, spiritus incircumscriptus, cum nullius ipse sit capax, omni rationali spiritui sive angelico sive humano capabilis est» (Comm. in Ev.s. Joannis, l.III, PL 169/331A)

86) Comm. in Ev. s. Joannis l.III, PL 169/331A

87) Comm. in Ev. s. Joannis l.III, PL 169/331A. Rupert v. Deutz stellt hier am Schluss die rhetorische Frage: «Quomodo ergo angelus humanam naturam assumeret? Qualiter hominis animam, qua non est sublimior, indueret?» In De ss. Trin. et op. ejus I/11 schreibt Rupert: « . . . Deus spiritus simplex est et nullo compositus, unde et humanum spiritum cum corpore induere potuit, quod facere nemo potuisset ex spiritibus angelicis» (PL 167/208B)

88) Comm. in Ev. s. Joannis l.III, PL 167/331BC

89) Comm. in Ev. s. Joannis l.III, PL 167/331C

90) De glorificatione III/8, PL 169/59B; III/10, PL 169/71A

91) De glorificatione III/12, PL 169/63C

92) De glorificatione III/18, PL 169/69C-70A

Der hl. Bernhard von Clairvaux 214

1) Vgl. die «Vita prima» (Migne, PL 185/225-368), verfasst von mehreren Autoren, die aus einer gemeinsamen Quelle biographischer Notizen geschöpft haben, die unter dem Titel «Fragmenta de vita et miraculis S. Bernhardi» von Gottfried von Auxerre, dem Sekretär des hl. Bernhard, um 1145 zusammengetragen wurden; während für dic «Vita prima» Wilhelm von St.Thierry als Verfasser genannt wird, gilt als Verfasser der «Vita secunda» Arnold von Bonneval. Die beste moderne Biographie des hl. Bernhard ist bis heute jene von E. Vacandard: «Vie de saint Bernard, abbé de Clairvaux» (2 Bände, Paris 1895, 4. Aufl. 1927); sie liegt auch in deutscher Übersetzung von M. Sierp vor (Mainz 1897f).

2) zitiert von G. Kranz: Politische Heilige, 2. Bd. (Augsburg 1959) S. 86

3) A. Vacant, «Ange d'après les scolastiques» in: Dictionnaire de Theologie Catholique I/1223: «Saint Bernard a parlé souvent de ces esprits bienheureux, mais en passant».

4) De consideratione: PL 182/789-791

5) Vgl. M. Grabmann, Geschichte der scholastischen Methode (Freiburg/Br. 1909-1911) II/107

6) Vgl. M. Grabmann, a.a.O.

7) In der überaus zahlreichen Bernhard-Bibliographie finden sich als Beiträge zur Engellehre des hl. Bernhard nur die ausführlicheren Bemerkungen von Dom Cellier in seiner «Historie des auteurs sacrés» (2. Aufl., Paris 1858) Bd. XIV, S. 465 u, 468, sowie in den Akten des Kongresses von Dijon (15.-19. September 1953 «Saint Bernhard Théologien» (Analecta Sacri Ordinis Cisterciensis IX/1953/S. 114-135) der Beitrag von E. Boissard: «La doctrine des Anges chez S. Bernard».

8) «Spiritus est Deus, sunt et angeli sancti» (De consideratione V/3)

9) So in seinem «Sermo de S. Martino» Nr. 3 und im «Sermo I. in festo s. Michaelis» Nr. 4 und an einigen anderen Stellen.

10) So im «Sermo 53 in Cantica canticorum» Nr. 8; ähnlich in der 3. Homilie «super Missus est».

11) De consideratione V/4. Kapitel

12) «Sermo V. in Cantica canticorum» Nr. 2

13) «Sermo V. in Cantica canticorum» Nr. 1-2

14) «Sermo V. in Cantica canticorum» Nr. 4

15) «Corpore aetherei sunt» (De consideratione V/4)

16) Sermo V. Nr. 8 in I. Dominicam Novembris

17) Sermo V. in festo Omnium Sanctorum Nr. 1

18) Homilia III super Missus est Nr. 12; Sermo XI in Psalmum 'Qui habitat' Nr. 4; Sermo II. in Octava Paschae Nr. 1 u. 2; Sermo III. in I. Dominicam Novembris Nr. 1 u. 4 u. an vielen anderen Stellen.

19) Sermo I. Nr. 1 in festo S. Michaelis

20) De consideratione V/4

21) De consideratione V/4 und Sermo XIX. in Cantica canticorum

22) De consideratione V/4

23) De consideratione V/4 Nr. 8; ähnlich ist die Beschreibung der Eigenarten der Engelchöre im «Sermo XIX in Cantica canticorum» Nr. 2-6, nur bezieht hier Bernhard die Eigentümlichkeiten der einzelnen Engelchöre mehr auf ihre entsprechende Liebe zum Gottmenschen Jesus Christus.

24) Sermo I. in festo s. Michaelis Nr. 2

25) Homilia I. super Missus est Nr. 2

26) De Consideratione V/4: «Archangeli . . ., e quibus ille archangelus Gabriel missus legitur ad Mariam ob causam utique, qua major esse non potest».

27) Homilia I. super Missus est Nr. 2; wegen der eigenartigen Ansicht, die der hl. Bernhard hier äussert, dass unter allen Engeln nur Gabriel vom Ratschluss Gottes über die Menschwerdung erfahren habe, ist er von seinem bedeutenden Zeitgenossen Hugo von St.Viktor freundschaftlich zurechtgewiesen worden (vgl. Tractatus X, c. 5 Nr. 18-21, PL 182/1042-1046); Vgl. dazu: Vacandard, in: DThC I/1225.

28) So schreibt E. Boissard in seinem Beitrag «La doctrine des Anges chez s. Bernhard» in: «Saint Bernard Theologien» (Analecta Sacri Ordinis Cisterciensis IX, 1953, S. 135): «S. Bernard a montré surtout les Anges comme protecteurs, tuteurs, avocats, pédagogues, consolateurs et paranymphes des âmes (toutes ces expressions sont de lui)»

29) Die Kirche verwendet Teile dieser Ansprachen über den Psalm «Qui habitat» in der Liturgie des Schutzengelfestes.

30) «Sermones in Cantica canticorum» VII, XXVII, XXXI, XXXIX

31) De consideratione V/4, Nr.8: «Angeli singuli singulis hominibus dati creduntur, missi in ministerium secundum Pauli doctrinam propter eos, qui haereditatem capiunt salutis, de quibus Salvator: 'Angeli eorum semper vident faciem Dei'».

32) Sermo VII. in Psalmum 'Qui habitat' Nr. 2

33) Sermo XI. in Psalmum 'Qui habitat' Nr. 10

34) Sermo XII. in Psalmum 'Qui habitat' Nr. 3

35) Sermo XII. in Psalmum 'Qui habitat' Nr. 10

36) Sermo XI. in Psalmum 'Qui habitat' Nr. 11; Sermo XXVII in Cantica cant.

37) Sermo I. in festo s. Michaelis Nr. 4

38) Sermo VII. in Cantica cant. Nr. 4; Homilia III. super 'Missus est' Nr. 1

39) Sermo I. in festo s. Michaelis Nr. 2

40) Sermo XI. in Psalmum 'Qui habitat' Nr. 4; ebenso Sermo XII, XIII, XIV in Psalmum, 'Qui habitat'; Sermo LIV in Cantica cant. Nr. 5 u. 6

41) Sermo XI. in Psalmum 'Qui habitat'

42) Sermo LXII in Cantica cant. Nr. 1; Sermo LXXVII in Cantica cant. Nr. 5

43) Sermo VII. in Psalmum 'Qui habitat' Nr. 2; Sermo XIII in Psalmum 'Qui habitat' Nr. 1

44) Sermo IXL. in Cantica cant. Nr. 5; Sermo IL in Cantica cant. Nr. 5

45) Sermo XII. in Psalmum 'Qui habitat'

46) Sermo XII. in Psalmum 'Qui habitat' Nr. 6-7

47) Vgl. Sermo VII. in Cantica cant. Nr. 4

48) Sermo I. in festo s. Michaelis Nr. 3, 4 u. 5

49) Sermo XI. in Psalmum 'Qui habitat' Nr. 11; Sermo XII. in Psalmum 'Qui habitat' Nr. 4 u. 5

50) Vgl. besonders Sermo I. in festo s. Michaelis Nr. 4

51) Sermo II. in festo s. Michaelis Nr. 2

52) Vgl. Homilia I. super 'Missus est' Nr. 9; Sermo I. in festo s. Michaelis Nr. 2

53) Sermo LIII. in Cantica cant. Nr. 8
54) Vgl. P. Minges, Compendium Theologiae Dogmaticae, I. pars (Ratisbonae 1921) p. 198
55) Sermo XI. in Psalmum 'Qui habitat' Nr. 4
56) Homilia III. super 'Missus est' Nr. 12
57) Sermo II. in oct. Pasch. Nr. 1; Sermo III. in Dom. I. Nov. Nr. 1 u. 4; Sermo II. de verbis Isaiae prophetae; Sermo LIV in Cantica cant. Nr. 5; Sermo I. in adventu Domini Nr. 2-5 u.a.
58) Sermo XVII. in Cantica cant. Nr. 5
59) Sermo LIV. in Cantica cant. Nr. 4
60) Sermo LIV. in Cantica cant. Nr. 5
61) Vgl. Sermo I. in transitu Malachiae Nr. 4; Sermo LXIX in Cantica cant. Nr. 3-4
62) Sermo I. in transitu Malachiae Nr. 4

Die hl. Elisabeth von Schönau 224

1) Es heisst in diesem Festofficium: «Elisabetha abbatissa sanctimonialium in Schonaugea ordinis divi patris Benedicti cum esset trium et viginti annorum, angelica visitatione crebrius meruit consolari . . .» (zitiert bei F.W.E. Roth, Das Gebetbuch der hl. Elisabeth von Schönau (Augsburg 1866) S. 72
2) Vgl. K. Köster, Das visionäre Werk Elisabeths von Schönau, in: Archiv für mittelrheinische Kirchengeschichte IV (1952) S. 79-119; auszugsweise in Migne, Series Latina PL 195; im vollen Wortlaut herausgegeben von F.W.E. Roth, Die Visionen der hl. Elisabeth von Schönau (Brünn 1884)
3) Vgl. PL 195/122 Asqu
4) «Angelus, qui familiaris mihi est . . .» (PL 195/122A)
5) «Scias pro certo, quia verus Angelus Dei sum et verae sunt visiones, quas vidisti et quae de ore meo audisti, vera sunt et vere fient nisi reconcilietur hominibus Deus, et ego ipse sum, qui diu laboravi tecum» — so teilt es Elisabeth in ihrem Brief an die hl. Hildegard mit (PL 195/122B)
6) Vgl. Ekbert v. Schönau, Sermo VII. contra Catharos (PL 195/40D-41C)
7) Vgl. Ekbert v. Schönau, Soliloquium nr. 2 (PL 195/107C)
8) Vgl. Ekbert v. Schönau, Soliloquium nr. 2 (PL 195/107D-108A)
9) Ekbert redet Christus so an: «Per Te centena decies millies millia assistunt in sanctuario Uranici templi, intendentes vultui majestatis Tuae claro et inflexibili visu, ac personantes harmoniam incessabilis hymni in gloriam trinae et simplicis Divinitatis» (Soliloquium, PL 195/107D-108A)
10) Ekbert v. Schönau, Soliloquium nr. 6 (PL 195/108D-109A)
11) Ekbert v. Schönau, Soliloquium nr. 7 (PL 195/109BC)
12) Ekbert v. Schönau, Soliloquium nr. 8 (PL 195/109D)
13) Vgl. A. Führkötter OSB, Hildegard von Bingen. Briefwechsel (Salzburg 1965) S. 191
14) Vgl. I. Ibach, Das Leben der hl. Jungfrau Elisabeth von Schönau (Limburg a.d.Lahn 1898) S. 84; Vgl. auch K. Köster, Elisabeth von Schönau, in: Nassauische Lebensbilder. Bd. 3 (1948) S. 35-39
15) Vgl. I. Ibach, a.a.O. S. 84
16) Vgl. I. Ibach, a.a.O. S. 85
17) Vgl. I. Ibach, a.a.O. S. 85
18) Vgl. I. Ibach, a.a.O. S. 100
19) Vgl. F.W.E. Roth, Das Gebetbuch der hl. Elisabeth v. Schönau S. 34-35
20) Vgl. F.W.E. Roth, a.a.O. S. 10-11
21) Der Brief Elisabeths v. Schönau an Hildegard v. Bingen ist abgedruckt in: A. Führkötter OSB, a.a.O. S. 192-195
22) Vgl. A. Führkötter, a.a.O. S. 196-200

Die hl. Hildegard von Bingen 234

1) Vita sanctae Hildegardis auctoribus Godefrido et Theodorico monachis (PL 197/91-130); A. Führkötter OSB, Das Leben der heiligen Hildegard, berichtet von den Mönchen Gottfried und Theoderich, aus dem Lateinischen übersetzt und kommentiert (Salzburg, 2. Aufl. 1980).
2) Vgl. A. Führkötter: Hildegard von Bingen. Briefwechsel, nach den ältesten Handschriften übersetzt und nach den Quellen erläutert (Salzburg 1965) S. 25-27. Die hl. Hildegard schreibt in ihrem Brief an den hl. Bernhard u.a.: «Ich, erbärmlich und mehr als erbärmlich in meinem Sein als Frau, schaute schon von Kindheit an grosse Wunderdinge, die meine Zunge nicht aussprechen könnte, wenn nicht Gottes Geist mich lehrte zu glauben» (a.a.O., S. 25)
3) In «Scivias — Wisse die Wege» spricht die hl. Hildegard über die Engel vor allem in der 2. und 6. Schau des I. Buches, in der 5. 6. und 7. Schau des II. Buches und in der 1. und 13. Schau des III. Buches.
4) Im «Liber vitae meritorum» («Das Buch der Lebensverdienste») betont die hl. Hildegard vor allem, dass die Men-

schen die gleiche Hauptaufgabe haben wie die Engel, nämlich die Verherrlichung Gottes.

5) Im «Liber divinorum operum» («Buch der Gotteswerke») kommt die hl. Hildegard vor allem im III. Teil, 6. Schau, auf die Engel zu sprechen.

6) Vor allem im 128. und 137. Brief werden von Hildegard die heiligen Engel erwähnt.

7) In den Antworten auf die Anfragen Wiberts von Gembloux («Triginta octo quaestionum solutiones petente Wiberto Monacho Gemblacensi per s. Hildegardem ad ipsum transmissae», PL 197/1037-1054) werden von Hildegard einzelne Fragen der Engellehre beantwortet, so die 1., 8. und 14. Frage.

8) K. Koch, Hildegard von Bingen und ihre Schwestern (Leipzig 1935) S. 116

9) Vgl. A. Führkötter OSB, Das Leben der hl. Hildegard von Bingen, S. 53

10) Vgl. Das Leben der hl. Hildegard von Bingen, 2. Buch, 9. Kapitel, S. 84

11) Vgl. Das Leben der hl. Hildegard von Bingen, 2. Buch, 10. Kapitel, S. 86

12) Vgl. Das Leben der hl. Hildegard von Bingen, 2. Buch, 11. Kapitel, S. 87 f

13) Vgl. Das Leben der hl. Hildegard von Bingen, 2. Buch, 11. Kapitel, S. 87

14) Vgl. H. Schipperges, Die Welt der Engel bei Hildegard von Bingen, (Salzburg 1963) S. 43 - 44

15) Hildegard von Bingen, Scivias, III. Buch, 13. Schau, PL 197/729; die deutsche Übersetzung wurde zitiert nach A. Führkötter, Hildegard von Bingen: Quellen des Heiles (Salzburg 1982) S. 69 - 70

16) Fragmenta IV/33

17) Scivias, III. B., 2. Schau, PL 197/586A

18) Hildegard v. Bingen, Liber divinorum operum, deutsche Übersetzung von H. Schipperges: Welt und Mensch, Das Buch 'De operatione Dei' (Salzburg 1965) S. 30

19) H. Schipperges: Welt und Mensch S. 200

20) H. Schipperges: Welt und Mensch S. 264

21) J.B. Pitra, Analecta Sacra, Tomus 8: S. Hildegardis opera (Paris 1882) p. 24

22) J.B. Pitra, a.a.O. p. 25

23) Solutio XXXVIII quaestionum, quaestio I, PL 197/1040C

24) Solutio XXXVIII quaestionum, quaestio 14, PL 197/1045B: «Angeli, qui spiritus sunt».

25) Scivias, III. B., 1. Schau, PL 197/567B; Liber divinorum operum, I. Teil, Visio 1/10, PL 197/1747C

26) Solutio XXXVIII quaestionum, quaestio 8, PL 197/1043BC

27) Scivias, I. Buch, 6. Schau, PL 197/437-441; deutsche Übersetzung von M. Böckeler: «Wisse die Wege» (3. Aufl., Salzburg 1955) S. 140-144

28) Scivias, a.a.O. l.c.

29) H. Schipperges, a.a.O. S. 60f

30) H. Schipperges, Welt und Mensch S. 165-166

31) H. Schipperges, Welt und Mensch S. 27

32) H. Schipperges, Welt und Mensch S. 30, Vgl. auch S. 236

33) H. Schipperges, Welt und Mensch S. 250f

34) H. Schipperges, Welt und Mensch S. 29

35) Scivias, I. Buch, 2. Schau, PL 197/387D; M. Böckeler, a.a.O. S. 98

36) Liber divinorum operum l. Teil, Visio I/8, PL 197/774D

37) Liber divinorum operum, 1. Teil, Visio 1/7

38) Liber divinorum operum, 1. Teil, Visio 1/7; «Welt und Mensch» S. 28

39) Scivias, II. Buch, 5. Schau, PL 197/485B

40) «Welt und Mensch» S. 199

41) Solutio XXXVIII quaestionum, quaestio 24, PL 197/1048C

42) Scivias, II. Buch, 3. Schau, PL 197/456C

43) Scivias, II. Buch, 5. Schau, PL 197/488B

44) Liber divinorum operum p. II, vis. V/12, PL 197/912C

45) Liber divinorum operum p. I, vis. I/6, PL 197/745D

46) Scivias, I. Buch, 6. Schau, PL 197/438A

47) Scivias, I. Buch, 4. Schau, PL 197/429B

48) Scivias, I. Buch, 5. Schau, PL 197/433D

49) Scivias, II. Buch, 6. Schau, PL 197/507A

50) Scivias, II. Buch, 6. Schau, PL 197/523B

51) Vgl. K. Koch, Hildegard von Bingen und ihre Schwestern S. 119

52) Wer noch Ausführlicheres erfahren möchte über die Engellehre Hildegards, greife zum Werk von H. Schipperges: «Die Welt der Engel bei Hildegard von Bingen» (Salzburg 1963)

Der hl. Franz von Assisi 247

1) Vgl. Tommaso da Celano Vita I s. Francisci (aus den Jahren 1228-29), Nr. 94-95 u. 113
2) Bonaventura, Legenda major s. Francisci (aus den Jahren 1261-62), Kap. XIII, Nr. 3
3) «Già discussa e poi riconosciutane concordemente l'autenticità . . . la lettera a frate Leone» (Bibliotheca Sanctorum V/1072); heute wird dieses Autograph des hl. Franziskus in der Kathedrale zu Spoleto aufbewahrt.
4) Vgl. P. Arrighini, Gli angeli buoni e cattivi (Torino 1937) p. 391
5) Vgl. H. Holzapfel, Entstehung des Portiuncula-Ablasses, in: Archivum Franciscanum Historicum I, 1908, pp. 31-44
6) «Orazione, lode e rendimento di grazie all' omnipotente Dio»
7) Vgl. Tommaso da Celano Vita II s. Francisci, Nr. 197
8) Vgl. Regula I, 1c
9) Vgl. W. Lampen, De sancti Patris Francisci cultu Angelorum et Sanctorum, in: Archivum Franciscanum Historicum XX (1927) p. 4
10) Vgl. Tommaso da Celano Vita II. s. Francisci Nr. 197: «Beatum vero Michaelem, eo quod animarum repraesentandarum haberet officium, saepe dicebat (Franciscus) excellentius honorandum»
11) Vgl. Tommaso da Celano, a.a.O.: «Dicebat enim (Franciscus): Quilibet pro tanti principis honore aliquid laudis vel muneris specialis Deo deberet offerre»
11) Vgl. W. Lampen, a.a.O.p. 8-9
12) Vgl. W. Lampen, a.a.O.p. 11
13) Vgl. «Admonitiones» cap. 2,5,10,27
14) Vgl. Regula I, Kap. 3,5,7,13; Regula II, Kap. 8,13
15) Bildlich ist diese Vision des hl. Franziskus von einem unbekannten Maler des 17. Jahrhunderts im Kapuzinerkloster zu Padua dargestellt. Der heilige P. Leopold Mandić rief vor diesem Bild und der darauf dargestellten Vision des hl. Franziskus einmal unter Tränen aus: «E cosi la mia vita? Che il Signore mi usi misericordia.» So müsste wohl jeder Priester sprechen: Ist wirklich so lauter und rein mein Leben? Dass mir doch der Herr seine Barmherzigkeit zuteil werden lasse!

Der hl. Thomas von Aquin 253

1) Vgl. F. Holböck, Thomas von Aquin als «Doctor angelicus» und «Doctor Angelorum», in: A. Piolanti, San Tommaso e l'odierna problematica theologica (Roma 1974) p. 199-217, bes. 202.
2) Thomas v. A., Summa Theologiae II/II, qu. 15, a.3
3) Vgl. P. Eckert, Das Leben des hl. Thomas v. Aquino, erzählt von Wilhelm von Tocco, und andere Zeugnisse (Düsseldorf 1965)
4) Vgl. P. Eckert, a.a.O. S. 89-91; Vgl. auch a.a.O. S. 181, 184, 198, 200 u. 202
5) Pius XI., Enzyklika «Studiorum ducem» vom 29. Juni 1923, deutsche Übersetzung in: A. Rohrbasser, Heilslehre der Kirche (Freiburg Schw. 1953) S. 1179
6) Thomas v. A., In I Sent. prol. a.3 sol. 1
7) «mentium splendorem prius recipiunt, qui sunt in participatione aeternitatis». So sagte Thomas in seiner Antrittsvorlesung an der Universität Paris.
8) Thomas v. A., In III Sent. dist. 35, qu. 1 a. 2
9) Thomas v. A., Opusculum «Contra pestiferam doctrinam retrahentium homines a religionis ingressu»
10) «Nisi homo per virtutes morales habeat animam a passionibus depuratam . . ., non est idoneus ad divinam veritatem contemplandam secundum illud: 'Beati mundo corde, quoniam ipsi Deum videbunt'» (Thomas v. A. «Contra pestiferam doctrinam . . .» cp. 17. nr. 778); Ausdrücklich nennt Thomas den Eintritt in einen Orden «opus bonum bonis angelis congruum» («Contra pestiferam doctrinam . . .» cp. 10, nr. 808)
11) E. Peterson, Das Buch von den Engeln, Stellung und Bedeutung der heiligen Engel im Kultus (Leipzig 1935) S. 57
12) Johannes XXIII., Exhortatio Apostolica «Sacrae laudis» (AAS 54/1962, p.74)
13) H.U.v. Balthasar, Kosmos, Engel und Menschen in der Prophetie, in: Die deutsche Thomas-Ausgabe Bd. 23 (München 1954) S. 317-318
14) Typisch ist hier für den hl. Thomas v. A. der Satz in der Summa Theol. I, qu. 50, a. 1 in corpore: «Respondeo dicendum, quod necesse est ponere aliquas creaturas incorporeas».
15) Decretum «Firmiter credimus» des IV. Laterankonzils (S 800): «Firmiter credimus et simpliciter confitemur, quod unus solus et verus Deus . . . sua omni-

potente virtute simul ab initio temporis utramque de nihilo condidit creaturam, angelicam videlicet et mundanam ac deinde humanam quasi communem ex spiritu et corpore constitutam».

16) Vgl. F. Holböck, Das Decretum «Firmiter credimus» des IV. Laterankonzils im Lichte der Engellehre der Frühscholastik, in: L. Scheffczyk - W. Dettloff - R. Heinzmann: Wahrheit und Verkündigung, Bd. I (München 1967) S. 733-778

17) «Tota ratio ordinis in angelis est ex propinquitate ad Deum. Ideo propinquiores Deo sunt gradu sublimiores et scientia clariores» (Summa Theologiae I, qu. 106, a.3)

18) «Est autem probabile, quod maiores angeli deputentur ad custodiam eorum, qui sunt ad maiorem gradum gloriae a Deo electi» (Thomas v.A., Summa theol. I, qu. 113, a.3 ad 1)

19) Vgl. H. Amschl OP, Die Lehre von den Engeln, in: Deutsche Thomas-Ausgabe Bd. 4 (Salzburg 1936) S. 559

20) «Die Priesterkandidaten sollen lernen, mit dem hl. Thomas v. A. als Meister, die Heilsgeheimnisse in ihrer Ganzheit spekulativ tiefer zu durchdringen und ihren Zusammenhang zu verstehen, um sie, soweit möglich, zu erhellen» (Dekret «Optatam totius», Art. 16)

21) Vgl. P. Eckert, a.a.O. S. 164

Der hl. Ivo Hélory 268

1) Vgl. Acta Sanctorum Maii, Bd. IV, 19. Mai, Nr. 44 u. 75

2) Vgl. A. Zimmermann, Ivo, in: Lexikon f. Theologie u. Kirche, V. Bd. (Freiburg Br. 1933) Sp. 735-736; A. Masseron, Saint Yves d'après les témoins de sa vie (Paris 1952)

Der hl. Nikolaus von Tolentino 269

1) «Processus canonizationis fratris Nicolai de Tolentino tempore d.n.papae Johannis XXII anno Domini MCCCXXV celebratus»

2) Historia beati Nicolai de Tolentino ordinis fratrum heremitarum Sancti Augustini composita a fratre Petro de Monte Rubiano lectore, anno MCCCXXVI tempore domini Johannis Papae XXII

3) Vgl. Domenico Gentile, Un asceta e un apostolo, S. Nicola da Tolentino (2. Aufl., Tolentino 1978) S. 13-14

4) Vgl. Domenico Gentile, a.a.O. S. 15-16

5) Vgl. Domenico Gentile, a.a.O. S. 37

6) Domenico Gentile spricht in seinem biographischen Abriss des Lebens des hl. Nikolaus von Tolentino in der «Bibliotheca Sanctorum» IX/960 von «audizioni di armonie angeliche», die dem Heiligen zuteil wurden.

7) Vgl. Domenico Gentile, a.a.O. S. 128-129

8) Vgl. Domenico Gentile, a.a.O. S. 132-133

9) Vgl. Domenico Gentile, a.a.O. S. 150

Die hl. Humilitas 273

1) Vgl. G. Cantagalli: Umilità, in: Bibliotheca Sanctorum XII/818-822

2) Vgl. Acta Sanctorum Maii V/205-222

3) Vgl. P. Zama: Santa Umiltà, la vita e le 'Sermones' (Faenza 1943)

4) Vgl. Acta Sanctorum Maii V/213

5) Vgl. Hymni et Orationes ex Officiis Vallumbrosanis (Acta Sanctorum Maii V/222).

Die selige Christina von Stommeln 277

1) Vgl. A. Fr. Poulain, Handbuch der Mystik II/198 (Freiburg/Br. 1935)

2) Vgl. H. Steffens, Die hl. Christina von Stommeln (Fulda 1912); dazu: Acta Sanctorum Junii IV/270-454

3) Vgl. H. Wilms OP, Geschichte der deutschen Dominikanerinnen (Dülmen 1920) S. 65

4) Vgl. H. Wilms OP, a.a.O. S. 67

5) Vgl. H. Wilms OP, a.a.O. S. 70f

Die selige Emilia Bicchieri 280

1) Vgl. G.G. Meerseman, La bienheureuse Émile Bicchieri, in: Archivum Fratrum Praedicatorum XXIV/1954, p. 199-239

2) Vgl. J. Procter, Lebensbeschreibungen der Heiligen und Seligen des Dominikanerordens (Dülmen 1903) S. 249-251

3) F. Holböck, Das Allerheiligste und die Heiligen (Stein am Rhein 1979) S. 143-145

Die hl. Agnes von Montepulciano 282

1) Vgl. Raimund von Capua, Vita s. Agnetis de Monte-Politiano, in: Acta Sanctorum II Aprilis Nr. 25

2) Vgl. J. Procter, Lebensbeschreibungen der Heiligen und Seligen des Dominikanerordens (Dülmen 1903) S. 110

3) Vgl. A. Walz OP, I Santi Domenicani (Roma 1968) p. 44-45

Der selige Johannes von Alverna 282

1) Vgl. G. Pagani, I Fioretti di San Francesco (Roma 1959) p. 183-207

2) Vgl. D. Stöckerl, Johannes v. Alverna, in: Lexikon f. Theologie und Kirche Bd. V/476

3) Vgl. G. Pagani, Giovanni della Verna, in: Bibliotheca Sanctorum VI/920

4) Vgl. Acta Sanctorum IV Septembr. p. 114F - 115B

5) Vgl. G. Melani, I Fioretti del B. Giovanni della Verna, Roma 1959

6) Vgl. A. Bierbaum OFM, Heilige Vorbilder aus der Familie des hl. Franziskus (Werl i.W. 1933) S. 500; Q. Müller, Leben des seligen Dieners Gottes Johannes von Alvernia (Regensburg 1882)

Der selige Dalmatius Moner 284

1) Vgl. Acta Sanctorum Septembris VI, p. 750-760

2) In der Vita des Seligen heisst es: «Apud omnes Sanctus habebatur nec deerant, qui, misso proprio ejus nomine, vocarent eum 'Fratrem angelo familiarem', seu, qui cum angelo loquebatur . . . Quandoquidem quotidie in Officio Divino angelos alloqueretur, dicens: 'Benedicite angeli Domini Domino!' Sic prudenter quidem declinavit responsum, at non potuit evitare, quominus apud viros, quibus nota erat ipsius humilitas, augeretur suspicio, famam illam haud absque fundamento fuisse sparsam in vulgo. Quidquid sit, tantum invaluit ista opinio, ut etiam transiret in lectiones Officii proprias his verbis: 'Propter familiarem cum angelo consuetudinem Frater cum angelo loquens dicebatur'» (Acta Sanctorum Septembris VI, p. 753)

3) Vgl. J. Procter, Kurzgefasste Lebensbeschreibungen der Heiligen und Seligen des Dominikanerordens (Dülmen 1903) S. 283-285

4) Vgl. S. M. Bertucci, Moner Dalmazio, in: Bibliotheca Sanctorum IX/547

Die hl. Birgitta von Schweden 286

1) Zum Leben der hl. Birgitta lese man: F. Holböck, Gottes Nordlicht, Die hl. Birgitta von Schweden und ihre Offenbarungen (Stein am Rhein 1983)

2) Vgl. Offenbarungen der hl. Birgitta. Buch I. Kap. 24

3) Vgl. Offenbarungen der hl. Birgitta, Buch I, Kap. 12, 24, 26, 33, 36, 39, 45, 48, 51, 54; Buch II, Kap. 11 u, 18; Buch IV, Kap. 7, 8, 9, 46, 52, 59, 61, 110; Buch VI, Kap. 3, 11, 14, 24, 39, 40, 56; Buch VIII, Kap. 13, 15, 37, 54.

4) Vgl. F. Holböck, Gottes Nordlicht, S. 194-195

5) Zu den in Fussnote 3) angegebenen Stellen kommen noch viele im «Sermo Angelicus»; Vgl. dazu: F. Holböck, Gottes Nordlicht, S. 275-281

Die hl. Jeanne d'Arc 290

1) J. Quicherat, Procès de condamnation et de réhabilitation de Jeanne d'Arc, dite la Pucelle, publiés pour la première fois d'après les manuscrits de la Bibliothèque nationale, suivis de tous les documents qu'on a pu réunir et accompagnés de notes et d'éclairissements, 5 vols., Paris 1841-1849

2) Ruth Schirmer-Imhoff, Der Prozess Jeanne d'Arc 1431-1456 (München 1978, 3. Aufl.) Im folgenden wird daraus ohne weitere Seitenangabe jeweils zitiert.

3) Vgl. R. Schirmer-Imhoff, a.a.O. S. 18ff

4) Vgl. R. Schirmer-Imhoff, a.a.O. S. 62ff

5) G. Kranz, Politische Heilige und katholische Reformatoren, Fünfzehn Lebensbilder, Bd. I (Augsburg 1958) S. 76-78

6) Vgl. R. Schirmer-Imhoff, a.a.O. S. 81-82

7) Vgl. R. Schirmer-Imhoff, a.a.O. S. 216

8) Vgl. R. Schirmer-Imhoff, a.a.O. S. 214

Die hl. Lidwina von Schiedam 299

1) Vgl. F. Holböck, Das Allerheiligste und die Heiligen (Stein am Rhein 1979) S. 176-179

2) Man könnte hier im einzelnen auf verschiedene Abschnitte in den beiden Biographien Lidwinas, wie sie der Franziskaner P. Joh. Brugman verfasst hat und wie sie in den Acta Sanctorum Aprilis II, p. 267 ff abgedruckt sind, hinweisen: in der Vita prior in den Kapiteln 5,17,18 u. 19 (Nr. 48, 49, 50) und in der Vita posterior im 1. Teil, Kap. 8 und im 2. Teil, Kap. 8, sowie im 3. Teil, Kap. 3.

3) Vgl. Acta Sanctorum Septembr. IV, p. 115-116

4) Vgl. J.M. Höcht, Von Franziskus zu Pater Pio und Therese Neumann, Eine Geschichte der Stigmatisierten (Stein am Rhein, 3. Aufl. 1974) I. Bd., 111f; J. Brugmann, Vita posterior, 2. Teil, Kap. 8, in Acta Sanctorum Aprilis II, p. 331-332

Die hl. Francisca Romana 302

1) Beide Biographien Franciscas sind im lateinischen Urtext abgedruckt in den Acta Sanctorum Martii II, zum 9. März.

2) Vgl. Chr. Pesch, Die heiligen Schutzengel (Freiburg Br. 1917) S. 169

3) Vgl. die guten Ausführungen in der maschinenschriftlichen Diplomarbeit des Mag. N. Reichsöllner: Die Engel und die Askese. Die Beziehung zwischen den Engeln und der Askese des Menschen, gezeigt am Leben der hl. Franziska Romana (Salzburg 1982)

4) Chr. Pesch, a.a.O. S. 169

5) Vgl. Chr. Stelzer, Das Leben der hl. Franziska Romana (Mainz 1888) S. 56

6) Vgl. M.M. Anguillaria, Vita s. Franciscae §20, p. 179

7) Vgl. Chr. Stelzer, a.a.O. S. 57

8) Vgl. W. Schamoni, Franziska von Rom, in: P. Manns: Reformer der Kirche (Mainz 1970) S. 743

9) Vgl. M.M. Anguillaria, a.a.O. § 28, p. 181

10) Vgl. M.M. Anguillaria, a.a.O. § 17, p. 177; Chr. Stelzer, a.a.O. S. 79

11) Vgl. M.M. Anguillaria, a.a.a.O. § 18, p. 177, Chr. Stelzer, a.a.O. S. 90f.

12) Vgl. M.M. Anguillaria, a.a.O. § 22, p. 179

13) Vgl. M.M. Anguillaria, a.a.O. § 22, p. 177

14) Vgl. J. Mattiotti, a.a.O. § 1, p. 103; M.M. Anguillaria, a.a.O. § 24, p. 180

15) Vgl. Chr. Stelzer, a.a.O. S. 103

16) Vgl. M.M. Anguillaria, a.a.O. § 25, p. 180

17) Vgl. M.M. Anguillaria, a.a.O. § 24, p. 180; Chr. Pesch, a.a.O. S. 173; Chr. Stelzer, a.a.O. S. 105f.

18) Vgl. J. Mattiotti, a.a.O. § 1, p. 103

19) Vgl. M.M. Anguillaria, a.a.O. § 26, p. 180, Chr. Pesch, a.a.O. S. 173

20) Vgl. N. Reichsöllner, a.a.O. S. 49

21) Vgl. M.M. Anguillaria, a.a.O. § 26-27, p. 180; J. Mattiotti, a.a.O. § 19, p. 107

22) Vgl. J. Mattiotti, a.a.O. § 77, p. 122

23) Vgl. J. Mattiotti, a.a.O. Lieber III, cap. 4

24) Vgl. J. Mattiotti, a.a.O. § 47, p. 163

25) Vgl. J. Mattiotti, a.a.O. § 64, p. 119; es ist das die Visio XXIV vom 31. März 1432; Vgl. auch § 90, p. 126

26) Vgl. Chr. Stelzer, a.a.O. S. 107

27) Vgl. J. Mattiotti, a.a.O. § 9, p. 93

28) Vgl. Chr. Stelzer, a.a.O. S. 324

29) Vgl. M.M. Anguillaria, a.a.O. § 117, p. 197

30) Vgl. M.M. Anguillaria, a.a.O. § 118, p. 197

31) Vgl. J. Mattiotti, a.a.O. § 17, p. 106

32) Vgl. Chr. Pesch, a.a.O. S. 174

33) Vgl. Chr. Stelzer, a.a.O. S. 330 u. 336

34) Vgl. J. Mattiotti, a.a.O. § 96, p. 175

35) Vgl. J. Mattiotti, a.a.O. § 96, p. 175

36) Vgl. W. Schamoni, a.a.O. S. 745

37) Vgl. E. u. H. Melchers, Das grosse Buch der Heiligen (München 1978) S. 151

«Der standhafte Prinz» Fernando 308

1) J. Alvares, Chronica do Infante Santo Don Fernando. Kritische Ausgabe nach einem handschriftlichen Codex aus dem 15. Jahrhundert, besorgt von J. Mendes dos Remedios (Coimbra 1911)

2) Vgl. Acta Sanctorum Junii I, p. 552-581

3) Vgl. Isidoro da Villapadierna, Fernando, in: Bibliotheca Sanctorum V/622-623

4) Calderón de la Barca, Der standhafte Prinz; dieses 1629 verfasste Drama hat M. Menéndez Pelayo in seinem Werk «Calderón y su teatro» (in: Obras completas de M. Menéndez Pelayo, Bd. VII, p. 202, Madrid 1941) eines der schönsten Dramen Calderóns genannt.

5) Vgl. G. Kranz, Lexikon der christlichen Weltliteratur (Freiburg/Br. 1978) Sp. 304-305

Die hl. Coletta 310

1) Vgl. Mariana da Alatri, Coletta di Corbie, in: Bibliotheca Sanctorum IV. Bd., p. 76-81; Ubald d'Aleçon: Les Vies de Sainte Colette Boylet de Corbie, réformatrice des frères mineurs et des clarisses, écrites par ses contemporains le P. Pierre de Reims, dit de Vaux, et Soeur Perrine de la Roche et de Baume, in: Archives Franciscaines, IV. Bd. (Paris 1911)

2) Vgl. Vita s. Colettae a Petro a Vallibus sive a Remis, Confessarii ipsius Sanctae, in: Acta Sanctorum I. Martii, Cap. X, § 88, p. 560

3) Vgl. Vita s. Colettae, Cap. XIV, § 125, p. 567

4) Vgl. Vita s. Colettae, Cap. XVI, § 153-163, p. 572-574

5) Vgl. Vita s. Colettae, Cap. XIX, § 196, p. 580

6) Vgl. Vita s. Colettae, Cap. XIX, § 200, p. 581

7) Mary Francis, Geborgen im Licht. Le-

ben und Werk der hl. Coletta von Corbie (Kevelaer 1982)

Der ehrwürdige Dionysius der Kartäuser 312

1) Doctoris ecstatici D. Dionysii Cartusiani opera omnia, Montreuil 1896-1913, 1935
2) Vgl. J. Jocham, Dionysius der Karthäuser, in: Wetzer-Welte's Kirchenlexikon, (Freiburg Br. 1884) 3. Bd., Sp. 1802
3) Dionysii Cart. opera omnia, Bd. 34, p. 112-138
4) Dionysius Cart., Commentarius in Canticum sanctorum Ambrosii et Augustini, in: Opera omnia, Bd. 42, p. 584-589
5) Dionysius Cart., Sermo in festo s. Bartholomaei, in: Opera omnia, Bd. 32, p. 351
6) Dionysius Cart., Sermones in festo s. Michaelis Archangeli et omnium sanctorum Angelorum, in: Opera omnia, Bd. 32, p. 421-445
7) Vgl. Sermo sextus in festo s. Michaelis Archangeli, in: Opera omnia Bd. 32, p. 440
8) Vgl. F. Holböck, Fegfeuer, Leiden, Freuden und Freunde der armen Seelen (Stein am Rhein, 3. Aufl. 1980) S. 79-83
9) Vgl. Dionysius Cart., Opera omnia, Bd. 1, p. XXXVII
10) Vgl. J. Jocham, a.a.O. Sp. 1805

Die selige Osanna von Mantua 317

1) Vgl. Franciscus Silvester de Ferrara: Beatae Osannae Mantuanae vita, in: Acta Sanctorum Junii III/667-800
2) Vgl. J.M. Höcht, Von Franziskus zu Pater Pio und Therese Neumann. Eine Geschichte der Stigmatisierten (Christiana-Verlag Stein am Rhein 1974) I. Bd., S. 119
3) J. Procter, Lebensbeschreibungen der Heiligen und Seligen des Dominikanerordens (Dülmen 1903) S. 188
4) Vgl. J.M. Höcht, a.a.O., I. Bd., S.124

Der selige Petrus Faber 318

1) P. Henrici: Peter Faber, Memoriale. Das Geistliche Tagebuch des ersten Jesuiten in Deutschland (Einsiedeln 1963)
2) P. Henrici, a.a.O. S. 25f
3) P. Henrici, a.a.O. S. 54
4) P. Henrici, a.a.O. S. 56
5) P. Henrici, a.a.O. S. 58
6) P. Henrici, a.a.O. S. 59
7) P. Henrici, a.a.O. S. 80
8) P. Henrici, a.a.O. S. 94
9) P. Henrici, a.a.O. S. 99f
10) P. Henrici, a.a.O. S. 101
11) P. Henrici, a.a.O. S. 115f
12) P. Henrici, a.a.O. S. 118
13) P. Henrici, a.a.O. S. 154f
14) P. Henrici, a.a.O. S. 185
15) P. Henrici, a.a.O. S. 202
16) P. Henrici, a.a.O. S. 207
17) P. Henrici, a.a.O. S. 219f
18) P. Henrici, a.a.O. S. 226f; Vgl. auch die Notiz im «Memorial» zum 8. Mai 1543 (P. Henrici, a.a.O. S. 238f)
19) Vgl. P. Nadal, Epistolae, in: Monumenta Hist. Societatis Jesu, IV, p. 699 u. 725-726

Der selige Johannes Liccio 324

1) Vgl. F. Castelluzzo, Il beato Giovanni Liccio da Cáccamo (Palermo 1946)
2) Vgl. J. Procter, Kurzgefasste Lebensbeschreibungen der Heiligen und Seligen des Dominikanerordens (Dülmen 1903) S. 343-345
3) Die Inschrift auf der Gedenktafel am Rathaus von Cáccamo lautet: «Beati Joannis Liccio Caccabensis Ordinis Praedicatorum a cunis Deo dilecti, conventus Sanctae Mariae Angelorum ministerio angelico erectoris, concionatoris eximii, virginitatis cunctarumque virtutum ornamento apprime praediti, viventis et mortui clari miraculis, tutelaris patriae luminis ad populi devotionem augendam hanc amoris imaginem P.P.C.C.FF. - 1522» (Vgl. S.M. Bertucci, Liccio Giovanni, in: Bibliotheca Sanctorum VIII/33-36)

Die hl. Angela Merici 326

1) Der italienische Text dieser geplanten Grabinschrift lautet so: «Quella ch'el nome, l'opre e la favella: D'Angela tenne, qui sepolta giace: / Vergine visse in taciturna cella: Godendo ivi la vera interna pace. / Di Dio diletta, et obbediente ancella / Nimica fu di ciò, ch'al senso piace, / Hoc vive lieta in cielo coronata: Di palme il crin fra gli Angeli beata» (Ms. Queriniano D, VII, 20), zitiert in: K. Seibel-Royer, Die heilige Angela Merici, Gründerin des ersten weiblichen Säkularinstitutes (Graz 1966) S. 47
2) Vgl. K. Seibel-Royer, a.a.O. S. 169-170
3) Vgl. K. Seibel-Royer, a.a.O. S. 23
4) Vgl. K. Seibel-Royer, a.a.O. S. 23f u. S. 173
5) Vgl. K. Seibel-Royer, a.a.O. S. 115f

6) Vgl. K. Seibel-Royer, a.a.O. S. 122
7) Vgl. K. Seibel-Royer, a.a.O. S. 126

Der hl. Johannes von Gott 329

1) Vgl. José Cruset, Das heilige Abenteuer des Johannes von Gott. Leben und Werk des Gründers der Barmherzigen Brüder, 2. Aufl. (Graz 1982). Diese wertvolle Biographie des hl. Johannes v. Gott geht leider gar nicht auf die Kontakte dieses Heiligen mit den Engeln ein.
2) Francisco Castro schrieb kaum 30 Jahre nach dem Tod des hl. Johannes v. Gott die Biographie dieses Heiligen.
3) Vgl. G. Russotto, Iconografia per Giovanni di Dio, in: Bibliotheca Sanctorum VI/746-747
4) Vgl. Fr. de Castro, Historia de la vida y sanctas obras de Juan de Dios, y la instruction de su Orden y principio de su Hospital (Granada 1585), lateinisch abgedruckt in: Acta Sanctorum Martii I. Bd. Das 3. Kapitel ist überschrieben mit den Worten: «Granatae s. Joannes de Deo sese egentibus impendit et Angelorum auxilio utitur» (Acta Sanctorum, Martii I/840-841); Vgl. auch Acta Sanctorum Septembris VIII/120
5) Vgl. J. Cruset, a.a.O. S. 187

Der hl. Ignatius von Loyola 331

1) Vgl. O. Wimmer - H. Melzer, Lexikon der Namen und Heiligen (Innsbruck 1982) S. 390
2) Vgl. A. Haas, Geistliche Übungen des hl. Ignatius von Loyola, (Freiburg/Br. 1967) Nr. 50, S. 34, Nr. 58, S. 37
3) Vgl. A. Haas, Geistliche Übungen, a.a.O. Nr. 329, S. 108
4) Vgl. A. Haas, Geistliche Übungen, a.a.O. Nr. 331, S. 108-109
5) Origenes, Homilia in Librum «Numeri» XX, 3
6) Vgl. A. Haas u. P. Knauer, Ignatius von Loyola, Das geistliche Tagebuch S. 162
7) Vgl. A. Haas u. P. Knauer, Das geistliche Tagebuch S. 196
8) Vgl. A. Haas u. P. Knauer, Das geistliche Tagebuch S. 208
9) R. Sum. 28
10) Monumenta Hist. Societatis Jesu, Ignatiana 4; Scripta de Ignatio, tomus I, p. 515
11) Vgl. H. Rahner, Ignatius von Loyola als Mensch und Theologe (Freiburg Br. 1964) S. 191

Der hl. Stanislaus Kostka 333

1) R. Müller SJ, Fröhliche Freiheit, Stanislaus Kostka (Wien 1950) S. 5
2) R. Müller SJ, a.a.O. S. 79
3) R. Müller SJ, a.a.O. S. 36-37
4) Vgl. R. Müller, a.a.O. S. 51-52
5) Vgl. W. Schamoni, Das wahre Gesicht der Heiligen (München, 4. Aufl. 1967) S. 121

Die hl. Teresa von Ávila 336

1) Litterae Apostolica Sanctimonialibus Carmelitis Discalceatis missae IV. expleto saeculo ab obitu S. Theresiae a Jesu, AAS LXXIV/1982, p. 836-841
2) Homilia Abulae a Summo Pontifice sacris litante in honorem S. Theresiae habita, AAS LXXV/1983, p. 250-259
3) P.A. Alkofer gibt im Sachregister seiner deutschen Ausgabe «Sämtlicher Schriften der hl. Theresia von Jesus» (München 1963) Bd. VI, unter dem Stichwort «Feind, böser» eine ganz grosse Reihe von Stellen an, wo Teresa v. Ávila auf den Teufel zu sprechen kommt.
4) Das Leben der hl. Theresia v. Jesus, 31. Hauptstück, in: P.A. Alkofer, a.a.O. Bd. I, S. 295-296, Nr. 2 u. 3
5) Das Leben der hl. Theresia von Jesus, 29. Hauptstück, in: P.A. Alkofer, a.a.O., Bd. I, S. 280-282, Nr. 15-16
6) Vgl. Das Buch der Klosterstiftungen der hl. Theresia von Jesus, in: P.A. Alkofer, a.a.O. Bd. II, S. 330, Nr. 12
7) Vgl. W. Nigg-H.N. Loose, Theresia von Ávila, Theresia von Jesus (Freiburg/Br. 1981) S. 33
8) Vgl. Fussnote 2 in: P.A. Alkofer, a.a.O. Bd. I, S. 280
9) Vgl. P.A. Alkofer, a.a.O. Bd. I, S. 460f
10) Das Leben der hl. Theresia von Jesus, 39. Hauptstück, in: P.A. Alkofer, a.a.O. Bd. I, S. 411, Nr. 26
11) Vgl. P. Poulain, Fülle der Gnaden, I. Bd. S. 380
12) Vgl. die Übersetzung des Gedichtes der hl. Teresa v. Ávila «Ayes del destiero»: «Cuán triste es, Dios mío, la vida sin tí . . .» in: P.A. Alkofer, a.a.O. Bd. VI, S. 286-293
13) Teresa von Jesus, Rufe der Seele zu Gott, in: P.A. Alkofer, a.a.O. Bd. V, S. 310, Nr. 1

Der hl. Petrus Canisius 341

1) Vgl. Braunsberger, Canisius, Epistolae et Acta, Tomus IV, p. 119-120; auch P. Nadal gab dem Petrus Canisius den

Rat, die Schutzengel «confidenter ac familiariter in suavitate cordis» anzurufen, sich ihrer Führung «wie ein furchtsames Kind» zu überlassen und sich ihm wie einem mächtigen, grossmütigen Riesen anzuvertrauen (Vgl. P. Nadal, Epistolae, in: Monumenta Histor. S.J., Tom. IV, p. 699; 725-726

2) Vgl. B. Schneider, Petrus Canisius, Briefe (Salzburg 1959) S. 217

3) Vgl. B. Schneider, a.a.O. S. 25-27

4) Vgl. B. Schneider, a.a.O. S. 247

5) Es seien folgende Jesuiten-Autoren mit ihren Werken über die heiligen Engel aus diesem Jahrhundert von 1570 bis 1670 genannt: F. Albertini: «Libellus de Angelo Custode» («Büchlein über den Schutzengel», Köln 1613); G. Stengel: «De tribus Angelis principibus» («Über die drei Engelfürsten», Köln 1627); J. Drexel: «Horologium auxiliaris tutelaris angeli» («Das Horologium des hilfreichen Schutzengels», Antwerpen 1643); E. Audebert: «Belle confession de foy touchant l'invocation de l'Ange gardien» («Schönes Bekenntnis des Glaubens an die Anrufung des Schutzengels», Paris 1624); J.L. de la Cerda: «De excellentia coelestium spirituum, imprimis de Angeli Custodis ministerio» («Über die überragende Würde der himmlischen Geister, besonders über den Dienst des Schutzengels», Paris 1631); P. de Barry: «Dévotion aux anges» («Verehrung der Engel», Lyon 1641); J. Crasset: «Traité des saints anges» («Abhandlung über die heiligen Engel», Paris 1691)

6) Vgl. O. Karrer: Der hl. Franz Borja (Freiburg Br. 1921) S. 400 u. 407

7) Vgl. Fr. Streicher, S. Petri Canisii, doctoris Ecclesiae, Catechismi Latini et Germanici, Pars II (Romae 1936) p. 135

8) Vgl. Fr. Streicher, a.a.O. Pars II, p. 172. Dieses Gebet gehört zum Morgen- und Abendgebet im «Kleinen Katechismus» Luthers

9) Vgl. Fr. Streicher, a.a.O. Pars II, p. 263

10) Vgl. «Der Römische Katechismus» (Kirchen/Sieg 1970), I. Teil, 2. Hauptstück Nr. 17, S. 24

11) Vgl. «Der Römische Katechismus», III. Teil, 2. Hauptstück, Nr. 21, S. 277

12) Vgl. «Der Römische Katechismus», III. Teil, 2. Hauptstück, Nr. 8, S. 273

13) Vgl. «Der Römische Katechismus», IV. Teil, 9. Hauptstück, Nr. 4-6, S. 371f

Der hl. Franz von Sales 350

1) Franz v.S., Seelenführungsbriefe an Laien, Deutsche Ausgabe der Werke des hl. Franz v. S., Band 6 (Eichstätt 1966) S. 269

2) Philothea, II. Teil, Kap. 3, a.a.O. Bd. 1 (Eichstätt 1959) S. 75

3) Philothea, II. Teil, Kap. 3, a.a.O. Bd. 1, S. 82

4) a.a.O. Bd. 1, S. 253

5) a.a.O. Bd. 1, S. 259

6) a.a.O. Bd. 1, S. 93

7) a.a.O. Bd. 1, S. 246

8) a.a.O. Bd. 1, S. 57f

9) Theotimus, VI. Buch, 5. Kap., a.a.O. Bd. 3, S. 286-189

10) Theotimus, I. Buch, 3. Kap., a.a.O. Bd. 3, S. 105

11) Theotimus, I. Buch, 4. Kap., a.a.O. Bd. 3, S. 108

12) Theotimus, I. Buch, 4. Kap., a.a.O. Bd. 3, S. 109

13) Theotimus, I. Buch, 4. Kap., a.a.O. Bd. 3, S. 110

Der ehrwürdige Dominicus a Jesu Maria 355

1) Vgl. J. Mühlbacher, Das Leben des ehrwürdigen P. Dominicus a Jesu Maria, in: A. Knoll, E. K. Winter, H.K. Zessner-Spitzenberg, Dominicus a Jesu Maria, seine Persönlichkeit und sein Werk (Wien 1930) S. 11-12

2) Vgl. G. Heyder, Der Mann des Gebetes, in: A. Knoll, E. K. Winter, H.K. Zessner-Spitzenberg, a.a.O. S. 22

3) Vgl. P.S. v. Lama, Am tiefsten Quell. Im Zeitalter des Kampfes um die Glaubenserneuerung (Wien 1963) S. 200

4) Vgl. P. Stanislao di S. Teresa, Il venerabile P. Domenico di Gesù Maria, Carmelitano Scalzo (Ceprano 1925) p. 17

5) Vgl. P.A. Alkofer, Der Mystiker, in: A. Knoll, E.K. Winter, H.K. Zessner-Spitzenberg, a.a.O. S. 48

6) Vgl. P. Stanislao di S. Teresa, a.a.O. p. 56; hier wird aus der Selbstbiographie des P. Dominicus a Jesu Maria, cap. 11, diese mystische Begebenheit geschildert.

7) Vgl. E.K. Winter, Dominicus a Jesu Maria und der Staat, in: A. Knoll, E.K. Winter, H.K. Zessner-Spitzenberg, a.a.O. S. 198

8) E.K. Winter, a.a.O. S. 198

9) Vgl. A. Alkofer, a.a.O. S. 48; hier wird der Ausspruch des P. Dominicus a Jesu Maria dem Herzog Maximilian von Bayern gegenüber nach der Biographie

des Johannes Caramuel: «Vita Dominici a Jesu Maria» (Viennae 1655) p. 32 zitiert.

10) P. Valentino di S. Maria charakterisiert den ehrwürdigen P. Dominicus a Jesu Maria in einer kurzen Kommentierung seiner Selbstbiographie (Compendium ipsius vitae) in folgender Weise: «La singolare communicazione con Dio, l'amicizia coi santi e cogli angeli, il potere taumaturgico, la grazia dei miracoli ed altre cose, che talvolta sembrano avere dell'irreale, oltre che nella luce delle varie testimonianze dei contemporanei degni di fede, vanno viste nella prospettiva della carità teologale e dell'umiltà del venerabile Domenico di Gesù-Maria, fondamenti della sua autentica santità e di quanto di carismatico Dio gli concedeva» (Bibliotheca Sanctorum IV/686)

Der heiligmässige Weihbischof Friedrich Forner 358

1) Über das Leben Friedrich Forners (auch Förner geschrieben) vgl. P. Wittmann, in: Historisch-politische Blätter 86 (1880) S. 565-582; 656-672; A. Steinhuber, Geschichte des Kollegium Germanikum-Hungarikum, Bd. I (Freiburg Br. 1906) S. 272f
2) Die in Ingolstadt im Druck erschienenen 30 Ansprachen über die Engel tragen den lateinischen Titel: «Sermones de natura, qualitatibus, innumeris beneficiis Angelorum . . . e Scripturis, Patribus, universa prope Historia ecclesiastica . . . concinnati habitique Bambergae».
3) Vgl. J. Duhr, Anges, in: Dictionnaire de Spiritualité, Ascetique e Mystique I/606
4) Vgl. Pietro Bertocchi, Francesco da Bergamo, in: Bibliotheca Sanctorum V/1150-1152
5) Friedrich Forner tut es vor allem in seinem Werk «Palma triumphalis miraculorum Ecclesiae catholicae et imprimis gloriosissimae Dei Genitricis et Virginis Mariae» (Ingolstadt 1620)
6) Vgl. Fr. Forner: «Panoplia armaturae Dei adversus omnem superstitionum, divinationum etc. daemonolatriam» (Ingolstadt 1625)

Der hl. Joseph von Copertino 359

1) Vgl. A. Giaccaglia, «Il Santo dei voli» (Roma 1956); A. Garreau: «Le Saint volant: saint Joseph de Copertino» (Paris 1949)
2) Vgl. Roberto Nuti, der noch Augenzeuge vieler mystischer Ereignisse im Leben des hl. Joseph von Copertino war: «Vita del Servo di Dio fra Giuseppe da Copertino» (Palermo 1678)
3) Vgl. G. Parasciani: «San Giuseppe da Copertino alla luce dei nuovi documenti» (Osimo 1964)
4) Vgl. W. Schamoni: «Das wahre Gesicht der Heiligen» (München, 4. Aufl. 1967) S. 202
5) Vgl. Acta Sanctorum Septembr. V. Bd., S. 992-1060

Die gottselige Jeanne-Marie Chézard de Matel 361

1) H. Bremond, Histoire littéraire du sentiment religieux en France Bd. VI/267-313
2) L. Cristiani, Étude historico-critique de Jeanne de Matel, 3 Bände (Paris 1930); ders., Chézard de Matel Jeanne, in: Dictionnaire de Spiritualité, Bd. II (Paris 1953) Sp. 837-840
3) Vgl. H. Waach, in: Lexikon f. Theologie u. Kirche (Freiburg Br., 2. Aufl. 1958) 2/1049
4) Vgl. A. Mager OSB, in: Lexikon f. Theologie u. Kirche, (Freiburg Br., 1. Aufl. 1931) Bd. II/857
5) P. Ambroise OFMCap, Oeuvres spirituelles de Jeanne-Marie Chézard de Matel (Paris 1860). Diese geistlichen Werke der gottseligen Jeanne Chézard de Matel bestehen aus einer Selbstbiographie und aus zwei Bänden eines 1633 begonnenen geistlichen Tagebuchs, das nach den Tagen des liturgischen Kalenders angelegt ist; dazu kommen noch Abhandlungen spirituell-mystischer Art in der Form von Gebeten und Betrachtungen, die nicht für die Veröffentlichung bestimmt waren, sondern Ergüsse der mystisch begnadeten Seele im Zwiegespräch mit Gott sind; schliesslich sind dabei noch 300 erhalten gebliebene Briefe dieser begnadeten Frau an verschiedene Adressaten.
6) P.A. Arrighini, Gli Angeli, S. 318
7) Zitiert nach P.A. Arrighini, Gli Angeli, p. 318-319

Die ehrwürdige Benedikta Rencurel 363

1) Vgl. E. Zerboni, Die Muttergotteserscheinungen in Le Laus (Ried i.I.) 1980
2) Vgl. R. Darricau, Rencurel Benedetta, in: Bibliotheca Sanctorum XI/119-122
3) Das geht aus der ausführlichen, in Le Laus 1895 erschienenen Arbeit hervor:

«Notre-Dame du Laus et la vénérable soeur Benoîte d'après les manuscrits authentiques conservés au sanctuaire»; auch die Arbeit von Vernet, «La vénérable Benoîte Rencurel, la voyante du Laus» (Paris 1938) ist aufschlussreich.
4) Über den bisherigen Prozessverlauf berichtet R. Raymond, in: Bibliotheca Sanctorum XI/122

Die ehrwürdige Dienerin Gottes Maria Diomira 365

1) «Vita della venerabile Suor Maria Diomira, cappuccina professa de monastero di Fanano, scritta da lei medesima» (Modena 1788, letzte Auflage, die zur Verfügung stand: Roma 1916)
2) In der von P. Fr. Haas OFMCap besorgten deutschen Übersetzung «Leben der Dienerin Gottes Schwester Maria Diomira von der Menschwerdung, Kapuzinerin im Kloster von Fanano, von ihr selbst beschrieben» (Regensburg 1891) S. 9-10
3) Vgl. Fr. Haas, a.a.O. S. 40-41
4) Vgl. Fr. Haas, a.a.O. S. 48-49
5) Vgl. Fr. Haas, a.a.O. S. 56-57
6) Vgl. Fr. Haas, a.a.O. S. 73-74
7) Vgl. Fr. Haas, a.a.O. S. 83
8) Vgl. Fr. Haas, a.a.O. S. 85
9) Vgl. Fr. Haas, a.a.O. S. 197
10) Vgl. Fr. Haas, a.a.O. S. 109
11) Vgl. Fr. Haas, a.a.O. S. 110-111
12) Vgl. Fr. Haas, a.a.O. S. 118
13) Vgl. Fr. Haas, a.a.O. S. 137

Die hl. Maria Franziska von den fünf Wunden 370

1) Vgl. W. Schamoni, Das wahre Gesicht der Heiligen (München, 4. Aufl. 1967) S. 241
2) Vgl. P.A. Bierbaum OFM, Heilige Vorbilder aus der Familie des hl. Franziskus (Werl 1933) S. 618
3) Vgl. P.A. Rodewyk SJ, Sie stehen ganz im Licht (Stein am Rhein 1980) S. 59-60
4) Vgl. A. Richard, Leben der hl. Maria Franziska von den fünf Wunden Jesu Christi, 2. Aufl. (Mainz 1881)
5) Vgl. W. Schamoni, a.a.O. S. 241
6) Vgl. M.P. Adami, Santa Maria Francesca delle Piaghe di Nostro Signore, Bari 1957

Schwester Maria Magdalena Dötzin 371

1) Vgl. P. Severin Ritter von Lama: Überwindung der Aufklärung. Am tiefsten Quell (Wien 1954) S. 448
2) Mitteilung der Klostervorstehung von St. Maria Loreto in Salzburg

Die hl. Katharina Labouré 372

1) Vgl. R. Laurentin, Die Geheimnisse eines alten Gesichtes. Das authentische Leben der Katharina Labouré (Salzburg 1967) S. 155
2) Vgl. R. Laurentin, a.a.O. S. 64-66
3) Vgl. R. Laurentin, a.a.O. S. 66
4) Vgl. R. Laurentin, a.a.O. S. 66-67
5) Vgl. R. Laurentin, a.a.O. S. 67
6) Vgl. R. Laurentin, a.a.O. S. 67-68
7) Vgl. R. Laurentin, a.a.O. S. 72

Die selige Maria von Jesus dem Gekreuzigten (Mirjam Baouardy) 376

1) Vgl. die neueste Biographie der Seligen, an der sich der Autor dieses Buches vor allem gehalten hat: A. Brunot, Licht vom Tabor. Mirjam, die kleine Araberin (Stein am Rhein 1983). Überdies wurden benützt: P. Gebhard vom hl. Laurentius, Mirjam von Abellyn (Regensburg 1931) und Valentino di S. Maria, Maria di Gesù Crocifisso, in: Bibliotheca Sanctorum VIII/1011-1013
2) Vgl. A. Brunot, a.a.O. S. 16-18
3) Vgl. A. Brunot, a.a.O. S. 22-23
4) Vgl. A. Brunot, a.a.O. S. 49 und 54
5) Vgl. A. Brunot, a.a.O. S. 62-63
6) Vgl. A. Brunot, a.a.O. S. 149
7) Vgl. A. Brunot, a.a.O. S. 122

Die Dienerin Gottes Maria Dominika Klara Moes 382

1) Vgl. J.P. Barthel, Mutter Maria Dominika Klara Moes vom heiligen Kreuz und ihre Klostergründung (2. Aufl. 1927) S. 32
2) Vgl. J.P. Barthel, a.a.O. S. 15
3) Vgl. J.P. Barthel, a.a.O. S. 52-53
4) Vgl. J.P. Barthel, a.a.O. S. 17
5) Vgl. J.P. Barthel, a.a.O. S. 18-21
6) Vgl. J.P. Barthel, a.a.O. S. 26
7) Vgl. J.P. Barthel, a.a.O. S. 22-23
8) Vgl. J.P. Barthel, a.a.O. S. 23
9) Vgl. J.P. Barthel, a.a.O. S. 31
10) Vgl. J.P. Barthel, a.a.O. S. 34-42
11) Vgl. J.P. Barthel, a.a.O. S. 44-50
12) Vgl. J.P. Barthel, a.a.O. S. 52
13) Vgl. J.P. Barthel, a.a.O. S. 59-62
14) Vgl. J.P. Barthel, a.a.O. S. 72
15) Vgl. J.P. Barthel, a.a.O. S. 112
16) Vgl. J.P. Barthel, a.a.O. S. 122
17) Vgl. J.P. Barthel, a.a.O. S. 123

Die hl. Gemma Galgani 387

1) Vgl. J. Fr. Villepelée, Die Torheit des Kreuzes. Die hl. Gamma Galgani: Die

Versenkung in das Mysterium (Hauteville, Schweiz 1978) II. Bd., S. 141-157

2) Es wird nach der deutschen Übersetzung des «Diario» zitiert, die E. v. Petersdorf geschaffen hat: «Mystisches Tagebuch der hl. Gemma Galgani» (Klagenfurt 1957)

3) Vgl. J. Fr. Villepelée, a.a.O. Bd. II, S. 151f

4) Vgl. J. Fr. Villepelée, a.a.O. Bd. II, S. 142-157

5) Vgl. J. Fr. Villepelée, a.a.O. Bd. II, S. 145, Fussnote 4

6) Vgl. J. Fr. Villepelée, a.a.O. Bd. II, S. 146

7) zitiert von J. Fr. Villepelée, a.a.O. Bd. II, S. 147

8) Vgl. J. Fr. Villepelée, a.a.O. Bd. II, S. 147

Frau Mechthild Thaller-Schönwerth 395

1) Irmgard Hausmann, Die Vertraute der Engel, Leben der Mystikerin Mechthild Thaller-Schönwerth im Spiegel ihrer Schriften und nach Aussage Nahestehender, Miriam-Verlag Jestetten, Bd. I, 1983

2) Vgl. I. Hausmann, a.a.O. S. 10

3) Vgl. Friedr. Ritter von Lama, Ein Büchlein von den Engeln (Karlsruhe 1936) S. 6

4) Tagebuch-Eintragung von Frau Mechthild Thaller am 27. Februar 1907, Vgl. I. Hausmann, a.a.O. S. 72

5) Leider sind nicht alle Tagebücher erhalten geblieben. Was davon noch existiert, ist nun in I. Hausmann, a.a.O. S. 15-156, über den Zeitraum vom 7. November 1906 bis 30. Januar 1908, und S. 161-242 über den Zeitraum vom 24. März 1912 bis 21. Juli 1912 publiziert. Manche brieflichen Äusserungen der Frau Mechthild Thaller sind bei Fr. Ritter von Lama, a.a.O. abgedruckt, alle Briefe werden behandelt im Band II von I. Hausmann, a.a.O., der 1984 erscheint.

6) Fr. Ritter von Lama, a.a.O. S. 6

7) Fr. Ritter von Lama, a.a.O. S. 9

8) Vgl. Tagebuch-Eintragung vom 2. Dezember 1906, I. Hausmann, a.a.O. S. 21

9) Vgl. z.B. Tagebuch-Eintragung vom 29. Januar 1907, I. Hausmann, a.a.O. S. 48

10) Vgl. Fr. Ritter von Lama, a.a.O. S. 10

11) Vgl. Fr. Ritter von Lama, a.a.O. S. 11-12

12) Vgl. I. Hausmann, a.a.O. S. 39-40

13) Vgl. I. Hausmann, a.a.O. S. 24

14) Vgl. I. Hausmann, a.a.O. S. 117-118

15) Vgl. I. Hausmann, a.a.O. S. 124

16) Vgl. Fr. Ritter von Lama, a.a.O. S. 13-18

17) Beispielsweise über die hl. Johanna Franziska v. Chantal, den hl. Nikolaus von Tolentino u. den hl. Aloisius (Vgl. I. Hausmann, a.a.O. S. 137, 71 u. 217)

18) Vgl. das Nachwort von J. Künzli im I. Bd. von I. Hausmann, a.a.O. S. 245

Francisco und Jacinta Marto 401

1) Das Geschilderte über die Engelerscheinung vor den drei Seherkindern von Fatima hält sich an den Bericht im Buch von L.G. da Fonseca «Maria spricht zur Welt, Geheimnis und weltgeschichtliche Sendung Fatimas» (Innsbruck 1950) S. 115-119

2) Vgl. C. Barthas «Fatima, ein Wunder des 20. Jahrhunderts» (Freiburg Br. 1954) S. 138-145

Die ehrwürdige Dienerin Gottes Faustina Kowalska 407

1) Vgl. M. Winowska, Anrecht auf Barmherzigkeit, Schwester Faustinas Ikone (Freiburg Schweiz 1972) S. 27

2) Vgl. M. Winowska, a.a.O. S. 147

3) Vgl. M. Winowska, a.a.O. S. 147-148

4) Vgl. M. Winowska, a.a.O. S. 85-86

5) Vgl. M. Winowska, a.a.O. S. 259

6) Vgl. M. Winowska, a.a.O. S. 138

7) Vgl. M. Winowska, a.a.O. S. 139

8) Vgl. M. Winowska, a.a.O. S. 140

9) Vgl. M. Winowska, a.a.O. S. 141

10) Vgl. M. Winowska, a.a.O. S. 141

11) Vgl. M. Winowska, a.a.O. S. 163

12) Vgl. M. Winowska, a.a.O. S. 270-271

13) Vgl. M. Winowska, a.a.O. S. 268

14) Vgl. M. Winowska, a.a.O. S. 264-265

15) Vgl. M. Winowska, a.a.O. S. 265

16) Vgl. M. Winowska, a.a.O. S. 5-9

17) Theresia de l'enfant Jesus, Histoire d'une Âme, (Lisieux 1898) S. 431-432

18) Vgl. M. Winowska, a.a.O. S. 7

Die ehrwürdige Schwester Maria Antonia Cony 415

1) Maria Antonia Cony, Ich sah meinen Engel. Jugenderinnerungen einer Gottbegnadeten (Freiburg, Schweiz 1954)

2) Maria Antonia Cony, a.a.O. S. 14

3) Maria Antonia Cony, a.a.O. S. 24-33

4) a.a.O. S. 40

5) a.a.O. S. 42

6) a.a.O. S. 44

7) a.a.O. S. 57 u.ö.

8) a.a.O. S. 84

9) a.a.O. S. 116

10) a.a.O. S. 120
11) a.a.O. S. 150
12) a.a.O. S. 150
13) a.a.O. S. 152

Der Diener Gottes
Josémaria Escrivá de Balaguer 417

1) Vgl. Peter Berglar, Opus Dei. Leben und Werk des Gründers Josémaria Escrivá, Salzburg 1983
2) Vgl. Peter Berglar, a.a.O. S. 64
3) Vgl. S. Bernal, Msgr. Josémaria Escrivá de Balaguer, Aufzeichnungen über den Gründer des Opus Dei (Köln 1978) S. 12 u. 188
4) Vgl. Peter Berglar, a.a.O. S. 326

Schluss 421

1) Diese Mahnungen an die Leiter und Mitglieder des «Engelwerkes», die Papst Johannes Paul II. am 1. Juli 1983 gutgeheissen hat und den Bischöfen in einem Schreiben des Kardinalpräfekten der Glaubenskongregation, Kard. J. Ratzinger, am 29. September 1983 mitgeteilt worden sind, lauten im lateinischen Text so: «1. Opus Angelorum in promotione erga sanctos Angelos obtemperare debet doctrinae Ecclesiae necnon ss. Patrum et Doctorum. Peculiariter non diffundet intra sua membra et intra fideles talem cultum Angelorum, qui 'nominibus' ex praesumpta revelatione privata (Dominae Gabrielae Bitterlich attributa) cognitis uteretur. Nec iisdem nominibus in orationibus quibuscumque a communitate adhibitis uti licebit. 2. Opus Angelorum a suis membris non expetet neque iisdem proponebit sic dictam silentii promissionem ('Schweige-Versprechen'), etsi legitimum sit circa res internas Operis Angelorum aequam discretionem servare, quae membris Ecclesiae Institutorum decet. 3. Opus Angelorum ejusque membra omnes normas liturgicas stricte observabunt, speciatim quae ad Eucharistiam spectant. Hoc valet praecipue quoad sic dictam 'Communionem expiatoriam'».
2) Die folgende Beschreibung des «Engelwerks» entnahm der Autor dieses Buches, der nicht zum «Engelwerk» gehört, mit Erlaubnis eines führenden Priesters des «Engelwerks» dem als Manuskript gedruckten «Rituale des Opus sanctorum Angelorum» (Innsbruck 1970).
3) Vgl. Fr. Dörr, In Hymnen und Liedern Gott loben (Regensburg 1983) S. 136f. Fr. Dörr, em. Professor an der Phil.-Theol. Hochschule Eichstätt, war Mitarbeiter am «Gotteslob» und «Stundenbuch» und ist Verfasser und Übersetzer zahlreicher Hymnen und Kirchenlieder, die im ganzen deutschen Sprachraum verbreitet sind.

MARIO NANTELI

Aufstieg zum Berg Karmel

Auflage: 10 000 Ex., 200 S., 10 Fotos, DM/Fr. 9.80

Dieses Buch erlebte in Italien sieben Auflagen. Die Marchesa Alessandra di Rudini-Carlotti (1876-1931) war die Tochter des italienischen Ministerpräsidenten, eine vollendete junge Dame. In Paray-le Monial in Frankreich tritt sie in den Karmel ein. In wenigen Jahren wird sie zu einer Meisterin des inneren Lebens, und der Orden nutzt ihr grosses Organisationstalent; so wird sie u.a. Gründerin des Karmels in Paris. Das Buch schildert das Schicksal dieser faszinierenden Frau, einer Maria Magdalena des 20. Jahrhunderts.

JEAN BARBET

«Die über alles schöne Frau»

Die wahre Geschichte der heiligen Bernadette nach den ersten authentischen Augenzeugenberichten von Jean Barbet

10 000 Ex., 168 S., A5, 73 Fotos, 7 Abb., DM 12.–, Fr. 11.–

«Ein Kind hat die ganze, zur Erde herabgekommene Schönheit des Himmels gesehen. Nichts ist unmittelbarer als ein Wunder.» Ein Text- und Bildband von einmaliger Schönheit.

MARIE DE L'INCARNATION

Zeugnis bin ich Dir

Selbstbiographie der bedeutendsten Mystikerin Frankreichs

288 S., 8 Fotos, Paperback, DM 19.–, Fr. 17.–

Papst Johannes Paul II. hat 1980 die Französin Marie de l'Incarnation (1599-1672) selig gesprochen, die Frau mit der doppelten Berufung, einer mystischen und einer apostolischen. Henri Brémond nannte sie «die bedeutendste Mystikerin Frankreichs», Bossuet stellte sie neben eine Theresia von Avila und Angela von Foligno, während die Kanadier sie «die Mutter der kanadischen Kirche» nennen.

ALBERT BESSIÈRES

Anna Maria Taigi

15 000 Ex., 221 S., 8 Bildtafeln, DM 15.80, Fr. 14.50

Anna Maria Taigi ist eine echte Seherin und Prophetin – auch für unsere Zeit, besonders durch ihre erschütternde Vision einer dreitägigen Finsternis.

CARL JULIUS ABEGG

Fackel Gottes Johanna von Orléans

50 000 Ex., 144 S., 8 Fotos, DM/Fr. 9.80

«Ich betrachte die Geschichte der Jeanne d'Arc als ein wahres Wunder Gottes.»